Die Bücher

Ilona Maria Hilliges reist zusammen mit ihrem nigerianischen Exmann nach Afrika, um dort Gebrauchtwagen zu verkaufen. Die kultische und mystische Seite des Schwarzen Kontinents zieht Ilona in ihren Bann. Begeistert von der afrikanischen Kultur entscheidet sie sich, in Nigeria zu bleiben. Sie begegnet dem Prinzen Victor – und sie verlieben sich ineinander. Damit sie heiraten können, fahren sie in das Dorf seines Vaters, wo Victor auf seine zukünftige Rolle als Clanchef vorbereitet werden soll und Ilona sich als Bedingung für die Heirat auf Geheiß der Stammesältesten dem Initiationsritus eines seit Jahrhunderten bestehenden Frauenkults unterziehen muss. Sie taucht ein in eine verborgene Welt magischer Weisheit und kultischer Rituale… Doch Victors Onkel, ein gefürchteter Clanchef, belegt ihn mit einem Fluch. Und tatsächlich: Victor stürzt mit seinem Flugzeug ab! Auch Ilona fühlt sich nun bedroht. Sie sucht Hilfe bei dem Frauenkult und unterzieht sich einem weiteren magischen Ritual – sie wird zur weißen Hexe ...
Der authentische, faszinierende Lebensbericht einer weißen Frau in der spirituellen Welt des Schwarzen Kontinents.

Die Autorin

Ilona Maria Hilliges wurde 1953 in Baden-Württemberg geboren. Sie wuchs in der Nähe von München auf und schloss dort ihr Studium als Diplom-Betriebswirtin ab. Anschließend lebte sie in Kanada und England, wo sie Sozialwissenschaft für Drittländer studierte. Nach ihrer Rückkehr aus Afrika war sie in Führungspositionen für internationale Wirtschaftskonzerne tätig. Sie engagiert sich für soziale Projekte, ist Mutter von vier Kindern und lebt heute in Berlin.

In unserem Hause sind von Ilona Maria Hilliges bereits erschienen:

Auf den Schwingen des Marabu
Das verborgene Herz Afrikas
Die dunkle Macht
Die weiße Hexe
Mit den Augen der Leopardin

Ilona Maria Hilliges
Peter Hilliges

Die weiße Hexe
Das verborgene Herz Afrikas

Zwei Bestseller in einem Band

Ullstein

Besuchen Sie uns im Internet:
www.ullstein-taschenbuch.de

Die weiße Hexe und *Das verborgene Herz Afrikas*
schildern Ereignisse, die sich wirklich zugetragen haben.
Die darin erwähnten Menschen existieren. Allerdings wurden einige
Namen verändert, um die Privatsphäre der Betroffenen zu schützen.

Für meine Töchter Janet, Anne und Cara.
Und für alle, die suchen.

Umwelthinweis:
Dieses Buch wurde auf chlor- und säurefreiem Papier gedruckt.

Sonderausgabe im Ullstein Taschenbuch
1. Auflage Juli 2006

Umschlaggestaltung: Büro Hamburg
Titelabbildung: zefa/masterfile/Horst Klemm
Satz: KompetenzCenter, Mönchengladbach
Gesetzt aus der Sabon
Druck und Bindearbeiten: Ebner & Spiegel, Ulm
Printed in Germany
ISBN-13: 978-3-548-36870-2
ISBN-10: 3-548-36870-0

Vorwort zu diesem Doppelband

Magie, Zauber und Hexerei – das sind Worte, die oft leichtfertig in den Mund genommen werden. Doch dahinter verbirgt sich uraltes Wissen der Menschheit. Kenntnisse, die auch in Europa einmal existiert haben und aus unterschiedlichen Gründen verdrängt wurden. In Westafrika gewann ich Einblicke in die Geheimnisse einer Kultur, die ihre Mysterien als Tradition pflegt.

Als mein schließlich vier Jahre währender Aufenthalt in Nigeria begann, war ich 27, und Abenteuer waren das letzte, was ich in Afrika suchte. Alles fing ganz unromantisch an: mit einem verunglückten Handel mit Gebrauchtwagen, den ich für meinen Vater abwickeln musste. Die Liebe zu einem ungewöhnlichen Nigerianer, dem Sohn eines Stammesfürsten, stellte mein Leben dann völlig auf den Kopf, und am Ende war ich froh, wenigstens meine Haut gerettet zu haben.

Von diesen vier Jahren meines Lebens handelt das erste Buch dieses Doppelbandes, *Die weiße Hexe*. Von nur vier Wochen in dieser Zeit erzählt das zweite Buch, *Das verborgene Herz Afrikas*. Mir persönlich ist das der wichtigere der beiden Bände, denn er erzählt, weshalb die Zeit in Nigeria nicht nur eine Episode meines Lebens geblieben ist.

Vieles, was Sie in diesen beiden Büchern lesen werden, wird Sie womöglich verstören – so, wie es mich verletzt hatte. Mich haben diese Wunden, das kann ich nach all den Jahren sagen, stärker gemacht. Die Reaktionen zahlreicher Leserinnen und Leser, die beide Bücher nach ihrem ersten Erscheinen kontrovers diskutiert und mich um Rat gefragt haben, zeigten mir, dass es richtig war, meine Erlebnisse und Erkenntnisse offen zu legen. Ich will nicht schockieren, sondern Verständnis für eine Welt wecken, die Europäern normalerweise verborgen bleibt. Wer sie entdeckt, findet das Herz Afrikas.

Wenn Sie mehr über mich erfahren wollen, nutzen Sie bitte meine Internetseite: www.ilona-maria-hilliges.de

Allen, die mich auf meinem Weg unterstützt haben, danke ich an dieser Stelle.

Ilona Maria Hilliges

Die weisse Hexe

Inhalt

III. Eine verlorene Liebe

Rückkehr nach Afrika

Manchmal ist meine Erinnerung wie ein kleines Kind, das sich hinter der Gardine versteckt und laut ruft: Ich bin nicht mehr da! Und unten gucken die Füßchen raus ... Dann reißt das Kind blitzschnell den Vorhang zur Seite und schreit: Da bin ich wieder! Mit ausgestreckten Armen stürmt es los und rennt mich mit seinem Schwung fast um.

Mit dieser Heftigkeit brach meine Erinnerung hinter dem grauen Vorhang des Vergessens hervor, als Peter eines Tages mit der Post ins Haus kam. Mein Mann sagte mit einem Tonfall, der nebensächlich klingen sollte, aus dem ich seine Neugier aber deutlich heraushörte: »Da ist ein Brief von einem Abiola. Aus Lagos, Afrika«

Obwohl der Brief nur aus einer handgeschriebenen Seite bestand, las ich darin stundenlang wie in einem Roman, den man nicht aus der Hand legen kann, bevor man das Ende kennt. Ich sah Afrika vor mir mit seinen endlosen Weiten voller schlummernder Energie, dem tiefblauen Himmel, der nirgendwo weiter und höher zu sein scheint. Ich hörte die vielstimmige Sinfonie der Natur, das Zirpen der Grillen, den Ruf des Uhus, das Quaken der Frösche und das Brüllen der Affen im Regenwald. Das leise Klicken, das entsteht, wenn der Wind die Palmblätter sanft gegeneinanderschlägt. Ich atmete die feuchte Luft ein, die nach reifen Früchten und lieblichen Orchideen duftet. Ich hörte den Chor der Stimmen auf den Märkten und Basaren, das Schreien der Kinder und das befreite Lachen der Frauen.

Und dann sah ich die Menschen, die mir damals nahe gestanden hatten, wieder vor mir, so deutlich, als wären nicht inzwischen Jahre vergangen – Abiola, Yemi und die Kinder, Mila, die Zauberin, die mir eine Freundin geworden war. Und Victor, den Prinzen aus einer fernen Welt, mit dem ich in der Wüste unter einem Baldachin aus Sternen gesessen hatte. Ich hörte die Worte, die er zu mir sagte, das Versprechen seiner Liebe, das einzulösen ihm versagt blieb.

Dann vermischten sich die verträumt-romantischen Bilder mit den schrecklichen Szenen eines gefährlichen Abschieds. Plötzlich waren da Sunnys Wächter, die mich packten und auf die Ladefläche des Pick-ups warfen, wo ich verzweifelt nach Halt suchte. Die Luft war durchdrungen von feinem rotem Sand, den der Wüstensturm Harmattan aufgewirbelt hatte. Ein Schuss fiel, dann noch einer, Frauen kreischten hysterisch. Mit zitternden Knien kletterte ich vom Wagen. Akpoviroro, dessen Gesicht von Tränen, Staub, Dreck und Wut zu einer unheimlichen Maske verzerrt war, glotzte mich an. Er richtete das Gewehr auf mich.

»Stirb, weiße Hexe!«, stieß er hervor.

Abiolas Brief war die Einladung zu seiner Hochzeit. Er fragte höflich, ob ich seine vier Mädchen wiedersehen und seine zukünftige Frau Emeta kennen lernen wolle. Und ob ich nicht noch einmal, wenigstens für kurze Zeit, nach Afrika zurückkehren könnte ...

Mochte mir in Nigeria auch Schreckliches zugestoßen sein, so brannte plötzlich tief in mir doch wieder das Feuer einer großen Sehnsucht, von einem Funken in Brand gesetzt wie das ausgedörrte Gras der Savanne. So wenig, wie ein Glas Wasser den Flächenbrand zu löschen vermag, so wenig konnte sich meine wieder geweckte Leidenschaft für Afrika mit bloßen Erinnerungen und einem Brief begnügen. Ja, ich wollte zurückkehren nach Nigeria, um Peter teilhaben zu lassen an meiner Leidenschaft für dieses Land. Damit wir beide über die Brücke gehen konnten, die das Gestern meiner Vergangenheit mit dem Heute unserer Gegenwart verbindet.

Peter hat einmal gesagt, dass ich mein Leben mit einer Intensität führe, die für mehrere Frauenleben reiche. Der Grund dafür ist meine Neugier. Als ich jenen Mann traf, der mir die Tür zu dem unbekannten Reich namens Afrika aufstieß, war meine Naivität allerdings noch größer als meine Neugier: Ich war erst 19. Diese junge Liebe verging. Obwohl ich bereits sechs Jahre mit John, dem Mann aus Nigeria, verheiratet war, flog ich erst in seine Heimat, als wir schon in Scheidung lebten. In Afrika lernte ich dann Victor lieben, mit dem ich den Rest meines Lebens verbringen wollte. Aber das Schicksal riss diesen Mann mit solch einer Gewalt aus meinen Armen, dass ich geglaubt hatte, die unbewältigte Erinnerung verdrängen zu müssen, um weiterleben zu können.

Jetzt war ich endlich bereit, mich meinen Erinnerungen zu stellen. Meine Schwägerin übernahm unsere Kinder und das Haus in Deutschland. Zusammen mit Peter flog ich nach Westafrika, in ein Land am Regenwaldgürtel des Äquators, das viermal so groß ist wie Deutschland, in dem jeder fünfte Afrikaner lebt und das dennoch – im Gegensatz etwa zum ostafrikanischen Kenia – in keinem Reisekatalog zu finden ist: Nigeria.

14 Jahre waren vergangen, seitdem ich Abschied von Lagos genommen hatte. Als ich mit Peter im Sommer 1997 zurückkehrte, hatte ich allerdings das Gefühl, die Zeit wäre stehen geblieben. Afrika, oft als die Wiege der Menschheit bezeichnet, die Mutter, nach der wir alle uns sehnen und die wir aus der Ferne lieben, empfing mich mit ihrer direkten, unverfälschten Intensität. Der Strom der Menschenmenge zog Peter und mich in die Ankunftshalle des Airports hinein. Das un-

beschreibliche Chaos genoss ich mit der aufgeregten Vorfreude eines Kindes, dem ein großartiges Wiedersehen bevorsteht.

Abiola, runder und ruhiger als in meiner Erinnerung, hatte zu unserem Empfang nicht nur seine liebenswerte künftige Frau Emeta mitgebracht. Er hatte es sich auch nicht nehmen lassen, eine Frau über meinen Besuch zu informieren, bei deren Anblick ich die Tränen nicht mehr zurückhalten konnte: Mila. Wortlos fielen wir uns in die Arme. Auch Mila, eine Frau mit einem enormen Leibesumfang, die gleichzeitig Würde, Mütterlichkeit und Autorität ausstrahlte, wischte sich eine Träne weg. Dann zog sie aus der unergründlichen Tiefe ihres Wrappers, dem traditionellen afrikanischen Wickelrock, eine Kette, die sie küsste und mir um den Hals legte.

»Jemonja hat dich nicht vergessen, *sister«*, sagte sie ernst. »Sie wird dafür sorgen, dass deine Reise diesmal ohne Probleme verläuft.« Sie umarmte mich erneut. Die Rührung über dieses Willkommensgeschenk übermannte mich; ich brachte kein Wort hervor. In diesem Augenblick schloss sich der Kreis aus Abschied und Wiedersehen: An dem dünnen Lederband um meinen Hals hing der goldgefasste, gebogene kleine Zahn eines Krokodils. So, dass meine Begleiter es nicht hören konnten, flüsterte mir Mila ins Ohr: »Was auch immer dir in deinem Leben zustößt – denk daran: Du hast den Teufel besiegt.«

Mit ausgestreckten Armen schob sie mich von sich und musterte mich wie eine Mama die heimgekehrte Tochter. »Die Jahre sind dir gut bekommen!« Verlegen zupfte ich mein Kleid zurecht: Ich wog zehn Kilo zu viel. Doch in Milas Augen waren das jene Kilo, die ich das letzte Mal zu wenig hatte.

Jetzt nahm sie Peter in Augenschein. »Das ist dein Mann? Er ist ein bisschen dünn geraten. Du solltest ihm mehr zu essen geben, *sister!*« Ihr lautes Lachen war so warm und herzlich, wie ich mir unsere Ankunft nur wünschen konnte.

Peter, der Afrika nur aus meinen Erzählungen kannte, bestaunte das bunte, pralle afrikanische Leben mit großen Augen. Lagos ist eine Metropole von heute schätzungsweise zehn Millionen Einwohnern. Wer als Europäer nachts durch die Straßen fährt, möchte glauben, dass sie alle herbeigeströmt sind, um uns Tagmenschen die afrikanische Lust am Leben in der Nacht zu beweisen. Die Straße ist eine unendlich lange Bühne, auf der sich das ganze Leben abspielt. Männer sitzen vor den Häusern und palavern; Gruppen von Frauen und Kindern sind auf dem Weg zu einer Feier oder einem der zahllosen Gottesdienste welcher Religion auch immer; Straßenhändler – Männer, Frauen, Kinder –, die Tabletts in den Händen tragen oder kunstvoll auf dem Kopf balancieren, bieten Süßigkeiten, Backwaren, Früchte, Zigaretten, fertig gekochte Speisen oder Kolanüsse zum Kauf an; ein alter Mann schiebt in einem Karren Wasserkanister vor sich her; manchmal sieht man kleine Herden von Ziegen, die ein Junge vorantreibt; jemand traktiert einen voll beladenen Esel mit einem Stöckchen, damit er weitergeht; Mopeds, Busse, Sammeltaxen verschaffen sich in diesem Durcheinander laut hupend Platz.

Nichts hatte sich verändert, nur ich selbst. Ich war älter geworden und, nach inzwischen vier Kindern, runder. Aber das – Mila hatte es mir ja so nett gesagt – gilt in Afrika als schön.

Abiola brachte uns in sein Haus in der Nähe der Universität von Benin-City. Man sagt, dass die Kinder uns zeigen, wie die Zeit vergeht. Abiolas vier Mädchen waren inzwischen erwachsen, genauso wie Janet und Bobby, meine Kinder aus der Ehe mit John. Während der warme Regen niederprasselte und die schwülwarme Luft nach diesem aromatischen, sinnlichen Moschus duftete, saßen wir zu viert auf der regengeschützten Veranda von Abiolas Haus und drehten die Uhr zurück.

Damals, 1972, als alles begonnen hatte, war ich jünger als meine älteste Tochter Janet jetzt.

I

Eine alte Liebe

»Solange du Läuse in der Kleidung hast,
wird unter deinen Fingernägeln Blut sein.«
(Nigerianisches Sprichwort)

John, der Mann aus meiner Vergangenheit

In München fanden die Olympischen Spiele statt. Die Stadt war voller Fremdes; die ganze Welt sah auf sie. Und ich war mittendrin, 19 Jahre jung! Ich hatte einen Job »bei Olympia« ergattert, teilte Reinigungskräfte ein. Es war Sommer, eine Atmosphäre, als wäre jeden Tag Föhn, und die Luft war wie Champagner.

John Wowo war so schwarz, dass ich in der Dunkelheit der Nacht nur seine Augen und sein fantastisch weißes Gebiss leuchten sah. Er war nicht viel größer als ich, hatte krause Haare mit viel zu langen Koteletten, ein unwiderstehliches Lachen in den Augen und einen weichen, sinnlichen Mund. Er wählte seine Kleidung so, dass er auffiel – ein zu langer Mantel, zu weite Hosenbeine und bunte Hemden. Das Essen, das er für mich kochte, war ungewohnt scharf oder von verführerischer Süße. Er rief mich an, schrieb mir seitenlange Briefe, erzählte märchenhaft anmutende Geschichten aus seiner Heimat. Er holte mich zu unerwarteten Zeitpunkten ab, brachte mir kleine Holzfiguren, bunten Perlenschmuck, ungewöhnliche Talismane und Amulette mit, die mich faszinierten und meine Neugier weckten. John warb um mich mit einer altmodischen Aufmerksamkeit voll romantischer Zartheit, der ich mich bereitwillig auslieferte.

Meine Freunde, ganz zu schweigen von meinen Eltern, die schon bei der Erwähnung von Johns Hautfarbe abblockten, warnten mich. Vielleicht war es der Reiz des Fremden, die uralte Versuchung, von verbotenen Früchten zu naschen, die Herausforderung, unsichtbare Grenzen zu überschreiten.

Auf jeden Fall verletzte ich bereitwillig jene Tabus, die ich ohnehin nie akzeptiert hatte.

Johns Begehren machte mich süchtig, und ich begann ihn zu lieben, seine schwarze, haarlose Haut, seine vollen Lippen. Seine sinnliche Körperlichkeit half mir aus meinen Hemmungen heraus wie aus einem zu engen Korsett. Sein Stolz auf mich, den er auf unzähligen Partys zeigte, gab mir Selbstbewusstsein. Seine Fantasie, die unbekümmerte Fröhlichkeit, mit der er das Leben auf sich zukommen ließ, ohne vorauszuplanen, verlieh mir Flügel. Seine Liebe und warmherzige Fürsorglichkeit umhüllten mich wie ein Handschuh die frierenden Finger.

Johns sinnliches Reich aus Liebe und Sex, Düften und Essen hätte ewig dauern können; aber er hatte kein Geld. »Macht nichts«, sagte ich lässig, »ich verdien ja schon neben dem Studium.« Und war nun meinerseits stolz, ihm mit meinem Geld helfen zu können. Das Leben mit John veränderte mich schnell. Auch äußerlich: Meine rotblonden langen Haare kräuselten sich schon bald im Afrolook, womit ich John zeigte, dass ich zu ihm gehörte.

Aber mein Vater, der auf einen braven deutschen Geschäftsmann – wie er selber einer war – als Gatten seiner ältesten Tochter gehofft hatte, sah seine Felle davonschwimmen. Unverhüllt zeigte er seine Ressentiments. Weil ich Konfrontationen immer aus dem Weg ging, schwieg ich. Da kamen mir Johns Ideen, die so farbenprächtig waren wie seine Fantasie, gerade recht. Er träumte von jener Gegend der Welt, die uns beiden weit, ungezwungen und grenzenlos erschien. In Kanada wollte er sich zum Piloten ausbilden lassen.

Mit Johns Liebe und Kraft fühlte ich mich unendlich stark und mutig, und ich glaubte, nie einen Fehler machen zu können. Meinem dominanten, überfürsorglichen Vater erzählte ich, dass ich in Amerika ein internationales Studium beginnen wolle. Er brachte mich sogar zum Flughafen. Und dann strömten am Abflugschalter fünf, sechs schwarze Männer auf mich zu, mittendrin John, voller Vorfreude auf Kanada. Mein Gebäude aus Lügen knickte in sich zusammen. Ich flog Hals über Kopf ab, statt meinem Vater klar zu machen, dass ich von nun an mein eigenes, von mir selbst zu verantwortendes Leben führte. Ich nahm einen Berg Schuldgefühle mit, mit denen ich die nächsten Jahrzehnte lebte und die Papa trefflich auszunutzen wusste.

Unsere abenteuerliche Reise nach Kanada tat unserer Beziehung gut. Ich bewunderte John wegen seiner Ausgeglichenheit, die nie ein böses Wort über seine Lippen kommen und ihn nie ein hartes Urteil über andere Menschen fällen ließ, ganz egal, wie sehr er selbst beleidigt worden war. Da ich immer eine Einzelgängerin gewesen war, genoss ich seine unkomplizierte Art, überall schnell Freunde und »Verwandte« zu finden. Und ich lernte auch die stille, gläubige Seite an ihm kennen, das Gebet vor jeder Mahlzeit, das Ausdruck tiefer Spiritualität war.

Unsere Hoffnung erfüllte sich nicht: Das Leben in Kanada war nicht leichter als das in Deutschland, vor dem wir davongelaufen waren. Zwar fand ich problemlos Arbeit, doch John erhielt nicht einmal eine Aufenthaltsgenehmigung, die Voraussetzung für die Verwirklichung seiner hochfliegenden Pläne. Aber was uns hätte trennen sollen, schmiedete uns noch stärker zusammen: Im März 1974 heirateten wir in Toronto, und ich wurde Ilona Wowo. In Briefen, die ich nach Hause schrieb, gab ich nur meinen Vornamen als Absender und eine Postfachadresse an. Meine Mutter roch den Braten bald und fragte, ob ich geheiratet hätte. Nach meinem Antwortbrief wollte mein Vater nichts mehr mit mir zu tun haben; Mutter musste von nun an heimlich schreiben.

Den ersten Schatten auf unser Glück warf ein Brief aus Nigeria. John hatte dort eine Ehefrau, die er kurz vor seiner Abreise nach Deutschland nach Stammesrecht geheiratet hatte. Aus seiner Sicht war Polygamie nichts Verwerfliches, sondern gehörte zur Tradition. Doch ich war wütend. John schrieb einen Brief nach Hause, in dem er das Mädchen verstieß und seine Eltern aufforderte, die letzte Rate des Brautpreises nicht zu zahlen, da er in Europa die Frau seines Leben gefunden habe. Ich war versöhnt und glaubte wieder an ihn.

Trotz der Heirat bot Kanada uns keine Zukunft. Wir entschlossen uns, nach England zu gehen, uni zu studieren und zu arbeiten. In kürzester Zeit gelang es mir, in London einen Job zu finden und Geld für uns beide zu verdienen. Wir wohnten in dem heruntergekommenen Londoner Stadtteil Brixton, weil wir uns mehr nicht leisten konnten. Das armselige Zimmer, das ein Vorhang in Wohn- und Schlafbereich teilte, besaß weder Klo noch Bad. Der Nachbar von oben löste das Problem auf seine Art: Er pinkelte aus dem Fenster.

Ich wurde vom anstrengenden Alltag so in Beschlag genommen, dass ich nicht bemerkte, was mit John vor sich ging. Was es für ihn bedeuten musste, die Weite Afrikas zu kennen, von der Freiheit Kanadas zu träumen – und in einem solchen Loch zu landen, ohne die Aussicht, das Schicksal in die eigenen Hände nehmen zu können. Denn wieder bekam John keine Arbeitsgenehmigung. Wenigstens ein Studium durfte er beginnen, das wir allerdings selbst zu finanzieren hatten. Es machte mir nichts aus, dass es mein schwer verdientes Geld war, solange John seinem Ziel ein Stück näher kam.

Aber John fehlte der Antrieb. Erst gegen Mittag fand er aus dem Bett, beantwortete Fragen nach dem Studium ausweichend. Wenn ich müde von der Arbeit nach Hause kam, war in unserer kleinen Wohnung Party angesagt. Mein ausgeruhter, kontaktfreudiger Mann hatte andere Afrikaner eingeladen, die alle nicht arbeiten mussten oder durften. Unser Leben geriet aus den Fugen.

Ausgerechnet da kam John mit einer neuen Idee – ein Kind! Für Afrikaner hat Nachwuchs einen anderen Stellenwert als für Europäer. Das reicht vom Gedanken der finanziellen Alterssicherung bis hin zu einer spirituellen Bedeutung: Kinder sichern die Wiedergeburt. Das wusste ich mit Anfang zwanzig nicht. Ich dachte weiblich-pragmatisch: Als Vater wird John sicher verantwortungsbewusster!

Anfang Juli 1975 kam unsere Tochter Janet zur Welt, doch nichts änderte sich. Im Gegenteil. John dachte gar nicht daran, Janet zu betreuen. Das alte Klischee: Kindererziehung ist Frauensache. Aber ich arbeitete – der Sozialhilfesatz hätte nur zum Verhungern gereicht. Johns Vorschlag: Bring das Kind zu deiner Mutter. Unvorstellbar! Mit Mama wechselte ich immer noch heimlich Briefe, zwischen Papa und mir herrschte der Krieg des Schweigens. Ich hätte zu Kreuze kriechen, mein Versagen eingestehen müssen. Doch soweit war ich nicht – noch nicht. Janet kam zur Tagesmutter, in deren winziger Wohnung ein Dutzend anderer Kinder herumkrabbelte.

Da Janet ständig krank war, musste ich sie oft zu Hause lassen. Als ich am Abend eines solchen Tages heimkehrte, glaubte ich, die falsche Wohnung erwischt zu haben. Da stand eine Frau in unserem Zimmer an der Kochplatte, trug meinen Wrapper, rührte träge in einem Topf, und meine einjährige Tochter, hochfiebrig, krabbelte zu ihren Füßen herum. Mein Mann tanzte mit seinen Freunden zu lauter, reggaeartiger Highlife-Musik durchs Nebenzimmer. Ich bin nicht der Typ, der Szenen macht. Stattdessen schleppte ich John zum Eheberater, der uns zur Sexberatung ins Krankenhaus schickte. Nasenspray gegen Lungenentzündung, sozusagen. Alles ging weiter wie gehabt. Zum ersten Mal wollte ich raus aus dieser Ehe, die so romantisch begonnen hatte.

John begriff den Ernst der Lage, wurde für einige Monate wieder der Mann, den ich geliebt hatte und der sogar seine kleine Tochter versorgte. Im September 1977 kam Bobby zur Welt. »Mein Sohn«, sagte John voller Vaterstolz. Jetzt wollte er mir zeigen, dass er Geld verdienen konnte. Na ja, vielleicht wollte er es mehr sich und seinem Sohn beweisen. Jedenfalls bekam ich nichts davon mit, denn er flog nach Nigeria. Um Geschäfte in Gang zu bringen, die er mit seinen Freunden nächtelang diskutiert hatte.

Ich musste arbeiten, wurschtelte mich mit den zwei Kindern durch und schickte Geld nach Nigeria. Dann hörte ich nichts mehr von John – er war verschwunden, als hätte ihn der afrikanische Boden verschluckt. So konnte es nicht weitergehen! Janet und Bobby verbrachten den Tag bei einer englischen Tagesmutter in einer engen Sozialwohnung mit acht anderen Kindern, drei Hunden und zwei Katzen. Das war nicht das Leben, das ich mir für meine Kinder gewünscht hatte. Schlechtes Gewissen plagte mich. Sollte ich zurück zu Muttern nach Deutschland? Mama, die großmütige Kindernärrin, liebte meine beiden Süßen aus der Ferne. Und Vater? Ihn reumütig um Hilfe bitten? Er hatte mir ja noch nicht mal die Ehe mit John verziehen. Schuldgefühle hier wegen der Kinder, Schuldgefühle dort wegen meines Vaters. Die Kinder gaben den Ausschlag, zerknirscht kapitulierte ich. Meine Eltern hatten mich wieder. Und ich sie!

Während meine Mutter sich um die Kinder kümmerte, machte ich in München bescheiden Karriere als Abteilungsleiterin. Ich reichte die Scheidung ein. Das Scheidungsbegehren wurde von der Post zwischen Deutschland und Nigeria hin- und hergeschickt. Johns Adresse konnte nicht ermittelt werden. Ich war mit einem Nigerianer verheiratet; aber in Afrika war ich bis dahin noch nie gewesen. Das war 1980, im sechsten Jahr meiner Ehe. Oma und Opa hatten ihre

Rolle, Janet und Bobby ihre Familie gefunden. Ich hoffte, endlich wäre Ruhe eingekehrt. Außerdem war Weihnachten.

Meine Hoffnung sollte sich nicht erfüllen. Ein erstes Anzeichen dafür war, dass der dreijährige Bobby mit seinem ersten Fahrrad, das sein Opa ihm schon einen Tag vor Heiligabend geschenkt hatte, im Kellerflur stürzte. Er blutete aus einer Platzwunde über dem rechten Auge, und sein linker Arm war verrenkt. So saß mein kleiner Sohn mit einem Gipsarm und einem dicken Pflaster über dem Auge unter dem dritten Weihnachtsbaum seines zarten Lebens.

Wir waren gerade bei »Stille Nacht, heilige Nacht«, als es klingelte. Überrascht sahen wir uns an. Da sprang Janet schon hoch und lief zur Tür. Sekunden später hörte ich sie aufgeregt kreischen: »Mama, komm schnell! Da ist ein schwarzer Weihnachtsmann!«

Janet hätte ihren Vater auch nicht erkannt, wenn der sich keine rote Mütze mit einem weißen Bommel aufs schwarze Kraushaar gesetzt hätte. Da stand er nun, bepackt mit lauter glitzernden Paketen und einem unschuldigen Grinsen im Gesicht. Janet klammerte sich ängstlich an mir fest und starrte den schwarzen Weihnachtsmann an, der zur Bescherung zu spät gekommen war.

»*Happy Christmas, everybody.* Kann ich sehen meine Sohn?«, fragte John in seinem fröhlichen Deutsch-Englisch. Obwohl mit einer Deutschen verheiratet, hatte er meine Sprache nie richtig lernen wollen; wir unterhielten uns immer auf Englisch. Am Anfang hatte das einen exotischen Reiz gehabt; doch im sechsten Jahr unserer Ehe, dem Frustjahr, nervte es mich.

Der schwarze Weihnachtsmann bekam seinen Mund nicht wieder zu. Aber er staunte nicht etwa über den zwei Meter fünfzig großen Weihnachtsbaum, den mein zur Gigantomanie neigender Vater ins Wohnzimmer geschleppt hatte, sondern über den desolaten Zustand seines einzigen Sohnes, seines Stammhalters, den zu besuchen er gekommen war. Auf Englisch rief er: »Was habt ihr mit meinem Bobby gemacht?«

Er stürzte auf das leidende Kind zu, hob es auf den Arm und drückte ihm Küsse ins verdutzte Gesicht. Ich weiß nicht, ob Bobby von dieser Art der Liebkosung Kopfschmerzen bekam und deshalb in Tränen ausbrach oder einfach nur vor Schreck, aber ich tippe auf Letzteres. Der Heilige Abend war jedenfalls gelaufen. Keine stille Nacht, sondern ausführliche Erklärungen über den Hergang des Unfalls im Keller. Ich glaube, John wertete Bobbys Fahrradcrash schließlich in die erste Männlichkeitsprüfung seines Sohnes um. Denn der einzige Schluss, den er aus der Angelegenheit zog, war: »Morgen kaufe ich für Bobby ein neues Fahrrad.«

»Aber John, morgen ist Weihnachten. Da haben alle Geschäfte zu!«

»Okay, dann der Tag nach morgen.«

»Da ist auch zu.«

»Ilona, das ist typisch für dich. Ich bin gerade gekommen. Den weiten Weg von Nigeria zu euch hier nach München. Und du streitest mit mir.«

Ich habe erst später erfahren, dass er nicht aus Nigeria gekommen war, sondern aus Augsburg. Gerade mal sechzig Kilometer. Und dass er schon seit zwei Wochen in Deutschland war. In Augsburg hatte einer seiner vielen Vettern eine Wohnung. Und der Vetter hatte eine Freundin, die eine Freundin ... Egal, zu diesem Zeitpunkt befanden wir uns schließlich im Trennungsjahr.

Von Johns Auftauchen an spielten weder meine ohnehin sehr stille, leidgeprüfte Mutter noch meine verdutzte Tochter Janet oder gar ich selbst eine Rolle. Wir waren abgemeldet und überließen John, meinem Vater und Bobby das Schlachtfeld. Mutter und ich backten Kuchen, und Janet gesellte sich zu uns. Ich futterte, gefrustet und ratlos. Ich hätte John einfach rausschmeißen sollen! Wir lebten doch in Scheidung. Aber ich bin viel zu nachgiebig, viel zu rücksichtsvoll. Die armen Kinder – da kommt der Daddy an Weihnachten vorbei, und den setzt man an so einem Festtag eben nicht einfach vor die Tür. Was hätten Janet und Bobby von mir denken sollen?

Vielleicht war mein Rückzug vom weihnachtlichen Schlachtfeld schuld oder der viele Glühwein. Auf jeden Fall hatten mein Noch-Mann und sein Noch-Schwiegervater plötzlich einen Narren aneinander gefressen. Sie redeten und redeten. Wenn ich mal dazukam, wunderte ich mich über ihre spezielle Kommunikation. John sprach afrikanisches Englisch und konnte nur wenige deutsche Worte, Papa pflegte sich auf Bayerisch zu unterhalten. Ob John alles verstand? Ob mein Vater alles richtig mitbekam? Leider verschwendete ich daran nicht genug Gedanken, amüsierte mich nur insgeheim über die beiden angetrunkenen Weihnachtsmänner. Was sich bitter rächen sollte. Denn so wunderte ich mich nicht weiter über die Rechenmaschine vor den beiden, deren papierener Auswurf im Laufe des Abends Girlandenausmaße annahm. Und konnte nicht verhindern, dass John von meinem Vater herzlich eingeladen wurde, über Silvester zu bleiben.

Welches gemeinsame Interesse hatten mein weißer Vater und mein schwarzer Mann an diesem Abend wohl ausgemacht? Natürlich: Autos. Damit nahm ein Verhängnis seinen Lauf, dessen Ausgang ich nicht im Traum geahnt hätte.

John und mein Vater beschlossen unter dem Weihnachtsbaum, Johns vom reichlich sprudelnden Öl gesegnete Heimat Nigeria mit Autos zu versorgen. Nun wussten die beiden von Autos mal gerade so viel, dass die Dinger möglichst groß zu sein hatten, schick aussehen mussten und viele PS unter der Haube haben sollten. Vom Handel damit hatten sie auch ganz konkrete Vorstellungen: kaufen, aufs Schiff packen, wieder entladen, gewinnbringend verscherbeln. Den Anfang wollten sie mit zehn Stück machen. In Deutschland billig kaufen, in Nigeria zu astronomischen Preisen verkaufen. Johns älterer Bruder Moses sollte das Unternehmen in Lagos in die Wege leiten und ein Vetter der beiden, der beim Zoll arbeitete, für eine reibungslose Einfuhr sorgen.

Der Autohandel stand von Anfang an unter keinem guten Stern. Papa und John kauften vor allem Peugeots, weil die angeblich in Nigeria besonders gefragt waren, und zwei Mercedes. Vielleicht lag es am deutschen Verkehr, den John nicht gewohnt war, vielleicht ließen es die beiden Herren auch bei der Auswahl der Wagen an Sorgfalt mangeln. Jedenfalls kamen vier der zehn Wagen mit Beulen, defekter Ölpumpe und kaputtem Vergaser am Verschiffungshafen in Bremen an. Meine zaghaften Einwände, dass man für im Schnitt 3000 Mark pro Auto eben keine Nobelschlitten bekomme, hatten nicht gegolten. Was versteht eine Frau schon von Autos? Außerdem: »In Nigeria kann man alles billig reparieren.«

In diesem Stil ging es weiter: Meerwasser ist salzig. Dass für Autos eine Meerwasser-Dauerdusche auf Deck nicht gerade wertsteigernd ist, sollte man berücksichtigen. Aber mein Vater wiegelte ab: »Unter Deck kommt zu teuer, Ilona. Ist doch billiger, sie hinterher zu waschen und ordentlich zu polieren. Wenn die Wagen in Lagos ankommen, nimmt John sie in Empfang und lässt sie auf Vordermann bringen.« John nickte.

Die Rechnung der beiden Starverkäufer war einfach: Kaufpreis pro Auto 3000 Mark plus jeweils etwa 7000 Mark »Nebenkosten« gleich 10000 Mark, Verkaufspreis in Nigeria 10000 Naira, damals 20000 Mark. Aus eins mach zwei. Aber das war eine Rechnung mit verflixt vielen Unbekannten. Denn mit dem Ausfall eines Wagens standen nicht 3000 Mark auf dem Spiel, sondern 10000. In drei Monaten sind die Autos verkauft, machte mein Vater mir Mut. Und mit dem Gewinn wird dann richtig groß ins Autogeschäft eingestiegen. Dem künftigen Leben als Millionär stand nichts mehr im Weg …

Die Wagen wurden verschifft, und dann herrschte Funkstille an der Autofront. Wir konnten nur hoffen, dass die Vehikel ihr Ziel heil erreichten. Die Bank meines Vaters hoffte mit: Sie hatte insgesamt 50 000 Mark für den Autohandel vorfinanziert. Die Spedition, die die Wagen nach Afrika verschiffte, hatte meinen Vater Wechsel unterschreiben lassen, die drei Monate später zur Zahlung fällig waren. Hier lauerten weitere 25 000 Mark.

Dann kam das Telegramm aus Nigeria: Johns Bruder Moses, der unerlässliche Helfer beim Autohandel vor Ort, liege im Sterben, John müsse sofort kommen. Und weg war er. Mit weiteren 25 000 Mark, die die Bank uns lieh, um die Autos sicher aus dem Zoll zu bekommen und herrichten zu lassen.

Ursprünglich hatte ich mit diesem unsinnigen Autohandel nichts zu tun. Trotzdem machte ich ihn mit jedem Tag des Wartens mehr zu meiner Angelegenheit. Ich fühlte mich für Johns Tun verantwortlich. Jeder Schritt, den Vater mit hängenden Schultern schlurfte, drückte auf meine schuldbeladene Seele. Wenn sich die Autos nicht verkaufen ließen, wären wir ruiniert gewesen.

Von John kam keine Nachricht. Anrufen konnten wir nicht – er war abgereist, ohne eine Telefonnummer dazulassen. Was wir hatten, war ein Zettel, auf den er ein paar Worte gekritzelt hatte – die Adresse seines Vetters irgendwo in Lagos. Ich schickte ein Telegramm an den Vetter: *John, ruf sofort an!* »Sofort« ist in Afrika ein sehr relativer Begriff. In diesem Fall bedeutete er zwei Wochen, in denen ich bangte und kaum noch schlief. Eines Nachts um eins schrillte das

Telefon. Durch das Rauschen der Leitung drang Johns Stimme – von ganz weit her.

»Hi! Hello? Ilona? Hier ist John!«

»O Gott, John! Wo bist du? Bist du okay?«

»Ja, ja. Geht es den Kindern gut?«

»Ja, alles okay. Was ist mit den Autos? Hast du sie verkauft?«

»Die Autos? Was soll mit den Autos sein?«

»John! Sind sie verkauft?«

»Die stehen im Zollhafen.« Dabei musste mein Vater eine Woche später 75 000 Mark zurückzahlen! »Ilona, es gibt ein Problem mit den Autos.«

Ich war der Ohnmacht nahe. »Was ist mit deinem Vetter beim Zoll?«

»Er ist nicht mehr beim Zoll. Ich brauche noch Geld, um die Autos aus dem Zoll zu bekommen.«

»Du hast doch 25 000 Mark mitgenommen!«

»Ilona, mein Bruder Moses ist sehr krank. Ich muss den Medizinmann bezahlen. Sag deinem Vater, er muss noch Geld schicken.«

»Er hat keins mehr!«

»Du brauchst Geld, um Geld zu verdienen, Ilona.«

»Wie viel denn noch?«

»Ich glaube, 10 000 Mark werden reichen. Aber vielleicht wären 20 000 besser.«

»John, willst du Autos verkaufen oder Medizinmänner reich machen?«

»Ilona, bitte reg dich nicht auf. Zwei Autos sind beim Ausladen beschädigt worden. Sie müssen repariert werden.«

Die Leitung brach zusammen. Und ich auch. Ich sank einfach zu Boden. Als meine Mutter nachts um drei aufstand, um sich aus der Küche etwas zu trinken zu holen, fand sie mich so vor. Nein, geheult habe ich eigentlich nicht, jedenfalls nicht bewusst, nur geschrien, leise in mich hinein. Auf dem Weg nach draußen müssen wohl Tränen daraus geworden sein. Man kann ja nachts um eins nicht vor Wut losbrüllen. Ich hätte die Kinder geweckt.

Autos sind zum Fahren da. Und die Beziehung zu einem Mann setzt Vertrauen voraus. Das ist meine Überzeugung bis heute. Obwohl ich gegen beide Ansichten verstieß, war im März 1981 klar: Ich fliege nach Nigeria, um die Sache in Ordnung zu bringen. Denn ich habe noch ein Prinzip: Ich lasse niemanden im Stich, schon gar nicht meinen Vater, so gespannt das Verhältnis zu ihm auch war.

Aber auch Papa war ein Dickkopf. »Ilona, du fährst nicht allein nach Afrika! Es geht schließlich um mein Geld, das John da unten aus dem Fenster schmeißt. Ich komme mit.«

»Aber du sprichst kein Wort Englisch!«, mahnte ich vergebens.

Als John zum verabredeten Zeitpunkt brav anrief, informierte ich ihn, dass wir kämen und wann er uns abholen solle. Da meinte John: »Oh, gut, dass ihr kommt. Bringt ein paar Kleinigkeiten mit, um Freunde zu machen.« Kleinigkeiten? Ein schwerer Ballen goldenen Brokatstoffes sowie zwei riesige Stoffballen mit österreichischer Stickerei. Mein Vater fuhr extra 300 Kilometer nach Dornbirn in Österreich. Er wollte sich ja nicht lumpen lassen. Das Motiv der Stickerei: Mercedes-Sterne, laut John der letzte Schrei auf dem nigerianischen Modemarkt. Am nächsten Tag brachte Quelle noch ein gigantisches Paket voll güldenem Krimskrams: Aschenbecher, Vasen, Tellerchen, Kerzenleuchter. Ein Flohmarkt für den Afrika-Export.

Diesmal nahm ich den Kredit auf: 15 000 Mark, 10 000 für die Autos, 5 000 kosteten die Lufthansa-Flüge. Wir mussten Businessclass nehmen, denn auf Plätze in der günstigeren

Touristenklasse hätten wir wochenlang gewartet. Mein Vater war auch nicht der Typ, der mit einem Billigticket reist. Er war ein Mann von einem Meter achtzig und wog damals 125 Kilo. Ein Mann mit Einlegesohlen in den Gesundheitsschuhen, wollenem Trachtenanzug und Filzhut mit Gamsbart. Er wollte eben was hermachen. Um einen Kredit bei einer oberbayerischen Bank zu ergattern, war das vielleicht der richtige Aufzug. Doch so stieg er auch ins Flugzeug nach Afrika.

Reise ins Ungewisse

Die Lufthansa-Maschine wurde weit draußen in Lagos auf dem Rollfeld des Murtala Mohammed Airport abgestellt. Bis zu diesem Zeitpunkt war es mir egal gewesen, ob ich in Island oder Sibirien Vaters undurchdachte Geschäfte hätte retten sollen. Ich bin nicht nach Afrika geflogen, um Abenteuer zu erleben oder mir den Duft der großen weiten Welt um die Nase wehen zu lassen. Ich war eine Frau von 27 Jahren, auf die zu Hause zwei kleine Kinder und ein Berg von Schulden warteten. Trotzdem vollzog sich schon in diesen ersten Minuten, während wir an der geöffneten Türe warteten und schwitzten, eine unerklärliche Veränderung in mir. Die süßlich aromatische Luft, der der Geruch von Kerosin beigemengt war, strömte in die Kabine. Ein geradezu stimulierend aufregender Duft, der meinen Puls beschleunigte. Es war dieser unbekannte Geruch, der mir die Dimension meiner Reise ins Ungewisse klar machte. Ich war in Afrika!

Papa steckte meine Erregung keineswegs an. Da er Mantel und Hut trug, dauerte es keine zwei Minuten, bis er schweißgebadet war. Ich glaube, Papas grauer Filzhut machte mir bewusst, dass in Afrika alles unvorstellbar anders war: Vor der Passkontrolle wollte er ihn wieder aufsetzen, doch durch die feuchtwarme Hitze war das graue Filzding um zwei Nummern eingelaufen. Papa wirkte wie der Aushilfsclown eines Zirkus. Trotzig behielt er sein geschrumpftes bayerisches Stammessymbol auf dem schweißnassen Kopf.

Wir befanden uns in einer Schlange von Menschen, die sich langsam auf den Einreisebeamten zubewegte. Ich die überflüssige Garderobe über dem Arm, in jeder Hand eine große Tasche. Mein Vater mit Anzug, Mantel, Hut, links den Koffer mit dem güldenen Nippeszeug, obenauf ein paar Hemden und Krawatten, und rechts den schönen Aktenkoffer, auf den er so stolz war, weil er sich beim Öffnen so toll auseinander fächerte.

Ich hielt meinen Pass und meinen Impfpass parat. »Papa, hast du deine Pässe?« Statt einer Antwort griff er – mit der Geste großer Männer – in die linke Brusttasche des Anzugs. Voilà, der Pass. Er runzelte die Stirn, hielt den Pass mit den Zähnen fest, fühlte – schon wesentlich unsicherer – noch mal nach. Fehlanzeige. Kein Impfpass. Ich sagte nichts. Ich wusste, dass man uns ohne Impfpass nicht ins Land lassen würde.

Problemlos passierten wir den Einreisebeamten, schoben uns zum Gesundheitsbeamten weiter. Vater tastete in den anderen Sakko- und Manteltaschen. Dann blieb er stehen, mitten in der von hinten nachdrängenden Menschenmenge. »Ist bestimmt im Aktenkoffer«, sagte er, drehte an den Zahlencodes des Koffers, ließ die Verschlüsse schnappen. Irgendjemand stieß prompt von hinten gegen ihn, und der Koffer klappte auf, die fein säuberlich geordneten Dokumente purzelten wild durcheinander auf den Boden. Zwanzig Hände griffen hilfreich danach. Vaters Hut kullerte davon, der Schweiß tropfte. Wir rafften das ganze Papierzeugs schnell zusammen, bevor es jemand mit der Hilfe übertreiben konnte. Durch diese Radikalinventur des Kofferinhalts wurde klar: Der gesuchte Impfpass hatte die Afrikareise verpasst.

»Ich glaube, er liegt zu Hause auf dem Bett. Der war doch in dem großen Koffer, und den hab ich noch mal umgepackt.« Nun wusste er's wieder.

Der Gesundheits-Beamte fertigte mich ab. Man sah es ihm richtig an, wie er sich auf den korpulenten reichen Weißen freute, der nichts vorzuweisen hatte. Es dauerte keine fünf

Minuten, und Vater hatte weniger zu tragen. Ein vergessener Impfpass? Macht einen halben Koffer voll vergoldetem Quelle-Nippeszeugs, das unter dem riesigen Tresen des hilfreichen Beamten verschwand.

Wir holten die Koffer vom Gepäckband. Lauter freundliche Nigerianer boten ihre Hilfe an. Papa schwitzte. Wenigstens von seinem Schrumpfhut trennte er sich endlich. Ein Sechsjähriger freute sich darüber – so klein war das Filz-Gamsbart-Hütchen inzwischen.

Ab zum Zoll. In den vielen großen Koffern ist wirklich nur Privates? Aufmachen! Mit zwei großen Ballen österreichischer Stickerei waren wir angekommen. Nach dem Zoll war es nur noch einer. Für den anderen und den dicken Brokatstoffballen mussten wir trotzdem Zoll zahlen. Natürlich ohne Quittung!

Doch so schnell wollte ich mir meine gute Laune nicht vermiesen lassen. Von allen Seiten drangen Stimmen auf uns ein. Jeder Zweite war Taxifahrer, jeder Dritte bot uns Geld zum Schwarzumtausch an, einige wollten Hotelbetten loswerden, manche Uhren und Schnitzereien, die ich fasziniert bestaunte. Während Papa motzte, sah ich in die freundlichen Gesichter, die mich anlachten. Das war also Afrika – ein quirliger Mix aus fröhlichen Menschen, die sich über unsere Ankunft freuten.

Ich erkannte John erst auf den zweiten Blick. Keine weiten Schlaghosen, kein Hemd aus falscher Seide. Nein, das war ein Herr aus Afrika. Mit seinem dreiviertellangen bunten Hemd und dazu passender Hose strahlte er Würde und Selbstbewusstsein aus, verteilte Nairas an Helfer, die die Koffer zum Parkplatz schleppten. Sogar mein Vater war von diesem Auftritt beeindruckt. Leider hielt sein Respekt nur an, bis John unsere Karawane vor dem Auto anhielt, das zu unserem Transport vorgesehen war. Vater sah sich um, ob vielleicht noch ein weiterer Wagen eingeplant war. Nein, der da war's: ein blauer VW Käfer. Nicht unbedingt das richtige Beförderungsmittel für Vaters zweieinhalb Zentner, die großen Koffer und mich. Wenigstens fehlte der Beifahrersitz – fürs Gepäck. Wir kamen nach hinten, die großen Koffer nach vorn.

Auf der Fahrt zog ich den Kopf ängstlich immer tiefer zwischen die Schultern und spähte sorgenvoll an den Koffern vorbei nach draußen, während John sich unerschrocken einen Weg durch das nächtliche Chaos aus rasenden gelben Riesenbussen, überladenen Minibussen und stinkenden Lastwagen bahnte. Alles, was an Fenstern zu öffnen war, stand offen. Viel war das nicht – alte Käfer hatten nun mal hinten keine Fenster, die man öffnen konnte. Ich schwitzte mit Vater um die Wette, die Klamotten klebten, der Kopf brummte. So heiß konnte es doch nicht mal in Afrika sein! Hier stimmte irgendwas nicht! Und dieser Gestank!

»John, machst du bitte die Heizung aus? Es ist verdammt heiß hier drin.«

Die Autos, die an uns vorbeifuhren, hupten. Ich warf einen Blick nach hinten aus dem Fenster. Hinter uns war Nebel. Nebel? Quatsch! Das war Qualm! Und der Gestank – das war nicht Afrika, das war Wolfsburg! »John, halt an, das Auto brennt!«

Vielleicht hätte ich nicht so brüllen sollen. John Verriss das Lenkrad, der Käfer schlingerte, Vater und ich knallten mit den Köpfen gegeneinander. Lautes Gehupe, Bremsen quietschten. Irgendwann stand der Wagen auf dem Seitenstreifen der Autobahn. Raus, nichts wie raus. Vorne die ganzen Koffer, schwere Dinger, John mühte sich. Und das dauerte. Dann versuchte Papa rauszukrabbeln. Ich schob und drückte von hinten, John zerrte von vorn. Schließlich standen wir auf der Straße. Gestrandete in der Nacht, inmitten ihrer Habseligkeiten.

Erstaunlicherweise hatte John urplötzlich einen Feuerlöscher zur Hand, krabbelte in den Wagen hinein, es qualmte und zischte. Hustend und prustend tauchte John aus dem Auto auf, schmiss das verkokelte Sitzpolster auf die Straße und murmelte was von durchgeschmorter Batterie.

Bevor wir's uns versahen, fuchtelte John mit den Armen in der Luft herum, ein Taxi hielt (ging hier, trotz Autobahn), John rief: »Passt aufs Gepäck auf!« – und war verschwunden.

Meine erste Nacht in Afrika, und ich stand mit meinem schimpfenden Vater zwei Stunden lang an der Autobahn, zitternd vor Angst. Ob's hier Straßenräuber gab? Die vorbeirasenden Wagen – viele fuhren ohne Licht – deckten uns regelmäßig mit einer Staubwolke ein. Vater hustete, japste nach Luft, klagte abwechselnd über Durst und Hunger. Irgendwann hielt ein Wagen. Gott sei Dank – John. Dieses Gefährt hatte immerhin zwei Vorteile: Erstens brannte es nicht, zweitens hatte Vater einen luftigen Platz zum Mitfahren erwischt. Johns Ersatzwagen war nämlich ein Kleinlaster, und Vater saß samt Gepäck auf der Ladefläche.

Nach kaum einem Kilometer Fahrt trafen wir zum ersten Mal auf das nigerianische Militär: Straßensperre. Die Soldaten taten uns nichts. Im Gegenteil: Wenn sie nicht da gestanden hätten, wäre unser Schiffbruch auf der Autobahn nicht so glimpflich verlaufen. Ihre Anwesenheit hielt die Straßenräuber fern.

John fuhr trotz Schwiegervater und Koffern auf der Ladefläche mit atemberaubendem Tempo und testete die Stoßdämpfer an so ziemlich jedem Schlagloch. Irgendwann waren wir in einem Viertel mit gutgeteerten kleinen Straßen, auf denen lauter kaputte Autos standen. Die Scheinwerfer erfassten einen buntgestrichenen Bungalow, vor dem die Fahrt zu Ende war. Aufatmen. John hupte. Es war stockfinster, als wir endlich bei Chief Bole ankamen, einem Vetter von ihm. Eine dicke Frau kam mit einer Kerosinlampe in der Hand heraus in die vollkommene Dunkelheit. Der beißende Gestank nach Fäkalien nahm mir den Atem. Dass die Kanalisation überirdisch und offen neben der Straße verlief, entdeckte ich, als ich vorsichtig über zwei Bretter ins Haus lief.

Bole war weder Vetter noch Chief, sondern ein entfernter Verwandter Johns. Verglichen mit den übrigen vielen Vettern, die ich noch kennen lernen sollte, machte er richtig Geld. Ausgerechnet mit jenen Geräten, die das Überleben des blauen Käfers gesichert hatten – Feuerlöscher! Vetter Bole war ein kleiner, dürrer Mann in den Sechzigern, freundlich, mit wachen Augen. Sein Haus lag in einer besseren Wohngegend, verfügte aber leider nicht über eine Klimaanlage. Was allerdings nicht weiter ins Gewicht fiel, da die Stromgesellschaft NEPA den Strom ohnehin abgestellt hatte. Was auch die Ventilatoren an der Ausübung ihrer Arbeit hinderte ... Dauernder Versorgungsengpass in einem der ölreichsten Länder der Erde. Ich sollte bald erfahren, wie Nigerianer NEPA übersetzten: »*Never expect power again*« Erwarte niemals wieder Energie). Im vom Notstromaggregat erzeugten Licht stellte ich fest, dass wir nunmehr keine Weißen mehr waren, sondern Rote: Die Staubdusche auf der Autobahn hatte deutliche Spuren hinterlassen.

Ein paar Jungs balancierten unsere Habseligkeiten auf den Köpfen ins Haus. Sie türmten das Gepäck im Wohnzimmer auf, das sich allmählich mit lauten, fröhlich schwatzenden Fremden füllte. Ich stupste John an: »Sind die unseretwegen da?«

John druckste herum: »Ihr habt doch die Geschenke mitgebracht?« Der Flohmarktnippes und die teuren Stoffe ... Mir kam die vage Überlegung, ob Taxi und Hotel angesichts des durchlittenen Martyriums nicht billiger gewesen wären, als die Gastfreundschaft des Chiefs auf diese Weise zu entlohnen.

Chief Bole war ein zuvorkommender Mann, doch mit Knödeln und Schweinshaxe konnte er nicht dienen. Seine Frau, die gut und gerne den doppelten Körperumfang Boles hatte, servierte Reis, *garri* und rote Bitterleaf-Soup. Vater häufte sich einen dicken Schlag Reis auf, verzichtete auf die Breipampe namens *garri* und griff zum Schöpflöffel, um sich rote Fleischsauce draufzutun. Er brauchte nur den Dampf der Sauce einzuatmen, um einen Hustenanfall zu bekommen. Kein Wunder, zu Hause meckerte er schon, wenn ich mal Curry ins Essen tat, und Curry ist nichts gegen die nigerianische rote Cayenne-Pfeffer-Sauce. Behutsam schob Papa das nicht angerührte Essen von sich.

Gastgeber Bole verfolgte jede Bewegung des großen weißen Mannes mit wieselflinken Augen und schickte seine Frau nach draußen. Kurz darauf kam sie wieder – mit Trockenfischsuppe. Du meine Güte! Mein Vater hatte nicht mal was für Fische im Zierteich übrig, von essbaren ganz zu schweigen. Er schaffte es nicht mal, den Anstands-Probierhappen runterzuwürgen. Schließlich flüsterte er mir zu, ob man denn nicht vielleicht in ein Restaurant …?

Dann fiel Vaters Blick auf die auf dem Tisch stehende Wasserkaraffe. »Ilona, ist das Wasser abgekocht?«

Ich leitete die Frage, ins Englische übersetzt, freundlich lächelnd an Chief Bole weiter, was den trotzdem nicht zu einem Nicken bewegen konnte. Papa blieb durstig. Ich fühlte mich zunehmend unbehaglicher in meiner unfreiwilligen Rolle als Vermittlerin zwischen Afrika und Europa. Wo ich doch selbst kaum durchblickte! Geprüft durch die Ehe mit John, konnte man mich zwar nicht mit teuflisch scharfer Nigeria-Sauce schocken, aber auch ich wartete vorsichtshalber, bis nach dem Essen Bier und 7 up-Limonade gereicht wurde.

Der Chief schien den desolaten Zustand meines Vaters nicht zu bemerken. Unverdrossen versuchte er, Konversation zu machen. Es ging natürlich um Autos. Denn John hatte mächtig angegeben, behauptet, mein Vater habe fantastische Verbindungen zu den deutschen Autokonzernen, vor allem zu Mercedes. Schließlich war Vater ja als Autohändler hier, gewissermaßen jedenfalls. Und John brauchte einen guten Grund, um seinem Vetter zwei Deutsche als Gäste ins Haus zu schicken. Ob Vater mit Chief Bole nicht in den Autohandel einsteigen wolle? Vater machte große Augen: Was denn, noch mehr Autos?! Wo er die zehn noch nicht mal verkauft hatte!

Stinksauer und hungrig ging Vater ins Bett. Ich hörte ihn in der Kammer, die man ihm zugeteilt hatte, rumoren. Nach einer Stunde stand er rotgesichtig und schnaufend vor mir: »Ilona, es ist zu heiß. Ich glaube, ich ersticke.«

Chief Bole schleppte mit mir eine Matratze auf die Terrasse, drapierte ein Moskitonetz drüber. Für John und mich stand nur ein gemeinsamer Raum zur Verfügung. Mit einem gemeinsamen Bett. Alles andere hätte seine Position Vetter Bole gegenüber erheblich geschwächt ... Glücklicherweise ersparte John mir in der ersten Nacht die unangenehme Diskussion darüber, dass der Verkauf von Autos nicht automatisch eine brachliegende Ehe zu neuer erotischer Leidenschaft beflügelt. Aber mir war klar, dass John meine Trennungsabsichten ignorieren würde.

Am nächsten Morgen sah Vater aus wie roter Streuselkuchen. Die Matratze war zu schmal, das Netz hatte an ihm geklebt, die Moskitos am Netz. So waren sie trotz der gut gemeinten Vorsichtsmaßnahme doch an sein leckeres Blut gekommen. »Ilona, ich will in ein Hotel! Noch mal überlebe ich so eine Nacht nicht.«

Vaters Auszug aus Boles Haus verdüsterte dessen Stimmung erheblich. Wie sollte er mit dem wichtigen deutschen Mann Geschäfte auf die Reihe bringen, wenn der nicht seine Gastfreundschaft in Anspruch nahm?

Zwei Stunden lang kurvten wir – Chief Bole lieh uns einen Peugeot, natürlich mit Feuerlöscher – durch den Stadtteil Ikeja, bis wir endlich ein Hotel fanden. Für 500 Mark bekam man Anfang der achtziger Jahre in Berlin im Kempinski oder in München im Vier Jahreszeiten ein ganz anständiges Zimmer. Für diese Summe ergatterte mein Vater in Lagos-Ikeja ein Zimmerchen, immerhin mit Klimaanlage. Wir hatten vor, 14 Tage zu bleiben. Am Ende hielt Vater es zehn Tage in Nigeria aus. Das machte 5000 Mark, plus zwei Mahlzeiten – europäisch, natürlich – für 200 Mark am Tag. So schnell waren weitere 7000 Mark weg.

Zwei Tage nach seiner heißen Flughafenfahrt war der hellblaue Käfer bereits wieder einsatzbereit. Ich fragte mich inzwischen, warum wir ausgerechnet Autos in eine Stadt einführen mussten, in der es ohnehin bereits Millionen Autos gab. Wer es sich leisten konnte, hatte nämlich zwei: eines mit einer geraden Anfangszahl auf dem Nummernschild, eines mit einer ungeraden. Die Regierung hatte gehofft, die verstopften Straßen der Millionenmetropole Lagos zu entlasten, wenn an bestimmten Tagen nur Autos mit gerader Zahl und an anderen nur solche mit ungerader Zahl auf dem Nummernschild fahren durften.

Die Luft ist giftigblau mit Autoabgasen verpestet. In dieser Luft verbrachte ich viel Zeit: eine Stunde Fahrt, um Vater vom Hotel abzuholen, dann zwei Stunden zum Hafen und zwei zurück, wieder zum Hotel und anschließend zum Haus vom Chief. Heute mit dem Käfer, morgen mit einem Peugeot. Je nach Nummernschild …

Der Beifahrersitz war wieder eingebaut. Vater saß vorn und

malträtierte die Fensterkurbel des Käfers. Entweder war es ihm draußen zu abgasmiefig oder drinnen zu stickig. Ich saß auf dem Rücksitz und schwitzte vor mich hin. Die zeitraubende Make-up-Prozedur am Morgen hatte ich mir bald abgewöhnt. Das Zeug zersetzte sich schon in seinen Behältnissen in eine Mischung aus öliger Flüssigkeit und Klumpen.

Das Zollgebäude am Hafen: Ein Ventilator rührte die Deckenluft um, ein ockergelb lackierter Tresen, dahinter eine turbangeschmückte Schwarze, die ihre Nägel lackierte. Ob wir den Zollbeamten sprechen könnten? Sie sah auf. Ihr Blick wanderte von John zu Vater, zu mir, zurück zu John, dann wieder auf ihre Nägel. Schließlich sagte sie: *»Master here tomorrow.«*

»Was sagt sie?«, fragte Vater.

»Ihr Chef ist morgen da.«

»Frag sie, wann.«

Ich übersetzte. Die Dame blickte mich lange an. Überlegte. Antwortete.

»Was sagt sie?«

»Am Nachmittag.«

»Der Nachmittag ist lang. Wann, Ilona?«

Sie blickte mich wieder an, dann meinen Vater, dann fragte sie mit einem Blick zur Decke den Ventilator um Rat, erwiderte schließlich: *»Four …«*

Okay, sagte Vater tapfer, wir sind morgen um vier wieder hier. Am nächsten Tag um vier das gleiche Spiel. Diesmal störten wir bei der Zeitungslektüre.

»Master here tomorrow.«

»Frag sie, wann, morgen ist lang.«

Am nächsten Tag standen wir um neun Uhr morgens vor der Dame. *»Master here tomorrow.«* Mein Vater hatte mich vorher gewarnt, dass er ihr den schönen schwarzen Hals umdrehen würde, wenn sie wieder mit *»tomorrow«* anfangen würde. Ich kam ihm zuvor, holte zwei Fünfzig-Naira-Scheine aus der Handtasche, legte sie sorgfältig vor ihr auf den Tresen.

Unglaubliches geschah: Sie stand auf und verließ den Raum, ihr mit viel buntem Stoff drapierter Hintern wackelte beeindruckend. John glotzte ihr nach. Ich hatte das Gefühl, er war nur mitgekommen, um dieser Demonstration weiblicher Bewegungsfähigkeit beizuwohnen.

Und siehe da – der »Master« erschien. Ich glaube, wenn ich nicht auf die Idee mit dem Geld gekommen wäre, hätten wir noch wochenlang dorthin fahren können, um *»Master here tomorrow«* zu hören.

Der Master dagegen hielt sich nicht lange mit Vorreden auf. 1500 Naira sollte jedes Auto an Zollgebühren kosten. *»And you need for each car a different passport.«*

»Was sagt er?«

Ich sah mich nach einer Sitzgelegenheit um, damit Vater sich anschließend von dem Schock erholen konnte. Kein Stuhl da. Also: »Wir müssen für jedes Auto, das wir einführen, einen anderen Reisepass vorlegen.«

»Ilona, gib mir einen Stuhl, mir wird schwindlig.«

Ich erinnerte mich an die hundert Naira für die träge Sekretärin und versuchte mein Glück: Ob er die Autos gesehen habe? Master Tomorrow war nicht von gestern. Er grinste sehr freundlich. Wenn wir auf den Mercedes verzichten könnten … Wir gingen raus, immerhin war die Luft draußen etwas besser. Wenigstens überlagerte ein bisschen Meerluft den Ölgeruch. Wenn man schon »Urlaub« in Afrika macht …

Langsam zeigten die Unbekannten in unserer Auto-Rechnung also ihre Gesichter. Ich erklärte meinem Vater, dass wir uns von einem der beiden Mercedes trennen müssten, um die Wagen überhaupt aus dem Zoll rauszubekommen. Papa wollte die Autos sehen. Wir kehrten zurück zu Master

Tomorrow, der uns freundlicherweise zu den abgestellten Wagen begleitete. Wir liefen quer durch den Hafen, als uns eine große Anzahl von Schwarzen begegnete, die von oben bis unten weiß waren, als wären sie gepudert.

»Was haben die gemacht?«, fragte ich John.

»Schiffe entladen.«

»Was ist das für ein weißes Zeugs?«

»Ich glaube, das ist Düngemittel.«

»Was denn, ohne Schutzkleidung und Atemschutz? Die Männer tragen nur Shorts. Ist das Düngemittelzeug nicht gefährlich?« John zuckte die Schultern. »Und was bekommen sie dafür?«

»Etwa zwanzig Naira in der Woche.«

Solche Ungerechtigkeiten machen mich wütend. Ich dumme Ziege hatte hundert Naira ausgegeben, nur damit eine Sekretärin ihren Chef rief. Dafür mussten diese Männer sich unter Einsatz ihrer Gesundheit fünf Wochen lang abplagen! Ob die faule Sekretärin wenigstens mit einem der armen Kerle die Hütte teilte? Dann wären meine 200 Mark fürs Chef-Rufen vielleicht dem Richtigen zugute gekommen. Eine vage Hoffnung, zugegeben. Aber irgendwann schwant dir als weißem Fremdling, dass du alles nur falsch machen kannst – einfach weil du an einem Ort bist, wo du nicht hingehörst.

Ein hoher Zaun, dahinter Autos. Wir erkannten unsere zehn nicht ohne weiteres wieder. Und wenn wir nicht Zehntausende Mark in diesen Haufen Altblech investiert hätten, dann hätte ich mich umgedreht und veranlasst, dass die Karren verschrottet werden. Denn nach mehr als nach Schrott sahen sie nicht aus. Von den neuen Lackierungen, mit denen wir jeden Wagen für jeweils 1 000 Mark verschönert hatten, war nicht mehr viel zu erkennen. Flugrost nennt man das wohl. Vater streichelte die Autos liebevoll. Master Tomorrow sah genau zu.

»Ilona, sieh dir das mal an«, rief Vater plötzlich und verschwand. Ich fand ihn gebückt vor einem der Peugeots. Breite Druckstellen verliefen hinter den vorderen und vor den hinteren Kotflügeln, der Lack war bis aufs Blech abgeschabt.

Rost.

»Das kommt vom Entladen. Die Seile«, erklärte John. Ich blickte ihn entgeistert an. »Ist auch an dem grünen Peugeot da drüben«, fügte er hinzu. Wir sahen uns auch dort die Bescherung an.

Wieder ein Schreckensschrei von Vater: »Ilona, der Peugeot da drüben! Der hat ja keine Räder mehr. Der ist ja bloß aufgebockt!«

Und dann sahen wir genauer hin: Hier fehlten die Räder, fast kein Wagen verfügte mehr über Scheibenwischer, meistens waren die Spiegel abmontiert, aus einigen hatte man die komplette Beleuchtungsanlage entfernt.

»Okay, er soll seinen Mercedes haben. Wenn die Wagen hier noch länger stehen, können wir sie gar nicht mehr verkaufen.« Vater hatte seine Lektion schnell gelernt und Master Tomorrow kein anderes Ergebnis unserer Besichtigungstour erwartet. »Frag ihn, ob wir die Autos jetzt gleich mitnehmen können.«

Ich hatte zwar meine Zweifel, dass es so einfach gehen würde, übersetzte aber brav.

Ein freundliches, breites Grinsen war die Antwort. *»Do you have your licences?«*

Zack, die nächste Hürde! Lizenzen? Wofür?

John erklärte es uns: Die Regierung hatte, um zu verhindern, dass immer mehr nigerianisches Geld ins Ausland abfloss, Einfuhrlizenzen verhängt. Pro Nigerianer ein Auto – im Jahr. Wir waren nur ein Nigerianer – und hatten zehn respektive neun Autos. Unverdrossen fragte ich, wie lange es denn dauere, diese Lizenzen zu bekommen. Drei Monate! Wie sollte ich das meinem Vater beibringen?

Wir fuhren zurück nach Ikeja. Im Auto sagte ich es meinem Vater. Sein Wutanfall überbot an Lautstärke mühelos jedes Autoradio mit Highlife-Musik neben uns im Stau. Ich beschloss, meinen Vater für die nächsten Tage in seinem klimatisierten Hotel zu lassen, um seine Nerven zu schonen. Und meine.

John und ich fanden den für die Einfuhrlizenzen zuständigen Beamten diesmal im ersten Anlauf. Ich hatte ja dazugelernt. Wie es der Zufall wollte, konnte auch dieser Herr noch einen Wagen gebrauchen. Sein Tarif lag allerdings etwas höher als der von Master Tomorrow: Kriegt er ein Auto, bekommen wir die Lizenzen für fünf. Auf gut Deutsch: Insgesamt mussten wir drei Autos »abgeben«, um zehn – theoretisch, wohlgemerkt – herauszubekommen. Tolles Geschäft.

Als ich Vater nach zwei Tagen in seinem Hotel aufsuchte, platzte er schon bei meinem Anblick vor Zorn. Die nigerianischen Einfuhrmodalitäten gaben seinen Nerven den Rest. Ich schlug ihm vor, nach München zurückzufliegen. Helfen konnte er nicht, seine Anwesenheit hier verursachte nur noch mehr Kosten. Er willigte ein. In seinen Augen war ich die Schuldige. Dass John uns den ganzen Mist eingebrockt hatte, auf diese Idee kam er nicht. Leider hatte ich nicht den Mut, ihm gehörig die Meinung zu sagen. Ich fraß meinen Zorn lieber in mich – den Zorn auf Papa, auf John, auf Afrika, auf mich.

Am Flughafen erklärte uns die smarte Lady am Lufthansa-Schalter, dass bedauerlicherweise alle Flüge nach Deutschland ausgebucht seien. Aber sie könne meinen Vater auf die Warteliste setzen. Er müsse sich dann jeden Abend am Flughafen einfinden und sein Glück versuchen. Das machten wir tatsächlich zwei Abende lang. Bis Vaters Nerven endgültig den Dienst versagten und er laut jammernd mitten in der Halle zusammenbrach. Sogar der Chef des Flughafens kam herbeigeeilt, weil alle glaubten, Vater hätte einen Herzinfarkt, was zum Glück nicht der Fall war. Der Flughafendirektor ließ seine Beziehungen spielen, und zwei Stunden später saß mein geplagter Vater in einem Airbus der Nigerian Airways. Vor der Abreise hatte ich ihn gebeten, mich bei meiner Firma in Deutschland krankzumelden. Mein Rückflug sollte in vier Tage gehen.

Vater hatte in seiner Brieftasche noch genau zehn Mark. Das reichte für die Fahrt vom Flughafen nach Hause.

Afrikanischen Boden hat Papa nie mehr betreten.

So seltsam es auch klingt: Mein Vater konnte zur Beschaffung der Rostautos nichts Konkretes beitragen, aber seine Anwesenheit hatte John und mir einen hohen Stellenwert gegeben. Ohne ihn war ich in dieser von Männern beherrschten Welt nur noch die Frau eines Nigerianers, Johns Anhängsel. Mit der Abreise meines Vaters aus Nigeria verloren wir in den Augen von Chief Bole jede Kreditwürdigkeit. Um ihn für seine Gastfreundschaft zu bezahlen, fehlte uns das Geld. Er lieh uns nicht mal den Käfer, denn das wäre einer Investition gleichgekommen. Eine Investition in John und mich? Der mittellose John galt nicht viel, und ich galt weniger als er. Das hatte ich nicht bedacht, als ich meinen Vater heimgeschickt hatte. John und ich zogen noch am selben Abend aus dem Haus von Chief Bole aus. Hatte ich mich ein paar Tage zuvor noch über den blauen Käfer lustig gemacht, so vermisste ich das Ding jetzt umso schmerzlicher. Wenn wir nicht laufen wollten, waren wir auf teure Taxis angewiesen.

Bis es mir vergönnt war, die Schönheit Afrikas zu entdecken, vergingen noch Monate. Was ich jetzt erlebte, empfand ich zunächst als Abstieg. Ich brauchte einige Zeit, um zu verstehen, dass es eine Chance war. Die Chance, ein Land so kennen zu lernen, wie es wirklich ist – nämlich aus der Sicht der Afrikaner. Aber daran dachte ich an jenem Abend nicht …

In Agege, einem der ärmsten Stadtteile von Lagos, hielt das Taxi irgendwo auf einer nicht asphaltierten Straße an. Ich dachte schon, das Benzin wäre uns ausgegangen. Irrtum. John stieg aus, als hätte er nichts anderes vor, als den nächstbesten Haufen Müll neben uns zu untersuchen.

»John, was machen wir hier?«

Er deutete in die Ferne. »Dahinten liegt das Haus.«

Was ich sah, war ein stinkender Fäkaliengraben, der parallel zur Straße verlief, in großen Abständen hatte man lose Bretter zum Überqueren darübergelegt. Jenseits des Grabens rotbraunes, staubiges Land, in großen Abständen schlichte Hütten mit rostigen Blechdächern, mal aus unverputztem Stein, mal aus Lehm, dazwischen Palmen und zerfranste Bananenstauden. Dazwischen jagten nackte Kinder schmutzige Schweine. Und überall Papier- und Plastikreste. Eine unglückliche Mischung aus den Schattenseiten westlicher Zivilisation und urwüchsigem Afrika.

Es begann zu dunkeln. Mein Noch-Ehemann eilte munter voraus, ich mit meinen zwei Koffern hinterher, eine Schar kleiner Kinder im Schlepptau, die *»oi-bo, oi-bo«* riefen. Das schrien sie immer, wenn ich in der Gegend unterwegs war. So wie man den Almkühen eine Glocke um den Hals hängt, damit der Bauer sie wieder findet. Riefen die Kinder *»oibo, oibo«*, wusste John, dass er mit mir rechnen musste, denn *óyìbó* heißt in der Sprache der Yoruba »Europäer« und wird als Synonym für Weiße gebraucht.

Vor einer wellblechgedeckten, lang gestreckten Hütte hatte der Marsch ein Ende. Wir gingen um die Hütte herum, auf den »Hof«. Eine vielfältige Mischung an Gerüchen empfing mich. Über dem stechenden Geruch aus den offenen Fäkalienkanälen hing der süß-schwere Duft der Hibiskusbüsche, dazu kam der Gestank frei herumlaufender Ziegen. Von einem offenen Holzfeuer stieg beißender Qualm auf. Meine

Kleidung klebte auf der Haut, ich schwitzte und fühlte mich völlig fehl am Platze.

Aus der Hütte traten an die zehn Frauen, in deren Mitte mir eine sofort auffiel. Sie überragte die anderen um Haupteslänge, war sehr schlank und viel heller als die anderen. Sie war sorgfältig zurechtgemacht, trug eine Kombination aus einer Bluse und zwei Tüchern aus demselben Damaststoff, von denen sie eines als Rock um die Taille gewickelt hatte, so dass es bis zu den Knöcheln herabfiel; das andere hatte sie sich über die Schultern gelegt. Ihre Haare waren kunstvoll geflochten und in kleinen Zöpfen um den Kopf gelegt. Die tiefschwarzen Augen waren mit Antimon umrandet, ihre Hand- und Fußnägel mit Henna rot gefärbt. Sie mochte höchstens zwanzig sein und war hochschwanger. John stellte sie mir als seine Schwägerin Rhoda vor. Mich präsentierte er nicht etwa als Ilona. Mit meinem Eintritt in seine Welt gab John mir einen neuen Namen: Mama Okeoghene. Okeoghene war der zweite Vorname Janets und bedeutete auf Deutsch »Gottesgeschenk«.

»Es ist in meinem Land unhöflich, wenn du mich mit meinem englischen Vornamen John ansprichst, als ob ich dein Diener wäre. Auch der Name meiner Eltern ist für dich tabu. Nenn mich einfach Papa Ajiri. Schließlich ist Ajiri unser erstgeborener Sohn«, führte John-Papa-Ajiri aus. Ajiri heißt in Johns Sprache »Dem Himmel sei Dank« und ist Bobbys nigerianischer Zweitname.

Die Hütte hatte sechs Räume – einen bewohnte der Hausherr mit seiner schwangeren Frau Rhoda, einen hatte man für uns freigemacht. Jeder der restlichen vier Räume war an ganze Familien vermietet, so dass das Haus etwa zwanzig bis dreißig Bewohner hatte. Das uns zugewiesene »Zimmer« war komplett eingerichtet: ein Metallbett, zwei wackelige Stühle, ein Esstisch sowie eine Holzkommode, deren Schlösser aufgebrochen worden waren. An der Decke eine nackte Glühbirne. Bei näherer Untersuchung unseres Quartiers entdeckte ich in allen vier Ecken Weihrauchgefäße, an den Gardinen hatte irgendjemand mit langen Lederbändern handtellergroße Lederamulette befestigt. Ich berührte sie.

»Fass das nicht an!«, rief John scharf. »Das sind *jujus*. Mach sie nicht ab. Sie beschützen uns.«

Beschützen? Auf jeden Fall beschützten die *jujus* die roteingestaubten Gardinen vor der Waschmaschine, scherzte ich. »Waschmaschine?«, brummte John. »Eine Waschmaschine gibt es nicht.«

Na, das hatte ich ja prima hingekriegt! Zusammen mit einem Mann, mit dem ich eigentlich im Trennungsjahr lebte, saß ich nun in einem Raum von der Anmut eines Gefängnisses, mit der Aufgabe betraut, das Vermögen meines Vaters zu retten.

Ich konnte keinen Schlaf finden und wälzte mich ruhelos auf der Wirbelsäulen-Killer-Matratze herum. John verstand das als Annäherungsversuch, und so rutschte ich rasch an den äußersten Rand des Bettes und zeigte ihm wortlos meine in einen Wrapper gewickelte Rückseite. Beleidigt drehte er sich um.

Irgendwann in der Nacht musste ich auf die Toilette. John schloss die Tür unseres Zimmers auf, und ich sah, dass vor dem Türschloss auch ein *juju* hing. Der Flur des Hauses wurde von einer Glühbirne beleuchtet. Ein langer Gang, auf jeder Seite drei Türen, hinter denen man wummernde Musik oder Kinderlärm hörte. An jedem Ende des Ganges befand sich eine weitere Tür, die mit sechs dicken Schlossriegeln verrammelt war. John schob sie zur Seite, dann sperrte er mit einem Schlüssel auf, und wir traten in die rabenschwarze Nacht. Er gab mir eine Taschenlampe und führte mich zu einem mannshohen, aus Bambusmatten, Seilen und Pfählen gebastelten Versteck. Und machte kehrt.

»He, was soll das sein?«

»Ich denke, du musst mal.«

»Was, hier? Wie denn?«

»Hinhocken.«

Er entfernte sich, und ich betrat die stinkende Höhle der Fliegen. Die »Toilette« bestand aus einem simplen Erdloch, links und rechts ein Brett.

Zwei Minuten später traf ich John am Haus wieder. »Wo kann ich mir die Hände waschen?« John atmete hörbar genervt durch und ging zum Brunnen. Während ich leuchtete, schöpfte er mit einem Eimer Wasser. In der Nähe des Brunnens lag in einer Schale ein Stück Seife. John goss mit einer Blechschüssel Wasser über meine Hände. Erschrocken floh eine wasserscheue Ratte. Mit einem Aufschrei fuhr ich zurück, John erschrak über meinen Schrei, und da hatte mein Wrapper seine nächtliche Brunnentaufe weg.

Inzwischen weiß ich, dass der eigene Brunnen schon einen großen Luxus bedeutet. In jener Nacht aber waren mir solche Zusammenhänge fremd. Ich dachte an mein schönes Bad in München. Und beschloss, hier zumindest in der Nacht nie wieder aufs Klo zu gehen.

Zurück im Zimmer platzierte John wieder das seltsame *juju* vor dem Türschloss. Ich deutete auf das kleine schwarze Beutelchen. »John, das ist doch kindisch. Wovor soll das denn schützen?«

»Das hält Unglück fern.«

Dass man sich in diesem Haus vor Unglück fürchtete, begann ich zu verstehen, als der Hausherr heimkehrte: Moses, der kranke Bruder von John. Er erschien eine Stunde nach Mitternacht, und sein Auftauchen versetzte das ganze Haus in Aufruhr. Er hatte lange und kräftig gegen die verriegelten Türen schlagen müssen, bis ihn jemand hörte, der dann seinen ganzen Mut zusammennehmen musste, um aus seinem Zimmer herauszukommen.

Moses bot das Bild menschgewordenen Elends. Die schwarze Haut grau, eingefallen, zitterte er in der afrikanischen Hitze vor Fieber. Er war aus dem Heimatdorf der Familie Wowo zurückgekehrt, wo er bei einem Medizinmann, einem *babalawo,* Hilfe gesucht hatte. Das Problem war nicht, dass der Buscharzt bei Moses mit seinem Latein am Ende gewesen wäre. Er verlangte nur mehr Geld.

Der Schwager und die *jujus*

Leben ist oft eine Frage des richtigen Timings. Was Johns Bruder Moses betrifft, hatte ich den denkbar schlechtesten Zeitpunkt erwischt, diesen Mann kennen zu lernen. Moses hatte mir unter »normalen« Umständen wohl mit meinen Autos helfen können. So aber wurde ich Zeugin, wie er sich mit aller Kraft gegen einen Todesfluch wehrte. Vergebens.

Moses war das zweitälteste Kind seiner Familie und der älteste Sohn. Die Familie Wowo stammte aus dem Mittelwesten Nigerias und hatte Moses schon mit sechs Jahren nach Lagos geschickt. Dort lebte er in der Familie eines Vetters, wie weitläufige Verwandte allgemein bezeichnet werden. Zwei Jahre lang durfte der kleine Moses die Schule besuchen, bevor er mit acht begann, das Gewerbe seines Vetters zu erlernen.

Im Gegensatz zu dem acht Jahre jüngeren John hatte Moses sich sein Leben zielstrebig aufgebaut: Mit 15 machte er sich selbstständig und hatte bald eine eigene Gartenbaufirma mit Angestellten und zwei Autos. Mit zwanzig heiratete er seine Frau Efe, die fleißig den Wohlstand als Händlerin mehrte. Die beiden bauten sich in Agege das große Haus, in dem ich zu Gast war, und vermieteten Zimmer.

Dann kam der Wendepunkt. Moses war Mitte dreißig, als ihm auffiel, dass er zwar mit seiner Efe fünf Kinder hatte, aber nur Mädchen. Ich tue ihm wohl nicht Unrecht, wenn ich unterstelle, dass es ihm bei Rhoda nicht allein um die Vermehrung seiner Gene in Gestalt kräftiger Knaben ging: Rhoda war eine Schönheit. Und sie war 15 Jahre jünger als Efe, die fleißige Mutter seiner fünf Töchter. So heiratete Moses auch

Rhoda, die in dem lang gestreckten Flachdachbau ihr eigenes Zimmer bekam, während Efe mit den fünf Mädchen in einem Zimmer lebte. Efes Familie wohnte in einem Dorf fünfhundert Kilometer östlich von Lagos, und dorthin fuhr sie, um Ratschläge einzuholen, wie mit dem treulosen Moses umzugehen wäre.

Nach ein paar Monaten kam Efe nach Lagos zurück. Rhoda, die schöne Nebenbuhlerin, hatte mit Moses fleißig für männlichen Nachwuchs geübt. Mit Erfolg: Sie war schwanger. Doch Efe schien sich nicht abschrecken zu lassen. Sie verwöhnte ihren Moses mit seinen Lieblingsspeisen und zeigte ihm ihre Liebe ganz unverhohlen. Efes Taktik trug Früchte: Auch sie wurde wieder schwanger.

Nur eines machte Moses stutzig: In ihrem Zimmer hatte Efe eine Kommode, die sie jetzt sorgfältig verschlossen hielt. Als Moses den Schlüssel dazu forderte, wurde sie wütend. Etwa um die Weihnachtszeit – just in den Tagen, als John bei uns in Bayern auftauchte – bereitete Efe ihrem Moses ein großes Festmahl zu. Nur für ihn allein. Der Erfolg war enorm: Von diesem Tag an hatte Moses Schwierigkeiten, auf die Toilette zu gehen. Während seine beiden Frauen immer runder wurden, nahm Moses rapide ab, fühlte sich schwach, hatte Fieber. Bald darauf war er nicht mehr in der Lage zu arbeiten, konnte keine neuen Aufträge für seine Gartenbaufirma heranholen oder seine Angestellten beaufsichtigen.

Moses spürte die Gefahr; er fuhr nach Hause in sein Dorf und bat seinen *babalawo* um Hilfe. John erzählte mir, der *babalawo* habe ein Orakel befragt, das ihm sagte, Moses sei sterbenskrank. Moses schickte einen Boten nach Lagos, der wiederum ein Telegramm nach Bayern sandte. Diese Nachricht holte John nach Nigeria zurück, und von diesem Zeitpunkt an war John das Schicksal seines Bruders wichtiger als unsere Autos.

John und Moses machten sich als Erstes daran, Efes Geheimnis zu lüften, das nach Ansicht des *babalawo* einen ganz eindeutigen Namen hatte – Hexerei. Sie stellten die Beweise in der verschlossenen Kommode sicher – zerstoßene Blätter und Früchte, Pulver, Salbe und Weihrauch. Efe wurde verstoßen und samt Töchtern in ihr Heimatdorf geschickt. Damit sie niemals zurückkehren konnte, wurde der *juju*-Zauberkram am Türschloss und den Gardinen angebracht. Leider machte das Moses nicht gesund. Ebenso wenig wie ein weiterer Besuch beim *babalawo,* von dem er in jener Nacht zurückkehrte.

Die Rücksicht auf Moses' Zustand konnte mich nicht zur Selbstverleugnung bringen: Ich fragte, ob wir uns nicht einen seiner beiden Lieferwagen ausleihen könnten, um die notwendigen Fahrten zu machen. John hatte schon gefragt. Aber: »Es gibt ein Problem. Mit dem einen Wagen holen die Arbeiter die Ziegen aus dem Norden.«

»Ziegen?« Meiner naiven Auffassung nach waren Ziegen der Feind des Gärtners. Aber das war falsch gedacht: Diese Ziegen sollten dem Gärtner Moses und seinem Team helfen – als Opfertiere, damit die Geschäfte besser liefen.

»Okay. Und der andere?«

»Der steht in der Firma.«

»Dann lass uns doch hingehen!«

Zu dritt warteten wir am Straßenrand auf ein Taxi. Moses konnte nicht gerade stehen, hockte schmerzgekrümmt im Staub. Ich hatte die falsche Hautfarbe und befand mich in Begleitung von zwei Männern. Dieses Trio wollte kein Fahrer gern mitnehmen. Und wenn, dann gegen einen völlig überhöhten Preis. Überall tauchten Probleme auf, mit denen ich nie gerechnet hätte.

Moses' Gartenbau-Firma residierte im besseren Teil von Lagos, in Ikeja. Dort erwartete eine Helferin den angeschlagenen Boss – und ein völlig demolierter zweiter Pick-up. Totalschaden. Ein Angestellter hatte sich mit dem Wagen auf den löchrigen Straßen überschlagen.

Die Firma hatte vier Großkunden. Mit einem Taxi klapperten wir sie der Reihe nach ab, um wenigstens die ausstehenden Rechnungen einzufordern. Dabei kam es zu meiner ersten Begegnung mit der GRA, der *Government Residential Area,* jenem Viertel, in dem vor allem Weiße lebten. Ich hätte mir in diesem Augenblick nicht vorstellen können, dass ich bereits wenige Monate später hier selbst eine Villa haben und das Innenleben dieses weißen Ghettos kennen lernen würde.

Als weiße Frau mit zwei schwarzen Männern räumte man uns nicht mal so viel Vertrauen ein, dass eine Haustür richtig geöffnet wurde. Wir standen viermal im Garten, inmitten der von Moses und seinen Leuten prächtig angelegten, bunten Oasen mit Orchideenhainen. Das Ergebnis unserer Tour war niederschmetternd: Master Nummer eins – Firma pleite, Master unauffindbar. Nummer zwei – der Chef war noch einige Wochen lang auf Urlaub in Deutschland. Nummer drei – der Fertigrasen aus England fehlte noch, also kein Geld. Nummer vier – die Angestellten hatten bereits kassiert. Wegen der Ziegen …

An diesem Tag wurde immer deutlicher, dass es mit Moses bergab ging. Er konnte sich keine fünf Minuten aufrecht halten, immer wieder zwangen ihn Darmkrämpfe in die Knie. Mit diesem kranken Gefährten würde ich mein Ziel nie erreichen, und das sagte ich John.

Doch John interessierte sich nicht mehr für rostige Autos, sondern nur noch für seinen todkranken Bruder. Würde Moses sterben, müsste John in dessen Fußstapfen treten. Zur Erinnerung: Moses hatte damals fünf Kinder, und zwei waren unterwegs.

John wollte einen anderen Heiler um Hilfe bitten, einen

richtigen Buschdoktor nahe dem 150 Kilometer entfernten Ibadan. Andeutungsweise hatte ich von den übernatürlichen Kräften der Buschdoktoren vom dort ansässigen Stamm der Yoruba schon gehört. Als unwissende *òyìbó* hätte ich Moses ins Krankenhaus gebracht. Doch das wäre noch teurer gewesen, erklärte John. Und: »Ich glaube auch nicht, dass Moses den Ärzten dort vertrauen kann.« John blickte mich Hilfe suchend an: »Die Fahrt nach Ibadan ist teuer.« 200 Mark. Und noch mal 1000 Mark für den *babalawo*. »Moses ist doch mein ältester Bruder. Es geht um sein Leben. Er würde das auch für mich tun!« Bevor sie verschwanden, baten sie die hochschwangere schöne Rhoda, sich um mich zu kümmern.

Ich musste zum Zoll. Mit öffentlichen Bussen, voll gestopft mit Menschen, die während der Fahrt in dichten Trauben sogar an den Bustüren hingen. Sightseeing der besonderen Art. Draußen erschienen links und rechts der Schnellstraßen flache, wellblechgedeckte Hütten in einem perspektivlos erscheinenden, rostigen Elend. Überall standen alte, kaputte Autos herum. Die Straßen waren übersät mit Schlaglöchern. Hin und wieder lagen verwesende Hunde und sogar manchmal tote Menschen an den staubigen Straßenrändern.

Es ist nicht richtig, an afrikanische Lebensformen den Standard der Industrienationen anzulegen. Man tut es trotzdem. Elend bleibt Elend, relativiere es, so viel du magst. In den Dörfern in der wundervollen, weiten Landschaft, die ich bald kennen lernen sollte, fehlten die Menschen. Hier hungerten sie einem besseren Morgen entgegen. Und hier wollte ich gammelige europäische Autos verkaufen! Vielleicht hätte ich mir in diesem zugigen, klapprigen, stinkenden Bus zum Zoll die Vergeblichkeit meines Vorhabens eingestehen sollen. Einfach sagen, okay, Ilona, hast dich übernommen, das ist eine Nummer zu groß für dich. Aber ich wollte nicht kapitulieren. Sturheit? Weiße Arroganz, die sich anmaßt, mit einer fremden Kultur nach Gutdünken umspringen zu können? Ich bin bestimmt nicht die Einzige, die diesen Fehler gemacht und dafür bezahlt hat.

Letzten Endes ging es noch um sieben Autos, die im Hafen standen. Stolz legte ich dem Zollbeamten die Einfuhrlizenzen für »unsere« sieben Autos vor. Sie trugen als Käufer die Namen von Johns und Moses' vielen, vielen Vettern.

»Sehr gut, dann können Sie die Autos abholen«, sagte der Zollbeamte, nachdem er einen kurzen Blick auf die Papiere geworfen hatte.

Ich lächelte freundlich. »Dann ist ja alles okay.«

»Oh, sicher. Die Frachtpapiere haben Sie dabei, Frau Wowo?«

»Natürlich.« Klar, ich hatte alles dabei. Ich legte sie ihm vor die Nase.

Es folgte ein langer Blick in die Papiere. Er blätterte alle durch. »Die Frachtpapiere sind auf John Wowo ausgestellt«, sagte er lakonisch.

»O ja, natürlich, er ist ja auch mein Mann.«

»Er ist draußen beim Auto? Könnten Sie ihn reinholen, bitte?«

»Warum?«

»Er ist der Importeur und damit der Eigentümer, Frau Wowo«, sagte der Zollmann ruhig.

Das bedeutete, dass Rhoda und ich den ganzen Weg umsonst gemacht hatten. Ich musste meinen Vater anrufen.

Ein Strahlen ging über Rhodas Gesicht. »Das Telegrafenamt ist in Ikoyi auf Lagos Island. Dann können wir gleich zum Markt gehen«, sagte sie. Ich bewunderte ihren unverwüstlichen Optimismus. Ihr schien unsere Odyssee – eine mehrstündige Busfahrt quer durch diese Riesenstadt – nichts auszumachen. Im Gegenteil: Auf dem Markt im Zentrum von Lagos City kaufte sie auch noch üppig ein, bevor wir das

Telefonamt erreichten. Geschickt balancierte sie ihre Einkäufe auf dem Kopf – Schwangerschaft hin, bevorstehende Niederkunft her.

Ich zahlte die Gebühr für ein Gespräch nach Deutschland – und musste warten. Zwei Stunden lang, bis das handvermittelte Gespräch stand. Endlich wurde ich in eine stickige Zelle gerufen. Erneutes Warten. Dann polterte mein Vater los. Berichtete, dass ich fristlos gefeuert worden sei und dass er ein sehr unangenehmes Gespräch mit meinem Boss gehabt habe: »Du hast keine Vorstellung, was hier los ist, Ilona! Ich war bei der Bank … den Wechsel verlängern …, zwanzig Prozent Zinsen, Ilona! Zwaanzig! Plus 2000 Mark Bearbeitungsgebühr … Gangster, ich sag es dir. Aber das ist nicht alles … Ilona … bist du noch dran …?«

Ich hörte geduldig zu. Dass er eine Hypothek aufs Haus aufgenommen habe. Und bereits eine Lösung für unser Problem sehe: noch mehr Autos für Nigeria! Um die Schulden zu tilgen. Diesmal schrie ich ein entschiedenes Nein! in den Hörer und fragte nach den Kindern. Um zu erfahren, dass Janet vom Pferd gefallen war, sich aber nicht ernsthaft verletzt hatte. Und Bobby hatte eine Batterie verschluckt. Das letzte Wort, das ich verstand, bevor die Leitung zusammenbrach, war »Sauerkraut«.

Ich habe mir, während ich – vergebens – auf eine neue Verbindung wartete, den Kopf zermartert, wo der Zusammenhang zwischen Bobby, Batterie und Sauerkraut liegen konnte. Ich habe es erst Wochen später erfahren: Meine Mutter, Krankenschwester aus Berufung, gab dem Jungen zwei Pfund Sauerkraut zu essen. Gottlob mochte er Sauerkraut. Dann setzte sie ihn aufs Töpfchen und wartete, bis es »pling« machte und die Knopfzelle wieder draußen war.

Jeder deutsche Supermarkt, der sich weltläufig geben will, offenbart heutzutage das kaviarartige Innenleben von Papayas, als wären es schwarze Perlen der Natur, sauber und steril auf Plastik gebettet. Welch ein Gegensatz dazu der laute Markt im Zentrum von Lagos! Ein Sinnenfest. Der größte Teil des Angebots ist auf schlichten Ständen unter Holz und Blech ausgebreitet: Die bei uns so kostbaren Papayas liegen in Bergen bereit, daneben Mangos, Bananen verschiedenster Art (die klitzekleinen sind die süßesten), Ananas, Zitronen, helle Maniokwurzeln, dunkle Yamswurzeln, dick wie Baumstämme, große Blechschüsseln voller schwarzer, gelber, roter Bohnen, Linsen oder Erbsen, Mais, Schüsseln voller gelblich braunem *garri*-Pulver (gewonnen aus den geriebenen Maniok-Wurzeln), Erdnüsse in unvorstellbaren Mengen, frisch, geröstet oder in Schüsseln als weiche Erdnussbutter.

Dazwischen Stände, die Trocken- und Frischfisch anbieten oder Fleisch, das oft so frisch ist, dass das Blut in Schalen tropft, wo es gerinnt. Hühner werden in winzige Holzkäfige gesperrt feilgeboten, Ziegen und Hammel warten blökend angeleint auf Käufer. Oder das *bushmeat,* das Fleisch aus dem Urwald: zum Beispiel Hase, Erdferkel oder – Ratte.

Eine bunte Vielfalt, die an einen Garten Eden erinnert, bevölkert mit schwatzenden und lachenden Menschen, die sich mit überschwänglicher Freundlichkeit in die Arme fallen. Unablässig werden Grüße ausgetauscht, und man sieht Frauen oder auch Männer, die ungeachtet des Wirbels ringsum auf die Knie fallen, um einer höhergestellten Person Respekt zu bezeugen. Neben der überbordenden Auswahl an Schätzen der Natur entdeckte ich mit großen Augen die Waren des täglichen Bedarfs: Macheten, Hüte, Petroleumlampen, Autoteile, Stoffe in großer, farbenfroher Auswahl, alte Plattenspieler oder Fahrräder. Im Schatten ihrer Verschläge standen die Marktfrauen in bunten Wickelkleidern und Turbanen, den kunstvoll gewickelten *gelen.* Sie schwatzen in ihren unterschiedlichen, melodiösen Sprachen und Dialekten mit kräftigen Stimmen. Alle laut, alle durcheinander.

Die Vielvölkernation Nigeria offenbart ihre Unterschiede am besten auf dem Markt, dem wahren Schmelztigel der Stämme. Denn natürlich ist schwarz nicht gleich schwarz, es gibt die unterschiedlichsten Tönungen. Die aparten Fulanis aus dem Norden haben die hellste Haut. Unterschiedlich auch die Kleidung: Moslemfrauen sind verhüllt, manche Männer in bodenlange Umhänge gewandet, andere geben sich westlich bis zur Krawatte. Man entdeckt auch Albinos oder Schwarze, die an der Weißfleckenkrankheit leiden.

Gemeinsam scheint ihnen die Liebe zum Goldschmuck, der demonstrativ an Hand, Arm und Hals getragen wird. Wer Geld hat, zeigt es offen. Das mag auf uns protzig wirken; für Nigerianer ist erlangter Reichtum etwas, auf das man stolz ist. Leprakranke ohne Beine bewegen sich auf selbstgebastelten Skateboards durch die Massen. Pechschwarze Bettler flehen um Almosen. Andere schlafen neben den Menschenströmen, direkt vor einem lärmenden Miniradio. Je nach Marktecke umfängt einen ein anderer Geruch. Manchmal auch der von Ausscheidungen – Toiletten gibt es nicht. Die weiten Tücher der Damen verhüllen ja so dezent. Und was zurückbleibt, na ja, das bleibt eben.

Handel ist hier Frauensache. Aber er funktioniert so ganz anders als bei uns: Gewinn wird sofort in Ware reinvestiert, die sich berghoch stapelt. Kein Wunder – das Misstrauen in die Banken ist groß. Und berechtigt. Die Mammis stehen ihre Frau, jonglieren mit Krediten, kaufen ganze Lastwagen oder Busse, mit denen sie in ein zweites Geschäft einsteigen, den Transport von Mensch und Ware. Viele von ihnen packen das locker, obwohl sie weder schreiben noch lesen können.

Auf diesem bunten, lauten Markt begann ich, meinen »Zwangsurlaub« zum ersten Mal zu genießen. Gleich neben dem eigentlichen Markt entdeckte ich eine Halle mit noch mehr Ständen. Mit einer Mischung aus Faszination und Ekel trat ich ein, argwöhnisch beäugt von den Händlern. Ganz am Ende der Halle duckte sich ein Stand in die Ecke, der von einer mächtigen Plastikplane geschützt wurde. Eine Aura von Mystik und Magie nahm mich gefangen. Rhoda wollte nicht stehen bleiben, denn hier, erklärte sie, würden die heiligen Männer einkaufen. Damit wollte sie mich wohl abschrecken. Sie erreichte das Gegenteil: Ich bin nun mal die Tochter einer mit Sauerkraut heilenden Deutschen …

Das hier war der Supermarkt der *babalawos*. Ich erkannte die magischen *jujus* aus schwarzem Leder wieder. Aber es gab auch Skelette von Affen- und Hundeschädeln, Schlangenhäute, Haifischzähne, Knochen, Schüsseln voller Kauri-Schnecken, Ketten, Felle, Muscheln, Pulver und Kräuter.

Selbst ein pechschwarzer Händler mit narbiger Gesichtshaut, dessen eine Pupille schneeweiß war, während das andere Auge immer wieder gen Himmel rutschte, konnte mich nicht abschrecken. Er wollte mir in schwer verständlichem Pidgin-Englisch meine Zukunft voraussagen. Zu viel für Rhoda – sie ging. Und bekam so nicht mit, dass er mich mit seinem verbliebenen Auge derart durchdringend ansah, dass es mir heiß und kalt den Rücken runterlief. Schmerzhafte Prüfungen, aber auch Erfüllung durch eine große Aufgabe, verstand ich. Ich solle doch einen seiner glücksbringenden Armreifen aus dem schwarzem Schwanzhaar eines Elefanten erstehen. Damit das mit der Erfüllung auch funktioniere.

Rhoda hatte geduldig gewartet. Sie warf einen Blick auf meinen neuen Armreifen. Ich hatte das Ding eigentlich mehr als Schmuckstück erstanden, aber Rhoda sagte, dass er ein magischer Talisman sei, eben ein *juju*. Ich fragte sie, was sie von den *jujus* in Moses' Haus halte. Als Antwort erzählte sie, dass in manchen Gärten ein Reisigbesen in einen Baum gehängt wird. Ein Einbrecher wäre gezwungen, den Besen zu nehmen, um damit den Garten zu fegen. Und zwar so lange, bis der Hausbesitzer heimkehrt, um die Polizei zu rufen. Ich unterdrückte ein ungläubiges Lachen. Später las ich einmal eine Zeitungsmeldung: Ein Einbrecher war, den *juju*-Besen schwingend, in einem Geschäft aufgegriffen worden. Mancher Glaube versetzt Berge, ein anderer lässt Besen tanzen. Mein *juju*-Armreif jedenfalls war günstig, schön und hat, wer weiß das schon so genau, wohl geholfen. Denn das Glück kam wieder; wenn auch nicht sofort.

Im Taxi zurück setzten Rhodas Wehen ein, was bei den löchrigen Straßen auch zu erwarten war. Der Taxifahrer setzte uns in der Nähe von Moses' Haus ab, und wir mussten wieder den *»oibo-oibo«*-Marsch machen. Rhoda ließ sich trotz Wehen nicht beim Tragen helfen, manövrierte ihre Einkaufstasche erhobenen Kopfes dem Ziel entgegen. Ich lief hinterdrein. Was Rhoda trotz Wehen und Lasten mühelos gelang, schaffte ich nicht: Beim Balancieren über eines der schmalen Bretter, die über die Jauchegräben führten, rutschte ich ab. Platsch, steckte mein Fuß im Matsch. Den Fuß bekam ich wieder raus, aber der Schuh blieb drin. Solch profane Widrigkeiten kann eben auch ein magischer *juju*-Reif nicht verhindem.

»Oi-bo, oi-bo!«, scholl es in meinen Ohren.

Oje, oje! Wie bekommt man einen Schuh aus der Jauche? Ein alter Mann erschien; er hatte einen Stock dabei, der sich vorzüglich zum Schuhangeln in Jauche eignete. Sollte ich den versauten Schuh wieder anziehen? Als Tochter einer Krankenschwester fallen mir sofort mindestens zwei Krankheiten ein, wenn ich nur an den Jauche-Schuh denke. Ich lief barfuß zurück. Womit ich immerhin ein gutes Werk tat. Am nächsten Tag zierten meine gereinigten Schuhe die Füße einer Nachbarin.

Jede Frau hat ihre eigene Erinnerung an das erste Kind. Dennoch scheint es mir, als gäbe es nur zwei Arten zu gebären: unter endlosen Qualen oder schnell und fast ohne Probleme. In meinem Leben scheint alles nach der Qual-Methode zu laufen, auch das Kinderkriegen. Janet befand sich in der Stirnlage, die Wehen wollten nicht enden. John kam nach einer für mich schmerzensreichen und für ihn alkoholfeuchten Nacht am Morgen ins Krankenhaus. Das Baby war noch nicht da. Man ließ ihn nicht zu mir, doch er lamentierte so lange, bis die Hebamme nachgab. Ich war fertig mit der Welt, und da sagte John doch tatsächlich, dass eine Frau Schwierigkeiten mit der Geburt habe, wenn sie fremdgegangen sei. Er wollte so lange bei mir bleiben, bis ich gestand, dass ich ihn betrogen hatte. Die Hebamme schmiss ihn raus.

Endlich, Sonntagnacht um kurz nach zwei, kam Janet. Mir half die Rückenmarksnarkose, ihr eine Zange. Und während all dieser Zeit lag ich an Schläuche und Wehenschreiber gefesselt auf dem Bett. Nachdem ich durch dieses Tor der Schmerzen gegangen war, kam John ins Krankenhaus, ausgeschlafen, frisch rasiert und mit einem reichhaltigen Frühstück im Magen, um unser gemeinsames Kind zu begutachten. »Es ist ein Mädchen.« Zwei Jahre später, als sich Bobby, das Riesenbaby mit fast fünf Kilo, aus meinem Leib gequält hatte, sagte er mit stolzgeschwellter Brust: »Mein großer Junge.«

Wie anders lief das hier ab, in dieser lang gestreckten Hütte neben den stinkenden Gräben! In den folgenden Stunden sollte ich Rhoda, von der ich schon wusste, dass sie hart im Nehmen war, bewundern lernen. Sie hatte nie zuvor einen Arzt konsultiert, kannte weder Vorsorgeuntersuchung noch Ultraschall. Als die Wehen bereits im 5-Minuten-Abstand kamen, legte sie sich nicht etwa hin, setzte sich nicht, stöhnte kaum. Nein, Rhoda begann zu kochen. Im Hof hockte sie sich neben die anderen Frauen auf einen Schemel an der Feuerstelle. Die Frauen kochten riesige Mengen warmer Nahrung. Ich fragte mich, wer das alles essen sollte – es reichte für mindestens zwanzig Personen, und wir waren zu sechst.

Niemand schickte nach einem Arzt. Mit der einbrechenden Dunkelheit verzogen sich die Frauen in ihre Häuser, da sie sich im Dunkeln nicht mehr nach draußen wagten. Irgendjemand hatte vorher einen Jungen zu einer sehr dicken Frau gesandt, der Hebamme. Die Frau, Rhoda und ich zogen uns in Rhodas Zimmer zurück. Die zahlreichen Türen des Hauses wurden wie üblich versperrt, Rhodas Tür noch einmal separat. Eine normale Nacht. Seitdem Moses und John nach Ibadan zum Medizinmann aufgebrochen waren, war ich in Rhodas Zimmer einquartiert, in dem sich ein schmiedeeisernes Bett befand.

Als die Wehen immer schneller kamen und Rhoda pressen musste, hielt sie sich in einer Hockposition halb aufrecht am Gitter des Bettes fest. Und so entband sie auch – in der Hocke auf dem Steinboden, den nur Blätter der wilden Traube bedeckten. Die Hebamme hatte Rhoda während der Wehen ziemlich unsanft mit Daumen und Zeigefinger der linken Hand den Bauch massiert. Geschickt fing sie das schnell herausgleitende Baby auf und legte es – nachdem sie es so lange an Armen und Beinen gezogen und in der Luft herumgewirbelt hatte, bis es schrie –, in ein neues Baumwolltuch gewickelt, auf den Boden. Atemlos hatte ich zugesehen und den empfindlichen Kopf des Neugeborenen beobachtet, der bei dieser. Prozedur gefährlich hin und her wackelte.

»Das macht unsere Babys stark. Ihr verwöhnt eure Kinder zu sehr. So können wir später schwere Lasten auf dem Kopf tragen«, sagte die Hebamme und lachte über meine Bedenken.

Erst nachdem die Nabelschnur zu pulsieren aufgehört hatte, band sie sie mit einem Bindfaden zweifach ab, holte eine mitgebrachte Rasierklinge aus der Tasche und trennte sie durch. Anschließend legte sie das Baby in meine Arme. Während ich den lauthals schreienden Nachwuchs gerührt im Arm wiegte, wartete die schweißüberströmte Rhoda auf die Nachgeburt. An der verbleibenden Nabelschnur zog die Hebamme die Plazenta ins Freie, um sie in eine dafür bereitstehende Metallschüssel zu legen. Sie deckte die Schale mit einem bunten Batiktuch zu, nachdem sie pulverisierte Elefantenhaut auf die Nachgeburt gestreut und folgende Beschwörungsformel gemurmelt hatte: »Alle alten Hexen und alle, die wissen, dass sie gekommen sind, um Böses zu tun, sollen gehen.«

Der Elefant symbolisiert Stärke wie kaum ein anderes Tier und soll das Baby vor Neiderinnen schützen, erklärte mir die Hebamme. Dann schob sie die Schüssel unter die Matratze des Bettes. Sie schüttete heißes Wasser in eine weitere neue Blechschüssel und löste darin einen Absud aus Heilpflanzen und Kräutern auf. Dann nahm sie mir das ruhig schlafende, nackte Baby ab, um es mit bereitgestellter Erde einzureiben. Das sollte dem Neugeborenen helfen, mit dem neuen Lebensraum vertraut zu werden. Anschließend badete die Hebamme das Baby viermal in der Schüssel mit dem Kräuterwasser, entsprechend der geschlechtsbezogenen Zahlensymbolik – Knaben werden nur dreimal gewaschen.

Mit der rechten Hand flößte sie dem jetzt schreienden Kind das gleiche Wasser, in dem es gebadet worden war, in Mund und Nase. Mit einem kleinen Klistierball machte sie außerdem einen traditionellen Einlauf, um das Kindspech – den ersten Stuhl des Neugeborenen – zu entfernen. Anschließend spuckte sie dem Baby auf Rücken und Bauch, massierte es sehr lange mit einer öligen Lotion, die angenehm intensiv nach Kräutern duftete. Besondere Beachtung schenkte sie dem durch die Geburt länglich gezogenen Kopf des Kindes.

Rhoda hatte sich in der Zwischenzeit mit fast kochendem Wasser, das auf der Herdplatte im Zimmer vorbereitet worden war, gewaschen. Ihre Brüste massierte sie mit Karitebutter und strich die Vormilch mit Heißwasser aus. »Heißes Wasser tut weh, macht aber stark. Man bekommt eine schöne Haut, und die Müdigkeit verfliegt. Heiße Waschungen, vierzig Tage nach der Geburt zweimal täglich durchgeführt, helfen der Frau, jung zu bleiben und das Blut abfließen zu lassen. Auch gut gewürzte Suppe, Pflanzenabsude und heiße Bauchwickel helfen, damit Hitze und Kälte im Körper ausgeglichen werden«, erklärte die Hebamme.

Rhoda musste die vorbereitete Sauce mit Pottasche essen und heißes Wasser trinken, um den Milchfluss anzuregen. Die Hebamme schärfte ihr ein, die nächsten vierzig Tage auf Fleisch zu verzichten. Endlich durfte sie sich hinlegen. Aber nicht etwa auf das weiche Bett. Diese erstaunliche Frau entrollte ihre Schilfmatte auf dem Boden und legte sich darauf. Das war ihr Nachtlager. Als Decke genügte ihr ein weiteres blau-weißes Batikbaumwolltuch. Die dicke Hebamme legte sich daneben. Das Baby bettete sie an Rhodas Busen. Wie in den Nächten zuvor durfte ich das verwaiste Bett benutzen.

Während ich auf den erschöpften Atem Rhodas lauschte, unter den sich das wohlige Schmatzen des Neugeborenen und das Schnarchen der Hebamme mischte, lag ich noch lange wach. Ich war so aufgedreht, als ob ich selbst das Baby zur Welt gebracht hätte.

Moses' sechstes Kind war wieder ein Mädchen. Hatte dieser Mann nicht seine Frau Efe verlassen, weil sie ihm nur Mädchen gebar? War aus dem Wunsch nach einem männlichen Erben nicht Moses' Elend erst entstanden?

Einen knappen Monat später bekam auch Efe ihr Baby. Und zwar den ersehnten Jungen.

Am Nachmittag des folgenden Tages kehrten John und Moses aus Ibadan zurück. Fragen, ob die Reise erfolgreich war, erübrigten sich. Moses' Zeit auf Erden lief zweifellos ab. Ich weiß nicht, ob Moses der Zusammenhang zwischen dem Geschlecht seines Kindes und der Sinnlosigkeit seines eigenen Leidens bewusst gewesen ist. Er ließ es sich jedenfalls nicht anmerken. Er schien sich über das kleine Baby mit dem dichten Kraushaar und den wachen Augen enorm zu freuen. Der Tradition gehorchend, grub er noch am Abend unter Schmerzen im steinharten Lehmboden außerhalb des Grundstücks am Fuße eines Plantain-Baumes ein Loch, in dem er die Nachgeburt begrub.

John machte mir schnell klar, dass wir in der kommenden Woche bereits komplett verplant waren: Rhodas Kind würde am Ende dieser Woche, genau am siebten Tag nach der Geburt, mit einem prächtigen Tauffest auf Erden willkommen geheißen werden. In der Zwischenzeit hätten wir alle Autos aus dem Hafen geholt. Ich berichtete John von meinem Reinfall mit den Frachtpapieren. Da er sicher war, dieses Problem allein durch seine Anwesenheit zu lösen, fuhren wir am Tag nach seiner Rückkehr zum Hafen. Ich hätte es mir denken können: Kaum stand ich vor der nahen Lösung eines Problems, tauchte ein neues auf: Der Hafen war geschlossen worden!

An den Umstand, dass der Hafen privat war, hatte ich bis dahin keinen Gedanken verschwendet. Jetzt erfuhr ich, dass die Regierung alle privaten Häfen dichtgemacht hatte. Von nun an sollten alle Luxusgüter – und darunter fielen natürlich auch unsere Autos – nur noch über die staatlichen Häfen verschifft werden. Eine wirtschaftspolitische Kontrollmaßnahme, die die schwache Währung schützen sollte. Diesmal war die Angelegenheit auch nicht mit schönen Worten und Scheinen zu regeln. Im Gegenteil: Der Buchhalter machte uns eine horrende Rechnung über Standgebühren auf! Unser Autoimport hatte endgültig die Dimension eines Kampfes Getreidekorn gegen Mahlstein angenommen. Ich sah meinen Elefantenhaar-Reif an: schmerzhafte Prüfungen!

Wenigstens den Pick-up konnten wir aus der Gartenbaufirma holen. Moses ließ damit Hühner, Reis und Yams beschaffen, um die wohl hundert Gäste zu verköstigen. Bereits am fünften Tag nach der Geburt begannen die Vorbereitungen für das opulente, letzte Familienfest, an dem Moses teilnehmen würde – die Taufe seines noch namenlosen sechsten Mädchens.

Frischer Fisch gegen Eheprobleme

Die ganze Nacht wurde vom siebten auf den achten und den folgenden Tag getanzt und gefeiert. Auch Rhoda tanzte auf dem Hof des Anwesens unter dem Affenbrotbaum, im Schein eines Feuers, brennender Fackeln und Petroleumlampen, das Neugeborene meistens mit einem großen Baumwolltuch um ihre Hüfte gebunden. Erstaunlich, wie viele Verwandte, Freunde und Bekannte Rhoda und Moses hatten. Sie schenkten ihr und dem Neugeborenen in einer *spraying* genannten Zeremonie viel Geld, das sie der tanzenden Rhoda an die Stirn klebten. Sich bedankend, steckte sie die Naira-Scheine nach und nach in eine Falte ihres Wrapper-Rockes, bis ihr Bauch wieder denselben Umfang wie vor der Geburt anzunehmen schien …

Das Baby erhielt zwei Namen: einen christlichen, Nora, und einen afrikanischen, Oghenekome. In der Sprache des Isoko-Stammes meines Schwagers bedeutet das »Gottes Wille geschehe«.

Irgendwann während des Festes sagte John: »Ich habe mit dem *babalawo* auch über unsere Probleme gesprochen, Ilona. Er ist ein sehr weiser Mann. Er sagt, er kann uns helfen.«

Ich sah ihn misstrauisch an. Wir saßen auf einer langen Holzbank am Rande der Tanzfläche. Rhoda tanzte in der Mitte ihrer Gäste. John wirkte ein wenig wie ein exotischer Stammesfürst. Im Licht der flackernden Fackeln schimmerte seine dunkle Haut warm. Er trug ein dreiviertellanges afrikanisches Hemd mit dazu passender Hose aus weißem, durchbrochenem Baumwollstoff, der mit seiner Haut wunderbar kontrastierte. Den gleichen Stoff hatte Moses für mich organisiert. Ich wirkte darin wie Johns zu blass geratener Zwilling. Ich wette, dass wir beide nicht aussahen wie ein Paar, das – zumindest aus meiner Sicht – in Scheidung lebte.

John blickte unverwandt auf die nigerianische Schlager spielende Band am Ende der Tanzfläche, während er fortfuhr: »Der *babalawo* meinte, unsere Eheprobleme sind schuld, dass es mit dem Autoverkauf nicht klappt.«

»Ach ja? Und siehst du das auch so?«

»Er ist ein erfahrener Mann. Er sagt, die Missverständnisse und Spannungen zwischen uns bewirken, dass unser gemeinsames Geschäft zu keinem guten Ergebnis kommt.«

»John, worauf willst du hinaus? Wenn du mit mir schlafen willst, dann sag es. Aber die Antwort kennst du.« Eigentlich hatte ich sagen wollen, dass die Autos keine Angelegenheit von John und mir waren, sondern von meinem Vater und John. Und die beiden waren nachweislich *nicht* miteinander verheiratet. Folglich konnte die Theorie des Medizinmannes nicht ganz stimmen …

Als Deutsche bin ich vielleicht etwas zu erdverbunden. Ein afrikanischer Mann wie John sieht Schulden ganz anders. Er lässt sich nicht von der Vergangenheit niederdrücken, sondern freut sich an der Gegenwart. So nutzte er das Tauffest zur Anbahnung neuer Geschäfte. Windige Geschäftsideen wie ich fand: Tipp-Ex-Verdünner, Toilettenpapiermaschinen, sogar Quecksilber zum Gelddrucken und für schwarze Magie wollten seine Bekannten über uns importieren. Auch Vorschläge, die mir ein paar Nummern zu groß vorkamen, wurden gemacht, wie der Import von Fotoentwicklungsmaschinen, Kupferkabeln oder ganzen Bäckereieinrichtungen. In ausgelassener Stimmung wollten manche Besucher gleich Anzahlungen leisten. Am Ende saß ich mit einem Stapel von Visitenkarten da; die meisten wirkten selbstgemacht und wiesen den Überbringer als *president* von irgendeiner Firma aus. Aber John sprach von enormen Profiten – als hätte er die schon eingesackt.

»Ich habe mit Moses gesprochen. Er will uns begleiten«, meinte er spät in der Nacht.

»Zu dem Medizinmann, von dem ihr beiden gerade kommt? Was soll das bringen? Moses geht es doch nicht besser. Sieh ihn dir an!«

»Wir werden einen anderen *babalawo* aufsuchen. Er ist ein richtiger Weiser vom Stamm der Yoruba. Er wird uns helfen«, orakelte er.

Das Wort Yoruba machte mich neugierig. Von diesem Volk und seinen religiösen Riten hatte ich schon mystische Geschichten gehört. Ich drehte meinen *juju*-Reif und signalisierte schweigend mein Einverständnis.

Moses' alter, kleiner Lastwagen stand für die Reise zum *babalawo* nicht zur Verfügung, die Angestellten brauchten ihn für den Gartenbau. Die Alternative hieß gelbes Mitsubishi-Sammeltaxi. Während John mit dem Fahrer über den Preis feilschte, hockte der kranke Moses krampfgepeinigt auf dem Boden. In diesem Moment kam ein Auto vorbeigefahren, dessen Fahrer mir freundlich zuwinkte. Der Mann saß in einem Mercedes, der mir bekannt vorkam – es war einer von Vaters zwei Benzen. Der Fahrer war niemand anderes als Master Tomorrow, der es sich hinter hochgekurbelten Scheiben und bei eingeschalteter Klimaanlage gut gehen ließ. Auf dem Beifahrersitz thronte die junge Dame, deren sorgfältiger Nägelmaniküre ich vor einigen Tagen zugesehen hatte. Nichts mit höherer Gerechtigkeit und einem armen Arbeiter, dem sie mein üppiges Bestechungsgeld zusteckte. Stattdessen der Hohn real existierender Ungerechtigkeiten.

Die vierstündige Fahrt mit laut plärrender Musik, die die

Mitreisenden durch Konversation zu übertönen versuchten, war kurzweilig. Bislang hatte ich nur das Straßengewirr von Lagos zu sehen bekommen, ein landschaftfressendes Chaos. Zum ersten Mal sah ich jetzt die einmalige, üppige Natur Afrikas: riesige Regenwälder mit ungekannten Baumriesen, traumhafte Palmenhaine, durch die der Expressway schnurgerade hindurchführte. Irgendwo auf dem Highway, kurz nach Abeokuta auf dem Weg weiter nach Ibadan, ließ Moses, der neben dem Fahrer eingequetscht saß, den Minibus anhalten. Urwald links, Urwald rechts. Jetzt war laufen angesagt, um das Dorf im Wald zu erreichen.

Ich bin Städterin, und zwar durch und durch. Als Kind lebte ich mit meinen Eltern eine Zeit lang in einem Vorort von München. Das war für mich schon Landleben. Zur Schule musste ich eine Dreiviertelstunde lang über Felder und Wiesen laufen oder später mit dem Fahrrad fahren. Ich hasste diesen Schulweg. Vor allem im kalten Winter. Natur war mir damals zuwider.

Ausgerechnet der Handel mit den Autos hatte mich jetzt in die afrikanische Natur und Wildnis verschlagen. Die mir vertraute Welt der Zivilisation war soweit weg wie der Mond von der Erde. Ich empfand meine Umgebung in diesem Augenblick zwar als recht malerisch, fühlte mich aber gleichzeitig deplatziert. Es war Trockenzeit und weit über 35 Grad warm. Die Sonne brannte von einem strahlendblauen Himmel. Ich zog mir meinen Strohhut tief ins Gesicht und stolperte in Sandalen über unbefestigten Lehmboden einen kleinen Trampelpfad entlang. In Lagos hatte ich meine weiße langärmelige Baumwollbluse und eine ebenso weiße Leinenhose angezogen. Sie blieben nicht lange weiß. Die Hose war bald staubbraun, die Bluse schweißdurchweicht. Meine Sandalen musste ich wechseln, als der Weg an kniehohem Gras vorbeiführte. John meinte, es könnte hier Schlangen geben …

Wie aufmerksam! Zum Glück hatte ich ein Paar Leinenturnschuhe in meiner Umhängetasche. Allerdings garantiert auch nicht das perfekte Schuhwerk, um gegen Schlangenbisse immun zu sein …

Die vom Highway aus dicht anmutende Regenwald-Vegetation öffnete sich auf einer Anhöhe zu einem lichteren Hochwald. Von hier erstreckte sich die Feuchtsavanne bis zum siebzig Kilometer entfernten Ibadan. Wir kamen an einigen Brandrodungen vorbei. Gekrümmte Gestalten – darunter viele Kinder – beackerten den bestellten Boden, um Yamswurzeln und Maniok zu ernten. Dazwischen Bäume mit Zitrusfrüchten, Colanüssen und Bananenstauden. Ziegenherden, bewacht von Hirtenjungen, fanden hier Nahrung.

Wir gingen und gingen, Moses mit nacktem Oberkörper tapfer voraus, eine Metallschüssel mit den Getränkeflaschen auf dem Kopf, bedrohlich schwankend. John, europäisch mit Hemd und Bügelfaltenhose, schleppte drei Säcke, die mit Lebensmitteln gefüllt waren – Gaben für den Buschdoktor. Verständlich, dass der nach Naturalien verlangte, die es in der Abgeschiedenheit nicht gab: Gordon's Dry Gin und Jim Beam, 7up und Cola, Reis und getrocknete Bohnen. Am liebsten hätte ich mich über Johns Cola hergemacht, aber in der Äquatorhitze stand sie kurz vorm Siedepunkt.

Endlich ein Verkaufsstand im Irgendwo mit gerösteten Maiskolben – und frischem Wasser, das mit der großen Schöpfkelle aus einem Eimer zum Trinken dargeboten wurde. Rast! *»Oyìbó, óyìbó!«*, erklang es sofort. Eine rundliche Frau schleppte mit ihrem kleinen Sohn zwei etwa dreißig Zentimeter große, runde Dinger heran. Bei näherem Hinsehen entpuppten sie sich als Schnecken. Urwaldmonster, von denen ein französischer Gourmetkoch Alpträume bekommen hätte. Wunderbar, gekauft! Der Buschdoktor wird seine helle Freude an uns haben. Riesenschnecken, gut und schön, aber wo waren die »typisch« afrikanischen Tiere, die Antilopen, Gazellen oder was auch immer der Stolz eines deutschen Zoos gewesen wäre?

»Aufgegessen«, meinte John. Nicht von Löwen, sondern von den viel zu zahlreichen Menschen zwischen Lagos und Ibadan, den beiden rasend schnell wachsenden Ballungszentren im Südwesten Nigerias, von denen Ibadan das größere ist. 1980 lebten in Lagos vier Millionen Menschen, 1990 bereits sieben Millionen! Noch atemberaubender ist die Entwicklung von Ibadan, das 1990 geschätzte zehn Millionen Einwohner zählte. Beide Städte liegen nur knapp 150 Kilometer voneinander entfernt. Da ist kein Platz mehr für Wildtiere.

Während ich meine geschwollenen Stadtfüße massierte, stimmte John mich auf das Kommende ein. Wir befanden uns im Land der Yoruba, einem von insgesamt 250 Stämmen und Volksgruppen, die erst Mitte der sechziger Jahre zum Staat Nigeria in seiner heutigen Form zusammengeschweißt worden waren. Von allen Stämmen sind die Yoruba wohl der bekannteste. Die Sklavenhändler hatten ihre Angehörigen bis nach Amerika und Haiti verschleppt, wo aus ihren ursprünglichen Riten im Laufe von Jahrhunderten ein weltbekannter Kult wurde – Voodoo. Von diesen Riten hatte ich bislang in Form der *jujus* an Gardinen und Schlössern nur die Spitze des Eisbergs gesehen.

John war kein Yoruba, sprach ihre Sprache aber, als wäre er einer von ihnen. Mein umtriebiger Exmann war bereits als kleiner Junge nach Lagos zu Moses gekommen und dort unter den Yorubas aufgewachsen.

Um Unterstützung von einem echten Yoruba-Medizinmann zu erhalten, war ich bereit, meilenweit zu laufen. Allerdings nicht wegen Autos oder Ehe, sondern aus Neugier.

»Ilona, was du sehen wirst, wird dir vielleicht, hm, seltsam vorkommen. Der heilige Mann, zu dem wir gehen, opfert seinen Göttern, er ruft unsere Ahnen an, um sie milde zu stimmen.« Er schien zu überlegen, wie er seine *òyìbó*-Frau richtig einstimmen konnte. »Als Weiße wärst du noch vor ein paar Jahren gar nicht erst zu ihm gelassen worden.«

»Vor ein paar Jahren hätte ich auch nicht im Traum daran gedacht, zu einem Medizinmann in den Busch zu gehen, John.«

John sah mich ernst an. »Die Weißen meinen, ein *babalawo* ist ein Medizinmann. Das stimmt nur zum Teil, denn er macht auch Medizin. Aber das Wichtige ist, dass er ein Priester der Ifa-Religion ist. Du musst ihm also deinen Respekt erweisen. Zur Begrüßung musst du niederknien. Männer müssen in seiner Anwesenheit sogar flach auf dem Boden liegen. Bis der heilige Mann uns erlaubt, aufzustehen und uns auf einen vorbestimmten Platz zu setzen.«

Bald darauf fanden wir uns im dichten Regenwald wieder. Hin und wieder begegneten uns Schwarze auf dem schmalen Pfad. Einmal sah ich in einiger Entfernung im Busch zwei völlig nackte schwarze Frauen, die von Kopf bis Fuß weiß bestäubt waren, die Haare mit bunten Federn geschmückt. »Sieh nicht hin. Sie sind verrückt«, sagte John.

Auf einem alten Fahrrad rumpelte ein junger Mann dahin, der auf dem Gepäckträger eine Frau und eine zweite auf der Lenkstange transportierte. Ein Knall, alle drei fielen hin. Und lachten. Dann schoben sie das Rad weiter, dessen Vorderreifen geplatzt war.

Und dann waren wir am Ziel. Eine Lichtung, runde rötliche Lehmhütten mit Palmwedeldächern, zwei wellblechgedeckte Häuser aus Ziegel: das Dorf des Buschdoktors. Nackte Kinder empfingen uns mit »*òyìbó, òyìbó*«, lachten uns mit offenen Mündern an und sangen den beliebten Reim: »*Oyìbó, òyìbó, if ya eaten peppa mo an mo, ya grow yella mo an mo.*« (Weiße, Weiße, wenn du noch mehr Pfeffer isst, wirst du immer gelber.)

Eine ältere Frau trat auf John zu, und wir folgten ihr zu einer Hütte, die von einem Zaun aus geflochtenen Zweigen umgeben war. Dahinter lag ein ziemlich großer Platz, ordentlich gefegt, auf dem Boden verstreut Zweige eines heiligen Baumes. Zwei große Opferschalen aus Ton, mit Blut verkrustet, Behälter, an denen mit Ketten und Lederriemen Tierschädel und Vorhängeschlösser oder Medizinfläschchen befestigt waren. Daneben verdreckte Ginflaschen und kleinere Trommeln. Die Frau des Medizinmannes ließ sich unsere herbeigeschleppten Waren geben, Stapel von Naira-Scheinen wechselten den Besitzer.

Wir wurden hereingebeten. Draußen blendete die Sonne, im Inneren der Hütte empfing uns Dunkelheit, nur durch einen schmalen Schacht im Dach drang etwas Licht. In der Luft hing der beißende Geruch von erloschener Glut. John und Moses legten sich bäuchlings mit dem Gesicht nach unten im Staub auf den Boden. Auch ich sank nieder. Vorsichtig hob ich meinen Kopf, um unseren in Tierfelle gekleideten Gastgeber anzusehen. Der Mann war jünger, als ich erwartet hatte, vielleicht Ende vierzig, und recht groß. Sein Gesicht mit dem scharf geschnittenen Mund und den durchdringenden Augen war von Narben gezeichnet.

Er sagte etwas auf Yoruba, woraufhin John und Moses sich erhoben.

»Du kannst aufstehen«, murmelte John. Wir durften uns ans hintere Ende der bunten Bastmatten setzen. John und der Priester sprachen, Moses und ich hörten zu. Ich verstand kein Wort. Aber auch so war klar, dass es um mich ging. Inzwischen hatten sich meine Augen an die Dämmrigkeit gewöhnt, und ich konnte erkennen, dass die Hütte wesentlich größer war, als ich angenommen hatte, nur lagen die vier übrigen

Räume im Dunkeln. Von den herumstehenden rituellen Gegenständen wurde der profanste zuerst benutzt – eine Flasche Gin. Dreimal goss der *babalawo* den Schnaps auf den Boden. Für die Ahnen, wie mir John flüsternd erklärte. Dann wurde ein Feuer in einer Metallschale mit Räucherwerk entzündet, dessen Rauch nur widerwillig gen Dachöffnung abzog. Ich hustete in der stickig-heißen Luft.

John hatte der Frau draußen schon viele Naira-Scheine gegeben, aber der *babalawo* wollte trotzdem, dass wir ihm noch einige Kobo-Münzen überließen, die wir mit dem Mund zu berühren hatten. Kniend waren die Kobos auf den Boden zu *babalawos* Füßen abzulegen. Er platzierte seinen Wahrsagestab darauf, einen cremefarbenen Kuhschwanzwedel. Dem Kleingeld kam somit die mystische Bedeutung zu, während die Scheine, die die Alte uns abgenommen hatte, für den Alltag bestimmt waren. John hatte diesem *babalawo* – angeblich – nicht den Grund für unser Kommen gesagt. Als der *babalawo* Gesänge anstimmte, wisperte John mir zu, er rufe verschiedene Götter, seine *orishas,* an.

Was folgte, war die Wahrheitsfindung: Der *babalawo* befragte das Orakel. Vor sich hatte er eine kreisrunde, mit einem umlaufenden Band aus Schnitzerei verzierte, dunkle Holzscheibe stehen, das Orakelbrett *opon,* dessen Boden mit hellem Kaolin bedeckt war. In einer langen Prozedur warf er runde Palmnüsse von einer Hand in die andere. Mit einem geschnitzten, kurzen Stab malte er Striche in das Kaolin. Ich brauchte lange, bis ich das System durchblickte: Beim Wechsel von einer Hand in die andere fielen immer ein paar Nüsse zu Boden. Aber nur, wenn ihm eine oder zwei Nüsse entglitten, »galt« der Wurf. Paradoxerweise wurden für eine Nuss zwei Striche, für zwei aber nur ein Strich gemacht. Irgendwie kam der kluge Mann dabei zu einem Ergebnis, das er John auf Yoruba mitteilte, während er immer wieder auf mich blickte. Mir schwante nichts Gutes, als John nach einem längeren *babalawo*-Wortschwall endlich auf Englisch zu übersetzen begann:

»Er sagt, dass uns unser Weg ins Verderben führt. Wir hatten ein gemeinsames Ziel, es aber aus den Augen verloren. Wir sollen unseren Weg korrigieren, damit wir das Glück wiederfinden. Wir sind Mann und Frau, doch wir stehen uns wie Gegner gegenüber. Ändern wir nicht unser Verhalten, kann unser gemeinsames Vorhaben keinen Erfolg bringen.«

Ich muss gestehen, ich war im ersten Augenblick ziemlich sauer. Der *babalawo* sprach mit der Übersetzerstimme Johns. Von dem ich geschieden werden wollte! Was hieß hier gemeinsames Ziel? Die Autos waren das Ziel von John und meinem Vater. Doch meine Verstimmung legte sich. Ich kam ins Grübeln. Vielleicht lag der Priester nicht mal daneben – ich hatte begonnen, mich mit dem Autoverkauf zu identifizieren, meinen Vater heimgeschickt und versucht, die Sache selbst in den Griff zu bekommen. Und sie somit zu meiner eigenen gemacht.

Unsere Geschäfte würden nur laufen, fuhr der Medizinmann fort, wenn die Götter und Ahnen zuvor durch eine Versöhnungsfeier von John und mir milde gestimmt würden. Wir müssten ein Opferfest vorbereiten. Ich hatte mein Fehlverhalten in großer Runde zu bereuen. Fehlverhalten? Ich war John nicht untreu geworden, er dagegen hatte mich x-mal betrogen. Aber was zählen schon solche Kleinigkeiten bei einem afrikanischen Mann, der in Polygamie leben durfte? Mein Fehler war allenfalls, dass ich mich eingemischt hatte.

Die Ursache unseres Geschäftsunfalls war also entdeckt. Die Reparatur des Schadens würde teuer werden, tat der *babalawo* via John kund. Wir müssten ein Opfer bringen, um die *orishas* zu bitten, unsere Geschicke günstig zu beeinflussen. Fürs Opferfest würden entsprechende Gaben gebraucht.

Und zwar keine von Mr. Gordon, Mr. Jim Beam oder Mr. Coca-Cola. Nein, Fisch, frischer Fisch löse unsere Eheprobleme. Damit wären wir dann auch unsere Geschäftssorgen los.

»Frischer Fisch, John? Hier im Busch?«

»In der Nähe fließt Ogun – der heilige Fluss. Die Yoruba nennen ihn Mutterfluss. Wir müssen zu einem Fischerdorf gehen und dort die heiligen Fische holen. Wir müssen sofort los, es wird bald dunkel.« Er kannte in einem nahe gelegenen Fischerdorf einen Trommler. Moses, der zu geschwächt war für weitere Strapazen, blieb im Dorf des Medizinmannes.

Zwei Männer des Dorfes und einige Kinder liefen voraus. Sie bahnten mit langen Messern, *cutlass*, den Weg durch den Regenwald zu einem wirklich malerisch gelegenen, winzigen Dorf aus runden Lehmhütten. Es war schon Nacht, als wir eine Mahlzeit aus gestampften Yamswurzeln, Trockenfisch und sämig-schleimiger Okrasauce bekamen.

Der freundliche Trommler stellte uns eine seiner insgesamt drei Hütten zur Verfügung. Auf dem breiten, quietschenden Metallbett rollten John und ich automatisch zueinander. Es quakten Frösche und zirpten Grillen. Meine Scheidung war weit weg. Sehr weit. Ich war mir plötzlich ganz sicher, dass ich alles tun wollte, um meine Ehe zu retten. Die blöden Autos würden verkauft werden, Papa wäre seine Schulden los, John glücklich, die Kinder bekämen vielleicht ihren Vater zurück, ich müsste mich nicht mehr allein mit ihnen durchs Leben schlagen ...

Wir lagen irgendwo in der afrikanischen Nacht in einer Hütte aus Lehm, und Johns Stimme erzählte von seinen Träumen – dem schwungvollen Handel zwischen Afrika und Europa. Er war wieder der mächtige Sohn eines friedlichen Stammes in einer mir unbekannten Welt voller Geheimnisse, die es noch für mich zu erforschen galt. Er konnte so schön erzählen.

Der Morgen begann mit lautem Hähnekrähen. Die Träume der Nacht waren unzähligen Moskitostichen gewichen. Der Trommler führte uns stolz zu zwei wassergefüllten Metallschüsseln. Vier dreißig bis achtzig Zentimeter lange, fast schwarze Fische mit langen Barthaaren blickten mich hilfesuchend und zuckend an. Wir mussten ein Vermögen dafür zahlen. Aber man kann eben nicht alles nach dem Geldwert messen! Diese schwarzen Fische ließen sich, so der Trommler, nur mit sehr viel Glück fangen. Die armen Dinger sollten also meine Ehe kitten – unter Einsatz ihres Lebens.

Wo lebender Fisch ist, ist auch Wasser. Oh, wie sehnte ich mich nach einem Bad! Im Mutterfluss planschten vergnügt Kinder, Frauen wuschen Wäsche. Konnte ich hier in die Fluten tauchen? John fand die Idee nicht so gut. Waschweiber und Kinder störten ihn weniger. Aber die männlichen Dorfbewohner, die überall herumsaßen, Kolanüsse aßen oder auf ihrem Pakoholz kauten, um damit die kolagefärbten Zähne zu bearbeiten. John wollte ihnen wohl nicht das Gratisspektakel seiner badenden *òyìbó*-Frau bieten. Lieber schleppte er eimerweise Wasser hinter einen Busch und übergoss mich mit dem Was~er aus einer kleinen Schüssel, die er immer wieder in den Eimer tauchte. Zuerst hatte er mich jedoch, unter meinem lauten Protest, mit einer schwarzen, schleimigen, aber den Juckreiz der Moskitobisse stillenden Seife eingerieben.

Auf dem Rückweg hatten wir nicht nur die Ehe-Fische mitzuschleppen, sondern auch frischen Palmwein, Kolanüsse – und ein ausgeweidetes totes Tier mit grauem struppigem Fell. Ich bin mir bis heute nicht sicher, ob diese Delikatesse fürs Festessen nicht sogar eine Buschratte war. John sprach beschönigend von *bushmeat*. Nach dem langen Marsch durch die Hitze zurück zum Haus des *babalawo* schwammen die kostbaren schwarzen Fische allerdings nicht mehr so lebendig in den mit frischem Flusswasser gefüllten Schüsseln herum. Ob sie noch fit genug waren, ein passables Ehe-Orakel abzugeben?

Das erste Paar Fische sollte sein Leben für Johns und meine Ehe opfern, die durch die afrikanische Nacht einen gewissen Auftrieb erhalten hatte. Der Medizinmann warf die beiden, bespuckt mit zwei Schluck Palmwein, schwungvoll auf eine dafür speziell hergerichtete Betonplatte im Hof des Anwesens. Sie wanden sich minutenlang im Todeskampf. Der *babalawo* betrachtete die Bescherung. Die Fische lagen nebeneinander, leicht versetzt, der eine den Kopf zum anderen gebogen, der zweite blickte toten Auges ganz woandershin. Auweh! Das war gewiss nicht gut.

»Die Götter verzeihen dir, die Ahnen nicht«, übersetzte John die mir unverständlichen Yoruba-Worte.

Das nächste Paar Fische musste in den Staub, diesmal für die rostenden Autos im Hafen. Am Ende lag es leicht gekrümmt da, im Tode einander keines Blickes würdigend. Der *babalawo* schien auch recht unzufrieden über den Ausgang, jedenfalls nach Johns Worten zu urteilen: »Wir müssen die Ahnen um Beistand bitten.« Die waren über mein Versagen als Ehefrau offensichtlich so erzürnt, dass sie mir nicht beim Autohandel beistehen wollten. Eine afrikanische Nacht mit Ehesex auf quietschendem Bett zu Froschgequake und Grillengezirpe half da wohl nicht mehr. Hier mussten stärkere Mittel ran: ein Opferfest. Die Opferfische wurden von den Frauen geschuppt und zu Essen verarbeitet.

In dieser Nacht wurde gefeiert. Übrigens ohne Moses, den ich erst tags darauf wiedersehen sollte. Der *babalawo* schien zu der Einsicht gelangt zu sein, dass Moses seine Frau – die Hexe Efe – zu wenig bestraft hatte, um weiterleben zu können. Kein Medizinmann dürfe im Namen der Götter und Ahnen weitere Heilungsversuche unternehmen, ohne dass Efe für ihre Hexentaten genügend gebüßt habe.

Zu Beginn des Opferfestes bekam John vom *babalawo* ein schwarzes, handgenähtes, mit Medizin gefülltes Amulett an einem Lederband um den Hals gehängt. Zusätzlich überreichte er ihm eine Metalldose mit schwarzer Creme. Für die Autos? Für die Ehe? John knöpfte sein Hemd über dem Amulett zu und schwieg, als ich ihn danach fragte. Das ganze Dorf war jetzt anwesend, die Frauen stimmten einen monotonen Singsang an, der Trommler tat mit ein paar Kollegen sein Bestes.

Der Priester gab mir eine bittere Flüssigkeit zu trinken, Frauen begannen langsam im Schein des Feuers zu tanzen, der Rhythmus der Trommeln wurde unmerklich schneller, sie zogen mich in den Kreis der Tanzenden. Mir wurde schwindlig, ich musste mich setzen. Der Medizinmann verspritzte das Blut eines Huhns über einem Tongefäß und auf den Boden.

Nein, Ilona, hier wird nicht schlappgemacht! Tanze! Man schreit mich an, unverständliche Worte. Tanze! Ich werde auf die Beine gestellt, man zerrt an mir. Ich tanze. Die Trommelwirbel rasen in meinem Kopf. Das ganze Dorf dreht sich um mich. Ich sehe nur noch das Weiße im Auge des *babalawo*. Ein Strahl Flüssigkeit trifft mich im Gesicht. Ich wische ihn nicht mal ab. Bereue, Ilona, schreit John auf Deutsch. Meine Bluse ist rot gefleckt, meine nackten Füße stampfen mehr, als dass sie tanzen, über den Boden.

Bereue, Ilona, bereue!

Ich sehe meine kleine Janet, wie sie vielleicht zweijährig um meine Beine krabbelt, die krausen Haare zu irrwitzigen Zöpfchen mit roten Schleifchen hochgebunden, als stünde sie unter Starkstrom. Da ist Bobby unter einem Busch, er macht sein Geschäft, es stinkt. Ich tanze.

Bereue, Ilona, bereue!

Mit vorwurfsvollen Augen blickt mich mein Vater an. Er hat das von der Hitze zusammengeschrumpfte Filzhütchen auf dem Kopf. Er tut mir Leid. Er wirkt so hilflos. Janet ruft: Mama, ich hab Aua, mein Finger! Es ist nicht Janets Finger, der blutet. Es ist mein eigener.

Tanze, Ilona, tanze. Bereue, Ilona, bereue.

Aber Bobby hockt doch immer noch unter dem Busch. Ich muss ihm den Hintern abwischen. Er wird ja ganz dreckig im Matsch. Mein Geld, Ilona, bring mir mein Geld zurück. Denk doch an Mama. Sollen wir denn das Haus verkaufen? Ilona, Mann und Frau gehören zusammen! Du hast die Ahnen erzürnt.

Bereue, Ilona, bereue!

Ich liebe meine Familie! Janet, Bobby! Ich habe Janet auf dem Arm, ich tanze mit ihr um das Feuer. Da ist ja Bobby. Mein Gott, er kann trommeln. Natürlich, ich habe ihm doch in London eine Trommel gekauft. Gott, warum habe ich so wenig Zeit für die Kinder! Nein, es ist nicht Bobby. Er krabbelt ja aufs Feuer zu. Nimm ihn doch mal einer weg da. Mama!!!

Tanze, Ilona! Bereue, Ilona!

Ja! Verdammt! Ja!! Ich bereue!!

Du musst sagen: Ich bin Teil meiner Familie! Ich verspreche, meiner Familie zu gehören! Versprich es, Ilona.

Ein Strahl Flüssigkeit trifft mich. Noch einer. Das Weiße im Auge des *babalawo*. Die Federn des Huhns sind rotgetränkt. Überall ist Blut. Ich sinke zu Boden.

Ja! Ich bereue! Ich verspreche, meiner Familie zu gehören. Janet schreit »Mama!« Bobby hebt den schlaffen Kopf des toten Huhns. Das Huhn schlägt mit den Flügeln.

Mir wird schwarz vor Augen.

Mein Kopf schmerzte. Mein Rücken tat weh. Ich lag auf einer Matte am Boden. Eine Hütte. John war neben mir. »Gib mir bitte Wasser«, sagte ich. Ich schleppte mich hinaus in einen neuen Morgen. Schwarz lag die Asche des Feuers zwischen den Steinen, auf denen sich das vergossene Blut schwarzrot gefärbt hat. Die Kopfschmerzen waren weg, aber ich spürte meine Beine kaum, lief wie auf Watte. Ich sah entsetzlich aus, wie das Schlachtfeld der vergangenen Nacht. Was hatten sie mit mir gemacht? Keine Reinigung der Welt würde meine Bluse wieder sauber kriegen. Ich schlurfte in die Lehmhütte zurück. John schlief, ich rüttelte ihn. »Hilf mir bitte, mich zu waschen. Und dann lass uns gehen, bitte.«

John schüttete eimerweise Wasser über mich. Der Mutterfluss hätte an diesem Morgen nicht genug Wasser geführt, um all den Speichel, den Schnaps, das Blut von mir runterzuwaschen. John gab mir ein langes afrikanisches Kleid, das ich überzog.

Wir verabschiedeten uns vom *babalawo*. Seine tiefbraunen Augen sahen mich durchdringend an. Mit tiefer Stimme sagte er: »Du wirst etwas Besonderes. Aber du musst deine Balance finden.« Er sprach reines, glasklares Englisch. Er hatte mich ganz schön an der Nase herumgeführt.

»Der *babalawo* ist ein weiser Mann«, hatte John gesagt. Er spuckte vielleicht ein bisschen viel durch die Gegend, dieser Weise. Und auch sonst waren seine Methoden recht eigenwillig. Aber angeblich haben kluge Leute nun mal gewisse Eigenarten.

Das Dorf der Wahnsinnigen

Also suchte ich meine Balance. Das war nicht einfach, mit meinen wackeligen Knien. Und dann diese feuchte Hitze! John lief viel zu schnell voraus. Moses hatte noch wesentlich größere Mühe als ich, ihm zu folgen. Schließlich sackte er in sich zusammen, lautlos, wie unter einer zu großen Last. Er war schweißüberströmt. Gemeinsam versuchten wir, ihn hochzubekommen, hakten ihn unter und schleiften ihn mehr, als dass er selbst lief. Wir verließen das schattenspendende Dach der Regenwald-Vegetation, waren der Hitze der Savanne ausgesetzt. Das Grün des noch nahen Waldes verschwamm wie in einem Zerrspiegel. Der nasse, ausgemergelte Körper von Moses lastete schwer an meiner Seite. Ein Loch, eine Unebenheit oder einfach meine Schwäche? Ein messerscharfer Stich im Knöchel – ich war umgeknickt. John war zu überrascht, um uns drei halten zu können. Die beiden Männer fielen auf mich drauf, ich knallte mit der Schläfe gegen irgendetwas. Sendepause.

Ich habe es schon immer gehasst, wenn man mir die Wangen tätschelt. Aber John tätschelte nicht nur, er klopfte dagegen, als wohnte ein böser afrikanischer Geist in mir. Über mir Johns besorgtes, schweißglänzendes Gesicht vor einem erbarmungslos blauen Himmel. Er zerrte mich in eine halbwegs sitzende Position. Schwager Moses lag als Häufchen Elend im gelben Gras, mein rechter Knöchel schwoll bereits dick an. Vorsichtig tastete ich nach meiner Schläfe, in der das Blut pochte.

»John, ich kann nicht mehr.«

»Okay, okay. Ich werde Hilfe holen.«

Die Hilfe kam von selbst, lautlos aus dem nahen Wald. Erst zwei, dann vier, schließlich standen fünf fast völlig nackte schwarze Frauen um uns herum. Sie wirkten unwirklich, Traumgestalten gleich. Sie hoben mich hoch, dann Moses, John trabte hinterdrein. Sie schafften mich in eine schlichte, dunkle Lehmhütte und legten mich auf eine Matte am Boden, jemand gab mir aus einer Kelle leicht modrig schmeckendes Wasser zu trinken. Draußen hörte ich John mit ihnen reden. Er sprach Yoruba, und ich verstand kein Wort. Endlich kam er rein. Er wirkte sehr besorgt, gab sich aber alle Mühe, es sich nicht anmerken zu lassen.

»Ilona, ich muss dich und Moses hier lassen«, begann er, »ich werde allein nach Lagos zurückkehren.«

»Das kannst du nicht machen, John!«

»Morgen bin ich zurück. Morgen früh. Ich verspreche es dir. Ich muss ein Auto holen.«

»Wo willst du ein Auto herkriegen?«

»Ich kriege eins. Versprochen. Sie werden dir nichts tun. Sei unbesorgt. Sie sind zwar ...« Er machte eine etwas zu lange Pause. »Sie sind etwas anders hier. Aber hier wohnen nur Frauen. Sie werden sich um dich kümmern.«

Vorsichtig befühlte ich den geschwollenen Knöchel. Die leichteste Berührung schmerzte höllisch. Ich ließ mich auf die Matte am Boden zurückfallen. Meine Güte, was hatte ich der Welt getan, dass ich so büßen musste! Manövrierunfähig lag ich in einer kahlen Hütte irgendwo im afrikanischen Regenwald.

Mir schoss der Satz des *babalawo* durch den Kopf: Du musst deine Balance finden. Ja, natürlich! Es war so einfach! Ich befand mich nicht im Gleichgewicht! In dem Augenblick, als ich umknickte, war das doch ganz deutlich. Der sterbenskranke Moses hing regelrecht auf mir drauf. Aber war das nicht auch irgendwie ein Symbol für meinen inneren Zustand? Von allen Seiten wurde Druck auf mich ausgeübt. Ich musste alles gleichzeitig sein: Mutter zweier Kinder, Ernährerin dieser Kinder und deshalb gleichzeitig Managerin in einem schwedischen Konzern, der von mir erwartete, dass ich – während ich hier im Urwald darniederlag – seine Maschinen zur Holzverarbeitung verkaufte.

Damit nicht genug: Ich hatte Vater versprochen, Autos zu verscherbeln. Eine Angelegenheit, die wiederum John sich ausgedacht hatte. Und wo blieb ich? Der *babalawo* hatte Recht: Ich hatte mein inneres Gleichgewicht verloren. In diesem Zustand, und wo John mich obendrein wieder in seine Ehefrau zurückverwandeln wollte, konnte ich unmöglich irgendetwas auf die Beine stellen. Nicht einmal mich selbst.

Ich erwachte, als jemand meinen Kopf vorsichtig hochhob und eine Kelle Wasser an meine Lippen schob. Gierig trank ich. Durch den Eingang der Hütte sah ich, dass es draußen dunkel geworden war. Ich musste stundenlang geschlafen haben. In der Hütte brannten blakend zwei Fackeln. Aber trotz dieses warmen Lichts kam es mir vor, als ob die Frau, die mir zu trinken gab, keine Schwarze war. Sie war braun, bräunlich eher, hatte sehr helle blaue Augen, die mich ruhig musterten.

»Besser?«, fragte sie mich auf Deutsch, und ihr schmaler Mund lächelte etwas unsicher, wobei sie eine große Zahnlücke freigab.

»Ja, danke«, sagte ich mechanisch, ohne darüber nachzudenken, wie eine deutsch sprechende Frau in den Busch kam.

»Ich habe Ihren Knöchel bandagiert, während Sie geschlafen haben. Er sah nicht gut aus«, sagte sie mit einer weichen, dunklen Stimme und lächelte wieder unsicher. »Haben Sie Hunger?«

»Ich glaube schon«, murmelte ich und richtete mich zum Sitzen auf. Mein rechter Unterschenkel war bis zu den Zehen mit grünen Blättern umwickelt. Er fühlte sich angenehm kühl an.

»Eine große Auswahl an Essen haben wir nicht. Aber das *dodo* mit *yains* schmeckt gut. Möchten Sie probieren?«

»Wahnsinnig gern«, sagte ich etwas überschwänglich, ohne meine Wortwahl zu bedenken.

»Ich hole das Essen«, sagte meine braune Retterin und lächelte scheu. Sie machte jedoch keine Anstalten, ihren Worten Taten folgen zu lassen. Sie sah mich nur an, lächelnd.

Irgendetwas stimmte hier nicht ...

»Essen wäre wirklich prima«, versuchte ich sie an ihre Worte zu erinnern.

»Ja«, sagte sie lächelnd. Jetzt stand sie vorsichtig auf und ging langsam hinaus. Allmählich kam meine Denkmaschine auf Touren, lieferte aber keine Erklärung für das Auftauchen einer Frau, die weder weiß noch schwarz, sondern braun war. Und mit mir in fehlerfreiem Deutsch sprach.

Die Frau kam nach einer Ewigkeit zurück, stellte eine Holzschale mit gebratenen Bananen, *dodo* genannt, und gestampften Yamswurzeln in einiger Entfernung von mir auf den Boden. Sie verneigte sich, legte die Hände flach auf den Boden und murmelte unverständliche Worte, bevor sie erneut nach dem Essen griff und es mir mit diesem scheuen Lächeln überreichte. »Guten Appetit.«

Während ich den Teller in Windeseile leerte, sah sie mir zu. Sie lächelte immer noch. Mir wurde irgendwie ganz anders. Natürlich, ich erwartete von einem braungefärbten Engel im Busch kein perfektes europäisches Benehmen. Jemand, der hier lebte, musste durch und durch Individualist sein.

»Sie wundern sich wahrscheinlich, mich hier zu treffen«, sagte die braune Weiße mit ihrem scheuen Lächeln.

»Ehrlich gesagt: ja. Man muss doch gewiss auf einiges verzichten …

»Verzichten? O nein, ich habe alles, was ich brauche.« Sie lächelte wieder. »Aber ich brauche nicht viel. Einen Platz zum Schlafen und etwas zum Essen.«

»Als ich heute Mittag gekommen bin, waren da noch andere Frauen. Sie waren nackt, mit …, ich weiß nicht …, sie sahen aus, als wären sie gepudert. Mit Federn in den Haaren.« Ich bemühte mich um einen unangestrengten Plauderton. Auch mein Gegenüber war unbekleidet, der braune Staub auf ihrem Körper ließ sie allerdings nicht nackt erscheinen.

Sie hatte meinen Blick natürlich bemerkt. »Die Erde ist meine Kleidung«, sagte sie.

Die Frage brannte mir auf der Zunge: »Warum leben Sie so?«

Sie lächelte wieder scheu, aber nicht beleidigt. Es wirkte eher nachsichtig. »Ich könnte nicht anders leben. Bevor ich hierher gekommen bin, war ich sehr krank. Jetzt ist es besser. Mehr kann ich nicht verlangen.« Sie machte eine Pause. »Sie waren beim *babalawo,* nicht wahr? Konnte er Ihnen helfen?«

Ich kombinierte, dass sie wohl eine Patientin des Medizinmanns sein musste, sonst hätte die Frage keinen Sinn gemacht. Also hielt ich meine Meinung zurück. »Er hat mich auf alle Fälle sehr verwirrt. Ich glaube, ich hätte besser vorbereitet sein sollen. Ich bin mehr aus Neugier mitgegangen. John wollte es.«

»Er will, dass Sie es sich anders überlegen. Das ist verständlich. Der *babalawo* hat Sie nachdenklich gemacht, ob Sie das Richtige tun. Aber er kann es Ihnen nicht sagen. Die Antwort müssen Sie selbst finden. Sie ist in Ihnen.« Während sie sprach, hatte sie meine Hände genommen, die Innenflächen nach oben gedreht und sie vom flackernden Licht der Fackeln bescheinen lassen. »Sie haben kleine Hände. Und wie weich sie sind. Sie arbeiten mit dem Kopf, das merkt man sofort.« Sie blickte mir ins Gesicht. Mir schien es, als berührten ihre Augen meine Haut. »Sie machen sich Sorgen. Man will zu viel von Ihnen. Aber Sie haben nie gelernt, Nein zu sagen. Das ist gefährlich, es reibt Sie auf.«

Ich musste lachen, es machte mich verlegen, dass diese nackte braune Weiße so offen zu mir sprach. Ich beschloss, den Spieß umzudrehen. So einfach wollte ich mein Innerstes vor der Fremden nicht offenbaren. Auch wenn sie Recht hatte. »Bitte, erzählen Sie doch etwas über sich. Es würde mich interessieren, warum Sie hier leben. An was haben Sie gelitten, bevor Sie zum *babalawo* gegangen sind und beschlossen haben, hier zu bleiben«, fragte ich.

Sie sah mich immer noch an, doch ihr Blick schien durch mich hindurchzugehen. Endlich sprach sie, ohne Lächeln: »Sagt Ihnen der Name Gabersee etwas? Ich war dort fast fünf Jahre lang.« Mir lief es kalt den Rücken hinunter. Gabersee ist der Name einer psychiatrischen Klinik in der Nähe von Wasserburg bei München. Das erklärte alles. Ich saß mit einer Irren im Busch! »Eine sehr anstrengende Zeit. Nur Medikamente. Kaum Zeit für Therapie. So kann man Menschen nicht helfen. Ich wurde richtig krank. Dafür hatte ich diesen Beruf nicht ergriffen.«

»Wie? Welchen Beruf? Ich dachte ...«

»Sie dachten, ich wäre verrückt. Ich weiß. Vielleicht bin ich das ja auch. Ja, wahrscheinlich sogar. Wer rennt schon nackt im Urwald herum?«

Sie erhob sich, um langsam in eine dunkle Ecke der Hütte zu gehen. Ich hörte das Rascheln von Papieren, und wenig später hielt ich einen deutschen Reisepass in der Hand, ausgestellt vom Kreisverwaltungsreferat München. Er lautete auf Dr. Julia Schäfer. Auf dem Passfoto war eine Frau abgebildet, die mit meinem Gegenüber nur entfernt Ähnlichkeit hatte.

»Das war ich mal«, sagte sie. »Ich habe Ihnen das nicht gezeigt, damit Sie mich nicht für verrückt halten. Es soll Ihnen nur den Weg verdeutlichen, von wo ich gekommen bin.«

»Ich halte Sie nicht für verrückt, Julia.«

»Nicht Julia. Hier heiße ich Oluwafemi. Das sind Worte aus der Sprache der Yoruba. Sie bedeuten ›Gott liebt mich‹. Denn das ist es, was ich lernen musste: mich selbst zu lieben. Damit Gott mich lieben kann.«

»Sie sind Ärztin?« Ich dachte an mein Bein und griff instinktiv an den grünen Verband. Der Knöchel tat nicht mehr weh.

»Wegen der Blätter an Ihrem Bein? Ach, das kann jeder, der sich mit Naturmedizin auskennt. Da ist auch kein Zauber dabei.« Sie wickelte behutsam mein weißes Bein aus. »Versuchen Sie aufzustehen. Wenn es kein Bruch ist, was ich eigentlich annehme, müsste der Knöchel wieder in Ordnung sein.«

Vorsichtig erhob ich mich.

»Treten Sie auf«, ermunterte sie mich.

Die Schmerzen waren tatsächlich verschwunden. »Das ist wundervoll. Ich muss nämlich dringend mal wohin«, sagte ich.

»Ja, natürlich.« Sie machte keine Anstalten, mir den Weg zu weisen.

»Ähm, wo ... wo kann ich ...

»Ich zeige es Ihnen.« Sie nahm eine der Fackeln und ging voraus zur »Toilette«, einem hinter hohen Farn versteckten Loch im Boden. Irgendwo in den Büschen raschelte es. Ich beeilte mich zurückzukommen zu dem kleinen Platz in der Mitte der vier, fünf Hütten. Drei oder vier Dorfbewohnerinnen saßen um ein offenes Feuer herum, unterhielten sich und lachten. Ihr Alter war auf Grund der Lichtverhältnisse schwer zu schätzen. Oluwafemi bot mir einen Platz neben sich an. Neben ihr lag eine Schachtel Marlboro-Zigaretten; sie rauchte.

»Ihr Mann hat sie mir geschenkt«, erklärte sie. John rauchte eigentlich selten. Ich wusste nicht mal, dass er überhaupt Marlboros dabeigehabt hatte.

Kaum hatte ich mich gesetzt, da spürte ich, dass sich hinter mir etwas bewegte. Ich drehte mich um und sah eine der weißgepuderten Frauen, die vielleicht noch drei Schritte von mir entfernt war. Sie bewegte sich mit ausgestreckten Armen auf mich zu. Ich sprang erschrocken auf.

»Bitte, setzen Sie sich. Funke tut Ihnen nichts. Sie ist harmlos.«

»Touch hair, ma'am«, sagte die weiße Schwarze, die Funke hieß.

Dieses Spiel kannte ich schon von den Kindern in Moses' Haus. Sie wollten mein weiches, rotblondes Haar berühren. Aber Funke war kein Kind mehr, sondern eine dicke, nackte Frau. Die allerdings im Gesicht den unschuldigen Blick einer Dreijährigen hatte. Behutsam griff sie nach meinen Haaren, unablässig murmelnd: *»How go de go?«*, was so viel wie *»How are you?«*, also: »Wie geht's?« bedeutete.

Mochte ich in Bezug auf Julia-Oluwafemi vielleicht etwas vorschnell geglaubt haben, es mit einer Irren zu tun zu haben, so war ich mir bei Funke sicher. Warum lebten diese Frauen hier im Urwald? Waren sie verstoßen worden? Oder hatte sich Julia-Oluwafemi zu ihrer Therapeutin gemacht?

Sie begann zu erzählen. »Ich war Psychologin. Na, jedenfalls, ich dachte, ich wäre es. Aber ich war nur ein Werkzeug. Alles in mir wehrte sich gegen dieses Leben. Ich war damals verheiratet. Mein Mann bekam das Angebot, als Leiter des Goethe-Instituts nach Lagos zu wechseln. Das hat mir das Leben gerettet. Denn ich war drauf und dran, selbst verrückt zu werden. Ich konnte ganz deutlich meine eigenen Symptome erkennen. Aber das Schlimmste war: Ich hatte das Gefühl, versagt zu haben. Ich wollte helfen, ich wollte Menschen heilen. Aber das war nicht das, was man von mir erwartete.«

Julia-Oluwafemi, die Wanderin zwischen den Kulturen, die dem anbrechenden Hightechzeitalter entflohen war, um unter Nackten zu leben, blickte sinnend ins Feuer. »Nehmen Sie Funke. Sie sehen den Körper einer Frau von Ende fünfzig. Aber in ihren Augen entdecken Sie ein dreijähriges Kind. Bringen Sie Funke in eine deutsche Psychiatrie. Die Diagnose ist schnell gestellt: Schizophrenie. Ich sage: Sie sieht nur aus wie jemand anderes, eben wie eine alternde Frau. Aber sie ist ein Kind. Ich kenne Funkes Krankengeschichte nicht. Niemand konnte sie mir erzählen. Sie wurde als Wahnsinnige aus ihrem Dorf vertrieben. Aber was macht es schon, dass ich ihre Geschichte nie erfahren werde? Ich nehme sie einfach an, wie sie ist – ein Kind, das gerade verständlich sprechen kann. Und Funke ist glücklich. Ohne Psychopharmaka habe ich also einen Menschen therapiert.«

»Sie haben ein Kind therapiert. Ein Kind in dem alternden Körper einer Frau.«

»Richtig. Jetzt haben Sie es verstanden. Sie sieht nur aus wie jemand, der sie nicht ist.«

Sie stand auf, warf die Zigarette ins Feuer und begann ein paar leichte Schritte ums Feuer zu machen, wobei die hellen Flammen ihren Schatten verzerrt auf den Boden warfen. Nach und nach erhoben sich die anderen Frauen, und selbst Funke hatte meine Haare genug befummelt, um sich den anderen anzuschließen. Ohne, dass irgendeine Trommel geschlagen wurde, tanzten die nackten Frauen, sich an den Händen haltend, ums Feuer. Als hörten sie ihre eigene Melodie und ihren Rhythmus.

Ich sah ihnen zu. Sechs Schatten vor einem Feuer. Sechs

schwarze Schatten. Es war nicht mehr ohne weiteres auszumachen, welcher davon Dr. Julia Schäfer aus München war. »Sie sieht nur aus wie jemand, der sie nicht ist«, hatte sie gesagt. Mit Sicherheit galt das auch für sie selbst. Vielleicht darum die braune Erde auf ihrem Körper. Ich habe mich nicht getraut, sie das zu fragen. Die Balance des Lebens halten – ein schmaler Grat zwischen Wahn und Wirklichkeit.

Nach einer Weile öffnete sich die Kette der Tänzerinnen, und sie fassten mich an den Händen. Ich war eine von ihnen. In einem Kreis von verrückten Frauen im Busch.

»Es war kein Zufall, dass mein Mann nach Lagos versetzt wurde. Und es war auch kein Zufall, dass du dir deinen Knöchel hier in der Nähe unseres Dorfes verstaucht hast«, sagte Julia-Oluwafemi, als wir später wieder in ihrer kargen Hütte saßen. »Wir straucheln durchs Leben, meistens unbewusst, aber irgendwann kommen wir wieder auf die Beine. Ich sehe den Afrikanerinnen gern zu, wenn sie ihre schweren Körbe auf dem Kopf tragen. Sie verlieren nie das Gleichgewicht. Sie bleiben immer in der Balance. Das ist es, was ich hier gelernt habe: meine innere Balance zu finden.«

»Was wurde aus deiner Ehe?« Ich dachte, dass ihr Mann als Leiter des Goethe-Instituts, dem Aushängeschild der deutschen Kultur im Ausland, unmöglich mit einer nackten Frau im Urwald in Verbindung gebracht werden wollte. Aber Oluwafemi blieb mir die Antwort schuldig. Als ich ein Jahr später zu einem Empfang in der deutschen Botschaft auf Victoria Island in Lagos war, hieß es, Dr. Schäfer sei seit einem Jahr im Ruhestand. Man fragte mich, ob ich ihn kenne. Ich sagte, ich hätte seine Frau kennen gelernt. Man erwiderte überrascht, dass man gar nicht gewusst habe, dass Doktor Schäfer verheiratet gewesen sei.

In dieser Nacht schlief ich schlecht, träumte wirres Zeug. Am nächsten Morgen fragte mich Julia-Oluwafemi beim

Abschiedsfrühstück am Feuer: »Du hast geträumt, dass dein Vater schwer krank ist, Ilona, erinnerst du dich?«

»Woher weißt du das?«

»Du hast geredet. Beinahe pausenlos. Das war bei mir am Anfang übrigens auch so.«

Ja, langsam kam die Erinnerung wieder, ich hatte tatsächlich von Papa geträumt. Ein entsetzlicher Traum, wohl unter Einwirkung der vielen Erlebnisse. Papa war in diesem Traum, so wie ich etwa zehn Tage zuvor in der Realität, über die Jauchegräben nahe von Moses' Haus balanciert. Er hatte sich noch ungeschickter angestellt und war kopfüber hineingefallen. Man hatte ihn mit dem Krankenwagen abgeholt, weil er keine Luft mehr bekam. Aber ich hatte kein Auto und konnte der Ambulanz nicht folgen. Ich rannte hinterher und verstauchte mir den Fuß. Da kamen John und eine bunt angemalte, dickliche Schwarze in einem Geländewagen angefahren. Sie hielten und ließen mich hinten einsteigen. Aber statt zum Krankenhaus brachten sie mich zum Friedhof. John sagte: »Moses ist gestorben.«

Als ich meinen Traum erzählt hatte, sagte Oluwafemi schlicht: »Du solltest in Deutschland anrufen, Ilona.«

Funke mit dem kindlichen Gesicht stürzte außer Atem ans Feuer, ruderte mit den Armen und krächzte: *»Käk eh! Käk eh!«*

»Sie sagt, dass ein Auto kommt«, übersetzte Oluwafemi. Sie erhob sich und ging zu ihrer nahen Hütte. Als sie wieder herauskam, hatte sie sich zu meiner Verwunderung einen Wrapper übergestreift. Sie lächelte scheu, als sie sagte: »Wenn dein Traum wahr ist, kommt gerade dein Mann, und er befindet sich in Begleitung einer angemalten, dicken Frau.«

So lernte ich Mary im Busch bei den verrückten Frauen kennen. Ich schätzte sie auf Mitte zwanzig. Vielleicht war sie älter oder gar jünger. Sie war jedenfalls sehr … na ja, eben rund. Typ afrikanische Mammi. Es gibt Frauen, die mag ich von Anfang an. Sie gehörte nicht dazu. Irgendwas war faul an ihr. Sie grinste dauernd von einem Ohr zum anderen; ihre Finger waren mit goldenem Schmuck so beladen wie ihr breiter Hals. In Nigeria zeigen die Leute es gern, wenn sie Geld haben. Diese Mary musste demnach eine Menge Geld haben. Und ich war bleich, staubig und pleite. Ich fühlte mich minderwertig. Während John seinen Bruder aus einer der Hütten trug – laufen konnte Moses nicht mehr –, verabschiedete ich mich mit einer langen Umarmung von Oluwafemi.

»Auf deinen Schultern liegen zu viele Lasten, Ilona«, sagte sie zum Abschied. »Wirf sie ab. Dann findest du deine Balance wieder.« Sie sah mir in die Augen. »Und verrate niemandem mein Geheimnis.« Als ich sieben Monate später mit meiner Schwester Monika auf der Reise zu einer Kultstätte der Yoruba einen Besuch bei Oluwafemi machen wollte, fand ich sie nicht wieder. Das Dorf der verrückten Frauen war verschwunden, als wäre es nur ein Traum von mir gewesen.

John hatte den hohen Nissan Patrol tatsächlich irgendwie durch die Savanne bis nahe an das Dorf der Verrückten herangefahren. Bei eingeschalteter Klimaanlage rumpelten wir zum Expressway zurück und dann nach Lagos. John und die dicke Mary saßen vorn, ich mit Schwager Moses hinten. Eine Frage rumorte in meinem Kopf: Woher kamen diese Frau und dieses Auto so plötzlich? Die ganze Zeit über hatten wir uns mit Taxis durchgeschlagen. Und nun ließ John einfach so diese Frau aufkreuzen!

»Mary war sofort bereit, mir zu helfen«, erwiderte er.

Mir. Die Gelobte drehte sich zu mir um und strahlte mich mit ihren schneeweißen Beißerchen an; zwischen den Schneidezähnen klaffte eine breite Lücke. Solch eine Lücke gilt bei nigerianischen Frauen als Zeichen besonderer Schönheit. Himmel, irgendwie kam mir diese Frau bekannt vor …

Mittag war gerade vorbei, als wir Moses' Haus in Agege erreichten. John schickte gleich die Jungen los, um einen anglikanischen Priester zu holen. Nun, nachdem alle John bekannten *babalawos* versagt hatten, musste also die Kirche der Weißen ran. Ich fand es immer wieder faszinierend, wie man in Nigeria Slalom zwischen den Religionen fährt.

John nahm mich zur Seite: »Ich muss Moses nach Hause bringen.«

»Das kannst du ihm nicht antun!«, rief ich. »In diesem Zustand kann er doch nirgendwo hin!«

»Er hat mich darum gebeten«, sagte John, »er will im Dorf unserer Ahnen sterben. Er ist der älteste Mann in unserer Familie und muss in unserem Elternhaus begraben werden. Unser Glaube will es so.«

Und ich sollte warten, bis John irgendwann wieder auftauchte? Ich beschloss mitzufahren. Auch um John eine ständige Mahnung zu sein, dass es neben dem Jenseits ein Diesseits gab. Mit verrostenden Autos und einer Frau, die nach Deutschland zurückmusste. Wir nahmen den Pick-up, dieses multiple Gartenbauvehikel. In Decken und Tücher eingewickelt, klemmte der sterbende Moses auf seiner letzten irdischen Reise zwischen dem fahrenden John und mir.

Ich hatte keine Ahnung, auf was ich mich eingelassen hatte! Das erste Stück führte über die Autobahn nach Osten in Richtung Benin-City. Ohne Vorwarnung lag ein Minibus quer zur doppelspurigen Fahrbahn; er war einem umgekippten Lastwagen ausgewichen und selbst umgefallen. John konnte den Pick-up, der über altersschwache Bremsen verfügte, nicht rechtzeitig stoppen und rumpelte über den unbefestigten Seitenstreifen. Es knallte, der Pick-up trudelte, wir knallten gegeneinander. Wehklagen brach los: Die Menschen aus dem Bus dachten, Moses wäre durch den Unfall dem Tode so nah. Durch Johns Ausweichmanöver war ein Reifen geplatzt, der geflickt werden musste.

Ein Weiterfahren auf unserer Seite des Motorways war nicht möglich. »Der Wagen muss auf die andere Autobahnseite«, konstatierte John.

Auf der Autobahn war wenig Verkehr. Trotzdem – eine Geisterfahrt? Mit einem Sterbenden an Bord? Ein gutes Omen war das nicht gerade ... Der Pick-up wurde auf die entgegengesetzte Spur geschafft. Und weiter ging es. Niemand störte sich an uns. Nur ein einziges Mal hupte uns Geisterfahrer ein anderes Auto an. Da saß bestimmt ein Deutscher drin ...

In Benin-City holte John seine älteste Schwester, die rundliche Elisabeth ab, die sich mit Bergen von Taschen auf der Ladefläche einrichtete. Wir fuhren noch eine Weile Autobahn und bogen dann auf holprige, zunehmend schmaler werdende Straßen ab, die nur teilweise asphaltiert waren und sich durch hügelige Landschaft mit dichtem Regenwald schlängelten. Das war die Schatzkammer dieses von Natur aus reichen Landes: Öl und Holz werden hier gewonnen. Nur selten bot sich ein Ausblick aufs weite Land mit seinen Tausenden von Grüntönen. Inmitten der überbordenen Kraft der Natur stachen die dünnen Kamine der Ölförderstellen in die Luft, aus denen meterhohe Flammen schlugen, mit denen das überschüssige Gas abgefackelt wurde.

Lastwagen, schwer beladen mit Baumstämmen, bretterten rücksichtslos an uns vorbei und zwangen John immer wieder zum Ausweichen. Es galt das Recht des Stärkeren. Immer wieder befanden sich kleine Dörfer mit winzigen Verkaufsständen und schiefen Hütten in erbarmungswürdigem Zustand am Straßenrand. Die Landkarte hatte ich schon bald zusammengefaltet; die Orte, alle namenlos, waren sowieso nicht eingezeichnet.

Es war später Nachmittag, als wir eine Stadt namens Ughelli erreichten. Der letzte größere Ort, bevor wir endgültig im Hinterland verschwinden würden. Dicht drängten sich die flachen Lehmhäuser mit ihren rostigbraunen Blechdächern, die weit überstanden, damit der Regen die Mauern nicht aufweichte. Die Infrastruktur der Städte hielt dem Wachstum schon damals nicht stand. Es gab zu wenige und zu enge Straßen, die mit Menschen, Autos, Rädern und Tieren voll gestopft waren. Die Straße war gleichzeitig Markt und Autowerkstatt, Kinderhort und Ziegenweideplatz.

John fuhr hektisch. Plötzlich stand vor uns ein voll besetzter Bus. John zog den Pick-up zur Seite, rammte den Bus aber trotzdem. Geschrei, Palaver, ein Mann mit einem blutenden Kopf deutete auf unseren Pick-up. John wollte trotzdem wegfahren, aber die Leute schlugen auf den Pick-up ein, rissen die Tür auf, zogen John aus dem Wagen. Ein Polizist in matschbrauner Uniform schrie auf John ein.

»Ilona, lass mir Geld da. Und fahr weiter! Ich komme nach!«, rief John mir zu. »Elisabeth kennt den Weg!«

Dann wurde er in dem Gewühle fortgezogen. Ich fand mich hinter einem riesigen schwarzen Lenkradkranz wieder, einen Halbtoten gegen mich gelehnt, daneben eine Frau, die ich kaum verstand, und draußen grölten die Kinder ihr *»òyìbó, òyìbó!«*

Krachend ratschten die Gänge, nur mit enormem Kraftaufwand ließ sich das mühlradgroße Lenkrad bewegen. Stotternd und hüpfend holperte der Pick-up durch die verstopften Straßen. Ich fuhr natürlich wesentlich langsamer als John, doch für Elisabeths Auffassungsvermögen immer noch zu schnell. Sie schrie immer erst »Stopp-stopp-stopp!«, wenn die fällige Kreuzung schon hinter uns lag. Enge Wege, rechts und links Gräben. Ich schwitzte und wendete das schwerfällige Gefährt. Moses hing längst wie eine leblose Puppe in seinen Kleidern, seine Schwester murmelte unaufhörlich vor sich hin, als betete sie.

Und dann knallte es wieder. Ich kannte das Geräusch, wie ein Schuss. Wieder ein Reifen. Diesmal hinten. Wir hatten zwar einen Ersatzreifen, aber das war der kaputte von der Autobahn. Der Pick-up hatte Hinterradantrieb, es war unmöglich, den Wagen zu bewegen. Ich sah auf die Uhr – zwei Stunden bis zur Dunkelheit. Verzweifelt versuchte ich, Elisabeth zu entlocken, wie weit es noch war. Sie sagte viel, lamentierend, weinend, und ich verstand nichts. Ich nahm immer neue Anläufe, um sie zu fragen, ob wir laufen könnten.

Als uns eine Gruppe von Frauen, die wir eine halbe Stunde zuvor überholt hatten, erreichte, fand ich ein Mädchen, das mein Englisch verstand. Ja, sie seien unterwegs nach Ivori-Irri, sagte es. Das war Johns und Moses' Heimatdorf! Gemeinsam bastelten wir eine Trage aus Tüchern, in die wir den bewusstlosen Moses legten.

Diese seltsame Prozession erreichte Ivori-Irri kurz nach Einbruch der Dunkelheit. Mir tat jeder Muskel und jeder Knochen im Leib weh. Die Menschen im Dorf umringten uns, beklagten Moses, schwatzten mit Elisabeth. Kinder befühlten meine Kleider und Haare. Ich trottete mit zu einem Haus, in dessen einzigem Raum wir Moses auf den Boden legten. Einige Kerosinlampen ließen die Schatten der Anwesenden zucken.

Und plötzlich ein heiseres, quietschendes, schroffes Wehklagen – Moses hatte seinen letzten Atemzug getan. Ich stand zwischen all diesen Menschen, sah auf Moses hinab, der mit halb geöffneten Augen ins Leere blickte. Der Mann hat seine Ruhe – das war mein einziger Gedanke. Für mich, die ich eine Odyssee hinter mir hatte, interessierte sich niemand. Ich setzte mich irgendwo in einer Ecke auf den Boden, hungrig und durstig. Ich war fix und fertig. Und dann war ich weg. Einfach so.

Als ich wieder zu mir kam, fielen die ersten Strahlen der Morgensonne durch die einen Spaltbreit offen stehenden Fensterläden. Ich brauchte ein paar Minuten, um die Orientierung wiederzufinden. Verschwommen sah ich eine Gestalt eine Spitzhacke schwingen, mit der sie auf den harten Lehmboden der Hütte einhieb. Ich rieb mir den Sand aus den Augen und erkannte, dass es eine hochschwangere Frau war. Drei kleine Mädchen versuchten ungelenk, die herausgelöste Erde mit Schaufeln auf die Seite zu schippen. Abseits davon, als ginge sie die Schwerstarbeit der kahl geschorenen Schwangeren nichts an, saßen die anderen Frauen, wehklagend.

Ich erhob mich langsam, als befände ich mich im Zwischenreich von Traum und Wirklichkeit. Eine Schwangere mit drei Mädchen. Sollte das etwa …? Ja, es war Efe. Die Hexe, die ihren untreuen Mann Moses vergiftet hatte. Und so sah ihre Strafe aus: Schwanger und kahl geschoren grub sie in der Hütte ihres Mannes dessen Grab. Der Leichnam von Moses, in einen spitzenbesetzten weißen Kaftan, eine *agbada,* gehüllt, lag in einer Ecke des Hauses zwischen den weinenden Weibern.

Ich weiß nicht, ob Efe ihren Mann wirklich vergiftet hat. Später, als ich mich mit Medizin zu beschäftigen begann, habe ich herausgefunden, dass Moses wahrscheinlich an einem Darmverschluss gestorben ist. Ein entsetzlicher Tod, der Darm platzt, vergiftet den Körper. Ob das nun Hexenwerk war? Efe jedenfalls wurde wie eine Hexe behandelt. Als sie am Abend ein Loch geschaufelt hatte, das so groß war, dass sie selbst darin nicht mehr zu sehen war, holten die Frauen sie aus dem Haus und ritzten ihr mit dem Messer Narben in den Leib. In die offenen Wunden neben sie Cayenne-Pfeffer. Die angebliche Hexe schrie, ihre Töchter hingen, verzweifelt weinend, an der Mutter. Dann jagten sie Efe mit lautem Geschrei in den nahen Wald davon.

John war inzwischen ins Dorf nachgekommen. Ich schrie ihn an, er könne doch nicht zulassen, dass seine Schwägerin in den Wald geschickt werde. Aber ich habe nur eine Stimme, das Dorf Hunderte. Und diese Stimmen waren lauter als meine. John hinderte mich daran, Efe zu folgen: »Wenn du ihr jetzt nachgehst, dann glauben alle, dass du selbst eine Hexe bist.«

Ich wollte zurück nach Lagos. Es war mir egal, wessen Gefühle ich damit verletzte. Hier konnte ich sowieso nur alles falsch machen. Selbst wenn Efe an Moses' Schicksal die Schuld trug – was konnte das Ungeborene dafür?

Moses' Leichnam wurde in dieser Nacht im Boden des Hauses vergraben. Die eigentliche Trauerfeier sollte erst stattfinden, wenn John mich in Lagos abgeliefert hatte und mit viel Geld zurück in Ivori-Irri wäre.

Zum Abschied nahm mich Johns Mutter in die Arme und schenkte mir ein paar silbrig schimmernde Reifen aus altem afrikanischem Gold. Als Dank, weil ich ihren ältesten Sohn heimgebracht hatte. Nach meinem eigenen Wertesystem verdiente ich den Schmuck nicht. Indem ich geholfen hatte, Moses in sein Dorf zu bringen, so dachte ich, war ich indirekt auch an Efes Peinigung schuld.

John gab meinem Drängen nach. Er hatte es irgendwie geschafft, den Pick-up wieder fahrbereit zu machen. Im Morgengrauen verließen wir Ivori-Irri. Nach einigen Meilen sahen wir ein Bündel Mensch am Wegrand. Ich erkannte den Stoff des Kleides wieder. Efe! John wollte einfach weiterfahren, doch ich zog die Handbremse und sprang aus dem Wagen. Efe krümmte sich mit irrem Blick, jammernd und sabbernd, im Staub. Ihr Gesicht und ihr Mund waren blutverschmiert. In den Armen hielt sie einen nackten Säugling, noch in weißer Käseschmiere und voller dunkelrotem Blut. Ein langes Stück Nabelschnur hing von ihm herab – Efe hatte sie in ihrer Not durchbeißen müssen. Ich nahm ihr den Kleinen ab und wickelte ihn in ein sauberes T-Shirt von mir. John sah mich fassungslos an.

»Wir bringen sie jetzt in ein Krankenhaus!«, schrie ich ihn an. »Sie verblutet sonst. Das kannst du nicht zulassen!«

Schweigend hievten John und ich Efe auf die Ladefläche des Pick-ups. Ich setzte mich zu ihr und legte ihr den Säugling in die Arme. In einem kleinen Krankenhaus nahe Ughelli lieferten wir Efe ab. Die Umstände seiner Geburt hatten Efes Sohn schwer geschädigt. Noch während unserer Anwesenheit bekam er einen Krampfanfall. John holte den Jungen einige Monate später nach Lagos und ließ ihn von Rhoda aufziehen. Als Zweijähriger starb er an einem seiner Krämpfe.

Ich hatte mit Efe kein Wort gesprochen. Aber eine Stimme in mir sagte mir, dass wir uns nicht zum letzten Mal begegnet waren.

Zum Feuerlöschen an die Tankstelle

Als wir nachts in Lagos bei Moses' Haus ankamen, fand ich dort die runde Mary wieder vor. Sie unterhielt sich mit den vielen Frauen an der Kochstelle. Alle schienen sie gut zu kennen. John entfaltete ungekannte Betriebsamkeit: Er begann, seine und meine Sachen in Taschen zu packen. Nebenbei erklärte er mir, dass wir in das Haus von Mary ziehen würden. Denn Mary hatte gemeinsam mit ihrem Bruder eine Autowerkstatt an der Agege-Motor-Road, der ständig verstopften Verbindung zwischen Flughafen und City.

John, plötzlich der coole Pragmatiker, sagte: »Die Autos müssen repariert werden. Sollen wir das hier machen?« Mir kam das alles mehr als komisch vor. War Mary etwa ... Aber erst ein paar Tage zuvor hatten wir unsere Ehe mit erheblichem Aufwand gekittet! John wies jede intimere Verbindung mit Mary weit von sich. Sie sei eine Kusine ...

»Du hast ihr doch nicht etwa ein Auto dafür versprochen?«

»Einen 504«, sagte er und packte ungerührt weiter.

Damit blieben noch ganze sechs von zehn Autos übrig, um Vaters Schulden zu tilgen. Meine eigenen rechnete ich lieber gar nicht mit.

John machte sich daran, sämtliches Geld im Haus zusammenzukratzen. Rhoda mochte zetern, so viel sie wollte: Ihr bei der Taufe des Babys gesammeltes Geld musste sie abliefern – für die Autos. Wir fuhren zu Marys Werkstatt, einer Baracke, an deren Straßenseite jemand mit blauer, krakeliger Schrift *car repair* gemalt hatte. Auf dem Hof ein Schuppen, aufgebockt auf Steinen ein Peugeot, darunter ein paar Männerbeine. Sie gehörten Nathan, dem 18-jährigen Bruder von Kusine Mary.

Im Schatten der Baracke saßen drei Männer. Sie warteten auf uns. Und – o Wunder! – sie hatten Geld dabei. Die Anzahlung für jene Autos, die wir am nächsten Tag aus dem Zoll holen wollten. Mary, und nicht etwa John, nahm es ihnen mit wieselflinken Fingern ab und ließ es in ihrem Wrapper verschwinden. Sprachlos sah ich zu.

Ich hatte ausgesprochen Mühe, meine Sprache an diesem Tag wiederzufinden. Es gab in der *carrepair*-Baracke genau ein Schlafzimmer. Mit einem Bett. John und ich bekamen das Bett, Mary rollte ihre Matte am Boden aus und legte sich ganz selbstverständlich davor. Als gehörte sie dazu.

Während ich vergeblich versuchte einzuschlafen, wusste ich plötzlich, woher ich diese Mary kannte. Das heißt, ich kannte nicht sie. Ich kannte Marys wie sie. Sie waren plötzlich da, wenn ich John mal ein paar Wochen allein in London gelassen hatte, um nach München zu fahren. Dann trugen diese Marys meinen Morgenrock, putzten sich mit meiner Zahnbürste die Zähne und schliefen mit meinem Mann. Himmel, war ich dumm! Es hatte sich nichts geändert. Wozu der ganze Aufwand mit Ahnen- und Götterbeschwörung? Hielten die Geister hier denn alle nur zum Mann? Sollte ich immer die Schuldige sein? Ich wollte bloß noch Vaters Geld und weg. Mit John an meiner Seite konnte das nie etwas werden mit Balance und so.

Der Hafen war wieder geöffnet worden und unterstand jetzt direkt dem Staat. John blätterte Naira-Schein um Naira-Schein auf den Tresen des neuen Zollbeamten. Endlich klopfte der unzählige Stempel auf die Papiere. Wir waren zu viert – John, ich, Mary und Nathan. Drei Wagen mussten also vorerst im Hafen zurückbleiben. Ein Junge aus der Werkstatt namens Jojo hatte uns im Patrol zum Hafen begleitet.

Wir füllten aus Kanistern Benzin in die Tanks der Wagen. Keines der Autos sprang an. Während Mary loszog, um eine neue Batterie zu kaufen, begannen John, Nathan und Jojo, die Reifen zu wechseln. Da es sich bei der Mehrzahl der Autos um Peugeots des gleichen Typs handelte, ergänzten wir nach dem Baukastenprinzip. Schließlich standen die verbliebenen drei praktisch radlos da.

Der Einzige, dem die Sache richtig Spaß zu machen schien, war Nathan. Der Junge schwitzte in der Hitze zwar genauso wie John, aber er sang pausenlos vor sich hin. Als Mary endlich wieder auftauchte, gab der zuerst wieder zum Leben erweckte Wagen dem nächsten Starthilfe, dem verbliebenen Benz. Irgendjemand hatte den Auspuff des Mercedes dringend gebraucht. In eine blaue Abgaswolke gehüllt, laut wie ein Hubschrauber im Tiefflug, brachte ich den Wagen zum Rollen. Auch die beiden anderen Wagen schoben und schleppten wir schließlich los.

Die ganze Aktion dauerte bis in den Nachmittag. Die Rushhour hatte bereits eingesetzt, als wir endlich aus dem Hafen rauskamen. Vor uns lag eine Fahrt quer durch Lagos. Im Stau. John fuhr voraus, dann ich, Nathan und Jojo. Nathan blinkte wie wild mit der Lichthupe. Irgendwas stimmte nicht. Reifen geplatzt. Wir wechselten mitten im Stau. Im Schneckentempo ging es weiter. Ich blickte auf den Temperaturmesser des Wasserkühlers. Alarm! Endlich freie Fahrt, die Anzeige beruhigte sich. Vor lauter Stress war es mir nicht aufgefallen, aber als wir ungehindert rollten, bemerkte ich, dass Johns Peugeot Flüssigkeit verlor. Wenig später stieg aus dem Wagen vor mir schwarzer Rauch auf. Rechts vorn eine Tankstelle, John setzte den Blinker. Praktisch keiner der Wagen hatte mehr Sprit im Tank.

John fuhr den rauchenden Wagen direkt vor die Zapfsäule, wir drei anderen hinterher. Da rannten auch schon aufgeregt mit den Armen fuchtelnde Männer auf uns zu und schrien: »*Go away! Go away!*«

John hatte die Fahrertür geöffnet und die Motorhaube entriegelt und wollte gerade aussteigen. Mindestens zehn Männer stürzten auf ihn zu, einer drückte ihn in den Wagen zurück. Fluchend schoben sie ihn weg von der Tankstelle, hinüber zur Straße. In solchen Situationen ist überlegtes Handeln nicht meine Stärke: Ich erstarre vor Schreck. Ich sah, wie alles, was Beine hatte, in Bewegung war, Wasser schleppte. Nach wenigen Minuten befand sich dort, wo Johns Peugeot stand, eine dicke weiße Wolke, aus der ein verrußter John hervortrat. Als sich der Qualm verzogen hatte, blickten wir in die Ruine eines Motorraums.

So zog mein hubschrauberlauter Mercedes den lahm gelegten Peugeot durch den Stau zu Marys *car repair.* Wie gebannt blickte ich auf die Temperaturanzeige und fragte mich, wann meinem Gefährt das gleiche Schicksal wie Johns Auto blühen würde. Aber der Benz hielt durch.

Marys vier Kunden machten lange Gesichter. Sie versprach ihnen wohl, dass die Wagen in Bälde wieder topfit seien. Ich hatte am Vortag gut aufgepasst und wusste, welcher der Männer den Benz kaufen wollte. Während Mary mit den anderen zu tun hatte, nahm ich den Mann beiseite. »Sie haben Glück«, sagte ich, »Ihr Auto ist das beste von allen. Ich habe es selbst hergebracht. Es braucht nur einen neuen Auspuff. Den bekommen Sie leicht.«

»Ja«, sagte der Mann, »aber er hat keine Scheinwerfer, und die Scheibenwischer fehlen. Und wo sind die Rückspiegel?«

»Das sind doch Kleinigkeiten. Das Auto fährt. Sie werden stolz darauf sein.«

»Und der Lack? Das ist Rost.«

»Der Lack ist neu. Sie müssen nur etwas polieren.«

»Ich zahle Ihnen 5000 Naira.«

10 000 Mark? Wir hatten mindestens 100 000 Mark Schulden! Der Benz war mit 12 000 Naira kalkuliert, also gut 24 000 Mark.

»Ich wollte Ihnen ein Geschäft vorschlagen«, sagte ich kühl. »Wir werden den Wagen reparieren, dann kriegen wir 12 000 Naira. So war es vereinbart.« Ich wandte mich ab.

»Okay, okay.« Der Mann hatte mich eingeholt. »7500 Naira.«

»Das kann ich nicht machen. Mindestens 11 000 Naira.«

Mary und John redeten immer noch auf die anderen drei Kunden ein, die bei den Peugeots standen. Mein Ehrgeiz wuchs. Ich wollte endlich selbst Geld in die Finger kriegen. Es war doch schließlich in erster Linie Vaters Geld. Ich musste es schaffen! Ich streckte dem Mann meine bleiche weiße Hand hin. »10 500. Bar und sofort.«

Er schlug ein. Mir fielen fast die Augen aus dem Kopf! Er gab mir 10 000 Naira. 500 habe er Mary angezahlt.

John und Mary hatten mit ihren anderen Kunden weniger Glück. Sie behaupteten, nur jeweils 3 000 Naira bekommen zu haben. Die noch ausstehenden 4 000 würden sie brauchen, um die drei anderen Autos aus dem Hafen heraus und wieder flottzubekommen.

Damit hatte ich ganze 38 000 von erwarteten 100 000 Mark. Und die auch nur theoretisch. Und falls man mich mit diesem Geld am Flughafen schnappen würde, stünde mir eine höchst unerfreuliche Laufbahn bevor: die einer Gefängnisinsassin.

»Ich kenne jemanden, der Geld wechselt«, sagte John. Er kannte ja immer jemanden. Diesmal war es eine Händlerin in Victoria Island. Was eine erneute Fahrt quer durch Lagos bedeutete … Dazwischen lag eine schlaflose Nacht neben John und Mary. Und ein bemerkenswerter Morgen. Mary übergab sich, wie schon am Morgen zuvor.

Man sagt mir nach, dass ich gut pokern kann. Als Mary von der so genannten Toilette zurückkam, nahm ich sie schwesterlich in den Arm und fragte: »Na, Mary, wann ist es denn soweit?«

»Du weißt es?« Ihre dunklen Kulleraugen wurden noch runder.

»Natürlich. Du bist auch im richtigen Alter dafür.«

»Ich bin so glücklich, dass du es jetzt auch weißt!«

Ich rechnete schnell. »Du bist im zweiten Monat?«

»Ich hoffe so, dass es ein Junge wird, Mitfrau Ilona«, strahlte sie mich mit ihrer Zahnlücke an. Ich lächelte verkrampft zurück.

Es war Zeit, ein paar Dinge klar zu stellen.

»John, ich glaube, mir ist klar, warum die Ahnen uns bei unserem Autohandel nicht helfen wollen. Weil wir ein falsches Spiel spielen. Ich spreche von Mary. Sie bekommt ein Kind von dir. Und mit mir schläfst du zu Grillenzirpen im Urwald und erzählst beim *babalawo* was von afrikanischer Familie. Du bist ein Schwein, John. Ich habe mich noch nie in meinem Leben so verarscht gefühlt. In dieser Nacht im Urwald ... ich war wirklich bereit, mit dir neu anzufangen. Ehrlich ... Mit den Kindern ... sie sollten ihren Vater wiederhaben ... ach, vergiss es. Vergiss es für immer.«

Ich saß im klimatisierten Geländewagen meiner – was eigentlich? Nebenbuhlerin? Ach ja: »Mitfrau«. John starrte schweigend auf die Stoßstange des Vordermannes. »Du bist Anfang Januar aus Deutschland zurückgekommen, um deinem kranken Bruder Moses zu helfen. Du hattest dich um die Autos zu kümmern. Und dann hattest du auch noch Zeit, um mit dieser angemalten Mary rumzumachen? Bestimmt hast du ihr erzählt, du machst den großen Autohandel auf. Aber dann bin ich nachgekommen. Damit hattest du nicht gerechnet. Alles wäre gut gegangen, wenn Moses und ich nicht im

Urwald schlappgemacht hätten. Ich wäre zurückgeflogen, und du wärst fein raus gewesen. Dumm gelaufen, was?« Ich kochte. Trotz Klimaanlage.

»Du wolltest dich doch scheiden lassen«, sagte er endlich matt.

»Warum habt ihr im Busch Geister angerufen, wenn du es gar nicht ernst gemeint hast? Ich kenne mich mit der Magie der schwarzen Götter nicht aus, John, aber ich hätte nicht übel Lust, es zu lernen. Ich bin sicher, du hast etwas getan, was du nicht tun durftest. Du hast nicht nur mich belogen. Du hast auch den *babalawo* belogen.«

»Das Orakel kann man nicht belügen. Ich habe nichts Falsches getan. Jeder Mann in Afrika kann mehrere Frauen haben.«

Nun fehlte nur noch, dass er von dem damals berühmten nigerianischen Sänger Fela Kuti anfing – der hatte 26 Frauen. In meinem Kopf machte sich ein Gefühl der Leere breit. Als hätte ich etwas sehr Wichtiges zu tun. Und es vergessen. Natürlich … Der Traum in Oluwafemis Hütte … Mein Vater! Himmel, ich musste ja dringend in München anrufen!

Rhoda empfing mich aufgeregt mit einem fünf Tage alten Telegramm aus Deutschland. Aufgegeben am Tag meines Traums. Es lautete: »Vater Herzinfarkt. Komm sofort. Mama.«

Alles lief an mir vorbei. Wie in einem Film. Der Markt von Lagos. Das Menschengewirr. John, der sich unglaublich zusammenriss, möglichst viele von meinen Nairas in Geld umzuwandeln, das ich ausführen durfte. Er schacherte, redete mit Händen und Füßen. Noch reichte die Summe nicht; wir hatten erst 3000 Naira gewechselt.

Schließlich ein enges Zimmer, eine runde Frau. Sie handelte mit Tuch und Schmuck. John hatte ihr wohl erzählt, dass ich in Sorge um meinen Daddy sei. Ihre gutmütigen Augen blickten mich mütterlich an. Unter ihren vielen Wickelröcken hielt sie eine dicke Tasche mit Geld verborgen. Sie gab mir einen verhältnismäßig guten Kurs in verschiedenen Währungen. Aber mehr als 5 000 Naira wollte sie nicht tauschen. Da sie selbst öfter im Ausland Geschäfte machte, brauchte sie Devisen. Ich war ihr trotzdem dankbar. Sie hatte einen für die Haifisch-Stadt Lagos seltenen Charakter: jemand, der trotz des harten Kampfes ums tägliche Brot menschlich geblieben war.

Vom Telegrafenamt versuchte ich noch, nach Deutschland durchzukommen – aussichtslos. Wir fuhren direkt zum Airport. Ich hatte Glück: Ich bekam den letzten freien Platz nach München. Da Marys *car repair* nicht weit vom Flughafen entfernt lag, blieb sogar Zeit, um meine Koffer zu holen. Aber wohin mit dem vielen nigerianischen Geld, dessen Ausfuhr verboten war? Ich setzte alles auf eine Karte, das heißt: Ich packte 10 000 Naira in einen Koffer. Eine Summe, für die einer von Master Tomorrows Hafenarbeitern sein ganzes Leben lang Säcke schleppen musste.

Wir hasteten zum Airport zurück. Das Herz schlug mir bis zum Hals. Wenn sie das Geld entdeckten, war alles umsonst. Ich umfasste den Armreif aus Elefantenhaar, lächelte sanft, wünschte dem Zöllner einen guten Tag und sagte in mich hinein: Ilona, denk an das innere Gleichgewicht.

Ich schwöre: Ich war die Einzige, deren Koffer nicht durchsucht wurde. Irgendwann musste ja mal was klappen.

Meine verrückteste Entscheidung

Die Geschäftsbilanz des Autohandels las sich schlecht. Für vierzig Prozent des Einsatzes hatte ich gerade mal 25 Prozent des eingesetzten Geldes rausbekommen: An der Uni hätte ich für dieses Resultat eine glatte Sechs kassiert ... Die Stewardess reichte mir gerade einen Tomatensaft, als mein Blick auf die Papiere auf dem Schoss meines Sitznachbarn fiel. Er rechnete, strich durch, begann von neuem.

»Sie haben den Verlustvortrag nicht berücksichtigt«, hörte ich mich sagen. Der Mann – ich hatte ihn als Person übrigens noch gar nicht wahrgenommen, sondern mich nur für seine Zahlenkolonnen interessiert – beugte sich unkompliziert zu mir herüber. Wir rechneten gemeinsam und kamen zu der Überzeugung, dass sich seine Investition durchaus rentieren würde.

»Um was geht's denn überhaupt?«, fragte ich im Plauderton.

»Bremsen«, antwortete er, »wir haben über die Errichtung einer Anlage in Lagos verhandelt.«

»Also, ich habe von Autos die Nase voll.« Ich lachte.

»Machen Sie Export?«, wollte er wissen.

»Mit mäßigem Erfolg«, gab ich zu. »Ich habe ein paar afrikanische Eigenarten nicht mit einkalkuliert.« Und dann sagte ich so ganz nebenbei – ich weiß wirklich nicht, warum – einen Satz, der in die Augen meines blassen blonden Sitznachbarn mit dem sandfarbenen Anzug ein Strahlen zauberte: »Ich bin mit einem Nigerianer verheiratet.«

Da reichte mir der Mann seine leicht feuchte Hand und

stellte sich als Michael Bernhard vor, Finanzvorstand der Strengfurt AG. »Haben Sie nicht Lust, bei uns im Management in Lagos mitzuarbeiten? Wir brauchen dringend einen neuen Controller. Am besten jemanden, der mit einem Nigerianer verheiratet ist, wegen der Ausländerquote. Noch besser eine Frau, die sich einmischt. Wie wär's?«

Ich verschluckte mich fast an meinem Tomatensaft.

»Wir machen Ihnen ein Angebot, das Sie nicht ausschlagen können«, sagte Bernhard in 10000 Metern Höhe. »Haus, Auto, Chauffeur, Personal, Inlands- und Auslandsgehalt ...«

Ich dachte an Jauchegräben, Lehmhütten mit Plumpsklos, korrupte Master Tomorrows, brütende Hitze, Tote auf den Straßen, schwarze Magie und schwarze Machos, die sich x-fach vermählten ...

»Wissen Sie was, Frau Wowo, Sie kommen nächste Woche einfach nach Köln! Meine Sekretärin wird Sie morgen früh anrufen und für Sie das Flugticket am Flughafen hinterlegen lassen«, sagte Bernhard ohne Umschweife. »Nach einem ausführlichen Gespräch können Sie immer noch Nein sagen.«

Mir fielen meine Kinder ein, Janet und Bobby, meine Mutter, mein Vater. Bernhard lachte. »Ihr Haus im weißen Viertel ist riesig. Da könnten Sie sogar Ihre Eltern mitnehmen. Und es gibt eine sehr gute deutsche Schule. Das zahlen natürlich alles wir.«

Ich seufzte. »Ich muss es mir überlegen.«

In diesen Stunden bekam ich eine Ahnung davon, wie unkompliziert das Leben sein konnte. Es war möglich, neben jemandem im Flugzeug zu sitzen, der einem den Superjob zu Füßen legte. Ich brauchte dem Geld endlich mal nicht hinterherzurennen: Es kam zu mir. Der Elefantenreif, die »innere Balance« oder schlicht die längst überfällige Portion Glück, die jedem zusteht?

Mit diesem Hochgefühl stieg ich in München aus dem

Flugzeug. Um am Gepäckband brutal hart auf den Boden der Wirklichkeit zurückgestoßen zu werden – der Koffer war nicht angekommen. Mein, vielmehr Papas, ganzes Geld! Ich rotierte. Sollte ich in der Verlustanzeige unter »Wertangabe« 20000 Mark in Nairas reinschreiben? Was hätte das genützt? Sie hafteten nur bis 1000 Mark. »Die meisten Gepäckstücke tauchen noch auf, Frau Wowo. Bei den Flügen aus Afrika haben wir öfter Probleme.«

Zu Hause fraßen mich Janet und Bobby fast auf. »Mama, was hast du uns mitgebracht?« Liebe, kleine deutsche Welt, so aufgeräumt, so sauber. Und doch unter der heilen Oberfläche ein Riss: die Schulden, die Mahnschreiben der Bank, mein Vater unter der Last zusammengebrochen. Leichenblass lag er im Bett, an Schläuche angeschlossen. Er war wirklich krank! Das sagte auch der Chefarzt. Er habe sich viel zu viel zugemutet. Außerdem hatte er in Afrika seine Tabletten gegen zu hohen Blutzuckerspiegel und Blutdruck unregelmäßig genommen. Eigentlich, sagte der Doktor, müsste mein Vater sofort in Rente gehen.

Du lieber Himmel, die ganzen Schulden! Und Vater arbeitsunfähig! Es würde alles an mir hängen bleiben. Ich telefonierte Freunde und Bekannte durch, ob sie einen Job für mich wussten. Flehte bei meinem alten Arbeitgeber vergebens um Gnade. Kramte einen Headhunter, einen professionellen Jobvermittler für Manager, aus meinem Telefonbuch hervor. Was denn? Gutbezahlter Job in München, und zwar sofort? Wo sollte er den herzaubern?

Zuerst galt es jedoch, alle nahe liegenden Katastrophen zu beseitigen: Im Flughafen marschierte ich geradewegs mitsamt wiedergefundenem Koffer und klopfendem Herzen zum Damenklo, durchwühlte meine BH's und Blusen. Ei, wie fein, 10000 bunte Nairas!

Es folgte ein Banken-Marathon. Nigerianische Nairas?

Nein, tut uns Leid! Die nehmen wir nicht. Ich musste bis in die Schweiz, um aus Nairas schließlich Mark zu machen. Aber: ich hatte insgesamt fast 30 000 Mark. Die Mahnungen der Spedition waren ernst zu nehmen. Ich feilschte und pokerte wie auf dem Markt in Lagos, um die Forderungen zu drücken. Nach einer halben Stunde reduzierte der Spediteur unsere Schulden um ein Viertel. Ich lieferte fast mein ganzes schönes Bargeld ab – eine schmerzhafte Trennung! Was hatte ich für dieses Geld geschwitzt, gezittert und gebetet. Um es dann in einer langweiligen Stahlkassette verschwinden zu sehen …

Das Entgegenkommen des Spediteurs klärte sich in den nächsten fünf Minuten auf, als seine Sekretärin mit einer Flasche Sekt hereinkam. Der Spediteur entkorkte sie, füllte die Gläser, stieß mit mir an und sagte: »Na, dann, Frau Wowo, auf weiterhin gute Zusammenarbeit!« Ich stutzte nur einen kleinen Moment, hielt das für eine normale Redewendung nach einem abgeschlossenen Geschäft.

»Na ja, man weiß ja nie«, erwiderte ich und dachte: Nie wieder lasse ich mich auf ein solches Abenteuer ein!

Das Lächeln des Spediteurs gefror: »Wie meinen Sie?«

»Der Autohandel ist eine ziemlich aufreibende Sache«, antwortete ich vage.

»Ihr Vater schien mit Ihrer Arbeit ganz zufrieden zu sein. Wie sagte er – ach ja: Das erste Mal sei nur ein Versuchsballon gewesen. Sie alle hätten aus den Fehlern gelernt«, sagte der Spediteur.

»Das hat mein Vater gesagt?« Mein Magen verstand als Erster die Signale: Vater hatte wieder was angestellt!

»Ja, diesmal verschiffen wir die Autos gleich in Containern auf Deck. Dann kann beim Entladen nichts kaputtgehen.«

»Um wie viele Autos handelt es sich denn diesmal?«, fragte ich so ruhig wie möglich.

»Zwölf.«

Diesen Unsinn machte ich nicht noch mal mit!

»Es ist zu spät, Frau Wowo. Die Autos sind schon in Bremen und werden in einigen Tagen verladen«, sagte der Spediteur kalt. »Uns liegt bereits ein Telegramm von John Wowo vor. Das ist doch Ihr Mann, nicht wahr? Darin bestätigt er, dass er die Autos angefordert hat und fristgerecht übernehmen kann.«

Wütend fuhr ich mit meinem Golf ins Krankenhaus.

»Ilona, ich habe einen Autohändler gefunden, der den Autohandel mitfinanziert. Er stundet uns alle Rechnungen bis zum Verkauf der Autos«, sagte Papa, als ich ihn ganz sanft im Krankenhaus auf die Autos ansprach. »Und außerdem, Ilona ...« Er sah mich mit ganz lieben Papa-Augen an. »Wir müssen von unseren Schulden wieder runter. Ich wusste keinen besseren Weg. Du etwa?«

Am nächsten Tag versuchte ich in Köln bei der Strengfurt AG, eine Antwort darauf zu finden. Mein Verhandlungsspielraum war denkbar gering. Bernhard machte es mir wirklich schwer abzulehnen. Die Kinder könnte ich nach Ablauf der Probezeit nachkommen lassen. Das schrieben sie sogar mit Freuden in den Vertrag hinein. Weshalb, wurde mir erst später klar: Die Wahrscheinlichkeit, dass ich den Vertrag verlängerte, war dadurch viel größer.

Während wir uns über alle Details ausführlich unterhielten, trat all das in den Hintergrund, was mich an Nigeria genervt hatte. Plötzlich erinnerte ich mich an jene Häuser, die Schwager Moses als Gärtner betreut hatte. In so einer Villa würde ich mit Janet und Bobby residieren! Freundliches Personal würde uns umsorgen. Wir würden reisen. Ich könnte den Kindern zeigen, wo ihre Wurzeln waren. Und so traf ich die verrückteste Entscheidung meines Lebens – zurück nach Afrika.

Als ich am Abend wieder nach München flog, hatte ich

den unterschriebenen Vertrag in der Tasche. Nur einen Haken hatte die Sache: Ich musste in Kürze in Köln ein zweimonatiges, firmeninternes Training durchlaufen, um mich mit Organisation und Interna der Firma vertraut zu machen. Noch von Köln aus hatte ich die Spedition angerufen. Ich bat um ein paar Wochen Aufschub für die Autoverladung. Ich hatte ja dazugelernt: Diesmal würden die Ersatzteile gleich beigepackt werden, um die Autos sofort reparieren lassen zu können.

»Mutti«, sagte ich zu Hause, »ich werde wieder nach Afrika reisen.«

»Ich denke, es hat dir nicht gefallen?«

»Diesmal wird es anders werden, Mutti.« Ich erklärte ihr alles.

»Wenn du meinst, Ilona«, sagte Mutter zum Abschluss, »du hast dir das ja sicher gut überlegt.« Wenigstens die Kinder wusste ich bei ihr in guten Händen. Gedankenverloren drehte ich meinen Elefantenhaarreif.

»Das ist hübsch«, sagte Mutti, »was ist das?«

»Ein Glücksbringer.«

»Dann pass gut drauf auf. Wir werden in nächster Zeit eine Menge Glück brauchen.« Dann nahmen wir uns in die Arme und hielten uns ganz fest.

Ich wurde Freizeit-Mutter. Alle 14 Tage zahlte die Strengfurt AG mir während meiner zweimonatigen Einarbeitungszeit in Köln einen Heimflug nach München. Ich brachte Geschenke für die Kinder mit, widmete meine Zeit vor allem Gesprächen mit meinen Eltern. In der Regel ging es ums Geld: Vater war im Begriff, das Haus zu verkaufen, um ein anderes, weit entfernt von München im niederbayerischen Bäderdreieck, zu mieten. Seine Pläne täuschten nur unzulänglich darüber hinweg, dass er völlig pleite war. Die übrigen Geschäfte hatte er mit Hypotheken aufs Haus finanziert, das nun bis zum Dachfirst überschuldet war. Vater ging es zwar wieder gut, aber es war klar, dass er nicht mehr arbeiten konnte. Meine Schwester Monika hatte gerade Abitur gemacht, wollte studieren. Der Ernährer meiner Großfamilie war plötzlich ich.

Die Personalabteilung meines neuen Arbeitgebers hatte mir Prospekte von der deutschen Schule in Lagos besorgt. Stolz legte ich sie meinen Eltern vor.

»Janet und Bobby werden bei uns leben«, sagte Vater schroff, stand auf und ging hinaus.

»Was hat er denn, Mutti?«

»Er glaubt, dass die Kinder es in Deutschland besser haben. Vater war von Afrika nicht so begeistert.«

»Wir wohnen im weißen Viertel, in einer Villa«, sagte ich.

»Vater hat ein schönes Haus in Niederbayern ausgesucht. Es hat einen großen Garten«, antwortete Mutti.

Vier Wochen später fuhren meine Eltern und meine Kinder mit mir nach Bad Griesbach. Stolz zeigten sie mir das schöne, großzügige Haus, für das ich die Miete zahlte.

Der Umzug fand an einem Wochenende statt, das ich in London verbrachte, wo ich an einer internationalen Schulung teilnahm. Ich schenkte mir das abendliche Sightseeing und blieb in unserem feudalen Hotel, wartete an der Restaurantbar auf einen freien Tisch. Ich mochte die etwas biedere, aber gemütliche Atmosphäre mit dem dunklen Teak an den Wänden und den schön polierten Messingleuchtern. Ein Mädchen in Janets Alter kippte sich seinen roten Saft über die weiße Bluse. Wahrscheinlich Johannisbeere. Der K. o. für jedes mir bekannte Waschmittel. Angesichts der hilflosen Versuche der verzweifelten Mutter, das Desaster wieder zu entfernen, musste ich lächeln.

»Es kann ganz schön hart sein, erwachsen zu werden«,

sagte eine männliche Stimme neben mir in einem leicht singenden, amüsierten Tonfall. Ich hatte ihn nicht bemerkt. Ein hochgewachsener, sehr eleganter Mann mit kurzen schwarzgelockten Haaren, dunklem Teint in einem schwarzen Zweireiher lächelte mich aus wachen, etwas spöttischen Augen an.

»O ja«, sagte ich leidenschaftlich, »mein Vater hätte mir bei so einer Gelegenheit eine geschmiert.«

»Ich hätte den Fleck zu Hause auswaschen müssen. Da passt man beim nächsten Mal verteufelt gut auf«, sagte der junge Mann gut gelaunt.

»Ihr Vater muss ein guter Pädagoge sein«, meinte ich anerkennend.

»Mein Vater?!« Er lachte wie über einen guten Witz. »Um Kindererziehung hat er sich nie gekümmert. Er ist Afrikaner. Waren Sie schon mal in Afrika?«

Ich nickte stumm.

»Scheint Ihnen nicht gefallen zu haben?«

»Es ist anders.« Höflich fügte ich hinzu: »Es kommt natürlich sehr darauf an, wie man Afrika erlebt.« Ich taxierte ihn vorsichtig. »Sie kommen wahrscheinlich aus Nordafrika?«

»Ganz verkehrt.« Er lachte ungezwungen. »Ich stamme aus London.« Er machte eine Pause. »Und Nigeria.«

»Wirklich? Da war ich noch vor sechs Wochen!«

»Lassen Sie mich raten: Sie machen Geschäfte. Zwischen Europa und Afrika? Welche Branche?« Seine direkte, unkomplizierte Art, Informationen zu sammeln, beeindruckte mich. Geschickt spielte er auf der Klaviatur von Flirt, Business und Weltläufigkeit, nutzte die Zeit des Wartens an der Bar für einen Kontakt – welcher Art auch immer. Ich beschloss, auf der Hut zu sein.

Das Eingreifen des Obers verwandelte unser Gespräch zu einem Candlelight-Dinner. Zu einem höchst kurzweiligen, bei dem es überhaupt nicht mehr um Autos ging, sondern um Afrika und Europa. Um die Unterschiede zwischen den Kulturen. Ein Thema, mit dem ich mich seit der Ehe mit John herumschlug. Das Victor – so hieß meine Bar-Bekanntschaft – allerdings lebte. Sein Vater war ein Chief. Keiner von der Sorte wie Johns Vetter Bola, der mit Feuerlöschern handelte. Sondern ein echter Stammesfürst aus dem ölreichen Südosten Nigerias.

Seine Mutter hatte ihre Wurzeln in einer sehr angesehenen Familie in London. Erst Monate später fand ich heraus, dass sie dem britischen Adel angehörte. Victor selbst hatte praktisch nie in Nigeria gelebt. Er war in England und der Schweiz auf Internate geschickt worden, hatte in den USA Ingenieurwesen und Marktwirtschaft studiert. Und fühlte sich als Brite. Er kannte von Lagos weder die Gegend, in der sich das Haus von Moses befand, noch jene, in die ich nach meiner Schulung in Deutschland ziehen würde.

»Aber ich würde Sie gern dort besuchen, wenn Sie erlauben«, sagte er zum Abschied. Die Sache hatte nur einen Haken: Ich kannte meine neue Adresse selbst noch nicht.

»Ich habe Sie hier in London gefunden. Ich werde Sie auch in Lagos wiederfinden, Ilona«, sagte er und küsste mich sanft auf die Wange.

Wow! Ein Kuss vom Sohn des Stammesfürsten und die Aussicht auf ein Rendezvous. Wo und wann auch immer … Trotzdem, keine schlechte Bilanz für einen Abend, an dem ich eigentlich meine Ruhe wollte.

Die Strengfurt AG war mit meinen Lernfortschritten zufrieden. Nach acht Wochen schickte sie mich zurück nach Afrika. In Niederbayern gab es einen tränenreichen Abschied von den Kindern. Mutti versprach, an Weihnachten mit ihnen zu kommen, um sie bei mir zu lassen. Vorausgesetzt, ich bestünde die Probezeit. Vater ermahnte mich, ich solle mich um die Autos kümmern. Wenn ich jetzt für länger in Lagos wäre, könnte er doch öfter Autos verschiffen.

»Ich fühle mich wieder richtig fit, Ilona. Ich bin doch viel zu jung fürs Rentnerleben.« Oje!

Ich nahm meine beiden Katzen mit. Sie kamen in zwei spezielle Transportboxen, die mit ins Flugzeug durften. Von einem Spediteur ließ ich zwei fast schrankgroße Stahlcontainer nebst vier riesigen Koffern abholen. Ich wollte in meiner neuen Heimat so viel Zuhause wie möglich um mich haben.

II

Eine neue Liebe

»Wenn das Feuer dein Haus verbrennt,
musst du zuerst die Flammen an deinen Kleidern löschen.«
(Nigerianisches Sprichwort)

Sexbesessener Esel, verfluchter Master

Femi, mein freundlicher Fahrer, hielt den Wagen vor einem hellbeleuchteten Bungalow, der von einer weißen, mannshohen Mauer umgeben war. Ich atmete auf. Diese Gegend hatte keine Ähnlichkeit mit jener Armseligkeit, in der ich als weiße Frau eines armen Schwarzen hatte leben müssen. Femi drückte auf die Hupe, als der Wagen vor einem hohen schmiedeeisernen Tor stoppte. Zu beiden Seiten eilten jenseits des Tores blitzschnell gebückt zwei Männer hervor, zogen das Tor auf, wir fuhren auf das Grundstück, das Tor wurde ebenso schnell wieder geschlossen. Die Torwächter verzogen sich in ihre kleinen Holzhütten zu beiden Seiten der Einfahrt. Diensteifrig öffnete Femi meine Tür. Ich ließ die beiden mitgebrachten Katzen erst mal im Wagen, stieg aus, meinen Aktenkoffer in der Hand, und ging auf das noch etwa fünfzig Meter entfernte, hellerleuchtete Hausportal zu. Femi verzog sich sofort wieder in den Peugeot.

Die Haustür öffnete sich. Im Eingang lehnte ein schlampig gekleideter Weißer – offenes, aus der Hose hängendes Hemd, wirre Haare, ein Whiskyglas in der linken Hand. Während ich auf meinen hohen Absätzen mühsam über die schlecht verlegten Platten balancierte, hörte ich hinter mir den Hufschlag eines Pferdes, bezog ihn aber natürlich nicht auf meine Anwesenheit. Das Hufeklappern näherte sich rasend schnell.

Der Mann mit dem Whisky musterte mich grinsend, machte aber keine Anstalten, mich zu warnen. Sekundenbruchteile später spürte ich in meinem Nacken den heißen Atem des Pferdes, dann einen Biss in meine Schulter, und schließlich bekam ich einen Huf auf die andere Schulter geknallt. Ich schrie auf, drehte mich um, holte mit der Aktentasche in meiner Hand mächtig Schwung und schlug dem Angreifer, der sich hinter mir hoch aufrichtete, das schwere Ding in die Flanke.

Zwischen seinen Hinterbeinen hatte das Viech einen wohl dreißig Zentimeter langen Stock hängen. Trotz meiner Panik stutzte ich: kein Stock! Das war sein voll ausgefahrener Penis! Das Mistvieh wollte mich besteigen. Ich rannte zum Haus, auf den Mann in der Tür zu, der wollte sich fast ausschütten vor Lachen.

»Tun Sie doch was!«, schrie ich ihn an.

»Eddie, piss off!«, sagte der Trunkenbold ungerührt.

Tatsächlich, das Vieh trabte ab, brüllte dabei zweimal heiser »Iah«. Also kein Pferd, sondern ein Esel. Ein *sexbesessener* Esel. Ich blickte ihm kurz hinterher, fassungslos. Bei der rasanten Abwehrdrehung hatte ich mir den Absatz meiner neuen Lederpumps abgebrochen. Meine linke Schulter brannte von dem Biss, die rechte schmerzte vom Schlag des Hufs. Angeschlagen humpelte ich ins Haus, das Bild einer erfolgreichen Controllerin aus München nur mangelhaft aufrechterhaltend. Meine Güte noch mal, musste denn mein zweiter Anfang in Afrika noch schlimmer ausfallen als der erste?

Der grinsende Mann goss mir an der Bar ein Glas Whisky ein. »Willkommen in Afrika. Ich bin Klaus Nickel. Sie sind Frau Wowo?«

Das sollte mein Chef sein? Nickel war Ende vierzig, etwa eins achtzig groß, hatte dunkles, sich lichtendes Haar. Nicht hässlich, aber schwammig. Immer mit Alkohol in Reichweite. In einem Reflex nahm ich ihm das Glas aus der Hand, stellte es aber sogleich angewidert irgendwo hin. »Wo ist das Bad?«

Statt einer Antwort trat eine große, dunkelblonde Frau

von vielleicht Mitte vierzig, die ähnlich derangiert wirkte wie Nickel, auf mich zu. Sie trug einen hellroten, tief ausgeschnittenen Hänger, der ihre schlaffen Brüste bei jeder Bewegung freigab. »Ich bin Gerda Nickel. Ich zeige Ihnen das Bad, Sie sind ja völlig erschossen, meine Liebe.«

Sie führte mich durch die wohl vierzig Quadratmeter große Wohnhalle, wobei sie unübersehbar Schlagseite hatte. Ich fasste es nicht! Dieses Ehepaar repräsentierte einen multinational operierenden deutschen Konzern! Übte ich eine magische Anziehungskraft auf Irre aus?!

Gerda Nickel hatte wenigstens einen Vorteil – die gleiche Schuhgröße wie ich, so dass ich den Rest des Abends nicht barfuß oder humpelnd herumtappen musste. Nachdem ich mich eine Ewigkeit lang im Bad frisch gemacht und meine angeknabberte Schulter ausgiebig vor dem Spiegel untersucht hatte, wagte ich mich wieder hinaus.

Bei meinem Eintritt in dieses seltsame Haus hatte ich es wohl nicht bemerkt, aber die Bude war bei meiner Rückkehr voll mit Menschen. Hier war keiner nüchtern, jeder schwitzte seinen Whisky ins nasse Hemd. Schüchtern blickte ich mich um. Ich fühlte mich wie ein Fremdkörper. Eine Weiße unter Weißen – und doch nicht dazugehörend.

Ein Mann von Anfang dreißig trat auf mich zu. Mittelgroß, eigentlich ganz passabel aussehend. Er fuhr sich durchs blonde Haar, lächelte gewinnend, Frischfleisch witternd. »Neu in Afrika, was?«, eröffnete er.

»Wie man's nimmt ...«

Er musterte mich neugierig. »Warum sind Sie hier?« Ergab mir keine Chance zu einer Antwort, sondern fuhr fort: »Es gibt nur drei Gründe, warum Weiße nach Afrika kommen: Sex, Abenteuerlust oder Geld.« Er lachte zynisch: »Aber in Afrika ist das alles ja eigentlich ein Grund. Du kommst aus Abenteuerlust, suchst Sex und verlierst Geld.«

Bernd Waltersdorf, ein Ingenieur, war einer der nettesten bei der Strengfurt AG in Lagos. In meiner Einschätzung in Sachen »Frischfleisch« hatte ich mich glücklicherweise in ihm getäuscht. Bernds ständige Begleiterin war eine baumlange, extrem schlanke Schwarze von fotomodellhafter Schönheit. Sie zog ihm jeden Dollar, jeden Naira, jede Mark aus der Tasche, doch das war ihm egal. Das gehörte zu seiner männlichen Sicht der Welt.

»Dafür ist sie mir treu. Es gibt zu viele Krankheiten, die man sich hier holen kann. Außerdem kann man den Afrikanern nicht trauen. Die versuchen ständig, Informationen aus einem rauszuholen.« Bernd trank einen Schluck Whisky und dozierte: »So überlebt man hier: Stell Fragen, hör zu, beantworte nichts. Lügen ist eine Form der Konversation. Lügen ist okay, es schützt Informationen. So sieht der Afrikaner das.«

Klaus Nickel hatte mich wieder entdeckt; pro forma schleppte er mich von einem Gast zum anderen. Namen, Gesichter, ein vorbeilaufender Film. Dann standen wir in seinem Arbeitszimmer. Ich hielt noch immer den Aktenkoffer in der Hand, meine erprobte Verteidigungswaffe.

»Sie haben Post aus Deutschland mitgebracht?«

Er wies mir einen Stuhl vor seinem Schreibtisch zu, nahm seinerseits, in dem nach wie vor unordentlichen Zustand, in dem er sich schon anfangs befunden hatte, Platz. Ich suchte die Umschläge – an die dreißig Stück im DIN-A4-Format – heraus, gab sie ihm. Er fand schnell, was er suchte. Es waren die beiden dicksten Umschläge. Er drehte sich nicht einmal weg, sondern riss die beiden Umschläge ungeniert vor meinen Augen auf und legte den Inhalt auf den Schreibtisch. Wenn man mich damit gefilzt hätte! Vor meinen Augen lagen mindestens 200 000 Dollar. Ich brachte keinen Ton raus.

Nickel bemerkte mein Erstaunen und ließ die Scheine sofort in seinem Schreibtisch verschwinden. »*Money makes the world go round«*, sagte er mit dem Lächeln des ertappten Schuljungen. Wenn man einem Controller Schmiergelder ins Flugzeug mitgibt, was kann man da vom Rest der Firma erwarten? Ich brauchte ein paar Wochen, um herauszubekommen, dass das Geld der Strengfurt AG keinesfalls wie vorgesehen nur in die Taschen von irgendwelchen Burschen vom Typ Master Tomorrow floss. Nein, die gute Mark kam von Weißen und blieb oft in weißer Hand. Zum Beispiel in Nickels. Er leitete nur einen kleinen Teil weiter, um die Geschäfte seiner Arbeitgeber am Laufen zu halten. Und ich lernte, dass das niemanden interessierte.

Als ich Nickels Bungalow verließ, hörte ich wieder ein lautes »Iah«. Schnell stöckelte ich auf den wartenden Wagen zu. Femi stieg aus und riss mir die Tür auf. Da kam der blöde Sex-Esel auch schon angetrabt …

Femi fuhr mich ein kurzes Stück weiter zu dem mir zugedachten Haus, das vielleicht halb so groß war wie das von Nickel. Statt einer hohen weißen, mit Scherben versehenen Mauer hatte man um mein künftiges Domizil einen scheußlichen, einen Meter fünfzig hohen Stacheldrahtzaun gezogen, hinter dem sich ein prächtig blühender Garten erstreckte.

Ken, mein »Hausboy«, empfing mich in blütenweißem Hemd und schwarzer Hose, neben sich zwei kleine Männer mit dicken Stammesnarben im Gesicht, gekleidet in graue, weite tunikagleiche Gewänder und ausgestattet mit Pfeil und Bogen. Diese beiden waren meine *night watches,* die bei Nacht mein Haus behüten sollten. Sie sprachen kaum Pidgin-Englisch, sondern nur einen der vielen Dialekte der Nordnigerianer. Ken stammte aus dem Osten, dem ehemaligen Biafra. Nicht mal er hätte sich mit den beiden unterhalten können. Die *day watches,* die ich am nächsten Morgen kennen lernen sollte, sprachen wenigstens Pidgin, jenes Englisch, für das es ein eigenes Lexikon gibt.

Ken übernahm es, mir mein Haus zu zeigen. Ein Haus, dessen Fenster alle vergittert waren, und die Türen konnte Ken erst aufsperren, nachdem er die Gitter davor aufgeschlossen hatte. Wenigstens sorgte die Klimaanlage für angenehme Kühle. Der in den riesigen Räumen verlegte graue Marmorboden verlieh dem spärlich und zweckmäßig möblierten Haus allerdings den Charme eines Kühlfachs.

Das zweistöckige Gebäude bestand aus zwei voneinander getrennten, mit einer Außentreppe verbundenen Bereichen. Im Erdgeschoss, neben der zwei Autos Platz bietenden Garage, befand sich ein überdimensionierter »Salon«, den ich nur benutzte, wenn Gäste kamen. Im Obergeschoss, einen *living-room* einrahmend, gab es vier Schlafzimmer mit Doppelbetten, drei Bäder und eine Küche, die mit drei großen Gefriertruhen und zwei deckenhohen Kühlschränken protzte. Zu den Stirnseiten auf Hausbreite lag je eine Terrasse, voll verglast.

Ken schärfte mir ein, mich immer gut einzusperren. Wozu dann die Wächter, Tag und Nacht? Wozu an allen Türen zusätzliche Scherengitter? Dieses riesige Luxushaus bewohnte ich nur mit meinen beiden Katzen. Mein Vater hatte mir noch abgeraten, die Tiere mitzunehmen. Jetzt war ich froh, dass wenigstens diese beiden meinen einsamen Luxus mit mir teilten. Ich ließ Sternchen, meine schwarze, verschmuste Perserdame mit den gelben Augen, und Frosty, die bildschöne Siamkatze mit dem unvergleichlichen Silberblick, aus ihren Plastikboxen.

Ein schüchternes *»Sorry, Madam«* erklang. An der Gittertür von der Küche zum *living-room* stand scheu und schief Ron, der Steward. Ken hatte wohl vergessen, ihn mir vorzustellen. Ich ging auf ihn zu, doch er wich einen Schritt zurück. Ängstlich sah er mich an. Ich hielt meine reisekranke Frosty im Arm. Tat ich einen Schritt auf Ron zu, machte der einen rückwärts in die Küche. Als meine gelbäugige Sternchen ebenfalls Bekanntschaft mit Ron machen wollte, war es aus: Er huschte hinter das sichere Türgitter und starrte von der anderen Seite zu uns rein. Irgendwie glich der Moment einer Begegnung im Zoo. Nur – wer war drin, wer war draußen?

»Haben Sie Angst vor Katzen?«, fragte ich überflüssigerweise.

»Ob Ron Angst hat?« Bernd Waltersdorf bog sich am nächsten Tag vor Lachen. »Wenn du ihm eine Eule vor die Nase gehalten hättest, wäre seine Reaktion die gleiche gewesen! Katzen gehören wie Eulen und Fledermäuse zu Hexen. Er erzählt bestimmt allen, dass du eine Hexe bist!« Ich hielt das damals für einen Witz. Wenn ich geahnt hätte …

Mein Haus lag in der *Government Residential Area,* einem Ghetto für die Weißen, in dem die Häuser in Gruppen zusammenstanden. Hinter jedem Haus befanden sich die *boy's quarters* – abgetrennt durch eine wohl zwei Meter hohe Mauer. Auf der rückwärtigen Seite meines Hauses wohnten dort in einem schäbigen, länglichen Flachbau mit vier Türen Steward Ron mit seinen zwei Frauen und drei seiner vielen Kinder, Hausboy Ken (mit ständig wechselnden Freundinnen), Hausmädchen Simi und die vier Wächter, die ohne Anhang in Lagos lebten, was angesichts der Platzverhältnisse auch nicht anders möglich gewesen wäre. Diesen 13 Menschen stand nicht mal halb so viel Platz zur Verfügung wie mir mit meinen zwei Katzen, drei Bädern und drei Tiefkühltruhen …

Das Büro der Strengfurt AG lag direkt neben dem Haus von Chef Nickel und seinem Esel, den man immer wieder »Iah« stöhnen hören konnte. Zum Mittagessen besuchten wir uns reihum in unseren Häusern. Meistens fuhren wir (jedoch immer ohne Nickel) allerdings zu mir, denn Ron konnte wirklich gut kochen. Sehr europäisch, sogar viele deutsche

Gerichte. »Das hat er von der Frau Ihres Vorgängers gelernt«, erklärte Bernd.

»Sie haben mir noch nichts von diesem Hartmann erzählt, Bernd. Warum ist er Hals über Kopf abgehauen?«

»Hartmann war ein junger Kerl, vielleicht achtundzwanzig. Er war mit seiner Frau Iris nach Lagos gekommen, einer sehr jungen Blonden. Bildschön. Es war für beide der erste Auslandsjob. Sie hatten keine Kinder. Hartmann hängte sich voll in seine Arbeit, seine Iris saß zu Hause und langweilte sich. Dinnerpartys und Kaffeekränzchen sind nichts für eine Frau von schätzungsweise vierundzwanzig, oder? Gleich da drüben wohnte damals ein englisches Ehepaar, die Shiltons. Iris hatte sich mit der fast gleichaltrigen Frau Shilton angefreundet. Zu zweit waren sie nicht mehr so einsam, wenn die Männer arbeiten gingen.

Die Shiltons waren schon zwei Jahre in Nigeria und hatten sich viele Feinde gemacht. Denn beide konnten Schwarze nicht so recht leiden. Frau Shiltons spezieller Feind war ihr Hausboy. Sie hatte ihn mehrmals beim Klauen erwischt und ihn deshalb ziemlich ausgeschimpft. Dabei war sie sehr ungeschickt vorgegangen: Sie hatte das in Gegenwart seiner Frau und seiner Kinder vorm *boy's quarter* getan. Zwei Nächte später, die Shiltons hatten sich schon schlafen gelegt, fuhren mehrere Pick-ups vor dem Haus vor. Die Nachtwächter hatten nichts Eiligeres zu tun, als sich unter den geparkten Autos zu verkriechen. Der Hausboy muss dann wohl die Gittertüren aufgesperrt haben, und die Eindringlinge stürmten ins Schlafzimmer der Shiltons. Shilton selbst wurde ans Bett gefesselt und verprügelt, seine Frau vor seinen Augen stundenlang vergewaltigt. Dann räumten die Kerle das Haus aus und verschwanden. Frau Shilton wurde am nächsten Tag völlig durchgedreht nach England ausgeflogen. Ihr Mann versuchte, die Polizei davon zu überzeugen, dass nur der Hausboy hinter allem stecken konnte. Doch die Polizei tat nichts. Shilton reiste Hals über Kopf ab. Iris hörte natürlich von der Sache und wollte keinen Tag länger in diesem Land bleiben. Hartmann ging selbstverständlich mit.«

Ich wollte wieder zum Markt, dem bunten Sinnbild Afrikas, das Rhoda mir gezeigt hatte. Dieser Besuch, zu dem mich Femi begleitete, fiel jedoch ganz anders aus. Jemand rempelte mich an, da ich diesmal keine afrikanische Wrapper-Maskerade trug, und meine Handtasche mit Führerschein und Geld war weg. Ich schrie dem davoneilenden Dieb nach, jemand nahm die Verfolgung auf und stellte ihn. Ich bekam meine Tasche zurück. Hätte ich nur den Mund gehalten! Dem Dieb wurde ein Autoreifen übergeworfen, er wurde geschlagen, bis er blutete. Sogar die Bettler traten auf den Mann ein. Die Menge johlte und klatschte, und ihre Blicke erwarteten mein Lob. Ich schämte mich. Endlich kamen zwei Polizisten und führten den Unglücklichen unter weiteren Stockschlägen ab.

Ein paar Tage später hielt ich es mit rasenden Kopfschmerzen nicht mehr im Büro aus. Zu Fuß machte ich mich auf den zehnminütigen Heimweg, um mich zu Hause hinzulegen. Zwar war es mir aus Sicherheitsgründen verboten heimzugehen, aber Femi war mit Aufträgen in der Stadt unterwegs. Es war früher Nachmittag. Immer wieder begegneten mir Frauen, die auf dem Kopf gefüllte Wasserkanister oder Eimer balancierten, zwischen zehn und zwanzig Liter jeweils. Je näher ich meinem Haus kam, desto mehr Frauen kamen mir entgegen. Und vor meinem Haus standen sie Schlange. Warteten darauf, dass mein Meisterkoch Ron aus einem Hahn am Haus ihre Kanister und Eimer auffüllte. Mit Wasser, das ich am Vortag für 400 Mark in den 1000 Liter fassenden Frischwasser-Container auf dem Dach hatte einfüllen lassen.

Ron machte ein mehr als überraschtes Gesicht, als er mich

sah. Die wartenden Damen in der Schlange fertigte er allerdings noch ab. Am Abend bat ich Ron um eine Abrechnung des Haushaltsgeldes. Er kam mit einer ellenlangen Liste für Lebensmittel. Sie strotzte vor Fehlern. Ich wies ihn sanft darauf hin. Ron lächelte mich freundlich an: Schließlich habe er zwei Ehefrauen und drei Kinder, und in seiner Heimat warteten Frau Nummer drei und sechs weitere Kinder. Und sein Gehalt sei so knapp bemessen. Hätte ich ihm von meinen beiden Kindern, zehn Schrottautos und 100000 Mark Schulden erzählen sollen? Er hätte den Zusammenhang wohl nicht verstanden. Ich war weiß und reich. Er schwarz und arm. Dazwischen liegt ein großer Graben, gefüllt mit Missverständnissen.

Missverständnisse, die auch mal tödlich ausgehen können. Hätte mir ein Weißer die Geschichte vom geschrumpften Chef erzählt, ich hätte sie wahrscheinlich nicht geglaubt. Aber Femi, der Einblick in beide Kulturen hatte, war eine verlässliche Quelle.

»Hier in der *community* wohnte vor einem Jahr ein Weißer mit seiner Frau. Er kam aus Ihrem Land, *Germany*. Seine *company* hatte ihn geschickt, um die Firma neu zu organisieren. Ein fleißiger Mann, immer arbeitete er. Aber er verstand nichts von Afrika. Einen der Vorarbeiter mochte der neue Master überhaupt nicht. Immer schimpfte er ihn. Dann schmiss er ihn raus. Am Tag, als der Vorarbeiter gehen sollte, kam er ins Büro des Masters: Master, lassen Sie mich bleiben. Ich habe Familie. Doch der deutsche Mann blieb hart: Geh, du bist gefeuert.

Da sagte der Vorarbeiter: Wenn Sie mich feuern, wird es Ihnen schlecht ergehen. Er verfluchte den Master und verschwand. Der Deutsche lachte ihn aus.

Eine Woche später hatte der deutsche Master immer Kopfschmerzen, er litt ständig unter Durst. Alles tat ihm weh.

Aber er arbeitete weiter. Er war ein fleißiger Mann. Eine Woche später waren dem deutschen Mann seine Anzüge zu groß, die Hemden schlotterten am Kragen, die Schuhe waren zu weit. Der Mann flog mit hohem Fieber nach Hause, aber seine Frau blieb hier. In Deutschland entdeckten die Ärzte zwar, dass seine Werte, die sie kurz vor seiner Abreise nach Afrika abgenommen hatten, nicht mehr stimmten. Außerdem war der Mann kleiner geworden; statt ein Meter sechsundachtzig nur noch ein Meter dreiundachtzig. Seine Füße waren eine Schuhnummer kleiner. Aber eine Krankheit konnten sie nicht feststellen. Doch der Mann wollte zurück zu seiner Frau nach Lagos. Seine Arbeit war ihm auch sehr wichtig.

Er kam zurück, arbeitete noch eine Woche. Eines Morgens holte ihn sein Fahrer wieder ab. Seine Frau brachte den Deutschen zu seinem Auto, er stieg hinten ein, der Fahrer wollte losfahren, fragte wie jeden Morgen: Ins Büro, Sir? Doch sein Master antwortete nicht. Der Fahrer drehte sich um, als der Master gerade langsam zur Seite kippte. Der Fahrer stieg aus, schrie um Hilfe, alle kamen angerannt, auch die Frau des Masters. Zu spät. Der weiße Master war tot.«

»Waren Sie sein Fahrer?«, fragte ich Femi.

»Yes, Madam.«

Ich hielt es nie lange in meinem großen, leeren Haus aus, deshalb die vielen Ausflüge mit Femi. Umso weniger verstand ich eine Frau wie Gerda Nickel, die ihr Haus selten verließ, obwohl sie darin nichts zu tun hatte. Jeder Handgriff wurde ihr abgenommen. Gerda schien sich auch für nichts zu interessieren. Sie lebte eigentlich von einer Party zur nächsten. Nicht mal in den Garten ging sie, denn der sexbesessene Esel stellte auch ihr nach. Es wäre für Nickel ein leichtes gewesen, dass Vieh zum zu jagen. Da er es nicht tat, lag der Verdacht nahe, dass er den Esel geradezu abgerichtet hatte. Damit traf er nicht nur Besucherinnen wie mich, sondern vor allem seine Frau.

Die Isolation in ihrem Haus bekam Gerda Nickels geistiger Gesundheit schlecht. Sie trank Unmengen Alkohol. Im Suff ließ sie sich von ihrem Fahrer in die Supermärkte kutschieren. Mal kaufte sie den gesamten Bestand eines Ladens an Zahnbürsten auf, ein anderes Mal ließ sie vom Markt hundert Hühner ankarren. Die mussten die *boys* schlachten und rupfen, und der Steward durfte die Hühner einfrieren. Die Kühltruhen boten ja reichlich Platz. Leider fiel kurz danach der Strom aus. Alle Hühner tauten auf, vor den Gefriertruhen bildeten sich riesige, stinkende rote Lachen auf dem weißen Boden. Am Morgen kam Gerda in ihre Küche, sah die entsetzliche Bescherung und begann zu schreien. Niemand konnte sie davon überzeugen, dass in den Tiefkühltruhen kein Toter lag. Spätestens jetzt hätte Klaus Nickel seiner Frau helfen müssen. Tat er aber nicht. Also nahm das Unglück seinen Fortgang.

Gerda, die selbst keinen Nachwuchs hatte, hasste Kinder. Vor allem die sieben oder acht ihres Stewards. Ständig ermahnte sie ihn, dass er seine Kinder nicht ins Haus seines Chefs lassen dürfe. Der Steward hielt sich auch meistens daran. Aber seine Jüngste, eine knapp Zweijährige mit Puppengesicht, verstand die Anweisungen ihres Vaters natürlich nicht. Der Steward hatte gerade abgewaschen, als seine Kleinste in der Küche spielte. Er musste kurz aus der Küche, um Müll nach draußen zu bringen. Als er zurückkam, fand er seine *Madam* am Spülbecken. Mit wutverzerrtem Gesicht drückte sie gerade die Kleine ins Abspülwasser. Zur Strafe, weil sie doch ins Haus gekommen war. Mit einem Fausthieb trennte der entsetzte Vater seine Chefin von dem gepeinigten Kind.

Wäre der Steward nur eine Minute später gekommen, sein kleines Mädchen wäre tot gewesen. So blieb das hübsche

Kind für den Rest seines Lebens behindert. Ein Pflegefall. Klaus Nickel setzte seine Frau ins Flugzeug nach Deutschland. In der *community* wurde erzählt, dass sie nie wieder aus der Nervenheilanstalt herausgekommen sei. Nickel gab dem Steward eine Menge Geld, damit er seinen Mund hielt und mitsamt seinem behinderten Kind für immer verschwand. Nickel selbst war danach ein freier Mann. Er hatte jede Menge Freundinnen. Plötzlich war auch der sexbesessene Esel weg. Der vierbeinige jedenfalls.

Nickel hatte begonnen, ein Netz aus Geschäftsverbindungen zu Nigerianern zu knüpfen. Das Gesetz schrieb eine 51-prozentige Beteiligung von Nigerianern an einer neuen Firma vor. Eine hervorragende Konstruktion, um Geld umzuleiten. Nickels wichtigster Erfüllungsgehilfe war sein Chefbuchhalter Lion Okoro. Und ich, die Controllerin, war die natürliche Gegnerin dieser Verbindungen. Mein Job war es schließlich, Kosten einzusparen. Anfangs hatte Okoro, der in Deutschland Betriebswirtschaft studiert und deshalb auf meinen Posten spekuliert hatte, brav alle Unterlagen zu mir gebracht. An so manchem einsamen Wochenende tobte ich meinen detektivischen Spürsinn an Okoros Akten aus. Es fehlten stattliche Beträge, die auf irgendwelche Konten umgeleitet worden waren.

Irgendwann verplapperte sich einer der Buchhalter, sagte, dass Okoro ein Haus baue. Na, welch ein Zufall! Da baut der Chefbuchhalter ein Haus, während die Firma eine Produktionsstätte hochzieht. Im Neudeutsch der Banken sind so was natürlich nur Peanuts, die einen Milliardenkonzern nicht arm machen. Doch wozu war ich in Lagos? Ein Gespräch mit Nickel blieb ohne Ergebnis. Das hatte ich allerdings nicht anders erwarten können. Dass Nickel zu Okoro hielt, machte Sinn: So hatte er den Buchhalter in der Hand, der Nickels eigene, wesentlich lukrativere Geschäfte deckte. Ein einziger

Sumpf. Als ich Okoro eine Reihe von Unterschlagungen nachweisen konnte, informierte ich Produktionsleiter Jürgen Weiß, dem ich vertrauen konnte.

Dann lud Okoro Nickel und mich an einem Samstag zu einer großen Feier ein. Ich dachte mir nichts dabei, als Nickel mich bat, die Firma zu vertreten. Er selbst habe andere Verpflichtungen. Femi hatte an dem Wochenende Dienst und sollte mich fahren. Am Freitagabend eröffnete mir Nickel überraschend, dass er Femi brauche – was noch nie vorgekommen war. Femi sollte am Samstagabend Firmengäste vom Flughafen abholen.

Dann sagte Nickel ganz großzügig: »Wissen Sie was, ich erlaube Ihnen, selbst zu fahren. Es ist ja gewissermaßen ein dienstlicher Anlass, Frau Wowo.

Also fuhr ich am Samstagmittag allein mit dem Firmenwagen quer durch Lagos zu Okoro. Es galt die Einweihung seines Hauses zu feiern. Ein riesiges Fest mit Hunderten von Gästen und verschiedenen Bands. Okoro kümmerte sich sogar recht nett um mich. Die Zeit verflog. Es war Abend, als ich aufbrach. Ich kam etwa drei Kilometer weit, als der Peugeot tuckerte. Auf einer einsamen Straße war Schluss – kein Benzin mehr im Tank. Ich hätte schwören können, dass der Tank bei meiner Ankunft noch halb voll gewesen war. Femi hätte mir nie einen fast leeren Tank hinterlassen.

Ich war in die Falle getappt! Völlig allein stand ich im stockdunklen Irgendwo auf einer kleinen Straße in Lagos. Und es war schon recht spät. Was sollte ich tun? Türknöpfe runter und im Wagen warten? Bis *wer* käme? Die Polizei? Oder zuerst Gangster, die die Autoscheiben einschlügen?

Ich beschloss, auszusteigen und loszumarschieren. Kein Mensch weit und breit. Erst recht nicht die Polizei, die doch sonst dauernd mit ihren Kontrollen nervte. Nur ein paar Hunde bellten.

Das Motorrad hörte ich früh. Es fuhr schnell. Ich dachte schon, die würden nicht wegen mir kommen, weil sie an mir vorbeizurasen schienen. Plötzlich durchzuckte mich ein Hieb wie ein starker Stromschlag. Ich drehte mich um meine eigene Achse und fiel in den Staub. Während ich noch überlegte, ob ich vielleicht erschossen worden war, hörte ich das Knattern des Motorrades zurückkommen. Sie stoppten, griffen sich meine Handtasche, die ein paar Meter weiter weg lag, und rasten wortlos davon. Mein Geld, mein neuer nigerianischer Führerschein, meine Haustürschlüssel! Immerhin, wenn mich der Verlust weltlicher Dinge noch aufregen konnte, schien ich ja noch zu leben.

Mit wackligen Knien wankte ich die Straße entlang. Hinter mir schließlich ein Motorengeräusch. Polizei! Die sind in jenen Breiten nicht jedermanns Freund und Helfer, das war mir klar. Doch ich hatte Glück. Sie verfrachteten mich auf ihre Wache, in der eine apokalyptische Versammlung von armlosen Bettlern, blutig geprügelten Dieben, besoffenen Huren und jammernden Weißen, die wie ich den Verlust von Hab und Gut beklagten, durcheinander schrien. Nachdem ich einem Polizeibeamten mein Unglück erzählt hatte, brachte mich ein Taxi nach Hause. Ich musste Steward Ron aus den *boy's quarters* holen. Ohne Schlüssel konnte ich ja nicht ins Haus. Im Gegensatz zu den Räubern, die meine Schlüssel besaßen und damit jederzeit einbrechen konnten. Ich telefonierte sofort mit Köln und berichtete von meinem Pech. Bis das Paket mit neuen Sicherheitsschlössern eine Woche später eintraf, schoben Wachen mit Gewehren Dienst.

Femi holte den Peugeot, den er pfleglich in Ehren hielt, selbst ab. Ein Schock für den Armen: Räder, Rückspiegel, Lichter und andere nützliche Ersatzteile waren abmontiert worden. Ganz so, wie ich es vom Hafen kannte. Wenigstens hatte diesmal nicht ich die Zeche zu zahlen. In der Werkstatt untersuchte Femi selbst die Ursache. Die Benzinleitung war perforiert worden. Damit ich weit genug kam, bis ich in einer abgelegenen Gegend Schiffbruch erlitt.

»Ich kann's einfach nicht glauben, Ilona«, empörte sich Bernd. »Das sind Mafia-Methoden!«

»Die Mafia hätte mich erschossen«, gab ich trocken zurück. Aber mir war klar: Wenn ich Nickel weiterhin in die Suppe spucken würde, käme ich nicht mehr so glimpflich davon. Okoro auszumanövrieren reichte also nicht. Ich musste diesem hinterhältigen Nickel das Handwerk legen. Oder die Finger von der Sache lassen. Ich betrachtete im Spiegel den roten Striemen, den mir die Peitsche der Räuber über Schulter und Rücken gezogen hatte. Auf der anderen Schulter war immer noch die Bissnarbe von Nickels Esel erkennbar. Ich war regelrecht gezeichnet! Als wäre ich eine böse Hexe. Dabei war ich nur eine ordentliche Controllerin. Für Nickel schien das dasselbe zu sein.

Auch mein altes Problem meldete sich wieder – die Autos von John und meinem Vater. Doch diesmal sollte John mich nicht übers Ohr hauen, obwohl ich bei der ganzen Aktion nicht in Erscheinung treten wollte. Gemeinsam mit Femi war ich einige Male an Marys Autowerkstatt vorbeigefahren. Schließlich schickte ich Femi allein vor, uni herauszufinden, wie viele Autos inzwischen verkauft waren. Praktisch alle! Ich rief Vater in Deutschland an und sagte ihm, welche Anweisungen er John zu geben habe.

Ein paar Tage später saß ich in der Wohnung eines Freundes. Mein Herz raste. Nebenan hörte ich Johns Stimme. Er lieferte brav die erste Rate für den Autodeal ab. Als er gegangen war, zählte ich die bunten Naira-Scheine, die er dagelassen hatte. Ich gab sie fast alle Mike, einem Amerikaner, der nach langen Nigeria-Jahren seine Jacht an den Strengfurt-Produktionsleiter Jürgen Weiß verkaufen wollte. Damit hatte

Mike den Kaufpreis für seine Jacht. Als Heimkehrer war es ihm gestattet, die Nairas legal in Dollar zu wechseln und in seine Heimat zu überweisen. Jürgen Weiß wiederum musste nun den Gegenwert in D-Mark von seiner deutschen Bank auf Vaters Schuldenkonten überweisen.

Die Sache funktionierte! Der zweite Autohandel deckte tatsächlich auch noch einen Teil der Schulden aus dem ersten Autogeschäft. Trotzdem blieben mir noch 50000 Mark Miese. Aber immerhin – Vater war sehr zufrieden mit mir. Ich übrigens auch. Trotzdem hatte John bei der Sache offensichtlich den besseren Schnitt gemacht: Er hatte sich ein Grundstück gekauft und mit dem Bau eines großen Hauses begonnen. Auf dem Weg vom Büro nach Hause fuhr Femi jeden Tag daran vorbei und informierte mich über die Baufortschritte. Es sah ganz danach aus, als ob John beim Hausbau wesentlich engagierter war als beim Autohandel. Erst als Vater eine dritte Autofuhre nach Lagos in Aussicht stellte, erzählte ich ihm von Johns Haus. Endlich sah Vater ein, dass bei Geschäften mit John nur einer gewinnen konnte – John.

Yemi und die Tradition der Beschneidung

Meine beiden Katzen empfanden das Leben in unserem kühlen, fast keimfrei sauberen Haus als etwas zu fade. Vor allem Sternchen, meine langhaarige Perserdame, vertrieb sich die Zeit mit der Jagd. In Ermangelung von Mäusen pirschte sie sich an die bunten Eidechsen heran, die sich stundenlang an den Mauern sonnten. Niemand hatte mich gewarnt, den Katzen das zu verbieten. Natürlich. Denn Ron und Ken hassten meine beiden Stubentiger.

An einem Samstagabend übergab Sternchen sich pausenlos. Krämpfe beutelten das schöne Tier. Ergebnislos durchwühlte ich meine riesige Hausapotheke. Von Ron und Ken war keine Hilfe zu erwarten. Also schickte ich nach Femi, der eigentlich dienstfrei hatte. Die ganze Nacht verging. Erst am Sonntagmittag kam er und in seiner Begleitung ein europäisch-elegant gekleideter Schwarzer. Femi hatte dem Tierarzt, den er mit Mühe ausfindig gemacht hatte, bereits gesagt, dass ich aus Deutschland kam. So begrüßte Abiola mich auf deutsch. Sternchen – dem Katzenhimmel nahe – verabreichte er mehrere Spritzen und gab mir Medikamente, mit denen ich die Mieze in den nächsten Tagen wieder gesundpäppelte. Die Perserdame jagte fortan nie wieder Eidechsen.

Es tut mir wirklich Leid, dass meine süße Sternchen so leiden musste, damit ich Abiola kennen lernen konnte. Schon einige Tage später lud er mich zu sich und seiner Frau Yemi nach Hause ein. Die beiden führten eine für nigerianische Verhältnisse ungewöhnliche Ehe der Gleichberechtigung. Gemeinsam waren sie vor 15 Jahren nach Berlin gegangen. Die älteste Tochter war bei der Großmutter geblieben, im Heimatdorf im Busch des Yoruba-Landes. Abiola hatte in Berlin Tiermedizin studiert, Yemi sich zur Krankenschwester und Hebamme ausbilden lassen. Erst ein Jahr zuvor waren sie gemeinsam mit den Kindern nach Nigeria zurückgekehrt, nach der Geburt von Yemis viertem Mädchen. Abiola baute seine neue Praxis vor allem mit den Geldern der Weißen auf, die ihre Haustiere vertrauensvoll von einem Arzt behandeln ließen, der ihre Sprache beherrschte.

Abiola und Yemi steckten voller großer Pläne. Yemi verwirklichte gerade ihren Lebenstraum – den Aufbau eines Geburtshauses. Sie sammelte dafür Geld von wohlhabenden Menschen und bildete Nigerianerinnen aus, die sie einstellen wollte. Sie war ständig in Bewegung, redete, lachte. Nach der Arbeit ließ ich mich oft zu den beiden fahren.

Aber das neu gegründete Geburtshaus lernte ich erst kennen, als mein Hausmädchen Simi nicht mehr zur Arbeit erschien und Ken nicht mit der Sprache rausrücken wollte. Ich fand Simi im *boy's quarter* in ihrem Zimmer. Abgemagert und bewegungslos lag sie auf der Matte am Fußboden. Der kleine Raum war von einem unangenehmen Geruch nach Blut und Urin erfüllt. Von mir wollte Simi sich nicht helfen lassen. Also schickte ich nach Yemi, die Simi im Geburtshaus aufnahm.

Für Yemi gehörte Simis Krankheitsgeschichte zur traurigen Routine: Als Simi elf Jahre alt war, wurde sie in ihrem Heimatdorf mit einem viel älteren Mann verheiratet und sofort schwanger. Ihr zarter Körper war von der Schwangerschaft überfordert, ärztlichen Beistand bekam sie nicht. Ihre Wehen dauerten Tage und blieben dennoch wirkungslos: Das Baby starb in Simis Leib. Eine Hebamme entband Simi schließlich durch einen groben Dammschnitt, der Blase und After verletzte. Und wahrscheinlich setzte sie obendrein nicht-sterile Instrumente ein, die die Wunde eitern ließen; es bildeten sich Fisteln. Durch die misslungene Operation wurde Simi inkontinent, konnte weder Urin noch Stuhl halten. Das erklärte, warum Simi stets aufdringlich nach billigem Parfüm gerochen hatte und sich ständig umzog.

Sie arbeitete bei mir, um Geld für eine richtige Operation zu sparen, die ihr ein menschenwürdiges Leben als junge Frau ermöglichen würde. Denn ihr Mann hatte sie verstoßen. Nachdem Yemi Simi geholfen hatte, konnte sie ihre Arbeit in meinem Haus trotzdem nicht fortsetzen: Ihr geschwächter Körper hatte eine Tuberkulose entwickelt. Ich kam mit Yemi überein, Simi in ihr Heimatdorf zurückbringen zu lassen, damit sie dort gesund werden konnte. Sie heiratete bald nach ihrer Heimkehr wieder und bekam zwei gesunde Kinder.

Simis Nachfolgerin Grace lernte ich im Geburtshaus kennen. Sie war bereits Mitte dreißig, eine starke Frau, der die Geburt ihres fünften Babys über den Verlust ihres vierten Kindes einigermaßen hinweghalf. Sie war überzeugt, dass die kleine Mercedes die Wiedergeburt ihrer Tochter Bintu war. Bintu war gerade anderthalb Jahre alt, als sie verschwand. Zu der Zeit lebte Grace mit ihrem Mann in Ajegunle; er arbeitete als Kloakenträger, sie hatte einen Stand an der Straße, wo sie Zigaretten, Dosenmilch und Tomatendosen verkaufte. Die Familie hauste in einer erbärmlichen Hütte.

Dann wurde Grace' Mann krank – Tbc. Grace wusste nicht mehr ein noch aus. Da hörte sie von einer Organbank, die Nieren kaufte. Doch sie selbst kam – ebenso wie ihr Mann – wegen ihrer eigenen angeschlagenen Gesundheit als Spenderin nicht in Frage. Dem ältesten Sohn, damals 15 Jahre alt, verbot der Vater die Nierenspende. Von einem Freund hörte Grace' Mann, dass eine andere Organbank Säuglinge und Kleinkinder suche. Ihre süße Bintu, die so schön zu plappern begonnen hatte, wollte Grace nicht hergeben.

In dieser Zeit erhielten sie auch noch die Hiobsbotschaft, dass die Wellblechsiedlung abgerissen werden sollte. Grace sah sich hektisch nach einer neuen Bleibe um. Als sie heimkehrte, waren ihr Mann und die kleine Bintu verschwunden. Später kehrte er mit einem großen Stapel Naira-Scheine zurück. Er hatte Bintu nicht nur eine Niere spenden lassen, sondern das ganze Kind verkauft. Für eine neue Hütte im Armenviertel. Grace blieb trotzdem bei ihm.

Sie zog nicht in Simis Zimmer, sondern fuhr jeden Abend nach Hause. Ihre kleine Mercedes allerdings ließ sie nicht mehr allein bei ihrem Mann, sondern nahm sie zur Arbeit mit. Vorsichtshalber.

Ich hatte damals noch nicht viel von Beschneidungen in Nigeria gehört, glaubte, dass dieses Thema der Vergangenheit angehörte. Welch ein Irrtum! Yemi berichtete von Patientinnen, die ihre Babys unter schrecklichen Qualen zur Welt brachten. Und dann erhielt Yemi die Nachricht, dass ihre Nichte, die zwölfjährige Selia, im Heimatdorf schwer erkrankt sei. Ich schwatzte Femi den Dienstwagen ab und fuhr mit Yemi hin.

Die einfachen Verhältnisse in dem Dorf nahe von Ilaro, rund 100 Kilometer westlich von Lagos an der Grenze zu Benin gelegen, schockierten mich nach den Reisen mit John nicht mehr so sehr. Wir schliefen auf dem Boden des Hauses von Yemis Mutter, einem Lehmbau, dessen Fassade abblätterte. Das Haus hatte zwar weder Klo noch Küche, aber einen Altarraum voller Masken und Kerzen. Als wir zu Selia kamen, lag das Mädchen hoch fiebernd, von Fliegen bedeckt, am Boden. Ich half, ihr Antibiotika einzuflößen.

In der Nacht erzählte mir Yemi vom Leiden ihrer Nichte: Vor einigen Wochen hatte Selia das erste Mal ihre Tage bekommen. Deshalb sollte sie gemeinsam mit anderen Mädchen beschnitten werden, uni dann zur Familie ihres jungen

Gatten gebracht zu werden, dem sie schon als Kind versprochen worden war. Das Beschneidungsfest wurde groß gefeiert mit gutem Essen, Getränken, Tanzen und Gesang zum Klang der Trommeln.

Selia wurde entkleidet, ihre Arme auf dem Rücken festgebunden und sie nackt in sitzender Position auf einem niedrigen Stuhl von drei Frauen festgehalten. Eine Frau griff fest um ihre Brust, die beiden anderen zogen ihre Schenkel auseinander, um ihre Vulva weit zu öffnen. Die Hebamme sprach ein Gebet, breitete ein Huhn, Eier und Reis als Opfer für die Götter aus. Mit einer Rasierklinge schnitt die alte Hebamme Selias Klitoris ab – ohne Betäubung und wahrscheinlich auch ohne Desinfektion. Selia wand sich unter höllischen Schmerzen, wehrte sich trotz der Fesselung so stark, dass die Alte abrutschte und die Wunde mehr als nötig vergrößerte. Selias Mutter wischte mit den bloßen Fingern das reichlich fließende Blut ab, die anderen Frauen tasteten, ob der Schnitt auch alles Notwendige entfernt hatte. Auf die offene Wunde strich die Hebamme eine Heilpaste aus Kräutern. Die ganze Prozedur dauerte etwa zwanzig Minuten.

Zur besseren Heilung wurden Selias Beine zusammengebunden. Die Bewusstlose legte man auf ein Lager im Frauenhaus. Eine der Operationsfolgen war eine Blasenentzündung: Weil das Urinieren ihr höllische Schmerzen bereitete, hatte Selia das Wasserlassen unterdrückt. Die Mutter holte Selia aus dem Frauenhaus, nachdem die Wunde nicht heilte und Selia ins Delirium gefallen war. In ihrer Not wandte sie sich an ihre Schwester Yemi. Ohne deren Hilfe wäre Selia gestorben, was dann als Gottes Wille ausgelegt worden wäre. Die Trauerfeier für ein Mädchen, das am gleichen Tag wie Selia beschnitten worden war, ging am Tag unserer Ankunft gerade zu Ende.

So entsetzlich mir Selias Leiden auch vorkam, Yemi wusste, dass mir die Pharaonische Beschneidung noch barbarischer erscheinen musste. Dabei werden die Schamlippen von unten nach oben entfernt und die Innenseite der äußeren Schamlippen ausgeschabt. Die Hebamme verbindet die Schamlippen anschließend mit drei oder vier Akaziendornen, Nähgarn hält alles zusammen. Ein Stroh- oder Schilfhalm wird in die verbleibende Öffnung im Narbengewebe gesteckt, um Urin und Menstruationsblut abfließen zu lassen. Yemi gab zu, dass fast alle beschnittenen Frauen ihr Leben lang medizinische Probleme hatten, die eigentlich ständige ärztliche Hilfe erforderten. Eigentlich ...

Pharaonisch beschnittene Frauen erkannte Yemi schon am Gang: Sie können die Beine nicht richtig zum Gehen anheben, schlurfen. Geburten sind nach der Beschneidung meistens eine blutige Qual. Trotzdem lassen sich fast alle Frauen hinterher wieder zunähen, um für ihren Mann attraktiv zu sein.

Yemi erwartete nicht, dass ich ihre Sitten und Gebräuche verstand. Ich versuchte, sie von unserer europäischen sexuellen Selbstbestimmung zu überzeugen. »Ihr habt viele Vorurteile, Ilona«, erwiderte Yemi ruhig. »Ich kann mit meiner Beschneidung sehr gut leben.«

Platsch! Fettnäpfchen! Mir war nicht in den Sinn gekommen, dass Yemi selbst beschnitten sein könnte.

Yemi blieb ernst. »Ilona, man muss ein Volk doch aus seiner Tradition heraus sehen. Die Beschneidung ist bei meinem Stamm ein uraltes Ritual. Mädchen sind schon durch ihre Freundinnen sozialem Druck ausgesetzt. Kleine Mädchen verlangen danach. Sie glauben, dass die Beschneidung ihre Sexualorgane sauber hält, übelriechende Ausflüsse verhindert, Parasiten fern hält, ja sogar vor Vergewaltigung schützt, zur Empfängnis verhilft und die Niederkunft erleichtert. Und das sind nur die Ansichten der Frauen, Ilona. Die Männer nehmen in manchen Gegenden ohnehin nur eine Beschnittene zur Frau. Aber das weißt du sicherlich.«

Es war ein Teil von Yemis täglicher Arbeit im Geburtshaus, die Frauen davon zu überzeugen, dass ihre Töchter unbeschnitten später ein leichteres Leben haben würden. Aber sie saß zwischen den Stühlen, zwischen westlicher Aufklärung und afrikanischer Tradition. Ich stellte ihr die Gretchenfrage: »Und deine Töchter, Yemi? Wirst du die auch beschneiden lassen?«

»Meine Älteste ist bei ihrer Oma aufgewachsen. Meine Mutter hat mich gar nicht erst gefragt. Für sie war völlig klar, dass es gemacht wird.«

»Würdest du denn selber auch bei Mädchen eine Beschneidung vornehmen?« Ich ließ nicht locker.

Yemi nickte ganz selbstverständlich. »Im Busch schon.

Wenn es zur Tradition der Eltern gehört. Bei mir könnten die Patientinnen wenigstens sicher sein, dass alles hygienisch zugeht. Aber hier in Lagos«, schränkte sie ein, »hat sich diese Tradition weitgehend überlebt.«

»Tradition ist also wichtiger als Selbstbestimmung?«

Yemi antwortete weise: »Ich habe in deinem Land gelernt, dass ihr nur den eigenen Weg für richtig haltet. Dinge, die man selbst nicht machen würde, dürfen andere Völker deshalb auch nicht tun.«

»Also: ja?«

»Ich bin für die Selbstbestimmung einer Kultur, Ilona. Traditionen muss man pflegen. Auch wenn Außenstehende das nicht verstehen. Mal eine Frage an dich: Findest du es richtig, dass Missionare durch die Welt ziehen und anderen Völkern ihren Glauben aufzwingen?«

Ich glaube heute, aus Yemis Worten sprach eine Art Pragmatismus. Sie wollte nicht verändern, sondern sich den Verhältnissen anpassen. Darum auch ihre Berufe, Krankenschwester und Hebamme. Helfen, um mit dem Leben zurechtzukommen. Nicht, um es zu ändern. Und so war es auch selbstverständlich, dass Selia bald nach ihrer Genesung heiraten und unter Höllenqualen ihre Kinder bekommen würde. Und wenn sie daran starb, so war das Gottes Wille. Yemi würde diesen Willen durch ihre Hilfe nur für kurze Zeit aufhalten können.

Yemi half anderen so viel, dass sie ihren eigenen Körper und ihre sensible Psyche zu wenig beachtete. Sie litt unter schwerem Asthma. Nachdem ich Yemi und Abiola drei Monate kannte, kam ich an einem Freitag zum Abendessen. Yemi hatte wieder einen ihrer sehr heftigen Asthmaanfälle gehabt und litt seitdem auch unter blutigem Ausfluss.

»Ich glaube, ich sollte zum Arzt. Ich bin nämlich wieder schwanger.« Sie lächelte tapfer. Bei uns wird in solchen Fällen ein Krankenwagen gerufen. Doch in Lagos war alles viel komplizierter. Abiola verfügte nicht über das Luxusgut Telefon. Wir mussten Femi bitten, der im Wagen auf mich wartete, zu Abiolas Vetter in einen weit entfernten Stadtteil zu fahren. Der Vetter besaß eine Privatklinik, in die wir Yemi bringen wollten. Nachdem Femi den Vetter verständigt und zu Abiola zurückgekehrt war, konnten wir Yemi erst mitten in der Nacht in die Klinik transportieren.

Es war ein sehr gepflegt wirkendes Krankenhaus, nach europäischem Standard. Der Vetter erwartete Yemi, untersuchte sie und brachte sie in einem Einzelzimmer unter. Ich versprach ihr, gemeinsam mit Abiola am nächsten Morgen zu Besuch zu kommen.

»Es ist sicher nichts Schlimmes. Mach dir keine Sorgen. Ich werde erst mal schlafen«, sagte Yemi zu Abiola. Aber Abiola machte sich Sorgen, große Sorgen.

»Lieb, dass du uns geholfen hast, Ilona. Ich hätte kein Auto fahren können«, sagte er zitternd.

Am nächsten Morgen stand ich mit Femi um halb acht vor Abiolas Haus. Die Kinder bettelten. Sie wollten zu ihrer Mutter. Ich schlug vor, sie mitzunehmen, damit sie sahen, dass mit Yemi alles in Ordnung war. Es war nicht mal acht, als wir die Privatklinik erreichten. Die Tür zu Yemis Zimmer war noch geschlossen. »Leise, Kinder, Mama schläft noch«, sagte Abiola und öffnete die Tür, in der Hand eine Thermoskanne mit dem von Yemi so geliebten Ostfriesentee. Die Kinder drängten nach: »Mama!«

Abiola prallte zurück, als liefe er gegen eine Wand. Die drei Mädchen erstarrten. Erst jetzt sah ich ins Zimmer. Blut. Überall Blut.

Yemi musste in der Nacht versucht haben aufzustehen, Hilfe zu holen. Sie hatte nicht mehr die Kraft gehabt, die Tür zu erreichen, war auf den Boden gestürzt und verblutet. Abiola ließ die Thermoskanne fallen, drehte sich um, schrie, rannte auf den Gang. Die Sechsjährige weinte verzweifelt: »Mama! «Die beiden Kleinen, drei und ein Jahr alt, verstanden nichts. Und dann war alles voller Ärzte, Pfleger und Schwestern. Lieber Gott, wo waren die vorher nur gewesen?

Ich bat in der Firma um Urlaub und nahm die drei Mädchen zu mir in das große Haus. Endlich hatten meine vielen Angestellten zu tun. Die beiden Katzen, durch die ich diese Familie kennen gelernt hatte, bekamen eine Aufgabe – die gebrochenen Herzen von drei kleinen Mädchen zu trösten. Ich behielt sie bis zu Yemis Begräbnis bei mir. Ein verwahrloster Friedhof, auf dem ausgeblichene Plastikblumen zwischen schmutzigweißen Steinen den vergeblichen Versuch machten, den Toten ein lebendiges Andenken zu versprechen. Yemis Grab sah kurze Zeit später nicht anders aus. Zu ihrem Todestag allerdings ließ Abiola Jahr für Jahr eine halbseitige Anzeige mit Yemis Foto veröffentlichen. Immer das gleiche Foto einer hübschen jungen Frau, die nie älter wurde.

»Traditionen muss man pflegen. Auch wenn Außenstehende das nicht verstehen«, hörte ich Yemi sagen, als ich einen Hibiskusbusch auf ihrem Grab pflanzte. Seine Blüten leuchteten kräftig rot und hoben so die Ruhestätte dieser besonderen Frau hervor.

Mit Yemi schien ich auch Abiola verloren zu haben. Der weltgewandte Tierarzt zog sich gramgebeugt von allen Menschen zurück. Ich erfuhr den Grund dafür erst später: Der zurückbleibende Ehepartner soll sich für drei Monate von der Außenwelt zurückziehen. Abiola arbeitete zwar weiter, mied aber rigoros alle privaten Kontakte. Nach den drei Monaten veranstaltete er in Yemis Dorf eine prächtige Trauerfeier, zu der ich als Fremde nicht eingeladen wurde. Abiolas Mädchen waren von einer Verwandten in das Dorf der Oma gebracht worden. Europäisch aufgewachsen, würden sie nun im Busch leben, den sie nicht kannten.

Immer wieder versuchte ich, zu Abiola vorzudringen. Indem er sich abschottete, konnte er seinen Mädchen am wenigsten helfen. Ich grübelte, wie ich dieser Familie beistehen konnte, die meine wichtigsten Freunde geworden waren. Meine Janet war jetzt im Alter von Abiolas Zweitältester. Vielleicht könnten sie Freundinnen werden. Aber Janet war nicht bei mir. Sondern weit weg. Und hatte bereits in der Schule erste Freundinnen gefunden …

Die Botschaft der Eule

Das Nachbarhaus verbarg sich hinter einer mannshohen weißen Mauer, auf der im Sonnenlicht bunte Glasscherben blinkten. Zum ersten Mal stand das doppelflügelige Tor offen. Drei Autos fuhren hinein: vorneweg ein neuer schwarzer Mercedes, in dem eine junge Schwarze saß, die einen goldenen Turban trug, eine *gele,* das kunstvoll gewickelte Kopftuch, das sie wie eine Königin aussehen ließ. Ihr Hals war mit breiten Goldreifen verziert. Neben ihr ein dicker Schwarzer. Dem Mercedes folgten zwei mit Koffern und Kisten beladene Pickups, auf den Ladeflächen je ein mit einem Gewehr bewaffneter Wächter.

»Bekomme ich etwa einen neuen Nachbarn, Femi?«

»Das *ist* Ihr Nachbar, Ma'am.«

»Seine Frau kommt wohl von einer Reise zurück«, vermutete ich.

»Nein, Ma'am. Ich schätze, er hat sich wieder eine neue Frau geholt.«

»Hat er denn mehrere?«

»Ja, Ma'am, soweit ich weiß, hat er eine ganze Menge.«

Es gab einen sehr einfachen Grund, weshalb meine angeborene Neugier noch nie das Nachbarhaus zum Ziel gehabt hatte: Es lag auf jener Seite, auf der lediglich im ersten Stock ein schmales, hoch angebrachtes, vergittertes Toilettenfenster einen Ausblick gewährte. Ich stürmte ins Haus, hinauf ins Klo, spähte aus dem Fensterchen hinüber in Nachbars Hof.

Drüben sah sich die geschmückte Schwarze gerade in

ihrem neuen Zuhause um. Ich glaubte nicht richtig zu sehen: Zu ihrer Begrüßung erschienen nach und nach immer mehr Frauen, alle in lange weiße Gewänder gekleidet. Ein ganzes Nest voller Frauen. Ich begann zu zählen. Unmöglich. Sie wuselten durcheinander. Bei 23 gab ich auf. Aber es mussten gewiss drei Dutzend sein. Auch immer mehr Kinder kamen dazu.

Schließlich verschwand die Menschenschar in den zahlreichen Türen der Häuser – der dicke Mann mittendrin. Fünf oder sechs noch dickere, kahl geschorene Männer hatten inzwischen das Entladen der beiden Pick-ups abgeschlossen und den ganzen Plunder ins Haupthaus geschleppt. Ich lief hinunter zu Ken. Der würde gewiss wissen, was es mit dem Harem nebenan auf sich hatte.

Aber Ken gab sich einsilbig: »Ich kenne diesen Mann nicht, Ma'am.

»Ken, Sie wohnen schon viel länger hier als ich. Nun sagen Sie schon, wer ist der Nachbar?«

Ken blickte auf den Boden, als er antwortete: »Man nennt ihn den schwarzen Jesus. Das ist es jedenfalls, was die Leute so sagen, Ma'am.«

»Und die Frauen, Ken? Warum hat er so viele Frauen?«

»Sie leben bei ihm wie im Kloster, Ma'am. Er schenkt ihnen Kinder, und sie arbeiten für ihn.«

»Wie viele Frauen hat er denn?«

»Heute ist Nummer 39 gekommen, Ma'am.«

Mein Nachbar hatte 39 Frauen, mehr als ein Monat Tage. Und in meinem Haus gab es nicht mal einen Mann fürs ganze Jahr ... Irgendwie ungerecht.

Ein christlicher Harem, was es nicht alles gab! Und dann hörte ich bei einem meiner Erkundungsspaziergänge im Garten die schöne deutsche Volksweise »Ein Männlein steht im Walde«. Ich blieb stehen und lauschte. Eine Frauenstimme sang hell und melodisch. Und dann versuchte sich eine Kinderstimme an dem Lied, machte aus dem Männlein ein Mannlein.

»Männlein«, verbesserte die Frauenstimme sanft.

Hier fand Deutschunterricht statt. Deutschunterricht im Harem.

»Hallo, Sie da drin, können Sie mich hören«, rief ich über die hohe Mauer zu dem offen stehenden Fenster im ersten Stock hinauf. Meine Annäherungsversuche hatten erst nach ein paar Tagen Erfolg: Ein Stein, umwickelt mit Papier, flog in meinen Garten. So lernte ich Lisa kennen, eine damals 48-jährige Münchnerin. Eine Woche später trafen wir uns im Haus von Mila, einer Bekannten von Lisa. Zu dem Treffen im Stadtteil Suru Lere wurde Lisa von einem Leibwächter ihres Jesus gebracht. Mila nannte sich *consultant,* Beraterin. In welchen Angelegenheiten, sollte ich erst später erfahren.

Zunächst wunderte ich mich über Milas Haus, in dem ebenfalls eine Menge Frauen lebten, die Mila allesamt mit *sister* ansprach. Es waren vor allem blutjunge Mädchen, teilweise nicht mal im Teenageralter. Das Haus selbst, ohne jeden Luxus, war ein lang gestrecktes, wellblechgedecktes Lehmhaus, mit jeweils acht Zimmern auf jeder Seite. Mila, eine korpulente Frau zwischen vierzig und sechzig Jahren, war mit goldenen Ketten und Armreifen geschmückt, keiner ihrer groben Finger, an dem nicht ein großer Ring prangte. Sie sprach bei den ersten Treffen kaum mit mir, schien mich aber aus der Entfernung im Auge zu behalten.

Mich interessierte natürlich, wie sich eine Deutsche einen Mann mit 38 Frauen teilen konnte. Wo ich schon Probleme mit *einer* Mitfrau hatte ... Lisa sah das ganz anders, natürlich. Sie war mit ihrem deutschen Mann nach Nigeria gekommen, der an einer Schule unterrichtete. Die damals 16-jährige Tochter hatte sich entschieden, in Deutschland ein Internat zu besuchen. Lisa stand in Lagos ohne Aufgabe da. Sie war damals 42 und kam in die Wechseljahre – viel zu früh. Durch die Vermittlung von Mila, die ihr eine ihrer *sisters* als Dienstbotin gestellt hatte, kam sie in Kontakt mit Jesus. Und wurde Teil seiner *family,* wie er das nannte. Es erschien ihr völlig natürlich, auf Dauer in dieser Familie zu bleiben – sie wurde die 33. Frau von Jesus. Das war vor sechs Jahren.

Jede Frau, die nach ihr in die *family* eintrat, wurde ebenso wie Lisa zu ihrer Zeit von den anderen zuvor »begutachtet«. Wie kleinkariert Lisa meine Eifersucht auf Mary vorkommen musste: In der *family* gehörte Jesus all seinen Frauen. Denn die spirituelle Beziehung zu ihm war wichtiger als die körperliche. Jede Frau hatte ihr eigenes Zimmer, ebenso wie Jesus selbst. Dort besuchten die Frauen ihn. Sie teilten sich ihn so wie die Hausarbeit und die Erziehung der Kinder – übrigens 57.

Eines davon war Irina, die damals fünfjährige Tochter von Lisa. Trotz angeblicher Menopause war sie wieder schwanger geworden. Lisa war Jesus dankbar: Er hatte ihr ihre Jugend zurückgegeben. Die kleine Irina, ein milchkaffeefarbenes, sehr hübsches Kind, machte einen ausgeglichenen Eindruck. Sie sprach deutsch wie eine Erwachsene, redete in einem lustigen Pidgin-Englisch mit den jungen Mädchen bei Mila und konnte laut Lisa auch einige Sätze auf Yoruba und Ibo sagen.

Bei einem meiner Besuche beobachtete ich Mila, wie sie ihren *sisters* die Zukunft voraussagte. Sie tat das ganz unkompliziert mit Kauri-Schnecken, die sie auf den Boden warf. Ich hielt das für ein Spiel zum Zeitvertreib und fragte spaßeshalber, ob sie es für mich auch tun könnte. Sie lehnte mit einem abfälligen, schnalzenden Laut ihrer Zunge ab.

Zu jener Zeit hatte ich öfter Schmerzen im linken Bein, die ich verdrängte, indem ich das Bein einfach weniger belastete, was zu einem leichten Hinken führte. Ich wollte erst bei meinem nächsten Deutschland-Besuch zu meinem Münchner Arzt, falls sich die Schmerzen bis dahin nicht gegeben hatten. Vor allem aber träumte ich schlecht.

In diesen Träumen, aus denen ich schweißgebadet erwachte, tauchte stets eine dicke Eule mit buschigen Ohren auf. Mit ihrem annähernd hühnergroßen Körper setzte die Eule sich auf meine Brust, breitete ihre großen Schwingen aus und begrub mich unter ihren Federn. In einem anderen Traum folgte ich ihr in Johns Dorf. Die Eule flog in das Haus, in dem die schwangere Efe das Grab für Moses schaufelte. Die Szene war so, wie ich sie erlebt hatte. In meinem Traum allerdings lachte Efe, und Moses stand bis zu den Schultern im Grab und winkte mir freundlich zu. Ich lief zu Moses, um ihm aus dem Grab zu helfen. Er griff nach meiner Hand und zog mich hinab. Zu spät erkannte ich, dass es nicht Moses war, der da auf mich gewartet hatte, sondern John. Als ich im Grab lag, schaufelte John es zu. Dann setzte er sich auf die festgestampfte Erde. »Sie war eine Hexe«, sagte er und aß aus einer Schüssel mit den Fingern *garri*-Brei, den er mir durch die Erde hindurch in den Mund stopfte, als sollte ich daran ersticken.

Als ich aufwachte, leckte Frosty mit ihrer rauen Zunge den Schweiß von meiner nassen Nasenspitze. Mein unpersönliches, kaltes Haus begann mir Angst zu machen. Jeden Abend fürchtete ich mich davor, schlafen zu gehen.

Ohne Umschweife sagte Mila bei meinem nächsten Besuch: »Erzähl mir, was du letzte Nacht geträumt hast.«

Als ich meinen Traum berichtet hatte, gab Mila wieder diesen unschönen Schnalzlaut von sich, mit dem Nigerianer ihr Missfallen zum Ausdruck bringen. »Jemand ruft dich«, sagte sie schließlich, »die Eule ist ein Zeichen. Du kannst es aber nicht verstehen. Ich erkläre es dir.«

Dass Efe angeblich eine Hexe war, hatte ich ja schon von

John zu hören bekommen – und es mit einer gehörigen Portion weißer Skepsis ins Reich afrikanischer Mythen und Märchen verwiesen. Doch Mila sagte nichts anderes als das! »Wenn sie dich ruft, musst du zu ihr. Sonst widerfährt dir Schlimmes.«

In ihren Kauri-Muscheln sah sie meinen baldigen Tod. Ich erschrak. Mila blickte mich nachsichtig an. »Das bedeutet doch nicht, dass du tatsächlich stirbst. Das Orakel sagt dir nur deinen Weg voraus. Wenn du diesen Weg kennst, dann kannst du ihn ändern. Das ist der Sinn des Orakels.«

Mila rief eine ihrer *sisters,* Rose, ein dünnes, vielleicht zehnjähriges Mädchen. Rose sollte mich in ein Dorf in der Nähe der Ortschaft Irun begleiten. Dort wohnten weise Frauen. Und dann gab sie mir ein paar Verhaltensregeln mit: Ich solle niemandem sagen, wie ich heiße, sondern mir einen anderen Namen zulegen. Meine Haare müsse ich zu Zöpfchen flechten, dürfe sie niemals kämmen. Meine Nägel solle ich auf keinen Fall schneiden, sondern müsse sie abbeißen und verschlucken, meine Exkremente vergraben. Fotos von mir oder meiner Familie dürfe ich nicht mitnehmen, und vor allem sei es absolut verboten zu fotografieren.

Dann machte sie an der Außenseite meines rechten Mittelfingers einen kleinen Einschnitt, in den sie ein schwarzes Pulver rieb. Die zwei Zentimeter lange Narbe habe ich heute noch. »Und jetzt lern zu grüßen«, sagte Mila. Bitte nicht mit rechts, sondern mit links. Zeige-, Mittel- und Ringfinger auf den Puls der anderen Frau legen, kleiner Finger und Daumen greifen zur Handwurzel.

Ich musterte die »Beraterin« und fragte amüsiert: »Mila, schickst du mich etwa in ein Dorf von Hexen?«

Sie schnalzte nur und hielt mir ihre geöffnete Handfläche hin. »Willst du mich und meine *sisters* nicht mit ein bisschen Geld unterstützen?«

Ich lieh mir Bernds Jeep plus Benzinkanister, ließ mir von meinem Stewart eine Kühlbox mit Lebensmitteln packen, bat eine *sister*, mir die Haare zu flechten, packte einen Berg Utensilien – von dicken Ballen weißen Stoffs und Sandalen bis zu diversen Getränken – in den Jeep und fuhr mit der kleinen Rose einen ganzen Tag lang bis in die Nähe von Irun, 400 Kilometer nordöstlich von Lagos. Die ersten 300 Kilometer führten über autobahnähnliche Straßen, die wegen ihres schlechten Zustands oft nur einspurig waren. Der Rest der Strecke war holprig, es galt Brücken zu überwinden, über die nur lose Holzbohlen gelegt waren.

In einem Dorf mussten wir den Jeep stehen lassen, Rose organisierte einige Mädchen, die uns tragen halfen. Und dann stand ein Fußmarsch an. Zurück brauchte ich für diesen Weg etwas mehr als eine Stunde. Doch hin schleppte ich mich vier Stunden lang. Mein Bein schmerzte derart, dass ich kaum noch laufen konnte. Als ich mich an einen kleinen See setzte, um das angeschwollene Bein zu kühlen, schrie Rose mich an, das nicht zu tun. Ich erfuhr erst später, warum: Die Erreger der Bilharziose, einer Wurmkrankheit, werden durch stehendes, warmes Wasser übertragen.

Wir kamen erst am Abend im Dorf der weisen Frauen an. Rose stellte mich unter dem Namen Maja vor, überreichte die Geschenke. Dazu legte das Mädchen sich flach in den Staub. Ihre Ehrerbietung galt einer runden Frau, Typ Mammi, die das Sagen hatte. Sie ließ mich in eine schlichte, palmwedelgedeckte Lehmhütte bringen, wo ich fix und fertig auf den Boden sank.

Ich muss gleich eingeschlafen sein. Wieder erschien mir im Traum die dicke Eule mit den großen Ohren. Diesmal saß sie jedoch zu meinen Füßen. Ich fuhr hoch. Es war keine Eule, sondern eine Frau, die ihre *gele* so gebunden hatte, dass zwei Zipfel an den Seiten leicht hochstanden. Sie saß neben einer dünnen, faltigen Frau, die im Schein einer Kerosinlampe mein geschwollenes Bein untersuchte. Die dünne Alte schmierte eine kühlende Flüssigkeit darauf, und die Frau mit der *gele* gab mir etwas Bitteres zu trinken, das ich nicht lange bei mir behielt. Unter entsetzlichen Krämpfen übergab ich mich, bis nur noch roter Schaum kam. Später bekam ich Wasser zu trinken, das stark nach Eisen schmeckte.

Irgendwann fiel ich in einen fiebrigen Schlaf, aus dem ich am Morgen mit Unterleibsschmerzen erwachte. Die Frau mit dem eulenartigen Kopftuch hatte neben mir gewacht. Sie legte Berge von Stofffetzen unter mich. Offenbar hatte die erlittene Tortur meine Regel in Gang gesetzt. Ich glaubte, verbluten zu müssen! Irgendwo zwischen Leben und Tod schwebend, dämmerte ich in der Hütte vor mich hin, unfähig zu registrieren, was um mich herum vor sich ging. Als die kräftezehrende Bluterei endlich nachließ, begann die Frau mit dem Kopfschmuck, mich in der Hütte auf und ab zu führen. Ich hatte endlich wieder die Kraft, meine Aufmerksamkeit jemand anderem als nur meinem schmerzenden Körper zu schenken.

»Efe!«, sagte ich laut. »Efe, das sind ja Sie!«

Sie legte zwei ausgestreckte Finger auf meine Lippen, deutete auf sich. *»Me Nita«,* sagte sie in Pidgin-Englisch: Ich heiße Nita. Klar, und ich war Maja. Nenne nie deinen wahren Namen …

Schließlich durfte ich am Abend auf den kleinen Dorfplatz, auf dem sich vielleicht zwei Dutzend Frauen zusammendrängten. Eine von ihnen hatte vor dem Ritualhaus, einem größeren, aufwendigen Bau mit verzierten Holzpfeilern, die eine umlaufende Loggia bildeten, eine giftige grüne Schlange gefunden. Dies wurde als Zeichen gedeutet, dass die Ahnen den Tag für ein Ritual vorsahen. Um das flackernde Feuer tanzten barbusig, stampfend und singend die anderen Frauen, die um ihre Körper weiße Tücher gebunden hatten. Sie waren unterschiedlich geschmückt mit Armbändern oder mit glöckchenbesetzten Fußketten, einige hatten Blumen in die Haare geflochten oder den Kopf mit einer *gele* bedeckt.

Vom Feuer stieg der stechende Qualm auf, der die Sinne benebelte: Offenkundig wurden große Mengen Weihrauch verbrannt. Die Hitze des Feuers und der ausdauernde Tanz ließen die Leiber der Frauen schweißnass glänzen. Ihre Ausdünstungen mischten sich mit dem Duft des Weihrauchs und des Tabaks, den einige Frauen rauchten oder kauten.

Mein Bein, dessen Umfang sich von seinem elefantösen Ausmaß auf fast wieder normale Verhältnisse zurückentwickelt hatte, legte die dünne Alte auf einen Stapel Reisig. Der Rest von mir lag neben dem Feuer auf einer Matte. In dieser ungewöhnlichen Position wurde ich Zeuge des sich anschließenden Rituals. Jene Frau, die ich als »Mammi« bezeichnet habe, trug eine perückenartige Kopfbedeckung aus Glasperlen, die im Schein des Feuers fantastisch funkelte. Sie saß direkt neben dem Feuer auf einer Art Schemel.

Die spindeldürre Nita wurde entkleidet, sie kniete sich vor Mammi nieder, nahm eine kleine braune Puppe aus Ton und warf sie ins Feuer. Es dauerte eine Weile, bis die Puppe durch die Hitze in Tonscherben zerbarst, was die Frauen mit Gemurmel quittierten. Eine der Frauen brachte ein lebendes, zappelndes Huhn, das Mammi über Nitas Kopf hielt, um es anschließend kopfüber in einen mit einer schäumenden Flüssigkeit gefüllten Eimer zu stecken. Sie zog das Huhn wieder heraus, wirbelte es über die Köpfe der anderen, dass die Federn nur so flogen. Mit unglaublicher Geschwindigkeit führte sie das Huhn über eine Schüssel. Dann trennte sie seinen Kopf mit einem schnellen Schnitt fast vollkommen ab.

Das Blut strömte pulsierend in Nitas geöffneten Mund. Gierig trank sie es. Als der Vogel ausgeblutet war, wurde er aufgeschlitzt, Nita ein Teil der Innereien gegeben. Sie lutschte an der blutigen Galle, mit der ihr Körper danach eingerieben wurde. Dann trank sie von einem Sud, der auf dem offenen Feuer gekocht wurde, und begann, ekstatisch zu tanzen, bis ihr Körper unkontrolliert zuckte und sich ihre Augen verdrehten. Die anderen Frauen fingen sie schließlich auf und legten sie sanft auf den Boden. Mit dem Ende von Nitas Tanz hatte auch ich das Feld zu räumen, wurde wieder in die Hütte zurückgebracht.

Der Sinn dieses ganzen Rituals ist mir an jenem Abend nicht klar geworden. Wie ein Puzzle fügte es sich erst später zusammen, als ich meinen Münchner Internisten bat, meine Beinvenen zu untersuchen. Mit Dopplersonographie und Ultraschall stellte er linksseitig ein postthrombotisches Syndrom fest: Ein Blutpfropfen hatte meine Beckenvene in Afrika blockiert gehabt – deshalb war mein Bein so stark angeschwollen. Wäre ich nicht in Nitas Dorf gefahren, hätte ich an dem Blutpfropfen sterben können. So wie *consultant* Mila es in ihrem Orakel gesehen hatte. Durchs Milas »Übersetzung« meines Eulen-Traums hatte ich zu Nita gefunden. Nita, davon bin ich überzeugt, war Efe, jene Efe, der ich das Leben gerettet hatte, indem ich sie mit John ins Krankenhaus brachte. Zum Dank bewahrte sie mich vor dem Tod.

Ein Professor für Völkerkunde an der Uni von Ibadan, dem ich von dem Ritual erzählte, fragte mich, ob am Anfang der Zeremonie eine Puppe zerstört worden sei. Als ich bejahte, erklärte er, dass in diese Puppe ein Geist hineinbeschworen worden war. Dieser Geist hatte mich zu Efe alias Nita gerufen. »Jener Frau, die Sie gerufen hat, haben Sie einen großen Dienst erwiesen«, sagte der Professor, »sie hat den anderen Frauen ihres Konvents bewiesen, dass sie über große geistige Macht verfügt.«

»Und was hat sie davon?«, fragte ich.

»Wenn sie ihr Dorf verlässt, wird sie eine Menge über

Heilkunde erfahren haben. Sie kann als Heilerin viel Geld verdienen. Man wird sie bitten, Träume zu deuten, zeremonielle Schlachtungen durchzuführen, wahrzusagen oder bösen Zauber zu bannen. Oder jemanden mit einem Fluch zu belegen. Je nachdem.«

»Das hört sich ja an wie Hexerei«, sagte ich.

Der Professor lachte. »Na, was dachten Sie denn! Sie waren ja auch im Dorf der Hexen. Oder wussten Sie das nicht?«

Das Herz des Prinzen

Der Zettel auf meinem Schreibtisch stammte von Nickel. Eine kurze Anweisung, dass ich mich am selben Mittag in einer Anwaltskanzlei einzufinden habe. Mit neuen Partnern solle über die Gründung einer weiteren Produktionsstätte verhandelt werden. Die angegebene Adresse lag auf Victoria Island – eine Fahrt quer durch die Stadt. Doch Femi war nicht aufzutreiben, Nickel hatte ihn eine Besorgungsfahrt machen lassen. Wieder eine neue Schikane, um mich auszubremsen. Eine Stunde lang saß ich wie auf glühenden Kohlen, bis Femi endlich zurückkam.

Ich straffte meine Schultern, hielt meine Akten fest im Griff und marschierte in das noble Büro, einen sexistischen Spruch Nickels erwartend. Die Augenpaare von fünf Männern wandten sich mir zu. Von den Anwesenden kannte ich zwei: Nickel, der spöttisch lächelte, und den Mann, der sich bei meinem Eintreten schnell erhob und mit ausgebreiteten Armen auf mich zukam.

»Ilona! Habe ich Ihnen nicht gesagt, ich finde Sie auch in Lagos wieder?!«

»Victor! Was tun Sie denn hier?!«

Blöde Frage! Der schöne Mann küsste mich. Vor Nickels Augen. In einer Anwaltskanzlei. Zwar sehr formvollendet auf beide Wangen, aber ich sah in Nickels schmutziger Eselsfantasie, dass er niemals glauben würde, dass diese Küsse einen harmlosen Grund hatten, die Folge eines unschuldigen Flirts bei Londoner Kerzenlicht waren.

Im Laufe der Verhandlungen stellte sich schnell heraus,

dass Victor auf der falschen Seite stand: Seine Familie verkaufte ein großes Areal nahe Lagos an Strengfurt, auf dem die zweite Produktionsstätte – diesmal für Kupplungen – hochgezogen werden sollte. Ich musste dem Dialog der Herren nicht lange folgen, um herauszubekommen, dass die Stimmung frostig war. Der Grund war natürlich Geld. Nickel und sein afrikanischer Partner wollten die Erschließungskosten für das Grundstück plötzlich nicht mehr tragen, sondern zu 25 Prozent vom Kaufpreis abziehen. Und das, obwohl der Vertrag praktisch unterschriftsreif war. Schlechter Stil, aber gern geübte Praxis. Als Nickels Controllerin hatte ich auf seiner Seite zu stehen und saß somit zwischen den Stühlen.

Nach dreistündigem Palavern hatte ich mir beide Stühle unter den Hintern gezogen. Ich musste nur eins und eins zusammenzählen: Victor verkaufte mit 15-prozentigem Preisnachlass. Im Gegenzug wurden Strengfurts Produktionsstandorte exklusiv mit Öl beliefert. Öl, das aus den Raffinerien stammte, an denen Victors Vater Anteile hielt. Das war die wichtigste Erkenntnis: Victors Familie war einer der bedeutendsten Clans im Süden des Landes. Während die Anwaltssekretarin den neuen Vertrag tippte, verabredete sich Victor mit mir zum anschließenden Lunch im vornehmen englischen Polo-Club in Ikoyi, dem benachbarten Stadtteil mit den entzückenden Häusern aus der Kolonialzeit.

Als ich Arm in Arm mit Victor aus der Kanzlei stöckelte, spürte ich die neidischen Blicke Nickels in meinem Nacken. Ein angenehmes Gefühl. Ich war als Verliererin gekommen – und ging als Siegerin. Mit Victor.

»Warum haben Sie mir nicht gesagt, dass Sie ein echter Prinz sind, Victor?«, fragte ich ihn, als wir in dem aus der Jahrhundertwende stammenden Treffpunkt der Elite tafelten.

»Was kann ich dafür, dass ich ein Prinz bin? Das ist mir in

die Wiege gelegt worden. Um die Anerkennung meiner Mitmenschen muss ich dagegen kämpfen. Wie kann ich das, wenn man weiß, wer ich bin? Jeder erstarrt in Ehrfurcht. Das ist langweilig, glauben Sie mir!«, sagte er mit seinem leicht blasierten Oxford-Akzent, der mich bei jedem anderen Mann wahrscheinlich gestört hätte. Den schönen Victor machte er unwiderstehlich.

»Ist es für Sie belastend, wenn man weiß, wer Sie sind?«

»Nein. Heute nicht mehr. Ich habe gelernt, damit umzugehen. Ansehen zu genießen ist sehr angenehm. Ich habe es mir auf der Universität erarbeitet. Respekt, der mir gezollt wird, gilt meiner Person. In erster Linie jedenfalls. Ich wollte nicht – wie einige meiner Vettern – ein Leben als Playboy führen. Das hätte mich zum unnützen Anhängsel meiner Familie gemacht.«

»Sie haben mir damals in London erzählt, dass sich Ihr Vater nie um Sie gekümmert hat. Aber jetzt respektiert er Sie?«

Bevor er antworten konnte, erschien der Ober. »Mögen Sie immer noch so gern Mousse au chocolat, Ilona? Es gibt hier sehr gutes!«

»Das haben Sie sich gemerkt?!« Ich spürte mein Herz ein paar Takte schneller schlagen.

»O ja, das habe ich.« Ein langer Blick in meine Augen. Dann – ganz Prinz aus der Oberschicht – zum Kellner: »Bitte zweimal Mousse.

Ja, Victors Vater respektierte seinen wohlgeratenen Sohn. Und zwar so sehr, dass der mittlerweile fast siebzigjährige Senior ihn als sein Ein und Alles betrachtete. Der Vater hatte nach der Scheidung von Victors Mutter nicht wieder geheiratet. Victor blieb sein einziger Nachkomme. Ungewöhnlich für einen Afrikaner.

»Sagen Sie bloß, Sie werden mal König Ihres Stammes!«

»Das finden Sie sicher sehr altmodisch, nicht wahr?«

Es verwirrte mich. Schließlich hatte mich noch nie ein künftiger König zum Schokoladenpuddingessen eingeladen!

Victor lachte. »Künftiger König!« Ein leicht bitterer Zug spielte um seinen gutgeschnittenen Mund. »Ich stand auch schon vor der Tür zu einer Diskothek, in der man mich nicht kannte. Neger dürfen hier nicht rein, fuhr mich der Türsteher an. Ich bin dem Typ heute noch dankbar, auch wenn sich das seltsam anhört. Solche Erfahrungen prägen, weil sie Grenzen aufzeigen. Für die einen bin ich ein künftiger König, für die anderen eben nur ein Neger.«

»Sagen Sie das nicht so, Victor! Die Welt ist voller Dummköpfe!«

»Richtig, Ilona. Und es ist gut, wenn man das am eigenen Leib erfahren hat, bevor man König wird.«

»Sie werden ein guter König.«

»Was ist gut, Ilona? Alles hat zwei Seiten, auch das Gute. Was die einen für gut empfinden, lehnen die anderen ab. Ich möchte beide Seiten sehen können. Aber das ist wohl kaum möglich. Verantwortungsbewusst, das möchte ich sein.«

Victor war schön, aufmerksam und zurückhaltend, Philosoph und Prinz. Schweigend aß ich mein Mousse und beobachtete, wie er mit seinen feingliedrigen, gepflegten Händen die Serviette nahm und sich den Mund tupfte, um ganz unverfänglich zu fragen: »Haben Sie schon etwas von Nigeria gesehen, Ilona? Oder sind Sie bislang noch nicht aus diesem Lagos herausgekommen?«

Dieses Lagos ... Für Victor eine gesichtslose, chaotisch wuchernde Boomtown. Er dachte europäisch, schwärmte von der Schweiz und natürlich von London. Wie seine Mutter, die noch nie in Nigeria gewesen war. Sie hatte in zweiter Ehe ein Mitglied des britischen Oberhauses geheiratet. Das war schon eher Victors Welt, in die er in ein paar Tagen zurückkehren wollte. Doch vorher musste er in den Norden, nach Kaduna, fliegen. Ich glaubte aus seinem Ton herauszuhören, dass er den Trip nicht gern in Angriff nahm.

»Waren Sie schon mal im Norden, Ilona?« Ich verneinte. Mein Herz schlug etwas schneller, als er fortfuhr: »Begleiten Sie mich! Sie sollten den Norden Nigerias unbedingt kennen lernen. Er ist ganz anders als die Gegenden, die Sie kennen«, sagte er auf seine elegante Art in einem beiläufigen Ton. Als ob es um meine geographischen Kenntnisse ging. Sein seidenweicher Blick unter den langen Wimpern schien sich der Bedeutung der Worte nicht ganz bewusst zu sein. Oder doch? Suchte er eine sympathische Reisebegleitung, mit der er sich unangestrengt unterhalten konnte? Oder hatte es der aristokratisch kühle Mann mit dem sanften Blick faustdick hinter den Ohren?

»Wollen Sie dort auch ein Grundstück verkaufen, Victor?«, fragte ich ausweichend. Obwohl die Aussicht auf eine gemeinsame Reise mit diesem Mann in mir natürlich ganz andere Fragen aufwarf ...

»Nein, mein Vater hat dort eine Zeitung. Nichts Großartiges, wie Sie es aus Europa kennen. In diesem Land haben die größten Tageszeitungen 200 000 Stück Auflage. Selbst in Ibadan, der größten Stadt, in der mehr Menschen als in London leben.«

»Die Analphabeten?«, vermutete ich, die Konversation recht unkonzentriert fortsetzend.

»Nein, das Papier. Es gibt nicht genug.« Pause. »Und die Politik«, fügte er leiser hinzu. »Eigentlich fahre ich hin, weil mein Vater sagt, ich wüsste zu wenig vom Land meiner afrikanischen Vorfahren. Damit hat er zweifellos Recht.« Nach einer Pause sagte er erklärend: »Nächstes Jahr soll ich Vizepräsident seines Konzerns werden. Da muss ich mich vorher wohl wirklich umsehen.«

Prinzen reisen komfortabler als Normalsterbliche: Die zweimotorige Privatmaschine von Victors Vater stand bereit, um uns fast 900 Kilometer weit nach Kaduna zu bringen. Es war das erste Mal, dass ich in eine solche Blechkiste mit Flügeln kletterte, setzte mein Herzschlag doch schon bei jedem Luftloch aus, in das die großen Linienmaschinen sackten.

In der Maschine, die in der prallen Sonne gewartet hatte, war es drückend heiß. Und sehr eng. Plötzlich befand sich mein Prinz auf Tuchfühlung neben mir. Ein heißkaltes Kribbeln lief mir über den Rücken, meine Hände wurden feucht, und der Schweiß schoss mir aus den Poren. Rumpelnd und kaum gefedert sauste die Maschine über die Piste, stieg steil auf. Welch ein Blick auf Lagos, die Stadt mit den tausend Lagunen, Flussarmen, dem nahen Meer. Wie wundervoll sie liegt! Der Pilot zog eine enge Schleife, legte die Maschine extrem schräg, um nach Norden abzudrehen. Unsere Körper wurden aneinander gedrückt.

»Haben Sie Angst, Ilona?« Victor sah mich besorgt an.

»Ich bin noch nie in so einem Ding gesessen«, gab ich kleinlaut zu. Er nahm meine feuchtkalten Hände. Ich schämte mich, vor allem, weil ich nun noch stärker zu transpirieren begann. Ich atmete den frischen Duft seines Parfüms ein und hörte seiner melodischen Stimme zu, die mir etwas über Lagos erzählte. Kluge Sätze über das Bevölkerungswachstum, die vielen Religionen und die Unfähigkeit der Regierungen, die im Widerstreit der Interessen die Stadt so wenig wie das ganze Land in den Griff bekamen. Was zählte all das – hier oben? Das Maschinchen sackte zwar alle naslang ab, wurde wieder hochgezogen. Aber ich merkte nicht mehr, dass ich eigentlich um mein Leben hätte fürchten müssen. Victor hielt ja meine Hände. Meinetwegen hätte der Flug ewig weitergehen können. Fliegen verbindet. Nun hatte ich das auch am eigenen Leib erlebt ...

Das grüne Land wechselte irgendwann in braunes Land, wüstenartig ausgedörrte Ebene, aus der die abgebrannten Felder wie hässliche schwarze Flecken hervorstachen. Victor berichtete über die vielen Stämme, die weit unter uns ihr schweres Leben fristeten, die vielen Kriege, die um dieses teilweise so ausgetrocknete Land geführt worden waren. Und so bekam ich nebenbei mit, warum wir ausgerechnet nach Kaduna flogen, eine erst 1913 von den Briten aus dem Boden gestampfte Stadt: weil Victors Vater die einstigen Kolonialherren bewunderte. Nichts war es mit der von Yemi beschworenen kulturellen Selbstbestimmung – stattdessen eine Stadt vom Reißbrett mit breiten Alleen. Nicht so afrikanisch, wie ich Nigeria kannte.

Der Zeitungsbau war ein kolonialer Zweckklotz. Mit einer ungewöhnlichen Selbstverständlichkeit nahm Victor mich zu seinen Gesprächen mit, stellte mich als »eine Freundin aus Deutschland« vor. In Deutschland waren damals elektrische Schreibmaschinen Standard, wurden die ersten Computer in die Büros gestellt, die Zeitungen schafften gerade den Bleisatz ab. Hier klapperten alte Remingtons, doch die Leute waren glücklich. Endlich durften die Zeitungsmacher drucken, was sie wollten. Unter dem gewählten Präsidenten Shehu Shagari herrschte für kurze Zeit Pressefreiheit.

Victor wollte die Pferderennbahn und den angegliederten Poloplatz der Stadt sehen, eine staubige Angelegenheit. In den Ställen fachsimpelte der Verlegersohn mit den Stallburschen. Das war eher seine Welt als der altertümliche Verlag. Nicht weit vom Poloplatz lag unser Hotel, das damals gerade fünf Jahre junge Hotel Durbar. Es verfügte sogar über Fernsehen in der Suite. Wir schalteten es allerdings nicht ein einziges Mal an ...

Elegant sprang Victor in den Pool des Hotels, und ich, die Nichtschwimmerin, wartete, bis ich seinen sehnigen Körper mit einem Badetuch abtrocknen durfte. In der komfortablen Suite servierten uns elegante Etagenkellner perfektes britisches Essen. Ein festliches Essen gehörte für meinen Prinzen zum Vorspiel. Bevor er endlich vergessen konnte, dass er nicht nur Prinz war, sondern auch Mann.

Von einem fliegenden Händler hatte ich vor dem Hotel ein paar hübsche Schnitzereien aus dunklem Holz – Löwen, Elefanten und Antilopen – gekauft. Ich fragte Victor, ob es solche Tiere noch in freier Wildbahn gebe. Er stutzte einen Augenblick und strahlte mich dann an. »Ilona, das ist eine blendende Idee!«

Er meinte den Yankari-Nationalpark, ein 2200 Quadratkilometer großes Wildreservat etwa 250 Kilometer östlich von Kaduna. Am nächsten Morgen saßen wir wieder in der kleinen Maschine seines Vaters und waren auf dem Weg zum Jos-Plateau. Wir flogen bis zur Stadt Bauchi, wo Victor für uns einen Wagen samt Fahrer mietete, einen ziemlich verrosteten Landrover, der mir nicht sehr vertrauenerweckend erschien. Ebenso wenig wie der Fahrer, Hassan, ein knochiger Mann in weißem langem Gewand und mit weißem Turban. Hassan tat zwar sehr ehrerbietig, sah uns aber nicht in die Augen. Überhaupt verzog er nie eine Miene, egal, was noch kommen sollte. Victor lächelte mich aufmunternd an, also krabbelte ich in Hassans Gefährt hinein. Vielleicht hätte ich Victor darauf aufmerksam machen sollen, dass ich bei Überlandfahrten in diesem Land schon unangenehme Überraschungen erlebt hatte. Aber er war so voll positiven Schwungs.

Das Jos-Plateau ist eine fruchtbare Hochebene, ein nigerianischer Garten Eden, in dem Gemüse angebaut wird. Das Klima war angenehm und nicht so heiß. Victor gab sich Mühe, nicht den reichen Mann aus London herauszukehren, und befragte Hassan über sein Gefährt aus England. Es hatte 200 000 Meilen nigerianischer Land- und Sandstraße absolviert …

Das Gras der Savanne war recht hoch und saftig grün. Löwen, Elefanten, Giraffen, Geier, Affen – all diese Tiere hatte Hassan uns versprochen. Doch erst mal sahen wir kein Einziges davon. Mindestens zwei Meter hohe rostrote Termitenhügel ragten auf, mit gezackten Türmen wie gotische Miniatur-Kathedralen. Hassans Ehrgeiz, uns die versprochenen Tiere zu zeigen, wuchs. Immer tiefer lenkte er den Wagen in dichte Vegetation. Endlich sahen wir in einiger Entfernung eine Herde Elefanten, eine Gruppe von etwa acht Tieren. Es war bereits nachmittags, die Sonne hatte ihren höchsten Punkt verlassen. Um besser sehen zu können, streckten wir die Köpfe durch eine Luke im Dach des Landrovers. Die grauen Riesen nahmen keine Notiz von uns.

»Fahren Sie uns ein bisschen näher ran«, bat Victor. Hassan legte knirschend den Gang ein und ließ das Gefährt über den unebenen Untergrund rumpeln. Der laute Motor des Rovers störte die Elefanten nicht. Mit den Ferngläsern sahen wir die Tiere recht gut. Sie fächelten sich mit ihren erstaunlich großen Ohren Kühlung zu. Hassan stand neben uns und suchte die Gegend ab. Plötzlich deutete er in eine ganz andere Richtung.

»Sehen Sie da drüben. Da ist ein Löwe. Sie haben wirklich Glück!«

In der angegebenen Richtung musste ich lange suchen, bis ich in der Astgabel eines Baumes tatsächlich einen hellbraunen Fleck ausmachen konnte. Ich hörte wieder das ungesund klingende Ratschen aus dem Motorraum, als Hassan schaltete, um den Wagen näher an das Objekt unserer Neugier heranzufahren. Der Motor heulte kurz auf, aber das Auto bewegte sich nicht. Hassan wiederholte die Schalterei, es kratzte noch lauter; schließlich rumpelte der Wagen weiter. Während wir uns stehend am Dach fest hielten, fuhr Hassan langsam näher an die Löwin heran. Ein Schwarm Vögel stieg auf. Die Elefanten liefen ein paar Schritte weiter, verharrten.

Die Löwendame, inzwischen etwa 200 Meter links von uns, rührte sich nicht. Schlafend lag sie in der Gabelung eines Baumes.

»Wir müssten kurz vor Sonnenuntergang hier sein«, sagte Victor, »dann wäre die Lady vielleicht etwas munterer.« Ich sah Victor an. Hatte er denn nicht mitbekommen, dass mit dem Rover etwas nicht stimmte? Victor genoss die Natur – während meine Sorge mehr unserem Rückweg galt. Ich nahm mein Fernglas und suchte die Savanne ab, aber nicht nach Tieren, sondern nach anderen Autos. Doch da waren keine. Hassans Safari-Ehrgeiz hatte uns weitab von der befestigten Straße in den Park hineingeführt.

»Hassan, meinen Sie, wir finden ein paar Giraffen?«, fragte Victor in bester Safari-Laune.

Ein lautes Krachen aus dem Motorraum – der Motor jaulte gepeinigt auf, das altersschwache Gefährt bewegte sich keinen Meter weiter.

»Das wird wohl das Getriebe sein«, meinte Victor gelassen.

Verlassen Sie den Wagen nicht, hatte das Schild am Parkeingang gewarnt. Hassan stieg aus dem Landrover, öffnete in aller Ruhe die Motorhaube und blickte hinein. Ich sah Victor an. Ein ironisches Lächeln spielte um seinen Mund.

»Ilona, das ist Afrika. Es passiert, was eigentlich nicht passieren sollte. Ist das nicht interessant?«

Ich hätte wohl auch ein paar Jahre Oxford absolvieren müssen, um das Leben so gelassen beurteilen zu können! Doch leider gab es nicht nur eine Löwendame und einige Elefanten in unserer Nähe, sondern viele in ihrer Blutgier nicht zu unterschätzende Mücken, die sich über unsere Haut hermachten. Victor schloss das Dach, und wir klatschten Mücken.

Der sandfarbene Landrover war in der grünbraunen Savanne mit Sicherheit schlecht auszumachen. »Wir sollten vielleicht hupen«, schlug Victor vor. Hassans Blick in den Motorraum hatte lediglich eine simple Erkenntnis gebracht: »*Engine broken.*« Motor kaputt.

Während wir schwitzend im Wagen warteten und hupten, war Hassan auf das Dach seines Gefährts geklettert. Wir hörten ihn durch das Blech hindurch unablässig vor sich hin sprechen. Ob er Allah oder die Geister der Vorfahren um Beistand anflehte, verriet er uns nicht. Wir begannen uns jedoch bald Sorgen um den guten Mann zu machen. Denn erst verschwand die Löwendame und war in dem schulterhohen Gras nicht mehr auszumachen. »Hassan, kommen Sie rein«, rief Victor, um zu verhindern, dass Hassan vor unseren Augen zum Appetithappen einer Löwendame wurde. Vom Gras bis zum Auto war es allenfalls ein Meter. Ein Sprung aufs Autodach, und um Hassan wäre es geschehen gewesen.

Also kam Hassan in den Wagen zurück und übernahm schweigend den Hup-Job. Ein mächtiger Elefantenbulle trottete mit erhobenem Rüssel geradewegs auf uns zu. Ob er die Hupe abstellen wollte? »Ich glaube, Hassan sollte mit der Huperei aufhören«, sagte ich mit zitternder Stimme.

»*Stop honking*«, sagte Victor knapp. Hassan gehorchte, doch der Elefant kam trotzdem näher. Mit dem Rüssel fingerte er an den Scheiben entlang. »Ich glaube, er will was zu essen«, mutmaßte Victor. »Wenn wir ihm nichts geben, wird er gehen.«

Der gefrustete Dickhäuter verzog sich tatsächlich. Allgemeines Aufatmen. Unsere Situation war trotzdem unverändert. Wir schwitzten in einer Rover-Sauna und erzählten uns gegenseitig von unserem Leben. Es war das erste Mal, dass ich einem Menschen die leidvolle Autogeschichte erzählte.

»Dann war es aber mutig von dir, mit mir auf diese Safari zu gehen«, meinte Victor.

»Ich dachte, ich hätte genug Abenteuer mit Autos erlebt.«

»Du hast Recht«, sagte Victor, »unser nächster Ausflug wird mit dem Boot sein.« Er lachte mich schelmisch an und legte den Arm um mich. Ich bettete meinen schweißnassen Kopf an seine Schulter. »Glaubst du eigentlich an das Schicksal? An so was wie Vorbestimmung?«, fragte er und blickte träumerisch in die wunderschöne Landschaft. Es war ein Moment, als wären wir beide aus der Zeit gefallen, als hätte die Erde aufgehört, sich zu drehen. Die Autopanne hatte uns aus allen Planungen herausgeworfen. Niemand konnte uns hier erreichen. Eigentlich ein beängstigender Gedanke angesichts unserer Lage, aber auch ein traumhaft schöner Moment. Mitten in der ursprünglichen Natur neben einem Mann, der meine Nähe genoss. Ich entspannte mich und ließ mir sanft den Nacken massieren.

Mila fiel mir ein, die Beraterin. Sie hatte mir nach meiner Rückkehr aus dem Dorf der Hexen doch noch die Kauris geworfen. »Du wirst einen Mann treffen. Er ist anders als alle anderen«, las sie in ihrem Orakel. Aber dann gab sie wieder ihren hässlichen Schnalzlaut von sich. »Du musst auf euer Glück aufpassen. Da ist etwas, dass gegen eure Liebe arbeitet. Es kann sein, dass es diese Liebe zerstört.«

Das Orakel sagt dir nur deinen Weg voraus. Wenn du diesen Weg kennst, dann kannst du ihn ändern. Das ist der Sinn des Orakels, hatte sie gesagt.

Ich genoss Victors Nähe und fragte mich, wie ich unser Glück beschützen könnte. Und überhaupt – vor wem? Vor Löwen und Elefanten? Der Gedanke ließ mich lächeln.

»Du glaubst nicht an das Schicksal«, sagte Victor. In seiner Stimme schwang leichte Enttäuschung mit.

»Ich weiß es noch nicht«, erwiderte ich faul und genoss sein Kopfkraulen.

»Was muss geschehen, damit du es weißt?«, fragte er und beugte sich zu mir runter, um mich zart zu küssen.

»Das reicht mir erst mal als Beweis.« Ich lachte und umschlang seinen Kopf mit beiden Armen. Nein, ich wollte keinen Beweis. Denn wenn Milas Worte stimmten, dann musste ich den Moment mehr schätzen als die Zukunft. Nach all dem, was ich durch Mila bereits erfahren hatte, gab es Kräfte außerhalb unserer Vorstellungskraft. Energien, die es zum Beispiel einer Frau in 400 Kilometer Entfernung möglich machten, mich zu sich rufen.

»In welcher Religion bist du eigentlich erzogen worden?«, fragte ich Victor später.

»Anglikanisch«, sagte er, »aber der christliche Glaube scheint mir nicht ausreichend Antworten auf alle Fragen zu geben. Mein Vater hat mir geraten, mich mit der Ifa-Religion zu beschäftigen. Ifa sagt, dass Spirituelles und Materielles eine Einheit sind. Unsere Havarie hier erklärt sich daraus. Der Geist unseres Fahrers befindet sich nicht im Einklang mit der Maschine, die er bedient. Darum versagt sie ihren Dienst, wenn sie am nötigsten gebraucht wird. Wenn wir uns jetzt mit dem Schicksal des kaputten Motors identifizieren, dann werden wir auch versagen. Darum ist es das Beste zu tun, was wir gerade machen. Wir warten ganz entspannt und vergessen das kaputte Auto nach Möglichkeit.«

»Und wenn uns keiner findet, Victor?«

»Wir werden gefunden. Sieh mal da, über unserem Auto fliegen große Vögel im Kreis. Das könnten Geier sein.«

»Victor, die wollen uns fressen!«, rief ich bang.

Er kraulte mich unbeeindruckt weiter, massierte meine Schläfen. »Vielleicht haben sie das vor. Aber gleichzeitig machen sie auf uns aufmerksam.«

Er hatte Recht. Zwei freundliche Park Ranger erschienen noch vor Sonnenuntergang, ließen uns in ihren Toyota-Geländewagen wechseln und lieferten uns in einem unscheinbaren Hotel ab. Hassan musste seinen Landrover in der Wildnis zurücklassen, worüber er in lautes Wehklagen ausbrach.

Es gibt, das weiß ich heute, im Yankari-Park eine schöne Hotelanlage, die wie ein afrikanisches Dorf angelegt ist. Die Wildhüter aber schafften uns ins erstbeste Hotel am Rand des Parks. Die gigantischen Termitentürme davor stimmten uns auf eine Übernachtung der besonderen Art ein. Zu essen gab's Erdbeeren, frisch gepflückt auf dem Jos-Plateau, süß und fruchtig. Und zwei Betten mit löchrigen Decken. Heute steht das Hotel bestimmt nicht mehr – die Termiten haben es gewiss längst vertilgt. So wie Koran und Bibel im Nachtschrank. Und die Füße des Nachtschranks. An denen machten sie sich nämlich damals lautstark zu schaffen – ein ständiges Quietschen. Es störte uns nicht. Um wie viel romantischer war es hier, verglichen mit dem perfekten Betonklotz in Kaduna. Ich hätte nie gedacht, dass ich nur kichern würde, wenn mir eine Kakerlake am Bein hochkrabbelt. Victor schnipste sie elegant fort. Wäre ich mit John im gleichen »Hotel« gewesen, hatte ich bestimmt gezetert und die ganze weitere Nacht kein Auge zugetan.

»Sind das Hunde, die da bellen?«, fragte ich.

»Hört sich wie Affen an«, sagte Victor.

Da fiel draußen laut scheppernd ein metallischer Gegenstand zu Boden.

»Affen?«, fragte ich.

»Wahrscheinlich Hyänen«, murmelte Victor. »In den Mülltonnen sind bestimmt Abfälle, die sie sich holen.«

»Hast du keine Angst?«

»Hyänen fressen nur Aas«, antwortete er in die Dunkelheit hinein. »Und wir sind doch sehr lebendig, oder?«

Sollten draußen doch afrikanische Urgewalten toben. Ich schmiegte meinen Kopf auf die Brust meines Prinzen und lauschte dem Pochen seines Herzens. Es klang sehr beruhigend.

Der Geist mit den rückwärtsgerichteten Füßen

Seit Yemis Tod waren einige Wochen vergangen. Ich hatte nicht mehr geglaubt, dass Abiola sich wieder bei mir melden würde. Doch plötzlich stand er vor meiner Tür. Ich freute mich unglaublich, ihn zu sehen, und empfand gleichzeitig Scheu, diese Freude zum Ausdruck zu bringen. Ich wollte ihm viel erzählen, und vor allem hatte ich Arbeit für ihn. Denn ich hatte meinem Vater leichtsinnigerweise von Nickel und dessen Machenschaften erzählt.

»Du brauchst einen Hund, der dich beschützt«, hatte Papa gesagt. Und wie ich zu einem Hund kommen würde, wusste er auch schon. Meine Schwester Monika wartete nach dem Abitur auf einen Studienplatz und hatte Zeit. Sie wollte mich besuchen kommen und bei der Gelegenheit einen Wachhund für mich mitbringen. Ich bat Papa, mir einen Airdale-Terrier zu besorgen, so einen großen Teddy-Hund. Statt *eines* Hundes kamen zwei. Was mein Vater tat, das tat er gründlich. Der Anfang war viel versprechend: Keiner der Flughafenarbeiter traute sich an die Hundekäfige. Denn statt eines Airdales brachte Monika zwei Doggen mit! »Das sind richtige Wachhunde. Die passen wirklich auf dich auf«, sagte Vater am Telefon.

Die, eine Dogge war schwarzweiß gefleckt, die andere braun-schwarz geströmt. Sie waren vier Monate alt und hatten schon enorme Ausmaße – sie passten gerade noch in die Transportboxen. Abiola hatte die notwendigen Einfuhrpapiere mitgebracht. Gemeinsam hievten wir die Boxen auf einen Kleinlaster, den ich mir ausgeborgt hatte. Es dämmerte schon, als wir endlich vom Flughafen wegkamen. Die erste

Polizeikontrolle ließ nicht lange auf sich warten. Monika blickte mich entsetzt an, als zwei Polizisten auf unseren Pritschenwagen zukamen – mit Gewehren.

»Oje«, stöhnte ich, »jetzt geht das wieder los! Die wollen immer Geld. Die reinste Wegelagerei, sage ich dir. Es dauert zehn Minuten, und unter fünfzig Naira Bestechungsgeld geht es bestimmt nicht ab.«

Der Polizist trat arrogant ans Fenster: »*God dey ma'am.* Sie sind zu schnell gefahren.«

»Das kann nicht sein, Sir, ich bin …«

Weiter kam ich nicht. In diesem Moment ertönte von hinten ein beherztes, tiefes: Wau! Und als Antwort darauf, etwas tiefer, noch beherzter: Wau! Wau!

Der Polizist sprang zurück, riss seine Waffe hoch, starrte auf die Ladefläche, sah die beiden Doggen, die in ihren Boxen standen und ihrerseits den Polizisten anglotzten. Sein Kollege rührte sich überhaupt nicht mehr. »Okay, Ma'am, ist okay. Gute Fahrt.«

»Ich weiß gar nicht, was du willst, Ilona. Die waren doch ganz nett«, kommentierte Monika.

»Haben die Doggen eigentlich schon Namen?«, fragte ich.

»Die gestromte heißt Baatzi, die gefleckte Dolly.«

»Dolly – wie Püppchen?« Abiola lächelte. »Das ist ein passender Name …«

»Ich glaube, Vater hatte Recht, Monika. Doggen sind eine gute Idee für Nigeria«, meinte ich.

Das waren sie tatsächlich. Bei einer Polizeikontrolle reichte es von nun an, wenn ich das Fenster runterkurbelte und freundlich nach des Beamten Begehr fragte. Dann schob Dolly neugierig ihr nettes Hundegesicht an mir vorbei. Ein bemerkenswertes Gesicht: die eine Seite schwarz, die andere weiß. In der schwarzen Seite ein blaues Auge, in der weißen ein braunes. Ihre lange Zunge hing ihr aus dem Hals, die roten Lefzen tropften.

»Ist okay, Ma'am. Gute Fahrt.«

»Nette Polizisten«, sagte Monika.

»Finde ich auch«, stimmte ich zu.

Ich schob Dollys Kopf zurück, kurbelte das Fenster wieder hoch, fuhr los. Die Polizisten starrten uns entgeistert nach. Dolly schüttelte sich. Der Sabber flog gegen die Fenster. Es hat eben alles seinen Preis.

Apropos Preis – auch das Hundefutter in Afrika war teuer. Doggen stehen nun mal auf riesige Portionen Frischfleisch. Ich verfütterte es mit ausgesprochen gemischten Gefühlen an meine teuren Tiere. Rons und Kens Blicke entgingen mir nicht, wenn sie Baatzi und Dolly saftiges Fleisch hinstellten. Während sie und ihre Familien tagein, tagaus die *garri*-Pampe aßen. Ich konnte durchaus verstehen, dass sie sich das Fleisch schnappten und den Doggen *garri* gaben, wenn ich nicht aufpasste.

»Die Doggen müssen jeden Tag Fleisch und Knochen zu fressen kriegen. Ohne das darin enthaltene Kalzium bekommen sie Rachitis. Sie sind noch im Wachstum, Ilona«, warnte Abiola. Fortan achtete ich sorgsam darauf, dass meine vier Vierbeiner tatsächlich das ihnen zugedachte Essen bekamen. Die Katzen Fisch, die Hunde Fleisch.

Die Doggen wuchsen enorm schnell. Niemand traute sich mehr in den Garten, wenn Baatzi und Dolly draußen herumsprangen. Auch Ken nicht, der den Garten zu versorgen hatte. Allerdings gab's bald nicht mehr viel zu versorgen: Baatzi und Dolly gruben alles um. Bei den Deutschen im Viertel sprach sich rasch herum, dass meine Hunde wesentlich wirksamer waren als zum Beispiel der von allen gehasste Esel Nickels. Bald kamen die ersten Anfragen, ob ich nicht eine der beiden verkaufen wollte. Aber ich hatte meinen beiden

Riesenbabys schon zu sehr ins Herz geschlossen. Stattdessen leitete ich die Anfragen an meinen Vater weiter. Hunde-Import war wesentlich einfacher als Auto-Import. Und Abiola bekam immer mehr dankbare neue Kunden.

Meine Schwester sollte von Afrika natürlich so viel wie möglich zu sehen bekommen. Andererseits stand Victors Rückkehr nach London unaufschiebbar bevor. Er hatte mir ja noch einen Ausflug versprochen – mit dem Boot. Abiola und Victor, die sich schon durch ihre gemeinsame Liebe zu den Tieren bestens verstanden, steckten die Köpfe zusammen und kamen zu dem Schluss, dass wir eine Kanufahrt durch die Lagunen östlich von Lagos machen sollten. Abiola packte Baatzi ins Auto und bat Monika auf den Beifahrersitz; ich folgte mit Victor und Dolly im zweiten Wagen, dem standesgemäßen Jaguar meines Prinzen. Victor fand unsere tierischen Leibwächter *»very sophisticated«*. Dass die eigentlich harmlosen Hunde durch ihre pure Gegenwart abschreckend wirkten, entsprach seinem trockenen britischen Humor.

In Ejinrin am Rand des Regenwalds, der sich entlang der Bucht von Benin hinter Mangrovensümpfen und breiten Lagunen Hunderte von Kilometer entlang der Küste erstreckte, fand Abiola zielsicher, was wir suchten – Kanus. Lange ausgehöhlte Baumstämme, die je nach Größe von einem oder mehreren Einheimischen gelenkt wurden.

Abiolas Begleitung (und natürlich die Anwesenheit der Doggen) ersparte uns einen Wächter für die Autos, dessen Anmietung dringend empfohlen worden war. Victors Jaguar hätte in seiner Abwesenheit mit Sicherheit einen neuen Besitzer gefunden ... Wir ließen Abiola, der sich mit den Dialekten wesentlich leichter tat, für uns den Preis eines Tagestrips inklusive zwei Paddlern aushandeln. Während Abiola noch feilschte, kam ein junger, ziemlich muskulöser Bursche auf uns zu. Das heißt – er kam auf Monika zu, meine hübsche

19-jährige Schwester. Der schlaksige Kerl winkte ihr zu, und Monika folgte der Einladung. Der junge Mann verfügte über ein etwa sechs Meter langes Kanu.

»Spezialpreis für dich und deine Freunde«, sagte er auf Pidgin-Englisch.

»Ilona, komm doch mal!«

Der Bursche verstand sein Handwerk. In seinem Kanu lagen bereits ein paar Kissen, und sein Freund drückte Monika ohne viele Umschweife einen breitkrempigen Strohhut auf den Kopf. Ich musste nicht lange warten und bekam auch einen. »Schutz gegen die Sonne«, sagte der Junge. Das klang einleuchtend. Als er Victor ebenfalls einen Hut in die Hand drückte, kam Abiol a mit seinem Bootsmann zu spät – wir entschieden uns für Eze, wie der sportliche Knabe hieß.

Sein Freund, den er als Chidi vorstellte, war zwar wesentlich weniger redselig, bereitete aber unterdessen das Boot – man nennt es *piroge* – für den Trip vor. Auf den Boden streute er Gras, auf das er Schilfmatten legte. Eze schleppte unsere zwei Kühlboxen mit Essen und Getränken vom Jaguar zum Schiff. Abiola, der Mediziner, hatte uns ermahnt, feste Schuhe zu tragen, da man sich über das Wasser mit Bilharziose infizieren kann. Monika und ich trugen deshalb Sportschuhe, Victor edle italienische Schnürschuhe zum obligatorischen baumwollweißen Leinen-Outfit. Dass die teuren Klamotten nach diesem Trip Schrottwert hatten, ist natürlich nur die kleinkarierte Anmerkung einer peniblen Deutschen. Victor dachte in anderen Dimensionen; solche Dinge waren nebensächlich.

Die Kleidung war in dem schmalen Boot mit dem gerundeten Boden allerdings meine geringste Sorge: Die Bedenken einer Nichtschwimmerin gelten in solchen Situationen eher der Frage, ob sie lebend wieder an Land kommt … Das dunkle Wasser mit seinem leicht modrigen Geruch, die vielen verschiedenen Grüntöne der Bäume und das lautlose Dahingleiten ließen mich meine Befürchtungen bald vergessen.

Vögel mit bunt schillerndem Gefieder, die krächzende, pfeifende, lockende Laute ausstießen, durchbrachen die Stille. Wie ein dichter Vorhang verbarg das rankende Grün der Bäume das Innere des Regenwaldes. In schmalen Seitenarmen blinkten wie bei einem verbotenen Blick durchs Schlüsselloch farbenprächtige Wasserblumen.

Hin und wieder sahen wir Fischer, die ihre Netze in weitem Bogen ins Wasser warfen. In einem Seitenarm beobachtete ich einen, der eine eigentümliche Methode hatte, Fische anzulocken: Er streute zuerst ein Pulver auf die Wasseroberfläche. Ich fragte den vor mir gleichmäßig paddelnden Eze, ob das eine rituelle Handlung sei. Und bekam eine Antwort, die ich damals für einen Witz hielt: »Nein, Miss, das betäubt die Fische.«

Ich habe später erfahren, dass es tatsächlich Pflanzen gibt, deren zerstoßene Samenhülsen auf die Kiemen der Fische wirken und die Atmung lähmen. Die Fische treiben dann kieloben auf der Wasseroberfläche, wo sie mit einem großen Netz eingesammelt werden. Eine Methode, die natürlich nur in praktisch stehenden Gewässern wie dem Rand der Lagune eingesetzt werden kann.

Eze lenkte das Kanu ans Ufer und sprang flink an Land. Zeit für den Bummel an ein paar Pfahlbauten entlang – und ein Picknick. Während sich Chidi abseits hinhockte, setzte sich Eze zu uns. Er erzählte viel von sich, zum Beispiel, dass er katholisch getauft und überhaupt viel westlicher als sein Vetter Chidi sei. Chidi glaubte noch an den »Unsinn« der Leute vom Fluss. Ich wurde natürlich hellhörig und fragte, was er damit meine.

»Die Krokodile. Wollt ihr sie sehen?«

Natürlich wollten wir! Chidi protestierte zwar, was wir nur

an seiner Stimmlage erkannten, aber Eze setzte sich durch. Er versprach sich wohl ein höheres Trinkgeld, wenn er uns etwas *action* bot. Unsere beiden Paddler lenkten das lange Boot in einen Seitenarm. Die Zweige der Bäume berührten dort fast die Wasseroberfläche. Eze wurde immer gesprächiger. Dies sei das Land der *earthspirits,* sagte er, der Erdgeister. Sie benutzten die Körper von Krokodilen, um sich zu tarnen. Die Menschen an den Flüssen verehrten sie und brachten ihnen Opfer. Es gäbe allerdings auch missgestaltete *earthspirits,* deren Füße rückwärts gerichtet waren. Sie waren zwar nur 80 bis 120 Zentimeter groß, aber so stark, dass sie die Boote der Fischer umwerfen konnten und die Fischer auffraßen.

Wir sahen zwar tatsächlich ein paar Krokodile im Wasser schwimmen, aber sie erschienen mir zu klein, um ein Boot zum Kentern bringen zu können. Tiefer in den Büschen lagen allerdings dickere Exemplare, zwischen zwei und drei Meter lang, die sich einen Mittagsschlaf gönnten.

»Ist wohl noch nicht die Stunde der Geister«, meinte Victor trocken.

»Haben Sie noch ein paar Naira? Dann zeige ich Ihnen den Schrein, an dem für die Krokodile geopfert wird«, schlug Eze vor. Den Protest von Chidi ignorierte er. Das Boot fuhr jetzt durch Wasser, das von einem grünen Teppich aus Algen bedeckt war, auf dem Wasserlilien schwammen. Eze hielt auf eine sandige Stelle zu und sprang elegant an Land. Chidi schimpfte ihn, aber Eze lachte ihn aus. Zur Mittagsstunde seien die Krokodile viel zu faul, um sich zu bewegen, sagte er zu uns. Und bis zum Schrein seien es nur fünf Minuten. Für nur fünfzig Naira sei er bereit, uns etwas zu zeigen, das ein *òyìbó* sonst nie zu sehen bekäme. Wir zögerten. Fünfzig Naira, das war ein zweieinhalbfacher Wochenlohn. Es musste also etwas Besonderes sein …

Anfangs war der Weg noch gut zu erkennen, doch dann

versperrten Ranken die Sicht. Der Boden, vom Wasser getränkt, war weich und vermittelte das Gefühl, auf quietschnassen Wolken zu gehen. Vor einem Busch blieb Eze stehen, mit beiden Armen zerteilte er das Dickicht. Meine Schwester stieß einen spitzen Schrei des Entsetzens aus. Neugierig schob ich meinen Kopf an ihr vorbei. Umrankt von Blättern, stand dort eine dunkle Schale, in der ein geköpftes Huhn lag. Rund um die Schale waren Reste von Federn und dunkles Blut. Etwas erhöht hing in den Ästen eines Baums eine Maske mit dem aus Holz geschnitzten Kopf eines Krokodils. Der ganze Ort war über und über mit Ungeziefer übersät, Käfern, Maden und dicken Fliegen.

»Der *earthspirit* kommt hierher, um zu essen«, sagte Eze.

»Guten Appetit«, meinte Victor, »wir sollten besser gehen, bevor die Moskitos uns auffressen.«

»Warten Sie!«, rief Eze. »Sie haben die Krokodile noch nicht gesehen. Sie sind im See hinter dem Schrein. Ich locke sie an.«

Aber Victor hatte bereits meine Hand ergriffen und zog mich fort in Richtung Chidi, der schon den Weg zum Kanu zurückging. Ich sah mich zu Monika um, die offensichtlich noch zu den Krokodilen wollte. Von Eze sah ich nichts mehr. Er war bereits im Gestrüpp verschwunden. Ich hörte noch sein: »*Come, Monika!*«

Monika rief uns zu: »Wartet doch noch einen Moment!«

Sie rief es im gleichen Augenblick, in dem wir einen verzerrten, lang gezogenen Schrei hörten. Dann herrschte Stille. Eine schreckliche Stille. Im nächsten Augenblick sauste Chidi an uns vorbei, schob die verdutzte Monika zur Seite und war zwischen den Blättern verschwunden. Nun rannten auch Monika und wir los, durch die Blätterwand hindurch. Wir prallten auf Chidi, der uns seinen Arm entgegenstreckte und vorsichtig zurückwich.

Vor uns lag ein von Ranken überwucherter kleiner See. Dessen Wasser schien zu kochen. Die giftgrüne Flockenschicht auf der Oberfläche spritzte in alle Richtungen. Dazwischen sahen wir die dunkelbraunen Schwanzspitzen von Krokodilen, die auf das Wasser schlugen. Und den braunen Arm eines Mannes, der verzweifelt nach einem Halt suchte, den es nicht gab. Kurz tauchte das grüngesprenkelte Gesicht von Eze aus der Brühe auf und verschwand dann wieder. Chidi schrie etwas, Victor versuchte geistesgegenwärtig, von einem Baum einen Ast abzubrechen. Biegsam wie Gummi schnellte der Ast zurück. Dann ein spitzer Schrei von Monika. Ihr Arm deutete auf ein Krokodil. Es war nicht sehr groß, vielleicht einen Meter lang, und kroch wieselflink in das Wasser, in dem Eze mit dem Tod kämpfte. Gleichzeitig merkten wir, dass wir bereits bis zu den Knöcheln im Matsch steckten und der Untergrund weiter nachgab.

»Zurück auf den Weg!«, rief Victor.

Gegenseitig halfen wir uns aus dem Sumpf. Verschreckt und zitternd standen wir wieder vor dem hässlichen Krokodil-Schrein und sahen uns ratlos an. Wir befanden uns mitten im Regenwald und hatten keinen Führer, der uns wieder hinausbrachte.

»Wartet bitte. Ich sehe nach, was der andere macht«, sagte Victor. Ich hatte solche Panik, dass ich nur stumm nickte und Monika in den Arm nahm. Victor sah sich nach einem Ast um, den er mitnehmen konnte, und verschwand in den Blättern. Es dauerte nicht lange, und er trat wieder aus dem Blättervorhang hervor. »Wir gehen zum Schiff zurück«, sagte er und nahm mich bei der Hand. Schweigend marschierten wir durch den Urwald, voller Angst, den Weg nicht zu finden.

»Was ist mit dem anderen Mann, mit Chidi?«, fragte ich Victor schließlich.

»Es wimmelt da vor Krokodilen«, sagte Victor, »ich bin

weggelaufen, Ilona. Vielleicht hätte ich ihm helfen sollen. Aber ich tauge nicht zum Helden.« Er lächelte schief. »Tut mir Leid.«

Ich strich sanft über Victors Gesicht. »Eze wusste doch, dass hinter dem Schrein die Krokodile sind. Dann wird er auch gewusst haben, dass den See ein Sumpf umgibt. Er hat sich bewusst in Gefahr gebracht.«

»Für fünfzig Naira, Ilona, hat er sein Leben aufs Spiel gesetzt, um uns etwas zu bieten«, sagte Victor. »Wir wissen nicht mal, ob er Familie hat. Unsinn, natürlich hat er Familie, alle haben hier große Familien.«

Wir beschlossen, eine halbe Stunde im Kanu zu warten, ob Chidi zurückkam. Die Zeit kroch dahin. Schweigend warteten wir in der wundervollen Natur, deren Gefahren wir nicht sahen. Wie auf dem Präsentierteller saßen wir bereit für hungrige Krokodile. Nachdem die halbe Stunde vergangen war, nahm trotzdem keiner von uns die Paddel zur Hand.

Nach einer Ewigkeit erschien Chidi, völlig durchnässt und von oben bis unten grün. Schweigend zog er ein Krokodil hinter sich her. Sein Gesicht war eine harte Maske aus Muskeln und Sehnen. Er hatte den Kopf des Krokodils mit einem braunen lederähnlichen Band – Victor meinte, es stammte von Lianen – verschnürt. Vorder- und Hinterfüße waren zum Rücken hin hochgebunden, so dass das Reptil auf dem Bauch rutschte. Er zog das Krokodil ins Kanu, an das hintere Ende, und bedeutete uns einzusteigen. Zum Krokodil. Monika nahm den verwaisten Platz des verschwundenen Eze ein, ich ging in die Mitte, Victor setzte sich edelmütig auf den dem Krokodil nächstgelegenen Platz.

Chidi manövrierte uns geschickt aus dem Seitenarm heraus in das offene Wasser der Lagune. Stehend lenkte er das Boot durch die Mitte des Wassers, das dort mehr Strömung hatte. Ich warf einen Blick zurück auf Chidis verschnürte

Beute. Es war ein schönes Tier mit hellbrauner Maserung in dunkler Panzerhaut. Ich versuchte, aus Chidi herauszubekommen, was er mit dem Reptil anstellen wolle. Er schwieg. Für die Rückfahrt brauchten wir höchstens eine halbe Stunde, die Strömung trieb uns mit sich. In Ejinrin, dem Ausgangspunkt des Trips, ließ Chidi das Boot ans Ufer gleiten. Helfende Hände zogen uns aus dem Kanu. Im Nu waren wir von einer Menschentraube umringt. Chidi schien ihnen aufgeregt von Ezes Schicksal zu erzählen. Einige Männer machten ihre Boote los und paddelten mit großer Geschwindigkeit in die Richtung, aus der wir gekommen waren.

Abiola hatte mit den Doggen in der Nähe der Autos gewartet und die Zeit genutzt, um sich ein bisschen an der Bootsanlegestelle umzuhören. Als wir ihm von Eze berichteten, schien er bereits im Bilde zu sein über die Schauergestalten vom Fluss, deren Füße verkehrt herum am Körper angewachsen waren.

»Was hat er mit dem gefangenen Krokodil vor?«, fragten wir.

»Ich nehme an, er wird es zum *babalawo* schleppen«, erwiderte Abiola. »Er hält es für jenes Krokodil, das Eze getötet hat. Der *babalawo* wird versuchen, den Geist, der in dem Krokodil wohnt, zu besänftigen, damit er die Seele Ezes freigibt.«

Wir sahen uns ratlos an. Vom Wasser her hörten wir das Splittern von Holz. Chidi stand am Ufer und hieb mit einer Axt auf das Kanu ein, mit dem wir gefahren waren. Das Boot lief sofort voll Wasser und sank. »Er will das Boot nicht mehr benutzen«, erklärte Abiola. Denn der Geist mit den rückwärtsgerichteten Füßen hatte in diesem Boot gelegen. Auch wenn wir nur ein hübsches Krokodil gesehen hatten, das uns auf der Rückfahrt begleitete.

Der Weihnachtsflop

Seine Geschäfte riefen Victor nach London zurück. Er versprach, nach Weihnachten wiederzukommen, um dann ganz zu bleiben. Sechs Wochen ohne meinen Prinzen! Die dauernden Streitereien mit Nickel ließen es mir ratsam erscheinen, endlich einen eigenen Wagen zu haben. Ich erstand einen VW Passat, damit Monika, meine Kinder und meine Mutter, die Weihnachten kommen wollten, ohne Pannen durchs Land schaukeln konnten.

Vorher weihte ich das Auto mit Reisen zu zwei spirituellen Orten ein, die ich Monika (und mir) zeigen wollte. Abeokuta, heute ein Meer aus wellblechgedeckten Häusern, ist ein ehemaliger Zufluchtsort von Sklaven. Sie entkamen dorthin auf der Flucht vor den eigenen Königen, die sie ins Ausland – Nordamerika, Haiti, Brasilien – verkauften. Der Ort am heiligen Ogun-Fluss wird von einigen riesigen Felsbrocken überragt, die wirken, als wollten sie die Stadt und ihre Bewohner vernichten. Der Sage nach hatten die Götter das auch tatsächlich vor. Aber Opferungen hielten sie in letzter Sekunde davon ab. Auf einem der Felsen markiert eine Stelle ein blutiges Ritual: Hier wurden Weiße getötet, die den Fels sprengen wollten, weil sie in ihm Gold und Diamanten vermuteten.

Die Österreicherin Susanne Wenger machte den Ort Oshogbo über Afrika hinaus bekannt. Gemeinsam mit nigerianischen Bildhauern begann Frau Wenger in den sechziger Jahren, als sie selbst Anfang vierzig war, einen heruntergekommenen heiligen Wald am Fluss Oshun zu einem sakralen Kunstwerk umzugestalten. Es entstanden teilweise monumentale, bizarre Häuser und Plastiken aus Zement und Holz, die in der hohen Luftfeuchtigkeit ständig instand gesetzt werden müssen: eine Sisyphus-Arbeit für die Götter.

Der Wald ist das Zuhause der *orishas*. Ihre Lebensaufgabe hat aus der zarten Weißen eine Priesterin gemacht, die dem Kult der Flussgöttin Oshun dient. Oshun steht in der Ifa-Religion für die weibliche Kraft, Fruchtbarkeit, Kreativität, Sinnlichkeit. Eine freundliche Göttin, die in der griechischen Mythologie ihre Entsprechung in Aphrodite findet. In ihrer haitianischen Voodoo-Variante, die auch in der Gegend um New Orleans zelebriert wird, wurde aus Oshun die mysteriöse Erzulie. Wenn mein religionsinteressierter Prinz aus seinem nebligen London zurückkehrte, wollte ich ihm den mystischen Wald zeigen. Das Leben von Frau Wenger bewies, dass der Yoruba-Glaube Ifa keineswegs eine Religion ist, die nur Afrikanern vorbehalten ist. Denn diese erstaunliche Frau wird von den Einheimischen als Priesterin, als *olorisha,* verehrt.

Der zwanzigste Geburtstag meiner Schwester rückte immer näher. Da sie ihn zu Hause mit ihren Freunden feiern wollte, bat ich Femi, zum Flughafen zu fahren und den Rückflug zu buchen. Freudestrahlend kam er zurück. »Ihre Schwester wird Gesellschaft haben, Ma'am. Ihr Mann John fliegt mit der gleichen Maschine.«

»Um Himmels willen, Femi, stornieren Sie die Buchung. Sonst bekommt er doch raus, dass ich in Lagos bin!«

»Sorry, Ma'am, daran hatte ich nicht gedacht.«

So verschob sich Monikas Rückflug, und wir feierten ihren Zwanzigsten am Strand in Badagry, früher der Exporthafen für Sklaven. Für Monika, ein Kind kalter grauer Novembertage, war es eine ganz neue Erfahrung, an ihrem Geburtstag im Meer zu schwimmen. Leider eine schmerzhafte: Das Meer hat dort gewaltige Unterströmungen, die Monika mit sich rissen. Die unglaubliche Kraft des Wassers schleifte sie am Strand entlang. Mit blutigen Knien und Armen entstieg sie dem Meer.

Ihr verlängerter Aufenthalt brachte noch eine Erkenntnis: Ron, der Meisterkoch, der ein Herz für alle wasserarmen Nachbarn hatte, entpuppte sich nicht nur in Bezug auf meine Wasservorräte als verräterisch. »Ilona, dieser Ron, ich glaube, der spioniert dir nach«, berichtete mir Monika eines Tages. »Er telefoniert jeden Tag mit einem Mister Nickel. Er sagt ihm, was du so tust.«

»Wirklich? Was hast du gehört?«

»Es ging um meinen verschobenen Rückflug. Ron hat Nickel gesagt, dass ich nicht fliege, weil John auf der Maschine ist.«

Was konnte Nickel mit dieser, wie mir schien, lächerlichen Information schon anfangen? Viel! Doch das wurde mir leider erst später klar ... Zur gleichen Zeit hatte der Steward meines freundlichen Kollegen Bernd gekündigt. Ich schwatzte ihm Ron auf, und er nahm den Meisterkoch gern. »Okay. Er kocht gut, und was soll er über mich schon erzählen? Mein Ruf ist ohnehin legendär ...«

Ron gegenüber redete ich mich darauf hinaus, dass ich ein Kindermädchen einstellen wolle. Schließlich sollten vier Wochen später Janet und Bobby in Lagos eintreffen. Rons Platz in der Küche konnte Tessy nur mangelhaft ausfüllen. Ihr Speisenrepertoire umfasste lediglich die afrikanische Küche. Blieb nur zu hoffen, dass Tessy mit den Kindern umzugehen verstand. Rons Kochkunst genoss ich fortan als Bernds Gast, Monikas Anwesenheit nur noch bis zum nächsten Flug Lagos – München. Von den Doggen bewacht, ging es zurück zum Flughafen.

»Und?«, fragte ich meine Schwester, »was wirst du Mutti erzählen? War's schlimm bei mir in Afrika?«

Monika lächelte. »Etwas chaotisch. Aber ganz interessant«, sagte sie. Dann sah sie mich nachdenklich an. »Aber bist du sicher, Ilona, dass sich Bobby und Janet hier wohl fühlen werden?«

Auf der Rückfahrt überlegte ich, wie viel Gemeinsamkeiten zwischen einem Leben in Niederbayern und einem in Afrika bestanden ...

Das näher rückende Weihnachtsfest sollte nicht nur mir meine Kinder zurückbringen, sondern auch Abiola seine. So hatte ich es mir vorgenommen. »Abiola, du kannst die Mädchen nicht im Busch lassen. Sie sind an deutsche Weihnachten gewöhnt«, sagte ich.

»Du hast ja Recht, Ilona. Aber ohne Yemi ist für mich Weihnachten kaum zu ertragen.«

Ich hatte eine Idee. »Wie wär's, wenn wir alle zusammen feiern?«

Bei meinen deutschen Kollegen war das Thema Weihnachten sehr beliebt. Allerdings sorgte sich außer mir keiner um die Beschaffung eines Baumes. Da es in Afrika keine Tannenbäume gab, flogen sie eben zu den Tannenbäumen. Fred, der Verkaufsingenieur, besaß einen Baum vom Vorjahr. Einen ein Meter kleinen Kümmerling aus Plastik mit buntem Kitsch dran, den er mir überließ. Er und seine Frau schwärmten schon seit Wochen von nichts anderem als dem Skifahren im Zillertal.

Nun stand das grüne Ding in meinem goldenen Käfig und harrte meiner weihnachtsmäßig arg verwöhnten Kinder. Von ihrem Opa waren sie an mindestens zwei Meter fünfzig große Nordmanntannen gewöhnt. Bobby und Janet würden meine afrikanische Sparausgabe nicht ernst nehmen. Abiola versuchte mir Mut zu machen. »Meine Mädchen werden so glücklich sein, einen Weihnachtsbaum zu haben – ihre Begeisterung wird deine Kinder anstecken.«

Vier Tage vor Weihnachten holte Abiola seine Mädchen aus dem Busch und brachte seine Mutter gleich mit. Eine richtig runde Mammi, die fast nur Yoruba sprach, dafür aber von ansteckender Freundlichkeit war. Auf ihre alten Tage fand sie es spannend, ein neues Leben in der Großstadt zu beginnen und ihrem Sohn helfen zu dürfen. Ich hoffte, dass meine Mutter den Wechsel von Niederbayern nach Lagos ebenso locker nahm.

Auf der Rückfahrt vom Flughafen schwitzten Janet und Bobby in meinem Passat.

»Puh, Mama, hier ist es aber heiß«, sagte Janet.

»Ich hab Durst«, jammerte Bobby.

»Wann sind wir endlich da?«, quengelte Janet.

»Ohne Stau eine gute halbe Stunde«, antwortete ich. »Wie lange habt ihr von Niederbayern zum Flughafen in München gebraucht?«

»Zweieinhalb Stunden, Ilona. Du kannst dir nicht vorstellen, wie viel Schnee bei uns liegt«, erwiderte Mutti.

»Wir waren schon ganz oft rodeln«, rief der vierjährige Bobby.

»Janet hat mit dem Skifahren angefangen«, sagte Mutti.

»Opa hat mir einen neuen, ganz teuren Skianzug gekauft.«

Eine gute Idee meines Vaters. Einen neuen Skianzug würde das Kind in Nigeria auf jeden Fall benötigen!

»Ich hab Hunger. Halten wir bei McDonald's?«, fragte Bobby.

Ich sparte mir die Mühe, ihm zu erklären, dass unsere Welt noch nicht so uniform war, dass es in Lagos Big Mac's an jeder Ecke gab. »Wir sind bald zu Hause«, beruhigte ich stattdessen. »Das Essen ist bestimmt schon fertig.«

»Wer kocht denn, Ilona?«, fragte Mutti.

»Ich habe eine Köchin, Mutti. Sie gibt sich sehr viel Mühe.«

Aber es hätte auch schmecken müssen. Tessys Huhn war faserig und hart, der Reis klebte, die Sauce war zu scharf. Ein Mahl in schweigsamer Runde, mit spitzen Fingern unwillig auf dem Teller zerpflückt.

»Gibt's Pudding?«, fragte Bobby.

Wenn der Junge geahnt hätte, welchen Umstand es bedeutete, hier Pudding nach deutscher Art zu bekommen. Und für welches Geld! Trotzdem war es nicht der richtige. Janet nörgelte, dass er nach Seife schmecke, und ließ ihre Schale stehen. Bobby war weniger wählerisch oder einfach nur hungriger. Er verputzte vier Portionen.

Wenigstens waren Frosty und Sternchen da. Janet stürzte sich mit all ihrer Liebe auf die beiden Miezen. Endlich was Vertrautes ...

»Wie geht es denn den Hunden? Pinkeln sie noch in die Wohnung?«, fragte Mutti.

Janet blieb lieber bei den Katzen im Haus, Bobby und meine Mutter gingen mit mir in den Garten zu den Doggen.

»So 'n großer Garten. Und so verwahrlost, Ilona. Kümmert sich denn da niemand drum?«

»Doch, Mutti, ich habe sogar einen Gärtner.«

»Ist der so wie die Köchin?«

Die Doggen kamen übermütig angerannt, ihre großen Pfoten wirbelten den Staub auf. Und dann stürzten sie auf Bobby zu. Sie hatten ziemlich genau seine Augenhöhe. Bobby floh hinter meine Mutter. »Oma, ich hab Angst!« Damit war das Thema Garten für Bobby gestorben.

Später fragte Janet: »Mama, ist das da unser Weihnachtsbaum?«

»Ja, er ist süß, nicht?«

»Opas ist viel größer. Der geht bis zur Decke.«

»Habt ihr etwa schon Weihnachten gefeiert?«

»Wir sind ja Weihnachten nicht zu Hause.«

»Aber wir werden doch hier in eurem neuen Zuhause feiern.«

»Ach so.« Unglaublich, dass das Kind in zwei so nichtssagende Worte so viel Enttäuschung reinlegen konnte!

Der Heilige Abend brachte doch noch einen echten Höhepunkt: einen richtigen Weihnachtsbaum. Zwei Meter hoch, mit grünen – und zwar echten – Nadeln dran. Dazu zwei riesige Pakete. Eines mit Baumschmuck und Girlanden, eines mit Spielzeug für einen Jungen und ein Mädchen und französisches Parfüm für Mutter und mich. Ich war nahe dran, selbst noch an den Weihnachtsmann zu glauben. Bis ich dem beiliegenden Brief entnahm, dass dieser Weihnachtsmann Victor hieß.

Weihnachten, multikulturell, mit sechs Kindern, zwei Großmüttern, zwei verschiedenen Küchen: Tessy kochte für alle afrikanisch, Mutti hielt – so gut es die dürftigen Ressourcen zuließen – deutsch dagegen. Bei den Kindern – und mir – siegte in diesem Wettstreit Mutti um Längen. Und selbst Abiola legte mir nahe, den spionierenden Ron Bernd wieder abzuschwatzen: »Tessy ist eine lausige Köchin!« Das Fest an sich versuchten wir in eine fröhliche Kinderparty unter Victors Baum zu verwandeln, der seine Nadeln im Rekordtempo ablegte. Meine Kinder blieben sehr still. Meine Hoffnung, dass sich Abiolas Zweitälteste mit der fast gleichaltrigen Janet anfreundete, wurde nicht erfüllt. Die beiden Mädels brachten kaum einen Ton heraus. Bobby musterte seine Umgebung mit großen Augen und versteckte sich hinter Omas Rücken, als all die schwarzen Menschen mit ihm feiern wollten.

»Morgen fahren wir alle an den Strand«, versprach ich. Doch ich dachte nicht daran, dass Janet und Bobby auf ein Bad in den Wellen hofften. Wovon ich nach Monikas blutigem Badeerlebnis lieber Abstand nehmen wollte. Flop reihte sich an Flop: In der tropischen Sonne schwärmten die Kinder vom Schlittenfahren. Bobby quälten nachts Alpträume, laut weinend wachte er auf. In der nächsten Nacht peinigte ihn zum ersten Mal ein Asthmaanfall.

Aber ich wollte nicht aufgeben. Wenn Janet erst mal in die Schule ging, würde sie Freundinnen finden. Hoffte ich. Und litt. Ich hatte nicht bedacht: Das Kind musste jeden Morgen anderthalb Stunden lang mit dem Schulbus durch die verstopfte Stadt gebracht werden und abends wieder zurück. Gleichzeitig wurde Bobbys Asthma immer schlimmer, die dringend benötigte Medizin war einfach nicht aufzutreiben.

Mutti verschob ihren Rückflug bereits zum zweiten Mal. Ohne sie würde es überhaupt nicht gehen, denn vor Kindermädchen Tessy, die die Kinder auch nicht verstand, fürchtete sich Bobby so, dass er nachts in Alpträumen von ihr sprach.

Und das alles, während Strengfurt die zweite Produktionsstätte hochzuziehen begann, fast täglich Überstunden fällig waren. Nickel belauerte mich. Er erkannte ganz offensichtlich als Erster, was ich mir nicht eingestand: Ich scheiterte an der Doppelbelastung.

Die Kölner Personalchefin, mit der ich mich angefreundet hatte, rief mich an, warnte, dass Nickel in Köln Stimmung gegen mich mache; es habe meinetwegen eine Krisenbesprechung gegeben. »Nickel sagt, Sie vernachlässigten Ihre Aufgaben. Er will, dass Sie gehen. Aber der Chef steht hinter Ihnen. Er hat eine Verlängerung Ihrer Probezeit abgelehnt. Aber er will Ihren hundertprozentigen Einsatz.«

Ein nächtlicher Erstickungsanfall Bobbys brachte die rasche Wende. »Der Junge braucht ein anderes Klima. Er verträgt die feuchte Hitze nicht«, sagte der Kinderarzt. Und ich hörte förmlich, wie alle aufatmeten. Zum Abschied kochte der zurückgekehrte Ron – zur allgemeinen Zufriedenheit. Aber es war zu spät. Die Kinder und Mutti flogen unwiderruflich zurück. Dorthin, wo ihr Herz zu Hause war – in Deutschland bei meiner Mutter und meinem Vater.

Nickel hatte meine Schwäche zu nutzen gewusst. Während ich – nun wieder als Single mit genügend einsamer Freizeit geschlagen – nächtelang über den Akten brütete, registrierte ich einen Fehlbetrag von einer halben Million Mark. Entnommen einem Sonderfonds der Strengfurt AG, um – wie es so nett hieß – die Geschäfte am Laufen zu halten. Meine Recherchen ergaben eindeutig: Okoro hatte das gesamte Geld auf die Konten einer Firma gebucht, die Nickel selbst über Strohmänner in Lagos betrieb. Nach stundenlangem Aktenstudium riet auch Bernd mir, Nickel wegen Veruntreuung anzuzeigen. Ich kam nicht dazu. Nickel schickte mir einen Gast ins Haus: Das Gästehaus der Firma werde renoviert, und ich bewohnte allein ein großes Haus.

Dieter Scholl war ein weichlicher Typ, der die spärlichen blonden Haare quer über die Glatze frisierte. Als Vorarbeiter für den Aufbau von Fertigungsstätten hatte er die Montage der neuen Produktionsstätte zu beaufsichtigen. Scholl eilte ein Ruf als Weiberheld voraus. Man nenne ihn »den Hengst«, berichtete Bernd besorgt. Ich bat Ken zwar, für Scholl das Erdgeschoss herzurichten. Was den aber nicht davon abhielt, abends zu mir nach oben zu kommen. Ich bin nicht gerade jemand, der einen Gast hinauskomplimentiert, nur weil er mir nicht gefällt. Dafür bin ich zu höflich. Doch lange konnte ich diese selbstauferlegte Regel nicht einhalten. Scholl hielt mich für Freiwild.

Doch letztlich war Scholl mir egal. Es gab Wichtigeres: Victor kehrte aus London zurück! Mit einem Strauß roter Rosen stand er Mitte Januar in meinem vergitterten *living-room.* Trotz Hitze trug er einen weißen Anzug und eine weinrote Krawatte mit Pferdemuster, ein Gentleman-Import aus *merry old England.* Ken dienerte geradezu: Sir hier – Sir da. Ich grinste in mich hinein. An Victor perlte die förmliche Untertänigkeit ab.

Ja, ich war verliebt in meinen schönen Prinzen aus einer noch viel fremderen Welt. Doch nicht er allein hatte mir die innere Balance wiedergegeben, sondern mein ganzes neues Leben. Mit all seinen Stolpersteinen und Nickels Intrigen und Machenschaften. Ich war im Begriff zu lernen, mit all dem umzugehen. An der Seite von Victor klappte das leichter, keine Frage. Gleichwohl wollte er nicht in meinem Haus bleiben: Er habe eine Überraschung für mich. Ich wollte keine weitere Überraschung – *er* war für mich die Überraschung. Ein Kuss auf die Wange, *very british,* dann in perfektem Oxford-Englisch: »Es ist eine spezielle Überraschung. Sie wird dir gefallen.«

Zwei Autostunden samt Stau von meinem Haus entfernt, in Ikoyi, dem alten kolonialen Lagos, hatte Victor von seinem Vater ein Haus bekommen. Aber was für eins! In einem palmenbestandenen Park lag eine zweigeschossige weiße Villa mit grünem Kupferdach und langen überdachten Terrassen. Das Haus war geschmackvoll mit englischen Ledermöbeln und dunklem Teak eingerichtet, gemütlich und überhaupt nicht afrikanisch. Es hätte – zumindest von innen gesehen – genauso in Wales stehen können.

»Ist die Überraschung gelungen?«, fragte Victor.

Wir bewiesen uns im ersten Stockwerk, sicher vor der Dienerschaft, das dem so war.

»Es ist ein großes Haus, nicht wahr?«

»Mhm«, schnurrte ich in seinen Armen.

»Vermisst du deine Kinder eigentlich nicht?«

»Schon ... Sie haben sich übrigens über deinen Weihnachtsbaum gefreut. Aber sonst war es der totale Reinfall.«

»Wirklich? Vielleicht ist dein Haus nicht die richtige Umgebung für deine Kinder.«

Ich wurde langsam wacher. Eigentlich war ich ganz stolz auf mein Haus, auch wenn es ein paar Gitter zu viel hatte. Ich kannte Lagos und wusste, dass ich ein wirklich privilegiertes Leben führte. Ich streichelte meinem Prinzen sanft die glatte, gebräunte Brust und versuchte mich in Diplomatie: »Du hast eine süße Art, durch die Blume zu sprechen, Victor. Aber auch dieses Haus steht in Lagos, Afrika. Hier in Ikoyi bekommen wir genauso wenig Schnee im Winter wie bei mir in Ikeja.«

»Man kann alle Probleme lösen«, sagte mein Prinz. Als er mich in die Arme nahm, glaubte ich ihm sogar, dass er es für mich und meine verwöhnten Kinder in Afrika schneien lassen könnte.

Eine »kleine« Party

Mit dem Bezug einer Villa im besten Viertel von Lagos dokumentierte Victor – das heißt: eigentlich eher sein Vater –, dass er nunmehr ein Mitglied der feinen Gesellschaft war. Victor hatte von seinem Vater eine interessante Aufgabe gestellt bekommen: Er sollte sich in die Gesellschaft ein leben. Äußerlich fiel ihm das nicht schwer. Party-Auftreten und Smalltalk beherrschte er. Er erzählte mir, dass ihm das bereits in den Internaten beigebracht worden war.

»Mein Vater gibt heute Abend eine Party«, sagte er am nächsten Morgen, als der Diener uns das Frühstück auf der Veranda servierte, »darf ich dich bitten, mich zu begleiten?«

Ich hätte mich fast am Orangensaft verschluckt. Mir ging als Erstes nicht etwa durch den Kopf, dass mein Prinz mir die Ehre zuteil werden ließ, mich seinem Vater und was weiß ich wem vorzustellen, sondern die Frage: »Und was soll ich anziehen!?«

»Das ist eine wunderbare Gelegenheit zum Shopping, Liebes!«

»Oh, wirklich?«, hauchte ich.

Ich hatte nicht nur keine Idee, wo ich in Lagos die passende Prinzen-Party-Paradegarderobe herbekommen sollte. Nein, ich hatte auch Hemmungen. Verliebte, zärtliche Umarmungen im Schlafgemach sind eine Sache. Dass meine weiblichen Maße vor dem unbestechlichen Blick eines Couturiers der Oberschicht eine Bewährungsprobe zu bestehen hatten – davor hatte ich schlichtweg Horror. Meine Hüften, mein

Busen – alles nicht gerade modelmäßig. Ob die feine Mode dafür gemacht war?

»Ach«, sagte Victor auf dem Weg nach Lagos Island zum Shoppen, »es wird keine allzu förmliche Party, Liebes. Es ist nur eine kleine Party.«

Er hatte sich die Adresse eines bekannten Schneiders geben lassen, der uns eine Reihe von Stoffen präsentierte. Meine Bedenken erwiesen sich als gegenstandslos: Während die Angestellten meine Maße nahmen, ging Victor einem seiner kostspieligen, aber liebenswerten Spleens nach – Parfüm kaufen. Mit einer ganzen Batterie Flakons erschien er, um mich abzuholen. Das fertige Kleid würde rechtzeitig bis zum Abend in seinem Haus sein. Unvorstellbar!

Am späten Nachmittag kam nicht nur *ein* Kleid – Victor hatte gleich zwei anfertigen lassen. Eins aus sandfarbenem Chiffon, das andere aus lagunengrüner Chinaseide, die er allein ausgesucht hatte. In der Zwischenzeit hatten wir mit den vielen Parfüms ausführliche Duftproben vorgenommen. Nach einem gemeinsamen Bad mit den leicht berauschenden Düften von echtem Jasminöl in einem verschwenderisch großen Jakuzzi-Bad war ich entspannt genug, um zu der »kleinen Party« zu fahren.

»Klein«? Ich wollte nicht wissen, was eine große Party war ... Victors Vater, der mit »Chief William« angesprochen wurde, hatte in ein nagelneues Hotel direkt am Bar Beach eingeladen, einen typischen Siebziger-Jahre-Klotz, wie er überall auf der Welt stehen konnte. Ich war ein bisschen enttäuscht, hatte wohl von einem Palast geträumt. Aber drinnen konnte ich vor Vornehmheit kaum atmen. Erst jetzt wurde mir bewusst, dass Victor sich für einen westlichen Smoking entschieden hatte, denn zu der »kleinen Party« waren die Herren in der Mehrzahl in Nationaltracht erschienen; nur einige Weiße trugen wie Victor Smoking.

Die schwarzen Damen der feinen Gesellschaft hatten sich in üppige Tracht geworfen, aufwendiger Kopfschmuck in Form von kunstvoll verschlungenen Tüchern verlieh ihren Köpfen eine mir fremde Pracht. Ich hatte mich für das lagunengrüne schulterfreie Seidenkleid entschieden, weil Victor fand, diese Farbe passte am besten zu meiner weißen Haut und meinen rotblonden Haaren. In meinem schlichten, aber eleganten Kleid stach ich gegen die farbenfrohen Outfits der schwarzen Damen ganz schön ab. Draußen hatte es dreißig Grad, aber ich fror. Die Klimaanlage pustete kühle Luft in den Saal.

Victors Vater hatte ich mir natürlich ganz anders vorgestellt. Vater König war eine angenehme Überraschung – ein ziemlich großer und schlanker, tatsächlich aristokratisch wirkender Mann mit grauen Schläfen. Victors Familie hatte väterlicherseits eine traditionsreiche Vorliebe für weiße Frauen, seine Ururgroßmutter war Portugiesin gewesen.

Mit allen Anzeichen väterlichen Stolzes führte der afrikanisch gekleidete Senior Victor und mich herum. Eine Tour des Lächelns, nicht allzu anstrengend. Überraschenderweise kam ich besonders leicht mit den Damen der vielen Chiefs ins Gespräch. Ich trug nicht Victors Namen und wurde als Geschäftsfrau aus Deutschland vorgestellt. Das machte neugierig. Denn viele der Chief-Frauen waren selbst Geschäftsleute. Ich war trotzdem nicht ganz bei der Sache – die verflixte Klimaanlage! Ich konnte die Gänsehaut auf meinen nackten Armen nicht verbergen.

»Armes Kind, Sie frieren ja! Darf ich Ihnen meine Stola leihen?« Mit geradezu mütterlicher Geste legte eine der Frauen ihren mit kostbarer Goldstickerei besetzten, breiten Schal um meine Schultern. Ein herrliches Stück, wie gemacht für mein Kleid. Ich bedankte mich für diese unerwartete Herzlichkeit.

»Ich bin Betty«, sagte die freundliche, runde Frau, »eine von Victors Tanten.« Sie sah mich mit einem etwas spöttischen, aber wohlwollenden Blick an. »Ihr weißen Frauen wollt ja immer so schlank sein. Kein Wunder, dass ihr so leicht friert.«

»Wie kann ich Ihnen den Schal wieder zurückgeben?«, fragte ich Betty.

»Oh, schicken Sie ihn mit Ihrem Fahrer. Hier ist meine Karte.«

Ich blickte kurz auf die Visitenkarte, die mit einem prächtigen Wappen geschmückt war. Unter dem Wappen stand ihr Name mit dem Zusatz *president*. Sie hatte ihre eigene Firma, allerdings nicht in Lagos, sondern in Benin-City.

»Kommen Sie mich einmal besuchen«, forderte mich Betty auf. »Ich lasse Ihnen etwas richtig Afrikanisches kochen. Nicht dieses kalte europäische Essen.« Sie spielte auf die für eine echte Afrikanerin eher indiskutablen Kaviarhäppchen und Austern an, die das Buffet auf Eis gekühlt bereithielt. Nach der Geschwindigkeit zu urteilen, mit der es sich leerte, schien es den meisten Gästen zu schmecken. Ich wollte das Gespräch mit Betty fortsetzen, doch plötzlich traf mich eine deutsche Männerstimme wie ein Peitschenhieb.

»Guten Abend, Frau Wowo.«

Nickel! Großer Gott, was tat der denn hier? Er grinste über das ganze Gesicht, als hätte er mich bei irgendwas Verbotenem ertappt.

»Sie amüsieren sich gut?«, fragte ich nebenbei und suchte schon Victor.

Nickel packte mich am Arm, wehte mir seine Alkoholfahne um die Nase und zischte mir ins Ohr: »Nett, die Neger, nicht wahr? Machen einem hübsche Geschenke. Und manchmal sogar Kinder. Basteln Sie schon an einem kleinen Prinzen?«

»Nickel«, sagte ich fassungslos, »Sie sind ein Stück Scheiße auf Beinen, wissen Sie das?«

»Schlechter Stil, Frau Wowo«, rügte er ironisch, »wie geht es eigentlich Ihrem Mann? Oder sind Sie schon geschieden? Das wär schlecht für Ihre Aufenthaltsgenehmigung ...«

Ich schluckte. Was hatte dies Ekel wieder vor? Victor erschien im rechten Augenblick, hakte mich demonstrativ unter und sagte sehr aristokratisch: »Mister Nickel, nett, Sie wiederzusehen. Einen schönen Abend.« Und führte mich fort.

»Ilona, du zitterst ja.«

»Das geht vorbei, Victor.«

»Ich mochte diesen Mann schon nicht, als ich ihn in der Anwaltskanzlei kennen gelernt habe«, sagte Victor leise, »nicht nur, dass er eine unsaubere Art hat, Geschäfte zu machen. Er erinnert mich an eine Schlange, die friedlich am Boden liegt und plötzlich zubeißt. Außerdem kann ich es nicht leiden, wenn mir ein Mann nicht in die Augen sieht.« Ich hatte Victor selten so offen seine Meinung über einen Dritten sagen hören. Aber er setzte noch hinzu: »Eigentlich ist dieser Nickel kein Umgang. Verzeih, ich weiß, er ist dein Chef, und ich will dich nicht kränken. Aber weißt du, ich glaube, du solltest über etwas nachdenken, meine Liebe: Ich bin jetzt Vizepräsident einer nicht gerade kleinen Firma. Wir könnten jemanden wie dich in der Geschäftsleitung gebrauchen.«

Ja, weshalb eigentlich nicht? Ich war doch nicht mit Strengfurt verheiratet, sondern ein freier Mensch und konnte kündigen. Weg von Nickel, den Victor durchschaut hatte. Nein. Karriere nicht übers Bett, maßregelte ich mich. Liebe und Job sind zwei verschiedene Paar Schuhe. Ich gab Victor schnell einen Kuss auf seine Prinzen-Wange: »Das ist lieb, Victor. Ich denke darüber nach.« Mit seiner feinen Antenne für derartige Floskeln hakte er nicht mehr nach.

Ein aufdringliches, lautes Lachen, das wie das Meckern einer Ziege klang, zog meine Aufmerksamkeit auf sich. Ein kleiner, gedrungener Mann von etwa fünfzig Jahren schob sich in Begleitung zweier großer Frauen in den Saal. Respektvoll machte man Platz für den in weite weiße Gewänder gekleideten Mann, der sich mit roten Korallenketten geschmückt hatte. Jede seiner runden Wangen zierten drei breite, von oben nach unten verlaufende Narben, so genannte *tribal marks*. Während er zu seiner Begleitung mit breitem Lächeln sprach, führte seine mit schweren Ringen bestückte Hand spielerisch einen schwarzen Stock mit silbernem Knauf, um seinen Worten mehr Nachdruck zu verleihen. Eine seltsame Aura von Würde umgab ihn. Gleichzeitig ging von seiner schieren Körperlichkeit, mit der er sich durch den gutgefüllten Raum schob, eine animalische Brutalität und Direktheit aus, die ich so noch nie erlebt hatte. Seine Körpersprache sagte: Ich bin hier der Boss.

»Wer ist das?«, flüsterte ich Victor zu.

Aber er kam nicht dazu, mir eine Antwort zu geben. Der Mann mit dem Stock hielt direkt auf uns zu. »Ich dachte schon, das wäre eine Whites-only-Party. Aber wie ich sehe, hat wenigstens Bruder William seine Wurzeln nicht ganz vergessen«, sagte er mit einer unerwartet hohen Stimme, die eigentümlich gequetscht klang. Bei diesen Worten hob er seinen schwarzen Stock, fasste ihn in der Mitte und breitete beide Arme aus. Victors Vater erachtete die Situation für so wichtig, dass er mit fliegenden Gewändern zu uns eilte. Während die beiden Männer sich kurz umarmten, fiel mir der Knauf des Stocks ins Auge, in dessen poliertem Silber sich das Licht mehrfach brach. Er bestand aus einem Katzenkopf, in dem zwei grüne Edelsteine funkelten. Ein faszinierendes Schmuckstück, aber gleichzeitig auch seltsam abstoßend. Mit einer eleganten Drehung führte Chief William den Mann mit dem Stock zu uns.

»Sunny, ich gebe diese Party heute, damit mein Sohn Victor einige unserer Freunde kennen lernt. Darf ich dir Frau Wowo vorstellen? Victor hat Frau Wowo in London kennen gelernt und hier wiedergetroffen. Durch reinen Zufall.«

Ich werde nie vergessen, wie dieser Sunny mich von oben bis unten musterte, während er die Hand seines Neffen Victor hielt. Dann wechselte er blitzschnell den Stock mit dem Katzenkopf von links nach rechts und gab mir die linke Hand. Mein Vater hatte die gleiche Angewohnheit, mit links zu grüßen, fiel mir in diesem Augenblick ein. Er sagte, dass die Linke von Herzen komme. Also dachte ich mir in diesem Moment nichts. Ich lernte erst viel später, warum manche Nigerianer in bestimmten Situationen mit links grüßen – die linke ist die unreine Hand. Diese geheime Körpersprache kannte ich an jenem Abend nicht. Ich wunderte mich nur, als Sunny eine Augenbraue hob und während des Händeschüttelns fragte:

»Glauben Sie an das Schicksal, Frau Wowo?« Es lief mir eiskalt den Rücken hinunter. Die gleiche Formulierung hatte Victor gebraucht, während wir im Yankari-Park auf Rettung gewartet hatten. Sunny verengte seine leicht vorstehenden Augen zu schmalen Schlitzen und lachte dann breit. »O ja, Sie glauben an das Schicksal. Das sehe ich in Ihren Augen. Sie haben etwas erlebt, das Sie verändert hat. Sie müssen mir einmal erzählen, was es war.«

Der lauernde Ausdruck in den Augen dieses Mannes verunsicherte mich. Seine Worte hielt ich für einen wichtigtuerischen Bluff, mit dem er seinen Bruder oder Victor beeindrucken wollte. Oder mich. Aber das machte keinen Sinn. Ich hatte mit diesem Sunny nichts zu schaffen. Ich war die Freundin seines Neffen.

»Sie haben einen beeindruckenden Katzenkopf am Knauf Ihres Stockes«, sagte ich freundlich, »er ist wirklich sehr schön.«

»Ich wusste, dass er Ihnen gefällt«, entgegnete Sunny und drehte sich schon wieder zu seinem Bruder, »es ist übrigens ein Leopard und keine Katze.« Sunny und William verzogen sich an die Bar, ich atmete auf.

»Dein Onkel scheint mich nicht zu mögen«, sagte ich zu Victor.

Aber Victor lächelte nur vielsagend. »Das hat mit dir nichts zu tun, Ilona. Sunny hat ein Problem mit mir. Er wirft mir vor, dass ich zu westlich bin. Aber dieses Land ist groß genug, dass wir uns aus dem Weg gehen können.«

Nigeria ist zwar viermal so groß wie Deutschland. Aber es ist hier wie dort: Für manche Menschen kann die Welt nicht groß genug sein, damit sie sich aus dem Wege gehen können. Das weiß ich heute.

Als ich von diesem aufwühlenden Wochenende zurückkehrte, berichtete Ken atemlos: »Ma'am, die Polizei war da. Sie haben den Weißen verhaftet.«

»Das ist aber freundlich von der Polizei. Was hat der Weiße denn gemacht?«

Ken räusperte sich. »Eine Orgie, Ma'am.«

»Bitte?«

»Ja, Ma'am. Der Weiße hatte eine Menge seiner Freunde eingeladen, die auf der neuen Baustelle arbeiten. Und dann haben sie Mädchen mitgebracht. Sie wissen schon ... Sie haben laute Musik gemacht, sehr laute Musik. Irgendwann hat eines der Mädchen geschrien. Furchtbar laut geschrien. Dann ist sie rausgelaufen. Nackt, Ma'am. Ein Weißer ist hinter ihr hergelaufen.« Ken blickte zu Boden, räusperte sich. »Er war auch nackt, Ma'am. Und dann kam auch schon die Polizei. Der Nachbar mit den vielen Frauen hat sie gerufen.«

Der Jesus von nebenan hatte also interveniert! Der wusste

schließlich, wie man Frauen behandelt – er hatte ja 39. Von denen lief keine nackt davon.

Der nackte weiße Mann auf der Straße war natürlich niemand anderes als der Hengst Scholl persönlich. Noch Tage später musste ich der Polizei Rede und Antwort stehen, warum in dem von mir bewohnten Haus Sexpartys gefeiert wurden. Die nackte Prostituierte hatte Scholl in ihrer Not wegen Vergewaltigung angezeigt. Gegen viel Geld zog sie ihre Anzeige dann aber zurück. Der ganze Stress hatte letzten Endes für mich auch eine positive Seite: Dieter Scholl wurde des Landes verwiesen.

Nach dieser Sache beschloss ich, mich gegen Nickels Intrigen zu schützen. Auf Victors Drängen hin fuhren wir zu seinem Rechtsanwalt, der meine Aussagen über Nickels Scheingeschäfte und die hinterhältige Falle nach der Party protokollierte und in seinem Safe verwahrte. Einen Durchschlag schickte er an den Anwalt meines Vaters in München.

»Das ist deine Lebensversicherung«, erklärte Victor. Er zog mich ganz sanft an sich und küsste mich. »Ich will nicht, dass dir etwas zustößt.« Sein Blick jagte mir heiße und kalte Schauer gleichzeitig über den Rücken. Er hatte immer noch nicht gesagt: Ich liebe dich. Jedenfalls nicht mit Worten.

Das war das Besondere an der Beziehung zu Victor – sie war von Nähe und Distanz geprägt. Uns verband viel, aber mindestens ebenso viel stand zwischen uns. Nicht meine immer noch gültige Ehe, wahrscheinlich auch nicht meine Kinder, die weit weg waren. Victor war außerdem selbst ein Scheidungsopfer. Es war eher seine angeborene oder anerzogene Förmlichkeit, die er nie abzulegen vermochte. Er war eben ein Oxford-Prinz, der nur im Maßanzug aus der Bond Street und in Schuhen aus Mailand herumlief. Nie erlebte ich ihn in T-Shirt und Shorts. Selbst am Strand trug er eine lange weiße Hose und ein weißes Hemd. Und so fühlte er wohl auch. Zwar voller Zärtlichkeit mir gegenüber. Aber immer auf die Form bedacht. Doch das störte mich nicht. Es zählte der Augenblick, den es zu genießen galt. Wenn ich schwärmerisch an die Zukunft dachte, kam mir auch der Gedanke, wie lange mir mein Prinz erhalten bleiben würde. Dieses Glück schien mir viel zu groß zu sein. Zu groß für kühne Pläne …

Victor fuhr mit zwei Fingern über den Elefantenhaarreif an meinem Armgelenk. Ich hatte ihn nicht mehr abgelegt, seit ich ihn auf dem Markt in Lagos dem *juju*-Händler abgekauft hatte. »Warum trägst du ihn?«

»Weil mir vorausgesagt wurde, dass er mir Glück bringt.«

»Und?«

Ich suchte in Victors Augen nach der Antwort.

Nacht in der Wüste

Meine Lebensversicherung war natürlich wertlos, wenn Nickel nichts davon erfuhr. Sollte ich hingehen und es ihm ins Gesicht sagen? Nein! Ich lud Bernd und seine neue Flamme, eine baumlange, schlanke schwarze Rechtsanwältin, zum Abendessen ein. Und natürlich Victor. Tage vorher schon hatte ich Ron darüber informiert, dass er an jenem Abend sein Bestes geben müsse. Allerdings verriet ich ihm nicht, wen ich erwartete. Sollte Nickel doch ein bisschen auf die Folter gespannt werden!

Während des Essens brachten Victor und ich das Gespräch auf meine ganz spezielle Lebensversicherung: Der Anwalt werde mein Protokoll der Polizei und der Strengfurt AG vorlegen, falls mir etwas zustieße. Bernds juristisch versierte Freundin gratulierte, wenngleich sie bedauerte, dass ich nicht sie als Anwältin hinzugezogen hatte. Während dieses Gesprächs servierte Ron höchstselbst das in der Tat perfekte Mahl. Ich sah förmlich, wie er jedes Wort unserer Konversation begierig in sich aufsog. Diesmal würde er eine Menge zu berichten haben. Allerdings war mir auch klar, dass Nickel meine »Lebensversicherung« als Kriegserklärung betrachten musste. Ich war gespannt, wie er darauf reagieren würde.

Seine Eröffnung war schwach, fand ich. Schachspieler Nickel hatte Femi zu sich bestellt und ausgefragt. Femi berichtete mir auf dem Heimweg, nervös und ehrlich: »Ich glaube, er hat vor, Ihrem Mann zu sagen, dass Sie hier in Lagos sind.«

»Haben Sie Nickel gesagt, wo er John Wowo findet?« Femi

blickte schuldbewusst zu Boden. »Ist schon gut, Femi. Wenn die Weißen ihre Spiele spielen, dann muss man sie lassen.«

»Mister Nickel hat gesagt, dass er mich sonst rausschmeißt.«

»Ich weiß, Femi. Vielen Dank, dass Sie mir Bescheid gesagt haben.«

»Es tut mir Leid, Ma'am.«

»Machen Sie sich keine Sorgen, Femi. Ich habe schon eine Idee.«

Mary's *car repair* hatte trotz Vaters deutscher Entwicklungshilfe keinen Aufschwung genommen. Das Geld aus dem Autohandel war hier jedenfalls nicht investiert worden. Ich ließ mich von Femi auf den Hof kutschieren, auf dem einige nahezu schrottreife Autos herumstanden. In der Werkhalle machten sich vier Gestalten an einem Lieferwagen zu schaffen. Als ich ausstieg, sprangen zwei kleine Jungs aus irgendeiner Ecke hervor: *»Oyìbó, òyìbó!«*, klang es in meinen Ohren. Durch die Rufe neugierig geworden, ließen alle vier Arbeiter gleichzeitig die Werkzeuge sinken und starrten mich an.

»Ich suche Mister Wowo«, rief ich.

Die beiden Jungs rasten los zur immer noch schäbigen Bürobaracke. Heraus trat ein Mann im abgewetzten Overall, an dem ein paar Knöpfe fehlten. Er wirkte schwammig, aufgedunsen, die Haut grau, die Haare stumpf und struppig. Ich erkannte John kaum wieder. In den knapp zehn Monaten, seit ich ihn das letzte Mal gesehen hatte, war eine entsetzliche Veränderung mit ihm vorgegangen.

John musterte mich peinlich genau vom gutfrisierten Kopf bis zu den hochhackigen Schuhen. »Du siehst toll aus.«

»Danke«, sagte ich, »ich wollte sehen, wie es dir geht.«

»Ich bin okay.« Ich sah, dass das eine Lüge war. »Wieso bist du in Lagos?« Er schien wirklich nichts zu wissen. »Wo sind die Kinder?«

In diesem Augenblick wurde mir etwas klar. Ich sah Bobby wieder am Heiligen Abend, wie er sich hinter Muttis Rücken versteckte, als die schwarzen Kinder mit ihm spielen wollten. Ich sah das Unverständnis in seinen Augen, dass Tessy in einer Sprache redete, die er nicht verstand. Ich hörte seine Alpträume in der Nacht. Und ich sah John vor mir stehen. So heruntergekommen, so ärmlich. So grau. Hatte ich einen Fehler gemacht, als ich Bobby und Janet nicht zu ihrem Vater gebracht hatte? Hatte ich einen Brückenschlag verhindert zwischen den beiden Welten, die sie in sich trugen? Oder hatte ich sie vor einem Schock bewahrt? Einen, wie ich ihn in diesem Augenblick erlebte?

Wie weit hatte ich mich doch von John und seinem Leben entfernt! Ich speiste mit Prinz Victor im Polo-Club. Ich flog mit seiner Privatmaschine durchs Land. Auf welche Seite gehörte ich? Nein, schrie meine innere Stimme, nicht zu diesem Mann. Seit ich von John losgekommen war, hatte ich etwas wiedergefunden, das ich schmerzhaft vermisst hatte, als ich das letzte Mal aus Lagos weggeflogen war – meine innere Balance.

»Hat Mary ihr Kind schon bekommen?«, fragte ich.

»Mein Sohn ist zu Hause mit ihr.« Er fixierte mich. »Und wo lebst du?«

Ich erklärte mit fester Stimme den wahren Grund meines Besuchs.

»Und du bist nie zu mir gekommen?«, fragte er überrascht.

»Nein, John, unser gemeinsames Leben ist beendet. Ich will die Scheidung.«

»Du hast bis jetzt nur deshalb keinen Druck wegen der Scheidung gemacht, weil du die Aufenthaltsgenehmigung brauchst, stimmt's?« Und dann hatte er eine plötzliche Eingebung. »Ich verlasse Mary. Noch heute. Lass mich bei dir wohnen. Du hast bestimmt ein großes Haus, das die Firma zahlt.«

Ich sollte die Zeit zurückdrehen? John wieder durchfüttern? Und seine hinzugekommenen Frauen und Kinder obendrein? Stattdessen schlug ich ihm einen Job in der neuen Produktionsstätte vor.

Für Sekunden verwandelte John sich in den stolzen Mann, der er früher gewesen war. »Ich soll in einer Fabrik schuften, und du sitzt in einem feinen Haus?«

Wie hätte ich jetzt noch sagen können: John, übrigens, du schuldest Vater noch eine Menge Geld aus dem Autohandel. Es war sinnlos weiterzureden. Ich drehte mich um und ging zu Femis Wagen zurück. »Mach's gut, John.«

Ich stieg hinten ein, und Femi fuhr los. Ich wollte mich eigentlich nicht umsehen – und tat es trotzdem. Da stand mein Mann, auf einem verwahrlosten Werkstatthof. Er hob die rechte Hand bis auf Brusthöhe, als wollte er winken, doch ihm schien die Kraft dazu zu fehlen.

Victor verwendete sehr viel Zeit darauf, sich ein neues Leben in Afrika aufzubauen. Dafür wollte er möglichst viel aus seinem alten, britischen Leben um sich haben. Vor allem seine sieben Polopferde – in der Fachsprache Ponys genannt – und die drei Hunde. Immer wieder flog er für einige Tage nach London, um alles für den Transfer der viele zehntausend Mark teuren Tiere vorzubereiten. Ich sollte ihn begleiten. Doch ich hatte mit Strengfurt noch nicht abgeschlossen. Mit Akribie bereitete ich ein Dossier vor, um das mich inzwischen sogar Strengfurt-Chef Bernhard in einem Telefonat gebeten hatte. Mich hatte der Ehrgeiz gepackt: War es vermessen, davon zu träumen, Nickels Platz einzunehmen? Ich rechnete mir gute Chancen aus. Ich wusste alle in Lagos auf meiner Seite. Alle – bis auf Nickel und Okoro.

Mit der nigerianischen Alltagsrealität kam Victor noch weniger zurecht als ich. Einer unserer Ausflüge in seinem klimatisierten Jaguar misslang völlig. Es begann wieder mit einer Polizeisperre. Am Straßenrand hockten Menschen, von Peitschen schwingenden Polizisten bewacht.

»Hüpf«, brüllte ein Polizist. Die Angeschrienen hüpften wie Frösche.

»Was haben diese Männer gemacht?«, fragte Victor seinen Fahrer.

»Sie sind wahrscheinlich über die Straße gelaufen, ohne auf den Verkehr zu achten, Sir. Die Polizei will ihnen beibringen, wie man sich im Verkehr benimmt.«

»Und wie lange geht das?«

»Bis die Frösche zusammenbrechen, Sir.«

»Ist das nicht schrecklich, Ilona? Wie können Menschen so grausam zueinander sein? So voller Verachtung.«

Seine Laune war verdorben. Sie besserte sich auch nicht, als wir am feinsandigen Bar Beach auf Victoria Island angekommen waren. Wir saßen unter Palmwedeldächern und tranken leckere alkoholfreie Drinks. Ein kleines Mädchen, vielleicht sechs Jahre alt, verkaufte geschälte Karotten, die fein säuberlich auf einem blankpolierten Tablett lagen. Wir kauften ihr ein paar davon ab. Die Kleine strahlte und ging zu unseren Nachbarn, Franzosen.

»Non, va t'en!«, schnauzte der Mann, was das Mädchen natürlich nicht als »Nein, geh weg« verstand. Sie lächelte und hoffte, ihre Möhren für ein paar Pfennige loszuwerden. Der Franzose griff wortlos in den Sand und schmiss ihn der Kleinen auf die frischgewaschenen Karotten. Das Mädchen blieb wie erstarrt stehen, ihre dunklen Augen füllten sich mit Tränen. Leise weinend rannte sie davon. Sauberes Wasser zum Abspülen ihrer Möhren gab es für sie nirgendwo am ganzen Strand.

Victor zögerte einen Augenblick. Dann stand er auf. Wollte er den Franzosen zur Rede stellen? Nein, er kaufte einem fliegenden Händler eine Flasche Mineralwasser ab und lief dem Mädchen hinterher, um ihm zu helfen, ihr Problem zu lösen.

Ich bin dem Typen dankbar, der mich damals nicht in die Disco lassen wollte, er hat mir meine Grenzen aufgezeigt, sagte er bei unserem ersten Gespräch im Polo-Club. Aber dieser Gerechtigkeitssinn verwirrte mich auch gleichzeitig. Victor konnte unmöglich die ganze Welt retten! Und trotzdem versuchte er es an diesem Tag noch einmal, als er die Leiche eines Menschen am Straßenrand liegen sah. So etwas war – damals zumindest – in Lagos normal. Niemand kümmerte sich darum.

»Sie werden überfahren, Sir, niemand kennt sie«, erklärte Victors Fahrer.

»Aber es sind doch Menschen! Sie haben eine Vergangenheit, eine Familie! Was ist das nur für ein Land!«, ereiferte sich Victor. Der Fahrer starrte verständnislos in den Rückspiegel. Wovon redete sein feiner Chef da?

Wir fuhren zurück in Victors pompöses Haus in Ikoyi, in dem Chief William inzwischen auch einen Swimmingpool und einen Tennisplatz hatte anlegen lassen. Victor eilte zum Telefon und rief die Polizei an. Zum ersten Mal hörte ich, wie er ganz bewusst seinen kompletten langen Adelsnamen herunterleierte, damit sich einer der gelangweilten Polizisten des toten Menschen auf unserem Weg annahm.

Immer öfter vertraute Victor mir Arbeiten an, die mit dem Konzern seines Vaters zusammenhingen. »Du kennst dich doch inzwischen mit den Steuergesetzen Nigerias aus. Ich habe da mal eine Frage …«

Es ging um die Zeitung in Kaduna, die verlustreich wirtschaftete. Der dortige Buchhalter war, gemessen an *tricky*

Okoro, ein Dummkopf. Die Manipulationen waren leicht zu durchschauen, Victor feuerte den Mann. Weil ich mein freies Wochenende nun auch mit Buchhaltung verbracht hatte, entschädigte mich Victor mit einem Weiterflug in Richtung Norden, nach Kano, einer über 1000 Jahre alten Stadt mit einer großen Moschee und vielen engen Gassen, Lehmhäusern und einem Färbermarkt. Mit viel Aufwand werden dort aus Naturzutaten Farben hergestellt, eine stinkende und ungesunde Angelegenheit.

Doch dann offenbarte Victor mir die wirkliche Überraschung – einen Ausritt mit einer Kamelkarawane. Wir waren nicht die einzigen Fremden, die sich auf dieses Abenteuer freuten. Ein junges Paar aus Frankreich und zwei Italiener wollten die Wüste ebenfalls erleben. Eine schaukelnde Reise durch die kahlen, sandigen Berge, die die Sonne je nach Stand in wundervolle Farben tauchte. An einer Oase standen Zelte bereit, in denen wir übernachteten. Obwohl wir von jeder Zivilisation weit entfernt waren, warteten unsere verschleierten Gastgeber mit lukullischen Köstlichkeiten auf. Die Nacht war zwar unerwartet kalt, aber wir saßen aneinander gekuschelt und in Decken gehüllt vor dem Zelt und sahen hinauf in die Sterne, die hier viel näher zu sein schienen als bei uns. Der Mond tauchte die Hügel der Wüste in sanftes Licht. Die weite Leere der Landschaft wirkte unglaublich kraftvoll.

»Es sieht aus, als blickte man in das Gesicht der Ewigkeit«, sinnierte Victor. »Nichts scheint sich zu verändern, die Zeit stillzustehen.«

Ich spürte die Wärme seines Körpers, sah, wie sich sein klares Profil vor der hellen Umgebung abzeichnete. Seine dunklen Augen glänzten dicht neben mir. Und doch war er innerlich wieder ganz weit weg. »Wo bist du?«, fragte ich.

»Hier bei dir«, sagte er und sah mich an. Dann beugte er sich zu mir, küsste mich und blickte wieder hinaus in die Weite, als wollte er sie in sich aufnehmen. »Ich dachte gerade, dass wir hier nur Sand sehen und kein Leben. Und doch hat dieser Boden irgendwann einmal, vor Millionen Jahren, die Kraft gehabt, ganze Wälder zu ernähren. Vögel schwirrten hier herum, Schlangen räkelten sich auf Bäumen, eine Raubkatze schlich zwischen den Wurzeln umher. Es ist nur der Regen, der fehlt. Dann würde diese schlafende Kraft wahrscheinlich wieder erwachen.«

»Was du in der Wüste siehst!« Ich lachte. »Ich sehe nur Sand. Faszinierende Weite, sicher. Aber vor allem Sand.«

Er sah mich jetzt direkt an. »Ich sehe, was war und wieder sein kann. Du siehst das, was ist.« Er machte eine Pause, bevor er fortfuhr: »Weißt du, dass du meinem Vater gefällst? Er meint, du stehst mit beiden Beinen auf der Erde.«

»Und was denkst du?«

»Ich denke, es wäre schön, wenn du geschieden wärst.«

»Was wäre dann?«, sagte ich atemlos.

»Willst du mich heiraten?«

Ich war 29, saß in der Wüste, und ein Prinz hielt um meine Hand an. Ich war unfähig, ihm eine Antwort zu geben: In meiner Kehle saß ein dicker Kloß, der mir das Sprechen unmöglich machte. Ich küsste Victor lange, bis er merkte, dass mir Tränen übers Gesicht liefen.

»Warum weinst du?«, fragte er und küsste meine Tränen fort.

»Ich weiß nicht. Ich kann nichts dafür.« Ich kam mir fürchterlich bescheuert vor. Man weint doch nicht wegen eines Heiratsantrags ... Außer, man weiß nicht, was man antworten soll. Und ich wusste es wirklich nicht. Ich kannte so wenig von Victors Leben. Und das bisschen Einblick, das ich bisher bekommen hatte, zeigte mir das Leben eines Mannes, der sehr verwöhnt war. Wollte er in Lagos leben – er bekam das größte Haus. Wollte er Ponys für Zigtausende von Mark

– er bekam sie. Jetzt wollte er mich. Ich hatte schon einmal einen Mann aus einer völlig anderen Kultur geheiratet. Ich war ein gebranntes Kind.

»Ich liebe dich.« Er sagte es ganz leise, direkt in mein Ohr. »Du musst mir jetzt nicht antworten. Aber wenn du die Antwort weißt, dann …«

»Ich weiß die Antwort, Victor«, unterbrach ich, »aber ich will sicher sein, dass es die richtige Antwort ist.«

Der Einbruch

Im Hotel in Kano erwartete uns eine Nachricht von Victors Vater. »Es wird etwas Dringendes sein«, meinte Victor und rief seinen Vater an. »Ich muss sofort nach Warri«, berichtete er, als er zurückkam.

William rief seinen Kronprinzen zur Arbeit, zu den Ölförderanlagen ins Nigerdelta. Ein 1000 Kilometer langer Flug, der sich quer durch das ganze Land zieht. Welch ein Gegensatz – von der kahlen Wüste in den tropisch grünen Regenwald. Es war für mich die erste direkte Begegnung mit der Quelle von Victors unglaublichem Reichtum – und mit dessen Schattenseite. Die Familien der Ölarbeiter lebten in furchtbarer Armut, verdreckte Dörfer ohne Hoffnung. Die Ölleitungen wurden von den Menschen angebohrt, um sich gratis mit dem kostbaren Öl zu versorgen. Doch irgendwas war dabei schief gegangen, es war zu einer Explosion gekommen, die etwa zehn Menschen das Leben gekostet hatte.

Ein Taxi hatte uns in ein trauriges Dorf mit endlosen Wellblechsiedlungen mitten im undurchdringlichen Grün des Regenwaldes gebracht. Polizeiabsperrungen hinderten uns daran, an den Unglücksort zu gelangen. Wir fuhren zu einem heruntergekommenen weißen Gebäude, dem örtlichen Polizeiposten, vor dem ein mit allerlei Chromzierat aufgemotzter BMW stand, den zwei Wächter im Auge behielten.

»Oh, Onkel Sunny ist da«, sagte Victor. Der Mann mit dem Leoparden-Stock!

Die Förderung des Öls war von der Regierung zwar an ausländische Konzerne vergeben worden, aber die Chiefs, denen das Land gehört hatte, waren die Ansprechpartner des Volkes und deren Repräsentanten, wenn es Probleme gab. Der Unfall hatte die dramatische Unterversorgung mit Ärzten und Krankenhäusern deutlich gemacht. Eine bessere Infrastruktur hätte wohl manches Leben retten können. Victor erkannte im Gespräch mit Sunny diesen Punkt natürlich schnell. Sunny stützte seinen massigen Leib vornübergebeugt auf seinen schwarzen Stock, dessen Leopardenknauf uns anfunkelte. Trotz der drückenden Schwüle trug er über der linken Hand einen hellen Lederhandschuh. Der etwa fünfzig Jahre alte Mann war wieder ganz in Weiß gekleidet, aber seinen Kopf zierte diesmal eine hohe runde Kappe aus Leopardenfell.

Während Victor sich von Polizisten und einigen Vertretern der Dorfbewohner die Lage schildern ließ, konnte ich den Blick nicht von Sunny wenden. Er wirkte vollkommen ruhig, aber seine leicht hervorquellenden Augen waren die ganze Zeit in Bewegung. Und obwohl er kein Wort sprach, schien er derjenige zu sein, dem alle Anwesenden ihre Probleme schilderten. Sogar Victor wandte sich immer wieder an den schweigenden Onkel, wenn er sprach.

Um die aufgeregten Dorfbewohner zu beruhigen, schlug Victor den Bau eines Krankenhauses vor. Er wollte die Geräte sofort nach seiner Rückkehr von Lagos aus in London ordern. Bis ein richtiges Krankenhaus fertig wäre, wollte er Zelte aufstellen lassen. Die Leute aus dem Dorf waren begeistert. soweit ich verstand, schlug jemand sogar einen Standort für die Interimsklinik vor. Es sah so aus, als ob alle bereits mit diesem minimalen Vorschlag zufrieden waren und damit das Elend des Ortes erträglicher wurde.

Unvermittelt erhob sich Sunny, und alle Anwesenden schwiegen sofort. »Ich denke, es ist alles gesagt«, meinte er in Pidgin-Englisch und marschierte würdevoll zum Ausgang der schlichten Wache. Ich interpretierte das so, dass Victors Vorschlag von Sunny angenommen war. Wir zögerten ein paar Sekunden und folgten ihm zu seinem BMW, dessen Schlag aufgerissen wurde. Jetzt verstand ich, warum Sunny einen Handschuh trug: Einer der Wächter reichte ihm einen etwa krähengroßen Vogel, der eine Kappe auf dem Kopf trug und bei der Übergabe kurz mit den Flügeln schlug – ein Falke. Vollkommen selbstverständlich setzte er sich auf den Handschuh und drehte seinen Kopf mit kurzen, ruckartigen Bewegungen, bevor er wie eine leblose Statue erstarrte. Wegen der flirrenden Sonne auf dem staubigen Platz trug Sunny eine breite Sonnenbrille unter seinem Leopardenkäppi. Mit dem Stock in der einen Hand, der wie das Zepter eines Königs wirkte, und dem durch die Kappe blinden Falken auf der anderen verströmte der kleine runde Mann eine abschreckend intensive Autorität, die uns Distanz halten ließ.

»Du sprichst mit dem Herzen, Victor«, nuschelte Sunny. Ich konnte ihn kaum verstehen. »Du solltest die Aufgabe, die dein Vater für dich vorgesehen hat, aber nicht mit dem Herzen ausführen.«

Trotz seiner Leibesfülle und den ganzen Accessoires seiner Autorität glitt Sunny elegant in den Wagen, der mit einer langen Staubfahne über den Platz davonpreschte. Ich sah Victor an, der wie erstarrt dastand und sich nicht rührte. Sein Gesicht wirkte wie versteinert. »Was hat er damit gemeint?«, fragte ich und griff vorsichtig nach der eiskalten Hand meines Prinzen.

»Es wird kein Krankenhaus geben. Das hat er damit gemeint«, erwiderte Victor.

Keine Aussprache, kein Austausch von Meinungen. Ein verklausuliertes Dekret und sonst nur Schweigen.

»Aber er hat doch eine Verantwortung für die Leute, und alle waren begeistert«, sagte ich fassungslos. Victor schwieg und stieg ins wartende Taxi, das uns nach Warri zurückbrachte. Für den Weiterflug nach Lagos war es inzwischen zu spät. Wir verbrachten eine Nacht in einem modernen Hotel, in dem die Klimaanlage nicht funktionierte und die Mücken nervten. Zerstochen und ziemlich ernüchtert, flogen wir am nächsten Morgen nach Lagos.

Victor hatte nur die Rolle des Kronprinzen zu spielen. Sunny genoss Autorität und Ansehen. Gegen beides durfte Victor nicht ankämpfen, wenn er nicht wollte, dass man ihm mangelnden Respekt vorwarf. Die Achtung vor dem Alter ist die Grundlage für das Funktionieren dieser Gesellschaft. Sunny benutzte seine ihm aufgrund seines Alters zukommende Stellung, und damit lag die Macht, Dinge zu verändern, in seinen Händen. Er wusste, wie diese Macht richtig eingesetzt wurde: Man gab nicht das klitzekleinste Stückchen davon an einen Jüngeren ab.

Ich hatte einen bitteren Vorgeschmack auf das vermeintlich süße Leben eines nigerianischen Prinzen bekommen, der im Prinzip nur eines machen konnte, wenn er selbst Einfluss ausüben wollte: warten, bis seine Zeit gekommen ist. Doch Victor war nicht der Typ dazu. Er sah die Fehler der Älteren, das Unrecht, das ihr System hervorbrachte. Er wusste, wie und was zu ändern war, und hatte deshalb nicht die Geduld zu warten. Dieser innere Konflikt drohte ihn zu zerreißen. Auch, wenn sein kühles, beherrschtes Auftreten das verbarg.

Für den Montag der folgenden Woche hatte Victor einen Flug nach Argentinien gebucht. Gemeinsam mit seinem einzigen nigerianischen Freund, den ich je kennen lernte, wollte er dort sündhaft teure Poloponys kaufen: Der Lagos Polo Club sollte zum imageträchtigen *winning team* hochgepusht werden. Ich fand das seltsam, angesichts der Armut der Massen. Die heranwachsende Elite, zu der Victor gehörte, sah das anders: Durch die sportlichen Leistungen ihrer Mannschaft verschafften sie sich selbst Ansehen und konnten somit in der festgefügten Struktur der Gesellschaft nach oben kommen. Ich brachte Victor gemeinsam mit Femi zum Murtala Mohammed Airport. Es ging mir nicht besonders gut. Trotz der Hitze fror ich.

»Ich beanspruche dich zu viel. Ruh dich aus«, sagte Victor zum Abschied.

»Ich komme schon zurecht. Pass auf dich auf.«

»Ende der Woche bin ich zurück«, versprach er.

Er irrte sich.

Vier Tage später bekam ich hohes Fieber, fühlte mich matt und ging früh schlafen. Ich tippte auf eine Erkältung. Am Tag darauf bekam ich Kopfweh, übergab mich. In der Nacht folgte Schüttelfrost. Ich schickte Femi los, um Abiola zu informieren. Die beiden kamen mit Abiolas Vetter zurück. Der Arzt brauchte nicht lange, um herauszufinden, was ich hatte – Malaria.

»Nehmen Sie eine Malariaprophylaxe?«

»Ja. Paludrin.«

»Das ist zu schwach! Die Anopheles-Mücke ist dagegen resistent. Sie müssen strengste Bettruhe bewahren«, schärfte mir der Doktor ein und gab mir Resochin. Aber in sein Krankenhaus, in dem Yemi gestorben war, wollte ich mich nicht einweisen lassen. Ich kannte meinen Vertrag: Es konnte sein, dass mein Arbeitgeber mich bei einer lebensgefährlichen Erkrankung wie Malaria schnellstens nach Deutschland zurückbeordern würde. Ich nahm meine restliche Energie zusammen, um die wichtigsten Dinge zu organisieren, bevor Nickel die Gelegenheit nutzen würde, um mich loszuwerden.

»Abiola«, bat ich, »kannst du die Doggen mit zu dir nehmen? Ich werde gewiss für einige Wochen nach Deutschland zurückbeordert. Wenn ich nicht da bin, dann ...«

»Natürlich, Ilona, ist doch keine Frage. Ich werde sie gleich mitnehmen. Und was ist mit den Katzen? Ich glaube, meine Mädchen würden sich freuen.«

Ich wollte schneller als Nickel handeln und bat seine Sekretärin, meinen Rückflug nach Deutschland zu organisieren. Als das Telefon später klingelte und Ken ranging, dachte ich, sie würde den Flugtermin durchgeben.

Nach einer Weile klopfte Ken an meine Zimmertür: »Ma'am, es war ein Anruf aus London.«

»London?« Mein Gott, das konnte nur was mit Victor zu tun haben. Aber er war doch nach Argentinien geflogen!

»Ma'am, es ist wegen Prince Victor. Er hat Malaria tropica. Es geht ihm wohl sehr schlecht, Ma'am. Ein Freund hat ihn nach London ins Krankenhaus bringen lassen. Ich habe ihm gesagt, dass Sie auch krank sind. War das richtig, Ma'am?«

»Danke, Ken, das wird schon richtig sein.«

Während ich nachts schwitzend und zitternd zugleich im Bett lag, plagten mich Alpträume. Eine dunkle Gestalt machte sich zu schaffen und schleppte etwas weg. Jemand rief ... Ich schrak hoch.

Ken stand in der Zimmertür. Er blutete aus einer Platzwunde am Kopf und war total verstört. »Ma'am, ich glaube, ich muss die Polizei rufen.«

»Was ist passiert?« Mühsam rappelte ich mich aus dem Bett.

»Bitte, Ma'am, bleiben Sie liegen!«

»Ken, reden Sie doch!«

»Ich habe ein Geräusch gehört. Dann bin von den *boy's quarters* zum Haus gelaufen. Bevor ich wusste, was los ist, bekam ich einen Schlag auf den Kopf. Mehr weiß ich nicht. Als ich aufwachte, war das Haus durchwühlt.«

Trotz meiner rasenden Kopfschmerzen hatte ich keinen Zweifel daran, was fehlen würde. Ich schleppte mich ins

Wohnzimmer. Natürlich. Der Schreibtisch war aufgebrochen, das Dossier über Nickels Machenschaften verschwunden. Und es gab nur eine einzige Ausfertigung. Nickel würde viel Papier zu verbrennen haben.

»Entschuldigung, Ma'am, das hatte ich ganz vergessen«, sagte Ken. »Das Büro von Mister Nickel hat angerufen, als Sie schliefen. Es ist alles organisiert: Sie fliegen morgen früh nach Hamburg. Man holt Sie dort am Flughafen ab. Sie müssen zuerst in das Tropeninstitut.«

Wut stieg in mir hoch: Das war alles kalt geplant! Ich lag todkrank im Bett, die Doggen waren weg, es war Nacht, ich musste am nächsten Morgen abfliegen. Perfektes Timing, Nickel. Kompliment.

»Nein, Ken«, sagte ich resigniert, »rufen Sie die Polizei nicht. Das nützt ohnehin nichts mehr.«

Beim Abschied am Murtala Mohammed Airport hatte ich das Gefühl, dass Femi und Abiola den Tränen nahe waren. Sie hatten mich praktisch bis zu meinem Sitzplatz im Flugzeug tragen müssen – mir fehlte die Kraft zu laufen. Nur gut, dass Malaria nicht ansteckend ist.

»Kommen Sie wirklich zurück, Ma'am?«, fragte Femi.

»Werde vor allem gesund, Ilona«, sagte Abiola.

»Wenn sich Victor meldet, sagt ihm, wo ich bin«, bat ich. »Ich kann ihn nämlich nirgendwo erreichen.«

»Ich werde ihn schon finden, deinen Prinzen!« Abiola zwinkerte mir zu.

Ich hatte Glück im Unglück. Im Hamburger Tropeninstitut, in dem ich in den folgenden zwei Wochen gesundgepäppelt wurde, klärten die Ärzte mich auf, dass ich nicht die wesentlich gefährlichere Form der Malaria erwischt hatte, mit der Victor, zwischen Leben und Tod schwebend, rang. Die Kölner Strengfurt-Zentrale verordnete mir erst mal Familienurlaub.

Die Kinder hatten Osterferien. Die milde Vorfrühlingsluft in Niederbayern tat gut. Schon im Tropeninstitut hatte ich viel Zeit gehabt, darüber nachzudenken, wie es weitergehen sollte. Nachdem Nickel das Dossier gestohlen hatte, würde ich in Lagos auf verlorenem Posten kämpfen. Es hatte eigentlich keinen Sinn zurückzukehren – Nickel saß nun fester denn je im Sattel. Der Urlaub bei den Kindern und meinen Eltern ging zu Ende, ohne dass ich zu einer Entscheidung fähig gewesen wäre. In jener abgelegenen Gegend, in der meine Eltern lebten, konnte ich keine neue Arbeit finden, die meinen Fähigkeiten entsprach. Andererseits liefen die immensen Kosten weiter.

Ein Anruf Victors riss mich aus der Lethargie: Er bat mich, nach London zu kommen, und ich folgte seinem Ruf.

Er bewohnte ein Luxusapartment in Kensington, in dem wir uns ans Pläneschmieden machten. Die Krankheit hatte seinen Körper geschwächt, aber sein Geist schien wesentlich kämpferischer als zuvor: »Du solltest bei Strengfurt kündigen, Ilona. Mach dir um das Geld keine Sorgen. Ich habe mit meinem Vater gesprochen. Er würde sich freuen, dich als kaufmännische Geschäftsführerin unseres Konzerns zu gewinnen.« Inzwischen wusste ich, dass dies kein Goodwilljob war, sondern harte Arbeit bedeuten würde.

Er ging in seiner Euphorie, mich ganz für sich zu haben, sogar noch weiter: »Nimm deine Kinder mit! Wir können alle in meinem Haus in Ikoyi leben. Du hast selbst gesehen – es ist groß genug. Wir haben einen Swimmingpool. Dein Sohn lernt Tennis, deine Tochter kann reiten, die deutsche Schule ist nicht weit.«

»Victor, langsam!« Ich küsste ihn sanft. Ein Mann, der für mich sorgte, dachte, plante. Und meine Kinder miteinbezog, als wären sie seine eigenen. Das war ich nicht gewohnt …

»Nein, Ilona, nicht langsam. Hast du nicht gemerkt, wie

schnell das Leben vorbei sein kann? Der Stich einer Mücke – und alles ist beinahe aus.« Er nahm mich in die Arme. Seine schönen Augen glänzten, als er fragte: »Erinnerst du dich an das, was ich dich in der Nacht in der Wüste gefragt habe?«

Und ob ich mich daran erinnerte! Ich hatte ja inzwischen Zeit genug gehabt, darüber nachzudenken. Ich hielt Victor fest, als wollte ich ihn nie wieder loslassen. »Möchtest du mich immer noch heiraten?«

»Hast du morgen schon was anderes vor?« Er lachte.

Die fremde afrikanische Welt war weit entfernt. Ich hatte viele Aspekte Nigerias kennen gelernt. Faszinierende, unglaublich schöne, aber auch solche, die mich abstießen. Innerlich war ich zerrissen: Kaum hatte ich Afrika den Rücken gekehrt, wollte ich zurück. Zumal, da ich in Victor verliebt war. Andererseits dachte ich in Afrika viel an zu Hause, die Kinder, die Friedlichkeit, die Ordnung. Männer träumen, Frauen planen. Das liegt wohl daran, dass wir die Kinder bekommen.

Ich konnte Janet und Bobby nicht schon wieder aus ihrer neuen Umgebung in Niederbayern, in der sie gerade mal ein knappes Jahr wohnten, herausreißen. Ich hatte es ja erst vorgelebt bekommen: Wenn Bobby sich wehgetan hatte – und er stürzte immerzu mit seinem Fahrrad –, rannte er zur Oma, nicht zu mir. Sie war seine Bezugsperson geworden.

Den ersten Teil von Victors Angebot dagegen wollte ich annehmen – für ihn und seinen Vater arbeiten. Denn so könnte ich mit dem Mann leben, auf den ich mein Leben lang gewartet hatte. Alles andere würde die Zukunft zeigen. Vielleicht könnte ich sogar später einmal meine Eltern dazu bewegen, mit den Kindern ganz zu mir zu ziehen ... Der innere Spagat aus Wünschen, Wollen und Wirklichkeit war noch lange nicht ausgestanden.

Ich schrieb einen langen Brief an Strengfurt-Chef Bernhard, in dem ich meine Kündigung erklärte. Bernhard selbst rief an, versuchte mich umzustimmen – und gab auf. Ich sollte nur noch für ein paar Wochen auf den Controller-Posten zurückkehren, um meinen Nachfolger einzuarbeiten. So flog ich zum dritten Neubeginn nach Nigeria, diesmal jedoch nicht allein: Ich freute mich auf ein Leben an der Seite von Victor.

Im Sumpfland

Wir schafften meine persönliche Habe aus dem kalten goldenen Käfig in Ikeja zu Victors feudaler Residenz auf Ikoyi, denn es galt, einen schnellen Schlussstrich unter mein Strengfurt-Leben zu ziehen. Nickel legte auf meine Anwesenheit keinen Wert. Zu meinem Nachfolger hatte er Okoro bestimmt. Mir war unbegreiflich, warum man in Köln zuließ, dass der Bock zum Gärtner befördert wurde. Doch was ging es mich noch an? Ich arbeitete Okoro ein, erschien pro forma täglich in der Firma. Gleichzeitig begann ich mein neues Leben zu organisieren, das völlig von Victor bestimmt wurde. Nur einen aus der Strengfurt-Zeit wollte ich behalten – den treuen Femi, der mich weiterhin sicher durch das chaotische Land chauffieren sollte. In Zukunft würden große Reisen anstehen, um Victors hochfliegende Pläne zu verwirklichen. Er wollte so viel Europa wie möglich nach Nigeria einführen. Er begann mit spleenigen Ideen: Die erste war eine Kerzenzieherei.

»Echtes Wachs! Nicht das stinkende Stearin!«

Er hatte das Klima nicht bedacht. Wachskerzen taugen nicht für die Hitze Afrikas. Die zweite Idee war die Produktion von Wegwerfwindeln. Aber keine der bekannten Firmen traute sich auf den nigerianischen Markt. Denn allenfalls die schwarze Oberschicht verpasst den Popos ihrer Babys Pampers. Die dritte Idee resultierte aus seinem Hobby, dem Polo. Doch Polobälle herzustellen scheiterte wie eine weitere Idee – Toilettenpapier produzieren – am selben Problem: Holzwirtschaft wurde nicht kommerziell genug betrieben, Recyclingpapier gab es nicht.

Der Gedanke war trotzdem richtig: Eine Papierfabrik brauchte das Land. Aus Victors Sicht schon allein, um etwas für die Auflagen der einheimischen Zeitungen zu tun. Wir planten, Holz im großen Stil einzuführen. Doch dann erfuhr Victor, dass es Bäume gab, die in sieben Jahren schlagreif waren. Man musste sie nur anpflanzen und dann sieben Jahre warten ... Ein Langzeitprojekt, das Victors Zeitrahmen sprengen sollte.

Nachdem Victor seine sieben edlen Polopferde und die drei Dobermänner nach Lagos hatte bringen lassen, war Abiola häufiger Gast. Der Tierarzt hatte inzwischen kräftig bei Wachfirmen für die Idee geworben, Menschen mit Hunden als Wachen einzusetzen. Abiola begann mit Victors und meiner Hilfe, in großem Stil Doggen, Schäferhunde und andere Wachhunde zu importieren. Zu meines Vaters großer Freude, kassierte er doch für die Vermittlungen ordentlich Provisionen. Was lag für den ideenreichen und finanzstarken Victor näher, als eine Fabrik für Hundefutter in Dosen aufzuziehen?

Mit Abiola flogen wir in den Norden. Aber auch diese Seifenblase platzte schnell: Eine Rinderpest hatte die Viehbestände der Nomaden hinweggerafft. Aufgebläht lagen die toten Tiere auf den Weiden. Diese ersten Fingerübungen des ehrgeizigen Jungunternehmers Victor, die sein Vater mit lächelnder Skepsis verfolgte, schärften aber auch seinen Blick fürs Land. So war uns beispielsweise zwar klar, dass Düngemittelimport ein einträgliches Geschäft darstellen würde. Trotzdem ließ Victor die Finger davon, nachdem er sich mit Fachleuten ausgetauscht hatte. Düngemittel würden einerseits von den Industrienationen abhängig machen, andererseits zum Auslaugen des Bodens beitragen.

Victor konzentrierte sich aufs Stammgeschäft, das Öl. Wir flogen wieder zu den riesigen Ölfeldern im Nigerdelta. Unser erster Ausflug nach Warri hatte unseren Blick kritisch geschärft: totes Land, vergiftet von schlecht gewarteten Pipelines, abgestorbene Flüsse ohne Fische, verlassene Dörfer, deren ehemalige Einwohner in Slums nahe den Raffinerien lebten. Vor dem Hintergrund einer in Europa bereits lebhaft geführten Debatte über Ökologie konnten wir nicht die Augen geschlossen halten.

Victors Onkel Sunny legte den Finger in die offene Wunde im Leben Victors: »Was willst du, Victor? Lebst du nicht gut? Was glaubst du, woher all das Geld kommt? Von den Ölfeldern, über deren Ausbeutung du dich aufregst!«

»Sunny ist korrupt, Ilona«, ereiferte sich Victor, »er lässt sich von den Ölkonzernen dicke Bestechungsgelder zahlen, damit die nicht die Umweltschutzauflagen befolgen müssen. Und wir sehen zu, wie unser eigenes Land verseucht wird. Niemand unternimmt etwas dagegen.« Der Ölboom hatte 1982 seinen Höhepunkt erreicht – das frühere Agrarland lebte im Rausch der Petrodollars, als ob man in der Lotterie gewonnen hätte. »Schnell reich werden« war die Devise. Niemand fragte nach den Konsequenzen.

Beim Flug über die weiten, dünnbesiedelten Flächen im Süden und Südosten entdeckten wir riesige Mülldeponien, teilweise im Regenwald oder im Sumpfland versteckt, teilweise auf offenem Land. Giftmüll, den Schiffe aus Europa ins Land geschafft hatten. Statt verantwortungsbewusst entsorgt zu werden, vergammelte das Zeug unter freiem Himmel und verseuchte den Boden für Jahrzehnte. Victor nahm sich vor, all das zu ändern. Endlich hatte er seine Aufgabe ins Visier genommen. Etwas, das seinen vollen Einsatz lohnte.

»Du wirst dir Feinde machen, Victor«, warnte ich. »Du kommst in dieses dir eigentlich fremde Land und willst nach europäischem Standard aufräumen. Unsere Methoden funktionieren hier nicht. Nicht mal bei deutschen Firmen. Ich habe es doch bei Strengfurt erlebt.«

»Mein Wort hat Gewicht, Ilona. Ich kann mit Menschen wie meinem Onkel Sunny umgehen. Mach dir um mich keine Sorgen.« Doch mit seinen Sprüchen konnte Victor mir meine Sorgen nicht nehmen.

Trotzdem stand ich an seiner Seite, als er eine Firma gründete, die Umweltprojekte betreuen sollte. Anfang der achtziger Jahre stieß Victor mit seinen Plänen zunächst nur auf Ablehnung. In der nigerianischen Regierung wollte man nichts davon hören. Er gab nicht nach, reiste im Süden umher, flog nach Europa, weil er wusste, dass die dort residierenden Ölfirmen sensibler auf das Thema reagierten. Und tatsächlich: Er zog die ersten – allerdings nicht mal die Kosten deckenden – Aufträge an Land.

Über einen Freund, den Victor im Polo-Club gefunden hatte und der für die Regierung arbeitete, bekam die neue Firma einen Auftrag im äußersten Südosten des Landes, nahe der Grenze zu Kamerun. In den Mangrovensümpfen waren Fässer entdeckt worden, in denen sich höchstwahrscheinlich Gift befand. Als wir mit dem Flugzeug in Calabar eintrafen, einer legendären früheren Sklavenstadt, machten wir uns keine Vorstellung, wie schwierig diese Reise werden sollte. Zu unserer Begleitung und unserem Schutz hatte Victor einen kräftigen Einheimischen namens Steve mitgenommen. Die Fähre brachte uns von Calabar aus in vierstündiger Fahrt durch das Delta des Cross River nach Eket, wo uns Mike in Empfang nahm. Mike besaß eine kleine Firma, die gelegentlich Reparaturaufträge für die großen Raffinerien durchführte. Über Victor hoffte Mike, in einen möglicherweise einträglichen Markt für Bodensanierung vorzudringen.

Mike und seine sympathische, fröhliche Frau bewirteten uns in ihrem hübschen kleinen Haus, bevor es am nächsten Tag in vier Kanus, bepackt mit Bergen von Proviant und Zelten, in das dichte Grün des Mangrovensumpfes und des

Regenwaldes ging. Unsere beiden Führer, Mba und Ukwu, brachten die Einbäume immer tiefer in die Sümpfe hinein. Das dichte Dschungelgrün wurde immer wieder von kleinen, parkähnlich angelegten Grundstücken unterbrochen. Als ginge sie die urwüchsige Kraft des Regenwaldes nichts an, hatten die Bewohner Pflanzen in Tontöpfen dicht ans Wasser gestellt. So entstand bei uns die irrige Annahme, dass die Zivilisation doch nicht ganz soweit weg war. Sogar Kirchen mit spitzen Türmen hatten Missionare hier errichtet. Und doch war der Urglaube der Menschen vom Fluss sehr lebendig.

Plötzlich begann es zu regnen. Ein Guss wie aus Kübeln! In Sekundenschnelle waren wir bis auf die Haut durchweicht. Wir paddelten aus dem dichten Regen, der die Sicht nahm, heraus und machten an der nächsten Anlegestelle fest, wo alles trocken war. Mba sagte mit der größten Selbstverständlichkeit, dass in der Nähe ein *babalawo* wohne. Der Mann verstehe sich aufs Regenmachen.

Ein paar Stunden später tat sich Mba mit dem Paddeln plötzlich schwer. Wir fielen immer weiter zurück. Er rief seinem Kollegen Ukwu etwas zu. Als wir Ukwu endlich erreicht hatten, gab er Mba eine Flasche Gin. Während ich mich noch fragte, ob Mba sich alkoholisiert mit dem Paddeln leichter tun würde, leerte der die Flasche Gin komplett ins Wasser.

»Ein Opfer für die Götter«, murmelte Mba zur Erklärung. Und plötzlich bewegte er das Paddel wieder mit größter Leichtigkeit. Gin schlürfende Götter machen offensichtlich weniger Probleme. Was sich auf unser Trinkgeld für die Spender günstig auswirkte.

An einer Lagunenbucht war die Fahrt erst einmal zu Ende. Ein paar der Männer bauten die Zelte auf. Mit zwei Booten fuhren Ingenieur Mike, Leibwächter Steve, Victor und ich in einen Seitenarm hinein. Eine mückenverseuchte, unangenehme Fahrt bis zu einem Brackwasserteich. Die Fässer waren achtlos abgeworfen worden, rote, durchkreuzte Totenköpfe sprachen eine deutliche Sprache. Die Behälter stammten laut Aufdruck aus Frankreich. Mike und Victor machten Fotos und nahmen Proben mit. Ich war froh, als wir die Lagune mit einer leichten Brise wieder erreicht hatten.

Während wir hungrig am offenen Feuer unser Abendessen verzehrten, erzählten Mba und Ukwu Geschichten von Fledermäusen mit riesigen Flügeln, deren Biss Polio übertrug, von Schlangen, die Geschwüre verursachten. All diese Tierchen seien nichts anderes als Hexen. Und die wollten nicht unbedingt töten, sondern bewohnten den Körper eines Menschen, um sich daran satt zu sehen, wie der Gepeinigte Haus und Landwirtschaft, Frau und Kinder verlor, bis er endlich selbst dahingerafft war.

Während Victor und ich teils amüsiert, teils angeekelt lauschten, kam eine Frau aus dem Busch. Mba lud sie ein, sich zu uns zu setzen. Schweigend nahm sie je eine Schale Reis und eine voll Fleisch mit scharfer Sauce. Wir dachten, dass sie sich nun setzen würde, um zu essen. Stattdessen drehte die Frau die Schalen mit der Öffnung auf den Boden. Danach verschwand sie genauso stumm, wie sie gekommen war. Wir kommentierten das Geschehen mit verständnislosem Lachen, und Steve drehte die Schalen wieder um. Doch sie waren leer und sauber, als ob sie nie gefüllt gewesen wären.

Mit bangem Herzen verkrochen wir uns in unsere Moskitozelte. In der Nacht wachte ich von einem kratzenden Geräusch an der Zeltwand auf. Ein lang gestreckter Schatten huschte draußen am Zelt entlang. In Panik weckte ich Victor. Er rief laut und klatschte in die Hände. Sein Rufen alarmierte die anderen, die zu unserem Zelt stürzten und die Umgebung mit ihren starken Taschenlampen ableuchteten. Ihre Suche blieb ergebnislos. An unserem Zelt machten sie jedoch deutliche Kratzspuren aus. Und dann entdeckte Steve den

Grund für den Besuch: In einer Ecke unseres Zeltes lagen mehrere Brocken Fleisch. Mba und Ukwu schimpften uns, weil wir den Leoparden durch unseren Leichtsinn angelockt hatten. Ich war jedoch ebenso wie Victor absolut davon überzeugt, dass wir keine Nahrung ins Zelt mitgenommen hatten.

»Dies ist die Gegend, in der der Leopard nachts jagt«, sagte Mba. »Das Mädchen, das uns aufgesucht hat, war der verwandelte Leopard. Es hat euch das Fleisch aus der Schüssel ins Zelt gehext.« Veranstalteten unsere horrorkundigen Flussführer all diesen Zauber, um uns einen Schrecken einzujagen? Durch die Wand unseres dünnen Moskitonetzes hatte ich eindeutig den Schatten einer großen Raubkatze gesehen. Das zerkratzte Zelt war ein weiterer Beweis. Allerdings hörte ich später, dass es Menschen gibt, die sich geschickt und katzenhaft wie der Leopard am Boden bewegen können.

Nach einer schlaflosen Nacht paddelten Mba und Ukwu uns zu einem *babalawo,* jenem, der angeblich auch den Regenguss zuwege gebracht hatte. Er sollte das Orakel befragen und im Zweifelsfall die Götter versöhnen. Victor sagte mir zwar, dass er die Orakelbefragung für ausgesprochene Scharlatanerie halte, aber er erkannte sehr wohl, dass die anderen aus unserer Gruppe das ganz anders sahen. Nachdem der *babalawo* Victors Geld bereitwillig genommen hatte, befragte er das Orakel. Wieder sah ich fasziniert zu, wie ein Busch-Priester die Palmnüsse jonglierte.

Wir hätten uns einen mächtigen Gegner ausgesucht, verkündete der *babalawo* nach einer Ewigkeit. Dieser Gegner müsse in einer Zeremonie besänftigt werden. Der *babalawo* tat dies, indem er einem kleinen Holzmännchen mit einem mächtigen, aufgerichteten Phallus kaltes Flusswasser über den dunklen, verwittert aussehenden Körper kippte und ihn danach mit rotem Palmöl einrieb.

Ich merkte Victor die Ungeduld während der Zeremonie

deutlich an. Er saß unruhig und fand keine Position, in der er seine langen Beine angemessen unterbringen konnte. Ungeniert blickte er immer wieder auf seine teure Schweizer Uhr. Ich wusste, dass er am Abend wieder in Lagos sein wollte. Und dann schleppte ein Helfer des *babalawo* noch eine Ziege an, die geopfert werden sollte. Das war der Moment, in dem Victor endgültig der Kragen platzte. So hatte ich ihn noch nie erlebt. Er stand abrupt auf, reichte mir die Hand und zog mich hoch.

»Mister«, zischte er den *babalawo* an, »da hinten liegt irgendein Gift im Wasser und verseucht die Fische. Die Menschen werden diese Fische essen und krank werden oder sterben. Wie wäre es, wenn Sie Ihren Zauber mal dagegen einsetzen würden?«

Äußerlich zeigte der *babalawo* keine Verärgerung. Er gab lediglich der Ziege einen Klaps und jagte sie davon. Dann fixierte er Victor und sagte ganz ruhig: »Wenn der Leopard seine Beute nicht beim ersten Mal tötet, so heißt das nicht, dass er sie verschmäht.«

Während sich die anderen artig verbeugten, gingen wir zu den Kanus zurück. »Er hat eine schwarze Kerze angezündet«, hörte ich Mba zu Mike sagen, als wir in die Boote stiegen. Mike schnalzte missbilligend mit der Zunge. Von ihm bekam Victor die Quittung für seine Ungeduld, und zwar bereits am Nachmittag. Mike sagte, ihm sei es zu riskant, sich an der Bergung der Fässer zu beteiligen. Ich fand lediglich, dass Victors Auftritt unnötig brüsk gewesen war. Eine Stunde lang dem Ziegenopfer beizuwohnen, hätte unseren Zeitplan nicht erheblich durcheinander gebracht. Zumal wir nachher ohnehin anderthalb Stunden auf die Fähre nach Calabar warten mussten. Über die schwarze Kerze erfuhr ich, dass sie entzündet wurde, um jemanden mit einem Fluch zu belegen.

Erst Wochen später gelang es Victors Firma, ein Spezial-

Unternehmen zu finden, dass sich mit einem entsprechenden Schiff in die Sümpfe wagte. Als die Giftfuhre schließlich in dem Hafen ankam, den ich von Johns Rostautos kannte, war die Überraschung groß. Ein Hafenarbeiter erzählte einem von Victors Männern, dass die Fässer im selben Hafen umgeladen worden seien – auf ein Schiff, das einer Reederei von Onkel Sunny gehöre. Die trickreichen Spiele des Leoparden liebenden Onkels.

Sunny spielte mit dem Tod: In den Fässern war mit Dioxin verseuchter Schlamm. Der Onkel zeigte sich tief betroffen über die Schlamperei seiner Angestellten. So stand es jedenfalls in der Zeitung. Familienintern lief die Angelegenheit anders ab. Chief William besuchte Victor und unterhielt sich lange unter vier Augen mit ihm. Hinterher war Victor sehr schweigsam, aber es war deutlich, dass er vom Clanchef einen Rüffel bekommen hatte. Nach der Entdeckung der Fässer hätte Victor die Familie verständigen sollen und nicht die Regierung.

»Und woher sollte ich wissen, dass der Dreck von Sunny stammte?«, fragte Victor mit unterdrücktem Ärger. Er hatte zwar geahnt, dass Sunnys Geschäfte nicht sauber waren. Den Onkel aber vor aller Augen zu überführen, das hatte eine andere Qualität. Victors erster großer Erfolg war gleichzeitig seine erste Niederlage geworden.

Weihnachten 1982 stand kurz bevor. Ich wollte zu meinen Kindern nach Deutschland, Victor nach London, wo wir dann gemeinsam Silvester feiern würden. Femi brachte uns zum Flughafen. Er reichte uns eine Tageszeitung nach hinten. »Haben Sie es schon gelesen, Ma'am?«

In dicken Lettern stand auf der Titelseite: »Deutscher Geschäftsmann in seinem Büro erschossen«. Ein Schwarzweißfoto von einem Mann am Boden, in seinem eigenen Blut liegend. Hastig überflog ich den Text. Klaus Nickel war von hinten von mehreren Kugeln getroffen worden, als er vor seinem Tresor stand. Der Täter musste Nickel gekannt und ihn gebeten haben, etwas aus dem gutbewachten Tresor zu holen, in dem alle Firmenunterlagen und große Geldsummen verwahrt wurden. »Menschen wie Nickel stürzen über ihre eigenen Machenschaften«, hatte Bernd einmal zu mir gesagt.

Ich reichte die Zeitung an Victor weiter, der den Text gründlicher las. »Du hast nicht zu Ende gelesen, Ilona. Hier steht, dass auch Nickels Oberbuchhalter ermordet wurde. Ein Lion Okoro. Er ist schon vor zwei Tagen auf der Straße erstochen worden.« Pause. »Was ist das bloß für ein Land!«

Sicher: Die beiden Toten hatten mir ganz schön zugesetzt. Mit einem weniger wachsamen Schutzengel an meiner Seite hätte ich die Heimfahrt von Okoros Fest vielleicht nicht überlebt. Aber der Tod der beiden war unnötig: Mit einem Prozess hätte man viel mehr erreicht. Aber das lag wohl in niemandes Interesse. Strengfurt schloss ich bei diesem Gedanken durchaus mit ein. Nickel war kinderlos geblieben, aber Okoro hatte drei kleine Kinder. Was konnten sie für das skrupellose Vorgehen ihres Vaters?

Am Neujahrstag hatte ich das seltene Vergnügen, eine Dame aus dem britischen Hochadel kennen zu lernen – Victors Mutter. Sie war sicher älter als Mitte fünfzig, aber ihre Haut war faltenfrei. Als wäre sie gebügelt wie alles in ihrem Haus. Haus? Es war ein türmchenverziertes Schloss mit eigenem Stadtpark vor den Toren Londons. Alles sah so aus, als wäre Victor der einzige Mensch dunklerer Hautfarbe, der jemals den Haupteingang benutzen durfte.

»Wie lange hast du deine Mutter nicht gesehen, Victor?«, hatte ich vorher gefragt.

Er überlegte eine Weile. »Vier Jahre? Nein, fünf.« Zur Begrüßung hielt sie ihrem Sohn die Hand hin – für einen Handkuss. Keine Umarmung. Und so verlief auch die Konversation, an der eigentlich nur eines bemerkenswert war, nämlich der Kommentar: »Victor, du solltest nicht in Afrika bleiben. Das ist nicht dein Land.«

Victor widersprach nicht, nahm es nur schweigend zur Kenntnis.

Der Angriff des Falken

Ein paar Tage nach Silvester waren wir wieder in Lagos. Endlich sollte Victors neues Pferd aus Argentinien eintreffen. Er schwärmte schon Tage vorher von dem 100 000 Mark teuren Hengst. Stolz führte er mich in den klimatisierten Stall, in dem es die sündhaft teuren Pferde besser hatten als die Angestellten in den *boy's quarters*. Die Neuerwerbung war ein drahtiger schwarzer Hengst, nicht besonders groß. Wie die meisten Poloponys hatte er ein Stockmaß von etwa einem Meter fünfzig. Der Hengst hieß Abraxas.

Ich hätte mich nie getraut, auf dieses hochgezüchtete Pferd aufzusteigen, das wie ein Vollblüter mit zu kurz geratenen Beinen wirkte. Abraxas war sehr lebhaft. Seine geballte Energie wurde dadurch unterstrichen, dass die Mähne abrasiert war – eine Vorsichtsmaßnahme, damit der Bambusschläger des Spielers sich nicht darin verfängt. Ein britischer Stallbursche namens Pete war der Einzige, der sich um die Pflege von Abraxas kümmern durfte. Für ein Polopony, meinte Pete, sei Abraxas eigentlich etwas zu nervös. Pete schlief direkt neben dem Stall. Zur Sicherheit hatte Victor ihm einen Dobermann gegeben.

Glücklich und gelöst wie schon lange nicht mehr, fuhren wir die kurze Strecke zurück zu Victors Villa. Nur der neue Hengst hatte, davon war in Victors Poloteam jeder überzeugt, zum Sieg über die starke Mannschaft aus dem Norden beigetragen. Am nächsten Morgen stand Victor sehr früh auf, um Termine außerhalb der Stadt wahrzunehmen. »Schlaf aus, Liebes«, sagte er zum Abschied.

Ich murmelte ein »Okay« und drehte mich um, als ich ein atemloses »Jesus Christus!« aus Victors Mund hörte.

»Was ist?«

»Bleib im Bett!« Victors Stimme klang unnatürlich schrill. So hatte ich ihn noch nie reden gehört.

Ich blieb nicht im Bett und sah, was passiert war: Vor der Schlafzimmertür lag einer von Victors Dobermännern. Man hatte dem kräftigen Tier die Kehle durchgeschnitten. Und zwar hier im Haus, direkt vor unserer Schlafzimmertür! Hier war der Hund verblutet. Alle meine nigerianischen Alpträume waren wieder erwacht. Das war eine Drohung!

Victor versuchte, sich seine Angst nicht anmerken zu lassen, als ich ihn wenig später im Arbeitszimmer perfekt wie immer angekleidet antraf.

»Hast du die Polizei gerufen?«

»Ilona, Liebes, wir beide kennen dieses Land gut genug, oder?«

»Was willst du tun?«

»Nichts. Weitermachen. Ich lasse mich nicht einschüchtern.«

»Wer steckt dahinter? Weißt du es?«

Er blieb die Antwort schuldig. Mittlerweile kamen viele Leute in Frage, denen Victor auf die Füße getreten war. Die Fässer von Calabar waren kein Einzelfall.

Nach dem Tod des Hundes ließ Victor die Wachen mit scharfen Waffen ausrüsten. Abiola brachte uns die inzwischen gut erzogenen Doggen Baatzi und Dolly zurück. Sie waren groß wie Kälber, was ihre Namen albern erscheinen ließ.

Ein paar Tage später fuhr Femi uns spätabends von einem Essen mit Geschäftspartnern zurück. Die Scheinwerfer des Jaguars erfassten in der stockfinstren Nacht direkt neben der Einfahrt ein Bündel, das aussah wie ein großer Sack.

»Femi, sagen Sie bitte den Wachen, man möchte das morgen wegräumen.«

»Ja, Sir.«

Femi lenkte den Wagen daran vorbei. Irgendetwas sagte mir, dass mit dem »Sack« etwas nicht stimmte. »Femi, halten Sie mal.« Ich ließ das Fenster hinunter. Das war kein Sack. Da lag ein Mensch neben der Einfahrt, regungslos. »Geben Sie mir mal Ihre Taschenlampe, Femi.«

»Nein, Ma'am, ich sehe lieber selber nach.«

Also stiegen wir alle drei aus. Der Mann, der dort lag, war tot. Femi drehte ihn auf den Rücken, und wir erkannten ihn:

Es war Pete, Victors extra aus London eingeflogener, rothaariger Stallbursche. Mit einem Messerstich in die Brust ermordet.

»Was kann Pete dafür? Was? Er hat doch nur mein Pferd versorgt! Er war ein lieber, netter Kerl.« Victor ging zurück zum Wagen, ließ sich in den Ledersitz fallen.

»Wer? Victor, sag es mir! Wer, glaubst du, hat das getan?«, bettelte ich um eine Erklärung.

»Ich werde mit Vater sprechen«, war seine ausweichende Antwort. Ich verstand das damals noch nicht – diesen Zusammenhalt der Familien. Ich glaubte, ich gehörte bereits dazu, weil ich an Victors Seite lebte. Welch ein Irrtum! Die wirklich wichtigen Probleme ließ man nicht an mich heran.

Zwei Tage später stand in der Zeitung, der aus Wales stammende Stallbursche Pete Wyman sei Opfer eines Raubmordes geworden. Kein Wort darüber, dass Pete für Victor gearbeitet hatte.

So westlich sich Victors Vater gab, so sehr war er auch in seiner schwarzen Kultur noch verwurzelt. Er bat seinen Sohn, in die Nähe von Benin-City, gut 300 Kilometer östlich von

Lagos, zu fahren. Dort, im Regenwald, sollte Victor den Medizinmann der Familie um Rat fragen.

»Es ist alles Unsinn, nicht wahr, Ilona?«, lachte Victor. »Und trotzdem fahren wir hin.«

Der Mann hatte ein Schild an der Haustür, das auf seine Tätigkeit hinwies: *herbalist,* Kräuterdoktor. Und er wollte mit Victor allein sein ... »Ich bin gleich zurück, Liebes.«

Drei Stunden vergingen, die ich dösend im Schatten eines großen Affenbrotbaums im Hof verbrachte. Endlich trat mein Prinz aus der Lehmhütte heraus. Er war verstört und wollte es sich nicht anmerken lassen. »Es war sehr interessant«, sagte er. Sein Oxford-Englisch wirkte hier so deplatziert wie sein grauer, zweireihiger, eingestaubter Armani-Anzug. Verschlossen wie eine der Austern, die er so gern verspeiste, saß er im Range Rover, den er selbst lenkte. Femi sollte nicht mitbekommen, dass er, der Prinz aus England, beim *herbalist* Rat suchte. Und sei es auch nur widerwillig.

»Er hat dir etwas gesagt, dass dir Angst macht. Nicht wahr, Victor?« Mit dieser Prognose konnte ich kaum schief liegen – nach allem, was geschehen war.

»Ich glaube ihm nicht, Ilona. Voodoo-Kram!«, sagte er geringschätzig. »Der *herbalist* sagt, schwarze Magie werde gegen mich eingesetzt. Lachhaft! Ist es schwarze Magie, einem Hund die Kehle durchzuschneiden? Oder einen unschuldigen Burschen zu erstechen?«

Regenwald. Rechts und links. Endlos. Ein undurchdringliches grünes Gestrüpp.

Victor ignorierte die Warnung des Medizinmannes. Vor der Tür lag seit einiger Zeit eine Fußmatte. Sie überdeckte den dunkelbraunen Fleck, den das Blut des toten Hundes auf dem Parkett hinterlassen hatte. Gleich einem Mahnmal, das Victor vergessen wollte. Eines Morgens war diese Matte feucht. Mit nacktem Fuß hatte Victor sie kurz berührt. Er untersuchte die Ursache und fand zwei kleine Gefäße mit einer hellen Flüssigkeit, die eine dünne Kordel verband. Die Schnur führte über die Matte und benetzte sie.

»Fassen Sie das nicht an, Sir«, sagte der vor Angst schlotternde Hausboy.

»Warum? Was ist das?«

»Es ist Gift, Sir!«

»Unsinn!« Victor spülte die Flüssigkeit ins Klo und warf die Matte in den Müll. Aber Hände und Füße wusch er sich trotzdem ausgiebig.

Am Nachmittag fuhren wir zum Strand, machten einen langen Spaziergang. Ich hielt die Hand meines Prinzen. Während unserer Safari hatte Victor mich gefragt, ob ich ans Schicksal glaube. In den vergangenen Tagen war zu viel passiert, als dass ich noch an Zufälle glauben konnte. »Victor, damals, als Nickel mir nach dem Leben getrachtet hat, da wolltest du, dass ich aufhöre bei Strengfurt. Das sei es nicht wert, dass ich mich in Gefahr brächte. Ich bitte dich jetzt um dasselbe. Lass uns nach London oder Deutschland gehen. Irgendwohin, wo wir sicher sind.«

Er schwieg und starrte aufs Meer. Dann schüttelte er langsam den Kopf. »An Neujahr hat meine Mutter gesagt, Afrika sei nicht mein Land. Sie hat es gesagt, weil sie mein Land nicht kennt. Sie hat es nie der Mühe für wert befunden, in das Land jenes Mannes zu reisen, den sie geheiratet hat. Es war ihr wohl zu ... weit weg. Sie hätte ja auch mich am liebsten vergessen. Ich liebe England, weil es ein freies und demokratisches Land ist. Und ich liebe Nigeria. Aber nicht aus rationalen Gründen. Das ist der Unterschied. Es ist das Land meines Vaters. Er glaubt an mich. Ich werde ihn nicht enttäuschen. Ich werde vorsichtiger sein, na gut. Aber davonlaufen? Nein, Ilona.«

»Versprichst du mir, dass du vorsichtiger sein wirst?«

Er nahm mich in die Arme. Die Wellen brandeten heftig an den Strand. So wenig, wie ich die Wellen aufhalten konnte, konnte ich das Kommende aufhalten. Ich hatte zwar Victors Versprechen, aber wir beide wussten ja nicht, wovor wir uns schützen sollten. Oder vor wem. Wir hätten Nigeria verlassen sollen. Doch das wollte Victor nicht. Es war sein Schicksal …

Das Rückspiel gegen das Poloteam aus dem Norden stand an. Es sollte in Katsina stattfinden, an der Grenze zu Niger. Victor und sein Team waren schon Tage vorher mit den Pferden vorausgefahren, ich sollte hinterherfliegen. Die Nacht vor dem Abflug werde ich nie vergessen. Ich schlief unruhig, träumte wirres Zeug von einem Urzeitvogel, der Victor in den Klauen hielt und ihn mit dem starken Schlag seiner mächtigen Flügel davontrug. Ich schrie und rannte dem Biest hinterher. Der Vogel stieg immer höher und entschwand meinem Blick. Erschöpft gab ich auf und ließ mich in den Staub fallen. Ich hörte, wie jemand lachte. Es war die Stimme eines Mannes. Ich sah mich um, aber die Sonne blendete mich. Es war ein Reiter, der in einiger Entfernung auf seinem Pferd saß. Er hatte einen Arm ausgestreckt. Winkte er mir? Oder streckte er die Hand aus, um mir hochzuhelfen? Doch er schien viel zu weit weg, um mir helfen zu können.

Victors Vater William nahm mich in seiner Privatmaschine nach Katsina mit. Er saß vorne neben dem Piloten, ich hinten.

William drehte sich zu mir um. »Eine ehrliche Antwort, Ilona: Mögen Sie Polo?«

Ich lächelte. So wie mich der alte Stammes-Chef ansah, mit diesem verschmitzten Blick in den Augenwinkeln, schien er die Antwort zu erahnen. »Na ja, Chief William, ich schätze Ihren Sohn sehr. Und ich mag Pferde.«

Er lachte laut, wobei er den Kopf in den Nacken legte: »Eine diplomatische Antwort. Aber keine ehrliche. Ich glaube, in Wirklichkeit geht es Ihnen wie mir: Mir tun die Pferde Leid.«

»Sie werden ziemlich gefordert«, stimmte ich zu, »diese schnellen Ritte und dann das abrupte Abstoppen und Wenden. Das verlangt ihnen eine Menge ab.«

»Aber den Reitern verlangt es auch eine Menge an Kondition ab. Außerdem ist es nicht ungefährlich. Victor ist schon einige Male schwer gestürzt. Ich wünschte mir manches Mal, er würde sich ein weniger riskantes Hobby zulegen. Vor allem hier bei uns in Afrika. Der Boden ist oft hart. In England, wo Victor diesen Sport erlernte, ist der Rasen weich. Da ist ein Sturz nicht ganz so gefährlich.«

»Haben Sie Angst um ihn?«

William blickte nach vorn. Da ich direkt hinter ihm saß, konnte ich sein Gesicht nicht erkennen, als er antwortete: »Er ist mein einziges Kind, Ilona. Ich habe mich wenig uni ihn gekümmert. Hat er Ihnen das mal erzählt? Ja, sicher wird er das erzählt haben. Jetzt bin ich ein alter Mann, und es ist zu spät dazu. Ich möchte, dass er mein Nachfolger wird. Und Victor gibt sich viel Mühe, mich nicht zu enttäuschen. Doch manchmal ...« William machte eine Pause, überlegte offenbar, ob er zu viel verriet. »Manchmal habe ich Zweifel, ob es richtig war, ihn aus seinem Leben in England herauszuholen. Ich weiß es nicht. Glauben Sie, dass Nigeria das richtige Land für ihn ist?«

Meine Antwort kam viel zu schnell. »Aber ja, Chief William, Victor liebt Nigeria. Er hat es mir selbst gesagt.«

»Weil es das Land seines Vaters ist, Ilona. Nicht, weil es sein Land ist. Das ist ein wichtiger Unterschied. Aber es ist ein schönes Land ...« Er blickte hinunter auf das dichte Grün des Regenwaldes, durch das sich dunkel die Lebensadern der

Flüsse einen Weg bahnten. »Und ein schwieriges Land. Vor allem für den, der es nicht kennt«, fügte er nach einer Pause hinzu.

In den ersten Monaten hatte William sehr auf Distanz zu mir geachtet. Er hatte nicht abschätzen können, wie tief die Beziehung zwischen Victor und mir werden würde. Doch nach und nach waren unsere Gespräche weniger förmlich geworden. Er erkannte meine Arbeit als Geschäftsführerin an, die darauf abzielte, die Unternehmungen effizienter zu machen. Sich von Beteiligungen zu trennen, die nichts einbrachten, und dafür in zukunftsträchtigere Zweige zu investieren. Nie zuvor aber hatte ich mit William so persönlich gesprochen wie jetzt in der Enge des Flugzeugs. Vielleicht, weil uns beide das Schicksal in diesen Stunden so nah wie nie zuvor zusammenbrachte.

Der Pilot flog sehr niedrig, schätzungsweise tausend Meter über dem Boden. Meistens den Flussläufen folgend oder den großen Asphaltstraßen, die in einem breiten Bett aus rotbraunem Erdreich lagen. Verzweifelt überlegte ich, wie ich William, den Stammes-Chef, auf die seltsamen Vorgänge rund um Victor ansprechen konnte – den getöteten Dobermann, den ermordeten Stallburschen Pete, die eigenartige Konstruktion mit der Fußmatte vor unserer Schlafzimmertür. William wusste mit Sicherheit davon. Warum sonst hatte er seinen Sohn zum *herbalist* geschickt?

Ich verpasste die Gelegenheit. William hatte sich wieder zu mir umgedreht und sah mich ernst an. »Victor will Sie heiraten, Ilona. Ich möchte von Ihnen gerne wissen, ob Sie das auch wollen. Aber bitte keine diplomatische Antwort. Auch, wenn Sie das gut können.«

Damit hatte ich nicht gerechnet! Wenn das Flugzeug in einem Luftloch abgesackt wäre, hätte mein Herz wahrscheinlich nicht so lange ausgesetzt wie bei dieser Frage. Ich liebte Victor auf eine andere Art, als ich John geliebt hatte. Inzwischen hatte ich gelernt, dass Liebe Verantwortung bedeutet, mit der man nicht spielt. Die Beziehung zu Victor war romantisch und exotisch, aber gleichzeitig war da von Anfang an so etwas wie eine Ernsthaftigkeit, ein tiefes inneres Verstehen. Ich konnte also unmöglich eine leichtfertige Antwort geben.

»Chief William, ich bin noch nicht geschieden«, stotterte ich. »Der Mann, mit dem ich verheiratet bin, wehrt sich gegen die Scheidung. Sicherlich werde ich sie durchbekommen. Aber ich habe zwei Kinder, die in Deutschland leben.«

William wurde etwas ungeduldig. »Das weiß ich doch alles, Ilona. Ich möchte wissen: Werden Sie Victor heiraten?«

»Ich habe noch nie einen Mann wie Ihren Sohn getroffen, Sir.« Ich atmete tief durch und dann sagte ich es. Und gestand es mir endlich selbst gegenüber ein: »Ja, ich liebe ihn. Sobald ich geschieden bin, werde ich ihn heiraten.«

»Das ist gut. Möge Gott Ihre Wege segnen, meine Tochter.«

Er blickte hinaus auf das weite Land unter uns. Nach einer Weile drehte er sich lächelnd um: »Bitte, sagen Sie nicht mehr ›Sir‹ und ›Chief‹ zu mir. Nennen Sie mich William. Außerdem waren Sie noch nicht in meinem Palast. Das sollten Sie möglichst bald nachholen.«

Von William erfuhr ich, dass Katsina früher die Hochburg der polospielenden Elite des Landes war. Inzwischen genoss eine Stadt namens Sokoto, weiter westlich gelegen, einen besseren Ruf. Katsina ist islamisch geprägt und hat Moscheen. Die alte Stadt mit ihren vielen, vorwiegend aus Lehm gebauten Häusern, die von einer Stadtmauer umschlossen sind, wirkte auf mich märchenhaft entrückt, weit entfernt von allem Westlichen. Schon aus der Luft waren die vielen Kamele zu erkennen, mit denen vermummte Gestalten unterwegs waren. Nur das außerhalb gelegene, neue Stahlwerk machte eindrucksvoll deutlich, dass die Industrialisierung auch hierher schon vorgedrungen war.

Während Chief William mit anderen, sich bedeutsam gebenden Männern sprach, suchte ich meinen Prinzen bei den Poloponys, denen noch die Schwänze geflochten wurden.

»Abraxas ist ungewöhnlich nervös. Wir überlegen, ob wir ihn überhaupt einsetzen sollen«, berichtete Victor.

»Vielleicht ist ihm der Transport nicht bekommen.«

»Ich glaube, er vermisst Pete. Wir haben zwar einen neuen Burschen, aber, der kommt mit Abraxas lange nicht so gut zurecht.«

Ich folgte dem Turnier mit angestrengtem Interesse. Ob da nun Punkte gemacht wurden oder warum – ich hätte es nicht erklären können. Durch den aufsteigenden Staub konnte ich manchmal kaum erkennen, wer den Holzball wohin schlug. Mein Augenmerk galt Victor, und ich versuchte immer wieder, ihn unter all den Reitern auf dem Spielfeld auszumachen, das einen Viertelkilometer lang war. Vor allem, als er im zweiten Durchgang, *Chukka* genannt, Abraxas einsetzte. War das edle Tier vor dem Spiel unruhig gewesen, so schien es Victors Befehlen jetzt problemlos zu folgen.

Ich stand unter einem Sonnenschirm neben einer großen Frau vom Typ Mammi und ihrem schmächtigen Mann, der mit einem Fernglas den Spielverlauf sachkundig verfolgte, im Gegensatz zu seiner Frau, die unentwegt redete. Ich versuchte wieder, Victor auf dem Spielfeld ausfindig zu machen, der in dem Pulk der acht berittenen Spieler steckte. Das Knäuel löste sich, eine Gruppe sprengte dem Ball hinterher. Da, das war er! Abraxas setzte sich im gestreckten Galopp von den anderen ab. Victor stand auf den Zehenspitzen in den Steigbügeln, den Körper nach vorn gebeugt, den Schläger in der rechten Hand.

In diesem Augenblick bemerkte ich den Vogel, der so groß wie eine Krähe sein mochte: Mit schnellem Flügelschlag sauste er dicht über dem Spielfeld dahin. Er schien Victor und seinem Pferd zu folgen. Hatten die Reiter eine Maus aufgescheucht, die dieser Vogel schlagen wollte?, schoss es mir durch den Kopf.

In diesem Moment lehnte Victor sich weit aus dem Sattel und holte mit dem Schläger Schwung. Aus den Augenwinkeln sah ich, wie die Frau neben mir die Hände entsetzt vor den Mund schlug und hörbar die Luft einsog. Sekundenbruchteile nachdem Victor mit dem Schläger den kleinen Weidenholzball zurückgeschlagen hatte, erreichte der Vogel Abraxas, der im Begriff war, abzustoppen und zu drehen. Der Vogel stürzte sich auf den Kopf von Victors Pony, hockte dort für die Länge eines Wimpernschlags. Abraxas stieg hoch, schüttelte den Kopf, um den flügelschlagenden Angreifer abzuwerfen.

Victor hatte nicht den Hauch einer Chance. Kopfüber stürzte er in den Sand.

Ein Aufschrei ging durch die Zuschauer, was alles noch schlimmer machte. Abraxas, dieses Nervenbündel, drehte sich um seine eigene Achse, als tanzte er auf den Hinterbeinen, und trat auf Victor.

Mit schnellem Flügelschlag hatte der Vogel abgedreht und war davongeflogen, direkt über meinen Kopf hinweg. Ich konnte deutlich erkennen, dass der davonflatternde Angreifer ein schmaler Vogel mit hell getupfter Brust war. Während Abraxas wie von tausend Hornissen gestochen davonstob, hatten die anderen Reiter ihre Pferde längst in die Richtung gedreht, in die Victor den Ball geschlagen hatte. Als sich der Staub verzog, blieb Victor allein am Boden zurück.

Es war passiert. Der Vogel aus meinem Traum. Er war gekommen.

Ich brauchte einige Sekunden, um mich von dem Schreck zu erholen, bevor ich mit unzähligen anderen Menschen aufs Spielfeld rannte. Zwei Sanitäter legten Victor unsanft auf eine Trage und liefen davon. Mühsam bahnte ich mir einen Weg durch die Menschen, um ihnen zu folgen.

»Unglaublich, ich habe so etwas noch nie gesehen«, hörte ich einen Mann sagen.

»Ein Falke, der ein Pferd angreift …«, sagte ein anderer fassungslos.

William ließ seinen Sohn mit der eigenen Maschine sofort nach Lagos zurückbringen. Victor hatte Glück gehabt: Abraxas hatte ihn nicht am Kopf getroffen. Trotzdem war Vorsicht geboten, da eine Gehirnerschütterung trotz Sturzhelm möglich war. Victors Unterschenkel war gebrochen, als der Hengst in seinem wilden Paniktanz auf sein Bein getreten war.

»Was ist mit Abraxas?«, fragte Victor im Flugzeug. Niemand hatte ihm zuvor etwas über das Schicksal des edlen Tieres sagen wollen.

»Er hat eine Beruhigungsspritze bekommen«, erwiderte William.

»Warum hat er durchgedreht?«, fragte Victor, der den Angriff des Vogels gar nicht mitbekommen hatte.

»Ein Raubvogel hat ihn angegriffen«, sagte ich, »er hat gescheut.«

»Jesus Christus! Wo kommt da ein Raubvogel her?«

»Es war ein Falke.« Mehr sagte William nicht, und auch Victor schwieg jetzt.

Hatten Falken irgendeine mystische Bedeutung? Warum hatte der Zuschauer so entgeistert gesagt: »Ein Falke, der ein Pferd angreift …«?

»Was bedeutet es, wenn ein Falke ein Pferd angreift, William?«, fragte ich. Aber statt einer Antwort starrte der Chief nur aus dem Fenster. Nicht ein weiteres Wort kam über seine Lippen.

»Ich hätte auf den Mann hören sollen, Liebes, weißt du …«, murmelte Victor nach einer Weile.

»Du meinst, auf den *herbalist?*«

Er nickte. »Er hat mich gewarnt. Ich sollte dem Turnier fern bleiben …«

Allzu viele Gedanken und Gefühle stürzten auf mich ein, die ich erst verarbeiten musste. Dass sich jemand in Victors Verwandtschaft mit einem Falken schmückte, hatte ich Monate zuvor zwar gesehen. Aber Sunny brachte ich in diesem Moment nicht mit dem in Verbindung, was eben geschehen war.

Abraxas konnte nicht mehr bei Poloturnieren eingesetzt werden: Sein linkes Auge war zerstört. Victor blieb nur ein paar Tage zur Beobachtung im Krankenhaus; die Gehirnerschütterung war leicht, das Bein wurde eingegipst.

Vom Zusammenhalt der Frauen

Es vergingen ein paar Tage. Victor verließ das Haus nicht. Mit den Krücken kam er zwar gut zurecht, aber er wirkte verändert. Nicht mir gegenüber, nach wie vor verwöhnte er mich mit inniger Zärtlichkeit. Stundenlang zog er sich in die Bibliothek zurück und las. Bücher über Nigeria, die vielen Glaubensrichtungen der unterschiedlichen Stämme, ihre Gemeinsamkeiten, ihre Konflikte. Als ich eines Tages aus dem Büro heimkam, teilte er mir einen Entschluss mit, der ihn viel Überwindung gekostet hatte. Ich vermutete sofort William dahinter, als er sagte:

»Ilona, wir nehmen die Einladung meines Vaters an. Wir fahren in unser Dorf.«

Eigentlich keine große Sache, dachte ich, nicht ahnend, dass daraus eine Reise zu den Wurzeln afrikanischen Selbstverständnisses werden sollte. Denn das theoretische Wissen aus den Büchern reicht nicht, um dieses Land zu verstehen. Und vor allem, uni aus mir eine Frau zu machen, die künftig mit dem Hoffnungsträger des Stammes zusammenleben sollte. Und wollte.

Im klimatisierten, lederbestuhlten Range Rover chauffierte ich Victor mitten hinein in den Regenwald. Dort, wo William im Gerichtsgebäude Recht sprach – in Fällen wie jenen des jungen Ehemannes, der seine Liebste mit einem anderen Mann im Bett ertappt hatte. Der Bräutigam war überzeugt, seine Frau nur deshalb in flagranti erwischt zu haben, weil er ein *juju* unter der Matratze seines Ehebettes platziert hatte. Es habe das Liebespaar daran gehindert, das Lotterbett rechtzeitig vor seiner Heimkehr zu verlassen. Die Schwiegereltern mussten ihre Tochter zurücknehmen und einen Großteil der Mitgift zurückerstatten.

William lebte nur selten in seinem Palast. Bei seiner Errichtung vor Hunderten von Jahren hatten die damaligen Architekten nicht den Prunk verwendet, der europäische Paläste ziert. Sie hatten aus Lehmziegeln hohe Räume mit abgerundeten Decken geschaffen, die von gebogenen und bemalten Holzbalken getragen wurden. Die schlichten Säle waren nur mit wenigen Möbeln ausgestattet. Der Sinn der Architektur schien zu sein, den Besucher durch die Größe zu beeindrucken. William besaß eine Sammlung traditioneller Kunst. Er unterstützte aber auch junge Bildhauer, indem er ihre farbenfrohen, auf mich naiv wirkenden Plastiken kaufte. Neben den Versammlungsräumen mit langen Tischen und dunklen Stühlen gab es einige rituelle Zimmer, in denen Altäre standen.

Zu einem davon trat William jetzt. Zwischen Kerzen, Muscheln und frischen Blumen stand der Kopf einer Frau, aus dunklem, fein gezeichnetem Ebenholz geschnitzt. Die schöne Frau mit den ebenmäßigen Gesichtszügen stellte Victors Urgroßmutter dar. Diesen unvergleichlich schönen Frauenkopf schenkte William seinem Sohn.

William erklärte, dass die Büste für Victor und seine zukünftige Frau und Kinder geweiht worden sei. Nach seiner Rückkehr nach Lagos solle Victor diese traditionelle Schnitzerei auf einen Altar stellen. Durch den Anblick des Kopfes, meinte William, werde er an seine Vorfahren erinnert und könne so Kraft für seinen Lebensweg daraus schöpfen. »Denke daran, Victor, wir stehen auf den Schultern unserer Ahnen«, mahnte William seinen Sohn. Was das für den von Europa geprägten Victor tatsächlich bedeutete, sollten wir in den nächsten Tagen erfahren.

Eine große Anzahl von Frauen bewohnte den Palast, darunter auch Williams Mutter, die erste Frau seines Vaters, sowie drei Mitfrauen, die sich alle sehr gut verstanden. Während William als anerkannter Clanchef vor allem außerhalb des Palastes das Sagen hatte, regierte seine Mutter im Palast und genoss unumschränkte Autorität über alle Geschicke der Bewohner. Denn Victors Vater hatte nach der Scheidung von seiner englischen Frau nicht wieder geheiratet. Victor war sein einziges Kind geblieben. Über den Grund wurde geschwiegen, aber ich schloss aus einer der üblichen indirekten Äußerungen Victors, dass sein Vater sich kurz nach Victors Geburt einer Hodenkrebs-Operation unterzogen hatte. Umso mehr Bedeutung kam seinem Sohn zu – und natürlich der Frau, auf die Victors Wahl gefallen war.

Entsprechend groß war die Neugier, mit der ich empfangen wurde. Hier zählte plötzlich nicht mehr, dass ich als Managerin in Victors und Williams Firmen erfolgreich war und Victor bei seinen Geschäften beriet. Die Selbständigkeit, die ich mir ein Leben lang erarbeitet hatte, galt hier nicht. Ich war eine unter vielen Frauen. Mahlzeiten durfte ich zum Beispiel nicht mit den Männern gemeinsam einnehmen. Ich hatte mit den anderen Frauen zu speisen oder allein. Während unseres gesamten Aufenthaltes im Palast durfte ich nur einmal mit William und Victor gemeinsam speisen. Mein Schlafraum befand sich im Haus der Frauen; gemeinsame Zeit konnten wir nur in Victors Gemächern verbringen.

Schon bald nach unserer Ankunft fand ein großes Treffen der Männergesellschaft statt, von dem Victor mir berichtete. Dabei brachte Sunny klar zum Ausdruck, dass er Victor nicht als künftigen König akzeptierte, weil Victor zu westlich war und nichts von den Überlieferungen seines Volkes verstand. Zum Beweis seiner Behauptung führte Sunny ausgerechnet mich an. Als Weiße könne ich nicht die erste Frau Victors werden. Eine Heirat mit mir sei nur dann möglich, wenn Victor zuvor eine traditionelle Ehe mit einer 15 Jahre alten Stammesprinzessin eingehe, die gerade ihre Initiation gefeiert hatte.

Dieses Mädchen, das bei Victors Thronbesteigung den Platz von Williams Mutter einnehmen würde, müsste nach alter Sitte als Victors erste Frau im Palast herrschen und den anderen Mitfrauen vorstehen. Falls ich Victors Frau werden wollte, müsste ich mich dieser Frau unterwerfen und es als Selbstverständlichkeit ansehen, falls Victor noch andere Frauen heiraten würde. Die Polygamie, jenes Gespenst, das Johns und meine Ehe ruiniert hatte, grinste mich wieder höhnisch an.

Doch diesmal lief ich nicht davon; ich vertraute Victor weil ich seinen Standpunkt kannte. Wir beide mussten lernen, dass in gehobenen Gesellschaftskreisen Liebe nicht die Privatangelegenheit von zwei Menschen ist. Im Prinzip war damit klar, dass eine Ehe zwischen Victor und mir unter den Bedingungen, die wir uns vorgestellt hatten, unmöglich war: eine Einehe wie in Europa. Victor hatte Sunnys Bedingung zu erfüllen oder auf die Thronfolge zu verzichten. Seine Liebe zu mir also war der Hebel, den Sunny anzusetzen vorhatte, um Victor zum Verzicht zu drängen!

Doch das hätte gleichzeitig Williams Niederlage im Spiel um die Macht bedeutet. Er legte sein Veto als Clanchef ein und schlug einen Kompromiss vor, der nach langer Diskussion von allen Männern in der Versammlung akzeptiert wurde: Während Victor eine traditionelle Einweihung als Stammesmitglied durch eine Initiation erfuhr, bei der er sich mit den Sitten und Gebräuchen seines Stammes vertraut machte, um überhaupt als Nachfolger seines Vaters akzeptiert werden zu können, sollten die Frauen mich in ihre Geheimnisse einweihen. Mir stand eine zweiwöchige Initiation bevor! Sie war die Grundvoraussetzung für ein gemeinsames Leben von

Victor und mir. Es sei denn, Victor verzichtete auf mich oder den Thron.

Victor sah mich zärtlich an. »Sie nennen es das *fathouse*, Liebes. Meinst du, du schaffst es – vierzehn Tage im Dschungel?

»*Fathouse?*« Ich lachte. »Hört sich nicht besonders lecker an.«

»Meine Großmutter meinte, die Frauen genießen die Zeit im *fathouse*. Danach haben wir den Segen von allen, die gegen uns waren. Bald werden wir wieder zusammen sein, Liebes.«

Gleichzeitig mit mir wurde Victor von dem Ältesten seines Stammes zu seiner Initiation abgeholt. In meinem Zimmer erschien eine sehr alte, fast zahnlose Frau, die von einem 16-jährigen Mädchen namens Ifeoma begleitet wurde. Da die Alte nur die Stammessprache beherrschte, übersetzte Ifeoma. Die erste Frage galt meiner Regel. Meine Initiation dürfe nicht während der Menstruation stattfinden, sagte Ifeoma.

Sorgfältig wurde ich von Ifeoma für die Initiation vorbereitet; meine Haare focht sie zu Zöpfchen. Das ganze Kunstwerk verschwand danach unter einer *gele* aus steifem, silberngIänzendem Stoff. Ich erhielt eine silberne Damastbluse und einen Wickelrock aus dem gleichen Stoff. Ifeoma führte mich bis zu einer dichten Hecke aus dornigen Sträuchern und hohem Gras. Vor einer beinahe romantisch und verwunschen wirkenden, schmalen Öffnung in der Hecke machten wir Halt.

Hinter der Hecke erwartete mich eine barbusige Torwächterin, die nur einen weißen Wickelrock trug. Ich überreichte ihr einen speziell gebundenen Blumenstrauß. Die Anfangsbuchstaben der Pflanzennamen bilden das Motto der Frauengesellschaft des Stammes. Ich befand mich nun am Anfang eines Waldes, durch den eine Vielzahl von kleinen Wegen, ähnlich wie in einem Irrgarten, führte. Das dichte Grün der üppigen Vegetation aus Lianen, Farnen, Palmen und Bananenpflanzen schaffte am Boden ein feuchtschwüles Klima, an das ich mich aber bald gewöhnte. Immer wieder tauchten in dem Dschungel furchterregende Gesichter von Holzmasken auf – Menschen, Drachen, Krokodile, sogar Wesen, die wie Einhörner aussahen.

Ifeoma ermahnte mich, keine Pflanzen zu berühren, die ich nicht kannte, und den Weg nicht zu verlassen, da Fußfallen versteckt seien. Hier befänden sich viele giftige Pflanzen. Die Frauen machten es Uneingeweihten oder gar Feinden so schwer wie möglich, sie aufzusuchen. Unter dem weit ausladenden Schirm eines heiligen Irokobaumes war unser Ziel. Darunter stand ein sehr großes Haus aus Lehm, ein wahrer Prachtbau des Urwalds mit umlaufendem Arkadengang und weit vorstehendem Dach. Mit viel Gesang und rhythmischem Klatschen hatten sie mich bis zu diesem Haus gebracht. Ifeoma übersetzte die Worte einer grauhaarigen Alten: Ich sollte mich vor der Dorfältesten hinknien. Die Älteste sprach mich freundlich in Pidgin-Englisch an und bat mich mit weit ausholender Geste, aufzustehen und ins Haus zu kommen. »Willkommen in unserer Gemeinschaft der Frauen, Ilona.«

Nur langsam gewöhnten sich meine Augen an die Dunkelheit. Die Größe des Hauses überraschte mich: Es mochte gewiss zehn mal zwanzig Meter messen, seine Fensteröffnungen waren mit Decken und Stofffetzen verhängt. Entlang den Wänden saßen auf niedrigen Holzbänken Frauen. Ich hatte mich wie die anderen Frauen bis auf einen Wickelrock zu entkleiden. Die seltsam ursprüngliche Atmosphäre ließ Schamgefühl überflüssig erscheinen. Die Älteste hatte sich auf einem Hocker niedergelassen. Der elegant geschnitzte, dreibeinige Hocker, auf dem ich unsicher schwankend die Balance zu halten versuchte, wurde mit Bespuckungen geweiht. Ifeoma kauerte sich auf den Lehmboden und übersetzte.

Ich hatte bereits bemerkt, dass sich in der Mitte des Raums ein großer Gegenstand befand. Es war das Bildnis einer plump wirkenden Göttin, mit Ketten behängt, mit Schnecken und Steinen geschmückt. Neben dieser wichtigsten Statue standen kleinere Skulpturen – Frauen mit Körben auf dem Kopf, Kindern auf dem Rücken, mit riesigen Brüsten ihre Babys säugend. Ein Miniaturabbild des Frauenalltags.

Die Alte stimmte einen Singsang an, murmelte Beschwörungsformeln, ließ mich schließlich einen mit Schlangen geschmückten Metallstab küssen, mit dem sie die große Statue berührte, um ihn anschließend in der Luft herumzuwirbeln. Ihre Helferinnen trugen die Opfer herbei, die in meinem Namen der Göttin dargebracht wurden – ein Huhn, ein Ei, eine Taube, Fisch, Reis, rote Kolanüsse, roter Alligatorenpfeffer und rotes Palmöl. Dazu hatte ich die Beschwörungsformel nachzusprechen. Sie galt dem Schöpfergott, der alle Wesen geschaffen, dem jeder zu danken und den jeder zu ehren hatte.

Dann durfte ich mich in eine der um das Ritualhaus aufgestellten, kleinen runden Hütten zurückziehen. Sie hatten mir sogar ein Bett hineingestellt, auf dem ich schlafen konnte. Eine freundliche Geste der Weißen gegenüber, die mir allerdings schnell klar machte, warum unsere Art von Betten in dieser Umgebung nicht taugen: Sie werden feucht und ungemütlich. Da ist eine Matte auf dem Boden sinnvoller. Einheimische Mädchen mussten früher nach der ersten Periode zur Beschneidung und Schulung in diesen Hütten leben, erklärte mir Ifeoma kichernd: bis zu sieben Jahre lang, bis sie dick genug waren und einen Mann fanden, der sie heiraten wollte.

Fathouse – das war also durchaus wörtlich gemeint. Heute reichen meistens ein bis zwei Jahre, um das angestrebte

Schönheitsideal zu erreichen. In dieser Zeit geht es den Mädchen gut. Im Gegensatz zu ihrem späteren Leben wird ihnen jeder Handgriff abgenommen. Sie werden im Fluss von anderen Frauen gebadet, mit Duftölen massiert, bemalt und geschmückt. Gleichzeitig nehmen sie am Unterricht in Frauenkunde teil. Mein Besuch sollte allerdings weniger dem Erlangen einer gewissen Körperfülle dienen; ich war hier, um die Sitten und Gebräuche des Stammes in der Gemeinschaft mit anderen Frauen im *fathouse* kennen zu lernen.

Mein erster Schritt der Einweihung bestand aus traditionellen Ermahnungen. Die Älteste machte keinen Hehl daraus, dass sie von Sunnys starker Abneigung gegen mich als Weiße wusste. Ich sollte also den Geist der Gemeinschaft verstehen. Im Westen wird der Mensch als Individuum gesehen, in der alten afrikanischen Tradition ist das nicht der Fall. »Deine Beziehungen zu anderen Frauen sind deine Persönlichkeit«, erklärte die Älteste. »Nimm Abschied von deinem Egoismus, der nur sich selbst dient. Du musst Teil der Gemeinschaft werden. Eine reiche Frau ist eine Frau, die reich an Beziehungen ist. Doch die Beziehungen – das sind wir alle untereinander. Wir gemeinsam bilden eine Seele.«

Natürlich stärke der Zusammenhalt die Position der Frauen gegenüber den Männern, die sich in ihren Bünden treffen. Folglich hätte ich mich nicht von den anderen Frauen fern zu halten, sondern die ganze Zeit mit ihnen zu verbringen. Wenn ich als Victors Frau an seiner Seite leben wolle, müsse ich meine Aufgabe zusammen mit den anderen übernehmen, mit ihnen arbeiten, feiern, essen, mein Geld mit ihnen teilen. Ich wollte *Victor* heiraten; doch das hörte sich eher danach an, als würde ich seinen Stamm ehelichen.

»Deine Lebensaufgabe steht bei deiner Geburt fest«, fuhr die weise Alte fort, »aber du musst lernen, sie zu erkennen, um sie erfüllen zu können.« Das klang durchaus sinnvoll, wenn man bedenkt, wie viele Menschen sich in alle möglichen Rauschformen flüchten, weil sie nicht wissen, was ihre Aufgabe ist oder welchen Sinn ihr Leben hat. »Die Traditionen sind dazu da«, erklärte die Alte, »den Kindern den Weg zu weisen. In den Städten lernen sie das nicht mehr. Sie führen ein sinnloses Leben, das ihre Psyche schwächt und sie in den Konsum flüchten lässt. Sie werden Heimatlose, die sich nur dann noch an die spirituellen Kräfte wenden, wenn es ihnen an den Kragen geht.«

Ich selbst habe in Nigeria erlebt, dass in den Städten alle möglichen Formen von Sekten enormen Zulauf fanden. Eine Folge des Wandels von der ländlichen zur industriellen Wirtschaftsform, die den Verlust von Familie, Gemeinschaft und Dorf mit sich bringt. Ich musste auch viel später noch oft an die mahnenden Worte in dem Ritualhaus denken. Damals vernahm ich alles gewissermaßen mit aufgestellten Nackenhaaren. Heute weiß ich, dass die Alte, die im Dunkel neben ihrer dicken Gottheit saß, sehr viel Wahres gesagt hat. Fast überall auf dieser Welt gibt es dieses Dilemma: Großfamilien und Dorfgemeinschaften verschwinden zugunsten von Singleleben und Kleinstfamilien.

Jetzt wollte die Älteste, dass ich mich selbst kennen lernte. Sie führte meine Hand über 16 vor ihr ausgebreitete Kauri-Schnecken, die ich zu bespucken hatte, was mich einige Überwindung kostete. Anschließend warf sie die Kauris. Sie las aus den Schnecken, dass ich es vermeide, mich Konflikten zu stellen. Und sie erklärte: Konflikte kämen meist auf, wenn Dinge anfingen zu stagnieren, wenn das Ego und die Kontrolle unsere Beziehungen beeinflussten. Ich würde zu sehr von der Kontrolle beherrscht. Konflikte seien Zeichen, dass spirituelle Energie gebremst werde. Der Konflikt sei eine Herausforderung, ein Geschenk, das uns helfen solle voranzukommen. Durch den Konflikt könne ich mich selber kennen lernen. Aber nur, wenn ich dem anderen nicht feindlich gegenüberstehe. Ich müsse mich mit ihm zusammentun, um gemeinsam die geistigen Kräfte zu stärken. Dadurch würde ich das Problem aus einem anderen Blickwinkel sehen und zu einer Lösung kommen. In der europäischen Kultur trage man Masken, weil man Angst habe, bloßgestellt zu werden. Und darum bitte man auch niemanden um Hilfe.

Ich hatte leider nichts dabei, um all das aufzuschreiben, aber die weise Frau sagte, wenn die Zeit reif sei, würde ich mich an alles genau erinnern. Und dann solle ich es weitergeben. Denn Wissen, das man allein besitze, mache nicht glücklich.

Die Initiation, die – wie ich nun gelernt hatte – dem Erleben der Gemeinschaft diente, wurde von vielen Feiern begleitet. Bis weit nach Mitternacht wurde zu Trommelmusik getanzt, gesungen, gegessen und auch reichlich Alkohol getrunken. Als eingefleischte Abstinenzlerin hielt ich mich an Wasser, das bräunlich aussah und wie immer eisenhaltig schmeckte. Der Alkohol löste die Zungen, und die Frauen erzählten sich endlos lange Geschichten. Viele handelten von Männern und Sexualität. Mit besonderer Ausführlichkeit widmeten sie sich männlichen Potenzproblemen, für die erstaunliche Lösungen angeboten wurden. Ifeoma verschluckte sich öfters an ihrem Kichern.

Mehr und mehr wurde mir klar, dass die Initiation im *fathouse* die Schule der Frauen war. Es war mindestens so sinnvoll, dass jungfräuliche Mädchen von erfahrenen Frauen Sextipps bekamen, wie sie in richtiger Haushaltsführung zu unterrichten, die vom Einkaufen über Sauberkeit bis zu den Möglichkeiten des Sparens reichte. Oder sie bezüglich Ernährungsfragen, Bodenbearbeitung und – sehr wichtig – dem richtigen Umgang mit Verwandten und Freunden des Mannes aufzuklären. Weitere wichtigen Themen waren: glückliche und zufriedene Partnerschaft, Geburt eines Kindes, Erziehung, Krankheit und Tod. Die Älteste achtete bei mir besonders darauf, dass die praktische Seite stets mit der spirituellen Unterweisung einherging. Beim Ackerbau zum Beispiel ist ein Lernziel, jene Einstellung zu bekommen, die wir vielleicht Demut oder Respekt vor der Natur nennen.

Der Tag des so genannten Erdrituals begann schon sehr früh im Morgengrauen. Wir saßen auf einer Matte am Boden vor der Hütte und aßen aus einer Schüssel gekochte Yamswurzel, die in eine scharfe rote Sauce getaucht wurde. Dazu gab es das rötlich braune Wasser, das Ifeoma aus dem Brunnen in der Dorfmitte geschöpft hatte. Ich hatte an diesem Tag einen braun-orangefarbenen, gebatikten Wrapper und ein dunkelbraunes Kopftuch sowie eine knopflose sonnengelbe Bluse anzuziehen. Ein langer Marsch aufs Feld stand bevor. Am Ziel war der harte Boden umzugraben, eine schweißtreibende Tätigkeit, die ich nicht durchzustehen glaubte. Doch die zarte Ifeoma mit ihren großen Augen und dem Puppengesicht grub eifrig neben mir, und da wollte ich nicht schlappmachen. Die beschworene Gemeinsamkeit!

Anschließend musste ich Yamswurzeln ausgraben, dicke Dinger, die tief im harten roten Lateritboden wuchsen und schwer zugänglich waren. Die Kunst bestand natürlich darin, die Yams im Ganzen aus dem Boden zu holen. Prompt brach mir die obere Hälfte der Wurzel ab, was es noch schwerer machte, an den Rest heranzukommen. Aber am Ende lernte ich es – mit Geduld.

Anschließend ging es an die Zubereitung von *garri,* das in einem mehrtägigen, mühevollen Prozess aus der Cassavaknolle gewonnen wird. Die Knolle wird dazu geschält, mehrere Stunden gewässert und anschließend geraspelt. Die Masse kommt in einen Baumwollsack, der mit Gewichten beschwert wird, um alle Feuchtigkeit herauszupressen. Drei Tage bleibt der Sack in der Sonne stehen, am vierten wird der Inhalt in der

Sonne ausgebreitet, mehrere Stunden getrocknet und anschließend in etwas Palmöl geröstet. Erst danach kann das Pulver in kochendes Wasser eingerührt und als Brei gegessen werden. Ich gebe zu, es gibt bei uns einfachere Methoden, ans Essen zu kommen. Aber wer diese Tortur der Nahrungsbeschaffung mitgemacht hat, der isst hinterher ganz anders …

Die Meditation vor dem Irokobaum verstand ich erst nach Stunden: Ich sollte den Baum nur *ansehen*. Literweise vergoss ich Schweiß, er lief mir in die Augen, ich rieb ihn weg, alles wurde schlimmer. Mühsam suchte ich nach einer halbwegs erträglichen Sitzhaltung, eine Ablagemöglichkeit für die schwer werdenden Arme, die kribbelnden Beine, bis ich in eine Art Yoga-Position hineinfand. Irgendwann kam der Punkt, da vergaß ich meine körperliche Qual. Und begann den Baum tatsächlich zu *sehen*. Die Poren seiner Rinde, die Narben, die Farben, die kleinen Tierchen, die in ihm lebten, das kaum merkliche Spiel des Windes mit den Blättern. Ja, ich hörte den Baum, das leise Knistern der Rinde, die Vögel, die in ihm wohnten.

Am Ende der Meditation lehnte ich mich gegen die raue Rinde meines Baumes, umarmte und fühlte ihn. Das Abendessen nahm ich in den Wurzeln des Baums sitzend ein; die Hälfte ließ ich für den Baum stehen. Die Vögel leerten die Schale. In der Nacht träumte ich tatsächlich, dass ich ein Baum war! Ein ausgesprochen lebendiger Traum, in dem ich eine Weide war, deren Äste tief ins Wasser hingen. Die Alte meinte am nächsten Morgen zu meinem Traum, dass ich mich wohl nach der Ruhe sehne, die ein Baum verströme. Sie sagte, dass der Baum in ihrem Glauben eine symbolische Bedeutung als Verbindung zwischen Himmel und Erde habe. Nach einer langen Zeit der Trockenheit flehen seine kahlen Äste den Himmel um Wasser an.

Ich lernte das Feuerritual kennen, zu dem die Meditation

am offenen Feuer ebenso gehörte wie das Laufen über glühende Holzkohle, nachdem man sich in Trance getanzt hat. Das Ritual für den Wind lehrte, durch das Erklimmen einer Kokospalme die eigene Angst zu besiegen, und schulte nebenbei die Geschicklichkeit. Unglaubliche Konzentration erforderte es, bei Nacht den schnellen Flug der Fledermäuse so zu verfolgen, dass man sagen konnte, wohin sie flogen. Zum Wasserritual gehörten das anstrengende Wäschewaschen am Fluss, die richtige Körperhaltung beim Balancieren der Wassergefäße auf dem Kopf, das Schöpfen von Wasser aus tiefen Brunnen oder das Herstellen von Kämmen und Ketten aus Muscheln. Vielfältige Schönheitsrituale lernte ich dabei kennen, angefangen bei der Herstellung von Pudern, Seifen und Ölen bis zur richtigen Anwendung der Essenzen und Farben. Das Wichtigste dabei war, den eigenen Körper zu schmücken, um zu lernen, ihn wertzuschätzen.

Eine meiner wichtigsten Lektionen war die Bestimmung der mich schützenden Gottheit. Ich erfuhr, dass ausgerechnet die Meeresgöttin *Mammy water* meine Schutzpatronin war, der ich aus diesem Grunde auch dienen und opfern sollte.

»Es kann nicht sein, dass eine *Wasser*göttin meine Göttin sein soll«, rief ich, »ich habe Angst vor Wasser!« Ich berichtete der Alten von jenem traumatischen Erlebnis, als ich sechs Jahre alt war. Damals hatte mich mein Vater mit ins Schwimmbad genommen. »Nun spring rein, Ilona!«, forderte er. Aber ich sprang nicht. Ich hatte Angst. Plötzlich ein harter Stoß ins Kreuz, ein Junge hatte mich gestoßen, ich flog durch die Luft, klatschte ins Wasser, verlor die Orientierung, kam nicht mehr von allein an die Oberfläche. Jemand zog mich raus. Niemals wieder traute ich mich schwimmen. Wenn meine Kinder ins Schwimmbad gingen, wartete ich am Beckenrand mit dem Handtuch. Tiefes Wasser – mein Trauma.

Die Alte schüttelte nachsichtig den Kopf. »Daran siehst du

es doch«, meinte sie, »du hast deine eigenen Wurzeln verloren. Lerne, deine Angst vor dem Wasser zu verlieren, und du wirst entdecken, wer du wirklich bist. Die Angst verstellt dir den Weg zu dir selbst.« Es verging noch viel Zeit, bis ich erkannte, was sie damit meinte.

Denn mein Aufenthalt im *fathouse* war zu Ende. Die Alte gab mir noch ein paar Belehrungen mit auf den Weg, die mein Verstand zwar hörte, die ich aber erst später umsetzen konnte. »Wasser ist das Leben«, sagte sie. Und meinte damit die mystische Bedeutung des Wassers: *Mammy water,* die auch Jemonja genannt wird, als die Mutter allen Wassers, das für Fruchtbarkeit und damit für die Weiblichkeit an sich steht. Die Älteste erklärte mir, was *Mammy water* für mich bedeuten konnte. In der Tat steht diese urmütterliche Göttinnen-Gestalt für etwas, das mir viel bedeutet: Kinderliebe, Häuslichkeit, Fürsorge, verborgenes Temperament, Verzeihen, manchmal Schwermut, die Fähigkeit, Geld zu verdienen, aber gleichzeitig auch, emotionales Wohlergehen höher einzuschätzen als materiellen Wohlstand.

In Afrika eine Göttin als die seine anzuerkennen bedeutet, dieser Göttin zu dienen und ihr zu opfern. Opfern kann man alles Essbare, *Mammy water* zum Beispiel Schaf, Huhn, Taube, gekochten Fisch oder Süßigkeiten, Kuchen, Melonen, Fruchtsäfte.

Am Abend begleiteten die Frauen mich zum letzten Mal zum Fluss, zu einem gemeinsamen, ausgelassenen Bad. Es war eine Zeremonie der Reinigung, die mich als eine geläuterte Frau in meinen Alltag entlassen sollte. Während mich die Frauen im Wasser wuschen, erinnerte ich mich an das Sternzeichen, unter dem ich geboren bin – die Fische. Vielleicht ist das eine der Lehren, die ich aus meiner Zeit in Afrika gezogen habe: soweit wir auch fahren mögen, und was uns auch begegnen mag, wenn wir genau hinsehen, stellen wir fest, dass alles vernetzt ist und zusammengehört. So wie ich, der Fisch mit der Angst vorm Wasser, zu *Mammy water* gehöre …

Mit wie viel Skepsis war ich zu dieser anfangs unfreiwilligen Initiationszeremonie gegangen. Und wie gelöst verließ ich sie! Ich hatte viel über mich selbst erfahren, über andere Frauen, die Gemeinschaft, den Umgang mit anderen und mit mir selbst. Die zwei Wochen im Busch hatten mich nicht nur innerlich sehr verändert, mein Verständnis für die Menschen geweckt. Noch etwas war mit mir passiert: Von diesem Zeitpunkt an trug ich die Liebe zu Afrika in meinem Herzen.

Obwohl das Wort *fathouse* glauben macht, dass man es kugelrund wieder verlässt, hatte ich abgenommen. Das lag nur zum Teil an der ungewohnten Arbeit und am Essen: Mein Körper hatte im übertragenen Sinne abgegeben, was mich belastete.

Bemalt, geschmückt und festlich gekleidet, wurde ich zu meinem sehnsüchtig wartenden Victor gebracht, der überrascht feststellte, dass ich reifer und fraulicher wirkte.

Nach der Überdosis ritueller Gemeinsamkeit genossen Victor und ich das Wiedersehen und zogen uns im Palast in unsere Räume zurück, während unser Initiationsfest vorbereitet wurde. Eng aneinander gekuschelt lagen wir auf einem quietschenden Pfostenbett aus dunklem Holz, umhüllt von Moskitonetzen. Victor genoss den Duft meiner von den Frauen sanft eingeölten Haut. Als wir die Geräusche aus dem großen Hof wahrnahmen, war es draußen schon fast dunkel geworden. Wir hatten nicht bemerkt, dass der ganze Tag vergangen war.

Victor küsste mich auf den Bauch und sagte: »Wenn wir ein Kind bekommen, soll es deinen zweiten Vornamen, Maria, tragen. Bist du damit einverstanden?«

»Und wenn wir einen Jungen bekommen?«

»Das entscheidest dann du«, erwiderte er zärtlich. »Aber ich möchte ein Mädchen.«

III

Eine verlorene Liebe

»Wo viel Böses ist, muss auch Gutes sein.«
(Nigerianisches Sprichwort)

Das Ende eines Traums

Die Schule der Frauen im Busch hatte mich bereit gemacht für einen neuen Anfang. Zwar wusste ich, dass ein Leben mit Victor eine noch viel größere Herausforderung an meine Wandlungsfähigkeit bedeutete als meine gescheiterte Ehe mit John. Aber die Aussicht auf ein Leben mit meinem Prinzen stimmte mich glücklich und verdrängte alle Bedenken, die ich bei nüchterner Überlegung vielleicht gehabt hätte. Während John in den Tag hineinlebte, war Victor sich seiner Verantwortung bewusst. Möglich, dass das auch der Sinn unserer Inititation gewesen war.

Mir hatte diese Erfahrung Kraft gegeben – Victor hatte sie viel Energie entzogen. Er hatte mir schon früher von seiner Internatszeit erzählt, von den großen Schlafsälen, dem Mangel an Privatsphäre, dem Gehorsam, der streng eingefordert wurde. In den zwei Wochen mit den Männern seines Stammes hatte ihn vor allem genervt, dass er sich nicht zurückziehen konnte. Vieles, was er erlebt hatte, bezeichnete er als rückständig. »Jetzt kann ich auch ein Krokodil fangen. Theoretisch zumindest«, sagte er mit einem Augenzwinkern.

Er hatte sich in der Männergesellschaft nicht so geöffnet, wie es mir bei den Frauen gelungen war. Victor war ein Kopfmensch, Rituale amüsierten ihn mehr, als dass er sie ernst nahm. Doch sie gehörten zu einem Leben als Stammes-Chef. Der in ihm schwelende Konflikt zwischen seiner Ausbildung in Europa, die sein Denken bestimmte, und den Plänen, die sein Vater mit ihm hatte, war voll ausgebrochen. Victor spürte, dass er sich entscheiden musste – entweder Europa oder

Afrika. Als Sohn eines Stammesfürsten musste er eindeutig Position beziehen.

Er stand am Fenster und blickte in den Hof, in dem sich bereits viele Menschen zu seiner und meiner Ehre versammelt hatten. Dass er nicht die Kraft hatte, eine Entscheidung zu treffen, begriff ich, als er von mir wissen wollte, ob ich mir vorstellen könne, ganz im Palast zu leben, wenn er Nachfolger seines Vaters werde. Er hoffte wohl auf ein Nein von mir, das seine Entscheidung gegen Afrika erleichtert hätte. Aber Nigeria funktionierte in meinem Inneren nicht mehr auf der naiven Ebene von Bewundern oder Ablehnen. Ich trug dieses Land in mir. Nicht nur die Schule der Frauen, sondern mein Leben in Afrika und die vielschichtigen Erlebnisse hier hatten mir meine alte Stärke zurückgegeben. Guten Gewissens hätte ich antworten können, dass ich die Herausforderung an Victors Seite annehmen würde. Aber das sagte ich ihm nicht.

Denn es war eine dieser Fragen, die ich nicht sofort mit Ja oder Nein beantworten konnte. Zu viel spielte hinein. Ich hatte es doch selbst in der Schule der Frauen erlebt: Rituale müssen gelebt, nicht von außen beobachtet werden. Nach Victors Worten hatte er sich seiner Initiation nicht wirklich hingegeben. Und das war den anderen Männern mit Sicherheit aufgefallen.

Ich sah den toten Stallburschen, den hingemetzelten Hund und nicht zuletzt den heimtückischen Angriff des Falken vor mir, hörte die Warnung von Mila, der Beraterin, die mein Glück in Gefahr gesehen hatte. Sicher, ich konnte keine Beweise, keine Tatsachen vorbringen. Aber meine Gefühle! Gleichzeitig weigerte ich mich, meine Gefühle Entscheidungen von soweitreichender Bedeutung treffen zu lassen: Es ging nicht nur um Victor und mich, sondern um seine Stammesleute. Deshalb musste er selbst die Entscheidung treffen; ich durfte ihm dabei nur helfen.

»Ich möchte mit dir alt werden«, sagte ich und legte meinen Kopf an seine Schulter, »egal wo du lebst. Möchtest du denn wirklich für immer hier bleiben?«

»Ich will auf jeden Fall mit dir zusammen sein – mein Leben lang«, erwiderte er zärtlich und streichelte meine immer noch zu Zöpfchen geflochtenen Haare. »Nur ob ich hier leben will – das ist eine andere Frage. Du musst wissen, wenn ich mich entscheiden sollte, von hier wegzugehen, wird Sunny dafür sorgen, dass der Rat der Ältesten meinen Vater zum Verzicht auf den Chieftitel drängt. Erst wird Sunny regieren und dann sein Sohn Akpoviroro. Sunny wäre schon ein unwürdiger Nachfolger, aber mein Vetter Akpoviroro – der wäre die glatte Katastrophe.«

»So schlimm?«

»Ja. Ihm schien es ein richtiges Vergnügen zu machen, dem lebenden Krokodil das Herz aus dem Leib zu schneiden. Ich sage dir – indiskutabel.«

Victor redete von seinem Vetter wie von einem Wilden! Ihm kam nicht in den Sinn, dass das Töten des Krokodils ein ritueller Akt gewesen sein könnte. Da war nur Unverständnis. Mir fiel mein kleiner Sohn Bobby ein, ein Mischling wie Victor, der sich an Weihnachten hinter Omas Rücken versteckt hatte, als er die schwarze Köchin sah. Nur eine kleine Äußerlichkeit, aber bezeichnend.

»Was willst du wirklich, Victor?«, fragte ich noch einmal. »Geht es dir nur darum zu verhindern, dass Sunny und sein Sohn die Plätze von deinem Vater und dir einnehmen?«

»Ich darf meinen Vater nicht enttäuschen«, antwortete Victor. Es klang fast trotzig.

»Dein Vater ist ein kluger Mann. Er hat doch auch Augen im Kopf und sieht, dass du mehr ein Europäer bist. Warum sollte er dann wollen, dass du ein Leben führst, das nicht zu dir passt? Im *fathouse* haben sie mir beigebracht, dass man einen Konflikt gemeinsam mit seinem Gegner lösen muss. Ihr habt doch so eine große Familie, Victor, gibt es denn da nicht einen anderen, der als Nachfolger deines Vaters denkbar wäre und den Sunny akzeptieren würde?«

Erst stieß Victor verächtlich die Luft aus, dann sah er mich mit seinem samtweichen Blick an und küsste mich. »Du hast wirklich gut aufgepasst im *fathouse«*, meinte er lächelnd, »oder ist das deine angeborene Diplomatie?« Er zog mich liebevoll an meinen Zöpfchen zu sich. »Vielleicht einer meiner anderen Vettern: Opele. Mit ihm kann man vernünftig reden. Opele liebt Afrika und unsere Kultur. Er hat auch in den USA gelebt und dort Jura studiert. Er besitzt eine eigene Rechtsanwaltskanzlei in Calabar. Opele ist nicht übel, er hat viel von der Welt gesehen, ist intelligent und ausgleichend. Er versteht die weiße und die afrikanische Welt.«

»Kannst du deinem Vater nicht vorschlagen, Opele zu seinem Nachfolger zu machen?«

»Ich weiß nicht, ob das überhaupt möglich ist, Ilona. Ich kann dir nicht sagen, wie mein Vater auf so eine Idee reagieren würde. Er müsste dann auch erst die Ältesten überzeugen, dass dies das Beste für die gesamte Gemeinschaft wäre.«

Irgendwie hatte ihn mein Vorschlag nicht begeistern können. Glaubte er am Ende, dass ich ihm nicht zutraute, ein guter oder, wie er selbst gesagt hatte, gerechter Herrscher sein zu können? Hatte ich ihn vielleicht sogar beleidigt? »Du nimmst mir meine Worte doch nicht etwa übel?«, fragte ich sanft. »Weißt du, ich glaube nur, dass du zu viel von dir selbst aufgeben musst, wenn du hier leben willst.«

Victor war mit seinen Gedanken schon ganz woanders. Doch als er zu sprechen begann, wusste ich, dass er meinen Vorschlag umsetzen wollte. »Zunächst einmal müsste ich mit meinem Vater beratschlagen, ob er mit deiner Idee einverstanden wäre, um dann gemeinsam mit Opele darüber ein

Gespräch zu führen. Falls Opele einverstanden ist, kann der Ältestenrat in unseren Plan eingeweiht werden, der dann über das weitere Vorgehen zum Wohle der Gemeinschaft entscheiden muss …«

Der Hof war voller festlich gekleideter Menschen. Ifeoma hatte mich abgeholt und zu meiner alten Lehrerin gebracht. Sie steckte mich in einen hübschen weißen, golddurchwirkten Wrapper mit dazu passender Bluse und Kopftuch. Victor trug einen traditionellen weißen, afrikanischen Anzug aus spitzendurchbrochenem, leichtem Material. Er wirkte so groß und so zart, so würdevoll.

Während des Essens hatte ich mit den Frauen zu speisen. Ich saß neben Williams und Sunnys Schwester Betty, die ich von Williams »kleiner« Party in Lagos kannte. Ihre Stola hatte ich ihr immer noch nicht zurückgeschickt. Aber sie vermisste sie nicht. Sie erzählte mir, dass sie ihren Wagen ihrem Sohn geliehen habe und jemanden suche, der sie nach Benin-City mitnahm. Da Benin-City auf dem Weg nach Lagos lag, konnte ich mich nun für Bettys Hilfe revanchieren. Ich bot ihr an, dass Victor und ich sie am nächsten Tag in Victors Range Rover nach Hause fahren würden.

Betty machte mich mit zahlreichen Frauen bekannt, die mich über mein Leben ausfragten. Dass ich im *fathouse* gewesen war, begeisterte alle. Allerdings verstanden sie nicht, dass ich es als selbstverständlich ansah, Victors einzige Frau zu sein. Ein Mann wie er brauche doch viele Nachkommen! Zusammen mit Victor hatte ich oft über das Thema Kinder gesprochen. Er sah Janet und Bobby als seine Kinder an und wollte nur noch eine kleine Maria und später vielleicht einen kleinen Victor. Zwei Nachkommen fanden die Frauen zu wenig für einen Stammes-Chef. Sunny, so erfuhr ich, hatte vier Ehefrauen und einige Geliebte. Es seien so viele, kicherten die

Damen an meinem Tisch, dass er gar nicht die Zeit habe, seine vier Ehefrauen in den richtigen Zeitabständen regelmäßig aufzusuchen. Trotzdem seien sie stolz, Sunnys Kinder zu gebären. An Williams Ehe- und Kinderlosigkeit nach seiner Scheidung in Europa übten sie indirekt Kritik. Doch William galt als gerechter und zu respektierender Stammes-Chef; keine Frau hätte es gewagt, ihn offen zu kritisieren.

Während des Festes beobachtete ich Sunny unauffällig. Er mischte sich zwar ständig unter die Männer, gleichzeitig stellte er aber auch den jungen Mädchen nach. Ein machtbewusster Pfau.

Victor war während des ganzen Festes nicht an meiner Seite. Erst gegen Abend kam er zu mir, um ungestört mit mir zu reden. »Mein Vater ist bereit, mit Vetter Opele zu sprechen. Wir werden also gleich morgen zu Opele nach Calabar fliegen. Die Familie darf von unserem Besuch aber noch nichts wissen. Wir müssen geschickt vorgehen.«

Nur Victor und sein Vater, der sein Flugzeug selbst steuern wollte, würden nach Calabar fliegen. Ich kannte diese Gegend, denn wir hatten dort in den Sümpfen nach jenen Fässern gesucht, die sich später als Sunnys Müll entpuppten.

Ich informierte Betty, dass ich mit ihr allein nach Benin-City fahren würde, weil William und Victor nach Lagos flogen. In Windeseile machte diese Nachricht an unserem Tisch die Runde. Keine der Frauen hätte sich getraut, diese stark befahrene Strecke ohne Mann oder Chauffeur zu fahren.

Am nächsten Morgen brachten Betty und ich William und Victor zum Airport nach Warri, wo Williams Maschine aufgetankt bereitstand. »Ich werde morgen Abend bei dir in Lagos sein, Ilona. Mach dir keine Sorgen«, sagte Victor zum Abschied und küsste mich lange.

»Wenn ihr herausfinden solltet, dass Opele kein Interesse

daran hat, Williams Nachfolger zu werden, dann wird es für uns einen anderen gemeinsamen Weg geben, nicht wahr, mein Schatz?«, flüsterte ich Victor zu.

Da sagte Victor einige Sätze, die ich nie vergessen werde: »Du bist eine starke Frau, Ilona. Nur ich bin in letzter Zeit viel zu schwach. Ich muss meine alte Stärke wiederfinden. Darum werde ich meinem Onkel zeigen, dass ich mich von ihm nicht einschüchtern lasse. Es muss endlich Schluss sein mit all den seltsamen Dingen, die in letzter Zeit passiert sind. Unser gemeinsames Leben wird wunderschön werden. Das verspreche ich dir.«

Auch William umarmte mich, und dann gingen die beiden zu ihrer kleinen Maschine, die in der heißen Sonne wartete.

Victor drehte sich noch einmal um und rief: »München oder London? Was würde dir besser gefallen?«

»Wo du willst. Solange du bei mir bist!«, rief ich zurück.

»Überall und immer«, schrie er und lachte mir winkend zu.

Beinahe übermütig humpelte er mit seinem eingegipsten Bein zum Flugzeug, als wäre eine schwere Last von ihm abgefallen. Ich stand lange auf dem Rollfeld und winkte der Maschine hinterher, bis sie nur noch ein kleiner Punkt am Himmel war.

»Liebe ist etwas Wunderbares«, kommentierte die runde Betty und seufzte schwer.

Die Fahrt nach Benin nutzte ich dazu, um mit Betty, Williams jüngerer Schwester, über Victors Sorgen zu sprechen. Ich berichtete von den seltsamen Anschlägen auf Victor, erzählte von dem Besuch beim *herbalist*.

»Er ist ein kluger Mann, dessen Voraussagen eintreffen«, sagte Betty in ihrem Pidgin-Englisch, in dem die Worte eine ganz simple Bedeutung haben. »Aber der Rat des Weisen nützt nur dem, der weise genug ist, ihn zu befolgen. Du liebst

Victor, aber der Junge kennt die Kultur unseres Landes nicht wirklich.« Sie sprach ganz offen darüber, dass sie sich mit Sunny anders als mit William nicht besonders verstand. »Es ist nicht möglich, Sunny ganz aus dem Weg zu gehen. Aber es gibt natürlich Mittel, seine Machenschaften aufzuhalten.«

Ich wurde neugierig. Was meinte sie?

»Alles ist miteinander verbunden, mein Kind. Sunny macht sich dunkle Mächte dienstbar. Aber jede dunkle Kraft hat eine Kraft, die gegen sie wirkt. Wenn Victor mir von seinem Problem erzählt hätte, so hätte ich ihm geraten, unsere Götter um Rat zu fragen. Sie würden ihm den Weg weisen.«

Einen anderen Nachfolger für William vorzuschlagen, wehrte sie allerdings mit einer sehr weiblich-afrikanischen Antwort ab: »Das ist eine Angelegenheit der Männer. Du wirst das noch lernen, Ilona. Wir Frauen haben andere Aufgaben, als uns um Fragen der Macht zu kümmern.«

»Aber das betrifft mich doch auch, Betty. Victors Leben ist *mein* Leben!«, warf ich ein.

»Victor wird dir sagen, wie dein Leben verlaufen wird«, entgegnete sie.

Ich beschloss, dass es besser wäre, mich mit ihr über meine Initiation zu unterhalten. Die Fruchtbarkeitsgöttin *Mammy water* war nämlich auch Bettys persönliche Göttin. Sie erzählte, dass sie regelmäßig in ein Dorf im Regenwald fahre, um dort eine Priesterin des Kultes aufzusuchen. Denn die Kraft der Frauen stärke sie.

»Wenn du nicht mehr weiterweißt, mein Kind«, sagte sie, als ich sie vor ihrem Haus absetzte, »dann komm zu mir. Ich bin immer für dich da.«

Gegen Abend kam ich endlich in unserem Haus in Ikoyi an. Lange suchte ich nach einem geeigneten Platz für den schönen Frauenkopf, der Victors Urgroßmutter darstellte. Ich entschied mich, den Altar in einer Ecke unseres Schlafzimmers auf einer alten Kommode herzurichten, und schmückte ihn mit Blumen, Flusskieseln, Muscheln, einer Schale Wasser und frischem Obst, wie ich es bei den Frauen im Wald gelernt hatte.

Victor hatte mir seine Rückkehr für den folgenden Tag versprochen. Aber mich trieb eine unbekannte Unruhe durchs Haus. Während des folgenden Tages rief ich den Flughafen von Calabar wiederholt an, doch Williams Maschine war nicht gelandet. In Afrika ist es nicht Sitte, dass Frauen ihren Männern hinterhertelefonieren. Ich tat es trotzdem. Niemand gab mir Auskunft. Als es bereits dunkelte und Williams Maschine immer noch nicht wie geplant in Lagos gelandet war, machte ich schließlich die Telefonnummer des Rechtsanwalts Opele in Calabar ausfindig. Die Kanzlei war natürlich geschlossen. Mittlerweile war es Nacht geworden. Meine Nervosität stieg. Simon litt mit seiner weißen Chefin, die wie ein Tiger im Käfig herumlief. Wenn ich die Flugkontrolle des Privatflughafens in Lagos anrief und meinen Namen nannte, sagten sie bloß noch: *»No Madam.«*

Es war lange nach zehn Uhr nachts, als das Telefon schrillte. Ich war noch vor einem der *boys* am Apparat. Es war die Flugkontrolle in Lagos. Meine Anrufe waren ihnen so auf den Wecker gegangen, dass sie nachgeforscht hatten. »Das Flugzeug wird vermisst, Ma'am«, sagte der Mann in gutem Englisch.

»Seit wann?«, fragte ich atemlos.

»Seit gestern Abend. Der Flughafen von Port Harcourt hat mit dem Piloten gegen Mittag gesprochen. Als die Maschine am Abend immer noch nicht in Calabar eingetroffen war, wurde sie als vermisst gemeldet.«

»Das ist vierundzwanzig Stunden her«, sagte ich, »und seitdem gibt es kein Zeichen?«

»Tut mir Leid, Ma'am.«

Ich ließ mich auf eines der Ledersofas fallen, die Victor so gemocht hatte. In mir war alles leer, wie ausgelöscht. Seit 24 Stunden wurde Victor vermisst! Vielleicht war das Flugzeug nicht sehr hoch geflogen. Vielleicht war William eine Notlandung auf einem der vielen Seitenarme des Niger geglückt. Allerdings hatte ich selbst in den Sümpfen das Brackwasser, das Ungeziefer und die Krokodile gesehen, die kaum erträgliche Hitze gespürt. Konnten William und Victor dort überleben? Vor Angst fast wahnsinnig, irrte ich durch das Haus. Keiner unserer Angestellten blieb im Bett. Während einige um das Leben von Victor und William beteten und laute Klagegesänge anstimmten, entfalteten andere Aktivität. Wie ein Lauffeuer sprach sich die entsetzliche Nachricht mitten in der Nacht herum. Femi war sogar zu Abiola gefahren und brachte ihn morgens um drei zu mir.

»Wir werden Suchtrupps zusammenstellen«, sagte Abiola, »mit kleinen Schiffen die Sümpfe durchkämmen. Wir werden sie finden. Eine kleine Maschine, die in den Mangrovensümpfen niedergeht, hat durchaus Chancen davonzukommen.« Abiola meinte es gut. Er hatte so lange in Deutschland gelebt, dass ihm der westliche Pragmatismus in Fleisch und Blut übergegangen war.

»Danke, Abiola. Du bist ein richtiger Freund.« Ich lehnte meinen Kopf an seine Schulter und heulte. Endlich löste sich der Schock des Anrufs in Tränen. Tränen, die nicht halfen. Trauer schnürte mir den Hals zu. Wie hatten Victor und ich um unser Glück gerungen, um es in Einklang zu bringen mit den Anforderungen, die der Clan an ihn stellte! Wir hatten einen Weg gefunden – und nun sollte mit einem Schlag alles zu Ende sein!?

Unser gemeinsames Leben wird wunderschön werden. Das verspreche ich dir. Immer wieder hörte ich die Worte Victors.

Die schönsten Augenblicke unserer kurzen Liebe flogen wie ein Film vor meinem inneren Auge dahin. Abiola sprach tröstend auf mich ein, und ich wollte seinen Worten Glauben schenken. Aber dann sah ich Victor vor mir: Mit seinem Gipsbein humpelte er zu Williams kleiner Maschine.

Ich hob den Kopf und sah Abiola tränenblind an. »Victor kann nicht schwimmen, er hat doch einen Gips!«

Die Maske des Leoparden

Es heißt, dass der Mensch hofft, solange er lebt. Und die Hoffnung ist die Kraft, die mich treibt. Darum wollte ich Victor nicht aufgeben und fuhr mit Abiola am nächsten Morgen in aller Frühe los. Femi bestand darauf, mich zu fahren, weil ich so nervös war. Im Gepäckabteil des klimatisierten Range Rover warteten Victors verbliebene zwei Dobermänner auf ihren größten Einsatz – ihr Herrchen zu suchen. Doch zuerst mussten wir herausfinden, wo die Maschine ungefähr notgewassert sein konnte, damit die Hunde Victors Spur aufnehmen konnten …

Es war eine Tagesreise, während der ich für die Schönheit der Landschaft zum ersten Mal kein Auge mehr hatte. Ich wollte die Polizei in Port Harcourt aufsuchen, einer großen Stadt zwischen Warri und Calabar mit eigenem Flughafen, doch Femi fuhr zu einem dieser namenlosen Orte im Regenwald. Wir hielten vor einem lehmfarbenen Gebäudekomplex, der von einer mannshohen Mauer umgeben war. Da ich dachte, er würde uns zur Polizeistation bringen, war ich umso erstaunter, als Victors Onkel Sunny uns begrüßte. Er hielt seine Augen hinter einer goldgefassten großen Sonnenbrille verborgen.

»Willkommen in meinem *compound*«, sagte er mit seiner hohen Stimme.

Ich spürte ohnmächtige Wut in mir aufsteigen. Warum hatte Femi mich zu Sunny gebracht? Was sollte ich hier?

Sunny spielte erst mal die Rolle des guten Freundes, legte die Stirn in dicke Dackelfalten und schüttelte meine Hand.

»Ilona, das ist ein schwerer Schlag für Sie, ich weiß. Möge Gott uns gnädig sein und uns helfen, die beiden wohlbehalten zu finden. Victor hat in Ihnen eine so starke Frau gefunden. Gott segne Sie.«

So ein verlogener Kerl! Intrigiert hatte er gegen mich! Ich kämpfte meine Gefühle nieder und riss mich unglaublich zusammen. »Danke für Ihr Mitgefühl, Chief Sunny«, sagte ich. »Es wurde also noch keine Spur von dem Flugzeug gefunden?«

Statt einer Antwort kam ein schmächtiger Polizist in gebügelter Uniform, bei dessen Anblick ich mich fragte, ob er gerade aus dem Kühlschrank gestiegen war. Mit Sicherheit hatte er nicht in der feucht-warmen, moskitoverseuchten Hölle da draußen nach William und Victor gesucht. Und so war es auch. Aber er behauptete, dass seine Kollegen unermüdlich im Einsatz seien.

»Wie viele Polizisten suchen denn, Sir?«, fragte ich.

»Es sind zwei, Missis.«

»Z ... zwei?« Ich glaubte, nicht recht zu hören. Zwei in diesem gigantischen Gebiet!

»Zwei Teams«, sagte Sunny schnell.

»Ja, Chief Sunny, wollte ich sagen: zwei Teams.«

»Sir«, sagte ich zu dem Polizisten, »sollte man nicht mehrere Suchtrupps zusammenstellen, die mit Kanus die Seitenarme absuchen und ...«

»Ma'am, das ist Polizeiarbeit«, unterbrach mich der Polizist und blickte mich streng an.

»Nein, nein, lass Madam nur.« Sunny grinste. »Wir sollten alles tun, um William und Victor zu finden.«

»Hubschrauber, Suchflugzeuge! Haben Sie so was nicht?«

»Machen Sie sich keine großen Hoffnungen, Ma'am. Wenn ein Mann in diesem Gebiet nicht gefunden werden will, wird er nicht gefunden«, erwiderte der Polizist.

Ich schluckte. Was meinte er damit? Nicht gefunden werden will? Sunny hob seinen schwarzen Stock und breitete die Arme aus. »Ilona, vielleicht können Sie es dem Polizisten erklären. Ich kann es nicht. Als William und Victor aus Warri abflogen, sagten sie, sie wollten nach Lagos. Ein paar Stunden später meldeten sie sich in Port Harcourt.« Er grinste. »Das ist die andere Richtung. Osten statt Westen. Finden Sie das nicht seltsam? Oder wollte Victor nachsehen, ob er noch irgendwo ein bisschen Dreck in den Sümpfen findet?«

Wie konnte dieser Mann so von Victor sprechen, um dessen Leben ich bangte! Das war kein Spott. Das war Hass!

Sunny schnalzte mit der Zunge, wog den schweren Kopf hin und her. »Wir wissen beide, dass die Dinge für Victor in der letzten Zeit nicht gut liefen. Unsere Geschäftspartner in England und Holland fragen sich auch schon, zu welcher Seite er eigentlich gehört. Er hätte nicht überall herumlaufen und sagen dürfen, unser Land würde durch sie kaputtgemacht.«

So lagen die Dinge also. Sunny hatte die Verhältnisse kurzerhand in ihr Gegenteil verkehrt. Seiner Meinung nach waren Victor und sein Vater nicht abgestürzt, sondern hatten sich abgesetzt. Ich kochte vor Wut, sah aber ein, dass jetzt nicht der richtige Zeitpunkt für einen Streit mit einem Mann wie Sunny war, der einen frischgebügelten Polizisten wie eine Marionette plappern ließ. Auf keinen Fall wollte ich Sunnys Angebot annehmen, in seinem Haus zu übernachten. Ich ließ mich und Abiola von Femi in ein sündteures und dennoch einfaches Hotel fahren.

Im Auto platzte mir endlich der Kragen, meine Verzweiflung hatte sich in Zorn gewandelt, den Femi zu spüren bekam. Ich stellte ihn barsch zur Rede, warum er mich zu Sunny gebracht hatte.

»Ich musste es tun, Ma'am. Es tut mir Leid. Chief Sunny

ist ein mächtiger Mann, er hat mich darum gebeten, Sie zu ihm zu bringen.« Femi erzählte mir, wie Sunny »bittet«. »Er hat einen seiner Männer zu mir geschickt, Ma'am. Der Mann hat gesagt, wenn ich nicht tue, was Chief Sunny sagt, wird Ogun böse auf mich werden. So wie er böse auf Chief Victor geworden ist.«

Ich wurde hellhörig. Ogun, den kannte ich noch nicht. Statt Femi antwortete Abiola; er sprach Deutsch mit mir. »Das ist ein mächtiger *orisha*. Im Süden von Nigeria gibt es kaum einen Stamm, der nicht vom Einfluss Oguns überzeugt ist.«

Da war er wieder, der Glaube der Afrikaner an ihre Götter! »Und welche Aufgabe hat Ogun?«, fragte ich auf Englisch, damit auch Femi die Möglichkeit hatte zu antworten.

Abiola erklärte auf Deutsch: »Seine finstere Seite ist, dass er Unfälle verursacht. Femi hat mitgeteilt bekommen, dass Victors Flugzeug durch das Wirken böser Kräfte abgestürzt ist. Nun hat er Angst.«

»Aber, Abiola, das ist doch ein übler Trick. Nichts weiter! Da erscheint einer, der den. Namen irgendeines *orisha* ausspricht, und schon zucken alle zusammen. Femi arbeitet seit zehn Jahren für die Weißen! Der kennt doch beide Seiten!«

»Das mag ja sein, Ilona. Aber wer sagt Femi, dass Ogun nicht wirklich seine Hände im Spiel hatte? Du etwa?«

Mir fielen Victors Worte ein, nachdem er aufgebracht die Hütte des *herbalist* verlassen hatte: »Der *herbalist* sagt, schwarze Magie werde gegen mich eingesetzt. Lachhaft!«

Nein, es war alles andere als lachhaft. Der Abgesandte Sunnys hatte ziemlich unverhohlen mit schwarzer Magie gedroht, mochte ich selbst an ihre Existenz glauben oder nicht. Letzten Endes hatte ich mich statt im Revier der Polizei in Sunnys Haus wiedergefunden. Das ist wahrscheinlich die wahre Kraft schwarzer Magie: der Glaube daran ...

Auch am nächsten Tag hatte niemand eine Suche aus der Luft eingeleitet. Das sagte mir der gebügelte Polizist natürlich nicht offen ins Gesicht. Es reichte, dass er schwieg.

Sunny hatte mich erneut in seinen äußerlich schlichten Palast gebeten, der im Inneren einem Museum für afrikanische Volkskunst glich. Die Räume waren voll gestopft mit alten Schnitzereien, schmalen Holzfiguren und Masken mit teilweise fratzenhaft verzerrten Gesichtern, offenkundig dazu bestimmt, dem Betrachter Angst einzuflößen. Vorsichtig nahm Sunny eine Bronzemaske von einem Metallständer. In seinen großen, groben Händen wirkte das Kunstwerk zerbrechlich. Trotzdem ging von ihm eine Bedrohlichkeit aus. Beinahe liebevoll streichelte er die Maske.

»Der Geist des Leoparden«, sagte er würdevoll. »Die Maske diente einst einem *oba* zur Abschreckung der bösen Geister.«

Das konnte ich gut verstehen! Sunny hielt die Maske kurz vor sein Gesicht und zog sie wieder weg. Mit seinen kräftigen Zähnen grinste er mich an. »Der Leopard ist ein Tier, das die Jäger verehren. Es jagt in der Nacht. Man kann viel von ihm lernen. Der Leopard verändert immer wieder seine Jagdtechnik. Und dann schlägt er zu – wenn die Beute nicht mehr damit rechnet.« Das Grinsen seines großen Mundes wirkte ebenso maskenhaft, blieben Sunnys Augen doch hinter der dunklen Brille verborgen.

Er stellte die Maske behutsam wieder auf ihren Platz. Mit einem leicht lehrerhaften Ton fuhr er fort: »Wissen Sie eigentlich, dass in dieser Gegend schon vor über tausend Jahren solche Abgüsse hergestellt wurden? Aus Zinn, Blei und Kupfer. Für dieses Stück hier würde mir heute jedes Museum auf der Welt ein kleines Vermögen bieten. Aber es ist natürlich nicht verkäuflich.« Er nahm die Brille ab. »Ihr Weißen denkt, Afrika hätte eine primitive Kultur. Weil wir an so viele

Götter glauben. Weil wir Hühner und Ziegen opfern. Ist es nicht so, Ilona?«

»Was Menschen nicht verstehen, lehnen Sie ab. Das ist doch normal, Chief Sunny«, hielt ich mutig dagegen, konnte aber nicht umhin, ihm insgeheim Recht zu geben. Natürlich empfand auch ich seine kostbare Maske eher als angsterregend und hätte sie mir deshalb bestimmt nicht in mein Haus gestellt.

»Sie haben Recht. Wenn ihr Weißen das so seht, ist das normal«, entgegnete er. »Was mich ärgert, sind Afrikaner, die ihre eigene Kultur verleugnen. Sie leben alleine in westlichen Häusern, um die sie hohe Zäune ziehen und die sie bewachen lassen. Sie tragen Anzüge aus London und Schuhe aus Mailand und vergessen ihre Brüder und Schwestern.« Er sprach ganz offenkundig von William und Victor. »Und dann erzählen sie uns, die wir in der Tradition unserer Ahnen leben, dass wir alles falsch machen!« Das Grinsen war aus seinem Gesicht gewichen. »Was hat Victors westliche Erziehung genutzt? Was haben die Wachen zu seinem Schutz ausgerichtet, die Hunde? Nichts haben sie geholfen! Die Geister kann man nicht mit Hunden verjagen! Man muss sie respektieren und besänftigen.«

»Sie leben mit den Geistern der Ahnen?«

»Ist das falsch, weiße Frau? Meinen Sie, ich sollte sein wie mein Bruder?«, fragte er schroff.

»Nein«, beeilte ich mich zu sagen, »aber Victor gehört einer anderen Generation an.«

»Es gibt auch viele Männer seiner Generation, die im Einklang mit Traditionen leben«, beschied er mich.

Zum Abschluss seiner privaten Museumsführung standen wir vor einem mannshohen Abbild Sunnys. Es war eine buntnaive Darstellung des gedrungenen Chiefs, die den Betrachter aus starren Augen anglotzte.

»So arbeiten die Künstler von heute. Ihr Material ist der Zement. Sehr haltbar«, grinste er, während er die Statue tätschelte.

Als wir uns zum Essen niedergesetzt hatten, sagte er: »Ich habe Sie um diesen Besuch nicht gebeten, um Ihnen meine Kunstschätze zu zeigen. Es geht nicht um die Vergangenheit, sondern um die Gegenwart.« Während Sunny sprach, stopfte er sich mit den Händen *garri*-Brei, den er in rote Sauce getunkt hatte, und Hühnchen in den Mund. »Bruder William sprach voller Lob und Anerkennung von Ihrer Arbeit. Ich möchte, dass Sie weiterhin Geschäftsführerin bleiben. Um Ihnen einen Anreiz zu geben, verdopple ich Ihr Gehalt. Sind Sie einverstanden?«

Ich war sprachlos. Einverstanden? Als ob es darum gegangen wäre! Ich lebte mit der Hoffnung, dass Victor wiedergefunden wurde. Und dieses Raubein trat bereits als Nachfolger von William und Victor auf. Meine Gefühle, meine Trauer interessierten diesen Mann nicht. Betreten starrte ich auf meinen Teller. Niemals war mir ein Mensch begegnet, der mich derart herablassend behandelt hatte. Mein Gehalt verdoppeln! Was interessierte mich das jetzt, wo ich einen Mann vermisste, der mein Leben bedeutete, meine Liebe. Und Sunny wollte mich kaufen. Wie all die anderen, die er sich gefügig machte. Angst und Geld – das war die Welt eines Sunny.

»Na, wollen Sie oder nicht? Das ist doch eine ganz einfache Frage. Ja oder nein?« Er stippte sein *garri* in die rote schleimige Suppe, die ich vorsichtshalber nicht anrührte. Es gab eine Menge Fragen zu klären. Und Sunny reduzierte alles auf Ja oder Nein! Es gab ja noch nicht mal eine Spur von den Vermissten. Während Sunny sich schon daranmachte, mich als seine Untergebene zu behandeln.

Er musterte mich über das Essen hinweg mit seinen unergründlichen, etwas schrägen schwarzen Augen. Was sollte ich antworten? Nein? Dann wäre ich sofort aus dem Spiel gewesen. Sunny hätte einen Grund gehabt, mich aus dem Haus in Ikoyi zu schmeißen. Kurz: Ich hätte nichts mehr über Victors Verbleib erfahren. Zu diesem Zeitpunkt hielt ich es noch für möglich, dass er wieder auftauchte. Vielleicht, dachte ich, schafft er es, sich zu einem der kleinen Dörfer am Fluss durchzuschlagen. Gerade die Frechheit, mit der Sunny auftrat, ließ mich umso mehr an meiner Hoffnung festhalten.

Es konnte also nur eine Antwort geben, wenn ich nicht den Anschluss an die weiteren Entwicklungen verpassen wollte. Unverblümt und dennoch so, als würde es für ihn eine große Belastung bedeuten, tat Sunny kund, dass er der Erbe von William und Victor sei. Aber Victor und William waren bislang nicht gefunden. Und solange würde der Leopard die Beute nicht wegschleppen können.

»Nun, was halten Sie von meinem Vorschlag? Sie wohnen weiterhin in Victors Haus. Alles bleibt, wie es ist. Und bei Gelegenheit werden Sie mir erklären, was Sie eigentlich tun.«

Es gab nie mehr als dieses Gespräch: keinen Vertrag, keinen Handschlag. Ich hatte nur genickt und mich damit an Sunny gebunden. Sunny erkannte schnell, dass die letzten Projekte seines Neffen durchaus zukunftsträchtig waren, und beauftragte mich später, den Aufbau der Fabriken für Toiletten- und Zeitungspapier voranzutreiben. Riesige Investitionssummen, vor denen Victor zurückgeschreckt war, schienen für Sunny kein Problem darzustellen. Meine mühsam mit Anwälten ausgehandelten Verträge reichte er ungelesen an seine Anwälte weiter und malte dann krakelig seinen Namenszug darunter. Das Umweltprojekt war mit Victors Verschwinden natürlich für alle Zeiten erledigt. Der Leopard hatte die Alleinherrschaft in seinem Revier zurückgewonnen.

Ein Leopard verändert seine Flecken nie

In Port Harcourt fanden Abiola und ich nach langer Suche eine kleine Chartermaschine, die uns über die Sümpfe flog. Nach einigen Stunden sah ich endlich ein, dass es sinnlos war: Wir suchten die Stecknadel im Heuhaufen. In dieser unendlichen Weite aus grünem Regenwald und verschlungenen braunen Wasserarmen hätte man für eine sinnvolle Suche Dutzende von Flugzeugen gebraucht. Doch ohne Unterstützung der Polizei ging gar nichts. Und die sagte mehr oder weniger deutlich, dass ich nicht die richtige Person war, nach Victor suchen zu lassen. Ich war ja nicht mal seine Frau! Und Sunny handhabte die Sache afrikanisch – er wartete. Die Zeit spielte für ihn und gegen meinen Prinzen. Enttäuscht und verbittert kehrte ich nach Lagos zurück.

In der ersten Nacht nach meiner Rückkehr träumte ich von Mila, der Beraterin. Sie schnalzte. »Sehe ich aus wie eine Hexe?«

Am nächsten Morgen fuhr ich zu Milas Haus nach Suru Lere. Mila und ihre *sisters* empfingen mich, als hätten sie mich erwartet. Die Fahrt von Ikoyi hatte mich seltsamerweise sehr angestrengt, ich schwitzte wie noch nie. Mila hatte mir meine Begegnung mit Victor vorausgesagt – und unser Unglück. Ob sie mir jetzt helfen konnte?

Sie warf ihre Kauris und schnalzte wieder mit der Zunge. »Es sieht nicht gut aus«, murmelte sie. Sie wollte mir trotzdem helfen, meinen Victor zu finden. Sie verlangte sehr viel Geld und versprach, zwei Tage später in mein Haus zu kommen.

Dort erschien sie mit einem älteren und einem jüngeren Mann, die mit Amuletten behängt und mit Symbolen bemalt waren. Beide sprachen nur Yoruba. Der Ältere der beiden sah mich nie direkt an, er blickte irgendwie durch mich hindurch. Mila gab keine Erklärungen über das Tun der beiden. Sie verlangten, dass der teure Perserteppich zusammengerollt wurde, und breiteten mitten im großen Wohnraum Reisigmatten auf dem Boden aus. Dann bauten sie einen simplen Herd auf und verbrannten in einem rußschwarzen Topf Kräuter.

Ich sollte mich zu den beiden und Mila auf den Boden setzen. Das Feuer verbreitete einen herben Geruch, der entfernt an Weihrauch erinnerte. Dann begann der Ältere zu sprechen, der Jüngere schwieg. Der Ältere stellte belanglose Höflichkeitsfragen nach meinem Befinden und dem Wohlergehen meiner Ahnen und Familie. Um dann zu sagen, dass in meinem Schlafzimmer ein Frauenkopf stehe, der mir sehr viel bedeute. Ich solle ihn holen. Also schleppte ich die schwere hölzerne Uroma Victors nach unten und hielt sie vor meinen Bauch, weil ich nicht wusste, wohin damit.

Mila legte ihren Kopf etwas schief, als sie mir die Yoruba-Worte des Älteren übersetzte: »Sie ist die Ahnin des Babys, das du unter deinem Herzen trägst.«

Ich hätte den kiloschweren Ebenholzkopf fast fallen lassen. Der Nachmittag nach der Initiation mit Victor im quietschenden Bett! Der Kuss auf meinen Bauch! Sein Wunsch nach einer Maria! Es war das letzte Mal, dass wir miteinander geschlafen hatten. Aber es war unmöglich, dass ich schwanger war, ich trug eine Spirale! Hatte das Leben trotzdem einen Weg gefunden? Mit der Uroma vorm Bauch stand ich schwankend im Raum, alles um mich herum schien sich zu drehen.

Mila half mir, Platz zu nehmen. Sie hatte verstanden, was in mir vorging. Die Büste stellte sie neben das Feuerchen in dem kleinen Herd.

Angestrengt versuchte ich, mich auf das zu konzentrieren, was in der Zwischenzeit im Wohnzimmer passierte. Der Ältere der beiden Männer hatte sich mit geschlossenen Augen in sich selbst versenkt. Ich fragte Mila, was er und sein jüngerer Freund vorhatten.

»Owo ist ein Suchmann, Ilona. Er wird deinen Mann finden.«

Ich hatte mich auf den Besuch vorbereitet und legte dem Mann eine Karte von Nigeria hin. Mila faltete das Papier zusammen.

»Owo kann nicht lesen«, belehrte sie mich.

Die Hausangestellten pressten ihre Nasen neugierig gegen die Fenster. Owo hatte in der Zwischenzeit sieben Reihen kleiner Flusskiesel vor sich ausgebreitet, auf die er Blätter und Kräuter streute. Er wusch seine Augen mit einer dunklen Flüssigkeit aus einer mitgebrachten Flasche und kaute Blätter. Ein Zucken erfasste zunächst seine Füße, dann seine Hände, bis sich sein ganzer Körper in Zuckungen und Krämpfen wand.

Als dieser »Anfall« vorbei war, tastete er nach einem Bündel zusammengeschnürter Stäbchen, die er wie ein Fernrohr vor ein Auge hielt, das er dann auf die Steine und die Blätter warf. Nach einem Schluck aus einer anderen Flasche sprühte er seinen feuchten Atem über das Ganze und brachte den Kopf nahe an den Boden, um sich alles genau anzusehen. Sein Gesicht wirkte entrückt und gelöst, vielleicht etwas verwundert. Er nahm zwei von den Steinen, hielt sie mir hin. Mila forderte mich auf, die Steine in meine rechte Hand zu nehmen und mich auf Victor zu konzentrieren, um sie Owo dann zurückzugeben. Owo starrte auf die Steine und doch an ihnen vorbei. Er begann einen Singsang, öffnete die Augen und sah durch mich hindurch.

Jetzt erst begann Deinde, der Jüngere der beiden, zu sprechen, was Mila übersetzte: »Dein Mann und sein Vater sind tot. Sie wurden von einer bösen Macht getötet, die ein Feind gegen sie gerichtet hat.«

Tot! Wie endgültig das klang. Vielleicht hätte ich geschrien oder losgeheult, wenn mir der gebügelte Polizist oder sonstwer das gesagt hätte. Aber die Szene war so absurd, dass ich nur mit weit offenem Mund blöde vor mich hin glotzte. Zweifelnd, ungläubig noch, aber bereits mit den ersten Anzeichen einer inneren Panik kämpfend. »Du findest die beiden dort, wo ihr einen weisen Mann besucht habt und nicht die Geduld hattet, seinen Worten zu lauschen. Zwei Fußstunden von dort in Richtung Westen liegt sein Flugzeug im Sumpf. Nur noch das Ende ragt aus dem Wasser, also beeile dich, wenn du es finden willst.«

Woher konnte dieser Owo den Zwischenfall mit dem Regenmacher kennen? Meine Gedanken überschlugen sich:

War das nicht der erste Beweis für seine Weissagung? Ich selbst hatte das Flugzeug wesentlich weiter im Westen suchen lassen, bei Port Harcourt.

Ich glaubte einer fremdartigen Vorstellung zuzusehen, als Owo sich auf seiner Matte zusammenrollte, als schliefe er. Mit geschlossenen Augen seufzte, summte, flüsterte er und bewegte ein wenig die Arme. Nach ein paar Minuten stand er auf, warf die Stäbchen in den Topf und verbrannte draußen im Hof alles unter den ehrfürchtigen Blicken der Hausangestellten. Mila erklärte mir, dass ein Suchmann seine Fähigkeit nicht erlernen könne. Sie sei angeboren.

So faszinierend ich auch Owos Talente fand, ich hatte nicht die Kraft, mich mit ihnen auseinander zu setzen. Der Suchmann hatte mir eine wunderschöne und eine niederschmetternde Botschaft gebracht. Ich sah den Kopf von Victors Uroma und hörte Williams Satz, dass wir auf den Schultern unserer Ahnen stünden. Lag darin die ganze schlichte und doch schreckliche Wahrheit? Wenn ich bereits Victors Baby unter meinem Herzen trug, dann war die Kette des Lebens doch nicht zerrissen! Sollte Sunny tatsächlich dunkle Mächte gegen seinen Neffen aufgeboten haben, so hatte er doch nicht verhindern können, dass ein Teil von Victor weiterlebte – in mir.

Mila setzte sich neben mich und legte ihren Arm um mich. *»Sister«*, sagte sie, »die *orishas* sind stärker als wir Menschen. Aber du musst ihnen schon ein bisschen bei ihrer Arbeit helfen.« Wie sollte ich diesen mir immer noch recht fremden Göttern helfen? Zunächst müsse ich Victor vor Sunnys Macht schützen, sagte sie. Und dann mich – und unser Baby. Obwohl noch immer in einer Ecke meines Herzens die Hoffnung brannte, dass Victor lebte, gab sich Mila nach Owos »Suche« keinen Illusionen mehr hin. Sie akzeptierte Owos Vision als Realität und erklärte mir, dass ein Schwarzmagier danach trachten könne, die Seele des Verstorbenen, die nach so kurzer Zeit noch nicht in den Himmel zurückgekehrt ist, »einzufangen«, um sie für immer zu besitzen.

»Den *orishas* helfen« bedeutete, alle persönlichen Dinge Victors an einen sicheren Ort zu schaffen. Vor allem die im ganzen Haus verteilten Fotos müssten sofort verschwinden, die Bürsten, die er benutzt hatte, seine Kleidung, einfach alles! Ich war geschockt. Das bedeutete, ich musste mir eingestehen, dass Victor tot war! Ich lachte hysterisch und weinte gleichzeitig, nahm die gerahmten Fotos von den Tischen und Sideboards und stellte sie wieder hin. Orientierungslos schwankte ich zwischen meiner Hoffnung, die auf meinem westlichen Pragmatismus gründete, der mir sagte, dass jemand erst tot war, wenn ich den Beweis dafür hatte, und dem afrikanischen Glauben, der auf mystischen Kräften fußte. Ich hatte mich vollkommen verheddert in den Fallstricken, die zwischen den zwei Welten gespannt waren. Wem sollte ich glauben? Mir, meinen Gefühlen, Hoffnungen und Ansichten? Oder Milas Mystizismus?

Mila schnalzte angesichts meiner Zerrissenheit mit der Zunge. *»Sister«,* sagte sie, »dies ist Afrika, nicht dein sauber gewischtes Europa.« Bevor sie ging, sah sie sich im Wohnzimmer um. Sie zeigte mir eine Sonnenbrille mit verspiegelten Gläsern, die sie auf einer Kommode gefunden hatte: »Wem gehört die?«, fragte sie.

Sunny hatte das hässliche Teil aus hartem grünem Kunststoff offensichtlich vergessen. Sonnenbrillen waren sein Tick, er trug immer wieder andere. Das sagte ich Mila, und sie ließ die Brille in ihrem Gewand verschwinden. »Es ist gut vorzusorgen«, erklärte sie spöttisch.

Als die drei gegangen waren, begann ich die Fotos von Victor, die im ganzen Haus verstreut waren, einzusammeln. Wie ein Robotor lief ich von Zimmer zu Zimmer und nahm sie aus den Rahmen. Es war, als sähe ich meinen Händen dabei zu, wie sie eine Arbeit verrichteten, zu der ich selbst nicht in der Lage war. Die Fotos erzählten die Geschichte unserer Liebe in festgehaltenen Augenblicken des gemeinsamen Glücks. Victor im weißen Anzug im schmalen Kanu, unterwegs in den Sümpfen; Victor mit dem nervösen Abraxas; Victor als leuchtender Fremdkörper auf einem der lauten Märkte; Victor sinnend am Morgen in der Wüste …

»Du musst sie verbrennen«, hörte ich Milas eindringliche Stimme.

»Das kann ich nicht!«

»Wenn der Suchmann sich geirrt hat, wirst du neue Fotos von deinem Victor machen, *sister!«*

Victors Uhren und Schmuck, die Kreditkarten, sämtliche Ausweise und seinen Pass legte ich in den Safe in der Bibliothek, wo mir mein eigener Reisepass in die Hände geriet. Ich überlegte, ob ich ihn lieber bei mir tragen sollte – und legte ihn zurück. Sicherheitshalber. Schwarze Magie kann keinen Zahlencode knacken, dachte ich. Aus den Bädern und dem Schlafzimmer holte ich Victors Bürsten, Wasch- und Rasierutensilien, raffte seine teure englische Unterwäsche zusammen. Die übrige Kleidung hatte ich Mila mitgegeben.

»Er hat genug Geld, um sich alles neu zu kaufen, *sister«*, sagte Milas Stimme in meinem Kopf. »Heute Nacht nimmst du die Büste vom Altar, gehst, wenn alle schlafen, damit in den Garten, betest zu deiner Schutzgöttin Jemonja und bittest sie um Beistand für deine Liebe und verbrennst alles.«

Aus einem der nahen Teiche hörte ich das hässliche, laute Quaken der Ochsenfrösche und aus dem Gras das Zirpen der Zikaden, als ich nachts um eins neben Victors Ahnin im Garten saß und einem lodernden Feuer zusah, in dem jene Dinge ein Raub der Flammen wurden, die mich jeden Tag an ihn erinnert hatten. Im Schein der Flammen glänzte warm das dunkel gemaserte Holz des alten Frauenkopfes mit der mächtigen Haarlocke. Ich dachte an jenen glücklichen Moment, in dem William uns den Kopf gegeben hatte als Zeichen seines Vertrauens. Plötzlich wusste ich, dass ich das Richtige tat. So schwer es mir auch fiel, mich von den materiellen Erinnerungsstücken zu trennen.

Im Schein des Feuers grub ich ein Loch im Garten, in dem ich anschließend Asche und unverbrannte Rückstände versteckte, wie Mila mir geraten hatte. Den Rest der Nacht verbrachte ich auf der Veranda in einem Schaukelstuhl hinter dem Fliegengitter und lauschte in die Dunkelheit hinein. Irgendwann begann ich, mit meinem Bauch zu sprechen. Eine anfangs stumme, später leise Zwiesprache mit dem neuen Leben, von dem ich hoffte, dass es mich für alle Zeit an den Mann erinnern würde, um dessen Seele ich bangte, weil ich fühlte, dass sein Körper nicht zurückkehren konnte.

Mein Gefühl war zu diesem Zeitpunkt von der Mystik

Afrikas bestimmt; aber mein Denken richtete sich nach meinen seit Kindheitstagen antrainierten Schemata. Es wollte *wissen,* ob die spirituelle Suche Owos das richtige Ergebnis gebracht hatte. Also erklärte ich Abiola, wie er zu dem *babalawo,* der es regnen lassen konnte, fand, und schlug ihm vor, Mike, den Mann aus Eket, als Begleiter mitzunehmen. Mir selbst war es am wichtigsten, sofort zu einem Gynäkologen zu kommen. Meine Regel war zwar in der Tat seit einiger Zeit überfällig, aber bei dem Klima – und den Aufregungen der vergangenen Wochen – wunderte mich das nicht. Ich fuhr zu dem Geburtshaus meiner verstorbenen Freundin Yemi, dem einzigen Ort, den ich in Lagos kannte, wo vertrauenswürdige Frauenärzte arbeiteten.

Owo hatte Recht gehabt: Ich war schwanger. Trotz Spirale! Ich saß in einer Ecke von Yemis Geburtshaus und heulte, aber mehr aus Glück als aus Verzweiflung. Ich hatte meinen Prinzen zwar verloren, aber ich bekam sein Baby. Seine Maria, die er sich so sehr gewünscht hatte. Oder einen kleinen Victor ... In Afrika ist der Glaube an Wiedergeburt völlig normal. Bislang hatte Victor kein Kind, in dem seine Seele – nach dem Glauben der Afrikaner – weiterleben konnte. Nun würde er doch eines haben. Er würde weiterleben!

Ich schaffte es irgendwie, den Range Rover durch den Verkehr bis nach Ikoyi zu manövrieren. Ich wünschte mir, mich vor der Welt verkriechen zu können, um mit meinen widerstrebenden Gefühlen zwischen Trauer und Hoffnung ins Reine zu kommen. Aber als ich den Wagen in den Hof fuhr, stand dort einer der von Sunny bevorzugten BMWs neben einem Pick-up.

Sunny erwartete mich im Wohnzimmer. Er war nicht allein, hatte eine blutjunge, rundliche Schwarze dabei, die sehr schlecht Englisch sprach. Die Glückliche, die sich Sunnys Gunst als x-te Nebenfrau erfreuen durfte, hörte auf den schönen Namen Felicitas und würde künftig in Victors Haus wohnen. Gemeinsam mit mir. Denn: »Das Haus ist doch viel zu groß für Sie allein, Ilona. Ich werde das obere Stockwerk benutzen.«

Sunny ließ Unmengen von Kisten hinaufschaffen. Bis zu diesem Tag war er nur einmal in Ikoyi aufgetaucht. Nun fand er mehr und mehr Gefallen an dem im westlichen Stil eingerichteten Haus – was wahrscheinlich auf seine Stunden mit Felicitas zurückzuführen war. Wenn die beiden sich in dem hellhörigen Haus im Schlafzimmer vergnügten, quiekte Felicitas wie ein kleines Schweinchen.

Auch die zweite Vision des Suchmannes bestätigte sich, wie Abiola mir anderntags niedergeschlagen berichtete: Victor und sein Vater waren tot. Victors neue Sanierungsfirma führte ihren letzten Job vor der Liquidierung aus: Sie veranlasste seine Bergung. Außerdem beauftragte ich Williams Firma, das Flugzeug nach der Bergung untersuchen zu lassen – aus Versicherungsgründen.

Da Victors Tod nun amtlich war, hielt mich nichts mehr in Lagos. Ich dachte an Milas Warnung und wollte sofort abreisen. Natürlich heimlich, damit Sunny mir nicht in die Quere kam. Doch ich bekam nur einen Platz in einer Maschine, die erst eine geschlagene Woche später ging.

Es sollte eine lange Woche werden.

Sie begann mit Sunnys Forderung, sofort die beiden Dobermänner wegzuschaffen. Seine Angst vor den beiden Hunden kleidete er in die Drohung, die Tiere andernfalls erschießen zu lassen. Abiola vermittelte sie an ein weißes Ehepaar, bei dem sie es gut hatten. Dem treuen Femi verschaffte ich einen Arbeitsplatz beim neuen Strengfurt-Geschäftsführer.

Von den letzten Abenden in dem fremd gewordenen Haus verbrachte ich die meisten mit Abiola. Meine beiden Doggen waren ihm zu teuer geworden, und er hatte sie an ein nettes englisches Ehepaar in Victoria Island vermittelt. Seine ständige Begleiterin war jetzt die hübsche Labradorhündin Cilly. Wenn Cilly in Victors Haus, das nun Sunny gehörte, zu Besuch war, verhielt sie sich sehr unruhig.

Einmal schoss sie ins obere Stockwerk hinauf, schnüffelte, bellte und sprang gegen eine der verschlossenen Türen. Dahinter lag ein Raum, den Victor nie benutzt hatte. »Das wäre ein schönes Kinderzimmer«, hörte ich seine Stimme aus der Vergangenheit herüberklingen. »Und bei Regen können unsere Kinder auf dem überdachten Balkon spielen.«

Ich wusste von Sunnys Leben praktisch nichts. Deshalb konnte ich mir nicht vorstellen, was Cilly hinter der Tür verbellte. Sie ließ sich kaum beruhigen, und ich hatte Mühe, sie wieder nach unten zu bekommen. Am nächsten Tag schleppten vier Männer weitere Kisten in dieses Zimmer. Als Abiola das nächste Mal mit Cilly erschien, ließen wir die unruhige Hündin gleich los. Mit der Nase am Boden lief sie zielsicher wieder nach oben und bellte vor der verschlossenen Tür, hinter der sich die Kisten befanden. Abiola hatte Cilly von meinem Vater aus Deutschland geschickt bekommen. Also rief ich ihn an, und er erzählte, dass Cilly einer von drei ausgemusterten Zollhunden sei. »Sie wurden als Spürhunde in Zügen eingesetzt, um Rauschgift zu erschnüffeln, soweit ich weiß.«

Der traditionsbewusste Sunny hatte eine ganz und gar zeitgemäße Einnahmequelle gefunden: Rauschgift! Abiola kommentierte meine Empörung mit einem nigerianischen Sprichwort: »*A leopard never changes his spots.*« (Ein Leopard verändert seine Flecken nie.)

Wahl der Waffen

Um meine Abreisepläne zu tarnen, erschien ich wie üblich im Büro und nutzte die Gelegenheit, um alle persönlichen Unterlagen Victors verschwinden zu lassen. Denn Sunny hatte Akpoviroro ausersehen, sich in die Geschäftsführung einzuarbeiten. Der älteste Sohn Sunnys war ein Mann von Mitte zwanzig, der von Betriebswirtschaft praktisch keine Ahnung hatte, sich aber hinter meinem großen Schreibtisch räkelte, als handelte es sich um einen Spielplatz für reiche Jungs. Er war genauso klein und gedrungen wie sein Vater, schien aber nicht über dessen hinterlistige Verschlagenheit zu verfügen.

Drei Tage vor meiner Abreise forderte Sunny mich auf, ihn und Akpoviroro zur Bank zu begleiten. Ich kannte Sunnys furchterregende Fahrweise und weigerte mich zunächst. Schließlich erklärte er mir den Grund: Er wollte, dass meine Kontenvollmachten auf ihn und Akpoviroro übertragen wurden. Ich betete, dass ich den Trip heil überstehen würde, und stieg widerwillig ins Auto.

Sunny nutzte die neue Vollmacht, um sogleich umgerechnet eine Million Mark von den Konten zu räumen. Das viele Geld ließ er in einen schwarzen Samsonite-Koffer packen. Den Koffer in der einen, den schwarzen Stock mit dem Leopardenkopf in der anderen Hand, den mit einem Gewehr bewaffneten Akpoviroro als Schatten hinter sich – so eilte Sunny zurück zum Range Rover, hinter dessen Steuer er Platz nahm. Ich wurde nach hinten komplimentiert. Akpoviroro saß auf dem Beifahrersitz, das Gewehr für alle sichtbar in den Händen, den Geldkoffer vor seinem Sitz zwischen den Knien.

Sunny bearbeitete das Lenkrad, als hätte er zu viele amerikanische Krimis gesehen. Rote Ampeln interpretierte er in grüne um, Fußgänger jagte er durch Dauergehupe zur Seite. Ein Straßenköter, der wegen seiner kurzen Beine nicht schnell genug von der Fahrbahn fliehen konnte, wurde brutal überfahren.

»Tote Hunde bringen Glück«, sagte Sunny grinsend.

Und sein Sohn auf dem Beifahrersitz freute sich mit dem rasenden Vater. Lachend richtete er das Gewehr auf Passanten, die erschreckt zurücksprangen. In Deutschland hätte uns bereits nach der zweiten Kreuzung eine Polizeistreife direkt ins Gefängnis geleitet. Ich sank von Kreuzung zu Kreuzung tiefer in die edlen Polster und kämpfte die aufkommende Übelkeit nieder. Als wir endlich in Ikoyi bei Victors Haus ankamen, schaffte ich es gerade noch, die Tür des Rovers zu öffnen. Dann übergab ich mich.

»Ilona, bist du schwanger?«, hörte ich die quietschende Stimme von Felicitas.

Mein Herz setzte aus. Na, das hatte noch gefehlt, dass Sunny von meiner Schwangerschaft erfuhr. Ich hielt mich keuchend vornübergebeugt am Rover fest und sah zu Sunny hoch. Der entblößte sein Raubtiergebiss und strahlte mich an. Dann schüttelte es mich erneut.

»Das ist sehr interessant. Ein Baby von Victor. Oh, Mann, das ist wirklich eine Überraschung. Ilona, Sie sind eine kluge Frau, eine wirklich kluge Frau.«

Ich schleppte mich erschöpft ins Haus und ließ mich aufs weiche Sofa fallen. Nachdem ich wieder etwas zu Atem gekommen war, japste ich: »Sunny, es ist Ihr Fahrstil. Er ist wirklich zum Kotzen.«

»Sie verlieren nie Ihren Humor, Ilona.« Er schüttelte lächelnd den Kopf. »Schade, dass Sie die Frau Victors waren. Wirklich schade.«

Über den Sinn dieses Satzes konnte ich nicht hinreichend nachdenken, denn nun petzte Felicitas: »Darling, Ilona hat gestern Morgen auch erbrochen!«

Blöde Kuh! Ich hatte so aufgepasst! Aber in diesem hellhörigen Haus aus Holz hörte man wirklich alles. »Unsinn«, sagte ich und holte mir ein Glas Wasser, »ich hatte mir den Magen verdorben.«

»Sicher«, kicherte Sunny, legte seinen Arm um Felicitas' runde Hüften und leitete sie nach oben.

Sie sind eine kluge Frau, hatte er gesagt. Denn er hatte die Bedeutung meiner Schwangerschaft sofort begriffen: Ich bekam Victors Erben. Daran verschwendete ich zu diesem Zeitpunkt zwar keinen Gedanken, denn ich wollte das Baby um seiner selbst und um unserer Liebe willen. Solche Gefühle waren einem Sunny allerdings keinen Gedanken wert. Zitternd verkroch ich mich ins Bett. Die Zeit lief gegen mich – noch zwei Tage, bis ich ins Flugzeug steigen konnte. Zwei Tage, in denen ich beschloss, vorsichtig zu sein. Die Sache hatte nur einen Haken – ich wusste nicht, wovor ich mich schützen musste.

Am Tag vor meinem geplanten Abflug fand die anglikanische Trauerfeier für Victor und William statt, die ich arrangiert hatte. Sunny ließ es sich nicht nehmen, in der ersten Reihe zu sitzen. Nach einem letzten Empfang für die Mitarbeiter, von denen manche meine Wehmut gespürt haben mögen, fuhr ich nach Hause und ließ mir von Simon scharfes Ziegenfleischcurry servieren. Traurig und allein aß ich, während Felicitas und Sunny oben Schweinchen spielten. Das Essen war schärfer als sonst, oder vielleicht kam es mir auch nur so vor; während einer Schwangerschaft verändert sich ja auch das Geruchs- und Geschmacksempfinden. Ich spülte mit viel Wasser nach. Durch die Schärfe des Currys merkte ich erst zu spät, dass im Mund ein leicht bitterer Geschmack zurückblieb. Ich machte Simon darauf aufmerksam, doch der verstand nicht.

»Ich habe gekocht wie immer. Soll ich Madam eine andere Speise servieren?«

Früh zog ich mich zu meiner letzten Nacht in Victors Bett zurück. Im Verlauf der nächsten Stunden erbrach ich mehrmals, was ich auf die Schwangerschaft schob. Am frühen Morgen bekam ich starke Blutungen, mein Körper glühte. Mir fiel Yemis Schwangerschaft ein, ihr schreckliches Sterben in der Klinik. Panik ergriff mich. Ich hatte es fast geschafft, ein paar Stunden später sollte mein Flugzeug zurück nach Deutschland gehen! Mit Bauchkrämpfen schleppte ich mich ins Bad, ließ das lauwarme Wasser von den Tanks auf dem Dach in die Badewanne rauschen und rief Abiola an, meinen letzten Vertrauten.

Im lauwarmen Wasser der Wanne erlitt ich eine Fehlgeburt, bevor Abiola eintraf. Er hatte seinen Vetter mitgebracht, der mich sofort in seine Privatklinik mitnahm. Abiola erzählte mir später, dass mein Unglück das ganze Haus aufgeweckt hatte und sogar Sunny erschienen war, um nach mir zu sehen. Ich kann mich daran nicht mehr erinnern; das Einzige, was ich noch weiß, ist eine unsagbar große Verzweiflung, die sich über mich legte wie eine schwere dunkle Decke, unter der ich zu ersticken drohte.

In der Privatklinik von Abiolas Vetter wurde mein Zustand stabilisiert, aber mein eigener Körper war mir vollkommen gleichgültig geworden. Tagelang lag ich da, als wäre ich selbst gestorben. Meine Gedanken kreisten immer um dieselbe Frage: Ich hatte versagt, nicht genügend auf Victors Baby aufgepasst. Diese Schuld war nicht wieder gutzumachen.

Der Tod unseres Kindes traf mich beinahe noch härter als der von Victor. Da hatte ich so um Victors Seele gekämpft und ihr dann durch die Frühgeburt den Weg zurück auf die Erde genommen. In diesen düsteren Tagen beschuldigte ich mich, Victor endgültig getötet zu haben, weil ich seine Wiedergeburt unmöglich gemacht hatte.

Meine Depression trieb mich sogar soweit, dass ich meine ganze Existenz in Frage stellte, alles, was ich in meinem Leben getan hatte. Und ich gab mir die alleinige Schuld daran, dass ich mich von meinen beiden Kindern entfremdet hatte. Ich fühlte mich wie in der Hölle, unfähig, ihr jemals wieder entkommen zu können. Jeder Antrieb, meine Situation etwa durch den Rückflug zu verändern, war weg. Wenn die Ärzte mich in dieser Klinik vergessen hätten, so wie knapp zwei Jahre zuvor Yemi – mich selbst hätte das am allerwenigsten interessiert.

Abiola besuchte mich in dieser entsetzlichen Zeit häufig, saß stundenlang an meinem Bett. Aber ich hörte seine Worte voller Mitgefühl und seine Aufmunterungsversuche nicht. In den Wochen zuvor hatte ich ihm viel von Mila erzählt. Und dann stand sie eines Nachmittags an meinem Bett, rund und mütterlich, eingehüllt in Hunderte von verschiedenen Düften, eingewickelt in bunte Stoffe, behängt mit Schmuck und Amuletten. Ein großer, bunter Paradiesvogel war in meine graue Traurigkeit vorgedrungen, um mich auf seine Schwingen zu heben und fortzubringen. Zurück ins Leben.

»Du siehst gar nicht gut aus, *sister.* Was hat der Leopard mit dir gemacht, he?« Sie ließ die Zunge schnalzen und wackelte mit dem Kopf. »*Sister,* ich glaube, du brauchst Hilfe.«

Dann stellte sie mir behutsam Fragen nach dem Abend vor der Fehlgeburt. Zum Beispiel, was ich gegessen hatte. Ich sah mich am Tisch sitzen, hörte, wie ich mich über das unglaublich scharfe Ziegen-Curry und das bittere Wasser beschwerte.

»Alligator-Pfeffer, *sister.* Die weisen Frauen verwenden ihn, um einen Abort herbeizuführen«, sagte Mila ernst.

Ich hatte mich von meiner eigenen Misere zu weit entfernt, um das verstehen zu können. Mila erinnerte mich an einen ungleichen Kampf, in dem ich die Verliererin war, als sie sagte: »Der Leopard jagt bei Nacht, *sister,* und du bist eine Blinde. Du konntest nicht gewinnen. Kehr nach Hause zurück, beginn ein neues Leben und vergiss alles.«

Sie wollte mich trösten, aber da war ein Unterton in ihren Worten, der in meinem Gehirn die richtige Stelle ansprach. Jenen Ort, in dem mein Kampfgeist sitzt, mein Gerechtigkeitssinn, mein inneres Stehaufmännchen sozusagen. Es signalisierte mir, dass ich nicht schuld am Tod des Babys war. Alligator-Pfeffer, weise Frauen, Abort ... An diesen Worten arbeitete sich mein wieder erwachendes Hirn ab. Mit einem Schlag verstand ich sie. »Mila«, sagte ich langsam, »Sunny hat mir mein Baby genommen!«

Mila schnalzte. »Nein, *sister,* er hat etwas viel Schlimmeres getan. Er hat verhindert, dass die Seele deines Mannes im Körper seines Kindes weiterleben kann. So jagt der Leopard. Er holt sich seine Beute, wenn das Opfer sich schon in Sicherheit wiegt.«

Ja, sie hatte Recht. Ich hatte mich bereits zu sicher gefühlt, so kurz vor dem Rückflug ...

Ich bat Mila, mich und Abiola zu begleiten, um meine Sachen aus Victors – nun Sunnys – Haus zu holen. Felicitas hatte es sich im Wohnzimmer mit einigen Freundinnen bequem gemacht. Als wir aufkreuzten, verzogen sie sich in die Bibliothek. Der Kopf von Victors Uroma gefiel Mila sehr und vor allem der kleine Altar, den ich um den Kopf herum aufgebaut hatte.

»Deine Zeit in meinem Land war nicht umsonst«, sagte sie anerkennend.

Wir rafften alle meine Sachen zusammen, die sich ausschließlich im Schlafzimmer und im Bad befanden. Ich hatte an meinem letzten Abend alles soweit vorbereitet, dass ich es mit wenigen Handgriffen in die Koffer legen konnte. Sunny schien nichts angerührt zu haben. Rund und grinsend stand Felicitas als Siegerin in der Tür zur Bibliothek. Ich ging als Verliererin, verwirrt und mit hängenden Schultern. Zu schwach, um dieser Frau, die meine Schwangerschaft verraten hatte, in die Augen blicken zu können.

Abiola nahm mich in seinem Haus auf, in dem seine Mutter mich bekochte. Wir kamen zu dem Schluss, dass Victors und Williams Tod völlig unnötig gewesen war. Victor hatte auf die Thronfolge verzichten wollen. Doch das hatte Sunny nie erfahren. Etwas anderes jedoch war ihm sicher nicht entgangen: Mein Angebot an seine Schwester Berty, sie nach Benin-City mitzunehmen. Die Frauen hatten ausgiebig darüber gesprochen, dass ich die gefährliche Strecke selbst fahren würde – weil William und Victor am Morgen nach dem Fest fliegen wollten.

Inzwischen hatten wir erfahren, dass jemand das Höhenruder des Flugzeuges so manipuliert hatte, dass es abstürzen musste. Eine ziemlich primitive Arbeit, besagte das Gutachten. Aber man hatte ja auch nicht erwartet, dass die Maschine jemals im Sumpf gefunden wurde.

Dass Sunnys Leute für die Manipulation des Höhenruders verantwortlich waren, stand für Abiola und mich außer Frage. Sunny war durch den Tod von William *und* Victor mit einem Mal alle Probleme los. Er war der Chief und der Erbe obendrein. Als er von meiner Schwangerschaft erfuhr, »besserte« er sozusagen nach. Ich konnte – so gesehen – froh sein, dass er nur mein Baby und nicht uns beide beseitigt hatte.

»Es ist eine Gemeinheit, dass Leute wie Sunny mit so etwas durchkommen«, sagte Abiola.

»Ja«, murmelte ich nachdenklich, »da hast du Recht.«

Ich fuhr noch einmal zu Mila, um mir von ihr die Zukunft

voraussagen zu lassen. Ich wollte wissen, ob ich nach all den Nackenschlägen, die mir das Schicksal verpasst hatte, jemals wieder glücklich sein könnte.

Aber sie sah in ihren Kauris etwas anderes. »Da ist ein Hindernis auf deinem Weg, *sister.* Ein großes Hindernis. Dein Gegner will dich vernichten.«

»Warum sollte er das tun wollen, Mila? Ich habe Victor verloren, sein Kind ist tot. Ich bin doch schon genug gestraft!

»Das Orakel kann dir nicht die Gründe nennen, *sister.* Es sieht, was passiert. Und dann kannst du deinen Weg entsprechend ändern, damit nicht eintritt, was das Orakel sieht.«

»Und wie soll ich das machen, Mila?«

»Dein Gegner ist der Leopard. Du musst ihn mit seinen eigenen Waffen schlagen. Der Leopard hat sich Ogun als Schutzgott gewählt. Du musst um also an dieser Stelle angreifen.« Ich verstand kein Wort. Mila machte es mir wirklich nicht leicht!

Sie legte Sunnys grüne Sonnenbrille vor meine Füße, in deren Gläsern ich mich spiegelte. »Sagte ich dir nicht, dass es gut ist vorzusorgen?« Sie lächelte böse und stellte die ewige Gretchenfrage des Lebens: »Hast du noch Geld?«

Was ich verdient hatte, war auf umständlichen Wegen nach Deutschland gelangt, um meine Schulden abzutragen. Aber ich hatte noch einen kleinen Beutel mit ungeschliffenen Diamanten, die Victor mir geschenkt hatte. Mila pickte sich ein paar davon heraus, nahm die Sonnenbrille und sagte: »Sehr gut. Wir fahren zu meiner *sister* Enitan.«

Diese *sister* wohnte nicht weit von Mila im gleichen Stadtteil Suru Lere, der in jener Ecke allerdings noch weniger einladend wirkte. Nach dem Balanceakt über die stinkenden Abwassergräben standen Mila und ich in einem Hof, in dem einige Schweine, Ziegen und Hühner herumliefen. Es roch entsetzlich nach Kot und Urin, aber da war noch ein anderer, stechender Geruch.

Mila führte mich zu einem Hinterhof, dessen Eingang mit *jujus* geschmückt war. Jetzt erklärte sich der stechende Geruch: Vor mir lagen, in der Sonne zum Trocknen und zum Verkaufen ausgebreitet, die unterschiedlichsten Teile von Tierkadavern – schmutzig graue Krokodilköpfe mit überlappenden Zähnen und blicklosen Augen neben abgetrennten Köpfen von Affen, Hunden, Katzen und Antilopen, ausgestopfte Eulen, Falken und Adler. Daneben unzählige Kopfskelette, ein Korb mit toten Heuschrecken, ein anderer mit Schlangen. In der Sonne trockneten Häute und Felle von Reptilien und Vierbeinern. Obwohl die Jagd auf Löwen und Leoparden auch damals schon verboten war, lagen einige Felle neben denen von Gnus und einer Giraffe. Angeekelt tappte ich auf diesem absurden Friedhof des spiritistischen Unfriedens umher.

Enitan bot in ihrem *juju*-Supermarkt auch lebende Tiere an, Uhus, Eulen und Geier etwa, die in winzigen Holzverschlägen verschreckt die Köpfe hin und her drehten oder schliefen, als wären sie bereits tot. Die kleinen *juju*-Säckchen, die ich das erste Mal im Haus von Moses gesehen hatte, konnte man hier zu Hunderten erstehen.

Aufgrund der großen Auswahl wirkte diese Ansammlung von Zaubermitteln, zu denen auch Metallstangen und Masken gehörten, merkwürdig unwirklich. Horror, der in solch einer Massierung auftritt, erscheint nicht mehr schrecklich. Das Gegenteil tritt ein: Nach einer Weile weicht der Schrecken der Faszination. Sie übermannt den Betrachter, der eigentlich Abscheu empfindet. Ich trat näher zögernd zunächst; dann mutiger und sah mir einen Krokodilschädel an, dessen Knochen weiß in der Sonne leuchteten.

»Du hast deine Wahl getroffen, *sister*«, sagte Mila.

»Was meinst du?«

»Du solltest aus all diesen Dingen etwas aussuchen. Das hast du getan. Ich werde daraus ein *juju* machen, das Sunny aufhalten wird. Vertrau mir.«

Ich hatte den Krokodilkopf gekauft? Ich trug dazu bei, dass der verabscheuungswürdige Handel mit diesen Tieren unterstützt wurde?

»Du kannst es auch lassen, *sister«,* meinte Mila, fügte aber mit einem unüberhörbaren Unterton hinzu: »Aber dann kann ich nichts für dich tun.«

»Gibt es denn keinen anderen Weg?«

»Du musst Sunny mit seinen eigenen Waffen schlagen. Und dies hier« – sie breitete die Arme aus – *»sind* seine Waffen. Du willst doch wieder zurück zu deinen Kindern? Oder nicht?« Ihr Blick durchbohrte mich. Es gab also nur entweder – oder. Den Weg der afrikanischen Magie: dunkle Mächte mit dunkler Macht bekämpfen – oder abwarten, ob Milas Orakel wie immer Recht hatte. Wenn sich das herausstellte, konnte es allerdings zu spät sein.

Also nahm ich Mila Sunnys verspiegelte Brille aus der Hand und setzte sie dem Krokodil auf den nackten Schädel.

»Okay, Mila, wir machen es, wie du gesagt hast. Du kennst dein Land und deine Leute. Ich vertraue dir, *sister«,* fügte ich mit einem Augenzwinkern hinzu.

Ich weiß nicht, warum ich das Krokodil auswählte. Vielleicht, weil ich so viele in den Sümpfen gesehen hatte. Vielleicht, weil der Schädel in seiner knöchernen Nacktheit etwas Abstraktes hatte, nichts Wirkliches.

Mila nahm den Schädel mit der Brille und marschierte los. »Du hast eine gute Wahl getroffen«, lobte sie mich, »deine *orisha* ist Jemonja, von ihr stammt dieses Tier.« Sie gab meiner unbewussten Entscheidung somit eine mystische Bedeutung.

Milas *sister* Enitan – ich nehme nicht an, dass sie ihre leibliche Schwester war – verfügte in ihrem Haus über ein weiteres Sammelsurium magischer Gegenstände, aus dem ich aussuchen musste: Ein längliches Röhrchen mit einer roten Flüssigkeit entpuppte sich als rotes Quecksilber, eine messingfarbene Hülse war eine Gewehrpatrone, und ein dreckiger weißer Beutel enthielt roten Sand. All dies wechselte für den Gegenwert meiner Diamanten, die die grobschlächtige Enitan ungerührt entgegennahm, den Besitzer.

Anschließend brachte ich Mila zurück zu ihrem Haus. »Was wirst du damit machen?«

»Dabei darfst du nicht zusehen. Aber die Zutaten, die du ausgewählt hast, weisen mir den Weg. Sunny wird von einer Gewehrkugel getroffen werden. Sie wird ihn in den Sand schleudern, und sein Blut wird den Boden rot färben.

Das sagte sie sehr bedeutungsvoll. Ich hatte bereits einiges erlebt – aber an diese Prophezeiung glaubte ich nicht. Trotzdem hütete ich mich, meine Skepsis zu zeigen.

Mila legte alles auf ein großes, verwittertes Holzbrett und befahl mir, die Gegenstände zu bespucken. Immer diese Spuckerei! Aber inzwischen kannte ich den Grund: Indem ich etwas bespuckte, stellte ich einen persönlichen Bezug zu den Gegenständen her, die meinen Gegner aufhalten – oder töten? – sollten. Ich musste einen Schluck Gin als Opfer für Jemonja nehmen und noch einmal spucken. Schon der Geruch von Alkohol – ich hasste ihn. Angewidert nahm ich einen zaghaften Schluck und spuckte fauchend über die Dinge. So wie ich es bei den *babalawos* gesehen hatte.

»Perfekt, *sister.*« Mila grinste. »Ich habe den Hass und den Ekel in deinem Gesicht gesehen. Es wird ein gutes *juju* werden.«

Ich fuhr hinaus an den Strand. Dort, wo Victor mich im Arm gehalten hatte, setzte ich mich in den Sand und ließ die

Wellen meine Füße umspülen. Wahrscheinlich habe ich eine kleine Ewigkeit so gesessen, völlig in mich selbst versunken. Mir fiel das Wasserritual ein, die Fruchtbarkeitsgörtin *Mammy water*, die Mila Jemonja nannte und die angeblich meine Schutzgöttin war. Und plötzlich dachte ich an Betty, Williams rundliche Schwester.

»Vielleicht solltest du, wie ich es regelmäßig tue, in ein kleines Dorf im Regenwald fahren«, hatte sie einmal gesagt, »um dort eine Priesterin des *Mammy water*-Kultes aufzusuchen. Durch die Göttin *Mammy water* hat sie die Macht, dir zu helfen, in jeder Lebenssituation deine innere Balance wiederzufinden. Sie wird dir gleichzeitig die nötige Kraft geben, um deinen weiteren, vorbestimmten Lebensweg zu gehen.«

Wie ein Fisch im Wasser

Für meine letzte Reise durchs Land bat ich Abiola, mir seine hübsche Labradorhündin Cilly, den wachsamen Zollhund, als Begleitung mitzugeben. Ich fuhr nach Benin-City zu Betty, die versprochen hatte, mir zu helfen. Zum Glück traf ich sie noch an, denn sie war im Aufbruch: Am folgenden Tag wollte sie in den Norden reisen, um Geschäfte zu machen. Auch meine Bargeldsorgen löste Betty – sie gab mir für zwei meiner Diamanten mehr Nairas, als ich erwartet hatte.

Auf dem Markt half sie mir, weiße Kleiderstoffe und Glasperlen, Palmwein und Gin, Kolanüsse und Früchte auszusuchen. All dies, trug mir Betty auf, sollte ich den Priesterinnen des Wasserkultes als Gastgeschenke mitbringen. Ich musste sie nur noch finden – und sie dann davon überzeugen, dass ich, die weiße Frau, dringend ihres Beistandes bedurfte.

Es war viel einfacher, als ich angenommen hatte. Etwas außerhalb des Ortes Iselegu, den Betty genannt hatte, entdeckte ich nach etwas Suchen an einem Haus ein naives, buntes Wandbild. Ein Gemälde, das in seiner Schlichtheit auch mir als Europäerin sofort verständlich war: eine Frau mit nacktem Oberkörper und Fischleib, eindeutig als Nixe zu identifizieren. Erst jetzt wurde mir bewusst, dass ich auf den Fahrten durch die kleinen Dörfer im Niger-Delta schon öfters solche Wandnixen gesehen hatte, ohne mir über deren Bedeutung klar zu sein. Sie wiesen auf die dort wohnenden Priesterinnen des *Mammy water*-Kultes hin.

Durch einen schmalen Torbogen betrat ich einen sandbedeckten, höchstens zehn mal zehn Meter großen Hof, der auf drei Seiten mit flachen Gebäuden umbaut war. Von den verschiedenen Wandbildern, die sich fast alle mit Wasser, Fischen und Schlangen befassten, stach vor allem eines ins Auge: die Darstellung einer rundlichen Frau, die sich eine Schlange um die Schultern gelegt hatte.

Bevor ich das Kunstwerk näher in Augenschein nehmen konnte, kamen nach und nach immer mehr sehr junge Mädchen aus den flachen Häusern heraus. Sie trugen schneeweiße Tücher, die mich an Bettlaken erinnerten, um die Hüften. Ihre Oberkörper waren unbekleidet. Mit verhaltener Neugier musterten sie mich, eine von ihnen lief zurück ins Haus.

Kurz darauf trat aus dem Dunkel des Hauses eine von den Schultern abwärts würdevoll in buntbedrucktes Tuch gehüllte Frau, deren Haar in ein weißes Tuch gewickelt war. Zweifellos war dies die auf dem Bild dargestellte Frau mit der Schlange – also wohl die Lehrerin der jungen Mädchen, die bei ihr das erlebten, was ich in Victors Dorf durchgemacht hatte – eine Initiation.

»Weiße Frau, was führt dich zu mir? Du siehst aus, als brauchtest du Hilfe. Komm herein und erzähle Mammy Ama.« Sie wollte mich schon hereinbitten, als ihr Blick auf Cilly fiel. »Ist dein Hund etwa auch krank? Ihm kann ich nicht helfen.«

»Ich bin aus Lagos gekommen und wollte den weiten Weg nicht alleine fahren. Ein Hund ist ein guter Schutz.«

Sie lachte. »Ein Schutz? Vor wem? Allenfalls vor den gierigen Händen der Polizisten! Ogun kannst du damit nicht beeindrucken.«

»Woher wissen Sie, dass ich vor Ogun Angst habe?«, fragte ich verblüfft.

»Oh? Weiß ich das?« Sie lachte, und ihre freundlichen Augen musterten mich eine Spur wärmer. »Also gut, dein Hund kann bleiben. Aber nur, wenn er sich ruhig verhält.«

Ich holte aus dem Auto die zahlreichen Geschenke und folgte Mammy Ama hinein in ihr schlichtes Haus. Hier gab es keine blutbesudelten Altäre und Fetische. Es wirkte alles aufgeräumt und rein, sogar ihr Altar war mit einer ordentlichen Decke geschmückt, auf der neben Flakons, Bürsten und allerlei Behältern einige kleine Figuren herumstanden.

Mammy Ama untersuchte meine Mitbringsel. »Eine gute Auswahl. Wer hat dich beraten?«

Während ich ihr erzählte, hörte sie aufmerksam zu.

»Dieser Sunny – oder der Leopard, wie du ihn nennst – scheint mir nicht die wirkliche Bedrohung in deinem Leben zu sein«, sagte sie schließlich. »Was dich wirklich bedrückt, ist etwas anderes. Du wirst nicht mit dem fertig, was du hier in Afrika erlebt hast. Ich werde versuchen, dir zu helfen.«

Sie holte zwei der vielleicht zwanzig Zentimeter großen Holzpuppen von ihrem Altar. »Es sind Totenpuppen«, erklärte sie. Eine Figur hatte männliche Gesichtszüge und einen Penis, die andere weibliche und Brüste. Die weiß bemalten Puppen besaßen gebrochene, nach unten gerichtete Augen. »Was hast du von Victor bei dir?«, fragte Mammy Ama.

Ich überlegte, was ich ihr geben sollte. Viel war es nicht, was ich bei mir führte. Eine zarte Gliederkette aus Gold, die er mir Silvester in London geschenkt hatte, trug ich seitdem ständig. Instinktiv fasste ich mir an den Hals. Die Priesterin nahm die Kette wortlos ab und schlang sie der kleinen männlichen Puppe um den Körper. Sie deutete auf den Armreif aus Elefantenhaar an meinem Handgelenk, den ich für meinen Glücksbringer hielt, seitdem ich ihn zweieinhalb Jahre zuvor dem *juju*-Händler auf dem Markt in Lagos abgekauft hatte. »Was ist das?«

»Mein Glücksbringer«, antwortete ich und erntete ein verächtliches Schnalzen.

»Das ist kein Glücksbringer. Gib es mir.« Ich zögerte.

Schließlich pflegt man seinen Aberglauben mit Hingabe.

»Es bedeutet dir mehr als die goldene Kette deines Mannes?« Sie sah mich erstaunt an.

Eigenartig, dass ein Stück vom Schwanzhaar eines Dickhäuters plötzlich wertvoller sein sollte als das Gold meines Prinzen. Aber irgendwie schrieb ich dem harten, dünnen Band zu, dass ich in Afrika Glück gehabt hatte, und betrachtete es deshalb als meinen Schutz.

»Hast du denn Glück gehabt?«, fragte Mammy Ama.

Sie hatte den Nagel auf den Kopf getroffen. Ja, das Schicksal hatte es gut mit mir gemeint, dass ich auf einen Freund wie Abiola getroffen war, dass ein Mann wie Victor mich geliebt hatte. Aber das Glück hatte meine Hand nur kurz gehalten, um mich dann umso heftiger fortzustoßen. War nicht Yemi gestorben, Abiolas Frau und meine Freundin? Hatte mir das Schicksal nicht auch Victor genommen? Und seinen Vater? War nicht Victors Baby gestorben? Lebte ich jetzt etwa nicht in Angst vor Sunny?

Langsam schob ich den Elefantenhaarreif von meinem Handgelenk und sah zu, wie Mammy Ama daraus geschickt eine Kette für die weibliche Puppe bastelte. Das schwarze Band wirkte an ihrem Hals wie ein Galgenstrick.

»Sind das Victor und ich?«

»Vielleicht«, erwiderte die Priesterin.

Sie ließ sich den Palmwein bringen, den ich gekauft hatte, schüttete etwas davon auf den Boden und begann, die beiden Puppen in frischem Wasser zu waschen, das zwei der jungen Mädchen in Eimern hereinbrachten, während sie selbst ständig in einer mir unverständlichen Sprache vor sich hin murmelte. Ich nehme an, dass sie die Puppen »besprach«. Sie stellte die Figürchen auf ihren Altar, von wo aus sie dem folgenden zusehen durften.

Ich sollte mich entkleiden, während noch mehr Wasser

hereingeschleppt wurde, das intensiv nach Kräutern duftete. Die Mädchen gossen es aus Kalebassen über mich. Mammy Ama gab unterdessen fortwährend einen monotonen Singsang von sich. Die Mädchen fochten meine Haare in kleine Zöpfe und bemalten meine Hände und mein Gesicht mit weißer Farbe. Von den Schultern abwärts wurde ich in ein schlichtes weißes Tuch gewickelt. Männer mit Trommeln erschienen. Sie setzten sich an die Wand und begannen, langsam und rhythmisch zu schlagen. Der Raum füllte sich mit immer mehr Menschen. Mir wurde eine bittere Ewo-Nuss gegeben, die ich sorgsam zu zerkauen und einzuspeicheln hatte, bevor ich sie mit Wasser hinunterschluckte.

Eine der jungen Frauen begann zu tanzen, der Takt wurde allmählich schneller. Mammy Ama schob mich sanft in die Mitte des Raums. Ich spürte, wie der Rhythmus meinen Pulsschlag beschleunigte. Mehrere Frauen schlossen sich der ersten Tänzerin und mir an. Mammy Ama hatte sich mit einigen älteren Frauen vor ihrem Altar niedergehockt und sah uns zu. Ein zufriedener Ausdruck lag in ihrem Gesicht. Ich hatte das Gefühl, dass meine eigene Mutter meinem – sicherlich recht ungelenken – Tanz wohlwollend zusah. Mammys Augen schienen zu sagen: Gut machst du das, Ilona, weiter so.

Meine Bewegungen wurden immer ausschweifender. Ich ruderte mit den Armen, warf den Kopf mal auf die Brust, mal in den Nacken, trippelte mal mit kleinen Schritten auf der Stelle, mal schritt ich weit aus. Ich schien den Raum für mich allein zu beanspruchen. Fast alle anderen Tänzerinnen setzten sich, klatschten zum Rhythmus der Trommel.

Schließlich blieb nur noch ein anderes Mädchen übrig, dessen zarter nackter Körper und Gesicht ebenfalls mit weißer Kaolin-Farbe eingestrichen waren. Sie warf sich auf den Boden, fauchte mich an, kratzte mit den Händen im weichen Sandboden. Sie war geschmeidig wie eine Katze, die mich belauerte, darauf zu warten schien, mich anzufallen. Ich bückte mich, kratzte selbst Sand vom Boden und warf ihn nach dem Leoparden, der mich fauchend umkreiste. Ich trat nach dem gefleckten Tier, schrie und spuckte. Und ich tanzte. Zwar hatte ich die Kontrolle über mich nicht verloren, aber ich tanzte in einer Art, die ich von mir nicht kannte. Das war zweifellos eine erheblich veränderte Ilona, die da über den Sand tobte. Aber es war immer noch ich.

Der Leopard blieb schließlich schwer atmend liegen und wurde weggetragen. Der rasende Trommelwirbel schien mich durch den Raum zu schleudern, bis ich nichts mehr um mich herum erkannte. Ich fühlte mich leicht, frei, schwerelos. Glücklich. Ich drehte mich, bis mir schwindlig wurde. Ich stolperte, wankte, versuchte den Takt wiederaufzunehmen, stolperte erneut. Was um mich herum geschah, war wie weggefegt, stattdessen schien ich im Zentrum eines Wirbels aus hellem Licht zu tanzen. Meine Füße schafften es nicht mehr, die rasende Geschwindigkeit meines Körpers zu transportieren. Ich schien geradezu abzuheben, sah für einen kurzen Augenblick auf mich herunter. Und lachte! Was macht die da unten, diese Weiße? Tanzt wie eine Verrückte …

Irgendwann, als draußen der Sand des Vorplatzes schon wieder im hellen Sonnenlicht lag, kam ich wieder zu mir. Ich dämmerte auf ein paar Kissen in der Ecke, verspürte nicht die geringste Lust aufzustehen. So blieb ich lange liegen, bis ich Hunger bekam. Die beiden Frauen, die auf mich aufpassten und dabei monoton auf Trommeln schlugen und unverständliche Töne von sich gaben, schickten nach Mammy Ama, die als einzige Pidgin-Englisch sprach. Mammy gab mir Wasser zu trinken, aber kein Essen. Ich sollte ruhen, aber nicht schlafen.

Es muss später Nachmittag gewesen sein, als man mir wieder die Waschungen angedeihen ließ, denen ein erneuter Tanz folgte, bei dem ich diesmal allerdings nicht in Trance geriet. Müdigkeit und Schwäche schienen stärker zu werden. Nach einer Weile wurde der Rhythmus langsamer. Ich spürte die starke Hand von Mammy, die mich aus dem Tempel herausführte und in den Hof brachte. Die Trommeln folgten uns. Umgeben von Mammys jungen Schülerinnen, ging ich an ihrer Seite durchs Dorf. Es war Nacht geworden.

Irgendwann standen wir am Fluss. Er war dunkel und schön. Das helle Licht des Mondes verlieh den Umrissen der Natur eine bizarre Klarheit. Die Trommler kehrten zum Dorf zurück. Es waren jetzt nur noch Frauen am Fluss. Sie hatten in einer Schale ein Feuer entfacht, in das Kräuter und Blütenblätter geworfen wurden. Ein sanfter, betörender Duft machte sich in der feuchten Nachtluft breit. Nicht mehr der dumpfe Klang der Trommeln versetzte mich jetzt in ein Hochgefühl, sondern das schnelle Klatschen der Frauenhände.

Mammy Ama bestreute die Totenpuppe, die Victor darstellte, mit Erde und wusch sie ausgiebig wieder sauber, Unablässig unterhielt sie sich mit der Puppe. Sie wiederholte den Vorgang mit Gin, den sie darüber schüttete und wieder abwusch. Schließlich stieg sie ins Wasser und forderte mich auf, zu ihr zu kommen. Sie gab mir die kleine Holzpuppe, die immer noch die teure Goldkette umgebunden trug. Schnaps und Sand hatten die weiße Farbe der Puppe verklebt und zerkratzt. Sie schien regelrecht gealtert zu sein.

»Mammy Water wird ihm Frieden geben«, sagte die Priesterin, »verabschiede dich und lass ihn dann los.«

Ich drückte Victor an meine Brust, küsste ihn und ließ das Püppchen ins Wasser gleiten. Das an dieser Stelle flache, schnell fließende Wasser zog es davon. Ein paar Sekunden lang blitzte das weiße Holz noch vom Mondlicht beschienen im dunklen Wasser, ritt fröhlich auf den kleinen Wellen. Dann war es verschwunden.

Als ich wieder aus dem Fluss stieg, klatschten die jungen Mädchen begeistert und forderten mich zu einem gemeinsamen Tanz um die Feuerschale auf. Während wir ausgelassen mehr sprangen als tanzten, begann Mammy Ama die zweite Puppe herzurichten. Sie klebte rote Blütenblätter mit Wasser auf die mir gewidmete Puppe, die meinen »Glücksbringer« trug. Dann nahm sie einen Schluck Palmwein, den sie fauchend über das Püppchen spuckte. Die Mädchen ergriffen meine Hände, und wir tanzten zusammen in den Fluss. Mammy Ama hielt meine Puppe diesmal selbst und redete ernst auf sie ein. Ohne Vorwarnung ließ sie sie los, und die Puppe nahm daraufhin den gleichen Weg wie die Victor geweihte Figur.

Wir sahen ihr eine Weile nach. Die kleinen Strudel spielten mit ihr, drehten sie im Kreis. Schließlich bewegte sich mein afrikanisches Alter Ego davon – direkt in ein paar Mangrovenwurzeln ein gutes Stück flussab hinein, wo es hängen blieb, ohne unterzugehen.

»Das ist gut«, kommentierte Mammy Ama.

Gemeinsam mit den anderen Mädchen zog sie mich in die Mitte des Flusses, wo das Wasser wesentlich tiefer war. Ich stand bis zum Hals in den dunklen Fluten. Ohne jede Angst legte ich mich ins Wasser, paddelte mit den Armen. Es kam mir fast vor, als kraulte ich. Ich trieb an meinem Püppchen mit den erloschenen Augen vorbei, ließ es hinter mir zurück. Mein Gott, ich schwamm! Ich tauchte unter, drehte mich um meine eigene Achse. Ich, die ich noch nie geschwommen war, weil mich meine Angst immer gehindert hatte! Ich fühlte mich wohl wie die Fische im Wasser, die mein Sternzeichen sind.

Irgendwann stießen meine Füße gegen Hindernisse, stemmten sich dagegen; ich richtete mich auf. Erstaunt sah ich mich um. Ich war allein, hatte die Frauen hinter der Flussbiegung zurückgelassen. Tropfnass stapfte ich an Land. In mir überwog Verwunderung, Unverständnis darüber, dass ich in diesem Wasser geschwommen war. Schwer atmend setzte ich mich ans Ufer und sinnierte vor mich hin, ohne jedoch einen klaren Gedanken fassen zu können. Mein Kopf war leer und leicht. Die warme Nachtluft trocknete das dünne Tuch auf meinem Körper. Ewig hätte ich so dasitzen und dem Gurgeln des Wassers lauschen können. Es klang vertraut und beruhigend. Als wäre ich noch darin. Schwerelos treibend, ohne Widerstände. Ohne etwas beeinflussen zu müssen.

Ich stand auf, warf das inzwischen trockene Tuch von mir und tauchte wieder in den Fluss. Ich sprang herum, spritzte mit dem Wasser, jubelte wie ein kleines Kind! Irgendwann kehrte ich zu den Frauen zurück. Wir gingen zum Tempel, und ich durfte schlafen.

Am nächsten Mittag nahm Mammy Ama mich sanft in die Arme, und ich fühlte mich geborgen. Sie band mir eine dünne Kette aus geflochtenen Fäden mit einer kleinen Muschel als Amulett um den Hals und drückte mir ein Säckchen in die Hand. »Streu den Sand auf den Fensterrahmen und die Schwelle des Zimmers, in dem du schläfst. Dann wird dir nichts passieren. Aber bleibe nicht mehr zu lang im Land des Leoparden. Er findet sonst einen Weg, dich zu töten«, schärfte sie mir ein.

Die hübsche Cilly lief schwanzwedelnd auf mich zu; ich freute mich, sie wohlbehalten wiederzuhaben.

»Die Mädchen wollten sie gar nicht mehr hergeben«, rief Mammy Ama lachend.

»Mammy«, sagte ich, »eine Frage habe ich noch: Wusstest du, dass ich nicht schwimmen kann?«

»Wusste ich's?« Ihre Augen sahen mich schelmisch an. »Das sah aber ganz anders aus. Du bist doch geschwommen wie … eine Nixe!« Sie lachte herzhaft.

Vier Tage waren seit meiner Abreise aus Lagos vergangen. Ich war jetzt bereit, nach Hause zu fliegen, um Weihnachten mit meiner Familie zu feiern. Mein Flug ging in zwei Tagen.

Mammy Ama hatte mich gebeten, die Hauptstraße nach Lagos wegen ihrer Unfallträchtigkeit zu meiden. Ich hielt mich daran – und verfuhr mich prompt. Statt Richtung Westen fuhr ich direkt auf die Mangrovensümpfe zu, geriet immer tiefer ins Sumpfland, verlor jede Orientierung. Da entdeckte ich eine Straße, die mir bekannt vorkam, und gab Gas. Die gesamte Umgebung kam mir vertraut vor – natürlich, in der Nähe befanden sich das Heimatdorf Victors und Sunnys Palast!

Ich hatte Sunnys Dorf unbehelligt passiert, als sich das Land öffnete. Für ein paar Meilen wich die dichte Vegetation zurück. Ich stoppte den Wagen in einer menschenleeren Gegend, weil sich Cilly bemerkbar machte – sie brauchte Auslauf. Ich schloss den Wagen ab und lief mit Cilly los.

Wir waren noch nicht weit gekommen, als ich einen Vogel ausmachte, der mit schnellem Flügelschlag über den Boden dahinflog und dann niederging. Cilly wurde unruhig, sie wollte dorthin laufen. Ich kniete mich neben sie und hielt sie am Halsband fest. Das hier war nicht ihr Jagdrevier. Ein Reiter sprengte über das abgeerntete Feld, in dem der Vogel niedergegangen war. Der Mann stieg ab, als er den Vogel erreichte. Er bückte sich nach etwas, das ich nicht sehen konnte, richtete sich wieder auf und bestieg das Pferd. Er ritt etwa hundert Meter, hielt das Pferd an, streckte den Arm aus und wartete. Nun stieg der Vogel wieder vom Boden hoch und setzte sich auf den ausgestreckten Arm des Mannes. Ein Falkner!

Ich machte mich noch kleiner, beruhigte Cilly und wartete, bis der Reiter verschwunden war. Dann liefen wir rasch zum Wagen zurück. Mein Traum mit dem Urzeitvogel, der

Victor verschleppt hatte! Ein Mann hatte auf einem Pferd gesessen, den Arm ausgestreckt. Nach meiner Interpretation hatte er mir hochhelfen wollen. Nun wusste ich es besser: Er bot dem Falken seinen Arm als Landeplatz!

Jenem Falken, der auf dem staubigen Poloplatz Victors Pferd angefallen hatte.

Die weiße Hexe

Mila hatte versprochen, mich zum Flughafen zu begleiten. Wir luden mein Gepäck in und auf Abiolas aus Deutschland mitgebrachten, alten Mercedes, der schwer in den Achsen hing. Drei Jahre Nigeria, da war eine Menge Kram zusammengekommen!

Zum ersten Mal war ich überpünktlich am Flughafen. Vier Stunden zu früh, aber wenigstens konnte ich so der Zollkontrolle gelassen entgegensehen. Am Schalter legte ich dem Lufthansa-Bodensteward mein Rückflugticket vor. Ich atmete auf. Sunny hatte mich also nicht aufgehalten, mir keine Steine mehr in den Weg gelegt, mir nicht nach dem Leben getrachtet. Milas Orakel hatte Unrecht. Ich war dem Leoparden entkommen!

»Darf ich Ihren Reisepass sehen?«, fragte der Steward.

Ich durchsuchte meine Handtasche. Während ich überall nachsah, merkte ich, wie mir der Schweiß ausbrach. Ich spürte den Kloß im Hals, meine Hände zitterten. Es hatte keinen Sinn weiterzusuchen. Der Pass war nicht da. Ich sah mich selbst, wie ich das Dokument zusammen mit Victors Wertsachen in seinen Safe gelegt und sorgsam das Zahlenschloss verstellt hatte. Ich musste zurück in dieses Haus! Was, wenn Sunny dort war? Aber mir blieb keine andere Wahl. Ohne Pass konnte ich nicht ausreisen.

Abiola hatte den Mercedes längst entladen, das Gepäck stapelte sich in der Halle. Mila übernahm das Kommando: »Abiola, du bleibst hier und sorgst dafür, dass das Gepäck eingecheckt wird. Komm, Ilona, wir fahren zu Victors Haus.«

Es war nur ein Versuch, mehr nicht. In drei Stunden nach Ikoyi und zurück, das war kaum zu schaffen. Normalerweise brauchte ich für eine Strecke anderthalb Stunden, wenn kein Stau dazwischenkam. Ich bin eine defensive Fahrerin, gehe nie ein Risiko ein. Aber dieses eine Mal fuhr ich, als stünde mein Leben auf dem Spiel. Und irgendwie ging es ja auch um mein Leben! Die Sicht war schlecht, ein Sandsturm, der um die Jahreswende gefürchtete Wüstenwind Harmattan, zog auf.

»Der Sand ...«, murmelte Mila. Ich warf ihr einen Seitenblick zu. Was meinte sie? »Der Sturm aus der Sahara, er bringt den Sand. Du hast ihn ausgesucht, *sister* damit dein Gegner im Sand liegt ...«

Sie wirkte entrückt. Ich hupte ununterbrochen, überholte links und rechts. Der Verkehr und die schlechten Sichtverhältnisse beanspruchten meine Konzentration auf das Äußerste. Mila begann unterdessen vor sich hin zu murmeln. Ich verstand nichts von ihrem Singsang. Aber ich bekam mit, dass sie in der großen Tasche herumwerkelte, die sie, unter ihrem Wrapper verborgen, stets mit sich trug. Schließlich holte sie eine Glasscherbe und einen spitzen Zahn hervor.

»Spuck darauf, *sister!*« Sie hielt mir beides vor den Mund, und ich spuckte. Mila band Scherbe und Zahn mit einem Lederband zusammen und murmelte weiter vor sich hin. »Er wird da sein, *sister*. Er wird da sein. Du musst jetzt sehr stark sein.«

Eine Stunde, 15 Minuten. Das war Rekord. Abiolas alter Mercedes brauste in den Hof. Nein, er war nicht da! Sunnys BMW stand nicht wie üblich protzig breit im Hof. Ich atmete auf. Mila wartete im Wagen. Ich raste zum Haus, schob den verdutzten Hausboy zur Seite.

»Ist Chief Sunny da?«

»Nein, Ma'am.«

Ungehindert erreichte ich den Safe in der Bibliothek. Links, rechts, rechts … ich drehte wie ein Champion an dem Zahlenrädchen, riss die schwere Tür auf und grapschte mir den bereitliegenden Pass. Nichts wie raus. Ein kurzer Blick auf die Uhr. Eine Minute war vergangen. Ich hastete gerade die Stufen zum Wagen hinunter, als Sunnys BMW einbog. Und mitten in der Einfahrt stehen blieb. Breit und dick. Keine Fluchtmöglichkeit. Sunny wälzte seine Kilos aus dem Wagen.

Ich warf einen hilfesuchenden Blick zu Mila. Sie bedeutete mir, cool zu bleiben.

»Was tun Sie hier, Ilona«, quetschte Sunny wütend hervor, »Sie sind gekommen, um mich zu bestehlen, nicht wahr?«

Ich zog den Pass aus meiner Handtasche und zeigte ihn ihm. »Der Pass, ich brauche ihn.«

»Wofür? Wollen Sie verreisen? Etwa ins Ausland? Sie sind meine Angestellte. Warum fragen Sie nicht, ob Sie ins Ausland dürfen?« Seine Wut ließ den kleinen dicken Mann schwitzen. Während Sunny mich anschrie, verließ Mila Abiolas Wagen und ging die zwei, drei Meter bis zu Sunnys BMW Niemand beachtete sie. Sie beugte sich blitzschnell in das geöffnete Fenster des BMW hinein und zog sich rasch wieder zu Abiolas Auto zurück.

Sunny schubste mich ins Haus. »Sie haben Ihre Stellung missbraucht!«, schrie er los. »Sie haben Projekte abgeschlossen, die ich weiterführen wollte. Sie haben Geld auf Kontos umgebucht, die Akpoviroro nicht kennt. Sie können jetzt nicht verschwinden. Sie bleiben hier!«

Das Zittern, das mich erfasst hatte, ließ meine Beine schlottern, der Schweiß brach mir aus allen Poren. Das verdammte Orakel! Es hatte doch Recht gehabt. Dabei war ich schon am Flughafen gewesen! Meine eigene Schusseligkeit hatte mich zu Sunny geführt, dem ich fast entkommen war. Ich setzte mich auf Victors Lieblingssofa und presste meine Handtasche als Schutz vor meinen Bauch.

»Chief Sunny«, sagte ich so ruhig wie möglich, um meine Todesangst zu verbergen, »Akpoviroro ist nicht besonders geübt in Buchhaltung und Finanzen. Ich habe kein Geld veruntreut. Ihr Sohn ist nur nicht in der Lage, die Geschäftsbücher und Kontoauszüge richtig zu lesen.«

Diese letzten Worte hatte Akpoviroro leider gehört. Ich hatte nicht einmal gewusst, dass der ungeratene Sohn überhaupt im Haus war. »Sie ist eine Betrügerin!«, kreischte er.

Durch das dünne Leder meiner Handtasche spürte ich das kleine Säckchen mit Sand, das Mammy Ama mir gegeben hatte. Ich öffnete es in der Tasche, hielt es wie meinen letzten Trumpf in der Hand. Ich saß in der Falle. Mit sachlicher Argumentation konnte ich nichts mehr erreichen. Meine Position war denkbar schlecht. Was konnte ich tun? Sollte ich mich fertig machen lassen? Sunny den endgültigen Sieg ermöglichen? Ich straffte meine Schultern und ging zum Gegenangriff über. Mit triefend nassen Achselhöhlen.

»Sie lieben die Jagd mit dem Falken, nicht wahr, Chief Sunny? Und einen Falken kann man so abrichten, dass er ein Pferd angreift. Ist das richtig?«, fragte ich ganz ruhig.

Damit hatte er nicht gerechnet. Er nahm sogar die Sonnenbrille ab, um mich anzuglotzen. »Wie kommen Sie darauf?«

»Ich kenne den Leoparden. Er jagt klug, aber heimtückisch. Er schleicht sich in der Nacht an sein Opfer heran. Mich aber umgibt keine Nacht, Chief Sunny. Mir werden Sie nichts tun. Sie haben Victor und seinen Vater getötet. Sie haben alles erreicht, was Sie wollten.«

»Wie kommen Sie darauf, dass ich Victor und William getötet habe? Es war ein Flugzeugabsturz«, blaffte er mich an.

Ich pokerte. Mir schlug das Herz bis zum Hals, als ich sagte: »Nicht nur Sie wissen um die Kräfte Oguns. Sie sollten aufpassen, dass sich seine Kraft nicht gegen Sie richtet.«

Ich hatte mich ganz schön weit aus dem Fenster gelehnt. Sunny durchmaß das Zimmer mit schnellen, energischen Schritten. Rasch streute ich eine dünne, halbkreisförmige Linie Sand auf den Teppich, direkt vor meine Füße.

Sunny ging festen Schritts auf mich zu. »Du willst mir mit der Macht Oguns drohen! Du wagst es, mich zu verfluchen!?«, fuhr er mich an. Er war nur noch drei Schritte vor mir, und es schien, als wollte er mir jeden Augenblick an die Gurgel fahren. Ich rutschte auf dem Sofa soweit als möglich zurück.

Da hielt Sunny inne und starrte auf den Boden. »Was ist das? Was hat das zu bedeuten?«

»Es ist ein Schutz. Mein Schutz«, sagte ich ganz ruhig. Und zitterte wie Espenlaub.

»Hexe!«, brüllte er. »Du bist eine weiße Hexe!«

Wütend drehte er sich um und stob aus dem Raum, um nach wenigen Sekunden zurückzukehren. Er schnauzte die beiden Wächter an, die ihn begleiteten. Die Kerle sahen den Sand, schraken zurück. Sunny brüllte erneut. Vorsichtig umrundeten die muskelbepackten Kerle das Sofa und griffen mich von hinten. Wie eine Puppe hoben sie mich aus dem Sofa heraus. Sie hakten mich rückwärts unter und schleiften mich zur Eingangstür, quer über den Hof, rissen die Türen des immer noch in der Einfahrt stehenden BMWs auf und schmissen mich auf den Rücksitz. Einer der Wächter setzte sich mit dem Gewehr zwischen den Füßen nach vorn, Sunny schwang sich hinters Lenkrad, wendete den Wegen und gab wütend Gas. Und drückte dann so abrupt auf die Bremse, dass ich mit dem Kopf gegen den Vordersitz knallte.

»Was ist das?!«

Sunny riss die Fahrertür auf und sprang aus dem BMW als wäre er von einem Skorpion in den Hintern gestochen worden. Wie ein Irrer tobte er neben dem BMW herum. »Das bringt Unglück! Wie kommt das in meinen Wagen! Wer hat das da reingetan?!«, schrie er wie ein Irrer.

Ich sah zwischen den Sitzen hindurch nach vorn. Das kleine *juju* aus dem Zahn des von mir ausgesuchten Krokodilschädels und einem Stück von Sunnys Brille, verklebt mit meiner Spucke und von Mila umwickelt und besprochen – es lag direkt neben dem Hebel der Gangschaltung! Das also hatte Mila gemacht, als sie kurz zu Sunnys BMW geschlichen war. Reiner Wahnsinn, wie das wirkte! Der Wahnsinn der schwarzen Magie. Und dennoch nur ein bisschen Glas, ein Zahn, Spucke und Leder. Aber wenn man daran glaubte, dann war es ein böser Fluch. Und Sunny glaubte daran. Natürlich, denn es waren die Waffen, mit denen er selbst kämpfte. Und die er fürchtete, wenn sein Gegner sie einsetzte.

»Das war sie«, schrie Sunny, »die weiße Hexe hat das dahin getan!« Er marschierte um das Heck des BMWs herum. »Komm da raus, Hexe, mit diesem Auto fährst du nicht!«

Als ich nicht rasch genug aus den Polstern des BMW herauskrabbelte, packte er mich brutal am Arm und riss mich heraus. Ich war viel zu überrascht, um Widerstand zu leisten, und landete schmerzhaft mit dem Hintern im Staub der Einfahrt. Als ich mich hochrappelte, sah ich Mila am Steuer von Abiolas Mercedes sitzen. Gott, ich werde nie vergessen, wie sie grinste! In ihren Zügen lag eine Mischung aus Genugtuung und tiefer Verachtung. Mila hatte mir einen Ball zugeworfen. Jetzt musste ich nur noch damit spielen ...

»Chief Sunny, Sie werden doch vor einem *juju* keine Angst haben. Oder glauben Sie etwa, dass die Kräfte des Wassers Ihrem Ogun etwas antun können? Ein Mann wie Sie, der den Leoparden und den Falken auf seiner Seite hat.«

Sunny brüllte etwas, und ein Pick-up hielt neben mir. Die Wächter packten mich und warfen mich wie ein Bündel Lumpen auf die Ladefläche. Sunny selbst setzte sich hinters

Lenkrad, ein Wächter und Akpoviroro kletterten mit Gewehren zu ihm ins Führerhaus. Sunny bugsierte den Pick-up an seinem *juju*-verseuchten BMW vorbei auf die Straße und raste los.

Verzweifelt suchte ich nach einem Halt und lag schließlich bäuchlings auf der Ladefläche. Meine Umhängetasche unter mir, klammerte ich mich an der hinteren Ladekante fest und presste die Füße gegen das Fahrerhaus. Vorsichtig hob ich den Kopf und stellte fest, dass Mila vergeblich versuchte, mit Abiolas Benz hinterherzukommen. Die Strecke kam mir schon bald vertraut vor. Ich schätze, ich bin die einzige deutsche Managerin, die je auf diese Weise zum Flughafen von Lagos gebracht worden ist.

Schon auf dem Weg nach Ikoyi hatte Mila bemerkt, dass der Wüstensturm Harmattan den weißen Sand aus der Sahara herantrug. Jetzt wirbelte der warme Wind auch den überall in der Stadt gegenwärtigen roten Sand auf. Ich hatte Sand in den Augen, in der Nase, im Mund, spuckte und bekam kaum noch Luft. Trotz der schlechten Sicht raste Sunny wie ein Verrückter. Pausenlos hupte er. Plötzlich hörte ich einen dumpfen Schlag, als ob ein schwerer Gegenstand den Pick-up vorn getroffen hätte. Der Wagen bremste so hart, dass die Kraft in meinen Beinen nicht ausreichte; wie eine Puppe wurde ich nach vorn gegen das Fahrerhaus geschleudert.

Als ich wieder zu mir kam, lag ich noch immer auf der Ladefläche. Um mich herum tobte ein Orkan aus Sand, Sturm – und menschlichen Stimmen. Alles schrie durcheinander. Benommen hob ich den Kopf und spähte über die Ladekante. Durch den Nebel aus feinem Sand erkannte ich schemenhaft Menschen, die sich in einer dichten Traube um den Pick-up versammelt hatten. Mittendrin der kleine Sunny mit seinem Leopardenstock, sein Leibwächter und Akpoviroro, die mit ihren Gewehren in der Luft herumfuchtelten.

Irgendein Mann griff Sunny an und schrie mit vor Wut verzerrter Stimme. Plötzlich fiel ein Schuss, dann noch einer. Frauen kreischten hysterisch auf, die Menge stob auseinander. Jetzt sah ich, was geschehen war: Am Boden lagen die Körper zweier Männer. Akpoviroro kniete auf dem Asphalt und schrie immer wieder auf Englisch:

»Gott, was habe ich getan! Verzeih mir, Vater, verzeih!«

Seine Stimme klang schrill und verzweifelt. Langsam kamen die Menschen zurück. Ich kletterte ungeschickt vom Pick-up und schob mich durch die Menge.

Einer der beiden Toten war Sunny. Eine Gewehrkugel hatte ihn am Hinterkopf getroffen, sein Blut bildete in dem roten Sand, der auf der Straße lag, eine dunkle Lache.

»Du hast gut gewählt, *sister.* Eine Gewehrkugel wird ihn treffen. Sein Blut wird den Boden rot färben.« Ich hatte das Gefühl, Mila stünde hinter mir. Aber da waren nur Fremde, die sich mit Tüchern vor den Gesichtern gegen den Sand schützten.

Akpoviroro hob den Kopf. Sein Gesicht von Tränen, Staub, Dreck und rasender Wut zur Maske eines Irren verzerrt, drehte sich in meine Richtung. »Sie ist eine Hexe! Sie hat das getan. Sie hat mich dazu gebracht, meinen Vater zu erschießen!«

Dann stand er auf, lud das Gewehr, hob es und legte an. »Stirb, weiße Hexe!«

Ganz ruhig sagte ich: »Die Kugel, die du abfeuerst, wird dich selbst töten, Sohn deines Vaters.« Es war, als hätte eine andere Person aus mir gesprochen.

Akpoviroro ließ sein Gewehr sinken. Ich öffnete die Beifahrertür des Pick-up. »Befiehl deinem Bodyguard, mich zum Flughafen zu bringen.«

Akpoviroro gab seinem verdutzten Leibwächter ein stummes Handzeichen, und der Mann schwang sich folgsam hinters Lenkrad. Als der Wagen anfuhr, traten die Menschen schweigend zur Seite. Im Rückspiegel sah ich Akpoviroro, der mir nachstarrte. Dann schloss sich die Menge wieder um ihn.

Nach kurzer Fahrt erreichte der Wagen tatsächlich den Airport. Der Leibwächter sprang gehetzt aus dem Wagen und riss meine Tür auf: »Verpiss dich, weiße Hexe. Und komm nie zurück! Oder du wirst zu spüren bekommen, was Nigeria für dich bedeutet!«, brüllte er.

Ich hatte nur noch zwanzig Minuten bis zum Abflug. Barfuß und verdreckt, rannte ich in die Halle, schon beinahe ohne Hoffnung, dass ich noch rechtzeitig kommen würde. Zum letzten Mal war das Glück in Nigeria auf meiner Seite: Der Harmattan hatte alle Flugpläne über den Haufen geworfen. Nichts ging mehr. Hunderte Reisende, die sich alle auf weiße Weihnachten in Europa freuten, standen vor den Schaltern Schlange. Irgendwo in dem Gewühl fand ich Abiola, der ganz vorn am Counter lehnte.

Er musste zweimal hinsehen, bis er mich in der heruntergekommenen, mit Sand bedeckten Bettlerin erkannte. Ich legte meinen Pass vor, der mich beinahe das Leben gekostet hätte.

Eine energische Stimme ließ mich aufhorchen. »Geh mal weg, *sister,* ich muss da vorn zu einer Freundin.«

Mila! Wo kam die her? Sie war wie ich voller Sand. Als sie vor mir stand, sah sie mich von oben bis unten an. »Hey, du siehst verdammt noch mal aus wie eine Hexe, die den Teufel besiegt hat, *sister!*«

Aus der Tiefe ihres mächtigen Leibes stieg ein dröhnendes Gelächter auf, das sie schüttelte. Die Umstehenden wichen zurück, in ihren Gesichtern stand sprachloses Entsetzen. Aus Milas weiten Gewändern war eine Patronenhülse gefallen. Langsam kullerte sie vor meine Füße und hinterließ dabei eine dünne rote Spur aus Blut.

Ein neuer Anfang

Im warmen Schein des Windlichts leuchtete der Messingmantel der Patronenhülse auf dem Tisch von Abiolas Veranda.

»Eine erstaunliche Frau, diese Mila«, lächelte Abiola vielsagend. Allerdings machte er keinen Hehl aus seiner Überzeugung, dass er sie für eine typisch nigerianische Trickserin hielt. Wenngleich er keine logische Erklärung anzubieten hatte. »Ich habe mir abgewöhnt«, sagte er, »in meinem Land nach Logik zu fragen. Nigeria funktioniert immer dann am besten, wenn die Menschen aus dem Bauch heraus leben. In den ersten Jahren nach meiner Rückkehr aus Europa kam ich damit überhaupt nicht zurecht, inzwischen sehe ich aber ein, dass ich meine Landsleute so nehmen muss, wie sie sind.«

Seine Frau Emeta interessierte an meinen Erzählungen vor allem der edle Victor – ebenso wie meinen Mann Peter, der sich in dem Punkt allerdings vornehm zurückhielt. Ob es denn wahr sei, dass ich alle Fotos von ihm verbrannt hätte? Ich nickte bedauernd. Da zog Abiola einen Papierabzug hervor und legte ihn wortlos auf den Tisch. Das Foto zeigte einen Mann, der auf ein Polopony steigt – Victor!

»Sieht ja recht beeindruckend aus«, brummelte Peter und reichte das Foto an Emeta weiter, die es wesentlich länger besah. »Schade um diesen Mann«, sagte sie nachdenklich.

Abiola erinnerte sich, dass er das Foto ein paar Tage vor dem Angriff des Falken gemacht hatte. Vor meiner Rückkehr nach Nigeria hatte er seine alten Fotokisten durchwühlt und darin auch die Patronenhülse wiedergefunden. Er berichtete, dass es tatsächlich so gekommen war, wie Victor es sich gewünscht hatte: Sein Vetter Opele wurde nach Sunnys Tod Stammeschief und neuer König. Opele hatte für diesen Aufstieg einen hohen Preis zu zahlen: Er musste sich von seiner ersten Frau trennen, die ihre Arbeit als Anwältin nicht aufgeben wollte und von der Stammestradition keine Ahnung hatte, so dass sie dem Palast nicht vorstehen konnte. Er musste eine junge Frau heiraten, die der Ältestenrat vorgeschlagen hatte.

Natürlich wollten Abiola und Emeta wissen, was aus John Wowo geworden ist. »An meinen großen Sohn Bobby« – dieser Kartengruß kommt jedes Jahr einige Wochen nach Weihnachten bei meiner Mutter an. Hin und wieder findet sich auch ein Hinweis darauf, dass Bobby wieder einen neuen Bruder bekommen hat. Soweit ich weiß, sind es inzwischen sechs, die alle die Nachnamen von US-Präsidenten tragen.

»Es gibt Nigerianer, die geben ihren Töchtern die Namen von Autos«, schmunzelte Abiola vielsagend.

Emeta lieh mir einen ihrer hübsch bestickten Wrapper, nur so zum Spaß. »Er steht dir so gut!«, sagte sie, »du musst ihn bei meiner Hochzeit tragen!«

Am nächsten Tag feierten wir auf dem Gelände der Uni von Benin-City Abiolas Hochzeit. Peter und ich bewunderten die Gäste, die sich ausgelassen und anmutig zur afrikanischen Musik bewegten.

»Komm schon«, sagte ich und nahm Peters Hand, »lass uns mitmachen. Wir sind doch nicht zum Zusehen hier!«

Mein unmusikalischer Mann machte viel zu große Schritte und kam schnell ins Schwitzen. Nachdem er endlich Sakko und Krawatte abgelegt hatte und sich von mir fuhren ließ, wurden seine Bewegungen allmählich geschmeidiger und verloren ihre deutsche Eckigkeit. Im Gewühl der Tanzfläche trafen wir auf Abiola und Emeta, die uns zuzwinkerte.

»Afrika bekommt euch gut«, rief Abiola über die laute Musik hinweg. »Ihr solltet bald wiederkommen!«

Das verborgene Herz Afrikas

Inhalt

Die Augen des Leoparden

Da war etwas. Ich spürte es deutlich. Es war nah. Sehr nah. Etwas, das mich beobachtete. Meine schlagartig bis aufs Äußerste gereizten Sinne rieten mir, mich nicht zu bewegen. Mein Atem ging flach, mein Herz raste, aus jeder Pore brach mir der Schweiß. An einen Baum gelehnt kauerte ich am Boden. Die Erschöpfung hatte mich einschlafen lassen. Irgendwo. In meinem Rücken fühlte ich die raue Rinde des Baums, roch die modrige Ausdünstung der feuchten Erde. Es war unwirklich still, kein Laut zu hören. Die Vögel des Urwalds schliefen noch. Aber selbst zu dieser Stunde hätte wenigstens hin und wieder das heisere Brüllen eines Affen oder das Quaken der Frösche in den nahen Sümpfen das drückende Schweigen durchbrechen müssen. Doch kein einziges Geräusch nahm dieses Gefühl völligen Ausgeliefertseins von mir. Ich fühlte mich verlassen, mitten im Dschungel Westafrikas, mitten in der Nacht, in dieser völligen Finsternis, in der ich keinen Baum und keinen Strauch erkennen konnte. Verlassen von allem. Und doch lastete dieses unbestimmte Gefühl auf mir, dass da etwas ganz in meiner Nähe war.

»Der Leopard lauert lautlos in den Ästen. Schon dein Blick kann ihn reizen. Dann setzt er zum Sprung an.« Deutlich erinnerte ich mich an die Warnung meiner Lehrmeisterin Odame.

Ich hatte den Herrscher des Urwalds bis zu diesem Moment noch nicht zu Gesicht bekommen; ja, ich hatte sogar angenommen, die Worte der weisen Frau sollten mir nicht Angst machen, sondern Respekt vor dem Urwald, seinen Bewohnern, der Natur und den Geistern und Göttern in mir wecken. Nachdem ich eine Zeit lang verharrt, atemlos, schwitzend wie unter einer großen Anstrengung, und vergeblich versucht hatte, aus meiner unbequemen Position heraus die Situation einzuschätzen, wagte ich es schließlich, vorsichtig den Kopf zu bewegen. Gerade so viel, dass ich eine etwas erweiterte Rundumsicht gewann. Die mich umgebende Dunkelheit wich gleichwohl keinen Millimeter. Nur auf meinen Gehörsinn schien noch Verlass: Die Stille, in der jedes Rascheln der Blätter und Zweige einen Angreifer verraten hätte, blieb unverändert. Während mein Herz das Blut wie verrückt durch die Adern pumpte, sich gleichzeitig ein leichtes Frösteln im Körper ausbreitete, entschloss ich mich, meine hilflose Lage vorsichtig zu verändern. Wie in Zeitlupe zog ich die Beine an, den Rücken gegen den Baum gepresst. Ich wartete. Auf ein Zeichen aus der Dunkelheit, etwas, das meine instinktive Angst bestätigen würde. Meine Augen suchten den mich umgebenden Wald nach einer winzigen Helligkeit ab.

Als ich sie entdeckte, wünschte ich mir die Finsternis zurück: Unbewegt stachen zwei irisierend grüne Punkte aus der Nacht; wie von einem kalten Feuer entzündet, klar und unbeweglich. Es war zu dunkel, um die Entfernung abschätzen zu können. Der Größe nach zu urteilen mochten es fünf Meter sein, oder zehn? Aber auf welcher Höhe? Im Baum? Darunter? *Der Leopard lauert lautlos in den Ästen …* Wartete er auf mich? Meine Angst ließ mich einfrieren. Hypnotisiert starrte ich in seine grünen Augen.

Allmählich meldete sich mein Verstand zu Wort; begann

einen inneren Austausch mit meiner übermächtigen Angst; sagte mir, dass der Leopard mich schon längst hätte töten können, während ich geschlafen hatte. Die Angst sagte mir auch, dass die Raubkatze nur bewegte Ziele angriff; dass die Gefahr wachsen würde, sobald ich aufstünde. Während sich mein Blick unverwandt in die grünen Augen des Leoparden bohrte, hörte ich sein Knurren. Hatte ich mich bewegt? Die Reaktion des Raubtiers ließ mich erstarren. Sein Knurren klang wie das eines großen Hundes, der seinen Unmut kundtut. Nur lauter, guttural, etwas heiser, voll unterdrückter Wut. Ich umklammerte meine zitternden Knie fester. Nichts geschah. Die Sekunden dehnten sich zu Minuten, schwollen zu Stunden. Beruhigend spürte ich den festen Stamm des Baums hinter mir. Mein Kreislauf, meine Atmung fanden wieder ihren normalen Rhythmus. Die panische Angst wich langsam dem Gefühl des Ärgers über den Zustand der Belagerung. Ich empfand ihn zunehmend als ärgerlich, als etwas, das ich abschütteln wollte.

Das Licht am Übergang von der Schwärze der Nacht zur Glut des Morgens schimmerte fahlgrau und kündete vom nahen Sonnenaufgang, dem rasch die Hitze des Tages folgen würde. Gefiltert durch das dichte Blätterdach drang es zu mir auf den Boden. Langsam traten die Konturen aus dem schwarzen Urwald hervor; zunächst die des dichten Laubdachs der Bäume, ihre gewaltigen Kronen, geschmückt mit rankenden Schmarotzern; dann die senkrechten, Vertrauen erweckenden Stämme der Baumriesen. Dann sah ich ihn. Den Kopf auf den Ast gelegt, auf dem auch sein dunkler Körper ruhte, fixierte er mich – sein potenzielles Opfer – nahezu bewegungslos. Lediglich sein langer Schwanz, den ich ganz zuletzt – wie in einem Suchspiel – zwischen den Lianen und Blättern ausmachte, bewegte sich gelegentlich. Elegant, sehr kontrolliert, ein Zeichen der eigenen Anspannung seines von mir nicht kalkulierbaren Temperaments. Ausdruck eines spielerischen Umgangs mit seiner Kraft. Der ich nichts entgegenzusetzen hatte. Nichts als den Willen zu überleben.

»Wenn du etwas von mir willst, dann jetzt! Sonst hau ab!« Mein Aufschrei fand ein bizarres Echo im erschrockenen Gekreische eines plötzlich erwachten Vogels, dem andere Vogelstimmen folgten. Mein durch ihre Stimmen vervielfachter Aufschrei war wie eine Befreiung. Ich warf die unerträgliche Spannung ab, die mich wie in eine Zwangsjacke eingeschnürt gehalten hatte. Als Antwort riss der Leopard sein zahnbewehrtes Maul weit auf, stöhnte mir noch einmal sein bellendes Fauchen entgegen. Dann sprang er mit einem geschmeidigen Satz, einer aus dem Nichts kommenden federnden Bewegung, von seinem Ast. Seitwärts, mit dem Schwanz das Gleichgewicht ausbalancierend. Sofort verschluckte die Dämmerung seinen Körper.

Die Hände abgestützt, rutschte ich langsam am Stamm hoch, bis ich stand. Sekundenlang hörte ich noch das Knacken von Ästen, das Rascheln des Laubs. Ich stolperte los, über Wurzeln und abgestorbene Bäume, der diffus aus dem Osten einfallenden Helligkeit des beginnenden Morgens entgegen. Ich hatte in diesem urwüchsigen Chaos keinerlei Orientierung. Irgendwann sah ich Wasser zwischen den Bäumen schimmern, eine glitzernd ruhende Oberfläche, klar wie ein Spiegel: der breite Seitenarm eines Flusses. Zu meinen Füßen die beruhigende Weite der Wasseroberfläche, hinter mir die bedrückende Dichte des Waldes. Langsam kniete ich mich hin, sah mich vorsichtig und aufmerksam um.

Er war vor mir angekommen. Den muskulösen Hals weit vorgestreckt, während sein Körper angespannt auf sehnigen Beinen ruhte, trank er das Wasser. Ganz ruhig. Nur kurz unterbrach er, drehte den Kopf in meine Richtung, als wollte er mir höhnisch zunicken: Na, auch schon da? Dann trank er gelassen weiter. Er war nicht schwarz, wie ich zuerst angenommen hatte. Die ersten Strahlen der Sonne zeigten sein dezent geflecktes Fell, wie mit einem dunklen Netz überzogen. Ein Meister der Tarnung, der sich seiner Umgebung des ständigen Wechselspiels von Licht und Schatten frappierend angepasst hatte. Nach einem letzten, etwas abschätzigen Blick in meine Richtung federte er mit wenigen langen Sprüngen in den Urwald zurück. Dorthin, wo er zu Hause war und wohin ich mich verlaufen hatte.

Ich bin oft vor verseuchtem Wasser in Afrika gewarnt worden. Aber mein grünäugiger Begleiter hatte mir vorgeführt, dass das Wasser dieses Flusses genießbar war. Mit einem merkwürdigen Gefühl der Dankbarkeit beugte ich mich über das Wasser, um es mir mit beiden Händen in mein verschwitztes Gesicht schaufeln zu können. Ich hielt erschrocken inne. Auf der Wasseroberfläche spiegelte sich ein weißes Gesicht, in dem dunkle Augenhöhlen ruhten. Das Gesicht des Todes. Mein Gesicht. Nur langsam setzte mein Gehirn das Puzzle der Erinnerung zusammen. Sie hatten meinen ganzen Körper mit einem Öl eingerieben und dann mit weißem Kaolin gepudert, der Farbe des Todes. So gezeichnet, war ich davongerannt, hinein in den Urwald.

Entschlossen klatschte ich mir das Wasser ins Gesicht, gewillt, mein hässliches Spiegelbild zu zerstören. Immer wieder, bis das Wasser sich mit der leicht öligen Substanz, die auf meiner Haut lag, und dem Kaolin zu einer mehr oder weniger weißlichen Schliere im Fluss auflöste, die meine Beine umspülte. Meine Hände, mein ganzer Körper fühlten sich klebrig und schmutzig an. Ich roch nach dem Schweiß der Todesangst und sah hinaus auf den Fluss. Ein hauchfeiner Schleier feuchter Luft hing noch über dem träumenden Wasser; löste sich in den ersten Strahlen der Morgensonne auf. Meine Angst vor tiefem Wasser ignorierend, watete ich langsam hinein, fühlte den Sand unter meinen Füßen, hob ihn instinktiv auf und begann, meine Beine damit abzureiben. Immer schneller schrubbte ich das Zeug von meiner Haut, legte mich schließlich ins Wasser, wühlte es auf, wälzte mich darin, kugelte herum – und verlor schlagartig die Orientierung. Eine Untiefe im Flussbett, die ich nicht bemerkt hatte, zog mich nach unten. Ich schluckte Wasser, prustete, schlug um mich, fand irgendwo wieder Halt und kam hustend an die Oberfläche. Keuchend krabbelte ich auf allen vieren zurück ans Ufer, blieb schwer atmend liegen. Meine Augen suchten die hellen Strahlen der Sonne, die erlösende Kraft ihrer Wärme.

Der Kreis des Erinnerns

»Wieder dieser Traum von Afrika?« Aus weiter Ferne drangen die Worte an mein Ohr. »Du bist ja schweißgebadet!« Meine Tochter Janet saß an meinem Bett, strich mir sanft die nass geschwitzten Haare aus der feuchten Stirn, solange ich noch versuchte, meine Orientierung wiederzugewinnen. Nicht das Licht Afrikas wärmte mich, sondern die Sonne, die durch mein Berliner Schlafzimmerfenster schien. Die Sonne war dieselbe. Nur machte sie sich in diesem feuchten Sommer des Jahres 2000 ausgesprochen rar. Ich setzte mich schwerfällig auf: »Wieso bist du schon wach?«, fragte ich. Janets dunkle Augen wirkten müde, ihr Teint war blass. »Du bist doch nicht etwa gerade nach Hause gekommen?«, fragte ich mit mütterlichem Reflex.

»Wir haben durchgefeiert«, antwortete sie, »als ich die Wohnungstür öffnete, habe ich dich stöhnen hören. Peter sagt, du träumst in letzter Zeit oft von Afrika.

»Ich schwamm in diesem Fluss«, sagte ich matt, »und wollte mich waschen; plötzlich wurde das Wasser tief.

»Du hättest wirklich mal schwimmen lernen sollen«, lachte Janet. »Wieso träumst du davon? Ist das nicht schon lange her?«

»Das ist inzwischen wirklich lange her, dass ich im Kult der Oberpriesterin Odame meine Einweihung in die geheimen Riten und Bräuche der weisen Frauen erlebte«, gab ich zu, »aber es verfolgt mich bis heute.«

»Warum? Was war so schlimm daran?«

»Es war nicht schlimm«, antwortete ich langsam, »eigentlich war es eine Bereicherung, ich habe viel über mich selbst, das Leben und den Tod erfahren.«

du scheinst es aber irgendwie nicht verarbeitet zu haben«, unterbrach Janet.

»Mag sein«, gab ich zu. Mein Blick fiel auf den kleinen Altar neben meinem Bett, auf die dunkle Büste Jelemas.

Janet folgte der Richtung meiner Augen. »In der ganzen Wohnung hast du dieses afrikanische Zeugs.« Sie machte die zwei Schritte hinüber zu meinem Altar, ihre schlanken Finger glitten sanft über das blank polierte, fein gemaserte, dunkle Holz des edlen Frauenkopfs: »Wer ist das eigentlich?«

»Victors Urgroßmutter Jelema«, sagte ich und fügte lächelnd hinzu: »Seine Ahnin.« Janets Augen sahen mich fragend an. »Du hast dich bislang nie für Afrika interessieren wollen«, sagte ich. Janet machte einige impulsive Schritte fort vom Altar, als suchte sie dadurch instinktiv den äußeren Abstand, der in Wahrheit ihre innere Distanz zu diesem Thema darstellte. »Aber du hast Afrika in dir«, fügte ich hinzu. Ich spürte, dass dies nicht der Moment war, um die Sache zu vertiefen. Janet war übermüdet.

Mein allmählich erwachendes Hirn hatte einen Satz meiner 25-jährigen Tochter gespeichert: »Vielleicht hast du Recht, dass ich das alles immer noch nicht verarbeitet habe. Ich sah in die starr auf mich gerichteten Augen von Jelemas hölzerner Büste: »Während ich diese Einweihung erleb ...« Ich brach ab, wo sollte ich beginnen? »Da waren etwa fünfzig Frauen und junge Mädchen gemeinsam mit mir, keine von ihnen sprach deutsch, nur einige konnten ein bisschen Englisch, das man Pidgin nennt. Vor allem aber war es jeder von uns verboten, über das zu sprechen, was wir erlebten. Das war ein Teil der Spielregeln, sozusagen. Wir mussten unsere Gedanken und Empfindungen für uns behalten. Die Oberpriesterin hatte uns dieses Schweigen auferlegt, damit wir durch unsere Erfahrungen stärker würden und sie nicht durch unnütz gesprochene Worte zerredeten. Eine Einweihung, man sagt auch Initiation, ist die Aufnahme in einen geheimen Kult. Und wenn du sie durchlebst, veränderst du dich – ob du willst oder nicht.«

Janet setzte sich zu Füßen des Altars auf den Boden und musterte mich nachdenklich. Ein paar Mal schon hatte ich versucht, meiner ältesten Tochter etwas von meinen Jahren in Nigeria zu erzählen. Nigeria, das war für sie das Land ihres Vaters John. Sie hatte nie die Gelegenheit, zu ihm, meinem ersten Mann; eine innere Verbindung aufzubauen; er hatte die Familie verlassen, um nach Nigeria zurückzukehren, als Janet vier und ihr Bruder Bobby zwei Jahre alt waren. Aus der unverschuldeten Unkenntnis war im Lauf der Jahre die Ablehnung der eigenen Wurzeln geworden.

»Victors Urgroßmutter?«, sagte Janet und sah zu dem Frauenkopf hinauf. »Hatte sie auch etwas mit dieser Einweihung zu tun?«

Eine Frage, an deren Beantwortung man sich jahrelang herangearbeitet hat, kann man letzten Endes nicht mit Ja oder Nein auf den Punkt bringen. »In gewisser Weise«, sagte ich. »Sie war wohl dabei, unsichtbar. Sie hat mich ...«, ich suchte nach dem richtigen Wort, »... beschützt.«

»Das heißt, sie war tot? Aber ihr Geist war da?« Janet sah mich offen an: »Du fühltest ihre spirituelle Energie, meinst du das?« Jetzt war es an mir, meine Tochter überrascht zu mustern. Was wusste sie von diesen Dingen? Sie sprach von Castaneda und vom Buddhismus, von spirituellem Wissen, das sie in verschiedenen Religionen in ähnlicher Weise wieder gefunden hatte. Dann stutzte sie: »Und du hast das in Afrika entdeckt?« Es klang, als wollte sie sagen: Nanu, um was habe ich mich durch meine Ablehnung Afrika gegenüber gebracht? Ich, ihre eigene Mutter, besaß ein Wissen, für das sie sich schon lange interessierte! Noch nie hatten wir uns darüber ausgetauscht!

»Ich bleibe ein paar Tage hier bei dir in Berlin, bevor ich wieder zurück nach München muss.« Das war die Gelegenheit, auf die wir beide gewartet hatten! Ich, um meine Erinnerungen, die ich in Träumen zu bewältigen versuchte, aufzuarbeiten. Sie, um zu erfahren, dass die afrikanischen Wurzeln in ihr der Schlüssel zum Verständnis des eigenen Interesses für die mysteriöse, die magische, die spirituelle Seite des Lebens sind. »Das ist alles in Nigeria, im Land meines Vaters, passiert?«

»Im Südosten Nigerias, im Mündungsgebiet jenes Flusses, nach dem Nigeria benannt wurde, am Niger.«

»Da gibt es doch diese vielen Unruhen wegen des Öls?«

»Es ist auch eine Gegend, in der die alten Traditionen noch leben. Von dort unten, fünfzig Kilometer entfernt von den türkisfarbenen Wassern des Golfs von Benin, stammte Victors Familie, seine Urgroßmutter. Victor war ein Prinz, ausersehen, die Nachfolge seines Vaters anzutreten, um einen Stamm mit mehreren Zehntausend Menschen zu führen. Wir wollten heiraten. Ich konnte jedoch nur dann die Frau dieses Mannes werden, wenn ich zu denken und zu fühlen vermochte wie eine Afrikanerin. Damit die Menschen dort mich als eine der Ihren akzeptierten.«

»Mama, ich brauche jetzt erst mal einen starken Kaffee. Dann erzählst du mir – endlich – die ganze Geschichte, okay?« Ich nahm meine Tochter in die Arme. Nach so langen Jahren schlossen wir beide endlich den Kreis aus Vergessen und Erinnern, Fragen und Verstehen.

Ein Trip ins Ungewisse

Gibt es sie – eine Insel des Glücks, ein kleines Paradies, das man nur für sich selbst hat? Die man teilt mit dem Menschen, den man liebt, während man denkt, dass alles so bleiben müsste. Ich jedenfalls hatte lange geglaubt, mit Victor in diesem Paradies zu leben. Vielleicht, weil unser Paradies tatsächlich so weit entfernt war von all den Problemen des Alltags: Wir wohnten in einem über einhundert Jahre alten, prächtigen Kolonialbau aus Holz inmitten eines Parks voller alter Bäume mit Swimmingpool und Tennisplatz. Victors Vater, Chief William, hatte dafür gesorgt, dass sein Sohn wahrhaft königlich residierte. Unser Paradies lag in Ikoyi, einem eleganten Stadtteil auf Lagos-Island. Die überquellenden, farbenfrohen Märkte, die lauten, belebten Straßen, die fröhlich schwatzenden und singenden Menschen der Multi-Millionen-Metropole Lagos mit ihren kalten Hochhäusern aus Beton, Stahl und Glas, die die nigerianische Großstadt dem Ölboom der Siebzigerjahre verdankte, waren ebenso weit entfernt wie die Slums, in denen unzählige traurige Gesichter auf ein besseres Morgen hofften.

Seit zweieinhalb Jahren lebte ich bereits in Nigeria, dem riesigen Land im Westen Afrikas. Als ich kam, wollte ich meinem Vater helfen, einen Auto-Import abzuwickeln. Es blieb ein Berg von Schulden und ich kehrte zurück in das riesige

Land im Westen Afrikas, um diese Schulden mit einem sehr guten Auslandsgehalt als Managerin wieder abzuarbeiten. Ich lernte Victor kennen, meinen Prinzen. Die Scheidung von meinem ersten Mann John war schon lange eingereicht; trotzdem hatte ich nicht nach dieser neuen Liebe gesucht. Sie hatte mich gefunden. Victors Liebe entschädigte mich für all die Enttäuschungen, die ich erlebt hatte.

Das wirkliche Leben, jenes außerhalb unseres kleinen Paradieses, holte uns nach einer viel zu kurzen Zeit der Harmonie mit langen Krakenarmen in die Realität zurück. Denn Victor wollte sich nicht mit dem Leben eines reichen Müßiggängers zufrieden geben. Er war der einzige Sohn seines Vaters. Chief Williams Clan beherrschte seit Generationen ein Gebiet im Delta des Flusses Niger, in dem internationale Ölkonzerne schwarzes Gold förderten. Das von der Natur zwar reich gesegnete, aber rückständige Land war quasi über Nacht zum Quell unvorstellbaren Wohlstands geworden. Die Ausbeutung der Natur hinterließ ein Schlachtfeld. Victor, in London geboren und europäisch denkend, glaubte seine Aufgabe gefunden zu haben: Er wollte verhindern, dass sein Land noch mehr Schaden nimmt. Das war das Ende unseres privaten Paradieses. Nirgendwo auf der Welt lassen sich die Mächtigen ihre Pfründe wegnehmen. In Nigeria, diese Erfahrung hatte ich Victor leider voraus, erst recht nicht. Die Korruption war dort eine unheilige Allianz mit der ältesten und sagenumwobensten Macht des Schwarzen Kontinents eingegangen – der Magie.

Wie ein schleichendes Gift infizierte sie unser Paradies und vertrieb uns letztlich daraus – ohne dass wir auch nur ansatzweise verstanden hätten, um was es ging: Den feigen Mord an einem von Victors Dobermann-Hunden brachten wir damals noch in Verbindung mit einem Umweltskandal, den Victor im Delta des Nigerflusses aufgedeckt hatte. Dann wurde einer von Victors Stallburschen ermordet vor unserem Haus aufgefunden. Zum ersten Mal griff damals Victors Vater William ein. Er bat seinen Sohn, einen *herbalist,* eine Art Wunderdoktor, aufzusuchen, der sich mit schwarzer Magie auskannte.

»Lachhaft«, hatte Victor gesagt, »ist es schwarze Magie, einen Mann und einen Hund umzubringen?« Die wahren Worte des wissenden Mannes verriet Victor mir nicht. Aber ich spürte, was er gefühlt haben mochte: Er stand auf schwankendem Boden. Dem Boden des mystischen Afrikas, in dem der Glaube an Magie den Alltag auch jener Menschen beeinflusst, die ihr skeptisch gegenüberstehen. Kurz nach unserer Rückkehr vom *herbalist* ereignete sich der traurige Höhepunkt der niemals aufgeklärten Zwischenfälle – ein direkter Anschlag auf Victors Leben: Bei einem Poloturnier im Norden Nigerias stürzte Victor schwer. Ein angreifender Falke hatte ein Auge seines Poloponys ausgehackt; es hatte gescheut, Victor abgeworfen und war dabei auf seinen Unterschenkel getreten. Für diesen Vorfall konnte es keine vernünftige Erklärung mehr geben – wenn man die Vorgeschichte kannte. William wusste darum und zog die Konsequenzen; der Stammeschef wollte seinen Clan an den in ihren Augen *weißen* Victor heranführen. Und umgekehrt. Auch Victor sollte dazulernen.

»Mein Vater bittet uns, ihn in seinem Palast im Nigerdelta zu besuchen«, eröffnete Victor mir. Ich glaubte, wir hätten eine Art Höflichkeitsbesuch zu absolvieren. Doch Victor wusste, dass es um mehr ging: Er saß mit eingegipstem rechten Unterschenkel in der Bibliothek seines idyllischen Hauses. Bereit, sich der Herausforderung zu stellen, las er alles, was er über nigerianische Traditionen in die Finger bekommen konnte: »Wenn ich ein gerechter König sein will, muss ich mich mit den Traditionen meines Clans vertraut machen«, sagte er zu mir. Ein Satz, den ihm der Kopf diktierte.

Doch wir hatten keine Ahnung, was das war – die alten Traditionen. Victor hatte von den dreißig Jahren seines Lebens bis auf die letzten zwei nur im westlichen, im weißen Ausland gelebt. Seine Mutter war Engländerin, erzogen war er in Internaten in England und der Schweiz. Was konnte so ein Mann vom alten Afrika wissen?

Stundenlang fuhren wir mit Victors klimatisiertem Range Rover durch die dichte Vegetation des Regenwalds, hörten englische Popsongs. Wir befanden uns in so etwas Ähnlichem wie Ferienlaune, machten eine Fahrt ins Blaue. Ich zumindest verdrängte den Gedanken, dass es ein Trip ins Ungewisse war. Zehn Stunden später hielten wir tief im Süden des Landes – inmitten urwüchsig wuchernder grüner Natur – vor einem beinahe bescheiden wirkenden Palast, der aussah, als wäre er aus diesem fruchtbaren Boden herausgewachsen. Waren die Häuser dieser Gegend sonst zumeist einfache Bauten mit weit vorstehenden Palmwedel- oder schlichten Blechdächern, so erschien dieses Haus als ein kubischer Klotz, dessen Außenwände weiß gestrichen waren. Den Reichtum der Familie ließ das Bauwerk von außen nicht erahnen.

Eine Schar bunt gekleideter Frauen strömte zu unserem Empfang zusammen, fast nackte Kinder umschwirrten uns und befühlten unsere europäische Kleidung. Ich trug einen leichten Rock, Bluse und halbhohe Pumps – ich wollte ja einen guten Eindruck machen. Victor, stets der britische Gentleman mit der Vorliebe für italienische Designeranzüge, stützte sich auf seinen eleganten Stock mit dem silbernen Griff – ein Edelmann zu Besuch bei den armen Verwandten. Sein natürlicher Charme und seine Warmherzigkeit, die für jeden ein freundliches Wort fand, spannte die Brücke zu den

Herzen der Menschen im Dorf, das wohl an die 2000 Einwohner gehabt haben mochte. Ohne Geschenke durfte man in Afrika nie reisen – wir hatten den ganzen Kofferraum voll. Victor, ohnehin ein Fan edlen französischen Parfüms, deckte die versammelte Verwandtschaft großzügig ein. Schwere Ballen kostbarer Stoffe für die afrikanischen Wickelkleider, *wrapper* genannt, waren meine »Mitbringsel«, die von den Frauen dankbar entgegengenommen wurden. Kaum jemand sprach Englisch, und wenn, dann nur Pidgin, in der die Worte oftmals eine ganz andere Bedeutung haben.

Glücklicherweise wurde mir gleich bei der Ankunft meine persönliche Dienerin Ifeoma zugeteilt. Ifeoma war sechs Jahre lang auf eine englische Missionsschule gegangen und sprach gutes Englisch. Victor erhielt seinerseits einen Diener. Noch während ich gemeinsam mit Ifeoma die Geschenke verteilte, wurde Victor von seinem Vater beiseite genommen. Eine Gruppe groß gewachsener Männer, gekleidet in bodenlange afrikanische Gewänder, mit kreisrunden Mützen auf dem Kopf, hielt sich dezent im Hintergrund. Victor und William besprachen sich kurz mit ihnen, dann kam Victor zu mir.

»Wir müssen uns leider ziemlich umstellen, Liebes«, sagte Victor, »in der Welt meines Vaters leben Frauen und Männer getrennt. Für die Geschlechter gibt es verschiedene Häuser.«

Ich sah Victor fassungslos an. Damit hatte ich nun wirklich nicht gerechnet! »Heißt das, wir können uns nicht sehen, wann wir wollen?«

»Ich habe keine Erfahrung im Umgang mit dem Zeremoniell im Palast«, antwortete Victor ausweichend. Ifeoma stand in diesem Augenblick dezent beiseite, hatte aber offensichtlich jedes unserer Worte – Victor und ich sprachen nur Englisch miteinander – verstanden. Ich spürte ihren Blick und wandte mich an sie: »Kannst du mir das erklären?

Ifeoma schlug die Augen nieder, sie fühlte sich wohl als Lauscherin ertappt und lächelte verlegen. Sie deutete auf Victors neuen Diener Edo – einen dünnen, hoch aufgeschossenen Burschen mit langärmligem hellem Hemd, schwarzen, zu kurzen Hosen und nackten Füßen; er trug nie etwas anderes. »Dafür sind wir da«, sagte Ifeoma. »Sie müssen Ihren Diener zu mir schicken, Sir, ich begleite *madam* dann zu Ihren Gemächern.«

Victor lachte prustend los: »Das kann doch wohl nicht wahr sein!« Ohne weiteren Kommentar ging er zu seinem Vater, besprach sich erneut mit ihm und kehrte zurück: »Ilona, das Mädchen hat Recht. Es ist wahr. Meine Großmutter Fara stellt hier die Benimmregeln auf. Ich werde Edo nachher zu dir schicken, dann sprechen wir weiter.« Kein Abschiedskuss, keine Umarmung, mit Diener und Gepäck eilte er zum Palast. Als wir uns am Abend wieder sahen, erklärte er sein sprödes Verhalten: »Ich wollte nicht, dass der halbe Palast unserer Unterhaltung zuhört. Zärtlichkeiten sind in der Öffentlichkeit auch tabu. Hier herrschen einige Konventionen, die respektiert werden müssen. Meinst du, du kommst damit zurecht?«

Wo Großmutter Fara regiert

Direkt nach unserer Ankunft fiel mir das auf jeden Fall schwer. Die vielen auf mich einstürzenden Eindrücke lenkten mich jedoch schnell ab. Ifeoma und die übrigen Frauen, die zu meiner Ankunft erschienen waren, führten mich durch einen Seiteneingang in das Palastareal. Es war von erstaunlicher Größe, flache Lehmbauten suchten zwischen den gewaltigen Palmen und den alten Bäumen mit ihren ausladenden Kronen Schutz vor der Sonne oder den gelegentlich sintflutartig niedergehenden Regengüssen. Unser Ziel war das Haus der Frauen, das im hinteren Teil des Areals lag. Mir wurde ein karg eingerichtetes Zimmer zugewiesen, das jedoch über ein europäisches Bett verfügte. Das einzige Zugeständnis an meine Herkunft. Denn jene Frau, die unsichtbar im Hintergrund die Fäden zog, an denen sich das Palastleben bewegte – Victors Großmutter Fara –, war darauf bedacht, dass ich keinen Sonderstatus genoss. Ich sollte von Anfang an eine Frau unter Gleichen sein. Dieses Zimmer teilte ich mit Ifeoma, meiner Dienerin, was mich zuerst verwunderte. Schon nach wenigen Minuten jedoch war mir klar, dass die Anwesenheit des jungen Mädchens gar nicht erst das Gefühl von Einsamkeit und Verlassensein aufkommen ließ.

Ifeoma als Dienerin zu bezeichnen fällt mir schwer. Ihre unkomplizierte und aufgeschlossene Art machte mir das

Mädchen von Anfang an sympathisch. Sie hatte ein schmales, beinahe puppenhaft hübsches Gesicht, das große dunkle, mit schwarzer Khol-Farbe umrandete Augen beherrschten. Ihre von der Arbeit muskulösen Arme glänzten leicht. Und sie war hochschwanger.

Ifeoma war offenkundig stolz auf ihren kugelrunden Bauch, betonte ihn zusätzlich mit bunten Stoffen, die sie um ihren grazilen Leib gewickelt trug. »Du bist noch sehr jung«, sagte ich vorsichtig.

Sie strahlte mich an: »16, *madam.*«

»Und bekommst schon ein Kind.«

»Ich bin seit einem Jahr verheiratet, *madam.* Francis hat mich gleich geheiratet, als ich aus dem *fathouse* gekommen bin, *madam.*«

Das mit dem *madam* musste als Erstes aufhören! Ich fühlte mich nicht als *madam* – ich war selbst erst dreißig geworden. Was in der Gegend, in der ich mich aufhielt, allerdings bereits ein gesegnetes Alter war. Wenn Ifeomas ungeborenes Kind später in diesem Tempo weitermachte, schritt sie mit dreißig bereits auf die Anrede Oma zu. Mit meinem Vornamen hatte Ifeoma einige Mühe, wir mussten das breite I lange – und mit viel Gekicher – üben. »Lebt dein Mann auch hier im Palast?«, fragte ich, um mehr über die Zusammenhänge dieser kleinen Welt verstehen zu können.

»Francis ist der Fahrer von Chief William. Er ist viel unterwegs.« Ifeoma zog die Mundwinkel herunter. »Er ist ein guter Mann, aber er hat noch zwei andere Frauen.

»Das findest du nicht so gut?«

»Ich wusste es ja vorher. Seine zweite Frau kann keine Kinder bekommen, die erste hat ihm nur Töchter geboren.

Ifeoma strahlte mich an: »Aber ich bekomme einen Sohn. Hier, fühl, wie stark er schon ist.« Durch die vielen Stoffe auf ihrem Leib spürte ich das entstehende Leben.

»Hat Chief William bestimmt, dass du meine Dienerin werden sollst?«

Ifeoma sah mich ungläubig an; ich schien etwas Falsches gefragt zu haben. »Großmutter Fara entscheidet solche Sachen«, sagte Ifeoma, »sie steht dem Palast vor.« *Großmutter* Fara – hieß das, Victor und Ifeoma waren verwandt? Ifeoma kicherte: »Wir sind alle miteinander verwandt, irgendwie. Victor ist mein Cousin, irgendwie.« Sie lachte unbekümmert.

»Trotzdem redest du ihn mit *Sir* an?«, fragte ich verblüfft.

»Dein Mann Victor wird unser Chief!« Ifeoma schien über meine Frage erstaunt zu sein. Sie schob nach: »Ich habe ihn heute das erste Mal gesehen.« Sie musterte mich neugierig:

»Bist du schon lange seine Frau?« Wir hatten uns inzwischen anderen Frauen angeschlossen, kochten gemeinsam mit ihnen an der offenen Feuerstelle neben unserem Frauenhaus. Ifeoma hatte mir ein afrikanisches Wickelkleid und offene Ledersandalen gegeben, die für die am Boden ausgeführte Arbeit wesentlich bequemer waren als meine europäische Kleidung. Im Umgang mit afrikanischen Küchen war ich mittlerweile geübt. Im Haus in Lagos, das dem Schwager meines ersten Mannes John gehörte, hatte ich Kochen als gesellschaftliches Ereignis schätzen gelernt. So ging es viel leichter, eine Verbindung zu den Frauen zu knüpfen.

Wie sollte ich diesem Mädchen erklären, dass ich noch nicht offiziell von meinem ersten Mann John geschieden war und Victor eher durch Zufall in einem Restaurant in London kennen gelernt und später in einer Anwaltskanzlei in Lagos wieder getroffen hatte?! Sie musste mich ja für ein mondänes Superweib halten! Ich zog mich auf die Fakten zurück; mit einfachen Worten konnte ich mich auch viel leichter den anderen Frauen, die nicht so gut Englisch sprachen wie

Ifeoma, verständlich machen: »Wir kennen uns ungefähr zwei Jahre, sind aber noch nicht verheiratet. Deswegen bin ich hier – um vor unserer Hochzeit Victors Familie kennen zu lernen.«

Ich genoss das scharfe, aber leckere afrikanische Essen, meinen Durst nach mehr Information über das Palastleben stillte ich erst, als Ifeoma und ich wieder allein in unserem Zimmer waren. Als Neue wollte ich nicht durch übertriebene Neugier auffallen: »Wie gehören eigentlich Großmutter Fara und Chief William zusammen?«, fragte ich.

»Chief William ist Faras Sohn. Mein Mann Francis sagt, dass er gern für den Chief arbeitet. Er ist ein gerechter Chef. Ein Cousin von Francis arbeitet für den Bruder von Chief William, für Chief Sunny.« Ifeoma verdrehte die Augen:

»Chief Sunny fährt zwar das schönere Auto, aber er ist ein sehr ungerechter Mann, der viel schimpft.« Ifeoma hielt erschrocken inne.

»Keine Sorge«, sagte ich, »ich verrate nichts, was du mir erzählst!«

»Und dein Mann Victor?«

»Oh«, sagte ich, »ich habe den Eindruck, Victor und sein Onkel sind nicht die besten Freunde.« Ich erinnerte mich an zwei Begegnungen mit diesem Sunny, einem gedrungenen Mann, der sich mit Sonnenbrille und Leopardenmütze schmückte. Und statt eines Hundes einen Falken in seinem BMW mitnahm. Beim ersten Mal traf ich Sunny auf einem Fest in Lagos, das er durch seinen bloßen Auftritt dominierte. Mich behandelte er von oben herab. Das zweite Mal traf ich ihn, als in der Nähe der für ihre Ölförderanlagen berüchtigten Stadt Warri im Nigerdelta eine Pipeline explodiert war. Victor wollte Lazarette errichten lassen – er scheiterte an Sunnys pompös zur Schau gestellten Autorität. »Sunny ist ein typischer afrikanischer *trickster.* Er verkörpert die ganze Korruptheit dieses Landes«, hatte Victor damals gesagt.

Da war ein Wort, das ich in Ifeomas Erzählung nicht verstand: »Was heißt das: Du hast geheiratet, als du aus dem *fathouse* kamst? Was ist ein *fathouse?*

Ifeoma zuckte mit den Schultern, als könnte sie die Frage nicht so ohne weiteres beantworten: »Eine Art Schule«, sagte sie schließlich. »Ich war dort nach sechs Jahren in der Missionsschule, um Dinge zu lernen, die man wissen muss, um eine Frau zu werden.«

»Warst du lange dort?«

»Großmutter Fara hatte entschieden, dass ich zwei Jahre zu bleiben hatte. Es gibt aber auch Mädchen, die ...« Ifeoma konnte den Satz nicht vollenden. Eine ältere Frau betrat unser Zimmer und sprach mit Ifeoma in ihrer Stammessprache, die ich nie erlernte. Die Antwort Ifeomas war ein Kichern: »Dein Mann Victor möchte dich sehen, sein Diener erwartet uns draußen. Ich begleite dich zu seinem Haus.« Rasch tauschte ich das Wickelkleid gegen meine europäische Kleidung. Ich wollte meinem Prinzen nicht gleich am ersten Abend als halbe Afrikanerin gegenübertreten, denn Victor achtete sehr auf solche Äußerlichkeiten und grenzte sich auch in seinem eigenen Auftreten von den anderen Männern stets ab.

Diener Edo stakste mit hängenden Schultern voraus. Wir, die kugelrunde Ifeoma im afrikanischen, farbenfrohen *wrapper,* dem traditionellen Wickelkleid, und ich, die westlich gekleidete Managerin auf Urlaub, hinterher. Es muss ein erheiternder Anblick gewesen sein. Vielleicht kicherten die Frauen, die uns auf unserem Marsch durch die Gärten begegneten, deshalb? Als wir schon fast das unscheinbare Haus Victors erreicht hatten, wurde mir klar, was los war: »Ich wünsche dir schöne Stunden mit deinem Mann«, sagte Ifeoma und kicherte wieder. Sie hatten mich zum Vollzug meiner Ehepflichten begleitet. Meine Güte, wo war ich hier gelandet? In einer Missionsschule oder was? Der ganze Palast war im Bilde, wenn Victor und ich die gegenseitige Nähe suchten. Peinlich!

Victors sanfte Leidenschaftlichkeit entschädigte mich für dieses formelle Ritual und schon mein zweiter abendlicher Besuch hatte den prickelnden Reiz einer neuen Erfahrung: Ich wurde meinem Liebsten zugeführt. Sollte doch der ganze Palast wissen, dass er in meinen Armen glücklich war.

Ohne Umschweife gab Victor allerdings zu, dass seine in europäischen Internaten antrainierte Ritterlichkeit einen dezenteren Umgang mit unserem Gefühlsleben durchaus für wünschenswert hielt: »Andererseits, ich kann nicht gleich zu Anfang die alten Traditionen über den Haufen werfen. Meine Großmutter Fara führt ein ziemlich strenges Regiment, die alten Traditionen gehen ihr über alles. Wenn ich ihr sagen würde, dass du mit mir in einem Haus wohnst – ich glaube, sie würde das nicht verstehen.«

»Was würde sie tun?«

»Keine Ahnung, ich kenne Großmutter Fara dafür viel zu wenig. Ich habe sie bislang nur ein- oder zweimal zu Gesicht bekommen. Sie ist immer in ihren Zimmern, umgeben von einem ganzen Haufen Enkelinnen, Urenkelinnen, Frauen, Dienerinnen und Ratgeberinnen. Und dort darf kein Mann hin, allenfalls ein Knabe. Fara und ihre Frauen sind die eigentliche Machtzentrale des Palasts.«

»Ich dachte, dein Vater hätte das Sagen?«

»Außerhalb des Palasts schon!« Victor lachte. »Das ist hier eine ganz eigenartige Aufgabenteilung. Seit Ewigkeiten ist das so. Vater ist für die Rechtsprechung zuständig als Chef des Clans und König des Stammes. Wie du weißt, verteilt sich unser Stamm auf einige dutzend Dörfer. Mein Vater ist so was wie ein oberster Richter. Aber hier im Dorf und Palast, da hat seine Mutter das Sagen. Mein Vater sagt, sie sei eine sehr kluge Familienpolitikerin.«

»Wie meint er das?«

»Großmutter Fara hat zum Beispiel zu entscheiden, wer wen heiratet. Und wer wen nicht! Oder sie bestimmt, welche Frauen wie einander helfen können. Sie schlichtet Streit. Du siehst, sie hat echte Macht.«

»Wie kann sie das, wenn sie, wie du sagst, sich immer nur in ihren Zimmern aufhält?«

»Die Ratgeberinnen, Liebes, die sind ihre Verbindung zur Außenwelt und der wichtigste Teil des Geheimbundes der Frauen.«

Ich wurde hellhörig: »Geheimbund? Was bedeutet das?«

»Geheimbünde sind die Wächter der Traditionen; Männer und Frauen sind in verschiedenen Kulten zusammengeschlossen. Bei wichtigen Anlässen stimmen sie sich in geheimen Treffen untereinander ab. Das Ergebnis ist das Gesetz des Palastes.«

»Stecken sie denn auch die Köpfe über uns zusammen, ohne uns zu fragen?« Ich konnte meine Empörung und mein Unverständnis kaum verbergen. Gibt es denn überhaupt nicht so etwas wie eine persönliche Entscheidungsfreiheit?

»Individualität meinst du? Mein Vater hat mir das mal so erklärt: Wenn du einen Eimer Wasser siehst, dann siehst du ein Gefäß und eine Menge Wassertropfen, die du in diesem Zustand nicht voneinander unterscheiden kannst. Es ist die Gesamtheit, die zählt.

Ich sah Victor skeptisch an: »Meinst du, wir kommen mit diesem Denken zurecht?«

»Ich weiß«, antwortete Victor, »dass mein Vater auch nicht so denkt. Er hat sein Eimerbild ein bisschen präzisiert. Er sagte: Hast du schon mal einen afrikanischen Wassereimer gesehen, in dem nichts an der Oberfläche schwimmt? Ich nicht. Das ist unser Ausweg: Wir werden von den anderen getragen und machen dadurch aus diesem Eimer voller Wasser wiederum etwas Besonderes.«

Wir schmiegten uns dicht aneinander. Ich spürte, dass ich – wenn ich schon im *Wassereimer* zu schwimmen hatte – an seiner Seite nicht untergehen würde; Victor konnte ich vertrauen. Ohne dieses tiefe Vertrauen zwischen uns wäre es mir unmöglich gewesen, jene Mitteilung zu verkraften, die Victor mir an unserem zweiten Abend im Palast machte und deren Inhalt weder er noch ich akzeptieren konnte: »Die Bünde der Frauen und Männer haben ein paar Monate nach meiner Geburt beschlossen, welches Mädchen ich heiraten soll.«

Zunächst reagierte ich mit einem albernen Witz, denn selbst Victors Vater war einverstanden, dass wir beide heiraten wollten: »Na, die können mich doch gar nicht gekannt haben.« Victor meinte es ernst. Nein, die besagten Geheimbünde meinten es ernst. »Wie konnten sie so etwas festlegen? Du bist doch nicht einmal hier, sondern in London zur Welt gekommen.«

»Damals befragten die Priester ein Orakel, hat mein Vater gesagt. Dazu musste ich nicht in der Nähe sein. Und das Mädchen, um das es sich handelt, auch nicht. Sie war ja noch nicht einmal geboren. Denn aus dem Orakel sprachen die Ahnen.

»Die wissen so etwas?«

»Ich kann es dir nicht erklären, wie sie das machen. Ich weiß ja selbst nicht viel mehr als du.«

»Victor, ich verstehe das alles nicht«, stöhnte ich auf. »Dein Vater ist doch auch einverstanden, dass wir heiraten. Warum hat er mich oder dich nicht auf diese Ahnen-Verheiraterei hingewiesen?« Ich sah in seine dunklen Augen und stellte die Gretchenfrage: »Willst du diese andere Frau denn wirklich heiraten?«

Victor nahm mein Gesicht in seine Hände; er antwortete ohne Zögern: »Ich habe zwar die Haut und die Haare eines Afrikaners, aber ich fühle nicht so. Ich fühle wie du. Und ich weiß, dass du gegen die Polygamie bist. Aber beantworte du mir eine Frage, Ilona: Wie kann ich eine Frau heiraten, die fast 15 Jahre jünger ist, ein Kind nach meinem Verständnis, das ich nicht einmal kenne!«

»Dein Vater ...«, begann ich noch einmal, aber Victor ließ mich nicht aussprechen, »... macht sich das vielleicht ein bisschen zu einfach. Dieses junge Mädchen soll nach dem Tod von Großmutter Fara deren Stelle als Vorsteherin des Palasts einnehmen. Der Wille der Ahnen, du weißt schon. Deshalb lebt sie seit ihrer Geburt im Haus von Großmutter Fara. Vater meint, wir beide wären alt genug, um mit dieser Regelung zurechtzukommen. Dieses Mädchen gilt zwar hier im Palast als meine erste Frau«, er küsste mich sanft, »du aber bist meine richtige Frau. Die, die ich liebe.« Er machte eine Pause: »Ich muss dir noch etwas sagen, Liebes. Die Versammlung der Stammesältesten hat beschlossen, dass wir eine Einweihung mitmachen müssen. Es ist vor allem mein Onkel Sunny, der darauf besteht.«

»Einweihung? Was soll das sein?«

»Mein Vater wird es uns beiden morgen erklären, hat er versprochen«, sagte Victor. »Bitte, lass uns jetzt nicht mehr davon reden.«

Victor war schon lange in meinen Armen eingeschlafen, als ich mit geöffneten Augen gegen die Decke aus Holzbalken und Lehm starrte. Ich hatte ein mulmiges Gefühl im Magen. Einweihung – das klang zwar sehr würdevoll. Ifeomas Worte fielen mir ein; sie hatte von einem *fathouse* gesprochen, das sie zwei Jahre lang besucht hatte, bevor sie heiratete. Victor erzählte von Geheimbünden und einer Großmutter, die er nicht kannte, die aber aller Geschicke bestimmte.

Nach welchem komplizierten Regelwerk funktionierte diese Welt? Hatte ich mich all dem am Ende zu unterwerfen, um als geliebte, aber letztlich nur zweite Frau mit Victor zu leben? Wollte ich das überhaupt?

Die Schultern der Ahnen

König William tat uns in perfektem Englisch mit dezent-aristokratischen Oxford-Touch kund: »Der Rat der Ältesten hat beschlossen, dass ihr beide eine Einweihung in die Stammesbräuche macht.« Ich sah Victor an, meinen schönen Prinzen mit der milchkaffeefarbenen Haut, fühlte, wie seine Hand nach meiner tastete. Williams Blick senkte sich auf unsere ineinander verschlungenen Hände und er fügte hinzu: »Victor wird sich dem Camp der Männer anschließen, Ilona dem der Frauen.« Ich spürte, wie sich der Druck von Victors Hand als Antwort auf Williams Worte verstärkte. Aber im Gesicht des geliebten Mannes regte sich kein Muskel.

Victors Hand löste sich aus meiner. Er umfasste mit seinen Händen, die nicht die eines Tatmenschen waren, meine Schultern und blickte mich ernsthaft an: »Das Wort des Ältestenrats hat Gewicht, Ilona. Wenn wir uns dagegen wehren, haben wir hier im Land meiner Familie keine Zukunft.« Ich glaubte in seinen tapferen Worten einen schwankenden Unterton zu erkennen; als würde er sie mehr an sich selbst als an mich richten. Ältestenrat, Einweihung, Camp – all diese Worte sagten mir nichts. Doch es war nicht der Zeitpunkt, um Fragen zu stellen. König William führte uns durch die großen, spärlich möblierten Räume des Palasts, die eine Atmosphäre traditioneller Autorität verströmten.

In keinem der Bücher, die Victor mir zu lesen gegeben hatte, um mich an seinem Leben Anteil haben zu lassen, damit ich als Frau an seiner Seite bestehen konnte, hatte ich den Satz gefunden, den Victors Vater nun zu uns sagte: »Wir stehen auf den Schultern unserer Ahnen.«

William hatte uns in seinem großen Palast zu einem Altarraum geführt. Ehrfürchtig blickten Victor und ich auf eine Frauenbüste, ein Meisterwerk aus fein gemasertem, dunklem Holz. »Dies ist deine Urgroßmutter Jelema«, sagte William, »ich habe ihr Bild anfertigen lassen, damit sie dich und mich an die Wurzeln erinnert, aus denen unser Leben entstanden ist.« William hatte den Altar mit frischen Blumen – Jasmin und Hibiscus – schmücken lassen. Leuchtendes Obst – Bananen, Papayas und Weintrauben – sowie glänzende große Muscheln und Seeschnecken waren darum drapiert. Die Büste selbst trug eine Kette aus großer, roter Koralle um den schlanken Hals. Eine gefüllte Schale frisches Wasser stand vor diesem fröhlich wirkenden Altar, der so gar nicht zu den ernsten Worten des 60-jährigen Patriarchen passen wollte.

Es überraschte mich, als William uns mit einem nachsichtigen Lächeln bedachte. »Victor weiß nichts von seiner Urgroßmutter. Wie sollte er auch?!« Wie ein großer Junge, der nicht wusste, wohin mit seinen Händen – so stand Victor vor seiner hölzernen Uroma. Diese Begegnung traf ihn ebenso unvorbereitet wie mich. William nahm auf einem aus Mahagoni geschnitzten Lehnhocker Platz, während wir uns daneben auf zwei kleinere Hocker setzen durften. Ich hatte William bereits als einen afrikanischen Gentleman mit europäischen Umgangsformen kennen gelernt, der es schaffte, unkompliziert menschliche Nähe herzustellen.

»Sagen Sie nicht mehr *Chief* und *Sir* zu mir«, hatte er ein paar Wochen zuvor zu mir gesagt, »nennen Sie mich William.« Wir hatten in seiner zweimotorigen Privatmaschine gesessen, er vorn neben dem Piloten, ich dahinter, und waren zu einem Poloturnier im Norden Nigerias geflogen. Zu der Zeit hatte William bereits einen Schritt getan, der einem Patriarchen alten Zuschnitts schwer fallen musste: Da ich in Lagos bereits als Controllerin für eine deutsche Firma gearbeitet hatte, setzte er mich kurzerhand als kaufmännische Geschäftsführerin seines Konzerns ein. Noch viel wichtiger war aber, dass er mich vom ersten Augenblick an als die Frau an der Seite seines einzigen Sohnes akzeptiert hatte. William war Pragmatiker, der die Dinge in Angriff nahm, anstatt sich von ihrem Lauf bestimmen zu lassen.

Genauso erklärte er nun Victor und mir, was es mit den *Schultern der Ahnen* auf sich habe. Er machte es mir leicht, seinen wichtigen Exkurs über afrikanisches Selbstverständnis zu verstehen, wenngleich seine Worte die Liebe zwischen Victor und mir für immer ihrer unschuldigen Unbekümmertheit beraubten: »Ihr befahrt den Fluss eures Lebens mit einem kleinen Boot, versucht, mit dem Paddel die Richtung zu halten, die Hindernisse zu umfahren«, begann William und sah uns mit seinen wissenden Augen an. »Aber ihr macht euch keine Gedanken darum, woher der Fluss kommt, aus welchen Quellen sich seine Wasser speisen«, fuhr er fort, »denn für euch zählt der Augenblick. Afrikaner sehen, dass die Wasser, die uns heute tragen, vor langer Zeit auf die Erde niedergegangen sind.« So weit konnte ich William durchaus folgen. Er schob eine weitere Erklärung nach: »Im afrikanischen Denken zählt die Vergangenheit mehr als der Augenblick; die Zukunft spielt keine so wichtige Rolle wie im weißen Denken. Unsere Ahnen haben unseren Lebensweg bereits bestimmt, bevor wir geboren wurden. Die Gegenwart ist dabei nur ein unbedeutender Punkt auf dem langen Fluss der Zeit.«

Dieser *unbedeutende Punkt* aber hatte für Victor und mich eine immense Bedeutung! Für William allerdings auch, denn er wollte, dass Victor sein Nachfolger würde. Der Stammeschef befand sich somit in einem inneren Konflikt: Er kämpfte für das Wohl seines Sohnes, das wiederum mit meinem eng verknüpft war – und hatte gleichzeitig den Willen der Ahnen zu respektieren. »Darum verlangt der Ältestenrat eure Einweihung«, schloss William seine Ausführung, »der Rat muss herausfinden, ob die Verbindung im Sinne der Ahnen ist.«

Was gingen uns längst verstorbene Vorfahren an? Wir fragten nach den Chancen der Zukunft, nicht nach der Vergangenheit. Und mussten lernen zu verstehen: In Afrika werden Entscheidungen der Gegenwart bereits im Gestern getroffen – das Boot, von dem William gesprochen hatte, war vor unseren Tagen gezimmert worden; wir setzten uns lediglich hinein. Ob wir heirateten oder nicht, das betraf nach dieser Sichtweise nicht nur uns beide. Es ging die Gemeinschaft an, aus der Victor stammte, in der seine Quellen lagen.

Es ging um Victors Ahnen; meine lagen etwa 6000 Kilometer entfernt in kalter deutscher Erde begraben. Ebenso wie mein Wissen um sie. Vielleicht konnte ich mich deshalb leichter als er mit einer gewissen neugierigen Distanz auf das Kommende einlassen. Victor aber schien unruhig, rutschte auf dem unbequemen alten Holzhocker hin und her. Er trug noch immer seinen Gehgips am Bein; die Fraktur des rechten Unterschenkels heilte nur langsam. Aber Victor wollte seine Schmerzen nicht zeigen; nicht einmal als Vorwand, um sich der bevorstehenden Einweihung zu entziehen, mochte er den hinderlichen Gips benutzen.

»Du weißt, dass ich nicht wie mein Vater überzeugt bin, dass alles vorbestimmt ist«, sagte er, »aber ich glaube auch nicht an Zufälle. Was auch immer sich dort am Sitz der Familie ereignen wird – wir müssen es einfach akzeptieren und das Beste daraus machen.« Mit dieser Überzeugung war er losgefahren und entschlossen, danach zu handeln.

Ich saß auch nicht gerade bequem auf dem harten Hocker vor dem Altar der übrigens sehr schönen Urahnin mit dem klangvollen Namen Jelema. In ihren starr geradeaus gerichteten Augen konnte ich die Antwort auf meine brennenden Fragen nicht finden. Vorsichtig räusperte ich mich: »Was erwarten die Ahnen von uns bei dieser Einweihung im Camp? Was müssen wir da tun?«

Der alte Chief schenkte mir ein nachsichtiges Lächeln; in meinem Übereifer, alles richtig machen zu wollen, hatte ich mich anscheinend falsch ausgedrückt. »Keine Sorge, Ilona, Sie müssen nicht mit toten Vorfahren im Busch campieren!«Seine saloppen Worte nahmen der bedrückenden Feierlichkeit des Augenblicks das Gewicht. »So wie ich Sie einschätze, wird Ihnen das *fathouse* sogar gefallen. Es ist ein sinnlicher Ort, an dem Sie viele Fragen beantwortet bekommen, die Sie ohnehin an Afrika haben. Eine Reihe von alten Frauen werden Sie unterrichten in den alten Riten, in Tänzen …« Er brach ab. William schien nur eine ungefähre Ahnung von diesem *fathouse* zu haben. Victor sprang ein: »Eine Ratgeberin meiner Großmutter meinte, die Frauen genießen die Zeit dort.« Er griff nach meiner Hand: »Danach werden wir den Segen von allen haben, die gegen uns waren. Es sind ja nur zwei Wochen.«

»Nach afrikanischem Brauch sind es vier Wochen«, verbesserte William, »denn der alten Tradition zufolge hat die Woche vier Tage.«

Ich rechnete schnell nach: Vier mal vier – das sind 16! Also 16 Tage? »Sie werden wie im Flug vergehen«, sagte Victor – ich war mir nicht ganz sicher, ob er das nicht ironisch meinte. Victor war ein Stadtmensch wie ich!

»Und du, was musst du in der Zeit machen?«

William sprach an Victors statt: »Victor wird sich den Lehren der weisen Männer unterwerfen. Was er tun wird, das darf ich Ihnen nicht sagen, Ilona. Es ist geheim, genauso wie es geheim ist, was genau die Frauen in ihrem Camp machen. Wer darüber reden möchte, muss sich die Erlaubnis der Ältesten holen.« Ein Blindflug hinein in die Mystik Afrikas gewissermaßen. Ich schluckte – 16 Tage Urwald, das hieß 16 Tage ohne den Mann, mit dem ich hergekommen war; 16 Tage nur zusammen mit Frauen, die ich nicht kannte; 16 Tage ohne Dusche und Klimaanlage …

Fathouse. Wer wusste mehr darüber? Ifeoma! Sie war dort gewesen. Sie würde mir alles darüber sagen können. Fett war Ifeoma in diesem Haus jedenfalls nicht geworden.

Victor nahm mich in die Arme, bevor wir wieder die großen Palastsäle erreichten, in denen solche Berührungen als unschicklich galten: »Bald werden wir wieder zusammen sein, Liebes.« Wir lösten uns voneinander. Unsere Wege hatten sich zu trennen. Ich sah den beiden Männern nach, die durch die langen Hallen von mir fortgingen. William, eher klein und drahtig, ging voran, sein Sohn Victor, groß, mit schmaler Taille und breiten Schultern eine sportliche Erscheinung, folgte ihm mit ein paar Schritten Abstand. Er stützte sich auf seinen schwarzen Stock mit dem eleganten silbernen Griff, zog das rechte Bein mit dem Gehgips etwas nach.

Ich fühlte, wie es meinem Herzen einen Stich gab. Der Mann, den ich liebte, ging einen schweren Weg – er folgte dem Vater, der seinerseits in die Fußstapfen dieser mystischen Ahnen zu treten hatte. Victor schien meinen sehnsuchtsvollen Blick zu spüren – noch einmal stoppte er, drehte sich langsam um. Seine sinnlichen, vollen Lippen formten tonlos die drei magischen Worte der Liebe. Ich spürte den schweren Kloß im Hals, der Trennungsschmerz heißt, und tat es ihm gleich. Ich wollte noch einmal auf ihn zulaufen, als sich nun William umdrehte und sagte: »Victor, wir werden erwartet.«

William wartete, bis sein Sohn bei ihm angekommen war, dann legte er ihm die Hand auf die Schulter und beide Männer verschwanden aus meinem Blick.

Ich trat aus dem dunklen, kühlen Haupthaus des Palasts hinaus, die unbarmherzige Sonne blendete mich. Ihre Strahlen brachen sich im dünn aufsteigenden Bogen eines europäischen Brunnens, den William hier als Blickfang hatte aufstellen lassen. Mit diesem fremden Akzent wollte er sich ein kleines Stück des von ihm so bewunderten Europas in seine afrikanische Umgebung holen. Ich fühlte mich so, wie ich diesen Brunnen empfand – als Fremdkörper. Ifeomas runde Figur löste sich aus dem Schatten seitlich vom Haupthaus; mein Herz schlug sofort etwas schneller, als sie auf mich zukam.

»Ich soll dich zum Haus von Großmutter Fara bringen«, sagte sie und sah mich mit dem fragenden Blick ihrer ausdrucksstarken Augen an: »Du gehst auch ins *fathouse?*«Ich nickte. Schlagartig war eine Veränderung in unserer Beziehung eingetreten. Mir stand das bevor, was Ifeoma als 13-Jährige mitgemacht hatte! Ich, die Mutter zweier Kinder, sollte noch einmal die Schulbank des Lebens drücken. Ich sah Ifeoma an: »Ich glaube, ich habe ein wenig Angst, Ifeoma.«

Sie lachte: »Das musst du nicht. Es wird dir bestimmt gefallen.« Sie sah mich schelmisch an: »Ich glaube, Großmutter Faras Ratgeberinnen werden dir eine gute Mitteilung machen. Meine Cousine Laya lebt im Haus von Großmutter Fara. Sie hat eine Andeutung gemacht.« In diesem Augenblick konnte ich den Optimismus meiner jugendlichen Begleiterin allerdings nicht ganz teilen. Was war das nur für eine Welt, in der man erst in eine Art Schule geschickt wurde, bevor man von der Familie des geliebten Mannes ernst genommen werden konnte – als dessen zweite Frau obendrein! Natürlich, ich hätte kneifen, auf das Votum von Ahnen und Ältesten pfeifen können. Es hätte mich vielleicht die Beziehung zu Victor gekostet, doch ich wollte ihn auf keinen Fall vor die Entscheidung stellen: ich oder sein Clan.

Da war jedoch noch ein anderes Gefühl. Und es hing vielleicht mit der sympathischen Ifeoma zusammen. Irgendwie war ich neugierig geworden auf diese fremde Welt Afrikas! Denn wenn die Ältesten oder die sagenumwobene Großmutter, zu der wir unterwegs waren, meinten, ich müsste ihre Geheimnisse kennen lernen, so hieß das auch, sie wollten, dass ich sie verstehe! Und hieß das nicht auch, sie wollten mich in ihre Kreise integrieren? Damit auch ich auf den Schultern ihrer Ahnen stehen konnte? War das nicht sogar ein Vertrauensbeweis? Ich gebe zu, ich machte mir selber Mut.

Inzwischen brannte ich darauf, die Regentin dieser fremden Welt kennen zu lernen. Großmutter Faras Haus war mir deshalb bislang verborgen geblieben, weil es sowohl vom Haupthaus als auch von meiner Unterkunft aus nicht einsehbar hinter einem mächtigen Baum verborgen stand. Die dichte Baumkrone sorgte für eine Atmosphäre würdevoller Abgeschiedenheit. Ifeoma verbeugte sich vor dem Eintreten tief und ich folgte ihrem Beispiel. Sicherheitshalber – ich konnte ja nur erahnen, dass es am Hofe Afrikas formell zugeht. Im Haus war es so düster wie draußen, sämtliche Räume lagen im Halbdunkel. Die Schlichtheit der Umgebung überraschte mich. Die kahlen Lehmwände ließen nicht darauf schließen, dass ich mich im Haus einer so einflussreichen Frau befand. Eine kleine, fast zahnlose Frau nahm Ifeoma und mich in Empfang und geleitete uns in einen der niedrigen Räume.

Ich stupste Ifeoma heimlich an: »Ist das die Großmutter?«

»Nein, eine ihrer Dienerinnen«, flüsterte Ifeoma zurück. Die Dienerin, deren Name mir nicht mitgeteilt wurde, besprach sich kurz mit Ifeoma, die dann übersetzte: »Sie möchte wissen, ob du gerade deine Tage hast.«

»Wie bitte?!«

»Du darfst nur im Zustand der Reinheit das *fathouse* betreten.«

Ich rechnete nach, meine Regel stand aus, ließ sich aber wohl noch Zeit. Daran hatte ich mich in Afrika schon gewöhnt und schob das auf das Klima, die vielen Reisen, das Essen. Auf ein kurzes Klatschen ihrer Hände hin scharte sich wohl ein halbes Dutzend Frauen um die alte Dienerin, Ifeoma und mich. »Du musst deine Kleidung ablegen«, sagte lfeoma leise.

»Alles?« Ich sah mich unsicher um – ein Striptease im Haus von Großmutter?

Ifeoma nickte ernsthaft: »Du bekommst ganz neue Kleider. Nichts, was du bei dir trägst, darfst du mitnehmen.« Zögernd begann ich mich von allen Attributen westlicher Zivilisation zu trennen – Schmuck, Uhr, Wäsche. Nur die Brille durfte ich behalten und ein schmales Band aus Elefantenhaar am Handgelenk, das ich in Lagos auf dem Markt für Zaubermittel gekauft hatte und in dem ich meinen Glücksbringer sah. Stattdessen erhielt ich eine silberne Damastbluse und einen Wickelrock aus dem gleichen Stoff, beides trug ich auf meiner nackten Haut. Dann begann ein kleines Schönheitsritual, das ich zunächst verwundert verfolgte, es aber zunehmend genoss. Sanfte Frauenhände fochten meine rotblonden Haare in winzig kleine Zöpfchen, verzierten die kunstvolle Frisur mit einer duftenden roten Blüte. Am Ende verschwand dieses Kunstwerk unter einem gefalteten Kopftuch, das ebenso wie der silberne Stoff des Kleides mit einer angenehmen Dufttinktur benetzt war.

Die aufwändige Prozedur, die in zwei bis drei Stunden eine weiße Managerin in die Initiandin eines Frauenkults verwandelte, wurde vor allem von älteren Frauen durchgeführt, die Ifeoma pauschal als Cousinen vorstellte. Nur die zwei jüngsten stellte Ifeoma mir namentlich vor, denn gemeinsam mit ihnen hatte sie ihre eigene Einweihung vor einem Jahr erlebt: Laya lebte wie Großmutter Faras Tochter seit Jahr und Tag in diesem stillen, würdevollen Haus. Naona, wie Laya und Ifeoma etwa 16 Jahre alt, wirkte im Gegensatz zu ihren Cousinen in sich gekehrt.

»Sie hat erst während unserer Einweihung den Wunsch geäußert, im Haus von Großmutter Fara als Dienerin zu leben. Ich glaube, sie will auch niemals heiraten«, sagte Ifeoma, als wir später über Naona sprachen. Laya war auch eine sehr ernste junge Frau, in ihren Augen lag eine seltsame Reife, als wäre sie viel älter. In mir brannten unzählige Fragen nach dem, was mich erwartete; doch die schweigsame Frauenrunde, die sich konzentriert um meine Schönheit bemühte, war offensichtlich nicht der richtige Ort für verfrühte Neugier.

Endlich sprach mich die zahnlose alte Dienerin direkt an. Ich verstand aber nur ein Wort: Ifeoma. Und die übersetzte auch, während ihre Cousine Laya mich das erste Mal aufmunternd ansah: »Großmutter Fara hat entschieden, dass ich dich ins *fathouse* begleiten darf.« Das war also die von Ifeoma in Aussicht gestellte *gute Mitteilung*. Das war sie allerdings wirklich – sehr gut sogar! »Danke«, sagte ich zu der alten Dienerin und fragte vorsichtig: »Darf ich Großmutter Fara nicht kennen lernen?«

»Großmutter Fara verlässt ihre Räume nie.« Laya sprach zum ersten Mal mit mir. Ihre Worte sagte sie in nahezu akzentfreiem Englisch.

»Du sprichst sehr gut Englisch!«, sagte ich spontan.

»Wir genießen hier eine sehr gute Ausbildung«, kam es zurück. »Großmutter Fara achtet darauf, dass wir alles bekommen.« Unauffällig musterte ich Laya. Sie war eine große, beinahe elegante Erscheinung, sehr schlank. Eine junge Frau mit Stil.

Meine Verwandlung war beendet, die Schar der Dienerinnen verließ uns. In meiner Aufmachung, geschmückt und nach Blüten duftend sah ich aus wie eine Königin aus Afrika. Wenngleich die vielen kleinen Zöpfchen unter der silbernen *gele,* dem kunstvollen Kopftuch, ziemlich zwickten und juckten.

Abenteurerin aus Liebe

Janet hatte sich in mein afrikanisches Abenteuer entführen lassen. »Du hast ganz schön was auf dich genommen, um die Liebe zwischen Victor und dir vor seiner Familie zu beschützen«, sagte sie. Ich sah die junge Frau vor mir sitzen, die Janet mit ihren 25 Jahren geworden war. Eine selbstbewusste junge Frau, die sich selbst abzugrenzen gelernt hatte gegenüber den Männern, die sie kennen lernte. Abgrenzung und Hingabe – das ewige Kräftefeld der Liebe. Dieser ständige Prozess wird komplizierter, wenn die eigenen Kinder ins Spiel kommen. Und in meinem Fall war dieser Spagat noch schwerer zu bewältigen. Ich hatte damals zwei kleine Kinder, die in Deutschland bei meiner Mutter und meinem Vater auf meine Rückkehr aus dem fernen Afrika warteten. »Hol die Kinder zu uns«, hatte Victor gesagt, »eine deutsche Schule gibt es in Apapa und das Haus ist groß genug für uns alle.«

»Dann bin ich fast an einem Leben als afrikanische Prinzessin vorbeigeschrammt?«, fragte Janet.

»Wenn es nach Victor und mir gegangen wäre, schon. Aber du hast sehr an Oma und Opa und deinen Freundinnen in Deutschland gehangen. Und Bobby wurde krank, als ihr zu mir nach Lagos gekommen seid. Krank vor Heimweh.«

»Wir waren in diesem tollen Haus? Daran kann ich mich gar nicht mehr erinnern!

»Nein, das war früher, als ich noch mein eigenes Haus im weißen Viertel von Lagos-Ikeja hatte. Es war Weihnachten gewesen, du warst fünf, ihr habt den großen Baum vermisst, den Opa sonst immer hinstellte.«

Janet stöhnte auf: »Das Paket mit dem Baum, daran erinnere ich mich!«

»Ich werde diesen Anblick auch nie vergessen – es war so typisch für Victor! Er wusste, dass du und Bobby an konventionelle – und vor allem weiße – Weihnachten gewöhnt wart. Er selbst hielt sich in London auf und sandte für dich, Bobby und mich per Luftfracht einen echten Nadelbaum mit Schmuck und Geschenken nach Nigeria.«

»Oma war doch auch dabei.«

»An die hatte er natürlich auch gedacht. Man sagt wohl«, überlegte ich laut, »dass jemand ein großes Herz hat, wenn seine Liebe nicht nur dem Menschen gilt, mit dem er zusammen sein möchte, sondern auch jenen, die dieser Mensch liebt. Das war eine der Seiten an Victor, die ihn so liebenswert machten.«

»Ich verstehe«, sagte Janet, »dass du für solch einen Mann bereit warst, Opfer zu bringen. Ich glaube, den hätte ich auch nicht gehen lassen. Der war was für die Zukunft.«

»Victor vereinte zwei Seiten in sich, die ich an einem Partner schätze und brauche – die äußere Stärke eines selbstbewussten Mannes und die einfühlsame Sensibilität eines Seelenfreundes.

»Du bist aus Liebe zur Abenteurerin geworden! Das ist romantisch, eine andere Seite an dir.«

Ich zuckte hilflos mit den Schultern.

»Sie hatten dich also in eine afrikanische Königin mit juckenden Zöpfchen verwandelt – und wie fühltest du dich so kurz vor dem Abenteuer deines Lebens?«

»Ich war wahnsinnig aufgeregt, konnte mir auch nicht

vorstellen, wie das im *fathouse* ablaufen würde. Ich hatte Angst und war irgendwie gleichzeitig neugierig auf das, was passieren würde.« Ich dachte einen Augenblick nach, bevor ich fortfuhr: »Es mag sich seltsam anhören, aber es tat gut, zu wissen, dass Victor zur gleichen Zeit im Kult der Männer ähnliche Erfahrungen machen würde, wir also nachher über unsere Erfahrungen würden reden können.«

»Das nahmst du an, wusstest es aber nicht.«

»Mir hat ja niemand Genaues gesagt. *Geheimbünde* – die meinten das wirklich ernst! Ich lief neben Ifeoma und den anderen Frauen her, hinaus aus dem Palast, hinein ins Ungewisse.«

Die verborgene Welt der Frauen

Mittag war bereits vorbei, als ich gemeinsam mit Ifeoma, Laya, Naona und einigen älteren Frauen aus dem Palast aufbrach. »Durch deine Heirat mit Victor wirst du mit uns allen verwandt sein«, sagte Ifeoma. »Jede Frau wird von ihrer Familie zur Einweihung begleitet.« Eigentlich hätten mich meine eigenen Angehörigen ins Initiationslager bringen müssen, die jedoch nicht ahnten, was ich hier im fernen Afrika zu bestehen hatte.

Das Dorf, das ich bei dieser Gelegenheit zum ersten Mal richtig wahrnahm, machte einen gepflegten Eindruck und bestand nur noch aus wenigen Lehmhäusern. Mit dem Ölboom hatte sich auch das Bauen von Steinhäusern ausgebreitet. Nicht allerdings das westliche Denken. »Das Gebiet jenseits der Dorfgrenze gilt als unrein, als Wohnstatt der bösen Geister und all jener, die sie sich zu Nutze machten – der Hexen«, sagte Ifeoma. »Wer das Dorf verlassen muss, tut das am besten in Begleitung.« Gleich hinter Williams Dorf passierten wir eine Müllkippe, von der in der Sonnenglut ziemlich übel riechende, schwarze Rauchschwaden aufstiegen.

»Die Hexen halten nachts in der Nähe der Müllplätze finstere Zeremonien ab«, bemerkte Ifeoma. Ich war damit beschäftigt, mir – möglichst dezent – die Nase zuzuhalten, und wollte endlich mehr wissen über die Bedeutung des *fathouse* und seine Rolle innerhalb des Geheimbundes. »Das ist eigentlich ganz einfach«, sagte Ifeoma, »Großmutter Fara und die Älteste des Kults sind sehr enge Freundinnen. Aber nicht nur das: Odame, du wirst sie bald kennen lernen, ist die Ratgeberin von Großmutter Fara.

Laya verbesserte: »Sie ist die wichtigste Ratgeberin. Odame ist eine wundervolle und liebenswerte Frau. Sie ist für uns alle ein großes Vorbild.«

Ifeoma, die sich nie so überlegen wie Laya gab, kicherte befangen: »Ich habe große Achtung vor Odame. Denn sie spricht nicht sehr viel.«

»Eine weise Frau schweigt nun mal«, meldete sich Naona zu Wort, die unsere Viererrunde komplettierte. Ifeoma knuffte Laya daraufhin albern in die Seite. »Naona ist jetzt schon weise«, sagte Ifeoma.

»Du wirst es sehen«, wandte sich Laya an mich, »Odame hat ein paar Frauen um sich versammelt. Jede hat eine eigene Aufgabe. Sie unterrichten die Mädchen, die im *fathouse* auf ihre Aufgabe als Frau vorbereitet werden, in besonderen Arbeiten und Ritualen. Odame leitet den Kult als Chefin. So würdest du das wohl sagen«, meinte Laya.

»Was ist denn der Unterschied zwischen *fathouse* und Kult?«, fragte ich leicht verwirrt.

»Das *fathouse* ist die Zeit, die junge Mädchen im Kult verbringen. Wir haben dort alles gelernt, was wir wissen müssen, um eine gute Ehefrau und Mutter zu sein«, sagte Ifeoma. Trotz ihrer Schwangerschaft schritt sie munter neben uns her.

»Der Kult«, übernahm Laya wieder das Wort, »ist so etwas wie das Zuhause des Geistes von uns Frauen. Er sorgt dafür, dass die alten Traditionen lebendig gehalten werden. Sehr viele Frauen treten aber auch erst, wenn sie bereits Großmutter sind, in den Kult ein. Das, was sie im Laufe ihres

Lebens gelernt haben, geben sie dann an die Jüngeren weiter. Du wirst viele solcher Frauen dort treffen. Für sie ist der Kult ein wirkliches Zuhause, ein Ort, den sie nie mehr verlassen möchten. Manche Frauen kommen und gehen, sie sorgen dafür, dass es immer einen Austausch gibt zwischen dem Palast von Großmutter Fara und dem Kult, der tief im Inneren des Regenwalds verborgen ist.«

Unser Weg führte lange durch Grasland, in dem nur wenige Bäume Schatten spendeten. Rund um das Dorf waren, wie überall in Nigeria, die Wälder gerodet, um Brennholz zu gewinnen, was den Lebensraum der Urwaldvegetation zurückdrängte. »Du hast mir erzählt, dass manche Mädchen sogar drei Jahre im Kult bleiben, um das *fathouse* zu erleben«, sagte ich zu Ifeoma, »manche aber nur einige Wochen. Wonach richtet sich das?«

»Nach dem Geld«, gab sie spontan zurück. »Die Familien müssen ja dafür bezahlen.«

»Das ist eine wichtige Einnahmequelle des Kults«, sagte Laya, »er muss sich ja irgendwie finanzieren.« Ich fragte die beiden nicht, ob Victors Vater meine Einweihung bezahlte – ich ging davon aus. »Im Kult wird aber auch gearbeitet. Du wirst lernen, Körbe, Tonarbeiten und Schnitzereien herzustellen, die auf den Märkten verkauft werden«, sagte Ifeoma. Ihre Augen strahlten: »Das macht Spaß. Wenn man Familie hat und auf den Feldern arbeitet, hat man dazu nicht mehr so viel Zeit. Aber das ist okay.

Schließlich erreichten wir den Waldessaum, der zu Beginn des Marsches nur wie eine hitzeflirrende, dunkle Sinnestäuschung am Horizont schien. Wohltuend empfing uns die vom Blätterdach der dichter werdenden Vegetation gemilderte Wärme. Zu beiden Seiten des schmalen Wegs wucherte die verschwenderische Pracht der urwüchsigen Natur. Je weiter wir in das paradiesische Grün eindrangen, desto feuchter wurde die Luft: Die trockene Glut der Savanne hatte uns an die drückende Schwüle des Regenwaldes übergeben. Immer wieder blitzte das Wasser kleiner Flüsschen in dem dunkel lockenden Grün auf, mäandernde Nebenarme des mächtigen Stroms Niger. Vor uns breitete sich dichtes Gestrüpp aus, das ein Weitergehen unmöglich erscheinen ließ. Wir waren angekommen, am geheimen Zugang zur verborgenen Welt der Frauen, den kein unbefugter Fuß betreten durfte. Dornige Akaziensträucher und hohes Elefantengras bildeten einen blickdichten Wall.

»Wir müssen uns hier von den anderen verabschieden«, sagte Ifeoma, »sie müssen zurück, bevor es dunkel wird.«

»Aber du bleibst doch bei mir«, sagte ich bang. Bei dem Gedanken, das Kommende allein durchstehen zu müssen, wurde mir doch recht unbehaglich.

Laya reichte mir förmlich die Hand, aber in ihren Augen lag ein warmer Glanz, als sie sagte: »Das, was du erfährst, wird dir gut tun. Ich wünsche mir so sehr für dich, dass du offen sein kannst für alles, was auf dich zukommt.«

Irritiert blickte ich zu Ifeoma, die Laya wieder anknuffte: »Sie wird es schaffen.« Die anderen waren gegangen, als Ifeoma in ihrer Stammessprache einige Sätze sagte, die ich nicht verstand. Erst daraufhin öffnete sich eine schmale Öffnung in der Hecke. Dahinter erwartete mich eine einzelne Frau, eine Art Torwächterin. Sie trug nur einen weißen Wickelrock. Jetzt durfte ich den Strauß duftender Blumen, den ich den Weg über mit mir geführt hatte, der Wächterin als Willkommensgruß übergeben. Das hatte nur dem äußeren Anschein nach Verwandtschaft mit dem üblichen Blumengeschenk bei einem Besuch: Jeder einzelnen Blume kam eine magische Bedeutung aus der Welt der Liebe und der Sinnlichkeit zu – ein geheimer Code der Frauen! Laya hatte die Zeit unseres Fußmarschs schon dazu genutzt, mir die Zusammensetzung des Straußes zu erklären: »Die weiche Jasmin- und die strenge Hibiscusblüte stehen für die gebende und die fordernde Seite der Liebe, die verschlingende Tiefe der Damianablüte für den Rausch der Leidenschaft.«

Hinter dem dornigen Durchgang zweigten mehrere Wege in alle Himmelsrichtungen ab. In den nächsten Tagen fand ich heraus, dass das ganze Areal in der Form eines runden Irrgartens angelegt war. Der äußere Grund dafür lag darin, das Zentrum für Unbefugte schwerer auffindbar zu machen. Da im Kult der Frauen jedoch nichts ohne tiefere Bedeutung war, folgte die Anlage des Gartens der Vorstellung vom Kreis als sichtbarem Abbild des Lebens. »Anfang und Ende reichen sich die Hände; Leben und Tod kennen keine Trennung, sondern existieren in fließendem Übergang. Auf verrottenden Stümpfen abgestorbener Bäume wachsen ja auch junge Triebe«, erklärte Ifeoma anschaulich den mythischen Zusammenhang.

»So etwas hast du hier gelernt?«, fragte ich – verblüfft über Ifeomas lockeren Umgang mit dem Thema Tod.

»Der Tod gehört doch zum Leben. Siehst du das denn anders?«, fragte die 16-Jährige.

»Nein, nein«, sagte ich, »ich versuch's jedenfalls …

Die Tageszeit für meinen Eintritt in das Frauenkonklave im Busch war offensichtlich mit Bedacht gewählt. Die dichte Vegetation fing das Tageslicht weit über unseren Köpfen ab. Doch um diese Nachmittagsstunde verwirrte mein Auge das lebhafte Spiel der Schattierungen. Es war unwirklich still. Nur gelegentlich gellte ein heller Schrei, von dem ich nicht sagen konnte, ob er menschlich war oder aus der Kehle eines kleinen Affen stammte, die als Schemen durch die Wipfel huschten. Mit einem tiefen Glucksen bewegte sich das von Algen hellgrün gefärbte Wasser in Tümpeln abseits des Wegs. Ich erkannte einen bräunlichen Schatten – den

Schwanz eines kleinen Kaimans, der im morastigen Wasser verschwand.

»Die kleinen Krokodile sind heilig. Wenn sie einen Menschen anfallen, dann ist er ein Opfer für die Götter.«

Allen Tieren, die diesen heiligen Ort – wir würden sagen: dieses Biotop – bevölkerten, kam eine mystische Bedeutung zu, erklärte Ifeoma mir. Natürlich auch den Schlangen, vor allem den zahlreichen Baumnattern. »Aber Schlangen sind auch Nutztiere«, wusste meine Begleiterin, »sie sorgen dafür, dass die Ratten nicht die Vorräte auffressen. Eine mystische Bedeutung haben nur die Wasserschlangen. Sie verkörpern den Geist der Luft.«

»Der Luft?«, fragte ich erstaunt.

Ifeoma kicherte: »Das wird dir Ajira beibringen. Sie ist die Priesterin dieses Geistes.«

»Gibt es denn viele Geister?«, fragte ich.

»Ganz viele! Aber nur vier sind wirklich wichtig. Das wirst du alles noch lernen.«

»Wie sind sie, die Priesterinnen? Sind sie nett?«

»Unser Liebling ist Kome, die Mammy-Water-Priesterin. Am wenigsten mögen wir Oke, die dicke Oke. Sie ist auch die Beschneiderin, denn sie ist die Priesterin von Mutter Erde.

Ich zuckte zusammen: Beschneidung! Ich hatte mit diesem umstrittenen Ritual in Nigeria sehr unangenehme Erfahrungen gemacht. »Bist du auch beschnitten?«, fragte ich meine junge Begleiterin, die im Begriff stand, bald Mutter zu werden.

»Du etwa nicht?«, fragte sie nun ihrerseits verblüfft zurück. Ich erklärte Ifeoma vorsichtig, um ihre Gefühle nicht zu verletzen, dass das in Deutschland unüblich ist. »Bei uns heiratet dich kein Mann, wenn du nicht beschnitten bist. Die Beschneidung ist auch ein wichtiger Bestandteil unserer Initiation«, sagte Ifeoma.

Im dunklen Grün der Bäume und Blätter erkannte ich maskenhafte Gebilde: geschnitzte Krokodile, Schlangen, Kröten und Chamäleons, die Drachen glichen – geheiligte Beschützer des Frauenbundes. Ihre Gesichter drückten Wachsamkeit und Wehrbereitschaft aus, um die zu verschrecken, die sich unbefugt genähert hatten, und die zu ermutigen, die willkommen waren. Es waren Götter in Tiergestalt. In Geschichten und Mythen, die mir die Frauen erzählten, durchlebten sie bereits vor dem Auftauchen der Menschheit große und kleine Leiden als Vor- und Leitbild der Menschen. Ifeoma wies mich auf runde, überlebensgroße, aus Ton geformte Figuren mit riesigen Brüsten hin, die mich freundlich, ja beinahe ermutigend ansahen. Sie zeigten das Idealbild einer afrikanischen Frau als Nahrungs- und Lebensspenderin. Aus Eisen geformte Stäbe mit abstrakten menschlichen Zügen mahnten an erwünschte Tugenden wie Mütterlichkeit, Güte, Nachgiebigkeit, Gastfreundschaft und Nächstenliebe.

Während ich durch diesen symbolgespickten Sinnengarten geführt wurde, machte mich Ifeoma auf die reichhaltige Pflanzenwelt aufmerksam. »Hier«, sagte sie, »wächst alles, was du brauchst, um deine Familie und dich selbst vor Krankheiten zu schützen, Gebrechen zu heilen und ...«, sie kicherte mädchenhaft, ... was für die Liebe gut ist.

Bisweilen stoppte Ifeoma meine Neugier, wenn sich meine Hand einem fremdartigen Gewächs näherte. Denn vieles von den verlockend schönen Pflanzen war so giftig, dass es tödlich sein konnte. Manchmal reichte schon eine zu hohe Dosierung oder die Verwendung des falschen Pflanzenteils! Ifeoma wies auf eine Liane, die sich um Baumstämme wickelnd dem Licht des Regenwalddachs entgegenrankte. In großen Trauben hingen ihre zart geäderten, muschelförmigen, blassrosa und violett getönten Blüten herab. »Aus den Blüten entstehen Bohnen«, sagte Ifeoma, »unsere Ahnen haben daraus den Gottesurteilstrank hergestellt. Den mussten die Hexen trinken. Wenn sie das überlebten, dann waren sie keine Hexen. Wenn nicht ...« Den Rest des Satzes konnte ich mir denken! »Keine Sorge«, meinte Ifeoma, »unsere Heilerinnen machen aus dieser Pflanze ein Mittel gegen Läuse und Magenbeschwerden.«

Schon der Weg durch diesen verzaubernden Garten öffnete meine Sinne für Kommendes. Das dichte Grün wich zurück für eine Lichtung, über der sich majestätisch der weite Schirm eines großen Irokobaumes spannte, ein Riese, der gewiss Jahrhunderte gebraucht hatte, um seine Größe zu erreichen. Ergriffen blieb ich stehen und blickte zur Krone des Urwaldbaums hinauf.

»Die Geister wohnen in diesem Baum«, sagte Ifeoma.

»Geister?«, wiederholte ich.

»Geister sind Gottheiten, die dem einen, dem großen Gott, zuarbeiten, ihm dienen. Sie sind die Mittler zwischen ihm und den Menschen. Es gibt hunderte dieser Gottheiten«, sagte Ifeoma. Sie wohnten natürlich nicht alle in diesem Baum, dafür war selbst dieser Riese zu klein, denn einige der Gottheiten sind so groß und mächtig, dass sie sich nicht mit dem Platz auf einem Ästchen begnügen würden. Dieser mächtige Baum stellte also nicht nur – so wie ich es spontan empfunden hatte – einen Beschützer der Menschen dar. Er war Haus, Wohnstätte, Schutz der Gottheiten. Dadurch wurde er selbst zum Heiligtum, das in zahlreichen Ritualen geehrt wurde.

»Die wichtigste Göttin unseres Kults ist Mammy Water. Sie ist die Göttin der Fruchtbarkeit. Ihr Zuhause ist das Wasser. Du wirst ihr gleich begegnen«, versprach Ifeoma.

Der Fuß des Baumes schien aus einer Ansammlung kleiner Lehmhütten hervorzuwachsen, denen wir uns näherten. Sie gruppierten sich um einen fast mannshohen Zaun. Hinter diesem Zaun aus Bambusrohr verbarg sich das einzige Gehöft des Dorfes. Sie nannten es schlicht *compound*. Es war das Herz des gesamten Dorfs und bestand seinerseits aus einer Ansammlung mehrerer Gebäude. Da waren zunächst das große Versammlungshaus, mehrere kleine, zu einer Seite hin offene Hütten, die einer Gottheit oder einem Geist geweiht waren. Der Geist, der für das Feuer zuständig ist, hatte seinen Altar unter freiem Himmel.

»Der Feuergeist würde sonst sein eigenes Haus in Schutt und Asche legen«, sagte Ifeoma ernst.

Im Dorf außerhalb des *compounds* befanden sich die Unterkünfte der Priesterinnen, ihrer Helferinnen und die der Schülerinnen, die wie ich nur für eine begrenzte Zeit im *fathouse* weilten. »Dort drüben am Rand des Dorfes wohnen ältere Frauen. Sie sind krank und brauchen Hilfe«, erklärte Ifeoma, »denn in ihren Dörfern will die Verrückten niemand haben. Sie werden fortgeschickt.« Außerdem gab es zwei Küchenbereiche – einen mit offenem Feuer im Freien und einen anderen in einer Hütte – sowie einen durch Sichtschutz abgegrenzten Bereich im Freien als Bad.

Ich lernte die Anlage in den folgenden Wochen als einen kleinen Kosmos der Frauen kennen – unscheinbar in seiner Schlichtheit, doch mit einer Bedeutung und Wirkung, die weit über diesen friedlichen Ort hinausging. »Ein ständiges Kommen und Gehen verbindet uns hier mit unseren Verwandten und Familien in den Dörfern«, sagte Ifeoma.

Sie führte mich auf das Versammlungshaus zu, direkt neben dem beeindruckenden Irokobaum – ein Lehmhaus von ausgereifter Architektur, das ich mitten im Regenwald nicht erwartet hätte. Griechische Tempel und gotische Kathedralen sind zwar unvergleichlich pompösere Sakralbauten, aber dies Haus mit dem weit überstehenden Dach aus Palmwedeln, das den gelegentlich sintflutartig niedergehenden Regen von den Lehmmauern fern hielt, wirkte an dem Ort durch seine Größe auf ganz eigene Weise erhaben und bildete allein dadurch den Mittelpunkt. Es kontrastierte beeindruckend mit den anderen schlichten, runden Lehmhütten und ihren spitzen Grasdächern.

Das unbeschwerte Lachen und die hellen Stimmen einer Gruppe junger Mädchen zog meine Aufmerksamkeit auf sich. Mit Körben auf den Köpfen und handwerklichem Gerät zum Bestellen von Feldern – kurze Hacken und Schaufeln – kamen sie näher. Bei meinem Anblick kicherten sie und senkten dann den Blick, um in den Hütten zu verschwinden. Ihre Reaktion verdeutlichte mir meine Außenseiterrolle. Es konnte nur einen Weg für mich geben, ihnen zu zeigen, dass ich eine von ihnen sein wollte – vergessen, wer ich war und damit auch alle Privilegien, die mir meine weiße Haut an anderen Orten verschaffte. Ich hatte damals schon viel von Nigeria gesehen, war durch meinen ersten Mann John mit einigem konfrontiert worden, was man folkloristisch mit afrikanischer Ursprünglichkeit umschreiben kann; ich hatte an der Seite von Victor den Glauben der Menschen an Geister der Natur kennen gelernt und war mit meiner Freundin aus Lagos, der Hebamme Yemi, zu Gast in ihrem Heimatdorf gewesen. Aber stets war ich die weiße Besucherin, die lediglich zusah. Diese Rolle hatte mir nicht immer gefallen. Jetzt aber hatte ich keine andere Wahl, als diese Distanziertheit aufzugeben.

Meine Lehrerin empfängt mich

Mach einfach, was ich tue«, flüsterte mir Ifeoma zu. »Da kommt Odame, die oberste Priesterin!«

Die Frau, die aus dem Haupthaus heraustrat, um mich zu begrüßen, war nicht groß, eher schmächtig. Wahrscheinlich hätte ich sie übersehen, wenn sie mir auf den Straßen einer Großstadt begegnet wäre. Odame strahlte nicht die Platz greifende Autorität einer Führerin aus. Eigentlich wirkte sie eher wie eine Dienerin. Von ihr ging aber eine unvergleichliche Ruhe aus. Eine Frau von etwa achtzig Jahren, die weder mit Gesten noch mit Worten ihre Stellung betonen musste. Die feinen Linien, die das Spiel der Muskeln auf der Stirn und rund um die Augen hinterlassen hatte, wirkten wie das innere Leuchten einer guten Seele – als habe das Licht der Sonne seine Strahlen in dieses Gesicht hineingemalt. Odames große Augen blickten mich nie direkt an, was allerdings nicht das Zeichen von Scheu oder Ängstlichkeit war. Es war, wie ich im Laufe meiner Initiation zu verstehen lernte, ein Ausdruck von Demut dem Leben gegenüber, die Weisheit großer und tiefer Erfahrungen mit Göttern und Menschen. Die Oberpriesterin hatte nur ein weißes Tuch um die Hüften gebunden; dass sie obendrein keine *gele* auf dem Kopf trug, sondern ihn sogar kahl rasiert hatte, verstärkte das positive Gefühl, das ich dieser Frau sofort entgegenbrachte: Odame wirkte durch ihre unauffällige Erscheinung angenehm schlicht und einnehmend.

Ifeoma war neben mir längst auf die Knie gefallen und berührte mit der Stirn den Staub – Zeichen der ehrerbietenden Begrüßung, die ich in Nigeria schon oft bei Männern erlebt hatte. Sogar auf belebten Plätzen, zum Beispiel dem Markt, fielen Männer vor älteren oder höher gestellten Persönlichkeiten auf diese Weise nieder und berührten mit dem Kopf den Boden, um ihre Achtung vor dem Alter zum Ausdruck zu bringen. Frauen hingegen knicksten meist nur vor älteren Frauen und Männern; denn dem alten Menschen als Hüter des Wissens kommt eine natürliche, nicht in Frage stehende Autorität zu.

Ich wunderte mich zwar, weshalb hier im Kulthaus die Frauen in Männerart zu Boden gingen, doch folgte ich unverzüglich Ifeomas Beispiel, ein »Sorry« murmelnd, mit dem ich mehr mir selbst als der Dorfältesten meinen Fehler eingestand. Auf ein leises Wort Odames hin durften wir wieder aufstehen. Mein schöner silberner Wickelrock! Er hatte seine Staubtaufe bekommen. Während ich Ifeoma in das Innere des Hauses folgte, versuchte ich mir den rötlichen Sand abzuklopfen. Auf dem Gesicht Odames glaubte ich die Andeutung eines Lächeln zu sehen und gab das törichte Unterfangen auf. Mit dem Eintreten in das Haupthaus legte Ifeoma *wrapper* und Kopftuch ab. Nur noch ein schmales Tuch unterhalb ihres sich mächtig spannenden Bauchs bedeckte ihre Scham. Ich schickte einen unsicheren Blick zu Ifeoma, und wortlos gab sie mir zu verstehen, ihrem Beispiel zu folgen. Angesichts von Odame, die auf jede aufwändige Aufmachung verzichtete, erschien es mir geradezu konsequent, mich auch von meinen glänzenden Tüchern um Leib und Kopf zu trennen. In Großmutter Faras Haus war für diesen Augenblick vorgesorgt worden: In den Rock eingewickelt war ein leichtes weißes Wickeltuch. Obenherum war ich jedoch nackt. Linkisch verschränkte ich die Arme vor der

Brust. Ich konnte unmöglich zwei Wochen lang mit gekreuzten Armen herumlaufen. Langsam ließ ich die Arme sinken. Beachtete überhaupt jemand meine Schamhaftigkeit? Ich sah mich um.

In dem etwa zehn mal zwanzig Meter großen Raum, durch dessen Fensteröffnungen das warme Licht der untergehenden Sonne nur noch für kurze Zeit fiel, erwarteten mich zwanzig, dreißig Mädchen und Frauen, die mich mit lautem Rufen und Klatschen begrüßten. Keine von ihnen hatte sich verhüllt. Ich würde mich daran gewöhnen.

Denn die weibliche Brust ist in Afrika nicht primär ein Geschlechtsmerkmal. Und ein Kult wird darum erst recht nicht veranstaltet. Nicht etwa der straffe junge Busen gilt folglich als schön, sondern jener der reifen Frau, dem anzusehen ist, dass er bereits viele Kinder genährt hat. In solchen, manchem vielleicht nebensächlich erscheinenden Äußerlichkeiten zeigt sich das grundlegend andere Selbstverständnis der afrikanischen Kultur: Während der Westen das Ideal der ewigen Jugend stilisiert, preist Afrika das Alter als Vervollkommnung des Menschen. Ich spreche hier vom traditionellen Afrika. Die westlichen Einflüsse stellen dies Bild in den Großstädten, in denen immer mehr Menschen über Fernsehanschluss verfügen, allmählich auf den Kopf.

Etwas verloren stand ich im Raum, der von ein paar blakenden Öllampen, gespeist aus dem Fett des Schibutterbaumes, in ein warm flackerndes Licht getaucht wurde. Die Fensteröffnungen – Aussparungen in der Wand ohne Rahmen und Glas – waren mit dicken Stoffen verhängt. Odame hatte begonnen, einen kleinen Hocker zu besprechen. Ihre etwas raue Stimme modulierte eine Art Sprechgesang. Anschließend überreichte sie mir den Hocker als mein Eigentum. Er war jetzt mehr als nur ein schlicht verziertes Sitzmöbel; er stellte zum einen meinen Platz in der Frauengruppe dar und symbolisierte durch die Weihung, die er von Odame erhalten hatte, meine Stellung als künftige Frau des Stammessohnes Victor. In einer Gesellschaft, in der ein Hocker kein beliebiges, sondern ein seltenes Ausstattungsstück im Haus darstellt, kommt ihm gleichzeitig eine mystische Bedeutung zu: Die Seele des Besitzers darf sich darauf ausruhen. Monate zuvor hatte ich bereits *babalawos*, heilige Medizinmänner, erlebt, die Amulette oder Fische mit bedeutsamen Worten weihten. Aber stets begleiteten sie ihre Worte mit anderen Gesten, bespuckten die Gegenstände oder gossen diverse alkoholische Getränke, vor allem Palmwein und Gin, darüber.

Meinen Hocker jedoch weihte Odame einzig mit der Kraft ihrer Stimme. Auch in der christlichen Religion kennen wir den Satz: »Am Anfang war das Wort.« Odames Glaube misst dem Wort die gleiche Wichtigkeit bei. »Das Wort ist der Kern der Dinge«, erklärte Odame mir bei einer späteren Gelegenheit, »das Wort eint und teilt, heilt und verletzt. Es verleiht dem Mutlosen Mut und nimmt dem Starken die Stärke. Das gute Wort hat die Kraft, auf dem kargen Boden der Wüste Hirse wachsen zu lassen. Das Wort ist das Geschenk Gottes an die Menschen. Gott gab es dem Menschen, um mit ihm zu sprechen.«

Für Odame, die Lehrerin der alten Riten, hatte das Wort als Bote der Wahrheit, die sie selbst von ihren Lehrerinnen erfahren hatte und an die Jüngeren weitergab, mystischen Wert. Mit diesen Worten schuf sie aus einem Stück Holz in Form eines Hockers einen magischen Gegenstand. Odame sprach nicht viel. Aber wenn sie etwas sagte, war es von Bedeutung. Der sparsame Gebrauch der Worte erhöhte deren Wirkung.

Das gesprochene Wort ersetzt in Afrika bis heute oft noch das Buch. So werden Traditionen weitergegeben, die sonst vergessen würden. Da Odame ihr Wissen an ihre Nachfolgerin weitergab, und zwar nur mündlich, sorgte auch sie nicht dafür, dass es aufgeschrieben wurde. Zu meinem Glück hatte Odame von einer ihrer eigenen Schülerinnen, die des Englischen mächtig war, die Sprache der weißen Welt erlernt. Das war etwa zehn Jahre vor meinem Besuch, als Odame bereits siebzig war. Sie hatte es nicht gelernt, um für fremde Schülerinnen gerüstet zu sein, dennoch war es jetzt eine Hilfe. »Leben ist ewiges Lernen«, sagte sie und meinte damit das Training ihrer grauen Zellen.

Meine Nervosität legte sich, ich nahm meine Umgebung bewusst wahr. In der Mitte des Raums befand sich ein großer Fetisch, um den herum sich die Frauen auf ihren Hockern niedergelassen hatten. Das Götterbild stellte eine Mischung aus Fisch und Mensch dar, der Oberkörper mit großen Brüsten ging in einen Fischleib mit gespaltenem Schwanz über. Die dunklen Haare fielen ihr eher europäisch, sanft schmeichelnd auf den Rücken, ihre kugelrunden Augen blickten wach und starr. Eine riesige Nixe, geformt aus hellem Zement und Lehm, beklebt mit weißen Steinen und Muscheln, behängt mit Korallenketten. Bild des größten Heiligtums des Frauenkults – der Wassergöttin Mammy Water. Neben dem großen Fetisch befanden sich mehrere kleine Statuetten, Wächterinnen mit Körben auf dem Kopf, Kindern auf dem Rücken, Gestalten mit dreieckigen Köpfen und kubischen Körpern, eher abstrakt als naturalistisch wie die Mammy-Water-Figur selbst.

Odame stimmte einen monotonen Gesang an, zu dem ihr schmaler Körper in sanften rhythmischen Bewegungen vibrierte. Sie hielt als Zeichen ihrer Würde einen Metallstab, einem Zepter ähnlich und etwa einen halben Meter lang, in der Hand. Ifeoma flüsterte mir zu, dass ich mich vor Mammy Water hinzuknien hätte. Mit dem Stab, dessen oberes Ende mit zwei Schlangenköpfen verziert war, berührte Odame den Fetisch und dann meinen Kopf. Sie wirbelte den Stab durch die Luft. Während ich noch von dieser Begrüßung eingenommen war, stellten einige der Mädchen Opfergaben bereit, mit denen Mammy Water gebeten wurde, mir ihre Gunst zu schenken, damit meine Einweihung erfolgreich verlaufe: Auf einem steinernen Altar vor dem Fetisch platzierten sie neben Schalen mit weißem Sand, frischem Wasser und ausgesucht schönen Muscheln ein Huhn, eine Taube, einen Fisch, Kolanüsse und diverse Früchte wie Bananen, Mangos und Papayas.

Odame ließ sich in ihrem Begrüßungszeremoniell nicht beirren und sprach an die Mammy-Water-Gestalt gewandt die beschwörenden Worte, die Ifeoma mir etwa so übersetzte: »Du bist die Besitzerin dieses Tages, lass mich dich ehren. Vom Norden, Osten, Süden, Westen soll unsere Verehrung zu dir hallen. Unsere Verehrung möge von dir und all deinen Geistern geschätzt werden. Wenn ein kleines Kind aus Unwissenheit dich nicht ehrt, so wirst du es nicht zerstören. Jenen, die deinen Schutz erbitten, wirst du Gehör schenken. Während dieser Worte war es absolut still im Tempel, so dass Odames leise Stimme den letzten Winkel erreichen konnte.

Fasziniert verfolgte ich das Aufnahmeritual. Alles versuchten meine Augen gleichzeitig aufzusaugen. Das Licht der kleinen Öllampen brach sich an den mit winzigen grünlich blau gefärbten Plättchen belegten Wänden. Es musste eine unendliche Mühe gekostet haben, den Raum derart liebevoll auszugestalten, dass er diese Aura eines Schlosssaales tief unten im Meer annahm, Wohnstatt der Göttin. In diesem märchenhaften Raum wurden Neuankömmlinge wie ich empfangen und hier fanden die Sitzungen des Geheimbundes statt, erklärte Ifeoma später die Bedeutung des Versammlungshauses. In diesem Raum beschloss der Rat der ältesten

Frauen über das weitere Schicksal der Schutzbefohlenen. Also später auch über meines.

Außer Odame hielten sich noch andere ältere Frauen im Versammlungshaus auf: Priesterinnen des Kults, aber in ihrer weltlichen Doppelfunktion gleichzeitig die Entscheidungsträgerinnen des Geheimbundes. Odame stellte mir nacheinander einige namentlich vor, die für die nächsten Wochen meine Lehrerinnen werden sollten. Wie Odame selbst, so hatten auch sie kein Haar auf dem Kopf; sie waren kahl rasiert, was sie androgyn erscheinen ließ. Und weise, ein wenig so, als ob sie über all das erhaben wären, was veranstaltet wurde, um eine Frau begehrenswert erscheinen zu lassen. Gleichzeitig war genau das eine ihrer Aufgaben: aus Mädchen Frauen zu machen. In der Rückschau eine interessante Spannung: Erst wirst du aufwändig in die Geheimnisse der Frauenwelt eingeweiht, um dich im Alter wieder davon zu lösen.

Drei Priesterinnen hatten ihre Plätze links und rechts von Odame, ein vierter Stuhl – zur äußersten Linken Odames – war unbesetzt geblieben. Vergeblich versuchte ich in ihren Gesichtern zu erkennen, was sie von mir dachten, was sie über mich wussten. Heute bin ich froh, dass ich die Antworten auf beide Fragen nicht kannte. Ich glaube, ich wäre davongelaufen.

So aber sah ich einigermaßen unbefangen in die Gesichter dreier Frauen, deren jüngste etwa fünfzig Jahre alt war: Die kleine, quirlige Ajira lernte ich im weiteren Verlauf als eine lebenslustige Frau kennen, von der ich erfuhr, dass sie bereits drei erwachsene Kinder hatte. Sie besaß eine herzliche und erfrischende Art, mit mir umzugehen. Doch einen echten Einblick in ihr Herz wollte sie mir nicht gewähren. Ganz anders als Urika, die rund sechzig Jahre alt gewesen sein mochte und die ich anfangs für unzugänglich hielt. Urika war sehr groß und hager. Irgendwie wirkte sie verbittert, wenngleich das ein sehr europäisch geprägter Begriff ist. Sie sah aus wie eine Frau, die viel mitgemacht und ihr Leben lang hart gearbeitet hatte. Leider öffnete sich Urika mir gegenüber erst sehr spät. Obwohl sie mit ihren schweren Knochen beileibe keine zarte. Frau war, machte sie einen eher durchgeistigten Eindruck, während die neben ihr sitzende Oke das Urbild eines Tatmenschen darstellte.

An Oke fielen mir im ersten Augenblick ihre großen Hände auf, die ruhig die Knie umfassten, während sie etwas vorgebeugt saß. Die Hände mit den breiten Fingern ohne Schmuck signalisierten, dass diese Frau zupackte. Obwohl an die achtzig Jahre, wirkte Oke erheblich jünger als die kleine Oberpriesterin Odame. Das mochte an ihrer gewaltigen Körperfülle gelegen haben, an ihren trotz ihres hohen Alters großen Brüsten. Obwohl Okes ganze Gestalt bei unserer ersten Begegnung konzentrierte Ruhe und Kraft ausdrückte, verrieten ihre Augen gleichzeitig die in ihr schlummernde Energie. Sie waren ständig in Bewegung, schienen den ganzen Raum zu kontrollieren. Und mich abzuschätzen. Es war diese Mischung aus Okes kraftstrotzender Körpersprache und ihrer gleichzeitig deutlich spürbaren geistigen Präsenz, die mich unwillkürlich an jene Männerwelt der internationalen Konzerne denken ließ, in der ich eigentlich lebte und aus der ich zu Besuch gekommen war. Oke hätte ich dort in der Position eines Vorstandsvorsitzenden vermutet. Äußerlich unverkennbar eine Frau, störten mich an Oke ihre herben, männlichen Züge. Dass Ifeoma sie nicht mochte, konnte ich vom ersten Augenblick an irgendwie nachvollziehen.

»Der vierte Hocker gehört Großmutter Fara«, verriet Ifeoma mir flüsternd, »sie ist aber leider nur sehr selten hier. Als Vorsteherin des Palasts erinnert ihr Hocker daran, dass sie zusammen mit den anderen Lehrerinnen dem Kult vorsteht.«

Nicht zum Kreis der Ältesten zählte Ifeomas liebste Priesterin Kome, die etwas abseits saß, den weichen, rundlichen Körper aufmerksam gestrafft hielt, wobei ihre kleinen Hände in ihrem Schoß ruhten. »Kome ist auch eine Mammy-Water-Priesterin, sie übernimmt von Odame viele Aufgaben, für die Odame zu alt ist«, sagte Ifeoma leise. Kome war schätzungsweise Mitte fünfzig. »Ich glaube, sie ist dazu ausersehen, später einmal Odames Nachfolgerin zu werden«, informierte mich Ifeoma über Komes wichtige Rolle. »Von der Oberpriesterin hängt die Bedeutung des Kults und des Frauengeheimbundes ab.«

Komes reifer, fraulicher Körper war mit zahlreichen Kaurischnecken- und kristallenen Glasperlenketten behängt, was ihr eine würdevolle Erscheinung gab. Obwohl noch vergleichsweise jung, war bereits abzusehen, dass Kome sich in ihrer zurückhaltenden Art an ihrem Vorbild Odame orientierte.

Bevor wir das Versammlungshaus verlassen durften, erhob Odame noch einmal ihre leise Stimme. Sofort verstummte jedes Gespräch. »Denen, die heute zum ersten Mal hier sind«, und damit meinte die Oberpriesterin natürlich auch mich, wen noch, das konnte ich nicht beurteilen, »gebe ich eine wichtige Ermahnung mit: Sprecht während eurer Zeit der Einweihung mit keiner Person über die Erfahrungen, die ihr hier macht. Die Erlebnisse, die ihr von hier mitnehmt, sollen von keiner zweiten Person bewertet werden, sondern nur von euch selbst. Also behaltet sie für euch, denn nur dann werdet ihr dadurch stärker. Ihr sollt innerlich wachsen, das ist eure Aufgabe.« Odames Worte kamen einem Schweigegebot gleich. Zu Beginn der folgenden Wochen litt ich darunter am meisten – bis ich erkannte, dass Odame Recht hatte.

Tanzen wie ein Vogel

Bedeuten Odames Worte, dass wir nicht mehr miteinander sprechen dürfen?«, fragte ich Ifeoma. Ihr Kopfschütteln nahm ich erleichtert zur Kenntnis: »Wenn du besser über etwas schweigen solltest, werde ich es dir sagen. Aber irgendwann wirst du von allein merken, wann es besser ist, zu schweigen.« Wir verließen Mammy Waters Tempel, als es bereits fast dunkel war. Ich fühlte mich müde, meine Beine schmerzten. Die vielen neuen Gesichter und der anstrengende Marsch vom Dorf zum *compound* hatten mich, die ich mich in der Zeit mit Victor daran gewöhnt hatte, fast jede Wegstrecke im klimatisierten Auto zu fahren, ziemlich geschlaucht. Aber eine Zeit zum Ausruhen wurde mir nicht gewährt.

Ifeoma bemerkte meine trägen Bewegungen und legte ihren Arm fast mütterlich um meine Schulter: »Das muss so sein«, sagte sie, »die Priesterinnen wollen, dass die neu Angekommenen sich richtig verausgaben. Denn du sollst ja eine andere werden.«

»Eine andere? Wie meinst du das?

»Du sollst vergessen, wie du vorher gelebt hast, damit du bereit bist, dich auf die Rituale, die dich erwarten, einzustellen.« Ich begann zu verstehen – von wegen Luxusleben mit klimatisiertem Auto und so. »Nein, nein«, korrigierte mich Ifeoma, »das gilt für alle. Jede von uns hat sich ja jahrelang an irgendein Leben gewöhnt. Und davon sollen wir uns lösen.«

Auf dem Vorplatz herrschte rege Betriebsamkeit. Junge Mädchen, beinahe Kinder noch, schleppten auf ihren Köpfen Brennholz herbei. Sie hatten es außerhalb des kunstvoll angelegten Mythenwaldes gesammelt, in langen Fußmärschen hierher gebracht und schichteten es am Rande des Tanzplatzes zu einem großen Stapel auf. Ein gespenstisches Schauspiel, vollzogen in beinahe völliger Dunkelheit, nur die weißen Tücher leuchteten. Einige Mädchen waren bereits mit weißer Farbe bemalt, dem rituellen Minimalkostüm für den bevorstehenden Tanz.

»Bevor das Feuer entzündet werden kann, muss Urika dem Geist des Feuers ein Opfer bringen. Denn sie ist seine Priesterin«, sagte Ifeoma. Der Altar des Feuergeistes bestand aus einem großen runden Stein, durch vergossenes Blut zahlloser Opferungen dunkel verfärbt. Meine enorme Müdigkeit ließ mich die folgende Opferszene wie durch einen Schleier wahrnehmen: Urika, diese große, kräftige Frau, schnitt einem kleinen schwarzen Hahn die Kehle durch, besprengte mit dem Lebenssaft des Vogels den Stein des Feuergotts, um das Tier zum fachgerechten Schlachten an eine Helferin weiterzureichen. Der Vogel wurde noch am gleichen Abend gegessen, allerdings nicht von mir. Denn ich hatte zu fasten. Warum – dazu wollte Ifeoma mir keine Erklärung geben.

»So wie die Menschen sind auch die Geister des Waldes und der Natur eifersüchtig aufeinander. Wird einem Geist ein Opfer gebracht, so müssen auch die anderen, immer anwesenden Geister mit einem kleinen Opfer besänftigt und positiv gestimmt werden«, erklärte mir Ifeoma, als Urika nach dem Opfer für den Feuergott zu zwei weiteren Altären eilte. Es waren die Vertreter der Elemente Luft und Erde, die ihre kleinen Schilfrohrhütten an der Seite des *compound* hatten. Urika spendierte dem Luftgeist einen Schluck Palmwein, dem Erdgeist einen Spritzer dunklen Rum. Mammy Water, die Hauptgottheit, hatte ja bereits in ihrem Kulthaus Opfergaben erhalten. Erst nachdem Urika sich derart umsichtig bei allen bedeutenden Geistern abgesichert hatte, entzündete sie den Holzstapel.

Die Mädchen hatten die Zeit genutzt, um große Trommeln herbeizuschaffen. Die Ritualtrommel, ein gewaltiges Instrument, wurde von vier zarten Mädchen geschleppt. Mit erstaunlicher Geschicklichkeit handhabten die durch Feldarbeit gestählten Frauenhände die Trommeln und schon nach wenigen Augenblicken war der Tanzplatz mit sich anmutig bewegenden Körpern gefüllt. Auf die ersten zaghaften, tastenden Schritte folgten bald schnellere. Keines der Mädchen tanzte für sich allein, alle verschmolzen zu einer einzigen großen Bewegung.

Nach den ersten, quasi lockernden Tänzen ahmten sie rhythmisch den Flügelschlag eines Vogels nach, beugten die Oberkörper weit nach unten, streckten das Gesäß keck nach hinten. Mit leichter Amüsiertheit beobachtete ich, wie die schlanken Gestalten allmählich in einen angedeuteten Kopulationstanz hineinfanden. Dabei lachten sie unbefangen, nichts Obszönes haftete der Veranstaltung an. Es wirkte eher wie ein kindliches Erproben uralter Rituale. In genau dieser Tradition stehen einige der Tänze, sofern sie nicht sakralen Ursprungs sind und die Tänzerinnen geradewegs in einen tranceartigen Zustand befördern.

»Lass uns mitmachen! Da wirst du wieder munter!«, rief Ifeoma.

»Was?! Und was ist mit deinem Bauch?«

»Ach, das tut doch dem Baby gut«, lachte sie und zerrte mich zu den Mädchen, nachdem ihr kugelrunder Körper sich schon zu Beginn kaum den verlockenden Trommelschlägen hatte entziehen können. Ich ahmte die Bewegungen der anderen Mädchen nach, schrecklich ungelenk, aber es machte mir Spaß, ich hopste mehr, als dass ich sprang, schlug mit meinen *Flügeln*, die noch wenige Minuten zuvor meine Arme gewesen waren. Ich lachte mit ihnen und hob ab, ja, ich wurde, wie Ifeoma es mir vorausgesagt hatte, eine andere. War nicht mehr die kopf bestimmte weiße Managerin, die darauf achtete, ob sie irgendetwas falsch machte. Ich ließ mich fallen, fühlte mich geborgen. Das ging so schnell, war so einfach. Ich musste nur meinem Gefühl folgen, das sich dem Klang der Trommel hingab.

Trommelmusik ist reine Körperlichkeit. Urika erklärte mir zu einem späteren Zeitpunkt, was es auf sich hat mit der mystischen Verbindung zwischen Tanz und Feuer, Feuer und Sonne, der Quelle aller Energie: »Im Tanz«, sagte die Priesterin des Elements Feuer in ihrem Pidginenglisch, »drückt sich die ursprüngliche Kraft der Sonne aus, des mächtigen Gestirns, das alles Leben auf der Erde hervorbringt.« Aus den angedeuteten Fruchtbarkeitsriten, die ich mit den Mädchen tanzte, sprach somit die oberste Gottheit Sonne. Ein einfacher Kreis und gleichzeitig jener der Naturreligion innewohnende Grundgedanke für die Verehrung der Elemente.

Sinngemäß versuchte Urika es mir so nahe zu bringen: Neben dem Feuer, den alten Mythen zufolge den Menschen von der Sonne gegeben, sind es Luft, Erde und Wasser, die Menschen, Tiere und Pflanzen am Leben erhalten und deshalb verehrt werden. Sie sind das Kraftfeld, in dem sich alles bewegt und dementsprechend auch die Himmelsrichtungen zugeordnet werden. Die recht kleine und quirlige Ajira, in deren Obhut das Element Luft lag, schlug nun mit einem Holzstock nacheinander gegen ein paar Glocken, die von hell nach dunkel anschwellend Töne von sich gaben. Die unterschiedlich großen *cowbells* oder Glockengongs, deren Besonderheit darin besteht, dass sie keinen Klöppel haben, waren an einem Holzgestell aufgehängt.

»Du musst nach innen hören«, erklärte mir Ifeoma den Zweck des Rituals. Das war nicht so einfach, denn ich hatte inzwischen enormen Hunger bekommen. »Denk nicht dran«, sagte Ifeoma. Was allerdings keinerlei Erleichterung bedeutete. Meine Gedanken kreisten um das Wortpaar *fathouse/Hungerhaus*, eine eigentümliche Verkehrung des Sinns. Da sich allerdings niemand bewegte und Ajira damit fortfuhr, die zum Gong umfunktionierten Glocken zu bearbeiten, ließ ich mich schließlich auf die von den Glocken ausgehenden Schwingungen ein, schloss die Augen und spürte nach einer Weile, wie die Töne in meinem Kopf zu wirken begannen.

Mein Kopf übersetzte die Klänge in Farben, die in schillernder oder aufsaugender Intensität vor meinem inneren Auge aufschienen. Dominierte anfangs noch aggressives Rot, so wanderte die Farbskala allmählich vom dunklen ins helle Rot und Violett, sodann ins Grün, das vom tiefen Blau zum zarten Blütenton des Vergissmeinnichts changierte, um endlich einem satten Goldgelb und dann einem strahlenden Weiß Platz zu machen. Es kam mir vor, als bedeutete dieses Spiel der Farben einen Prozess der Reinigung, vielleicht sogar des Vergessens, wer ich war, wo ich mich aufhielt. Und – vor allem – was ich wollte. Mein Körper und mein Geist hatten aufgehört, Wünsche zu formulieren. Der Hunger war verflogen.

Erst die sanfte Berührung durch meine Begleiterin Ifeoma erinnerte mich, dass ich mich im Kreis von lauter mir fremden Menschen befand, an einem äußerst ungewohnten Ort. Die anderen waren unterdessen aufgestanden, hatten sich auf ihre Schlafhütten verteilt. Mich hatte ein seltsamer innerer

Frieden erfasst, eine Leichtigkeit, vielleicht sogar eine gewisse Gleichgültigkeit den gegebenen Umständen gegenüber. Ich begann mich mit meinem Los abzufinden, da ich nicht die geringste Ahnung hatte, was mich in den nächsten Tagen erwartete.

Zu meiner Überraschung war es zunächst ein einsames Mahl neben dem Feuer. Ajira stellte eine Kalebasse vor mich hin, eine hölzerne runde Schale, in der sich augenscheinlich eine Suppe befand. In Nigeria hatte ich schon allerhand ausgesprochen gewöhnungsbedürftige Speisen kredenzt bekommen. Ob sich hinter der Bezeichnung *bushmeat* tatsächlich Erdferkel oder am Ende gar Buschratte verbarg, wollte ich manches Mal lieber nicht wissen. Im Zweifelsfall erinnerte ich mich an mein ständig drohendes Übergewicht – und hungerte. Ajiras Suppe roch säuerlich und war – sofern das im Schein des allmählich verglimmenden Feuers noch erkennbar war – schleimig grau. Das Zeug sah aus, als hätte es sich schon einmal im Magen eines anderen Menschen befunden.

»Du musst es essen«, soufflierte Ifeoma. In ihren Augen erkannte ich echtes Mitleid für die mir bevorstehenden Leiden.

»Ist das Okra?«, fragte ich vorsichtig. Ifeoma schüttelte den Kopf; das schleimig gekochte, vormals grüne Schotengemüse schied also als tröstende Brücke zur Versöhnung mit meinem Widerwillen aus. Der Löffel fuhr vorsichtig in die Suppe hinein und ließ den zähflüssigen Schleim träge wieder ins Gefäß zurückploppen. Dunkle, recht große Körner platschten in die Kalebasse. »Muss das wirklich sein?«, fragte ich Ifeoma flehentlich, »wenn ich das essen muss, übergebe ich mich!« Ifeoma lächelte mild – und nickte. Sie hatte all das schon einmal mitgemacht, wusste, was mich erwartete.

»Halt den Atem an und würg es ganz schnell runter. Dann

hast du es hinter dir«, sagte sie, »und zerbeiß nicht die schwarzen Körner!« Wäre mir sowieso nicht im Traum eingefallen. Warum nur hatte Ajira so viel von dem grässlichen Zeug in die Holzschale gefüllt! Trotz aller Anstrengung schaffte ich es nicht, ohne Atem zu holen alles in mich hineinzuschaufeln. Immer wieder würgte mich der saure Geschmack. Doch ich brachte es fertig. Mit dem letzten Löffel, der mit bleischwerer Hand in den Mund fand, drehte sich mein Magen um und gab alles wieder von sich. Instinktiv schämte ich mich meines Versagens, wollte nicht, dass die weisen Frauen sahen, dass ich ihr Mahl nicht bei mir behalten konnte. Und verkannte den Zweck der Sache komplett! Es war ein Essen, das eingenommen wurde, um es wieder zu erbrechen. lfeoma hinderte mich am Fortlaufen. Mein Magen entleerte sich direkt auf den zementharten Boden des Tanzplatzes. Völlig ermattet kauerte ich neben der Schweinerei, die ich angerichtet hatte. Gut sichtbar schwammen in der Brühe die schwarzen, dicken Körner.

»Und was jetzt?«, fragte ich kraftlos.

»Jetzt dürfen wir schlafen gehen«, antwortete Ifeoma.

»Und das da?« Ich deutete schlapp auf die gewesene Suppe.

»Die Sonne wird es morgen trocknen.« Klug wurde ich aus dieser Antwort nicht.

In einer der Hütten neben dem *compound* erwartete mich mein Bett. Gut hatten sie es mit mir, der weißen Frau, gemeint und ein Metallbett mit Matratze hineingestellt. Ifeoma rollte sich neben meinem Bett auf einer Matte zusammen und schlief bereits, während ich vergeblich nach einer angenehmen Lage suchte. Und die wirklich wichtige Erkenntnis gewann, dass europäische Betten nichts im Regenwald zu suchen haben – ein gestampfter Boden ist besser als jedes ausgeleierte Bett mit feuchter Matratze.

Die Schlange häutet sich

Die Sonne schlief noch, während ich aufzustehen hatte. Denn ich sollte dabei sein, während sie ihre Bahn zu ziehen begann. Zusehen, wie zuerst der schwache Schein der Dämmerung die Nacht vertrieb, bevor sie ihre ganze Kraft entfaltete. Urika, die den Geist des Feuers verehrte, war zu Ifeomas und meiner Hütte gekommen, um mir den Sonnengruß beizubringen, den ich künftig jeden Morgen praktizieren sollte. Urika wandte sich gen Osten, spuckte in die Hände und blies hinein, erhob die Arme, hielt die feuchten Flächen ihrer Hände der aufgehenden Sonne entgegen und sprach mir unverständliche Worte, die in einen heiseren, leisen Singsang übergingen.

»Sag der Sonne, was du dir von diesem Tag versprichst, und danke ihrer Kraft, die sie dir schenkt«, riet Ifeoma mir.

Förmlich und ungelenk ahmte ich Urika und Ifeoma nach; im Lauf der Jahre habe ich den Sonnengruß in meine eigene Form übersetzt. Auch am Morgen war für mich keine Speise vorgesehen, stattdessen ein bitter schmeckender Tee, der sehr schnell und vor allem sehr abführend wirkte. Ifeoma wusste offensichtlich um seine Wirkung: »Komm schnell!, rief sie und zog mich aus dem geheiligten *compound* hinaus in eine schilfumwachsene Ecke seitlich hinter dem Gehöft.

Harte ich mich bei der ersten Begegnung mit einer original afrikanischen Toilette im Haus meines damaligen Schwagers

Moses in Lagos noch über die »Zumutung« empört, ein von Ungeziefer bevölkertes Fliegenloch benutzen zu müssen, so war mir jetzt auch das schon fast egal: Peinigende Darmkrämpfe schüttelten mich, brachten mich an den Rand einer Ohnmacht. Um nichts in der Welt wollte ich an diesem widerwärtigen Fleck besinnungslos in den Dreck fallen. Obwohl der Gestank nicht gerade dazu einlud, versuchte ich mit regelmäßigem Ein- und Ausatmen, die sich bedrohlich vor meine Augen schiebende schwarze Wand niederzuringen. Welche meiner Sünden sollte ich wohl büßen, dass ich so zu leiden hatte?! Ich weiß nicht, wie lange ich an diesem entsetzlichen Ort verbrachte. Irgendwann begann ich den Gestank und die Insekten zu ignorieren. Notgedrungen. Während ich schweißüberströmt mit verspannten Muskeln dahockte, verlor ich die Fixiertheit auf die Unbill, die mein Körper mir verursachte, und starrte auf die braunen und grünen Halme, dies verwirrende Durcheinander von Pflanzen, das mich umgab. Eine ganz langsame, kriechende Bewegung erregte meine Aufmerksamkeit. Am Boden wand sich eine grüne Schlange. Im ersten Augenblick vergaß ich meine missliche Lage, wollte, so wie ich war, aufspringen. Aber etwas riet mir, mich nicht zu bewegen. Als wäre ich das berühmte Kaninchen, glotzte ich bewegungslos die Schlange an. Sie war etwas länger als einen Meter, sehr dünn. Und sie war sehr beschäftigt. Wie ich. Sie häutete sich.

Indem das Reptil sich durch die harten Halme des Schilfrohrs und zweier scharfkantiger Steine presste, zog es sich die alte, erstaunlich farblos durchscheinende Haut vom feucht schimmernden Leib. Darunter lag die neue Haut in ihrer jungen, zartgrünen Maserung, das exakte Abbild der sich ablösenden. Die erste Hälfte ihres Körpers war jung, die hintere noch alt; für die Minuten des Übergangs von einem Alter in das nächste hob sie die Gesetze der Zeit auf. Und war ihnen dennoch unterworfen, denn sie schlängelte sich unaufhörlich weiter, bis sie ihre alte Haut in den Halmen zurücklassen konnte. Gewissermaßen achtlos.

Das Leben geht weiter, vergiss, was dich belastet, schien sie mir sagen zu wollen. Ich wünschte, ich wäre eine Schlange gewesen – meine »Häutung« verlief wesentlich anstrengender. Fand aber auch irgendwann ein Ende; ein mit Wasser benetzter Stein, den die fürsorgliche Ifeoma mir gab, ersetzte das Toilettenpapier. Mit der Schlangenhaut in der Hand krabbelte ich erschöpft aus meinem stinkenden Versteck hervor, präsentierte Ifeoma meinen Fund wie eine Trophäe: Ich hatte es überstanden. Eine Erklärung war nicht mehr nötig, um zu verstehen: Ich sollte meinen Körper entschlacken, weil sich eine Zeit des Fastens anschloss. So wie der Prozess der Häutung abläuft – während die Schlange noch ihr altes Kleid trägt, bildet sich darunter bereits ein neues.

All die Qualen, die ich auf mich genommen hatte und von denen ich erst die harmlosesten kennen gelernt hatte, fanden statt, damit ich Victor nahe sein konnte. Während ich mich mit Bauchschmerzen zurück zum *compound* schleppte, die Schlangenhaut stolz in meiner Hand, musste ich an ihn denken. Was machte er gerade durch? Für Victor waren die Voraussetzungen zur Teilnahme am Initiationsritus der Männergesellschaft noch wesentlich schwerer zu durchstehen, denn mein Prinz trug schließlich noch immer sein Bein im Gips! Zum ersten Mal schloss ich in meine Gedanken auch den Anflug einer Kritik am Plan des Ältestenrats mit ein: Sie wussten doch, dass Victor seit dem Reitunfall gehandikapt war; und sie kannten die unwirtliche Umgebung des Regenwalds. Warum setzten sie ihn gerade jetzt dieser Erfahrung aus?

Wenigstens hatte ich mein erstes Mitbringsel für ihn – die Haut der Schlange, erstanden unter großer Pein.

Von diesem Gedanken getröstet, traf ich gemeinsam mit Ifeoma auf Ajira. Auf ihr freundliches Gesicht legte sich ein glückliches Lächeln. Es galt nicht mir, sondern der Haut der Schlange. Sie nahm sie mir ab, legte sie zum Trocknen in die Sonne – neben das Erbrochene der vergangenen Nacht. Sie drückte mir einen schlichten Besen aus Reisig in die Hand, um damit in der Hitze des Morgens den Hof zu fegen. Ein unsinnig erscheinendes Unterfangen, bei dem ich mehr Sand aufwirbelte, als ich beiseite kehrte. Wie praktisch, dass Ajira mich danach waschen wollte! Doch zunächst wurde ich mit den Mädchen losgeschickt, um Holz fürs abendliche Feuer zu holen. Eine zeitraubende Arbeit, denn loses, altes Holz hatten schon ganze Legionen anderer Frauen vor mir rund um das Dorf eingesammelt. Wir mussten weit durch die Wälder streifen, bis wir mit genügend Zweigen bepackt zurückkehren konnten.

Im ganzen Dorf hatte keine Hütte ein Badezimmer. Wer sich waschen wollte, tat es im Fluss. Im *compound* selbst – gleich vorn, wenn man um den Zaun herum- und daran entlangging bis zur ersten Ecke rechts – gab es einen gewachsenen Bambuszaun, hinter den das Wasser geschleppt wurde. Gebadet wurde dort nicht aus Vergnügen oder Reinlichkeit – sondern rituell. Das anstehende Bad, das Ajira für mich bereitet hatte, war denn auch nicht unbedingt das, wonach mein kraftloser Leib verlangte. Ajira tauchte junge Zweige eines Buschs in die bereitstehende Wanne; Blech übrigens – wo es praktisch ist, geht man mit der Zeit.

Immer wieder spritzte und schleuderte Ajira die Zweige gegen meinen bloßen Körper, eine ganz eigentümliche Art der Massage. Aus der Wanne stieg ein vielschichtiger Geruch diverser beigemengter Kräuter und Öle auf, die nach und nach auf meiner Haut ein leichtes Kribbeln auslösten, das allmählich in ein Brennen überging. Als die Priesterin mit ihrer an eine Züchtigung erinnernden Prozedur fertig war, war meine weiße Haut von dünnen roten Striemen gezeichnet. Allerdings hatte diese Behandlung auch eine belebende Wirkung. Ich fühlte mich besser, wie aufgedreht. So, als hätte ich in der Tat eine neue Haut bekommen.

Die Schlangenhaut selbst war leider von ihrem Trockenplatz in der Sonne verschwunden. Es saßen dort einige Mädchen, die ich am Vorabend bereits beim Tanz gesehen hatte. »Wir basteln Ketten«, sagte Ifeoma, die schon damit begonnen hatte, Muscheln und bunte Glasperlen aufzufädeln. Stolz hob sie zwei bereits fertige Schmuckstücke hoch: »Bald ist wieder Markt im Dorf. Dort werden die Ketten verkauft.« Sie deutete auf ein Häufchen neben sich – die schwarzen Körner aus der erbrochenen Suppe! Ich muss Ifeoma wohl ziemlich töricht angesehen haben, denn sie quittierte meinen Blick mit einem fröhlichen Lachen: »Nein, nein, die Kette, die du bastelst, wird nicht verkauft. Du musst die Körner auffädeln. Ich zeige dir, wie es geht!«

»Die Körner, die ich erbrochen habe?«, fragte ich.

»Ajira sagt, zwischen ihnen und dir besteht eine Bindung. Darum musstest du sie vorher essen. Die Kette, die du machst, ist ja nicht irgendeine Kette.«

»Sondern? Wozu ist sie gut?«

Ifeoma lächelte nachsichtig: »Das wirst du später erfahren.« Am Ende dieser »Erfahrung« bluteten meine Finger wegen zahlloser fehlgeschlagener Durchbohrungsversuche! Mit einer dicken Nadel hatte ich die Körner zu durchbohren und aufzufädeln. Vielfarbige Glasperlen und Muscheln dienten als Ergänzung. Aber: Es war meine Kette, kein Kunstwerk, dennoch erfüllte mich meine Arbeit mit ein bisschen Stolz. Ich hoffte, sie am Ende meinem Victor überbringen zu dürfen. Denn niemand hatte Einwände, als ich mir die Kette um den Hals legte.

Noch immer wartete das Feuerholz auf seine Verwendung, ein Haufen Äste und Zweige. In meinem Ehrgeiz, mich meinen Begleiterinnen als ebenbürtig zu erweisen, hatte ich einige recht dicke Stücke mitgebracht. Deutlich unterschieden sie sich von den anderen, dünneren Hölzern. Ich wurde ohne zu verstehen, warum – aufgefordert, mir einen Ast herauszusuchen. Den Rest hatte ich mit einer Axt zu zerhacken. Als ich mich damit abgeplagt hatte, präsentierte mir Ajira meinen einstigen Ast. Sie deutete auf eine unscheinbare Frau mittleren Alters, die abseits von den anderen saß, und redete in ihrer Stammessprache auf mich ein. Ifeoma ließ sich in ihrer Auffädelarbeit – sie hatte inzwischen eine rekordverdächtige Anzahl von Ketten erstellt – nicht stören und rief mir die Übersetzung zu: »Afuma dort drüben hat dein Ritualholz gemacht. Wenn du wieder in den Wald gehst, sollst du ihr zum Dank etwas Schönes mitbringen. Afuma liebt seltene Vogelfedern. Am liebsten mag sie kleine bunte. Sie macht Ketten daraus.«

Ich nahm Ajira das Ritualholz aus der Hand. Afuma hatte den Ast mit Kerben versehen und mit roter, weißer und blauer Farbe bunt bemalt. Ajira führte das kleine Kunstwerk an ihren und dann an meinen Mund. Gemeinsam gingen wir hinüber zu Afuma, die es wieder zurückerhielt. Afuma stand wortlos auf und verschwand. Ich starrte ihr verblüfft nach. Afuma hatte etwas für mich gebastelt, wofür ich ihr ein Gegengeschenk machen sollte – gleichwohl verschwand Afuma damit. Das mochte verstehen, wer wollte! Ich drehte mich zu Ajira um, aber die war bereits gegangen.

In der Stunde vor Einbruch der Dämmerung stand ein langer Marsch durch den labyrinthischen Wald der Frauen an. Zum ersten Mal beteiligte sich die ruhige Oberpriesterin Odame an einer meiner Aktivitäten. Sie ging sparsam mit ihren Kräften um. Vor unserem Aufbruch hatte sie uns ermahnt, schweigend zu laufen. Immer noch ging mir Afurnas Gegengeschenk durch den Kopf, die kleinen Vogelfedern. Mir war bereits aufgefallen, dass sich die Frauen gegenseitig dauernd kleine Geschenke machten: Steine, Muscheln, Perlen, manchmal auch den Schädel einer kleinen Schlange – der eben Federn. Es war also an der Zeit, diese Sitte selbst anzuwenden. Gedankenverloren suchte ich die Bäume nach Vögeln ab.

Plötzlich hörte ich Odames Stimme. »Dies ist die Stunde: Der Leopard lauert lautlos in den Ästen. Schon dein Blick kann ihn reizen. Dann setzt er zum Sprung an«, sagte sie nah an meinem Ohr in Englisch. Völlig unbefangen war ich bislang durch den labyrinthischen Wald des Frauenkults gelaufen, hatte beim Holzsammeln keinen Gedanken an solche Gefahren verschwendet. Schlangen und Krokodile, die waren langsam; ein Leopard – das beeindruckte mich allerdings. In freier Wildbahn hatte ich noch nie einen zu Gesicht bekommen. Ich wollte Odame fragen, ob es noch viele von ihnen gebe. Sie legte die ausgestreckte Hand vor den Mund – schweig! Verstohlen blickte ich mich dennoch um. Entdeckte aber weder Federn noch Leoparden.

Unser Ziel war der Fluss, über dem die Sonne glutrot versank. Odame ging nur ein, zwei Schritte mir mir ins Wasser hinein. Feierlich streckte sie ihre dünnen Arme nach meiner selbst gebastelten Kette aus, nahm sie mir wortlos ab. Ich erwartete eigentlich, dass sie das wertvolle Teil in irgendeiner Weise segnete, als sie in ihrer eigenen Sprache, leise und mit rauer Stimme, zu sprechen begann. Kurz tauchte sie die Kette ins Wasser, führte sie zurück an meine Stirn – und ließ sie anschließend im Wasser versinken, das an dieser Stelle von vielen kleinen Strudeln quirlig bewegt wurde. Die Kette sank ins Wasser, wirbelte für die Länge eines Lidschlags. Dann war sie verschwunden. Gleichzeitig versank die Sonne hinter dem Blätterdach des Regenwalds. Impulsiv machte ich einige Schritte, um mein Schmuckstück zurückzubekommen. Vergebens, ich konnte es nicht mehr entdecken. Unter welchen Schwierigkeiten hatte ich diese Kette hergestellt, ja geschaffen! Das gluckernde Wasser nahm sie mit sich. Vornübergebeugt stand ich bis zu den Hüften im Fluss, mühte mich, das Bett des Flusses mit den Augen abzusuchen.

Ich habe wohl ein ziemlich dummes Gesicht gemacht, als ich mich zu Odame und den etwa ein Dutzend Frauen und Mädchen umdrehte, die mich begleitet hatten. Zwischen ihnen und mir lagen jetzt rund sechs Meter Wasser. Vorsichtig tastete ich mich in dem schlammigen Nass zurück. Am Ufer des Flusses, nur wenige Meter von dort entfernt, wo sich Odame befand, erblickte ich zwischen den dichten Blättern die rundliche Figur einer Mammy-Water-Gestalt. Über und über war ihr aus Zement geformter Körper bedeckt mit ebensolchen Ketten, wie ich eine gebastelt und an das Wasser verloren hatte.

Verloren? Schlagartig wurde mir bewusst, dass ich einen Fehler gemacht harte. Die Kette war ein Geschenk, das schon, aber eines für die Göttin des Wassers. Wie selbstsüchtig von mir anzunehmen, ich könnte sie meinem Victor mitbringen, um mich in seinem Lob zu sonnen. In meiner Eitelkeit war ich ihr förmlich nachgelaufen. Nun war sie doppelt verloren, nahm ich an. Odame sprach mit ihrer Göttin; ich hoffte, sie würde bei ihr ein gutes Wort für ihre dumme weiße Schülerin einlegen. Schüchtern gesellte ich mich zu den anderen Schülerinnen und älteren Frauen, wartete, bis Odame ihr Gebet beendet hatte.

»Mammy Water hat dein Geschenk angenommen«, verkündete Odame zu meiner Überraschung. Gehörte meine Kette denn nicht zu den anderen am Hals der Fruchtbarkeitsgöttin?

Dann machten wir uns auf den Rückweg. Ich war irritiert, Offenkundig verstand ich überhaupt nichts. Ifeoma musste mir auf die Sprünge helfen, verstand aber ihrerseits meine Verstörung zunächst nicht. Dann lachte sie: »Mit deinem Geschenk an Mammy Water ist ein Orakel verbunden. Was mit der Kette passiert, nachdem sie in das Wasser geworfen wurde, verrät Odame den Ausgang deiner Einweihung.« Das komplette Verschwinden der Kette und mein Hinterherlaufen bedeutete, dass ich Mammy Water die Kette gewissermaßen überreichte. Jene Ketten hingegen, die ich am Hals der Figur gesehen hatte, waren plump ins Flussbett gesunken. Die Initiandinnen trugen sie dann während ihrer Einweihung und überreichten sie erst am Schluss Mammy Water, indem sie sie ihr um den Hals legten.

»Dann habe ich also alles richtig gemacht?«, fragte ich. Ifeoma sah mich mit ihren ausdrucksstarken Augen ratlos an. Sie war zu zurückhaltend, um zu fragen, ob ich vielleicht etwas begriffsstutzig sei. »Ich mochte meine Kette«, sagte ich. Es hörte sich etwas bockig an, glaube ich. Aber Opfer mussten an diesem Ort eben sein.

Flucht in die Nacht

Im Dorf sprachen schon wieder die Trommeln, viele junge Mädchen tanzten bereits. Einige beendeten gerade ihr Essen, das aus einem graubraunen Brei bestand und trotzdem in meinem Magen eine enorme Begehrlichkeit weckte.

»Warum dürfen sie essen und ich nicht?«, fragte ich Ifeoma.

»Die anderen sind schon viel länger da als du und haben den ersten schweren Teil der Initiation bereits hinter sich«, sagte Ifeoma. »Es sind nur zwei da, die ebenfalls neu gekommen sind. Sie sitzen dort drüben.« Die beiden von Ifeoma Bezeichneten waren keine Mädchen mehr, sondern Frauen jenseits der dreißig. »Du darfst nicht mit ihnen sprechen«, ermahnte mich Ifeoma. »Du weißt, was Odame gesagt hat. Ich darf auch nur deshalb mit dir sprechen, weil Fara mich als deine Dienerin und Übersetzerin ins *fathouse* mitgeschickt hat.

»Weißt du etwas über die beiden anderen?« Als Antwort erntete ich nur Ifeomas mitleidvollen Blick – nicht einmal der Vergleich mit dem Schicksal der beiden anderen sollte mich ermutigen. Oder gar entmutigen?

Um Ajira hatten sich ihre Schülerinnen versammelt, die rhythmisch und abgehackt monotone, tiefe Gesänge murmelten. Ajira selbst zerstapfte in einem Steinmörser getrocknete Blätter und fügte gelegentlich etwas Getrocknetes,

Durchscheinendes hinzu. Mit Neugier und intuitivem Argwohn trat ich dichter heran. Ajira setzte ihre Arbeit konzentriert fort. Als nur ein kleines Fitzelchen von der getrockneten, harten Substanz übrig war, erkannte ich, um was es sich handelte: die Schlangenhaut vom Dschungelklo! Protest verbot sich von selbst; ich schwieg und sah den Rest der kostbaren Trophäe im Mörser zerbröseln.

»Die Schlange ist ein Zeichen, dass alles einen glücklichen Ausgang nehmen wird«, sagte Ifeoma. »Der Geist der Luft wird dich beschützen.« Wovor, das verriet sie mir wieder nicht, wohl aber, dass die Haut der Schlange für diesen Zweck ideal war. »Die Schlange, die du gefunden hast, hat ihr Zuhause in den Bäumen, deshalb lebt in ihr der Geist der Luft«, sagte Ifeoma.

Ich hoffte jetzt nur noch eins: nicht auch diese Substanz essen zu müssen! Ganz verkehrt lag ich mit meiner Befürchtung nicht. Dieses Mal sollte mir eine Paste auf die Haut geschmiert werden. Sie entstand unter Hinzufügung von ein paar Spritzern frischem Opferblut, Palmwein und öligen Flüssigkeiten. Die Art der Kräuter, die darin enthalten waren, sind mir unbekannt geblieben – ihre Wirkung allerdings war nachhaltig: Das Zeug brannte von der ersten Sekunde an wie ein Bad aus Brennnesseln; sein Geruch, der ätherisch und leicht stechend war, nahm mir den Atem. Gleichzeitig erschien es mir, als leisteten die Mädchen an der Trommel Schwerstarbeit; aus den Augenwinkeln nahm ich wahr, dass einige der Tänzerinnen ein rasendes Tempo vorlegten. Als die Schlangenhautmixtur meinen Körper komplett bedeckte, puderte mich Ajira mit Kaolin weiß ein – nicht einmal mein Gesicht verschonte sie dabei. Einen Spiegel hatte ich nicht zur Verfügung; wieder erkannt hätte ich mich ohnehin nicht.

Während ich zur Tanzfläche geführt wurde, setzte sich in

mir der Gedanke fest: Ich trug die Haut einer Schlange, »meiner« grünen Schlange. Aus Ifeomas Worten schloss ich, dass es eine Baumnatter war. Das einpeitschende Getrommel verwandelte mich wohl in ein ziemlich wild zappelndes Wesen, eine Mischung aus durchgedrehtem weißen Menschen und sich häutendem Reptil.

Die Haut ist das größte Organ des Menschen und unter anderem zuständig für dessen Sauerstoffzufuhr. Nur: Durch meine Haut drang kein Sauerstoff mehr, weil sie entweder von dem weißen Puder verkleistert oder mit der intensiv riechenden Kräuterpaste bestrichen war. Allerdings waren mir diese Details gleichgültig, denn mein Kopf hatte längst aufgehört zu arbeiten, meine Füße trieben meinen weißen Körper in rasanten Drehungen über den Tanzplatz, während sich alles um mich herum zu bewegen schien. Der gesamte *compound* verwandelte sich in meiner Einbildung in eine Versammlung von grinsenden, finsteren oder mich verhöhnenden Fratzen, selbst die hungrigen Flammen des offenen Feuers schienen nach mir zu greifen. Ich wich ihnen immer wieder aus. Bei einem Medizinmann war mir Monate zuvor schon einmal Ähnliches passiert – dabei war ich in Trance gefallen.

Mein Unterbewusstsein sehnte sich nach diesem Zustand, der Befreiung des Geistes vom nicht mehr durch den eigenen Willen beherrschbaren Körper. Ich hoffte, auf diese Weise entkommen zu können. Weg von diesem Feuer, das nicht nur neben mir, sondern auch auf meiner Haut brannte. So wahnsinnig ich auch tanzte, um die Flucht vor mir selbst antreten zu können – diesmal geriet ich nicht in Trance. Ich musste bleiben, diesen Feuertanz durchstehen, mich von den Dämonen treiben lassen, die ihre Freude am Spiel mit mir hatten. Ich war ihnen ausgeliefert, eingesperrt im Gefängnis meines eigenen Körpers. Ich, die noch nie Alkohol getrunken hatte, weil ich es hasste, nicht die Kontrolle behalten zu können, ausgerechnet ich wurde einem solchen Ritual unterzogen. Je mehr ich versuchte, aus meiner Haut zu tanzen, desto mehr Angst bekam ich, nichts mehr steuern und kontrollieren zu können. Meine Angst steigerte sich zu Panik. Ich schien auf der Schwelle zwischen Leben und Tod zu tanzen.

Wenn ich gewusst hätte, dass es genau darum ging, um das Wandeln auf diesem dünnen Seil, das zwischen beidem gespannt ist, hätte ich weniger Angst gespürt? Oder gar mehr? Damals wusste ich ja nicht einmal um die einfache Symbolik der ganzen Sache: dass die weiße Farbe auf meinem Körper das Symbol für den Tod war; dass in Afrika der Tod nicht für das Ende steht, sondern für Neubeginn. Ich befand mich bereits am Übergang in ein neues Leben. So wie die Schlange, deren abgestreifte Hülle ich auf meiner Haut trug. Die Psychodrogen, die über meine Haut in mein Blut eindrangen und meinen Kopf nach und nach immer mehr verwirrten, meinen Puls rasen ließen, machten mich zur Gefangenen des Augenblicks.

Immer größer wurde die Unruhe, die mich trieb, immer weiter entfernte ich mich vom Feuer und dem Tanzplatz. Unvermittelt stand Ajira vor mir, packte mich kurz, zischte mir etwas zu, das ich nicht verstand, und ließ mich wieder los. Ich irrte durch die Frauen hindurch, als ob ich etwas suchte, das ich nicht finden konnte. Wo ich hintrat, wichen sie vor mir zurück, als fürchteten sie, der Funke meiner Raserei würde jeden Moment auf sie überspringen.

Es war dunkel dort draußen, pechschwarz, sobald ich den *compound* verließ. Der furiose Wirbel der Trommeln verfolgte mich, trieb mich vor sich her und gleichzeitig von sich fort. Die dumpfen Töne schienen in meinem Kopf zu sein, pochten gegen meine Schläfen, obwohl ich immer weiter fortstolperte, über Wurzeln fiel, mich wieder aufrappelt und weitereilte. Lediglich ein weißes Tuch trug ich um die Hüften. Zusammen mit der weißen Bemalung meines Körpers muss ich auf die mir unsichtbaren Bewohner des Waldes wie ein Gespenst gewirkt haben! Eines, das vor sich selbst davonlief. Ich rannte, immer weiter, keinen Gedanken daran verschwendend, dass ich irgendwie wieder zurückfinden müsste. Irgendwann hielt ich endlich inne, verharrte still, reglos. Nur mein eigener gehetzter Atem war zu hören und ein dumpfes Pochen. Das jetzt allerdings nicht mehr von den Trommeln herrührte, sondern mein eigener Herzschlag war.

Wo war ich? Wie war ich hierher gekommen? Intensiv spürte ich den Boden unter meinen nackten Füßen und eine entsetzliche Leere in mir. Mein Rausch war verflogen, die Angst, die mich getrieben hatte, auch. Um sofort einer anderen Platz zu machen. Nie zuvor hatte ich erfahren, dass Orientierungslosigkeit so erschreckend sein kann. Ich konnte keinen Fixpunkt erkennen, nach dem ich mich hätte richten können. Keine Sterne waren zu sehen. Ich war so weit gelaufen und hatte nichts gefunden. Die absolute Leere. Schwärze ringsum. Mir blieb nichts als ich selbst.

Bis hierhin war ich gekommen, war nicht ein einziges Mal gegen einen Baum geprallt. Wie war das möglich? Vor Stunden erst hatte ich mit den Mädchen Holz gesucht, hatte gesehen, wie dicht der Wald voller Büsche und Bäume stand. Mir fielen die warnenden Worte von Ifeoma ein, ja keine unbekannten Pflanzen zu berühren, ich erinnerte mich an all die seltsamen Figuren der Waldgeister im labyrinthischen Wald, an die vielen kleinen Gewässer, die das Gebiet durchzogen. Nicht einen Schritt wagte ich mehr zu tun, aus Angst, eine schlafende Bestie zu wecken. Still verharrte ich. Ganz still. Und lauschte. Der Wald, den ich kannte, war voll Leben gewesen! Jetzt war nur Stille. Alles Leben um mich herum schien zu schlafen. Wenigstens die Trommeln mussten doch zu hören sein, so dass ich ihrem Klang hätte entgegenlaufen können! Alles schien aus Zeit und Raum herausgefallen zu sein.

Wie sollte hier eine Wassergöttin über mich wachen, mitten im Wald? Schritt für Schritt, die Arme weit ausgestreckt, bewegte ich mich im Zeitlupentempo vorwärts, bis ich endlich harte, rissige Rinde ertastete. Ich umarmte den Baum, diesen fühlbaren Beweis für die Existenz anderen Lebens. Nachdem ich mich überzeugt hatte, dass meine Hände nichts und niemanden berührten außer diesen Baum, untersuchten meine nackten Füße den Boden. Erst dann ließ ich mich langsam nieder.

Der Baum, tief in der Erde verwurzelt, gab mir das Gefühl von Sicherheit und Ruhe. Seine konzentrierte, ruhende Energie, angesammelt in einem gemessen am Menschenleben unübersehbar erscheinenden Zeitraum, verströmte die Kraft gleichmütiger Standhaftigkeit. Eingebunden in den Energiefluss der Natur nahm er sich, was er brauchte; behielt, was ihn stärkte, und gab, was seiner Umgebung diente. In der Dunkelheit konnte ich ihn nicht sehen. Ich versuchte, mit ihm zu reden, ihn zu fühlen und zu erspüren, seine Stärke aufzunehmen. Ich erinnerte mich an den Irokobaum im *compound* der Frauen, den Baum, in dem die Geister wohnten. Vielleicht wohnten auch in diesem – nach seinem Stammumfang zu urteilen – mächtigen Kerl die Götter. Ich hatte keine andere Wahl, als mich ihrem und seinem Schutz anzuvertrauen, suchte eine einigermaßen angenehme Position, in seinen Wurzeln ruhend. Viele Meter über mir streckte dieser Riese seine mächtige Laubkrone dem Himmel entgegen. Hätte ich die körperliche Fähigkeit besessen, ich wäre hinaufgeklettert, fort aus dieser Schwärze, die mich gefangen hielt. So blieb mir nichts anderes übrig, als mir vorzustellen, dass weit über mir der Baum in die Sterne blickte.

Mit diesem Gedanken tröstete ich mich; hörte, dass nicht weit entfernt ein Frosch zu quaken begann, dem ein anderer antwortete, bis schließlich ein richtiges Quak-Konzert im Gange war. Mein Eindringen musste sie erschreckt haben. Meine Augen fielen zu, erschrocken riss ich sie immer wieder auf; unter keinen Umständen wollte ich einschlafen. Im Hochschrecken schlug ich mit dem Hinterkopf gegen den Baum. Für Minuten war ich wieder hellwach, nichts hatte sich verändert, Dunkelheit ringsum, monoton das Quaken der Frösche. Vergeblich versuchte ich, in der Finsternis Konturen zu erkennen. Ein winziger Luftzug wischte dicht an meinem Gesicht vorbei, kurz darauf noch einmal. Der Hauch eines Windes? So dicht am Boden?

Mein ermatteter Körper und überanstrengter Geist versagten mir die Dienste. Wieder fielen mir die Augen zu, wieder schrak ich hoch. Es machte keinen Unterschied, ob ich die Augen geöffnet oder geschlossen hatte. Die Dunkelheit war die gleiche, nur dass meine Fantasie bei geschlossenen Augen die entsetzlichsten Dämonen der Nacht sah. Ich versuchte, an Victor zu denken, mich an die schönen Stunden mit ihm zu erinnern, an die kostbaren zärtlichen Augenblicke. Und hoffte gleichzeitig, dass er nicht die gleichen Torturen durchleiden musste wie ich. Vielleicht saß er in dieser Stunde auch irgendwo einsam im Regenwald? Mich überkam der Wunsch, Victor, meinen Prinzen, zu beschützen. Und sei es auch nur, indem ich intensiv an ihn dachte.

Wieder spürte ich einen leisen Lufthauch nah an meinem Gesicht, riss die Augen auf. Doch immer noch war da dieses schwarze Nichts und der Stamm in meinem Rücken. Und das Quaken. Ich beschloss, meine Augen offen zu halten und an Victor zu denken.

Als mein Denken wieder einsetzte, begann sie. Diese Ahnung. Dieses diffuse Gefühl des Beobachtetwerdens. Mein

Rücken schmerzte, der Nacken war steif. Ich war etwas zur Seite gekippt, doch der Baum hielt mich. Erst jetzt fiel mir die Stille auf. Die Frösche! Ihr Wiegenlied, das sie mir gequakt hatten, war verstummt. Jegliches Gefühl für die Zeit war mir abhanden gekommen. In dem Moment, in dem ich die auf mich gerichteten grünen Augen sah, fühlte ich eine verquere Art der Erleichterung: Die Bedrohung war objektiv vorhanden; mein verwirrtes Hirn hatte mir keine paranoiden Bilder vorgegaukelt.

Nachdem ich mich später am Fluss gesäubert und der Flussgottheit meine Angst geopfert hatte, rief ich in die morgendliche Stille am Fluss: »Ich hab's geschafft!« Jetzt hörte ich, dass Vögel zwitscherten, ihren vielstimmigen Gesang, mit dem sie die Sonne begrüßten. Ich bemerkte das heisere Rufen der Affen, die über eine verrückte Weiße redeten, welche die Nacht bei ihnen im Busch verbracht hatte.

»Ich lebe«, rief ich laut vor mich hin, als ob ich mich vergewissern müsste, dass dem auch wirklich so war. Die warmen Strahlen der Sonne trockneten meine Haut; ich erinnerte mich an den Morgengruß, den Urika mir gezeigt hatte. Zögernd spuckte ich in meine Hände und blies hinein, um sie der Sonne entgegenzuhalten. Ein bisschen kindisch kam mir das vor, aber es war mir egal. Wer sah mich schon? Außer der Sonne.

»Pass auf Victor auf«, sagte ich leise. »Ich glaube, solche Dinge sind nicht das Richtige für ihn«, fügte ich noch leiser hinzu. Damit die Sonne und alle Geister, die hier vielleicht hausen mochten, auch wirklich verstanden, dass ich es ernst meinte, wiederholte ich es laut und deutlich: »Beschützt meinen Victor!« Ich hörte ein Echo, das seinen Namen zweimal wiederholte.

Die Nacht hatte an meinem weißen Tuch deutliche Spuren hinterlassen, es in einen braunen Lumpen verwandelt, den ich dennoch fest um meinen Körper wickelte. Ich stand auf, um den Weg zum Kulthaus zurückzufinden. Irgendetwas schien ich vergessen zu haben. Ich blickte um mich; ich hatte nichts mitgebracht. Und doch hing etwas in dem Baum am Wasser, ein rot, weiß und blau bemaltes Stück Holz, versehen mit ein paar Einkerbungen.

»... such das Holz ... lauf ... in den Wald ...« Es war, als hörte ich plötzlich die Stimme Ajiras, die zu mir sprach, während ich blindlings in die Nacht floh. Und jetzt plötzlich verstand ich diese Worte! Ich pflückte mir das etwa dreißig Zentimeter lange Stück Ritualholz vom Baum. Es schien mich erwartet zu haben, hier an diesem Ort am Fluss. Das Stückchen Holz entpuppte sich als die schnell entstandene Arbeit Afumas kundiger Finger. Eine Botschaft lag darin, die ich nicht verstand. Für mich zählte einzig die Existenz des Holzes – und die Tatsache, es gefunden zu haben. Die Schlangenhaut, die Kette, das Holz, all das gehörte wohl zusammen und bezog sich irgendwie auf die Waldgeister.

Es galt, sich bei Afuma zu bedanken, Federn zu suchen. Ziellos marschierte ich los, hoffte dabei zum *compound* zurückzufinden. Genauso lautlos, wie der Leopard gegangen war, musste Ajira wohl erschienen sein. Sie stand am Ufer des Flusses, beendete gerade ihren Morgengruß. Langsam trat ich zu ihr, um sie nicht zu stören. Sie bedeutete mir, näher zu kommen, und redete in ihrer Stammessprache einige Worte zu mir, die ich jedoch nicht verstand. Ich ließ mich neben ihr nieder, zeigte ihr scheu meinen Fund, woraufhin sie nur still lächelte und sich erhob.

Breitbeinig stellte sie sich an das Wasser, das Gesicht der Sonne zugewandt. Ihr Rücken war kerzengerade, die Knie leicht gebeugt, ihre Armen hingen locker, die Handflächen formten auf Nabelhöhe eine Schüssel, wobei die Fingerspitzen sich berührten. Während sie durch den leicht geöffneten

Mund einatmete – es sah aus, als lächelte sie die Sonne an –, hob sie die Arme seitlich hoch, bis die Fingerspitzen sich über ihrem Kopf trafen. Jetzt hielt sie den Atem an, um ihn dann auszustoßen. Gleichzeitig schien sie mit den Handflächen auf ihren Kopf zu drücken, freilich ohne ihn zu berühren, und die Knie gaben ein wenig mehr nach. Ich stellte mich ungeschickt an in dem Versuch, es meiner Lehrmeisterin gleichzutun, sie korrigierte nachsichtig meine Haltung, wobei sie mich sanft berührte. Aus ihren Händen fühlte ich eine Wärme und Liebe auf mich überströmen, die mir die Kraft gaben, es richtig zu machen. Wir standen nebeneinander und füllten unsere Lungen mit der klaren Luft, als wollten wir die ganze Welt auf diese Weise in uns aufnehmen.

Seite an Seite gingen wir zurück, tausend Fragen wirbelten in meinem Kopf herum. Ajira erzählte mir mit ihrer etwas brüchigen Stimme fröhliche Geschichten. Das nahm ich jedenfalls an, denn sie lachte und amüsierte sich. Und ich verstand nicht ein einziges ihrer Worte. Wir kamen an einigen der geschnitzten Gestalten vorbei, die die Wege zu bewachen hatten. Ajira begrüßte sie von ferne winkend und rufend wie richtige Menschen. Nach einem nicht sonderlich langen Rückmarsch lag das Dorf vor uns. Ohne Ajira als Führerin hätte ich mich in diesem Labyrinth allerdings niemals zurechtgefunden.

Ich sehnte mich danach, meine Abenteuer mit jemandem zu teilen, zu besprechen, zu verarbeiten, was mir zugestoßen war. Aber Ifeoma war damit beschäftigt, zusammen mit anderen Frauen mit einem mächtigen Stück Holz kräftig in einen ausgehöhlten Baumstumpf hineinzustoßen, immer wieder, auf und ab, gleichmäßig. Dabei sangen sie laut durcheinander, jede ihrer eigenen Melodie folgend. Ein Arbeitsplatz war noch zu vergeben – an mich. Die hellbraunen Maniokwurzeln, groß wie schwere Äste, widersetzten sich den Anstrengungen meiner ungeübten Schreibtischhände hartnäckig. Was meine Mitstampferinnen in Heiterkeit versetzte. Mit zusammengebissenen Zähnen drosch ich auf die widerspenstigen Dinger ein, bis sie endlich barsten. Das ganze Unterfangen diente übrigens der Stärkegewinnung. Nicht meiner, denn ich hielt nicht lange durch, meine Arme schmerzten, die Blasen an den Handflächen platzten auf. Nein, für Afrika »live« tauge ich nicht recht. Wenigstens war jetzt klar, woher Ifeoma so ausgeprägt kräftige Oberarmmuskeln hatte. Ich machte schlapp, suchte schweißüberströmt und frustriert den Scharten. Dankenswerterweise nahm eine der beiden Frauen, die wie ich eine späte Initiation mitmachte, meinen Platz ein. Sie war robuster als ich gebaut und fand schnell den Stampfrhythmus der anderen vier Mädchen. Ich suchte ihren Blick, um sie unauffällig auf ihre Erfahrungen anzusprechen. Ifeoma schien mein Vorhaben zu durchschauen, gab ihren Platz an eine vielleicht 14-Jährige ab.

»Siehst du«, sagte Ifeoma, »es ist gut, wenn man nicht alles allein machen muss. Frauen brauchen andere Frauen, die helfen.« Dem war nicht zu widersprechen. »Wir Frauen müssen zusammenhalten, damit wir für die Männer und unsere Kinder eine starke Gemeinschaft bilden. Das Leben mit Victor und seinen Frauen wird dir die Möglichkeit geben, das zu tun, was deiner Bedeutung entspricht.«

Ganz langsam drehte ich mich zu Ifeoma um; sah sie an. Nanu, was für sibyllinische Worte? »Ein wichtiger Mann wie Victor braucht viele Frauen«, sagte Ifeoma ganz unbefangen. Es lag mir auf der Zunge, der jungen Frau zu sagen, dass mir durchaus auch andere Wege einfielen, um Stärke zu gewinnen, als archaisch mit einem Holzprügel in einen ausgehöhlten Baumstumpf zu stampfen. Dazu brauchte ich nicht die Spielregeln der Polygamie zu akzeptieren. Es war klüger, zu schweigen.

Ajira gesellte sich zu uns. Ich war auf Ifeomas Sprachvermögen angewiesen, um die Priesterin ganz zu verstehen. Eine Frage brannte mir auf der Zunge: »Ich hatte entsetzliche Angst, im Wald sterben zu müssen«, sagte ich ehrlich, »was hättet ihr gemacht, wenn ich meinen Ausflug nicht überlebt hätte? Ihr konntet doch nicht einmal wissen, wo ich mich aufhielt!«

Ajira ließ sich meine Frage übersetzen, dann lachte sie. Ifeomas Worte brachten mir die Welt der Afrikanerinnen näher: »Die Angst, die du gespürt hast; war das Tor, durch das du gehen musstest, um zu einem neuen Anfang zu finden. Denn so wie der Tod ein neuer Anfang ist, so hilft dir die Angst, dich selbst zu erkennen. Sie bindet dich an die Gegenwart. Wie willst du die Frau eines so bedeutenden Mannes wie Victor werden und seine Nachkommen gebären, wenn du voller Furcht bist?«

»Auf mich lauerte ein Leopard im Baum. Er hätte mich anfallen können.«

»Woher weißt du das? Deine Angst ist dir ein schlechter Ratgeber! Kann es nicht sein, dass der Leopard über deinen Schlaf gewacht hat? Zeigte er dir nicht sogar, wo der Fluss und der Baum waren, wo du das Ritualholz pflücken konntest?« Ich sah die alte Frau erstaunt an. Woher wusste sie das? Hatte sie mich am Ende gar durch den Wald begleitet – in der Schwärze der Nacht?

»Im Wasser war der Tod«, sagte ich matt.

»Du hast ihn abgewaschen, um einen neuen Anfang zu finden. Du hast dich gereinigt.«

»Muss ich noch einmal solche Sachen durchmachen?«, fragte ich bang. Ajira schien die Frage nicht zu verstehen. Vielleicht hat Ifeoma sie auch nicht übersetzt. Ich weiß es nicht.

Der gute Tod

Im Haus von Mammy Water erwartete Odame uns auf ihrem Hocker. Ich nahm neben lfeoma auf meiner geweihten Sitzgelegenheit Platz – voller Sehnsucht nach einem komfortablen Ort für meinen müden Körper. Odame schien zu warten, bis alle bereit waren ihr zuzuhören. »Worte sollen nicht sein wie die Saat, die auf steinharten Boden fällt. Sie keimt nicht, der nächste Regen wäscht sie fort.« So umschrieb Odame mir gegenüber die Geduld, die Worte brauchen, um ihre Wirkung zu tun. Odames Augen wanderten umher, durchstreiften das Kulthaus, als achte sie darauf, dass alles an seinem Platz sei. Ihr Mund, der so viel zu sagen hatte, war in den Phasen der Ruhe eigentümlich nach innen gestülpt, als hüte er die Zunge davor, achtlose Worte zu vergeuden. Die Mitpriesterinnen Oke, Ajira, Urika und Kome trafen nach und nach ein, besetzten ihre Hocker, jede in der ihr typischen Haltung, die sie anscheinend immer einzunehmen pflegten. Ihr Eintreten gab mir Gelegenheit, meine beiden Mitschülerinnen, die Ifeoma mir bezeichnet hatte, unauffällig zu mustern. Beide hielten den Blick gesenkt. Vielleicht aus Scheu, Ängstlichkeit oder Gewohnheit. Wenn sich unsere Blicke zufällig kreuzten, sahen sie sofort auf den Boden.

»Sie wollen ihr Selbst und den vorherbestimmten Sinn ihres Lebens finden«, hatte Ifeoma gesagt. Bei anderer Gelegenheit hatte Ifeoma berichtet, dass einige Frauen deshalb die Hilfe des Kults suchten, weil sie von Träumen und Visionen geplagt worden waren. »Nach der Einweihung in die Traditionen unseres Volkes können sie entweder gestärkt in ihr altes Leben zurückkehren, um wieder ihre Pflichten zu erfüllen, oder sich weiterbilden lassen. Sie können als Hilfspriesterin dienen oder gar selbst eine Priesterin werden. Aber das ist teuer, das machen nur wenige«, wusste Ifeoma aus ihrer Initiationszeit. Ich nahm mir vor, die Beweggründe dieser beiden herauszufinden. Trotz Redeverbot; es gibt immer einen Weg. Außer diesen beiden und den Priesterinnen kamen noch etwa ein Dutzend Frauen, diesmal aber keine jungen Mädchen. Die Frauen nahmen auf Hockern an den Wänden Platz, so dass ich den Eindruck gewann, Odame spräche in erster Linie zu meinen etwa gleichaltrigen Mitschülerinnen und mir.

Odame redete, um unsere Aufmerksamkeit zu erhöhen, sehr leise, denn das Folgende stellte den Schlüssel zu einem Schloss dar, nach dem die meisten schon lange vergeblich gesucht hatten. »Schon lange bevor ihr geboren wurdet«, erklärte sie die wichtige Grundüberzeugung der Naturreligion, »haben die Ahnen beschlossen, zu welchen Aufgaben ihr auf die Erde zurückkehrt. Mit dem Wissen um eure Bestimmung seid ihr auf die Welt gekommen. Aber ihr wurdet von euren Eltern nicht so erzogen, dass ihr dieses Wissen behalten konntet. Es ging verloren. Jetzt, da ihr ein Alter erreicht habt, in dem ihr selbst Kinder habt oder Kinder bekommen könnt, erinnern euch die Ahnen an diese Aufgabe.« Da waren sie wieder – die Ahnen auf dem *Fluss des Lebens*. Odames Worte, deren tief greifende Bedeutung ich erst wirklich verstehen konnte, als mein eigenes Schicksal mich in eine entsprechende Situation brachte, besagten, dass unser Leben bereits vor der Geburt mit dem Auftrag beginnt, den die Ahnen dem neuen Leben erteilen.

Auch in Odames Umfeld harten sich die Menschen von einer bewusst gelebten Existenz längst weit entfernt. Weshalb die anschließende Erklärung nötig wurde: »Ihr versteht nicht, was die Ahnen euch sagen wollen, denn ihr sprecht nicht mehr die Sprache der Ahnen. Deshalb überkommt euch manchmal Verzweiflung. Ihr seid wie Blinde, die durch eine bunte Welt laufen. Ihr müsst wieder sehen lernen, damit ihr versteht. Der gute Tod erlaubt euch, die Ahnen über den Sinn eures Lebens zu befragen. Unsere Liebe und Gemeinschaft werden euch dabei helfen.«

Odame sprach während ihres kleinen Exkurses über das traditionelle Leben einer Afrikanerin ergriffen von der Liebe, mit der das ganze Dorf die Kinder des Stammes großzieht. Denn ihnen kommt eine besondere Rolle zu: Die Gemeinschaft legt Wert darauf, dass die Kleinsten sich um Babys und Kleinkinder kümmern. Bis zum Alter von etwa fünf Jahren tragen die Kinder noch das Wissen der jenseitigen Ahnen-Welt in sich. Erst danach geht es – durch verschiedene Ursaehen – verloren. Früher erhielten Kinder erst, wenn sie etwa fünf Jahre alt waren, einen zweiten Namen: Zu diesem Zeitpunkt hatten sie sich erst so weit von ihrer Ahnenexistenz gelöst, dass sie ein »neues« Leben beginnen konnten. Der dafür gewählte Name knüpfte an die vorangegangene Inkarnation an.

Odame setzte ihren Exkurs, den sie wohl wegen meiner Mitschülerinnen in der Stammessprache hielt und den Ifeoma fleißig übersetzte, fort: Um den Übergang von der Ahnen Welt in die diesseitige so friedvoll wie schonend zu gestalten, braucht es andere Kinder. Was somit auch die – weitgehend vergessene – religionsphilosophische Rechtfertigung der Großfamilie darstellte. Der soziale Aspekt des Miteinanders möglichst vieler Familienmitglieder liegt vor allem im Zusammenhalt, mit dem die Frauen sich gegenseitig unterstützen: Eine Mutter ist zwar am Anfang die nährende Bezugsperson des Säuglings, doch fühlen die Frauen sich gemeinsam für das Wohlergehen aller Kinder zuständig. Fast alle Kinder werden zur Arbeit auf den manchmal nur in stundenlangen Märschen erreichbaren Feldern mitgenommen. Später wachen andere Kinder über die Kleinen und erkunden gemeinsam die Umgebung: Die »Großen« führen spielend die Kleineren in die Umgebung ein. Doch stets ruht ein wachsames Auge von Erwachsenen des Clans auf ihnen.

In der Kindheit spielen Jungen und Mädchen gemeinsam, die Zeit der Trennung der Geschlechter erfolgt in Victors Stamm erst kurz vor dem Einsetzen der ersten Monatsblutung, meistens zwischen dem 12. und 13. Lebensjahr. Es ist das Ende der Kindheit. Erst dann beginnt der Ernst des Lebens mit der Aufnahme ins *fathouse* und dem Erlernen der Aufgaben einer Frau und Mutter. In Odames Kultstätte fand auch die Beschneidung der Mädchen statt.

»Beschneidung ist die Trennung von der Kindheit: Bis zu diesem Zeitpunkt dürfen Jungen und Mädchen gemeinsam leben und gegenseitig ihre Körper erkunden; sie haben zwei Geschlechter«, fuhr Odame fort. Die Beschneidung definiert das Geschlecht des Kindes: »Das Entfernen der Klitoris symbolisiert den Verlust des Penis, die Vorhaut der Jungen die Schamlippen des Mädchens. Die Priesterin von Mutter Erde opfert diese Körperteile der Erdgottheit: Sie sollen wieder zu Erde werden und so die Brücke zu den Ahnen herstellen. Die Priesterin von Mutter Erde führt den Willen der Ahnen aus«, erklärte Odame in ihrer ruhigen Art.

Im Einweihungscamp folgt anschließend der langsame Kontakt mit der Welt der Erwachsenen, eingeleitet von Übergangsphasen. Ich holte diese Trennung gewissermaßen als fast 30-Jährige nach – ohne Beschneidungsritual und stark verkürzt. Mit der Menopause endet das Leben als gebärfähige Frau und Mutter. »Jetzt beginnt die Zeit als reife und erfahrene Frau. Die meisten von uns genießen diese Jahre sehr. Sie stellen ihr Leben in den Dienst anderer, für die dieser Kreislauf wieder beginnt«, sagte Odame.

Im Leben jeder Frau gibt es somit drei verschiedene Abschnitte, bestimmt durch die Fruchtbarkeit. Durch den Tod findet das Schauspiel jedoch kein Ende. Es leitet nur in ein neues Stück über, das allerdings den gleichen Titel trägt: Leben. »Wir kommen«, sagte Odame, »zurück, um neue Aufgaben zu bewältigen. Oft innerhalb unserer Familie.« Aus diesem Grund sind es auch die Großeltern, die für die spirituelle Erziehung der Kinder zuständig sind: Sie sind unter Umständen jene, die wir aus dem letzten Leben kennen.

Nach Odames Glauben kommen wir nicht als Fremde auf die Welt. Doch auch hier gibt es Ausnahmen: So die Ahnen beschlossen haben, jemand müsse den Stamm verlassen, um außerhalb wichtige Aufgaben zu übernehmen, wird von dieser Regel abgewichen. Mit Sicherheit wird die betreffende Person irgendwann in ihrem Leben allerdings das Bedürfnis verspüren, sich des alten Wissens zu erinnern. Die Person wird so lange als Suchende durch die Welt laufen, bis sie findet. »Aber sie wird nichts Zufälliges finden, sondern die Lösung der gestellten Aufgabe!«, betonte Odame.

Ich saß auf meinem Hocker, lauschte und erfühlte, dass Odames Worte wohl wahr sein müssen. Ihre Weisheiten hörten sich so ideal, perfekt und rund an. Hatte es wirklich einmal eine Zeit gegeben, in der die Welt so harmonisch war? Leider befand ich mich nicht im Religionsunterricht, wo Fragen statthaft gewesen wären.

Großeltern als spirituelle Wegweiser ins Leben! Meine

Güte, ich hatte meine eigenen Großeltern nicht einmal richtig kennen gelernt. Janet und Bobby, meine Großen, allerdings waren zurzeit meines Nigeria-Aufenthaltes in der Obhut meiner Eltern, die sie aufzogen. Stets vom schlechten Gewissen geplagt, weil ich meine Mutterpflichten vernachlässigte, überkam mich jetzt zum ersten Mal seit der Trennung von meinen Kindern eine innere Ruhe. Vielleicht machte ich ja doch nicht alles falsch, ja, lernte sogar etwas über die afrikanischen Wurzeln meiner Kinder, um ihnen später zumindest einmal den theoretischen Teil davon weitergeben zu können. Mein Aufenthalt bei den Frauen im Busch begann plötzlich eine größere Dimension anzunehmen.

Meine Aufmerksamkeit kehrte zu Odame zurück. Eine Helferin führte einen Ziegenbock an einem kurzen Strick herein. Das bockende Tier wurde dicht an die Mammy-Water-Figur herangeführt. Ich sah das Messer in Odames Hand schon aufblitzen. Unwillkürlich zuckte ich zurück. Ich spürte die leichte Hand Ifeomas auf meinem Unterarm und hörte sie mir zuflüstern: »Ihm geschieht nichts. Aber sein Blut ist wichtig, um für einen günstigen Verlauf zu bitten.

»Was wird denn passieren?« Ifeoma legte den Finger vor die geschlossenen Lippen.

Mit dem Messer stach Odame dem Ziegenböckchen in den Hals, das herausspritzende Blut wurde von ihr über den Leib der Göttin gerieben. Kome verschloss in der Zwischenzeit die Wunde des Ziegenbocks mit einer Tinktur, die Helferin führte das lebendig blökende Tier wieder hinaus. Erleichtert atmete ich auf. Zunächst dachte ich, die Göttin wäre ein Zwitterwesen mit einem Penis, bis ich erkannte, dass es sich bei dem kleinen Zipfel oberhalb ihrer Scham um ein Stück symbolisierter Nabelschnur handelte, das mit dem Ziegenblut benetzt wurde.

Ajira hatte begonnen, alte Stammesgesänge anzustimmen

und die Kürbisrassel zu schlagen. In der Zuständigkeit der Priesterin der Luft lag der folgende Teil, den Odame als Oberpriesterin beaufsichtigte. Uns drei »unwissenden« Frauen wurde feierlich eine Kalebasse mit heiß dampfender Flüssigkeit gereicht. Sie sah aus wie dunkler Tee, in dem allerdings kleine Pflanzenteile schwammen. Ich verschluckte mich mehrfach, hustete und würgte die Flüssigkeit hinunter. Nachdem wir das ausgesprochen unangenehm schmeckende Getränk ausgetrunken hatten, mussten wir uns auf Schilfmatten am Boden ausstrecken.

Während ich bereits spürte, dass die ersten Schlucke, die einen bitteren Nachgeschmack auf der Zunge hinterließen, meinen leeren Magen erreichten, begannen sich schon die Tone von Ajiras Rassel eigentümlich zu dehnen, hallten nach, als erzeugten sie in meinen Ohren ein Echo. Dann mündete das Rasseln des einen Instruments in ein ganzes Orchester, das aus allen Ecken des Raums auf mich einzudringen schien. Die rein körperliche Wirkung des Tees setzte mit einem pelzigen Gefühl auf der Zunge ein. Sie schien plötzlich anzuschwellen. Instinktiv tastete ich mit den Fingern nach ihr, war aber nicht mehr in der Lage, den Umfang einzuschätzen, da die gleiche Taubheit auch meine Fingerspitzen befiel. Nach und nach breitete sich in meinem Körper diese Gefühllosigkeit aus, bis ich reglos auf der Matte lag.

Die Frauen, die zu Anfang auf Hockern an den Wänden sitzend zugehört hatten, begannen meinen Leib mit Öl einzureiben. Ich spürte ihre Berührungen nicht, sondern hatte eher das Gefühl, die Frauen massierten einen Behälter, in dem ich mich befand. Ich hörte es klatschen, wenn sie mit der flachen Hand auf meine Haut schlugen. Der Aufprall ihrer harten Hände verursachte aber keinen Schmerz. Irgendwann interessierte mich die Behandlung überhaupt nicht mehr, gleichwohl ein Teil meines Gehirns zu arbeiten schien. Jener Teil vor allem, der für die Rezeption von Licht zuständig ist. Meine Umgebung verfärbte sich allmählich in ein immer helleres Blau. Es ging von der bläulichen Farbe der Tempelbemalung aus, auf der kleine gelbe Lichter zu tanzen begannen. Ich nehme an, es war der Widerschein der Schibutterlampen. Dieses Blau schien zu surren wie eine Starkstromleitung. Oder es war der Ton der Rassel, der diese Wahrnehmung erzeugte. In dieses Surren mischte sich ein tieferes Brummen, das ich allmählich als eine Stimme erkannte, Odames Stimme, die zu uns sprach.

Ifeoma hatte sich zu den vier Frauen gesetzt, die mich massierten, und wiederholte leise und monoton in Englisch, was sie von Odame in der Stammessprache hörte. Bislang war mein Kopf noch klar. »Der Körper, der euch über diese Erde trägt, ist die Hülle, die ihr jetzt verlasst, um dahin zurückzukehren, woher ihr kommt und wohin ihr eines Tages wieder zurückkehrt. Vergesst nicht, dass ihr euch auf einer Traumreise befindet, von der ihr zurückkommen müsst. Wenn ihr im Reich des Traums bleibt, gibt es keine Rückkehr mehr in den Körper. Denkt daran, wenn ihr jetzt auf die Reise geht: Euer Körper bleibt hier, um euch wieder aufzunehmen«, mahnten Odames und Ifeomas Stimmen, wurden aber allmählich übertönt von Ajiras Rassel.

Das Surren verstärkte sich zu einem Rauschen, schwoll zu einem Orkan, der in meinem Kopf brauste und alle anderen Geräusche verschluckte. Gleichzeitig starrte ich mit weit aufgerissenen Augen in dieses helle Blau hinein, das immer weißer wurde, eine Klarheit von unvorstellbarer Transparenz erreichte, die schließlich wie ein heller Strudel von mir fortglitt und mich gleichzeitig in sich hineinsog. Das Bild eines Strudels ist vielleicht missverständlich, weil es eine Beengung assoziiert, die ich nicht empfand.

Ich tauchte ein in diese Helligkeit, verschwand in ihr, und

sie verfärbte sich in ein zartes Gelb, das immer intensiver wurde, bis es die Intensität eines lodernden Feuers angenommen hatte. Geradewegs raste ich in den Ursprung dieser Flamme hinein, die wieder all ihre Farbe verlor und nur noch Nichts war. In diesem Nichts hörte ich Stimmen, die mit mir sprachen, sich unterhielten, mir viel von meinem weiteren leben und meinem Lebenssinn mitteilten. Ich fühlte mich willkommen geheißen, wie bei Freunden, die mir völlig ohne Argwohn und mit Liebe begegneten. Mit einer Liebe, die weder voll Sorge noch Mitgefühl ist, die nichts will und nichts verlangt, nichts fragt und nichts antwortet, die nichts gibt und nichts nimmt. Eine Liebe, die nur *ist.* Ewig ... nein, nicht ewig! In dieser Klarheit, die mich umgab, gab es keine Dimensionen, auch nicht jene der Zeit. In diesem *Sein* befand ich mich ... irgendwo.

Ein lautes Surren schwoll an, als liefe ein bereits abgelaufener Film rückwärts. Als ich wieder wahrnahm, dass ich mich im Mammy-Water-Tempel befand, erkannte ich, dass dieses Surren von Ajiras Rassel ausging. Neben meinem Kopf befand sich ein kleines Gefäß, aus dem kräftiger Rauch aufstieg, den eine der Frauen, die mich massiert hatten, mit einem Palmwedel in meine Richtung fächerte. Ich hustete, wollte den Rauch nicht einatmen, bekam aber andererseits auch nicht genug Luft, um mich ihm zu entziehen. Also atmete ich ein, eher gezwungenermaßen als freiwillig. Irgendwie fand ich auf meine Beine, stolperte nach draußen. Das Feuer loderte mit wilder Intensität, die Vibration der Trommeln peitschte die Luft, zwang meine Beine in einen Tanz, der immer schneller wurde. Ich tanzte weniger, als dass ich rannte. Immer im Kreis um das Feuer herum, gemeinsam mit den beiden anderen Frauen, die wie ich gerade aus dem hellen Licht zurückgekehrt waren. Mein Körper hätte geschwächt sein müssen; aber das Gegenteil war der Fall: Wir liefen, so schnell uns unsere Füße tragen konnten, um das Feuer herum, schienen den Boden nicht mehr zu berühren. Wir schwebten gleichsam einem neuen Teil unseres Lebens entgegen. Und die Flammen formten sich zu einem großen, runden, gelborange leuchtenden Ball, um den wir kreisten.

Als ich wieder aufwachte, lag ich mit verdrehten Gliedern auf dem Boden des Tanzplatzes. Die Sonne schien mir in die Augen. Und im ersten Augenblick dachte ich, es wäre das helle Licht, zu dem ich unterwegs gewesen und von dem ich gerade eben zurückgekehrt war. Ich war einigermaßen orientierungslos, wie ich hierher gekommen war, erkannte auch lediglich am Stand der Sonne, dass der Morgen bereits angebrochen war. Trotzdem war in mir ein befreites Gefühl der Ausgeglichenheit, jede Verspannung war von mir gewichen. Als ich von dem nackten, steinharten Lehmboden aufstand, unbekleidet und verschmutzt, war ich glücklich. Mein Kopf interpretierte nichts. Hunderte von Vögeln zwitscherten ihre Melodien, in weiter Entfernung stritten Affen irgendwo im Wald, Mädchenstimmen sangen.

Diese unbeschreibliche Heiterkeit, eine gelöste Grundstimmung, blieb mir erhalten, bis ich das Lager verließ. Egal was passierte, ich fand immer wieder in sie zurück, sobald ich das Licht der Sonne sah und die schwatzhafte Vielstimmigkeit der Natur hörte.

Der Sinn des Lebens

»Mein Gott! Bist du gestorben in diesem Tempel?!« Langsam kehrte ich zurück von meiner Reise der Erinnerung, tastete nach Janets Hand; sie saß dicht neben mir. Was hatte ich erlebt? Eine Vision, einen Traum – oder die Wahrheit? Wenn dem so war, stellt unser Leben nicht nur eine Reise von der Geburt bis zum Sterben dar, sondern ist lediglich Teil eines noch viel längeren Weges.

Ich antwortete meiner Tochter, dass ich eigentlich nur einen Anhaltspunkt für meine Reise ins Licht hatte: Odames Worte vom Verlassen und Zurückkehren, der ständigen Bewegung zwischen Kraftfeldern, die wir täglich erleben. Morgens geht das Kind, mittags kommt es heim; heute mache ich mich auf eine Reise, morgen kehre ich zurück. *Der gute Tod,* wie Odame es nannte, machte mir das bewusst. Man muss ihn sterben, um das Leben zu verstehen. Das hört sich theatralisch an! Doch diese Grenzerfahrung zwischen den beiden Existenzformen der jenseitigen Welt der Ahnen und jener der Lebenden ist der Sinn der Initiation. Oberflächlich betrachtet mag das *fathouse*-Ritual schrecklich und angstbesetzt sein. Aber die Einweihung macht nur einen Sinn, wenn die Initiandin tatsächlich *die andere Welt* sieht. Die Reise zum Licht der Ahnen gab mir eine Ahnung davon, dass unsere Existenz lediglich *eine* Form von *Sein* ist.

»Was, denkst du, ist der Zweck »dieser Reise«, unseres Lebens?«, fragte Janet interessiert.

»Zunächst einmal bin ich froh, dass ich um den Charakter unseres Lebens als Teil einer viel längeren Reise weiß«, sagte ich. »Den Sinn kann ich nur erahnen. Er mag wohl damit zusammenhängen, dass es um die Weitergabe von Wissen geht.«

»Und was kommt danach? Wieder eine Geburt? Und in welcher Form? Immer als Mensch?«

»Das *Sein* existiert ständig, davon bin ich überzeugt. Und nach dieser Logik werden wir mit neuen Aufgaben zurückkehren«, sagte ich. »In welcher Form das geschieht, hängt mit der gestellten Aufgabe zusammen. Auch ein Fötus im Mutterleib hat bereits eine Aufgabe, die die werdende Mutter vielleicht erst Jahre oder Jahrzehnte später versteht. Ähnliches gilt auch für die Unterscheidung zwischen den verschiedenen Formen, in denen sich Leben ausdrückt. Pflanze und Tier haben ebenso Botschaften zu überbringen. Alles ist miteinander verbunden. Oder, um es afrikanisch auszudrücken: Alles ist beseelt.«

Janets nächste Frage brachte mich wieder zum Ausgangspunkt zurück: »Aber bleiben wolltest du nicht in dieser Klarheit, wie du es nennst?«

»Ich weiß nicht, wie lange ich dort war. Fünf Sekunden, Minuten oder Stunden, keine Uhr konnte das messen. Ich glaube, ich wollte durchaus dort bleiben. Es ging aber irgendwie nicht. Die Hüterinnen der Wirklichkeit hatten aufgepasst, dass wir nicht den verlockenden Reizen der uns bis dahin unbekannten Dimension erlagen, die sie selbst kannten und sicherlich auch schätzten. Jede Person, die dieses Wissen um das strahlende Portal zu den Ahnen besitzt, muss sich auch darüber im Klaren sein, dass sie sich nicht einfach dorthin davonmachen darf. Denn in unserer Welt warten Aufgaben, die zu erledigen sind. Die Initiation dient dazu, unserer Erinnerung an diese andere Dimension auf die Sprünge zu helfen. Eine Initiierte bewegt sich nach den bestandenen Aufgaben bewusster in diesem Kraftfeld aus materieller und geistiger Welt; das Wissen darum erleichtert ihr das oft harte Los ihres weltlichen Lebens. Denn sie weiß um ihre Aufgabe. Sich davonzumachen hieße, ihre Aufgabe nicht zu erfüllen. Sie müsste wiederkommen, um das Versäumte nachzuholen. Wenn man den Faden dieses Gedankens weiterspinnt, ergibt sich ein großes Netz von Verantwortung. Gegenüber der eigenen und jeder anderen Existenz, egal ob Mensch, Tier oder Pflanze, Freund oder Feind.« Ich hielt inne: »Schweife ich zu sehr ab?«, fragte ich meine Tochter, die gedankenverloren vor sich hin sah.

»Nein, nein, Mama«, murmelte Janet, »ist schon okay. Aber hast du seitdem immer danach gelebt?«

»Treffer«, gab ich zu. Nein, auch ich erlag immer wieder meinem Egoismus, denn unsere westliche Welt ist so ganz anders als die kleine, dörfliche Struktur, in der diese Philosophie geboren wurde. »Aber es wurde Zeit, dass ich mich daran erinnere«, sagte ich. Erst nach der Geburt meiner jüngsten Tochter fiel mir immer mehr von dem ein, was mir die Stimmen der Ahnen im Tempel der Wassergöttin gesagt hatten. Es war in den ruhigsten Jahren meines Lebens. Ich genoss sie mit meiner Familie in der Abgeschiedenheit unseres damaligen Einödhofs in Niederbayern. Die Leere der Landschaft füllte ich mit den ins Unbewusste abgedrängten Erinnerungen. Seit einigen Jahren bemerke ich immer stärker, dass die in Afrika vernommenen Stimmen eine tiefe Bedeutung für mein Leben haben. Inzwischen wundere ich mich nicht mehr über den »Aha-Effekt«, den bestimmte Situationen bei mir auslösen können, denn ich weiß, dass dies die Erinnerung an vergessenes Wissen ist.

Vom Geist der Luft

Auch das von Afuma gefertigte bunte Stück Holz, das ich im Baum über dem Wasser hängend gefunden hatte, musste ich am nächsten Tag an Ajira abliefern. Ich tat es mit wesentlich geringeren Verlustgefühlen als bei der Kette und der Schlangenhaut, zu denen ich eine engere Bindung gehabt hatte. Das Ritualholz war eher ein Stück Materie, das mich zwar an eine angsterfüllte Nacht erinnerte, und Lohn für den Sieg über die Dämonen in meinem Kopf. Seine Gestaltung hatte sich jedoch an Kriterien orientiert, die ich nicht verstand.

Ich begleitete Ajira und Ifeoma zum Geist der Luft, dessen Altarhütte seitlich vom großen Mammy-Water-Tempel lag. Ajiras Göttin wohnte in einer bescheidenen Hütte, die auf einer Seite geöffnet war und aus filigranem Flechtwerk bestand. Vom runden Dach hingen zahllose bunte Hölzer herab, wie ich eines mit mir führte, befestigt mit geflochtenen roten, weißen und blauen Bändern – ein bunter Himmel voller Leichtigkeit und Fröhlichkeit. Unter Absingen eines Gebets befestigte die Priesterin meine Gabe neben den anderen. Unzählige Frauen hatten – wie ich – hier ihr Holz verewigt, das sie an eine Nacht der Angst gemahnte. Und wie leicht diese manifestierte Angst plötzlich wirkte! Gleichzeitig angebunden, zum Bleiben verurteilt in diesem schlichten Häuschen, aus dem sie nicht mehr fortkonnte. Was würde geschehen, wenn man diese Hölzer befreite? Würde die Angst zurückkehren zu jeder Frau, die ihre Trophäe hier abgeliefert hatte? Oder waren die Ängste gebannt – für immer? Einer Gottheit geopfert, die das flüchtigste von allen Elementen repräsentierte, die Luft?

»Es ist der Wind, der die Pollen der Blüten vor sich hertreibt und für den Fortbestand der Natur sorgt«, übersetzte Ifeoma. »Der gleiche Wind schwillt zum Sturm, drückt die reife Ernte auf den Getreidehalmen platt und bringt die Menschen um ihre Nahrung, er bauscht die Meere auf, die das Land überschwemmen; es ist aber auch der Wind, der die reifen Früchte zu Boden fallen lässt, damit neue Keimlinge entstehen, die zu großen Bäumen werden können. Bäumen wie jenem, von dem dies Holz stammt. Es ist das große Rad von Werden, Vergehen und Neuerstehen, das durch die Luft angetrieben und gedreht wird. Du trägst die Luft in dir als den göttlichen Atem, ohne den du nicht weiterleben kannst. Deshalb sind die morgendlichen Atemübungen so wichtig. Sie stellen den direkten Zugang zum Element Luft her.«

Durch Ifeomas Mund erfuhr ich Ajiras Philosophie des alten afrikanischen Wissens, von der ich heute zehre: »Die Luft ist die Vergänglichkeit, sie sagt dir, dass auch deine Angst nicht ewig ist. Darum kannst du mit der Luft auch die Angst besiegen.« Ein Mittel, dessen der Körper sich bedienen kann, ist der Atem. Ein weiterer der Verstand – oder wie wir sagen würden: die Ratio. Sie untersteht dem Schutz des Luftgeistes, denn nicht zuletzt er ist es, der die Ängste entstehen lässt, sie aber auch vertreiben kann.

Meine Lehrerinnen, so abgeschieden sie auch leben mochten, befanden sich durchaus auf der Höhe der Zeit und bezogen in ihre Einsichten aktuelle Entwicklungen mit ein. Heute reden wir vom Zeitalter der Medien, einen Begriff, den Ajira nie kennen gelernt hatte. Aber sie kannte Radios und Telefone, auch wenn sie nicht über Steckdosen und Antennenkabel im Dorf der Frauen verfügten. Was auch im Gedankenkosmos der Dorffrauen völlig überflüssig gewesen wäre: Aura hatte ein kleines, chromglänzendes japanisches Kofferradio, das wegen der Luftfeuchtigkeit mit leichtem Rost überzogen war, sowie ein altes schweres Telefon mit Wählscheibe auf ihrem Altar zu Ehren des Luftgeistes stehen. Ein Telefon freilich, das über keinen Anschluss verfügte. Es diente wie all die anderen Gegenstände als Symbol für die Einbeziehung einer sich rasant verändernden Welt.

Dieser Pragmatismus afrikanischer Religionen, mit dem beispielsweise technische Errungenschaften kurzerhand in den alten Glauben miteinbezogen wurden, fiel mir schon immer auf. Es ist wahrscheinlich der Grund für ihre Lebendigkeit – der stetige Wandel der Welt wird nicht ausgegrenzt, sondern genutzt. Ob es nun die sprechende Trommel ist, die mit anderen kommuniziert, oder Radio und Telefon, es geht um die Botschaft. Die alten Naturreligionen verehren den Kern der Dinge, die Essenz von allem. Der Altar einer afrikanischen Priesterin sieht oft aus wie ein kleiner Gemischtwarenladen, stellt ein schier unglaubliches Sammelsurium dar, eine scheinbar wahllose Zusammenwürfelung verschiedenster Kulturgüter. So befanden sich neben Ajiras Radio und Telefon Schnapsflaschen, Schreibstifte, ein Kopfhörer und cm offensichtlich zu einem anderen Zeitpunkt geopferter kleiner Kassettenrekorder auf ihrem Luftgeist-Altar. Wenn ich heute Handy und Computer anschleppte, Ajira würde sie dazustellen! Nach ihrer Überzeugung treibt der Geist des Windes all diese modernen Gerätschaften an.

Ifeoma, die mir Ajiras Ausführungen übersetzt hatte, kicherte: »Es gibt noch etwas, was die Luft in deinem Körper macht. Unterdrücke es nicht!« Ich lachte mit ihr, denn die Fastenzeit stellte in der Tat alle meine Leibesfunktionen auf eine harte Probe: Blähungen peinigten mich! Ajira übersetzte meine Qualen in ihre Worte: Es sei der Geist der Luft, der durch mich hindurchwehte und den Prozess meines inneren Wandels durch die unschönen Geräusche zum Ausdruck brächte. Ich hatte nicht nur Luft im Darm, auch Knurrgeräusche kamen aus meinem Magen. Mein Hunger quälte mich unglaublich, so dass ich gerne meine Fastenzeit beendet hätte. Doch auf meine Frage nach Nahrung erklärte mir Ifeoma: »Wenn ich nicht schwanger wäre, würde ich dich in die Schwitzhütte begleiten. Aber das ist nicht gut für eine Frau, die bald ein Kind bekommen wird.«

Während wir durch den *compound* liefen, machte mich Ifeoma auf eine kleine bunte Feder aufmerksam. »Du hast Afuma noch nicht für das Ritualholz gedankt. Sie sitzt da drüben. Willst du ihr nicht die Feder bringen? Sie freut sich bestimmt.« Ein glückliches Lächeln legte sich auf das Gesicht Afumas, als ich ihr die Feder übergab. Sie ließ sie in einem Fellsäckchen verschwinden. »Afuma wird zur Orakelpriesterin ausgebildet. Wenn sie mit ihrer Ausbildung fertig ist, darf sie den Leuten das Orakel werfen.«

»Mit Federn?!«

»Das steht einer Orakelpriesterin frei«, erklärte Ifeoma. »Die meisten verwenden Kaurischnecken.« Ein paar Tage später brachte ich Afuma die andere Feder, die ich gefunden hatte. Sie bedankte sich bei mir mit einem hübschen Stein, den sie poliert hatte. Sie küsste ihn und schenkte ihn mir als Talisman.

Neugeburt in der Schwitzhütte

Der kugelrunde Bau aus Lehm, der wie ein dicker rotbrauner Kloß auf der Erde klebte, befand sich am Rande des äußeren Dorfs, das den *compound* umschloss. Die Nähe zum Wald brachte mit sich, dass die Frauen in ihren Wandlungsphasen wenig mitbekamen von dem, was sich währenddessen im Dorf ereignete. Mir war überhaupt nicht klar, was ich mir unter einer Schwitzhütte vorstellen sollte, und dachte an eine moderne Sauna. Der winzige Bau schien allerdings viel zu klein, um Platz für meine beiden immer noch namenlosen Mitinitiandinnen und mich zu bieten. Ifeoma erklärte mir auch nicht, ob die Schwitzhütte der Reinigung diente oder wie lange ich darin bleiben sollte. Der »Eingang« bestand aus einem engen, länglichen Gang mit einem Loch, das durch ein Fell verdeckt wurde.

Ratlos sah ich Ifeoma an. Sie nickte mir aufmunternd zu. Ebenso wie die beiden anderen Frauen musste ich mein Wickeltuch ablegen und mich durch das Loch hineinzwängen. Innen war es stockfinster, eine enge Höhle, meiner Schätzung nach etwa vier Quadratmeter klein. Ließ mich das feuchte Klima draußen schon bei körperlicher Anstrengung schwitzen, so war ich in der Hütte selbst bald triefend nass. Bei meinem »Einkriechen« drückten Ajiras starke Hände meinen Kopf sogleich nach unten: Ich hatte mich wie ein Embryo zusammenzurollen. Stehen, gar aufrecht zu sitzen war nicht möglich. Für wenige Sekunden erkannte ich noch etwas von meiner Umgebung, die schemenhaften Umrisse der beiden anderen nackten Frauen, welche die Enge mit Ajira und mir teilten. Aus mehreren Löchern an den igluhaften Seiten der Hütte trat Dampf aus; auch in der Mitte der Hütte dampfte es.

Zunächst empfand ich die Mischung aus würzigen Düften, die mich in der Hütte empfing, als angenehm. Allerdings nahm sie mir sehr schnell die Luft zum Atmen. Zum übermäßigen Schwitzen gesellte sich rasch ein unbehagliches Gefühl des Eingesperrtseins, das durch die Enge und Dunkelheit der Höhle so sehr verstärkt wurde, dass ich mein Herz bis zum Hals schlagen fühlte. Woher Ajira das Wasser nahm, das sie gegen die aufgeheizten Lehmwände spritzte, kann ich nicht sagen. Für mich zählte, dass die aufsteigenden Dampfschwaden mein Gefühl der Beengung noch verstärkten. Immer wieder nebelte Ajira den Raum ein, immer weniger Sauerstoff schien zum Atmen zur Verfügung zu stehen. Ajira, rund und freundlich, schien diese Prozedur öfters mit ihren Schülerinnen zu durchstehen. Sie erfreute sich bester Gesundheit; lebensbedrohlich war die Schwitzhütte demnach nicht.

Ich begann, auf Ajiras Atem zu lauschen, der tief und gleichmäßig ging; mein eigener war flach und hechelnd. Beruhige dich, rief meine innere Stimme, das geht vorbei und ist sicherlich gesund. Mach's wie Ajira! Ich veränderte meine Atmung, glaubte in der Tat, dass sich mein Puls verlangsamte. Ich begann, meinen Atem bis in die Schultern zu ziehen, mein Körper wuchs ins Unendliche. Ich spürte ein wahnsinniges Kribbeln in meinen Gliedern und auf der Kopfhaut, begann zu hecheln und empfand gleichzeitig eine ungeheure Leichtigkeit, die mich kichern und lachen ließ, vollkommen unbeschwert, als hätte ich einen Joint geraucht. Die Anwesenheit der beiden anderen Frauen hatte ich längst vergessen. Es ging um mich, dies war mein Trip.

Ajira war glücklich über meine Reaktion. Sie goss mir langsam warmes Wasser über die Haut, das schnell trocknete, um danach noch stärkeres Schwitzen auszulösen. Wieder hatte sie zerkleinerte Kräuter hinzugefügt, ich spürte die kleinen Partikel auf meiner Haut kleben. Meine Wahrnehmungen begannen sich zu verschieben; ich konnte nicht mehr sagen, ob ich die Augen geschlossen oder geöffnet hatte. Mir schien, als sähe ich eine dunkle Wand aus geronnenem Blut, versuchte mich aber zu beruhigen. Angst hatte ich nicht, ich spürte meinen pulsierenden Kreislauf, sah hell blitzende Sterne. Der schwere Atem der mütterlichen Ajira gab mir den Takt vor. Wir atmeten die gleiche feuchte Luft ein, deren würziges Aroma ich schon längst nicht mehr wahrnahm. So seltsam es auch klingen mag, ich fühlte mich sicher. Fast so, als würde ich im warmen Schoß einer gütigen Mutter ruhen. Die vergangenen Tage hatten mich viel Kraft gekostet; erschöpft schwanden mir die Sinne. Ob es ein kurzer, traumloser Schlaf oder eine Ohnmacht gewesen ist, kann ich heute nicht mehr sagen. Ich hatte ja meine Angst bei der dafür zuständigen Gottheit abgegeben, als Hölzchen aufgehängt über ihrem Altar.

Ajira zog mich irgendwann an den Schultern aus der Hütte heraus; mit hilflosen Krabbelbewegungen meiner Beine half ich etwas nach. Frauen griffen nach mir und legten mich auf ein Bett aus Blättern. Sie begannen mich mit Zweigen zu massieren. Den anderen Schwitzhüttenteilnehmerinnen, die ich mehr unbewusst wieder wahrnahm, wurde die gleiche Behandlung zuteil. Ich spürte das Klatschen der Zweige auf meiner Haut kaum, ließ alles mit mir geschehen, regungslos, willenlos. Mit stärkerem Peitschen schien mein eingeschlafener Geist wieder zu erwachen. Aber er wurde noch nicht gebraucht: Ich durfte reichlich braunes, erdig schmeckendes Wasser trinken, das mir dennoch lecker und kostbar wie klares, kaltes Mineralwasser erschien. Anschließend musste ich halb krabbelnd, halb von der drinnen wartenden Ajira gezogen zurück in die Schwitzhütte. Um darin zu dösen, traumlos, apathisch, die Dampfschwaden kaum mehr wahrnehmend. Zweimal noch wiederholte sich das Schwitzritual, bis ich schließlich unfähig, mich noch weiter zu bewegen, wieder vor der Hütte auf den Boden gelegt wurde. Mit großen Palmwedeln wurde mir Luft zugefächert.

Urplötzlich spürte ich einen schweren Druck auf meinem Rücken, meine Arme wurden nach hinten gebogen, die Helferinnen zerrten an mir, dehnten und streckten mich. Das weiße Häufchen Mensch am Boden sollte ich sein? Ich glaubte, alle meine Glieder wären aus Gummi, dehnbar und belastbar, in alle Richtungen zu drehen und zu wenden. Ich war zu benommen, um der seltsamen Behandlung Einhalt zu gebieten. Doch soweit ich mitbekam, wurde mit den beiden anderen Mitschwitzerinnen in gleicher Weise verfahren: Eine der Helferinnen stellte sich bei dieser eigentümlichen Massage auf meinen Rücken, während vier andere meine Arme und Beine streckten, die durch die vorangegangene Hitzebehandlung offenkundig enorm belastbar geworden waren. Ich gab mich dieser Behandlung in einer mir bis dahin ungekannten Weise hin. Ich konnte nicht kontrollieren, was geschah, ließ wortlos zu, was sie mit mir machten, fragte nicht, wertete nicht.

War *der gute Tod* mein Abschiednehmen vom alten, sozusagen »unwissenden« Leben, so bedeutete das Schwitzhüttenritual meine spirituelle Neugeburt, den Beginn eines neuen Lebens als Eingeweihte. Niemand musste mich diese Erkenntnis lehren – sie war so offensichtlich: Das Lehmiglu symbolisierte den Uterus, der schmale Gang hinaus in die heile Welt den Geburtskanal. Ajira, die mich kopfüber unter meinen zaghaften Krabbelbewegungen herauszog, fungierte als meine Geburtshelferin. Tatsächlich fühlte ich mich wie ein Neugeborenes: Schwer damit beschäftigt, atmen zu lernen, spürte ich plötzlich meinen Körper, der nicht gerade sanft behandelt wurde. Afrikanische Geburtshelferinnen muten den Babys übrigens wirklich eine recht radikale Begrüßungsbehandlung zu. Die Winzlinge werden regelrecht geschüttelt und an Armen und Beinen gezogen, damit sie – so die Äußerung einer Hebamme in Lagos mir gegenüber – »stark fürs Leben« werden.

Meine Mitschwitzerinnen begannen, ihre malträtierten Knochen alleine zu bewegen, ich tat es ihnen nach. Zwei Schwarze und eine Weiße, alle drei braun durch die Erde, folgten Ajiras Anweisungen, zu atmen. Mein Verstand versuchte zu begreifen. Ich sollte die Luft wieder in mich hineinsaugen, die zuvor unter so viel Anstrengungen aus mir herausgetrampelt und -gezogen worden war. Die Atemübung spülte einen solchen Schwall Sauerstoff in meine nach frischer Luft lechzenden Lungen, dass mir schwindlig wurde. Ajira forderte uns auf, immer weiterzumachen, die Lungen aufzublähen, als hätten wir niemals mehr Gelegenheit dazu. Breitbeinig stand ich, nackt, dreckig, struppig. Immer wieder warf ich die Arme hoch, um die Luft einzusaugen, dann ließ ich sie fallen, um sie wieder von mir zu geben. Eine simple kleine Rassel, bespannt mit Fäden, auf denen kleine Perlen aufgereiht waren, gab den Takt vor. Ob Ajira das Tempo steigerte oder ich es nicht halten konnte, weiß ich nicht zu sagen, jedenfalls fand ich mich irgendwann während dieses Auf und Ab am Boden wieder, langsam und extrem atmend, wahrscheinlich immer noch verzweifelt dem Takt der Rassel folgend.

Meinen Mitatmerinnen erging es nicht anders, doch hielten sie wohl länger durch, bevor auch sie zu Boden sanken. So blieben wir liegen, bis ein tiefer, gleichmäßig wiederholter Ton uns gleichsam in die Höhe zog. Mit wackligen Beinen trabten wir zum *compound* zurück, direkt in das Ritualhaus von Mammy Water, die beruhigend blaue Höhle der Wassergottheit, und zu Odame, die uns wohl ihren priesterlichen Segen erteilte und ins neue Leben entließ. Ich war viel zu geschafft, um ihren Worten noch aufmerksam folgen zu können.

Ajira war mit unseren Reisen ins Reich von Licht und Luft zufrieden. Ihre »Belohnung« bestand aus einem ersten Essen – einem gestampften, grauen Brei, den ich heute wohl nicht mehr so hungrig in mich hineinessen würde wie damals. Wir drei Frauen aus der Schwitzhütte saßen einträchtig nebeneinander und löffelten. Jetzt wäre die Gelegenheit gewesen, sie auszufragen über ihr »Woher« und »Warum«, ihre Eindrücke. Wie unwichtig das jetzt war! Ich war neugeboren – darum ging es und um nichts anderes. Dies war ein Trip in die Tiefen des Ego. Ifeoma hatte Recht gehabt: Irgendwann kam der Punkt, an dem ich nicht mehr über meine Erlebnisse sprechen wollte, jedes Wort, das ich zu diesem Zeitpunkt darüber verloren hätte, hätte mich – im Sinne von Odames einführenden Bemerkungen – geschwächt.

Trotz dieser schweren ersten Tagesaufgabe hatte Ajira zwei weitere, sehr unterschiedliche vorbereitet. Die erste konfrontierte mich mit einer vielen Menschen innewohnenden Urangst –, jener vor großen Höhen. Ich stand vor einer Palme, deren rauer Stamm sich in einem sanften Bogen gen Himmel streckte. Ich erhielt einen dunkelschwarz glänzenden Ledergurt, einen Strick aus Raphiabast, sowie ein Buschmesser. Die zu bewältigende Aufgabe hing etwa zehn Meter über dem Boden, war so dunkelgelb wie das Licht der späten Sonne – und schien unerreichbar. Eines der jungen Mädchen machte uns drei Frauen vor, wie der Gurt den Po zu halten bat; kraxelte wie ein Äffchen das erste Stück freihändig hoch, schob immer wieder den Gurt voraus und kletterte nach. Oben angelangt, ließ sie mit einem Messerhieb eine Kokosnuss zu Boden plumpsen. Die beiden anderen Frauen taten es dem Mädchen nach, zwar wesentlich weniger gelenkig, aber scheinbar war es für sie keine große Herausforderung. Ich jedoch kam mit dem Gurt nicht zurecht, fühlte mich mit den durch Raphiabast zusammengebundenen Füßen gehandikapt und verlor das Messer schon nach wenigen Metern, die ich mich mühsam nach oben gearbeitet hatte. In dieser Höhe vergaß ich den Ledergurt völlig, hielt mich nur krampfhaft am Baum fest, der leicht geneigt stand. Ich hatte es bis etwa zur Hälfte der Baumhöhe geschafft. Das Messer war abermals verloren, der Gurt auch: Er segelte hinterher. Ich klammerte mich weiterhin an die Palme – und schnaufte erst einmal durch. Ich konnte es unmöglich schaffen!

Aber eigentlich war es mir gleichgültig. Zum ersten Mal genoss ich den Rundblick auf den *compound,* realisierte bewusst die Lage der Hütten zueinander und sah auf die Wartenden herab. Entspannt winkte ich ihnen – ein Äffchen, das sich nicht zum Affen machen ließ. Die leichte Brise dort oben tat gut; leider war die Palmenhaut nicht sonderlich anschmiegsam, so dass die Innenflächen meiner Oberschenkel hinterher eine ziemliche Rötung aufwiesen.

Ein seltsames Läuten, das mich im ersten Augenblick an eine sich nähernde Gruppe von Almkühen erinnerte, zog meine Aufmerksamkeit an: Eine Schar von Mädchen näherte sich dem *compound,* singend, schwatzend, fröhlich. Sie schienen noch recht jung zu sein, höchstens zwölf oder dreizehn. In blütenweiße Gewänder gehüllt, befanden sich an ihren Fußgelenken offenkundig kleine Glöckchen, deren Schall mich an die mir gewohnte Welt meiner Kindheit in

Bayern erinnerte. Einige erwachsene Frauen, festlich gekleidet wie die Mädchen, begleiteten sie.

Vorsichtig arbeitete ich mich am Stamm herab bodenwärts. »Es wird sich schon jemand finden, der auf den Baum steigt, wenn es nötig ist«, sagte ich mit einem verlegenen Lächeln zu Ajira. Sie verstand mich zwar nicht, aber in ihren Augen lag dennoch eine gewisse Zustimmung. Vielleicht, spekulierte ich, ging es nur in zweiter Linie ums Abschlagen der Nüsse und es war viel wichtiger, angstfrei auf die Palme zu klettern.

Eine andere Aufgabe vollzog sich ohne jede körperliche Anstrengung: Sie bestand darin, einen Baum anzusehen. Ich konnte frei wählen, vor welchem ich Platz nehmen wollte, ging aber entschlossen auf den mächtigen Irokobaum im *compound* zu. Ein Fehler, wie ich bald merkte, denn hier herrschte ein ständiges Kommen und Gehen, das mich immer wieder dazu verleitete, mit meinen Gedanken abzuschweifen. Doch ich sollte gewissermaßen mit dem Baum verschmelzen. Ich spürte die sengende Sonne, meinen Schweiß und als Antwort meines Körpers darauf den Durst. Ajira hatte es sich nicht weit entfernt von mir gemeinsam mit Ifeoma und einer anderen Frau im Schatten bequem gemacht, die beiden Gefährtinnen aus der Schwitzhütte waren außerhalb meiner Sichtweite verschwunden. Sie kamen bereits ins Dorf zurück, als ich noch immer den Baum anglotzte, hoffend, dass sich mir irgendeine Offenbarung enthüllen würde, der Baum mir vielleicht etwas mitteilte. Doch nichts dergleichen geschah. Ich schwitzte.

»Siehst du schon etwas?«, ließ Ajira gelegentlich Ifeoma fragen.

Mal zuckte ich mit den Schultern, mal gab ich ein gereiztes »Nichts« von mir. Der Baum, den ich so bewunderte, wollte keinen Kontakt zu mir aufnehmen. Natürlich, ich sah seine jahrhundertealte Rinde, aber die verschwamm immer wieder hinter dem Schleier aus Schweiß, der sich brennend über meine Augen legte. Man kann nicht meditieren, wenn alle möglichen Stimmen im Kopf zu einem sprechen, sie müssen schweigen, sonst ist der Zugang zu den tief verborgenen Welten versperrt. Das sagte ich mir, aber mein Rücken schmerzte. Auf die Palme war ich nicht hinaufgekommen, nun drohte ich erneut zu versagen. Ich versuchte den Baum zu erriechen, zu erhören, das Leben, das ihn in Form von Kriechtieren, fliegenden Insekten und Vögeln bevölkerte, zu erleben. Das war schon etwas, wenn auch wohl nicht das, was Ajira sich von mir erhofft hatte. Ich aber versöhnte mich mit dem schweigenden Baum, umarmte ihn, als die Sonne unterging, und nahm mein Abendessen in seinen Wurzeln ein.

»Du bist Teil der Natur«, sagte Ajira durch Ifeomas Mund, »der Baum hat dir Ruhe gegeben, nun gib du dem Baum etwas.« Obwohl ich nicht satt war, aß ich mein Essen nicht auf, sondern ließ es stehen, damit sich die Vögel, die im Baum wohnten, bedienen konnten. Vor den gierig zupickenden Schnäbeln der Hühner war es sicher, denn die hatten außerhalb des *compounds* zu bleiben.

Die letzte Tagesarbeit war eine Nachtarbeit: Ifeoma übersetzte Ajiras Worte, die mich aus meinen Überlegungen rissen: »Versuche, dem Flug der Fledermaus zu folgen.« Ifeoma setzte ihren eigenen Rat hinzu: »Aber dazu musst du dich natürlich konzentrieren und deine Sinne und Intuition voll einsetzen, Ilona.

Da war er wieder, ein winziger Lufthauch, blitzschnell vorbeigehuscht. Die Fledermäuse waren es also gewesen, die mich nach meiner Flucht in die schwarze Nacht umschwirrt hatten, mich glauben ließen, ein sanfter Luftzug wäre vorbeigeweht. Schweigend saßen wir nebeneinander, versuchten zu erahnen, wann das fast lautlose Wispern der Flügel heranflatterte und in welche Richtung es entschwand. Immer bemerkte ich sie erst, wenn sie schon längst vorbei waren. Denn ich verließ mich auf meine Ohren, meine Augen und meine Haut, die meine Sinneseindrücke ans Gehirn weitermeldeten. Welch unzureichende Mittel für diese Aufgabe! Intuitiv hatte ich den Flug der Fledermaus zu erahnen.

Nachdem ich wohl eine Ewigkeit vergeblich herauszufinden versuchte hatte, aus welcher Richtung die nächste Schattengestalt herangesaust käme, schloss ich schließlich die Augen. Ich roch den warmen Boden, erspürte die stillstehende Luft. In gewisser Weise kehrte ich zu der Erfahrung jener Nacht in völliger Dunkelheit zurück. Diesmal verstellte mir jedoch nicht die Angst den Zugang zu den flüchtigen Nachtgestalten. Plötzlich erahnte ich intuitiv, wann eine Fledermaus sich näherte, und zwar einen Herzschlag *bevor* sie an mir vorbeihuschte. Zum ersten Mal bekam ich eine Ahnung von den unendlichen Möglichkeiten, die wir Menschen haben: Wir können mit geschlossenen Augen sehen, durch Übung alle unsere Sinne schärfen, um instinktiv das Richtige zu erfassen. Dafür müssen wir aber unseren Verstand ausschalten und aus dem Bauch leben, wie es viele Afrikanerinnen noch immer können.

Mutter Erde

Todmüde war ich nach diesem anstrengenden Tag schon sehr früh ins Bett gefallen.

»Ich gehe rüber zum *compound*. Schlaf du dich aus. Die Priesterinnen wollen ohnehin nicht, dass nicht initiierte Frauen beim Fest für die neuen Mädchen dabei sind.«

»Feier schön«, sagte ich matt.

»Es wird laut«, meinte Ifeoma noch. »Am Abend vor der Beschneidung müssen die, die heute angekommen sind, sich in Trance tanzen.« Sie kicherte. »Die Trommel wird dich gut träumen lassen!«

Ich hatte noch nie eine Beschneidung erlebt, war lediglich zusammen mit meiner Freundin Yemi Zeugin der entsetzlichen Folgen geworden: Von unkundigen Händen behandelt, litt die zarte Selia unsägliche Fieberqualen; wir waren damals rechtzeitig zu Hilfe gerufen worden, um Selias Leben mit der Medizin des weißen Mannes zu retten – mit Antibiotikum. Selia lebte mehrere Hundert Kilometer entfernt von jenem Ort, an dem ich mich gerade befand. Auf welche Weise die Beschneidung hier – im Delta des Niger – geschehen würde, wusste ich noch nicht.

Die Nacht war vom Klang der Trommeln erfüllt. Die Frauen sangen laut. Ich nahm den Ton der kleinen Glöckchen an den zarten Mädchenfüßen wahr, hell blitzte er wie ein zartes Licht unter dem dunklen Klang der alten Trommeln hervor jubilierte manchmal kurz auf, wenn die tiefen Töne pausierten. Es war, als spräche die übermütige Jugend mit dem weisen Alter, als wisse sie nicht genau, wann sie zu schweigen hatte, um den Ermahnungen der Erwachsenen zu lauschen. Die Mädchen mit den Glöckchen an den Füßen, die ich von der Palme aus hatte kommen sehen, tanzten dem Ende ihrer Kindheit entgegen. Fröhlich, ausgelassen, hoffnungsfroh. Ich hörte den bedrohlichen Unterton der wissenden Trommel, die davon sprach, dass das Kommende zunächst Schmerzen bedeutete – und Verlust. Die Trennung von der Unbeschwertheit, den schmerzhaften Eintritt in den langen zweiten Abschnitt des Lebens.

Während ich mich in meinem quietschenden Bett wälzte, drang der Klang der kleinen Glöckchen immer lauter in meine Ohren, verwandelte sich allmählich in ein Flehen, hoch, hell, vielstimmig. Ich musste mich zur Ordnung rufen, dass das Einbildung war, dass die Tänzerinnen drüben im Gehöft glücklich waren. Endlich stand der große Tag bevor, an dem sie zur Frau werden durften. Aber immer wieder sah ich Oke vor mir, wie sie im Mammy-Water-Tempel saß, vornübergebeugt, die großen, schweren Hände zupackend auf den Knien. Bald würden diese Hände zugreifen.

Die Müdigkeit schmerzte in meinen Gliedern, trotzdem hätte ich gerne mit Ifeoma gesprochen. Sie durfte als Eingeweihte teilnehmen – im Gegensatz zu mir galt sie als »erwachsene Frau«, obwohl doch so viel jünger. In meiner Hütte herrschte dies schreckliche Schweigen, das ich beim Wälzen im unbequemen Bett mit hässlichem Quietschen durchbrach.

Ich fasste einen Entschluss, den ich unverzüglich in die Tat umsetzte: Obwohl es in der Hütte stockfinster war, zog ich die Matratze ins Freie und begann anschließend, das schwere Eisengestell des Bettes aus der Hütte zu zerren. Nur mühsam bewegte sich das Monstrum auf den Ausgang der Hütte zu, musste gekippt, gezogen und gestemmt werden. Nach einer Ewigkeit stand das Metallgestell endlich draußen in der vom Feuerschein erhellten Nacht. Schweißüberströmt setzte ich mich auf die Kante des Quietschbetts. Ich lauschte den tanzenden Glöckchen und den stampfenden Trommeln, diesem so offenkundigen Gegensatz, der dennoch zu einer Einheit verschmolz. Vom Schein des Feuers erblickte ich nur die goldene Krone, die den nachtschwarzen, mit unzähligen Sternen betupften Himmel beleuchtete. Das Feuer schien aus diesem Himmel herabgestürzt zu sein auf die Erde, ein Abbild der Sonne, ihr Stellvertreter bei Nacht. Fledermäuse rasten in ihrem atemberaubend schnellen Flug vorbei; die ultraschallschnellen Schwingungen ihrer kurzen Rufe zirpten in meinen Ohren. Wie konnte ich in meiner ersten Nacht im dunklen Wald diese zarten Töne nur überhört haben, die ich jetzt trotz des Trommelklangs vernahm! Ein Lärm musste um mich herum gewesen sein, den ich nicht wahrnehmen konnte.

Ich hielt es auf meinem Lauschposten als Fledermaus-Forscherin nicht länger aus. Ich musste hinüber zum *compound.* Sicher fand ich irgendwo eine Lücke im Zaun, durch die ich einen Blick auf das Geschehen erhaschen konnte. Als ich sie endlich gefunden harte, erkannte ich, dass fast alle Frauen tanzten. Eine wesentlich größere Menge von Menschen hatte sich versammelt, als ich sie auf dem Tanzplatz jemals gesehen harte. Und alle waren festlich gekleidet, Kinder wie Erwachsene. Die zarten Gestalten der Mädchen zuckten unkontrolliert. Plötzlich schien der Klang ihrer Glöckchen in meinen Ohren zu schmerzen, ich hielt sie zu, wandte mich ab, trippelte auf Zehenspitzen zurück in meine dunkle Hütte.

Ich legte mich auf eine Raphiabastmatte, die ich vorher mit frischen Blättern bestreute. Ifeoma hatte sie während des

Tages gesammelt, um ihre Matte zum Schlafen weicher zu machen. So war der Boden nicht mehr bretthart und ungemütlich, sondern strömte den verführerischen Geruch frischen Laubs aus. Meine Gedanken plagten mich, wanderten zu meinem Baum, diesem Riesen, der die Kultstätte beschützt. Ich spürte in mir seine Ruhe, fühlte die breiten, hohen Wurzeln, die ihn hielten. Ich stellte mir vor, zwischen diesen Wurzeln zu liegen, von ihnen gehalten zu werden. Die Blätter über mir wiegten sich im Rhythmus der alten Trommeln. Sie klangen plötzlich weicher und sanfter, als ich es bislang vernommen hatte.

Was sich draußen – als ich schwitzend versagte, vor dem Baum zu meditieren – nicht ereignet hatte, geschah nun, mit Verzögerung, in meinem Traum: Der alte Riese begann mit mir zu reden. Die Stimme, die ich hörte, klang wie die einer Frau. Sie war warm, brüchig und rau, sie sprach langsam, benutzte keineswegs eine der mir geläufigen Sprachen. Und dennoch erschloss sich mir der Sinn, da ich ihr nicht mit den Ohren lauschte, sondern mit dem Herzen.

Sie sprach von der ewigen Reise, auf der sich alles befindet, von der stetigen Unrast, die die Menschen deshalb belastet. Sie ermahnte mich, die Ruhe in mir selbst zu suchen, da das Tor zu diesem Ort der Ruhe auch in mir selbst liege. Ich könne jedoch das Tor nur finden, wenn ich mit der Natur verschmelze, deren Teil ich bin. Mutter Erde, sagte die gestaltlose Baumriesin, würde mich bei der Suche nach diesem in mir selbst verborgenen Ort schützen, da nur sie die Kraft dazu habe. Sobald mein Körper sich wieder mit der Erde vereine, damit meine Seele sich auf die unendliche Reise zwischen Himmel und Erde, Erde und Himmel machen könne, sei meine Suche nach diesem Ort der Ruhe beendet. Ich solle nicht mutlos werden, wenn ich von Unruhe getrieben den Ort der Ruhe wieder verlassen habe. Der Mensch sei wie ein Blatt, mit dem der Wind spielt. Es fiele vom Baum, lande jedoch wieder an dessen Wurzeln, wo es im Leib von Mutter Erde vergehe und so dem Baum neue Kraft gebe. Unsere Wurzeln wären unsere Füße und Beine. Indem wir sie auf die Erde stellen, würde ihre Kraft in uns hineinfließen. Ich spürte den Boden unter mir und ruhte in der Kraft, die von ihm ausging.

Vom *compound* tönte noch immer der Klang der Trommeln zu mir herüber. Ich lag wach, dachte über die so einfache Lebensphilosophie meines Baums nach. So wie ein Schlüssel ins Schloss passte, so fügte sich der Traum von Mutter Erde in den Glauben an die Ahnen, an den Lebenszyklus, von dem mir Odame erzählt hatte.

Als ich erneut fortdämmerte, sah ich mich selbst als Baum, befand mich in einer saftigen grünen Umgebung. Meine Zweige hingen allerdings – wie die einer alten Weide – tief und schwer ins Wasser, das nach ihnen griff und sie nicht loslassen wollte. Ich ließ mich ziehen und eine seltsame Verwandlung ging mit mir vonstatten: Ich wurde zu jenem dunkel genetzten Leopard, den ich nach meiner ersten Nacht am Fluss beobachtet hatte, wie er durstig das Wasser trank. Diesmal musste ich nicht zurückbleiben und zusehen, wie das majestätische Tier hinter den dichten Ranken des Grüns verschwand. Einerseits war ich dieser Leopard selbst, andererseits sah ich ihm zu, wie er anmutig über alle Hindernisse hinwegsprang. Die Raubkatze war beschäftigt, sie suchte. Weit oben auf einem Ast lag ein zweiter Leopard, schwarz und gelb getupft, reglos. Als er mich sah, öffnete er kurz das Maul mit der rosafarbenen Zunge, zeigte mir seine weißen, großen Zähne. Mit einem entschlossenen Satz sprang er zu mir herab.

Urplötzlich wechselte ich die Perspektive und sah dem Geschehen zu: Die beiden etwa gleich großen Tiere strichen umeinander, zeigten sich gegenseitig ihre Zähne, stießen Töne aus, die wie das Knurren zorniger Hunde klangen.

Wieder änderte sich mein Blickwinkel, doch sah ich diesmal nicht in die bernsteinfarbenen Augen des gelb-schwarzen Leopards, sondern in die sanften braunen Augen von Victor. Ganz dicht war sein Gesicht vor meinem, er schien zu lachen, ich sah seine makellosen Zähne blitzen. Dann zog er mich an sich, etwas abrupt, gar nicht zärtlich, wie ich ihn kannte. Sein Kuss war nicht weich und lockend, sondern hart, als würde er mich beißen. Er warf mich auf den Boden. Erstaunt über seine kühne Wildheit, drehte ich mich zu ihm um.

Doch in diesem Moment verlor ich wieder das Bild von Victor, sah stattdessen die beiden Leoparden, die zu kopulieren begonnen hatten. Der gelb-schwarze Leopard war auf den genetzt dunklen – ich musste mir eingestehen, dass es wohl eine Leopardenfrau war – aufgeritten. Ihrer fein gemaserten Brust entrang sich ein wütender Ton, sie sprang auf, holte mit ihrer krallenbewehrten Tatze aus und zog sie dem gelb-schwarzen Leopard durchs Gesicht. Der zuckte zurück, lautlos, stürzte mit einem dumpfen Aufprall zu Boden.

Jetzt war wieder ich es, die zu ihm hinrannte und Victor am Boden liegen sah. Entsetzt über meine schreckliche Tat, kniete ich mich neben ihn nieder, wollte seinen Kopf tröstend in die Arme nehmen. Aber er lächelte mich nur an, war mir in keiner Weise böse. Seine sinnlichen Lippen formten einen Satz, den ich nicht verstand. Dann sackte sein Körper kraftlos hintenüber. Immer wieder rief ich seinen Namen, doch er antwortete nicht mehr. Ich presste meinen Kopf auf seine Brust, um sein Herz schlagen zu hören. Aber da war kein Körper, auf den ich meinen Kopf betten konnte. Mein Kopf lag im Laub des Waldes.

Wie ein fernes Echo aus einer anderen Welt wiederholte Victor den zuvor gesprochenen Satz: »Jetzt weißt du es.«

»Was weiß ich, Victor?«, rief ich voller Panik.

Doch als ich mich umsah, war niemand da, um meine Frage zu beantworten. Ich saß in meiner Hütte, durch die geöffnete Tür fiel seidig matt das erste Sonnenlicht auf den rötlich schimmernden Boden. Mein Körper war so nass, als hätte ich ein Bad im Fluss hinter mir.

Ganz offensichtlich war ein neuer Morgen angebrochen. Noch immer ging drüben im *compound* die Trommel, ekstatischer als in der Nacht. Wo nahmen diese Frauen ihre unendliche Energie her? Wer konnte so lange tanzen? Da war ein Gesang von unglaublicher Intensität, ein Durcheinander, alles andere als harmonisch, abgehackt, schrill, bis in höchste Höhen hinaufträllernd, um wieder in ein sattes, tiefes Gurgeln hinabzusinken. Gleich darauf schraubte sich die trällernde Stimme wieder in die Höhe, andere fielen in diesen grellen Ton ein, ließen ihn noch weiter anschwellen. Der Gesang war alles andere als schön, drückte meinem Empfinden nach eher die Qual einer gepeinigten Seele aus. Klatschen, das ich zunächst für eine Art Trommel gehalten hatte, gab den Rhythmus vor.

Ich taumelte hinaus in die klare Morgenluft, die würzig nach Erde, Tau und brennendem Feuerholz duftete, voller Energie zu sein schien. Ich huschte wieder hinüber zu meinem Guckloch im Zaun, konnte jedoch nichts erkennen. Das große Tor zum *compound* war wie immer geschlossen, damit keine hungrigen Tiere eindrangen. Voller Neugier schob ich es zur Seite. Mein Körper zitterte in der Morgenkühle leicht vor Aufregung, denn die Töne, die jetzt nicht mehr weit von mir ihren Ursprung hatten, klangen immer unmenschlicher. Ich zögerte noch einen Augenblick, ob ich näher treten dürfe oder solle, als ein Schrei den Teppich der übrigen Töne zerriss. Grell, wie ein explodierender, weiß-gelber Blitz, schnitt er durch die Luft. Ich stieß das Bambusrohrtor zur Seite, stand jetzt am Rande des Gehöfts.

Der Tanzplatz zu meiner Linken war leer. Getrommel und Gesang kamen von wesentlich weiter rechts, aus jenem Bereich, in dem sich die Altäre für die Geister der Erde und der Luft befanden. Der Platz davor, der mir als mindestens so groß wie der eigentliche Tanzplatz in Erinnerung war, quoll über von Frauen, die alle in Festgewänder gehüllt waren, ihre Köpfe schmückten verzierte und kunstvoll gebundene Tücher. Die Frauen bildeten eine farbenprächtige, aber blickdichte Wand. Eine zusammengepresste, undurchdringliche Gemeinschaft vor Anspannung schwitzender Frauenkörper.

Sie riefen sich lauthals Kommentare zu dem Geschehen zu, das ich nicht verfolgen konnte. Hinter dieser menschlichen Wand entstand der vielstimmige, disharmonische Lärm, der mich hierher gelockt hatte. Fast nackt, wie ich war, konnte ich mich unmöglich hineindrängen. Meine Neugier brannte wie Feuer, ich rannte zurück zu meiner Hütte, griff mir ein halbwegs reinlich wirkendes Tuch in Brauntönen, das ich um meinen nackten Körper wickelte, und eilte zurück.

Wieder schien die Zeremonie einem Höhepunkt entgegenzustreben. Ich umrundete den Kreis vor den Altären, fand eine Lücke, durch die ich hindurchpasste. Und prallte fast zurück. Direkt vor mir, auf dem Boden, saß ein prächtig herausgeputztes, blutjunges Mädchen, ein Kind fast noch, auf einem flachen Hocker. Den Oberkörper weit zurückgelehnt, die Hände auf den Boden gestemmt, die Beine breit gespreizt. Sie starrte in den fahlen Morgenhimmel hinauf, die dunklen Augen zu Schlitzen verengt. Zwischen ihren Beinen hockte Oke auf dem Boden, ebenfalls im Festgewand, in ihrer Hand eine blutige Rasierklinge. Ich befand mich direkt hinter Oke, peinlich berührt, meinen Blick auf den intimsten Bereich des

Kindes gerichtet zu haben. Schneeweiß schimmerte die Klitoris des Mädchens, kaum noch als solche erkennbar, von einem dünnen Band abgeschnürt und unnatürlich groß und blutleer. Okes Helferin schleuderte immer wieder ein Büschel Kräuter gegen den Intimbereich der Kleinen, unglaublich schnell waren die Bewegungen, die dem Tempo der immer rasender werdenden Trommel folgten. Unablässig murmelte Oke vor sich hin. Ich aber sah nur diese Hände, die groben Hände mit der blutigen Klinge.

Den Anblick ertrug ich nicht. Meine Augen wichen aus, schweiften in die Menge der umstehenden Frauen, kreuzten den Blick einer sehr jungen, ausgesprochen hübschen Frau. Laya! Das Mädchen, das mich im Haus von Großmutter Fara geschmückt hatte. Sie sah mich erstaunlich offen an. In ihrem Blick lag unverkennbar Stolz, gleichzeitig schien sie mich abzuschätzen. Das alles dauerte Bruchteile von Sekunden, dann senkte Laya den Blick.

Verwirrt suchten meine Augen den breiten Rücken Okes, der sich nun weit nach vorn beugte. Die Hand mit dem blutigen Werkzeug fuhr in eine bereitgestellte Kalebasse, die freie Hand reinigte das Gerät mit einem großen grünen Blatt. In diesem Augenblick setzte der markdurchdringende hohe Gesang wieder ein, angestimmt von einer Frau neben Oke, sofort folgten andere Frauenstimmen in dieser unnatürlich hohen Lage. Und dann begannen die Frauen zu klatschen. Die Töne wurden rasend, einpeitschend.

Mit einer Schnelligkeit, die ich Oke nicht zugetraut hatte und die dem Vorhaben unangemessen schien, bewegte sich die Klinge auf den Intimbereich der Kleinen zu. Gesang und Klatschen schwollen in einem Maße an, dass sie nicht nur das Mädchen betäubten, sondern auch mich. Sie schienen den Schrei zu ersetzen, den ich ausstoßen wollte. Aber ich blieb stumm. Wie das Kind vor mir, das seine Augen unverwandt auf den Himmel richtete. Als ginge ihr Geist in diesem Moment in der unendlichen Klarheit des Nichts spazieren.

Oke erhob sich. Die Frauen traten zur Seite. Oke ging die wenigen Schritte hinüber zum Altar des Erdgeistes, offenbar murmelte sie die ganze Zeit über Gebete. Sie platzierte die Klitoris auf einen spitzen Stock, der in den Boden vor dem Altar gerammt war. Hier hingen schon einige andere, kaum blutige kleine Klümpchen an Stöcken zum Trocknen. Oke verbeugte sich laut in der Stammessprache betend vor dem Altar und schritt würdevoll zurück zu dem Mädchen.

Mitten in ihrer Bewegung hielt Oke inne. Sie sah mich an, ganz offen und direkt, mit einem Blick, der mir einen eisigen Schauer über den Rücken jagte und mich gleichzeitig schwitzen ließ. Sie sagte nichts, verzog keine Miene, hob nur ein wenig den Kopf und zog die Mundwinkel herunter, ganz leicht nur. Jedes Wort des Hasses und der Verachtung hätte nicht schlimmer auf meiner Seele brennen können als dieser Blick.

Dann fuhr sie fort, ihre Arbeit zu beenden. Ich war erstaunt: Die entstandene Wunde blutete so gut wie gar nicht. Mit geschickten Händen vollführte Oke rasch ein paar letzte Untersuchungen, dann halfen die anderen Frauen dem Mädchen, sich zu erheben. Sie wankte hinüber an den Rand des Platzes, zu fünf anderen. Sie alle trugen große Glocken an den Füßen, starrten in sich gekehrt vor sich hin. Das Mädchen legte ein neues Festgewand an, wobei ihm Frauen – offenbar ihre Verwandten – halfen. Dann schnallten die Frauen dem Mädchen, dessen Kindheit soeben beendet worden war, ebenfalls große Glocken um die Fußknöchel. Es war mir unvorstellbar, wie ein junges Mädchen nach der durchlittenen Tortur zu all dem fähig sein konnte. Die Art, wie die Kleine sich bewegte, gab mir die Antwort – offenkundig befand sie sich in Trance. Der nächtelange Tanz hatte ihr

Bewusstsein in andere Sphären gehoben. Irgendwann würde sie wieder zurückkehren.

Die nächste Initiandin wurde in die Mitte des Platzes geführt, doch wirkte sie im Gegensatz zu der zuvor Beschnittenen fahrig, unkonzentriert. Ihre Angst konnte ich förmlich spüren. Laya, die mir eben noch so offen in die Augen geblickt hatte, und eine ältere Frau – ich nehme an, ihre Mutter – begleiteten sie. Die Haare des Mädchens waren zu langen Zöpfchen geflochten und stachen wie Antennen in die Höhe. Das magere Ding von 12, höchstens 13 Jahren zitterte wie Espenlaub. Okes Helferin nahm mit einem speziellen Handschuh ein frisches Bündel Kräuter von einem großen Haufen, der gleich neben dem Beschneidungsplatz aufgeschichtet war. Es waren, wie ich jetzt deutlich erkennen konnte, Brennnesseln. Wieder vollzog sich alles wie zuvor. Mit dem Unterschied, dass dieses Kind sich nicht zu beruhigen schien. Hatte die Trance nicht gewirkt, wie bei den anderen?

Ich sah das Zittern jetzt überdeutlich, es begann an ihren Unterschenkeln, kroch die Beine hinauf, ließ ihren Unterleib regelrecht schlackern. Oke gab einen tiefen, grunzenden Laut von sich, woraufhin die Frau, die dem Kind am nächsten saß, beherzt zupackte und die Beine der Kleinen auseinander drückte. Die Umstehenden quittierten das mit abfälligem Schnalzen. Laya hielt die Schultern des Mädchens – ihre Schwester?, ihre Freundin? –, während Oke die Klinge reinigte und der grelle Gesang noch viel lauter erscholl. Eine zweite Frau musste helfen, die Beine des Mädchens auseinander zu drücken. Ich sah den Missmut in Okes Gesicht, die steile Falte zwischen ihren Augen, die vollen Lippen, die sich an den Mundwinkeln bedrohlich nach unten richteten.

Dann schnitt sie.

Den Schrei werde ich nie vergessen. Er entrang sich der

aufräumenden Brust des Kindes, noch bevor Oke ihren Körper berührte, ließ die Frauen unmerklich zurückzucken. Dann gab das Mädchen keinen Laut mehr von sich. Laya und ihre mutmaßliche Mutter hielten den Oberkörper der Kleinen, der nun schlaff nach hinten hing. Das Blut färbte in Sekundenschnelle den Boden rot: Die abrupte Bewegung des Kindes hatte Okes Klinge abrutschen lassen. Sie hatte hinter der blutleeren und abgebundenen Klitoris geschnitten. Die Helferinnen befingerten die Wunde, alle streckten gleichzeitig ihre Köpfe über den intimen Bereich des Kindes. Die sorgsam arrangierte, obwohl mir chaotisch erscheinende Ordnung des Rituals war urplötzlich aus den Fugen geraten. Oke wurde eine Kalebasse gereicht. Mit ungewaschenen Fingern fuhr sie in die Kalebasse und schmierte auf die blutende Wunde eine schwärzlich schimmernde Paste. Eine kräftige Frau in einem bodenlangen, weiß-blau bestickten Wickelkleid schob sich durch die Menge, packte das Mädchen und trug sie aus dem sich öffnenden Kreis. Ein vielstimmiges Gemurmel lag in der Luft, offenbar wurde das Geschehene aufgeregt diskutiert. Nichtsdestotrotz wurde ein neues Mädchen von ihren weiblichen Angehörigen auf den Platz geführt, wo Oke ungerührt wartete. Ich hatte genug gesehen in diesen wenigen Minuten, die mir wie Stunden erschienen. Schockiert verließ ich die Kultstätte.

Die runden Hütten lagen friedlich vor dem *compound,* in ihrer Mitte mein einsames Metallbett, irgendwie beziehungs- und sinnlos. Niemand brauchte oder wollte es. Tagelang stand das Ding dort. Je öfter ich daran vorbeikam, desto mehr erschien es mir wie ein Mahnmal fremder Kultur, das hier nicht hingehörte. Nur die Hühner fanden es bequem. Und eines Morgens fand ich ein Ei auf der Matratze.

Die Prüfung

Während meiner Erzählung war eine Veränderung mit Janet vor sich gegangen. Immer enger hatte sie die Beine an den Körper gezogen, umklammerte sie schließlich fest vor der Brust. Ich rutschte zu ihr hin, um die entstandene Distanz zwischen uns zu überbrücken, aber sie wollte meine Berührung nicht. Sie brauchte Abstand: »Lass uns einen Tee machen.« Erst als sie den Honig in der Tasse umrührte, war sie bereit, über meine Erlebnisse zu sprechen: »Ich finde schon, dass man eine fremde Kultur so akzeptieren muss, wie sie ist, und versuchen, die Menschen im Umfeld ihrer eigenen Tradition zu verstehen. Schließlich können auch wir nicht von anderen verlangen, dass sie sich unseren Sitten anpassen, denn sie haben sicherlich oft eine andere Meinung über uns.«

Ich war richtig stolz, dass meine Tochter so liberal dachte. Allerdings spürte ich, dass es Janet so ging wie mir damals, als ich die Beschneidung erlebte: »Es ist schon etwas anderes, ob man sich das theoretisch überlegt oder tatsächlich sieht, wie andere Menschen ihre Traditionen leben«, sagte ich, »da merkt man ziemlich schnell, dass tief in einem verborgene Vorurteile schlummern, über die man sich nicht ohne weiteres hinwegsetzen kann.«

»Deshalb bist du einfach weggelaufen, anstatt nach Ifeoma zu suchen und sie zu fragen, was es mit dem Mädchen auf sich hatte? Du hast das nicht verkraftet.«

»Ich hatte damals gerade angefangen, an der Initiation Gefallen zu finden. Was ich erlebte, bereicherte mich. Vor allem das Schicksal des zweiten Mädchens aber machte mir bewusst, dass ich bei aller inneren Annäherung Afrika immer vor dem Hintergrund meiner westlichen Erziehung beurteilen würde. Darum stahl ich mich wie eine Diebin aus dem *compound.* Meine Neugier hatte ein Geheimnis entwendet, das die Priesterinnen mir nicht ohne weiteres anvertrauen wollten. Das las ich jedenfalls aus Okes strafendem Blick, obwohl ich dazu objektiv keinen Grund haben musste. Ich war ja zu den Frauen geschickt worden, um in ihre Geheimnisse eingeweiht zu werden. Gleichwohl konnte ich mir das nicht gleichmütig ansehen. Doch was sollte ich tun? Mich einmischen? Dann hätte ich mich als besserwisserische Weiße entlarvt, die zu initiieren sinnlos war.«

»Und Ifeoma – deine Vertraute? Sie war selbst beschnitten ... also wolltest du mit ihr nicht darüber reden.«

»Wir wurden noch am selben Morgen zur Yamsernte auf die Felder geschickt. Ifeoma lief lange schweigend neben mir her. Und ich neben ihr. Gedankenverloren sah ich die geschnitzten und geschmiedeten Mythenfiguren, die mich regelrecht hochmütig zu mustern schienen. Da sagte Ifeoma einen Satz, an dem ich lange zu kauen hatte: Wissen, das auf den Boden des Nichtverstehens fällt, ist verlorenes Wissen. Ich fragte, woher sie diesen Satz habe, und sie antwortete: Von Odame.«

»Wie hat sie das gemeint?«

»Afrikaner sagen dir selten offen ihre Meinung. Wenn sie es doch tun, dann verklausuliert. Denn sie wollen die Gefühle ihres Gegenübers nicht verletzen. Ihren weisen Satz bezog ich also auf mein unerwünschtes Auftauchen bei der Beschneidung. Ich fragte Ifeoma vorsichtig, warum das zweite Mädchen so ganz anders auf die Beschneidung reagierte als das erste. Und warum die Zuschauerinnen so unverhohlen ihre Missbilligung zum Ausdruck brachten.«

»Und wie hat Ifeoma deine Fragen beantwortet?«

»Sie sagte, dass die Beschneidung auch eine Prüfung ist.«

»Eine Prüfung? Etwa eine Prüfung ihres Glaubens?«

»Das Mädchen, von dem wir sprechen, heißt Bami. Sie war die Enkelin der Beschneiden Oke.«

»Dann erscheint das natürlich alles in einem ganz anderen Licht. Dann wusste die kleine Bami, was sie erwartete. Darum ihre Angst. Aber weil ihre Oma solch eine Autorität im Kult ist, konnte sie sich der Beschneidung nicht entziehen.«

»Kinder, die wie Bami aufwachsen, stellen die Autorität ihrer Großmutter grundsätzlich nicht in Frage. Das Wort der Großmutter ist ein Gesetz, über das nicht diskutiert wird. Dass sie trotzdem Angst hatte, bewies nur eins – ihre Schutzgeister standen ihr nicht bei. Etwas Schlimmeres konnte es nicht geben.«

»Stimmt: Ihre Großmutter hatte ja direkten Draht zu Mutter Erde. Die arme Bami! Was ist mit ihr passiert?«

»Ifeoma hat mir erzählt, dass ein anderes Mädchen während ihrer Initiation ebenso versagt hatte wie Bami. Nach ein paar Tagen wurde sie außerhalb des heiligen Waldes gebracht, wo sie starb. Denn das war der Wille der Ahnen, die mit den Schutzgeistern verbunden sind.«

Janet sah mich entsetzt an: »Das ist krass! Und Bami? Haben die Ahnen sie auch verstoßen? Oder wie sagt man da?«

»Ihre Großmutter Oke ist Priesterin. Das heißt, sie steht durch das Befragen des Orakels in ständigem Kontakt mit ihren Göttern, die den Lauf der irdischen Dinge kennen. Das Orakel ist eine Art Wegweiser. Wer seinen Spruch kennt, kann sein Verhalten danach ausrichten.«

»Dann hat Oke gewusst, dass die Beschneidung schief geht«, empörte sich Janet.

»Oke war schwer zu durchschauen. Und ich habe mich wirklich gefragt, was sie mit ihrer Enkelin machen würde.«

Die Leopardenfrau

Wir, eine kleine Gruppe von Frauen und einige junge Mädchen, waren unterwegs zu den weit entfernten Feldern. Unter Aufsicht von Okes Helferinnen sollten wir an diesem Morgen Yams ernten. Die dicke, dunkelbraune, stammahnliche Wurzel kann nur unter großer Anstrengung aus der Erde ausgegraben werden, ganz archaisch mit Hand und Hacke. Die Sonne knallte auf meinen Rücken, meine weiße Haut verfärbte sich an den ungeschützten Stellen immer mehr ins Rot. Ifeoma bestrich sie mit Aloe, die aus dem aufgebrochenen Blatt geleeartig und klebrig heraustrat. Wie alle Afrikanerinnen trug ich zu den Feldarbeiten ein Kopftuch und sah endlich ein, dass es in der brennenden Sonne ein echter Schutz vor einem Sonnenstich darstellte. Die Feldarbeit interessierte mich wenig, die aufgestauten Fragen und die nicht verstandenen Träume harrten auf Antwort. Ich berichtete Ifeoma, aber sie fuhr in ihrer Arbeit konzentriert fort. »Die Träume deiner Initiationszeit gehören den Geistern des Waldes, nur die Priesterin kann sie dir übersetzen«, sagte Ifeoma. Ich schwieg, hackte und schwitzte.

War schon die Yamsernte mühselig, die Zubereitung der vitaminreichen Grundnahrung am Kochplatz außerhalb des *compounds* war nicht leichter. In meinen Händen hielt ich ein schweres Stück Yams, armdick, fast einen Meter lang und voller rostroter Erde. Ungeschickt versuchte ich mit einem *cutlass,* einer Art Hackmesser, die grobe Schale zu entfernen, um sie anschließend kochen zu können. Die Hausarbeit lenkte mich nicht ab. Immer noch quälten mich meine Fragen.

»Die Priesterin wird dir sagen, was du wissen musst«, entgegnete Ifeoma. Ich nahm an, sie meinte Odame, aber irrte: Ausgerechnet Oke, dieser so unsensibel wirkenden, männlichen Frau, sollte ich meine Geheimnisse anvertrauen. Ich verstummte. Ein Schatten fiel auf mich und ich spürte, wie mich jemand beobachtete. Nicht mich, meine Hände. Das Messer rutschte im selben Augenblick ab, traf das Fleisch des Daumens an einer gut durchbluteten Stelle. Automatisch steckte ich den verletzten Daumen in den Mund, um die Blutung zu stillen, und hob den Kopf, um zu sehen, wer da gekommen war. Es war Oke. Gegen die Sonne konnte ich ihr Gesicht nicht erkennen, sah nur den schwarzen Schattenriss ihres Kopfes. Ich wiederum wirkte sicherlich auf die Priesterin der Mutter Erde wie ein hilfloses, auf dem Boden hockendes, daumenlutschendes Baby.

Sie winkte mich die paar Schritte zu sich heran. Ich stand auf. In der Hand hielt Oke einen hässlichen Fellbeutel, in den sie jetzt hineingriff. Das trockene braune Pulver streute sie auf die Stelle, aus der das Blut dick heraustropfte. Es bewirkte Wunder. Kaum auf der Haut, brachte es den Blutstrom zum Versiegen. Tage später erkannte ich, dass es ein recht tiefer Einschnitt gewesen war. Er verheilte jedoch schnell und ohne Komplikationen.

Oke verschwand ohne weiteren Kommentar. Verdutzt, wie ein kleines Kind, setzte ich mich wieder an meinen Platz neben Ifeoma. Was sollte das? Ich war überzeugt, dass ich mich nicht geschnitten hätte, wenn Oke nicht aufgetaucht wäre. Hatte sie mir auf ihre Art zeigen wollen, welche Macht sie über mich besaß? Dieser Frau sollte ich meine Träume anvertrauen? »Ich glaube, die Priesterin mag mich nicht«, sagte ich leise zu Ifeoma. Ifeomas Antwort hätte ich ahnen können. Sie schwieg natürlich, nahm mir die schwere Wurzel aus der Hand und zeigte mir wie ich sie zu schälen hatte.

Ich verbrachte einen Tag als afrikanische Hausfrau. Singend und lachend, zumindest soweit es mir gelang, mit jenem fröhlichen Geträller meiner Mitfrauen mitzuhalten, das das Stampfen und Kochen, das Waschen, Fegen, Putzen und alle anderen Handgriffe des täglichen Lebens begleitete. Zu meiner Überraschung zeigte sich Oke in diesen Stunden gelöst, lachte mit uns und erzählte Geschichten in ihrer Stammessprache. Irgendwann war wohl auch diese nun so herbe Frau einmal liebenswert und weich gewesen, vielleicht sogar verführerisch. Schließlich musste doch irgendwo eine Verbindung bestehen zwischen dem Urmütterlichen, dem sie diente, und ihrem wahren Ich. Aber woran lag es nur, dass ich das nicht sehen konnte, was für die anderen offenbar war? Denn die übrigen Mädchen und Frauen freuten sich zusammen mit Oke, lachten und kicherten ständig.

Eine lustige Bezeichnung, mit der ich an diesem Tag erstmals belegt wurde, blieb mir in Erinnerung: Die anderen nannten mich *my wife, meine Mitfrau.* Anfangs maß ich dem keine tiefere Bedeutung bei. Das kam erst später, als Odame uns wieder ins Versammlungshaus, den Mammy-Water-Tempel, gerufen hatte. Ausführlich sprach sie vom Zusammenhalt der Frauen, die allein nichts, gemeinsam aber alles wären. Das Ideal ihrer Gesellschaft war jene Frau, die sich auf ihre Mitfrauen verlassen konnte.

»Nur die Frau ist wirklich reich«, sagte Odame und Ifeoma übersetzte, »die sich auf die Hilfe ihrer Mitfrauen verlassen kann.«

Das, was letzten Endes die Beziehung zu meinem nigerianischen Ehemann John zum Scheitern gebracht hatte, propagierte Odame: die Polygamie; die Mehrfachehe nicht zum Vergnügen des Mannes, sondern als Erleichterung des Frauenlebens. »Ein guter Mann sorgt für jede seiner Frauen gleichermaßen. Dann gibt es keine Eifersucht zwischen seinen Frauen. Nur eine starke Familie macht jeden Einzelnen stark«, ermahnte Odame.

Mein Exmann John, das wurde mir langsam klar gehörte zu jener Mehrzahl der Nigerianer, die sich aus den Traditionen nur jenen Teil herauspickte, der ihnen angenehm erschien. Bei Victor lag die Sache anders: Er konnte mit den alten Traditionen rem gar nichts anfangen. Er erlas sich die Theorien und spürte nie den Wunsch, das alte Erbe in sein modernes Leben zu integrieren. Die Traditionen wurden von ihm analysiert, katalogisiert und für den Alltagsgebrauch seines Stammes untersucht.

»Wenn ich ein gerechter König sein will, muss ich mich mit den Traditionen meines Clans vertraut machen«, harte Victor gesagt. »Ich werde später am Gerichtshof meines Stammes Recht sprechen müssen. Ich kann nur verantwortungsvoll urteilen, wenn ich so viel wie möglich über meine Leute weiß«, sagte Victor. Sein Vater trug die Verantwortung für fast 100000 Menschen.

Die verhältnismäßige Ruhe dieses Tages hatte mir gut getan. Aus dem traumlosen Schlaf schreckte ich auf, als es noch fast dunkel war. Jemand war in unsere Hütte getreten. Der Duft zarter Blüten hing in der Luft. Als ich mich umsah, entdeckte ich eine in goldbraunes Tuch gewickelte Frau, die leise mit Ifeoma sprach.

»Was ist passiert?«, fragte ich noch im Halbschlaf.

»Guten Morgen, Mitfrau Ilona. Es tut mir Leid, dich zu wecken.« Diese Stimme und die höfliche Art zu sprechen – schlagartig war ich hellwach. Ich setzte mich auf und erkannte die junge Frau in unserer Hütte: Es war Laya!

»Was ist passiert?«

»Es ist wegen Bami, sie braucht Medizin. Oke schickt uns in den Wald. Die Pflanzen müssen vor Sonnenaufgang geerntet sein«, antwortete die Besucherin.

Oke überließ wie alle Priesterinnen und Heilerinnen Hilfstätigkeiten anderen Personen. Deshalb wurden Laya und Ifeoma ausgeschickt. Mit schnellen Schritten eilten sie durch den fast noch dunklen Wald, offenkundig einem ihnen bekannten Platz entgegen. Bami war nicht nur die Enkelin Okes, sondern auch die 13-jährige Schwester Layas, wie ich jetzt erfuhr. Deshalb war Laya bei ihrer Beschneidung zugegen gewesen. 24 Stunden waren seither vergangen. Bami litt seitdem an einer Infektion und Fieberkrämpfen, beides wahrscheinlich verursacht durch Verunreinigung der Wunde.

»Es ist ernst. Bami geht es schlecht«, sagte Laya. Sie gab sich immer diesen Anschein äußerer Beherrschtheit, der Unterton echter Besorgnis war trotzdem nicht zu überhören.

Unser Weg führte uns vorbei an der Menstruationshütte am Rande des Labyrinths: »Die unreinen Frauen müssen hier die Tage ihrer Blutungen verbringen«, klärte Ifeoma mich auf. Abseits lag ein verwilderter Friedhof, der im Grau des frühen Morgendunstes kaum zu erkennen war. Eilig gingen wir vorbei: »Hier liegen die, die aus der Gemeinschaft verstoßen wurden«, beschied Laya knapp mein Interesse. Zum Beispiel jenes Mädchen, das seine Beschneidung während Ifeomas Einweihungszeit nicht überlebt hatte.

Nach längerem Marsch erreichten wir einen Ort, den ich für am wenigsten geeignet gehalten hatte bei der Suche nach Medizin – die Müllkippe! Sie lag außerhalb des Waldlabyrinths, auf einer Seite, die ich noch nicht gut kannte. Hatte man mir nicht gesagt, dass auf den Müllplätzen die Hexen ihr Unwesen trieben? Wir waren zu dritt. Vielleicht trafen wir deshalb dort keine Hexen.

Am Rand des stinkenden Abfallbergs wuchsen knapp fünfzig Zentimeter große Stauden, deren Aussehen der Hässlichkeit des Ortes entsprachen: Die rötlich braunen Blätter waren mit feinen langen Härchen überzogen, in rundlichen, behaarten Kapseln ruhten die Früchte. Mitsamt der Wurzel rupften wir die Pflanzen aus. Ihr Name schien in so gar keinem Zusammenhang mit der ihr zugedachten Verwendung zu stehen: Sie hieß Asthmakraut. Laya hatte keine Zeit für Erklärungen, die aufgehende Sonne diktierte das Tempo.

»Wenn du eine Pflanze zur falschen Tageszeit erntest oder falsch zubereitest, ist sie wirkungslos.« Das war alles, was Laya sagte. Wir mussten zurück. Ein kurzes Aufstöhnen Ifeomas ließ uns innehalten. Die junge Frau hielt sich mit schmerzverzerrtem Gesicht Rücken und Bauch. Diesmal war ich, die zweifache Mutter, schlauer: Bei Ifeoma hatten die Wehen eingesetzt. Bei dem furchtbaren Tempo, mit dem wir hierher gehetzt waren, eigentlich kein Wunder. Ich hatte mich überhaupt öfters gefragt, ob sich Ifeoma nicht zu viel zumutete.

»Lauf mit deinen Pflanzen voraus«, sagte ich zu Laya, »wir kommen langsamer nach.« Doch Laya wollte nicht ohne ihre Freundin zurück. Es war eine seltsame Situation, die mich an Dracula-Filme erinnerte. Laya schien regelrecht Angst vor der bald höher stehenden Sonne zu haben. Trotzdem wollte sie bei der stöhnenden Ifeoma bleiben, gepeinigt von innerer Unruhe. Wir nahmen die Schwangere in unsere Mitte, warteten, bis die Wehe vorüberging.

»Es ist zu früh«, stöhnte Ifeoma. »Das Baby darf noch nicht kommen, denn es liegt falsch herum.« Sie schien in Panik zu sein, während Laya immer wieder zum Himmel sah.

Mühsam arbeiteten wir uns vorwärts, endlos schien der Weg, immer wieder stoppten wir.

»Was passiert, wenn du die Asthmakräuter zu spät bringst?«, fragte ich.

»Das ist schlecht«, sagte Laya.

»Ohne Medizin überlebt Bami diesen Tag nicht«, keuchte Ifeoma wegen einer starken Wehe. Obwohl in Eile, schlichen wir förmlich durch den Regenwald. Immer öfter kamen die Wehen, in immer kürzeren Abständen. Wir mussten einfach auf Ifeoma Rücksicht nehmen.

Unsere Situation war derart grotesk, dass ich den Vorschlag machte: »Ich laufe voraus und bringe die Kräuter zu Oke.«

»Nein!« Laya sah mich mit entsetzt geweiteten Augen an.

»Warum? Das ist das Beste. Ich verlaufe mich schon nicht.«

»Du musst bleiben, Mitfrau Ilona.« Vielleicht irrte ich mich, aber das klang nach einem Flehen. Also schleppten wir uns mühsam dahin – und trafen durch unsere Unentschlossenheit bereits eine Entscheidung: gegen das bedrohte Leben von Layas kleiner Schwester Bami. Die Kräuter, die ich ebenso wie Laya als dicken Strauß in der Hand trug, sahen noch recht frisch aus. Aber wie lange? Wieder krochen wir ein paar Schritte, hielten inne.

Laya blickte die ganze Zeit angestrengt um sich, dann blieb sie wie angewurzelt stehen. »Da ist er.« In diesem kurzen Satz schwang kein Erstaunen. Es war eine Feststellung.

»Wer?«, fragte ich reflexartig.

Sie war wirklich eine Meisterin der Tarnung. Nach meinem Traum ging ich davon aus, dass es eine Leopardendame war, die uns mit ihren grünen Augen hypnotisierend anblickte. Es war hell genug, um das kunstvolle, die Blattstruktur nachahmende Fell zu erkennen. Die Leopardenfrau riss ihr

Maul auf, fauchte dezent, als wollte sie uns darauf aufmerksam machen, dass dies ihr Territorium war.

Seltsam, diesmal verspürte ich keine Angst. Die Leopardendame kam mir vertraut vor wie eine entfernte Verwandte, die ich bereits einige Male getroffen hatte, deren Eigenarten ich kannte, nicht besonders liebte, aber die ich durchaus anrufen würde, wenn ich ihre Hilfe gebrauchen konnte.

»Geh. Wir haben es eilig«, sagte ich in meiner Muttersprache. Die Raubkatze senkte den Kopf und sprang in ihrer anmutigen Art zur Seite, unseren Blicken entzogen. Wortlos schlichen wir davon, als hätten wir gemeinsam meinen Traum der vorvergangenen Nacht weitergeträumt.

Endlich räusperte sich Laya: »Es stimmt also.«

»Was?«

»Im *compound* nennen sie dich die Leopardenfrau«, stöhnte Ifeoma an Stelle von Laya. Ich sagte nichts, denn meine Gedanken schlugen Purzelbaum. Wie konnten sie um meine Verbindung zu der gefleckten Leopardendame wissen? Wo ich doch nicht einmal selbst verstand, was mein Traum zu bedeuten hatte! Mochte mir diese mystische Komponente auch vollkommen unklar sein, so dämmerte mir doch, weshalb ich mitgehen durfte, um die Asthmakräuter zu holen. Layas Ausruf *Da ist er* war die Erklärung: Oke oder sonst jemand hatte die Begegnung vorausgesehen oder zumindest erahnt. Oder Ajira – war sie mir in der ersten Nacht gefolgt?

Ich schwieg weiterhin, die Sonne wurde immer wärmer. »Gib mir deine Kräuter. Ich bringe sie Oke. Sonst war alles umsonst«, sagte ich und nahm Laya ihren Strauß aus der Hand. Ich sah die Angst in Layas Blick. Erhob meine Stimme und rief theatralisch laut in den Wald hinein: »Wage es ja nicht, die beiden anzufallen!« Dann sah ich Laya an: »Ich sage Bescheid, dass euch jemand holen kommt.«

Die Hände voller Asthmakraut, rannte ich los, innerlich lachend. Es war wohl das erste Mal, dass deutschen Worten im Urwald eine magische Bedeutung zugeschrieben wurde. Ein kleines Gefühl des Triumphs überkam mich, als ich durch die grüne Pracht eilte: Ich hatte gelernt, mich in dieser fremden Umgebung zu behaupten.

Die frisch beschnittenen Mädchen hatten sie auf der unreinen Seite des Dorfs untergebracht, so wie mich, denn bevor die Initiation nicht abgeschlossen war, galten die Mädchen und Frauen als spirituell unrein, durften nur zum »Unterricht«, zu Tänzen und zum Beten in den heiligen Bereich. Oke trat gebückt aus einer der runden Lehmhütten, richtete sich zu ihrer beeindruckenden Gestalt auf, als sie mich mit meiner Morgengabe herbeieilen sah. Sie fragte nicht einmal, wo die beiden anderen geblieben waren. Ihr Gesicht verriet keine Gemütsregung, war starr wie eine hölzerne Maske.

»Ifeomas Wehen haben eingesetzt«, sagte ich scheu und vergaß in meinem Eingeschüchtertsein darauf hinzuweisen, dass ich versprochen hatte, Hilfe zu organisieren. Oke nahm meine Worte schweigend zur Kenntnis. Ich fühlte mich unverstanden; verdiente ich für meinen Einsatz nicht zumindest die Spur einer Anerkennung? Oder hatte ich ganz im Gegenteil sogar etwas falsch gemacht, wieder einmal gegen eines der vielen Tabus verstoßen? Durfte ich als »spirituell Unreine« am Ende gar nicht die bedeutenden Kräuter überbringen? Wenigstens hatte ich es noch rechtzeitig geschafft: Die kraftvollen Strahlen der Sonne erfassten bereits den *compound.* Oke verschwand hinter dem Bambustor des Gehöfts.

Das Stöhnen der kleinen Bami in meinem Rücken, das kläglich aus der Hütte drang, brachte mich in die Realität zurück. Der winzige Raum war angefüllt mit Frauen, die meisten noch in der festlichen Kleidung des Vortags. Alles scharte sich um das verschwitzte Bündel Mensch am Boden. Die Luft war stickig, schien kaum noch Sauerstoff zu enthalten. Bei meinem Eintreten verstummten die Afrikanerinnen schlagartig. Als sich meine Augen an die Dunkelheit gewöhnt hatten, sah ich, dass sie zusammengerückt waren, um mich an Bami heranzulassen. Das zarte Mädchen glühte, ihre Hand war dennoch eiskalt. Als ich sie nahm, drehte die Kleine ihren Kopf in meine Richtung. Ihre großen Augen rollten, ich sah das rötlich verfärbte Weiße ihres Augapfels.

»Wir haben die Medizin geholt. Es wird alles gut«, sagte ich beruhigend auf Englisch. Ich hatte keine Ahnung, ob sie mich verstand, aber Bami schloss die Augen. Jetzt erst fiel mir der Zustand Ifeomas ein. Langsam, so deutlich sprechend, wie ich konnte, versuchte ich, den Frauen zu erklären, was sich im Busch ereignet hatte. Den Leopard unterschlug ich natürlich. Die Wirkung war enorm: Nach wenigen Sekunden des Schweigens eilten fast alle aus Bamis Krankenhütte. Ich blieb mit einer Frau zurück, jener, die ich schon bei der Initiation an Layas Seite gesehen hatte. Sie war tatsächlich Bamis Mutter.

Lange Zeit saßen wir schweigend neben dem immer wieder aufstöhnenden Mädchen. In mir stritten zwei Stimmen: Mein Verstand suchte, das Ritual vor seinem traditionellen Hintergrund einzuordnen. Mein Gefühl aber lehnte es ab, sah ein gesundes Kind, das seinen intakten Körper einem archaisch anmutenden Ritual opferte. In mir brannten Fragen, die ich Bamis Mutter stellen wollte. Doch diese Fragen würden die Tabus einer einfachen Frau, die nur diese eine Welt kannte, sicherlich verletzen. »Sie hat sich gewehrt«, sagte ich endlich, nachdem ich lange nach einer möglichst wertfreien Formulierung gesucht hatte.

Bamis Mutter schwieg. Ich wusste nicht, ob sie meine

Worte oder deren Bedeutung verstanden hatte. Mit einer harten, tiefen Stimme antwortete Bamis Mutter schließlich in ihrer eigenen Sprache. Es hatte keinen Sinn; ich stand direkt vor der Aufklärung eines großen Widerspruchs, bekam in diesem Augenblick vielleicht sogar die Antwort. Und verstand nichts. Mein Verstand raste, meine Gefühle überschlugen sich. Ich sah das fiebernde Kind, dachte an meine Neugier und nicht an das Mitgefühl, das mich zu der Beschneidung gezogen hatte. Und kam mir jämmerlich vor, klein und unbedeutend. Wie viel Unverständnis für diese Kultur doch in meinem Verhalten lag und ich war mir dessen nicht einmal bewusst gewesen.

Das, was ich als Asthmakraut hastig durch den Dschungel getragen hatte, befand sich wenig später in einer Kalebasse mit dampfendem Inhalt. Oke verabreichte es der hochfiebrigen Bami: Sie klemmte dem Mädchen ein Holzröhrchen zwischen die Zähne und flößte es ihr auf diese Weise in den Mund, während Bamis Mutter ihr Kind halb aufrecht hielt. Noch immer hatte Oke nichts zu mir gesagt, was ich in diesem Moment der Anspannung zuschrieb, in der sie sich vermutlich befand.

»Ich komme später wieder«, sagte ich zu Bamis Mutter, erhob mich und ging hinaus in die Sonnenhitze.

Auf einer Trage aus Rohr und Blättern wurde Ifeoma ins Dorf gebracht. Es war ein geradezu feierlicher Anblick! Die von mir aus Bamis Hütte aufgescheuchten Frauen waren alle in ihrem Festtagsaufzug, wie in einer Prozession trugen sie die stöhnende Ifeoma. Sie schien sehr ängstlich. Wenn sie ihr Kind verlieren würde, hätte dies in ihrer Kultur eine geradezu schicksalhafte Auswirkung, denn es bedeutete, einen Ahnen an der Rückkehr auf die Erde zu hindern. Eine Frau, die entsprechend »versagte«, bekam wirkliche Probleme mit ihrer Familie. Voll Mitgefühl beugte ich mich zu Ifeoma.

»Es tut mir so Leid«, sagte ich. »Ich hätte dich davon abhalten sollen, mit uns das Asthmakraut zu holen. Das war zu viel. Du bist mir eine so liebe Freundin geworden.«

Ifeoma schien mit ihren Gedanken woanders zu sein: »Du hast mit dem Leopard gesprochen«, murmelte sie ehrfurchtsvoll. Dass sie in diesem Augenblick daran dachte!

»Lautes Rufen verjagt sie«, sagte ich mehr nebenbei.

»Sie?«, fragte Laya, die neben Ifeomas Kopf kniete und mich erstaunt ansah. Ich bemerkte, dass ich auf dem besten Weg war, meinen Ruf als »Leopardenfrau« zu bestätigen.

In diesem Augenblick erschienen die mütterliche Kome und die unnahbare Oke. Kome streichelte liebevoll Ifeomas Wangen. Selbst auf dem Gesicht der herben Oke glaubte ich einen Ausdruck des Mitgefühls zu erkennen.

»Wo bringt ihr sie hin?«, rief ich der kleinen Prozession nach. Aber ich bekam keine Antwort. Sie alle verschwanden hinter dem hohen Zaun des *compounds*.

Ich brauchte nicht lange zu warten. Dann kam Laya zurück zu meiner Hütte, wo ich einigermaßen ungeschickt begonnen hatte, einen Korb aus Raphiafasern zu flechten. Laya setzte sich zu mir auf den Boden: »Oke hat uns einen Auftrag gegeben, Mitfrau Ilona«, begann sie in ihrer förmlichen Art. »Sie möchte, dass du mich dabei begleitest. Wir sollen eine Medizin holen, die Ifeoma helfen kann.« Sie hieß »das Holz, das Fliegen tötet«. Ich hatte keine Ahnung, was das sein sollte!

Das *Holz, das Fliegen tötet* gedieh an einem moddrigen Seitenarm des Flusses, inmitten einer unübersichtlichen Fülle anderer Pflanzen. Und war obendrein sehr unscheinbar: ein niedriger Strauch mit kleinen grünen, bräunlich behaarten Blättern. Auffallend waren seine schreiend roten Früchte. Doch die sollten wir nicht pflücken; es ging um die Wurzel. Folglich hatten wir mühselig zu graben. Die komplette Pflanze enthielt die Wirkstoffe einer kleinen Hausapotheke.

»Achte auf die Früchte. Sie sind sehr giftig. Der Rest der Pflanze ist ungefährlich«, erläuterte Laya. »Oke macht aus ihr Medizin gegen Magenschmerzen, Kopfweh, Unfruchtbarkeit und viele andere Krankheiten. Sie dient aber auch der Zahn- und Hautpflege. Denn in jedem Teil der Pflanze steckt eine andere Kraft. Oke kennt diese Kraft und weckt sie«, sagte Laya. Mal durch Auskochen, Trocknen, Zerreiben oder Auspressen – Blätter, Früchte, Blüten, Stamm und Wurzel wurden dazu ganz unterschiedlich behandelt. Überdies kann die entstandene Medizin getrunken, gegessen, aufgetragen, inhaliert oder als Klistier und Vaginalzäpfchen verwendet werden.

»Das hört sich an wie eine Geheimwissenschaft. Kennst du dich denn mit so etwas aus?«, fragte ich Laya interessiert.

»Wenn ich älter bin, lerne ich das richtig.« Laya meinte damit die Zeit nach der Menopause, wenn in Afrika jene Jahre einer – Frau beginnen, in denen sie ein neues Leben als selbstbestimmte Frau anfängt. »Aber heute kenne ich mich damit noch nicht richtig aus«, sagte Laya, »ich bin froh, dass ich diesen Strauch überhaupt gefunden habe.« Laya erklärte mir, dass der ausgekochte Wurzelsaft vom *Holz, das Fliegen tötet* beruhigend auf die Gebärmutter wirkt; die Wehen lassen nach. Ifeomas Baby lag quer und durfte deshalb noch nicht auf die Welt kommen.

In solch einem Fall greifen unsere Ärzte zum Skalpell und machen einen Kaiserschnitt, da eine Drehung des Kindes meist sehr kompliziert ist. Oke verabreichte zunächst das *Holz, das Fliegen tötet,* um die Gebärmutter zu beruhigen, so dass die Kontraktionen der Wehen aussetzen, und gab sodann die Asthmakräute; die am Müllplatz wuchsen, der Schwangeren als Getränk. Beides zusammen hatte eine besänftigende Wirkung, die jede Operation überflüssig machte: Das Baby dreht sich im Mutterleib und findet den Ausgang von allein.

In Ifeomas Fall mit Erfolg: Am Tag nach Okes Behandlung stand sie wieder vom Krankenlager auf – einer Hütte im *compound,* die ich allerdings nie in Augenschein nehmen konnte. Sie wollte sofort mit Cousine Laya und zwei älteren Frauen, die öfters zwischen dem *compound* und Williams Dorf pendelten, aufbrechen. Der Abschied von der jungen Frau, die mir als Dienerin zugeteilt worden und zu meiner engsten Vertrauten geworden war, fiel mir schwer. »Wenn du zu deinem Mann Victor zurückkehrst, wird mein Sohn schon geboren sein«, prophezeite Ifeoma mir. Sie behielt Recht: Ifeomas Kind kam einige Tage später, zum richtigen Zeitpunkt und ohne Komplikationen, kerngesund zur Welt. Als ich nach der Einweihung zurück in den Palast kam, besuchte ich Ifeoma und ihr noch helles, neugeborenes Kind. Es war, wie sie es gefühlt hatte, ein Sohn, der stolz herumgereicht wurde. Ifeoma ging zwar langsam zum Palast zurück, aber sie ging selbst. Was für eine tapfere Frau! Aufmunternd winkte sie mir zu. Dann verschlang das dichte Grün des Waldes ihre Umrisse und jene der drei Frauen, die sie begleiteten.

Mit Ifeoma verlor ich nicht nur meine Vertraute, sondern auch meine Übersetzerin. »Großmutter Fara hat entschieden, dass ich den Platz von Ifeoma als deine Übersetzerin einnehme«, hatte Laya vor ihrem Abschied versprochen. Sie hatte nicht gesagt *Dienerin.* In der Tat wäre dieses Wort für Laya auch denkbar unpassend gewesen. Die junge Frau strahlte trotz ihrer Jugend die Aura besonderer Würde aus. Bereits am folgenden Tag wollte Laya wieder zurück sein, um mich zu unterstützen.

Hinter der Maske

Das Schicksal von Bami und Ifeoma hatte mir einen kurzen Blick auf die kaum wahrnehmbare Schwelle zwischen Leben und Tod, zwischen Hoffen und Verzweifeln ermöglicht. Wie schnell diese Schwelle überschritten werden konnte! Doch ich sollte lernen, dass man an diesem gefürchteten Übergang lange verweilen und sich durchaus für eine von beiden Seiten entscheiden konnte. Alles begann mit ein paar Dingen, die ich im labyrinthischen Wald der weisen Frauen zusammenzusuchen hatte.

»Es muss etwas sein, was deinen Bauch in Schwingung versetzt«, hatte Adah gesagt. Adah war eine von Okes Hilfspriesterinnen, eine stille alte Frau, die nur ein paar Brocken Pidgin beherrschte. Bis Laya wieder zurückkam, war sie gelegentlich zur Stelle, um zu übersetzen, was ich nicht verstand.

Ich war recht unentschlossen, strich durch den Urwald und klaubte seltsam geformte Holzstücke auf, immer von der Frage bewegt, nach was ich eigentlich suchen sollte. Ich geriet immer weiter weg von der Kultstätte, fand mich in der Nähe eines der zahllosen Seitenarme des Flusses wieder. Ich sah wundervoll blühende Ranken, die ich mich aber nicht zu pflücken traute, da ich ihre Giftigkeit nicht einschätzen konnte. Schließlich entdeckte ich ein verwachsenes Stück Holz, das Ende des riesigen, abgefaulten Astes eines mächtigen, knorrigen Baumes. Obwohl es ziemlich schwer war und ich es nur mit Mühe wuchten konnte, entschloss ich mich, das Ding mitzuschleppen. Ich musste es schultern.

Als ich endlich die Hütten vor dem Gehöft erreichte, hatten Oke und ihre Helferin Adah die beiden mir aus der Schwitzhütte bekannten Frauen sowie einige wesentlich jüngere Mädchen um sich versammelt. Sie saßen in der Sonnenglut neben einem Berg von Utensilien und waren sehr beschäftigt. Einige hantierten mit nassem Lehm, andere kerbten mit einem Messer Holz. Oke sah kurz zu mir hoch, bedeutete mir, mich zu setzen. Ich wuchtete mein Holzgewicht von der Schulter, Oke besah es sich, ihren schweren Kopf von einer auf die andere Seite wiegend. Sie schätzte ab, was mit dem Ding wohl anzustellen sei. Aber sie sagte nichts, nahm stattdessen etwas von dem Lehm und drückte ihn mir in die Hand. Ich tat, was die anderen taten: Ich klatschte ihn auf mein Holzstück, das immer größer wurde, dicker und unförmiger. Ab und an bedachte Oke mich mit einem abschätzigen Blick. Schließlich stellte sie sich hinter mich, nahm ein Tuch und verband damit meine Augen. Jetzt war ich allein auf meine Hände angewiesen, die den Lehm auf dem Holzstück formten. Sobald meine Unsicherheit der seltsamen Situation gegenüber gewichen war, spürte ich, dass ich alles falsch gemacht hatte. Den größten Teil des Lehms schob ich wieder fort, begann von vorn.

Das feuchte, warme Material glitschte durch meine Finger, immer mehr davon ließ ich auf den Boden fallen. Bis ich das Holz darunter wieder ertasten konnte: Da waren Rundungen und Vertiefungen, denen ich sanft nachspürte, die ich versuchte hervorzuheben. Die schwatzenden Stimmen der »Mitfrauen« verloren ihre irritierende Bedeutung, ich konzentrierte mich auf meine Arbeit, deren Sinn ich immer noch nicht erfasste. Ich hörte auf, mich zu fragen, wohin dieses Experiment führen würde. Und irgendwann legte ich das schwere Holz ganz hin, band das Tuch ab. Verwirrt sah ich um mich. Auch die anderen waren fertig; interessiert begutachtete ich das Ergebnis ihres Schaffens. Oke und Adah hatten begonnen, die Ränder der Lehmgebilde mit kurzen, starken Halmen zu spicken. Jedes der kleinen Kunstwerke erinnerte dadurch an eine kleine Sonne. Bei einigen waren Augen- und Nasenöffnungen zu erkennen. Wie dumm ich gewesen war. Plötzlich war klar, dass es Masken sein sollten.

Interessiert sah ich meine Maske an. Was hatte ich da geschaffen? Ich war ratlos. Das Ganze sah aus wie »Matsch mit Knubbelnase«. Wie konnte ich mein Werk retten, um nicht als Versagern dazustehen? Ich begann vorsichtig, hier etwas wegzunehmen und dort etwas zu drücken, wo ich meinte, dass Augen hineinpassen würden.

Oke schob meine Hände unsanft zur Seite, steckte wie bei den anderen Masken Halme in die Ränder. Aber meine Maske wollte nicht strahlen wie die der anderen. Mit seinen piksigen Stacheln in der Knubbelnase erinnerte das Ding an ein Monster.

Während die Masken in der Sonne trockneten, wurden wir ausgeschickt, Hausarbeiten zu machen. Einige pressten rotes Palmöl, andere stampften Hirse. Ich hatte den *compound* zu fegen. Wieder so eine scheinbar unsinnige Tätigkeit, bei der ich mehr Sand aufwirbelte, als ich beiseite schaffte. Erst am Nachmittag durften wir zu unseren Masken zurückkehren, der Lehm war jetzt hart. Okes Helferinnen trennten Lehm und Holz und zogen die Halme heraus. Ich hatte gehofft, dass meine Maske während meiner Abwesenheit eine Verwandlung durchmachen würde. Doch das geschah erst, als wir Farben bekamen, mit denen wir den ockerfarbenen

Lehm bestreichen sollten. Ich empfand mein Gebilde nach wie vor als ziemlich hässlich und griff zu schwarzer Farbe, mit der ich es bedeckte. Vielleicht wollte ich es dadurch unsichtbar machen. Die Farbe wurde vom Lehm regelrecht aufgesogen. Was ich da geschaffen hatte, erinnerte mehr an einen kleinen Fleckenteppich denn an eine Maske. An einigen Stellen blieben helle Linien zurück, die die Oberfläche überzogen.

Ich spürte einen Schatten über mir, drehte mich um und sah in das freundliche Gesicht der alten Adah: »Oh, der Leopard«, sagte sie überrascht. In diesem Moment kreuzten sich Okes und mein Blick. Nur für Sekunden. In denen mein Herz auszusetzen schien.

Reflexartig schob ich die Maske von mir fort. Dann betrachtete ich meine Schöpfung, als sähe ich sie zum ersten Mal. Gleichzeitig hatte ich das Gefühl, alle anderen würden mich anstarren. Sie hatten helle, freundliche Wesen geschaffen, die ihre Besitzerinnen geradezu anzustrahlen schienen. Ich erkannte einen Hasen, ein Schwein, eine Antilope, einen Fisch und – mit etwas Mühe – einen Otter. Oder war es eine Ratte? Ich saß da mit meiner schwarz gefleckten, unförmigen Leopardin. Als wollte ich das Gegenstück zu ihren Masken erschaffen.

Eine Helferin schleppte einen Sack herbei, stellte ihn zwischen uns. Die anderen drängten hinzu, kicherten fröhlich und griffen eifrig in den Sack hinein. Als ich endlich an der Reihe war, zog ich aus dem Sack ein schwarzes Stoffstück heraus. Jemand stieß mich an und der Stoff fiel in den noch am Boden liegenden feuchten, rotbraunen Ton. Ich versuchte, ihn zu entfernen, verwischte ihn jedoch noch mehr und dreckte den Stoff zusätzlich ein. Missmutig hielt ich ihn in der Hand, sah die anderen sich mit dunkelroten, braunen und sonnengelben Stoffen schmücken, während mir der mit braunen Tonflecken verdreckte blieb. Seltsamerweise ähnelte er der Farbtönung der Maske.

»Jeder Mensch hat ein Tier, das ihm entspricht. Bei dir ist es der Leopard. Die Maske hat dir das gezeigt.« Die alte Hilfspriesterin Adah sagte das eher nebenbei, bevor sie mich zum abendlichen Holzsammeln schickte.

Ein Tier, das mir entspricht – was sollte das heißen? Adahs Worte gingen mir nicht mehr aus dem Kopf. Das Ergebnis meiner Bastelei war doch reiner Zufall.

Der reizvollste Teil allerdings fehlte in diesem Leopardengesicht – die Augen. Dieses klare, kraftvolle und dennoch kühle und distanziert grüne Leuchten. Eigentlich war es ein schwarzer Knubbel, auf dem sich die helleren Linien abhoben. Linien, die auf meiner Maske eher wie Narben wirkten und nichts von der chamäleonhaften Anpassungsfähigkeit seines angeblichen Vorbilds harten.

Wir kamen mit unseren Holzbündeln, die wir auf dem Kopf balancierten – was mir Ifeoma noch mit viel Geduld beigebracht hatte –, zurück in den *compound*. Die Priesterinnen hatten die Masken inzwischen auf lange Stecken gesetzt und die von uns ausgewählten Tücher darum drapiert. Die Köpfe hatten Körper bekommen, die sich im Wind bewegten. Sie standen dort und warteten wie Geister, die jemand zum Nichtstun verurteilt hatte: die zarte Antilope, das dicke Schwein, das hasenartige Tier, die runde helle Ratte, der dicklippige Fisch, der fremde Leopard. Ich glotzte die schweigende Versammlung im Schatten des großen Baums verblüfft an. Was war geschehen, stellte das einen abgründigen Schabernack dar?

Urika opferte wie jeden Abend ihrem Feuergeist ein paar Spritzer Blut und dunklen Schnaps. Die Sonne gab ihre Kraft an das Feuer ab, sobald das schwarze Tuch der Nacht sich über dem Himmel entfaltet hatte. Würden die Maskentiere von ihrem sicheren Beobachterposten zuschauen, stumme Zeugen bleiben? Okes Helferinnen führten uns zu den Masken, halfen uns, die jeweils eigene Maske anzulegen. Die von den Halmen gebohrten Löcher dienten als Befestigungsösen für Lederbänder, die Maske und Gewand hielten. Zunächst war ich erstaunt über das Gewicht des Leopardenkopfs, der mein Gesicht umklammerte wie ein irdener Handschuh. Ich roch den von der Sonne gebrannten Lehm, der kaum Luft zum Atmen durchließ. Die beiden Öffnungen für meine Nasenlöcher saßen viel zu weit unten. Die Schlitze für die Augen befanden sich etwas unterhalb meiner eigenen Augen. Nichts sah ich mehr von meiner Umgebung, nur noch Schwärze. Ich schob die Maske hin und her, bis ich endlich sehen konnte. Doch was ich sah, war nicht der *compound,* in dem ich mich befand, sondern ein Bild dieses Gehöfts, ein Ausschnitt, geformt durch die Sehschlitze. Ich war durch meine Leopardenmaske von der Welt getrennt, in der ich mich gleichzeitig befand, denn meine nackten Füße berührten ja den harten Boden, signalisierten mir, dass ich mich neben dem Baum mit seinen Wurzeln befand. Und dennoch war ich abgeschieden. Die Schwere des fremden Gesichts. und die harten Lederbänder behinderten die natürlichen Bewegungen, die mein Kopf ausführen wollte.

Oke bedeutete uns, ihr zu folgen. Ein Gänsemarsch von Masken bewegte sich steif hinter der dicken Priesterin her – quer durch das gesamte Gehöft, bis wir uns vor dem Altar von Mutter Erde wieder fanden. Oke wurde ein schwarzes Huhn gebracht, das aufgeregt mit den Flügeln schlug. Sie schwenkte das zappelnde Tier über dem Erden-Altar, schrie Worte aus, die einen Gesang darstellen sollten. Mit einem Ruck ohne jede Eleganz, ruppig, mit eckigen, ausufernden, abschreckenden Bewegungen packte sie den Vogel, dunkle Tropfen spritzten über den geweihten Platz. Auf irgendeine

Weise fühlte ich mich durch die Maske auch geschützt vor Okes brutaler Körperlichkeit.

Die Trommlerinnen hatten unsere kleine Prozession begleitet. Vor dem Altar begannen sie und Oke einen dunklen, summenden Gesang, den ein Aufklatschen und Ausstreichen des Tons auf der Trommel untermalte. Es war ein – sollte ich eine Farbe als Beschreibung wählen – dunkelbrauner Ton, der in meinen Ohren schwang. Der Gesang bestand aus Worten, die ich nicht verstand, welche meine Lippen aber nachahmten. Was dabei entstand, war eine noch dumpfere Schwingung, die sich innerhalb der Lehmhaut der Maske brach und sich zu meinen Ohren fortsetzte. So hörte ich die unverständlichen Worte, die ich von mir gab, doppelt, innerhalb und außerhalb meines Kopfes. Dieses doppelte Geräusch, das schon bald jenes von außerhalb der Maske herrührende verdrängte, ließ mich schwindlig werden.

Urplötzlich traf mich ein Strahl klebriger, warmer Flüssigkeit, tropfte über die Ränder der Maskenaugen ab wie dicke Tränen. Erschrocken taumelte ich zurück, glaubte im ersten Augenblick, es wäre das Blut des Huhns. Doch dann gewahrte ich, dass Oke eine Flasche Palmwein in der Hand hielt, aus der sie trank, um das Zeug sodann gegen die wilden Tiere zu spucken, die wir geworden waren. Der Altar der Erdenmutter und die anderen Masken drehten sich um mich. Tänzelnd gelangten wir zum Feuer zurück, immer noch diesen eigentümlichen, mir unverständlichen Brummgesang von uns gebend.

Das nachlässige Schleifen des Trommelklangs verebbte, fand in einen stimulierenden Rhythmus. Das Gefühl der Beengung steigerte sich, Schweiß brach mir aus, der weniger von der körperlichen Anstrengung des Tanzes in der immer noch stickig warmen Luft des frühen Abends herrührte. Ich fühlte mich eingeschnürt, der Druck auf meinen Kopf umklammerte meinen ganzen Körper. Das Gefühl des Eingesperrrseins schlug um in eine Art Wut und Verzweiflung.

Mich um meine eigene Achse drehend, starrte ich auf die fremden Tiere, die mich anglotzten mit ihren starren Gesichtern. Vor allem die schlanke, hochmütige Antilope ärgerte mich regelrecht. Sie senkte immer wieder den Kopf und bewegte sich auf mich zu. Ich wich zurück und prallte gegen einen anderen Körper, zuckte zurück. In der folgenden Drehung glotzte das dicke Schwein mich an, hob drohend seinen feisten Kopf. Wieder schrak ich zurück, prallte gegen den viel zu großen Hasen, der mit seinen kräftigen Hinterbeinen nach mir treten wollte. Vor Schreck über diesen unerwarteten Angriff stolperte ich und lag unvermittelt auf dem Boden. Eine Weile blieb ich so, während das Trommeln in meinem Kopf dröhnte und meine Wut in mir brodelte, aber keinen Weg fand, sich Luft zu machen. Die anderen Tiere umtanzten mich. Ich hatte das Gefühl, sie würden mich verhöhnen, weil ich zu schwach war. Selbst die Ratte und der friedliche Fisch lachten mich aus.

Die vielen Menschen, die uns zusahen, lachten, klatschten in die Hände und sangen. Sie feierten die anmutige Antilope, den tapferen Hasen und das starke Schwein, die mich in die Knie gezwungen hatten. Sie bewegten sich alle auf mich zu, in kleinen tanzenden Schritten, sie hatten mich besiegt. Ich wollte fliehen, aber es gab keinen Ausweg. Immer enger wurde der Kreis, der mich umschloss. Ich spürte meine Schultern, rollte sie vor und zurück, meine Hände scharrten über den harten Boden, während ich gleichzeitig die Muskeln in meinen Beinen anspannte. Ich senkte den Kopf und hob ihn wieder von ganz weit unten, um die Menge, die mich gefangen hielt, anzufauchen.

Zuerst wich die dunkle Masse zurück, schaffte einen größeren Raum. Dann, als ich mein Fauchen wiederholte, sprang der ängstliche Hase davon, versteckte sich in der Menge, schließlich entfernte sich das Schwein mit einem hellen Quieken. Nur Antilope, Ratte und Fisch blieben mit mir in dem Kreis, wobei die Antilope sich zwischen die beiden anderen und mich stellte. Die Sprünge, die ich ausführte, folgten dem Takt meines rasenden Herzens. Trotzdem gelang es mir nicht, Ratte und Fisch zu packen.

In der Brust spürte ich einen brennenden Schmerz, hustend und keuchend hielt ich inne, fühlte mich dieser Verfolgungsjagd nicht mehr gewachsen. Als ich die klaffende Lücke in der Menschenmenge sah, stürzte ich darauf zu. Schreiend nahmen die anderen Reißaus. Ich hastete an ihnen vorbei, hinaus aus dem *compound.*

Das Licht im Boden

Das Fieber der Raserei legte sich so schnell, wie es über mich gekommen war. Ich erreichte das auf absurde Weise fremd wirkende Bett, das immer noch vor meiner Hütte stand, ließ mich erschöpft auf die Kante sinken und atmete langsam und schwer. Ungeschickt versuchte ich, die beengende Maske von meinem Gesicht zu zerren. Die Lederriemen saßen fest, wie angeleimt. Bleischwere Müdigkeit senkte sich auf mich. Nichts als schlafen wollte ich, aber zuvor musste ich die Maske loswerden. Ich irrte umher auf der Suche nach jemandem, der mir helfen konnte, traf aber niemanden. Gehetzt rannte ich zurück hinter den Zaun des *compounds,* wo die anderen Tiere inzwischen zu einem fröhlichen Tanz gefunden hatten.

Als sie mich sahen, lachten und klatschten sie, eilten auf mich zu, nahmen mich in ihre Mitte, wo ich zwischen Antilope, Hase, Schwein, Ratte und Fisch tanzte. Wir sprangen gelöst wie Kinder im Schein des Feuers umher. Ich war richtig glücklich, mein Abenteuer überstanden zu haben. Zwar fauchte ich noch einige Male, aber lachte dabei, dass ich das helle Echo in meinem Kopf vibrieren hörte. Aus dem Tanz war das Spiel übermütiger Kinder geworden.

Zuerst nahmen wir den Hasen hoch. Beileibe kein leichtes Unterfangen, aber alle Frauen gemeinsam schafften es. Wir hievten ihn auf unsere Arme und trugen ihn durch den *com-*

pound. Mehrere Male warfen wir ihn in die Luft und fingen ihn gemeinsam wieder auf. Plötzlich packten sie mich und hoben mich hoch, drehten sich immer schneller mit mir im Kreis. Dann flog ich hoch. Ich hatte fast den Eindruck, durch die vielen Menschen hindurchzufliegen, die sich versammelt hatten. Es war ein überwältigender, fröhlicher Augenblick voller Vertrauen in die Gemeinschaft der Frauen, der all die Schwere von mir fallen ließ, die mich in der Zeit davor umfangen gehalten harte. Ich fühlte mich geborgen und gut behütet in dieser großen Runde meiner Mitfrauen.

Nur eine schien unsere Ausgelassenheit nicht teilen zu wollen. Oke saß völlig reglos und schwerfällig neben dem Feuer. Ihre großen Hände ruhten wieder auf den runden Knien.

»Darf ich die Maske jetzt abnehmen?«, fragte ich völlig außer Atem. Oke nickte. Sie bedeutete mir, mich vor ihr hinzuknien und meinen Kopf über ihren Schoß zu halten. Ich fühlte mich, als ob ich vor einem Scharfrichter knien sollte, kurz vor der Hinrichtung. Nahm einen scharfen, stechenden Geruch wahr, der aus der Felltasche in ihrem Schoß aufstieg. Mir wurde schwindlig.

Oke bereitete es keine Mühe, die Maske von meinem schweißnassen Kopf zu nehmen. Unsanft zog sie die leicht klebende Maske von Gesicht und Haaren, wobei sie mir ein kleines Büschel ausriss. Warum behandelte sie mich so hasserfüllt? Selbst der wunderschöne Augenblick des Getragenwerdens verlor sich durch Okes düstere Art.

Jetzt war ich nur noch müde und wollte schlafen. Ich hängte meine Maske vor die Hütte auf den Stab und drapierte den Stoff rundherum, ließ mich kraftlos auf die Schlafmatte am Boden sinken. Mein Körper lechzte nach Schlaf und Entspannung, gleichzeitig war ich zu aufgewühlt, um mich entspannen zu können. Mein Verstand machte

Sprünge, mein Herz pochte, im ganzen Körper spürte ich das Pulsieren meines Blutes. Niemand war in der Nähe, mit dem ich mich hätte austauschen können. Ob Laya noch in dieser Nacht zurückkam?

Ich fiel in unruhigen Schlaf, träumte wirr. In einem dieser Träume lag ich in finsterer Nacht auf dem Waldboden. Plötzlich begann die Erde, die mich getragen hatte, zu leuchten. So, als würde die Wärme meines Körpers in den Boden eindringen. Ganz allmählich breitete sich das Licht unter mir aus, veränderte dabei seine Intensität. Fasziniert sah ich diesem Schauspiel zu, bewegte mich nicht, eine Starre hatte sich über mich gelegt. Aber da war keine Angst oder Panik, sondern Neugier, was wohl passieren würde. Die Gefahr erkannte ich erst, als das hervortretende Licht seine Dimension veränderte. Es war mein Licht, es ging von mir aus – und jetzt schien es mich in den Boden hineinzuziehen. Jeden Augenblick drohte ich in die Tiefe abzustürzen, die sich unter mir auftat. Um mich an den Lehmrändern festzuhalten, die die klaffende Wunde in der Erde einrahmten, ruderte ich verzweifelt mit Armen und Beinen. Meine Finger krallten sich in den Boden, meine ausgestreckten Zehenspitzen kratzten an dem Schlund aus Licht entlang, bis sie endlich Halt fanden.

Endlos dauerte dieser Kampf gegen den Sturz in das helle Licht, in das ich währenddessen hinabblickte. Seine Farbe war so ganz anders als das transparente Nichts, in das ich im Tempel von Mammy Water aufgestiegen war. Unter dem weißlich gelben Licht, das mich blendete, tobte ein roter Funkenregen wie von einem Vulkan, dessen herausgespiene Partikel das Licht durchdrangen. Ich erschrak, meine Zehenspitzen, die sich kaum in der Erde einkrallen konnten, rutschten ab, mein Körper sackte nach unten. Ich spürte die zerstörerische Hitze an den Fußsohlen, strampelte wie wild, um mich am Rand der Spalte wieder nach oben zu hangeln.

Ich wollte die Augenlider zusammenpressen, um nicht mehr hineinsehen zu müssen. Aber da war etwas, das mir sagte, ich sollte sehen. Also riss ich die Augen weit auf, voller Angst und zugleich voller Neugier. Es war der Ball der Sonne, die ihre Feuer aus der unergründlichen Tiefe unter mir hochschleuderte. Horizontal versetzt, gleichsam neben dieser Eruption, flackerte ein blaues und grünes Licht, klar und strahlend wie ein Regenbogen. Dehnte sich hinter diesem Regenbogen – weit entfernt – nicht ein grünes, hügeliges, ganz und gar liebliches Land, in das ich aufbrechen sollte? Jetzt und sofort? Wie konnte es möglich sein, dass die Welt unter mir nicht nur eine Dimension hatte? Sich nicht nur in die Tiefe, sondern auch in die Breite dehnte? Und war das wirklich ein durch unsere Dimensionen definierter Raum? Oder lagen die Ebenen nicht vielmehr in- und übereinander? Meine Wahrnehmung, mein Verstand schien bereits in diese verschobenen Ebenen zu reisen, wurde aber zurückgehalten von meinem Körper, der sich wie ein Netz darüber spannte. Eine eigenartige Situation: Mein Körper war oberhalb meines Bewusstseins und hielt es dennoch fest. Dieses Zerren an den beiden Teilen meines Ichs schmerzte, während ich Arme und Füße nicht mehr spürte, die der von unten einwirkenden Schwerkraft Widerstand leisteten.

Das Licht des Landes im Regenbogen zog mich mit Macht an; ich suchte nach einem Ausweg, dem Funkenregen des Vulkans zu entgehen. Ich sah nur eine Möglichkeit: meinen Körper in den Funkenschauer zu entlassen, während ich selbst dem Regenbogenland entgegenschwebte. Ich löste meinen Blick von der lockenden klaren Weite, sah noch einmal nach unten, bevor ich mich auf den Weg machen wollte. Jetzt spürte ich wieder die verzehrende Hitze; es erschien mir keineswegs mehr sicher, das Regenbogenland erreichen zu können.

Ich presste meine Augenlider zusammen, um nicht den Anblick der gierigen Funken ertragen zu müssen. Schlagartig schloss sich die Spalte, auf der ich lag. Mit einem Ruck fühlte ich die harte Erde unter mir, als schlüge ich aus größerer Höhe darauf auf. Ich konnte wieder atmen. Erleichtert schlug ich die Augen auf.

Neben mir kniete Laya, sah mich mit angstgeweiteten Augen an. »Mitfrau Ilona, hörst du mich?«, fragte sie besorgt.

Ich brauchte einen Augenblick, um zu verstehen, wo ich war: in meiner Hütte, auf der Matte. Die kräftigen Strahlen der bereits über den Hütten stehenden Sonne fielen durch die niedrige Tür. Ich hätte längst aufgestanden sein sollen, um mich an die Tagesarbeit zu machen!

»Was ist passiert?«, fragte ich.

»Du hattest die Maske auf dem Gesicht. Ich habe sie dir abgenommen.«

Ich erinnerte mich deutlich, die Maske vor der Hütte an den Stecken gehängt zu haben. War ich schlafwandelnd aufgestanden und hatte sie mir wieder über den Kopf gestülpt? Ich setzte mich auf. Neben meiner Schilfmatte lag die Leopardenmaske. Sie wirkte fremdartig verändert. Zögernd griff ich nach ihr. Die Augen, eigentlich leere Höhlen, waren mit feuchten grünen Blättern verschlossen worden. In den Nasenöffnungen steckten Haare. Sie waren rotblond – meine eigenen Haare! Ratlos starrte ich das Ding an.

»Jemand hat sie dir aufgesetzt, damit du nicht zurückkehrst«, sagte Laya. Sie wirkte betroffen, verunsichert.

»Was hat das zu bedeuten?«, fragte ich.

»Wenn du träumst, geht deine Seele auf Reisen. Danach kehrt sie wieder zurück. Liegt die verschlossene Maske auf deinem Gesicht, kann die Seele nicht wieder in deinen Körper.« Laya sprach leise, fast kaum verständlich.

Layas Worten zufolge hatte ich meinen seelischen Fast-

Tod erlebt. Mein Körper begann auszudrücken, was mein Verstand nicht zu artikulieren vermochte: Ich zitterte. Laya nahm mich in die Arme, bis ich mich beruhigt hatte.

»Du solltest niemandem erzählen, was geschehen ist.« Mehrmals wiederholte sie den gleichen Satz. Mit mir selbst viel zu beschäftigt, registrierte ich erst jetzt, dass die junge Frau selbst zitterte. Ich schien weniger von ihr tröstend im Arm gehalten zu werden als vielmehr sie beruhigen zu müssen.

»War jemand hier?«, fragte ich schließlich. Laya hob ratlos die Schultern. Ich roch den Duft nach frischer Luft und Wald, der in ihren Haaren hing. »Wo kommst du überhaupt her? Seit wann bist du zurück? Wie geht es Ifeoma?« Die Fragen sprudelten aus mir heraus.

»Ifeoma ist gesund, die Hebamme sagt, ihrem Kind geht es gut. Darum bin ich heute in der Dämmerung losgegangen. Ich wollte hier sein, bevor die Hitze zu stark wird. Ich kam an und hörte dich in der Hütte. Du stöhntest und röcheltest. Und dann habe ich dich hier gefunden.«

»Laya, du scheinst mir das Leben gerettet zu haben. Aber ich verstehe es nicht! Wie konnte das mit mir geschehen?«

»Die Maske auf deinem Gesicht ist eine Botschaft, die dir die Ahnen geschickt haben«, sagte Laya langsam, als koste sie jede Silbe eine unglaubliche Überwindung. Wir hielten uns immer noch in den Armen, einander gegenseitig stützend. Sie sprach so leise, dass ich ihren Atem dicht an meinem Ohr spüren konnte.

»Aber was hat das zu bedeuten?«, fragte ich, ohne mich zu bewegen, in ihre zurückgekämmten, dichten schwarzen Haare hinein. Laya schob mich sanft zurück, blickte auf die Matte, auf der wir kauerten: »Ich weiß es nicht, Mitfrau Ilona. Nur die Priesterinnen können es dir sagen. Sie verstehen Zeichen und Symbole, die wir nicht verstehen.«

Auf der harten Matte knieten wir einander gegenüber. Wir spürten wohl beide, dass uns etwas verband. Und im gleichen Augenblick auch trennte. So, als ob zwei verschiedene Kräfte auf uns einwirkten und dadurch gleichzeitig lähmten.

»Willst du Victor heiraten?«, fragte Laya unvermittelt. Sie hielt den Blick auf die Matte gesenkt.

Ich hatte Layas Frage im ersten Augenblick nicht verstanden. Sie kam zu überraschend. »Wie meinst du das?«, fragte ich verblüfft zurück. »Ist irgendetwas im Palast passiert? Hast du etwas Neues von Victor gehört? Weißt du, ob es ihm gut geht?« Ich suchte in dem schönen Gesicht der in diesem Augenblick fast kindlichen Frau nach einer Antwort. Aber sie schwieg.

»Es ist nichts«, sagte sie schließlich, »ich habe nichts von ihm gehört. Es wird ihm sicher gut gehen.« Laya stand auf: »Ich muss mich bei Odame melden, ihr sagen, dass ich zurück bin.« Sie ging zur Tür.

»Danke, dass du mir geholfen hast«, sagte ich. Und hatte das Gefühl, als umklammere ein eiserner Handschuh mein Herz.

Die Sonne lag an diesem Morgen hinter einem dichten Teppich aus milchig weißen Wolken, es herrschte eine drückende Schwüle. Das flirrende Licht schien die verwirrende Intensität jener Vision zu haben, die ich im Mammy-Water-Tempel hatte. Meine Augen gewöhnten sich gerade an diese Helligkeit, als ich sah, dass Laya wenige Schritte von meiner Hütte entfernt vor einer großen Frauengestalt, die ich im Gegenlicht nicht erkennen konnte, in die Knie ging und ihr die Hand küsste. Eine Weile verharrten die beiden so, dann stand Laya auf und beide umarmten sich lange. Laya lief hinüber in den *compound*, wo sie verschwand.

Ich konnte mich nicht mehr aufrecht halten. Vor Schmerzen ließ ich mich auf den Boden vor der Hütte fallen. Die dunkle Gestalt kam zu mir; ihr Gesicht konnte ich gegen die Helligkeit nicht erkennen, es schien dunkel wie eine schlafende Maske zu sein. Ich sah zu der Person, die Laya so ehrfurchtsvoll begrüßt hatte, empor wie ein Baby, das auf seine Mutter sieht.

Ich versuchte, meinen *wrapper* fester um mich zu schlingen. Meine Fingerkuppen waren voll rotbrauner Erde, meine Nägel darunter abgebrochen. Meine Fußsohlen schmerzten, als wäre ich barfuß über weite Entfernungen gelaufen. Reflexartig blickte ich hinunter; meine Sohlen sahen aus, als ob sie verbrannt wären. All diese Eindrücke wurden zusätzlich von dem schweren Blick belastet, der auf mir ruhte.

Oke drückte mich in eine Liegeposition, packte beherzt meinen Knöchel und drehte meine Fußsohlen so, dass sie sie untersuchen konnte. Ihre Mundwinkel zeigten bedrohlich abwärts. Okes Hand hielt mein Fußgelenk eisern fest. Wie hatte ich, ausgestreckt auf einer Schlafmatte liegend, mir die Laufflächen meiner Füße verbrennen können? Und wie konnte es sein, dass Oke bereits auf eine Behandlung vorbereitet war?

Diesmal förderte sie aus einem speckigen Stoffbeutel feucht-grüne, rund geformte Blätter zu Tage, die etwa die Größe von Feigenblättern hatten. Sie drückte die Blätter gegen meine Fußsohlen, was zunächst den Schmerz verstärkte, gleich darauf aber kühlend wirkte. Routiniert behandelte sie so beide Fußsohlen, verwehrte mir aber einen Blick darauf. Etwas später ließ sie die Blätter wieder in ihrem Beutel verschwinden, rieb eine Paste in meine Füße ein, stand auf und ging, ohne ein Wort zu mir gesprochen zu haben.

Ratlos untersuchte ich meine Füße: Die Sohlen waren zwar stark gerötet, doch weit davon entfernt, verbrannt auszusehen. Sie wirkten eher stark durchblutet. Die Paste färbte meine Füße zusätzlich rot, fast wie mit Henna bemalt. Ein leichter Wind kam auf und die bunten kleinen Vögel in den Bäumen zwitscherten laut. Eine kleine bunte Feder fiel in meinen Schoß. Wunderbare Ruhe überkam mich. Ich streckte mich auf dem warmen Boden aus, bedeckt von dem Schatten eines großen Baumes, auf dessen Wurzeln mein Kopf ruhte, und nickte ein. Die Stimme Layas weckte mich: »Ich muss zurück zum Palast«, sagte sie. »Oke bittet mich, einen Botengang für sie zu machen. Aber du wirst auch ohne meine Hilfe zurechtkommen. In den nächsten vier Tagen wirst du bei Urika lernen. Sie spricht sehr gut Englisch.«

»Kommst du denn nicht zurück?«

»Noch brauchst du mich nicht«, antwortete Laya vielsagend.

Das Herz Afrikas

Für mich hatte die Zeit begonnen, in der ich mich nach Luft und Erde mit dem männlichsten aller Elemente befasste – dem Feuer. Urika war die Priesterin des Feuergeistes, jenes Gottes, dessen Altar für alle unübersehbar in der Mitte des *compounds* stand. Sein Instrument ist die Trommel. Nicht viele Frauenbünde weisen wie Odames Kult Frauen in den Gebrauch der Trommel ein. Deren Frauen pflegen eine Tradition, in der Frauen ebenso wie Männer alle Elemente verehren dürfen. Meine Mitschülerinnen lauschten wohl deshalb umso begieriger Urikas Unterweisung, galt es doch, hier fremdes männliches Terrain zu erobern. Wir hatten uns dazu am Rande der Lehmhütten außerhalb des *compounds* niedergelassen, damit unser Getrommel den anderen Frauen nicht zu sehr auf die Nerven ging. Ich fand es einen spannenden Gegensatz, dass ausgerechnet die große, hagere, vielleicht sogar ein bisschen verbittert wirkende Urika uns im Trommeln unterrichten sollte. So etwas hätte ich eher der drahtigeren Ajira oder der fröhlichen Kome zugetraut.

Urika ging den Unterricht pädagogisch geschickt an. Sie fragte: »Du kannst doch ein bisschen Yoruba. Weißt du, was in dieser Sprache *Vater* heißt?«

»Baba«, gab ich als Antwort. Und schon lachte Urika. Ich blickte sie irritiert an. Was war denn daran falsch?

Urika nahm ihre fellbespannte Trommel, in deren Mitte

sich zwei dicke Wachskleckse befanden und deren Korpus aus einem nicht zu dicken Kürbis bestand. Mit ihren beiden schwieligen Händen klopfte sie auf die Wachsflecken: ba-ba. Beide Male war das »a« ein tiefer Ton, der sehr väterlich klang. Nun schlug sie noch einmal, diesmal jedoch beim zweiten »ba« auf den Rand der Trommel, was ein helles »ba« ergab. Gerade so, wie ich es ausgesprochen hatte. Nun erklärte sie mir den Unterschied: Das letzte hieß *klein.* Was das Gelächter erklärte. Um meine Verwirrung komplett zu machen, schlug sie anschließend neben die Wachskleckse und dann darauf: mittel/dunkel. Das hieß groß. Eine vierte Ba-ba-Kombination hieß *Getreide.* Ein achtsilbiges Ge-baba hieß *großer kleiner Vater Korn.* Ich schnaufte tief durch: Wie sollte ich so etwas erlernen?

Urika verfügte über ein ihrem Stand entsprechend umfangreiches Arsenal an Trommeln. Die runde, die ich kennen gelernt harte, war nicht die berühmte »sprechende Trommel«. Die trägt nämlich oben und unten ein Fell, dazwischen einen sanduhrförmigen Korpus, der mit längs gespannten Schnüren umrahmt ist. Diese Trommelart klemmt man unter die Achselhöhle. Wird mit einem gebogenen Schlägel gegen eine Fellseite geklopft, so werden gleichzeitig die Schwingungen und Töne durch das Drücken des Arms gegen die von Fellseite zu Fellseite gespannten Schnüre verändert. So entsteht eine wesentlich kompliziertere Klangfolge. Die Wissenden verstehen diese Sprache und können sich auch über große Entfernungen Botschaften senden.

Ich hatte die Trommel vor allem für ein Rhythmusinstrument gehalten. Doch sie ist weit mehr, wie Urika mir zeigte: Die Trommel kann sprechen. Dabei erreicht sie nicht nur das Hirn, sondern auch das Herz, sogar den ganzen Körper! »Die Trommel ist ein Bote zwischen Körper und Seele«, erklärte Urika, »du kannst sie wie Medizin benutzen. Sie entspannt dich. Sie kann dir aber auch helfen, dich zu konzentrieren. Nimm dir einfach einmal eine Trommel, setz dich irgendwohin, wo du niemanden störst. Du wirst merken, dass die Trommel dich gesund machen kann, wenn es dir schlecht geht!«

Mit den beiden Frauen, mit denen ich schon in der Schwitzhütte ganze Bäche von Schweiß verloren hatte, sowie zwei jüngeren Frauen, die ich in Urikas »Trommelkurs« zum ersten Mal sah, saß ich in der brütenden Sonne. Urika hatte uns große, sanduhrförmige Trommeln anschleppen lassen. »Du wirst es jetzt selbst versuchen«, ermunterte sie mich in Englisch, nachdem sie es den anderen Frauen in der Stammessprache gesagt hatte, »aber es geht nur, wenn du auf dein Herz hörst. Es gibt dir den Rhythmus vor. Und vergiss, was die anderen neben dir tun.«

Anfangs fiel es mir nicht leicht, mich auf die Trommel einzulassen. Durch die ungewohnte Körperhaltung – ich saß vornübergebeugt, das dickbauchige Instrument klemmte zwischen meinen Beinen – verspannte ich mich. Mein Wunsch, alles »richtig« zu machen, um eine Afrikanerin zu werden, entfernte mich zunächst innerlich von ihr. Meine Hände patschten hilflos, orientierten sich am Rhythmus der anderen, die Handflächen schmerzten. Meine Augen suchten Urikas Beistand, aber sie war längst mit ihrer Trommel verschmolzen. Wie machte sie das nur?

Es gab keine Pause. Die Mittrommlerinnen saßen mit Hingabe versunken. Und ich suchte meinen Rhythmus. Nicht aufgeben, rief meine innere Stimme. Meine Handflächen flogen auf das Fell, meine nackten Beine spürten die harte Schale des getrockneten Kürbisses, die Schwingungen erreichten mich. Endlich schloss ich die Augen, sah die zylindrischen Stämme des Baobab, des Affenbrotbaums, der so unbeweglich den Zeiten trotzt. Die Gluthitze, die der Himmel auf die

Erde schickt, ließ die Luft kaum merklich vibrieren, versetzte den Boden, auf dem ich saß, gleichzeitig in Schwingungen. Ich glaubte, das Blut in meinem Körper zu sehen, hatte das Gefühl, den Herzschlag von Erde und Sonne in mir zu spüren. Längst hatte ich vergessen, was ich tat, was mein Körper dazu sagte; ich war nur noch Gefühl. Stunden muss ich mich in diesem Zustand befunden haben.

Nicht Urikas Trommel holte mich aus meiner Entrückung zurück, sondern eine Art von Wind, der meine schweißnasse Haut umschmeichelte. Erst nach einiger Zeit begriff ich, dass es beständiges Rasseln war. Es ging aus von einem *sere* genannten Instrument, einem kleinen, getrockneten Kürbis, in dessen hohlem Inneren die Kerne gegen die Außenhaut schlugen. Das leichte, lockernde Geräusch befreite mich von der schweren Schwingung der Trommel, entspannte mich.

Wir lernten auch, die Rassel leicht und spielerisch zwischen Daumen und Zeigefinger zu halten. Wie die Trommel folgt sie nicht einem vorgegebenen Rhythmus. »Lausche auf die Gefühle, die aus deinem Körper herausfließen«, sagte Urika. Denn erst dann tritt das Zusammenspiel zwischen Geist und Körper ein. »Wenn du es richtig machst, trennst du die beiden voneinander. Damit der Geist frei und unbeschwert auf Reisen gehen kann«, versprach Urika. Und sie meinte damit jenes wundervolle Erlebnis im Tempel, als ich das Licht der Klarheit sah und die Stimmen hörte. Während die Trommel mit ihren dynamischen Schwingungen in jenem Körperbereich wirkt, der unterhalb des Kopfes liegt, kam es mir immer so vor, als wirbelten die Kürbiskerne der *sere* in meinem Kopf, machten ihn leicht, öffneten mich in gewisser Weise »nach oben«, wohingegen die Trommel die Verbindung »nach unten« darstellte. Diese gegensätzliche Paarung hebt Wirkungen auf – oder leitet sie ein.

Ich versuchte mich an diesem Abend noch einmal an der Trommel. Als das Feuer neben dem Tanzplatz bereits brannte, setzte ich mich hinter die Trommel. Wieder war für mich der Anfang das Schwerste, aber ich ignorierte meine Hemmungen, indem ich mir sagte: »Ich will keine Show für die anderen abziehen. Ich tue es für mich selbst. Mir ist jetzt einfach danach.« Mein erstes zögerndes Bam-bam-bum-bum lockte die Rundliche der beiden Mitschwitzerinnen, wie ich sie insgeheim immer nannte, an. Sie setzte sich neben mich, begann genauso zögerlich wie ich. Unser Blick kreuzte sich. Sie lachte mich an. Erstaunlich! Nach Tagen suchte sie wortlosen Kontakt zu mir. Über die gemeinsame Stimmung, die uns verband! Ich lächelte zurück. Und dann fingen wir an.

Die Dritte aus der Hütte, Trommel-Neuling wie wir beide, gesellte sich zu uns. Erst der fragende Blick. Dann hatten wir drei eine Schwingung. Was sollte das ganze Reden! Es ging ums Fühlen. Wir trommelten einfach drauflos. Keine Ahnung, wie lange. Wieder einmal schwitzten wir ganz schrecklich, aber es machte Spaß. Irgendwann kamen andere Mädchen mit Trommeln, die ich schon öfters in diesen Tagen harte tanzen, aber noch nie trommeln sehen, und verstärkten unseren Kreis. So abschreckend kann unser Sound nicht gewesen sein. Denn immerhin nahm ich irgendwann wahr, dass sogar einige der Mädchen und auch ältere Frauen, die als Helferinnen der Priesterinnen immer anwesend waren, sich zu unserem Getrommel anmutig auf dem Tanzplatz bewegten.

»So schlägt das Herz Afrikas«, dachte ich, »im Takt der Trommel.« Es ist kein Instrument für die Kunst, es ist eines für das Herz. Die Trommel baute wortlos Brücken zwischen den vielen Frauen, die ich alle niemals namentlich kennen lernen konnte, und mir. Gemeinsam fühlten wir uns wohl, weil der gleiche Rhythmus in uns pulsierte. Irgendwann verließ ich völlig außer Atem meinen Platz hinter der Trommel, suchte mir einen am Rande der Tanzfläche, wo ich ausgepowert, aber glücklich schnaufend durchatmete.

Inzwischen tobten und tanzten an die vierzig Mädchen und Frauen im Schein des Feuers. Die Jüngeren, die über eine bessere Kondition als ich verfügten, wechselten von der Trommel auf den Tanzplatz – und umgekehrt. Ein harmonischer Wechsel, als flössen die Energien der Frauen regelrecht ineinander. War das nicht Odame, die da tanzte? Natürlich. Die alte Mammy-Water-Priesterin bewegte sich mit leicht schlurfenden Schritten hin und her, die Arme anmutig angewinkelt, die Augen fast geschlossen, versunken in sich selbst. Auch viele der anderen Alten ließen sich von der an diesem Abend entspannenden Musik lockern, während junge Mädchen zu der gleichen Musik schneller und ausgelassener tanzten – ein angenehmes, leichtes Miteinander.

Am Vortag hatten einige der ganz jungen Mädchen, die nun noch hinzukamen, gemeinsam mit Unka kleine Bändchen mit Glasperlen gestaltet, die sie um ihre Fußfesseln trugen. Kleine Glöckchen saßen zwischen dem bunten Schmuck, die eine helle, willkürliche Melodie anstimmten. Eine Melodie, die nicht nur meine Ohren erfreute, sondern auch die jungen Männer anregen würde, welche die Mädchen eines Tages verführen würden. Die Tänze, in denen sie sich an diesem Abend übten, nahmen das Spiel mit dem anderen Geschlecht vorweg, begleitet von gelöstem Teenager-Gekicher.

Die Formationen, die sich bildeten und lösten, ergaben nach und nach einen Sinn für mich: Während einige einen Kreis formten, tanzten andere in der Mitte. Die äußeren Tänzerinnen drehten sich seitlich zu den inneren, schoben ihre Bäuche nach vorn und ließen kreisen, was ihnen an Körperrundungen bereits von Mutter Natur gegeben war. Sie rückten immer näher zusammen, die Schenkel berührten sich,

Bäuche und Brüste schmiegten sich aneinander, um sich wieder voneinander zu entfernen. Die Trommel begleitete die lasziven Bewegungen mit einem ähnlichen Seufzen und Stöhnen, wie es sich aus den Mündern der Tänzerinnen erhob. Schließlich mündete die gemeinsame Bewegung unter den nun wilden Schlägen der Trommel, die zu empfinden schien, was die Tänzerinnen fühlten, in eine große Umarmung, ein harmonisches Einswerden, das von Summen und Singen begleitet wurde. Die Mädchen weiteten den Kreis, klatschten und lachten.

Körperlichkeit wurde erprobt, völlig frei, denn junge Männer hatten hier keinen Zutritt. In einem anderen Rahmen, zu einer anderen Zeit würde dieser Tanz gewiss sein Ziel erreichen. Es war die Probe für den großen Auftritt. Sexualität ist auch in Afrika mit Tabus besetzt und wird nicht offen gezeigt, drückt sich aber im Tanz aus. Sehr direkt und sinnlich. Andererseits führte mir dieser erotische Tanz vor, was ich selbst kurz zuvor hinter der Trommel gespürt hatte: Wenn sie den Takt vorgibt, beginnt das Herz Afrikas zu schlagen, damit das enge Miteinander der Frauen entstehen kann. Das verborgene Herz Afrikas liegt im Gefühl der Frauen zueinander. Ganz deutlich hörte ich das in ihrem befreiten Lachen, das tief aus ihrem Bauch aufstieg, alle Sinne erfasste und öffnete.

Obwohl der Tanz in Urikas Zuständigkeit fiel, genoss sie in dieser Nacht das Zusehen. Ihr Blick folgte gelegentlich dem unbeschwerten Tanz der Glühwürmchen, während sie gedankenschwer an ihrer Pfeife zog. Der starke, süßlich aromatische afrikanische Pfeifentabak entfaltete ein angenehmes Aroma, das mich zu der alten Priesterin hinzog. Urika benutzte ein extrem langes schwarzes Pfeifenrohr, dessen Kopf auf dem Boden ruhte. Bis zu diesem Abend harte ich wenig mit ihr gesprochen, hielt sie für ziemlich verschlossen.

Auf dem Gesicht der 60-Jährigen, auf dem sich nie der Widerschein ihrer Emotionen abzeichnete, spiegelte sich lebendig der Schein der Flammen, deren heißem Element sie diente. Obwohl die schwere Frau so reglos dem Tanz der anderen zusah, schien sie innerlich daran Anteil zu haben.

»Ich habe dich beobachtet«, sagte Urika zu mir, ihrer Schülerin. »Die Trommel hat dich befreit von einem großen Druck, der auf dir lag.« Ich sah meine Lehrmeisterin überrascht an. Es war das erste Mal, dass eine der älteren Frauen so offen mit mir sprach!

»Das hat gut getan«, antwortete ich ehrlich.

»Du hast lange gebraucht, um die Stimme der Trommel zu hören«, sagte sie und ihr großer Kopf nickte bedächtig.

»Ich habe das vorher noch nie gemacht. Ich hatte befürchtet, dass die anderen sich über mich amüsieren würden.«

Urika lächelte weise: »Viele Menschen leben zu sehr mit dem Kopf«, sagte sie. Sie hatte zwar nicht gesagt: *weiße* Menschen. Ich jedoch bezog ihre Worte eindeutig auf mich.

»Das ist mein großes Problem«, gab ich zu, »denn in der weißen Kultur, aus der ich stamme, haben es Menschen, die sich von ihrem Gefühl leiten lassen, oft schwer. Darum unterdrücken sie ihre Emotionen.« Gerade für mich als Managerin waren sie geradezu verpönt, hätte ich hinzufügen mögen.

»Oh, das ist nicht nur in deiner Kultur so!« Urika verdrehte die Augen. »Ich habe nicht immer hier gelebt. Eine Zeit habe ich in den Städten verbracht. Glaube mir, ich weiß, wovon du sprichst.« Sie zog an ihrer Pfeife und blickte dem Rauch sinnierend nach: »Ich würde dort nicht wieder leben wollen. Es macht die Menschen krank, wenn sie nur noch ihrem Kopf folgen und nicht mehr auf ihren Bauch hören.«

Odame hatte uns zwar bereits in ihrer Lektion im blauen

Tempel von Mammy Water nahe gebracht, dass das Leben einer Afrikanerin traditionell in drei Schritten abläuft. Und der letzte, nach den Wechseljahren, eigentlich der interessanteste ist. Das jedoch sagte nichts aus über das Leben der Priesterinnen *vor* ihrer Zeit im Kult. »Kommst du denn nicht aus Williams Dorf?«, fragte ich Urika vorsichtig.

»Oh nein, ich komme aus einer ganz anderen Gegend. Viele hundert Kilometer von hier. Meine Familie stammt aus Benin.« Urika machte eine kleine Pause, dann holte sie tief Luft, bevor sie sagte: »Die Zukunft liegt nun einmal in der Vergangenheit, also musst du deine Vergangenheit kennen, um deine Zukunft glücklich gestalten zu können. Aber mir ging es wie vielen Menschen in der Großstadt. Sie kennen ihre Vergangenheit nicht. Sie leben einfach vor sich hin. Sie stellen sich auch nicht die Frage, warum sie unglücklich sind. Würden sie anfangen, darüber wirklich nachzudenken, dann würden sie irgendwann beginnen, sich über ihre Vergangenheit Gedanken zu machen.« Wieder folgten ihre Augen dem Tanz der Glühwürmchen: »Ich stamme aus einer katholischen Familie, meine Eltern wanderten mit meinen Geschwistern nach Nigeria aus. Mein Vater glaubte, dort mehr Geld verdienen zu können.« Doch das Gelobte Land im Osten des damaligen Dahomey zeigte sich den Neuankömmlingen gegenüber spröde; Armut, der sie zu entkommen gehofft hatten, umgab sie. »Mein Vater hatte nicht mal das Geld, um mich in die Schule zu schicken«, sagte Urika. »Wir lebten in Ibadan, gemeinsam mit Millionen von anderen Menschen, die keine Hoffnung hatten. Wir wohnten im Slum. Aber ich wusste, nein, ich fühlte, dass das nicht richtig war, obwohl ich nichts anderes kannte.« Sie sah mich kurz an: »Und weißt du, wieso ich es fühlte? Weil ich von meiner Großmutter träumte. Sie erschien mir immer wieder. Ich fragte meine Mutter. Und sie erzählte mir von ihr. Die ersten

Jahre meines Lebens hatte ich bei ihr verbracht. Aber ich hatte das alles vergessen! Es war zu lange her.«

»Du hast daran gelitten, dass du deine eigenen Wurzeln verloren hattest«, sagte ich.

»Ich sehe, du hast gelernt«, sagte Urika und lächelte mich an. »Ich kenne wenige Weiße, die zu uns kommen, um von uns zu lernen. Sie wollen immer, dass wir von ihnen lernen. Du kannst zuhören. Weiße reden sonst sehr viel. Das ist gut, dass du zuhören kannst.«

»Danke«, sagte ich.

Urika schüttelte den Kopf: »Ich bin eine alte Frau. Ich mache einer jungen keine Komplimente. Ich möchte dir etwas von meinem Leben erzählen. Nicht um dir zu sagen, wie gut oder wie schlecht ich es hatte. Sondern damit du es weißt. Du hast noch viel vor mit deinem Leben. Und darum ist es gut, wenn du etwas von meinem Leben weißt.« Noch einmal schenkte sie mir einen kurzen, offenen Blick, bevor sie wieder die Glühwürmchen studierte: »Was weißt du von deinen Großmüttern?«

Ich schluckte. In meinem Kopf war eine große Leere. Wie weit Deutschland entfernt war! Ich dachte einen Moment nach: »Nicht viel«, sagte ich, »die Mutter meiner Mutter war eine liebe Frau, die viele Kinder hatte und hart arbeitete. Aber ich habe sie nur selten gesehen. Vaters Mutter zog meinen Vater allein groß; sie hatte ein hartes Leben, das sie hart gemacht hat.«

»Sie lebte ohne ihre Familie, sagst du? Einsamkeit ist nur für die gut, die ohnehin schon stark sind. Aber die anderen werden nur durch die Gemeinschaft stark. Darum leben wir Frauen zusammen mit anderen Frauen. So wie die Männer zusammen mit Männern leben.« Sie sah hinüber zu den jungen Mädchen. Jedes weitere Wort wurde durch diesen Anblick überflüssig. »Wenn ich dir also von meinem Leben erzähle, dann höre die Worte einer alten Frau, als wären es die Worte, die deine Großmutter zu dir sagt.«

Eine eigentümliche Atmosphäre von Anspannung und liebevollem Aufgenommenwerden lag in der warmen Luft dieses späten Abends.

Eine traurige Liebesgeschichte

Urikas Pfeife war erloschen; sie machte keine Anstalten, sich eine neue zu stopfen. »Übermutig greifen die Hände des Feuers in die Nacht hinein. Es verliert seine Kraft und vergeht an sich selbst. So ist die Jugend. So sind wir alle. Und wir wissen es. Aber es ist nicht zu ändern. Sonst gäbe es kein Feuer und keine Jugend. Das Feuer erlischt, die Sonne entzündet ein neues.«

»Hat das Feuer deiner Jugend hell gebrannt?«

»Hast du einmal gesehen, was passiert, wenn sich zwei Feuer sehr nahe kommen?«, fragte mich Urika. »Für einen Moment stoßen sie sich ab, dann werden sie zu einem noch viel stärkeren Feuer«, gab sie sich selbst die Antwort. »Alles, was zwischen ihnen war, verbrennt. Es bleibt nur Asche.«

Mir lief ein Schauer über den Rücken. Was meinte sie mit diesem Bild der Zerstörung? Etwa eine eigene, längst vergangene Liebe, von der nur ein Haufen Asche übrig geblieben war? Kam daher dieser Ausdruck der Verbitterung, den ich manchmal in ihrem Gesicht zu sehen meinte? Ich traute mich nicht, noch etwas zu sagen. Urika fuhr nach einer Weile fort: »Auch aus Asche entsteht neues Leben. Nur dauert es lange. Geduld ist die Stärke der wenigsten Menschen. Sie sehen Asche und wissen nicht, dass sie bereits den Neubeginn in sich trägt.« Wieder schwieg Urika, sah ihren Schülerinnen zu, die aufs Neue in einen ausgelassenen, sinnlichen Freudentanz gefunden hatten.

»Hat das Feuer deine Liebe verbrannt?«, fragte ich, dachte aber an ein tatsächliches Feuer, nicht jenes der Leidenschaft.

»Du willst also eine traurige Geschichte hören?« Ich nickte zaghaft und ahnte nicht, dass ich im Begriff war, an ein Familiengeheimnis zu rühren, das mich nicht nur direkt betraf, sondern mein weiteres Leben beeinflussen würde. Urika erzählte mir zunächst, dass ihr Vater als Arbeiter geholfen hatte, die Universität von Ibadan mit aufzubauen. Das war 1948 und Urika für eine unverheiratete Frau »sehr alt« – über zwanzig. Sie verkaufte gemeinsam mit den Geschwistern auf dem entstehenden Campus Speisen, die die Mutter gekocht harte. 15 Jahre nachdem die Familie die Heimat verlassen hatte, begann sich ein Reichtum einzustellen, der sich danach bemaß, dass alle satt wurden. Die ersten schwarzen Studenten wurden bestaunt wie Exoten. Bis dahin harte die Oberschicht ihre Söhne nach England geschickt. Einer dieser Söhne war Charles.

»Er kam jeden Tag, um sich bei mir etwas zu essen zu kaufen. Als ich seinen Geschmack kannte, kochte ich schon frühmorgens Speisen eigens für ihn, die er sich dann bei mir holte.« Sie lächelte. »Ja, so machte ich ihn auf mich aufmerksam.« Urika verließ ihre Familie. Von den ersten 23 Jahren ihres Lebens hatte sie 18 in Ibadan verbracht. »Ich mochte diese große Stadt nie. Als Charles mich fragte, ob ich seine Frau werden wollte, war ich glücklich. Denn er eröffnete mir, dass ich mit ihm und seiner ersten Frau hier leben durfte, wo es Bäume und Wasser gibt.«

»Er war bereits verheiratet?«, fragte ich.

»Oh, Charles stellte mich seiner ersten Frau vor. So wie es die ungeschriebenen Gesetze unseres Stammes verlangen.

Sally, so hieß Charles' erste Frau, und ich, wir mochten uns sehr.« Keinerlei Eifersucht klang aus Urikas Worten. Ganz im Gegenteil: Dass Charles verheiratet war, war eine Selbstverständlichkeit. »Alle potenten Männer haben mehrere Ehefrauen. Das muss so sein«, fügte Urika ausdrücklich hinzu. Erst nach der Geburt des ersten Kindes wurde Urika formell in die Gemeinschaft der Stammesfrauen aufgenommen – genau ein Jahr nach ihrer Heirat.

»Charles war ein guter Mann, er sorgte für mich und unser Kind«, sagte Urika. Urika und Sally, die sogar noch etwas jünger als Urika war, zogen die insgesamt drei Kinder gemeinsam groß. Urika hatte in einen großen Clan hineingeheiratet und verstand allmählich, welche Rolle ihrem Charles zufiel: »Er sollte als ältester Sohn Nachfolger seines Vaters werden. Als König.«

Ich stutzte: Wie viele dieser Könige mochte es geben? Wer war dieser Charles? Ich hielt an mich und lauschte Urikas Worten.

»Charles reiste viel, war wochenlang unterwegs, sein Studium war auch noch nicht beendet. So ließ er seine Frauen viel alleine. Die Stammessprache lernte ich schnell. Und ich mochte die Rituale und Traditionen.« Lernen fiel Urika nie schwer, denn von Kindesbeinen an musste sie sich – neben der Stammessprache ihrer Eltern – mit drei ihr fremden Sprachen vertraut machen: dem offiziellen Französisch ihres Heimatlandes Benin, der Yoruba-Sprache der Gegend um Ibadan und dem Englischen, der Amtssprache Nigerias. In der neuen Umgebung kam Charles' Stammessprache hinzu. Dass seine erste Frau Sally die Rolle der künftigen Königin mit all den damit verbundenen Verpflichtungen übernehmen würde, war Urika klar. Als zweite Frau hatte jedoch auch sie eine bedeutende Aufgabe – die Pflege der Traditionen. Doch die galt es zunächst zu lernen.

»Ich kam hierher so wie du. Als Initiandin in die alten Bräuche von Charles' Familie.« Allmählich ging mir der tiefere Sinn unseres nächtlichen Gesprächs auf. Urika wollte mich auf eine Parallele zwischen ihrem und meinem Leben aufmerksam machen.

Im Clan freundete sie sich mit Kalla an, deren Mann William sich noch seltener im Palast blicken ließ als Charles: William war Charles' ein Jahr jüngerer Bruder und studierte in England. William? Meine Aufmerksamkeit wuchs. Urika bezeichnete Kalla als Schönheit. Sie hatte sehr helle Haut und war wesentlich jünger als Urika. Während William noch in England war, begann eine Liebschaft zwischen Urikas Mann Charles und ihrer Schwägerin Kalla.

»Charles hatte sich mit der ›Krankheit der Weißen‹ infiziert. Aber wir anderen wussten es nicht.« Es war Hepatitis; Charles steckte zuerst Kalla damit an. Kalla übertrug den Virus auf ihre eigenen Kinder, die wiederum Urikas kleinen Sohn ansteckten. Zuerst raffte der Virus die Kinder dahin, dann Kalla und Charles' erste Frau Sally, schließlich starb Charles selbst. Nur Urika blieb übrig. Eine Fremde, zur damaligen Zeit Tagesreisen entfernt von der Heimat.

»Die Ahnen unseres Stamms verlangen, dass der nachgeborene Sohn einer Familie die Witwe seines älteren Bruders zur Frau nimmt.« Urika sprach emotionslos. Eigentlich hätte alles zusammengepasst, wenn es nach dem Willen der Ahnen gegangen wäre: William und Urika, beide verwitwet, beide betrogen, sollten die Familie weiterführen und wurden folglich verheiratet. Doch so einfach geht das auch in Afrika nicht.

»William hatte in England eine weiße Frau gefunden, die er heiratete. Ich galt zwar als seine erste Frau, aber er hat mich nie als seine Frau angesehen. Er kam selten zu uns in den Palast. Einmal brachte er seinen Sohn mit, um ihn den

Ältesten vorzustellen. Der Junge war fast weiß. Er trug Windeln und einen Anzug, wie ihn die erwachsenen Männer in der Stadt anhaben. Dann reiste William wieder mit ihm ins Land der Weißen. William kam erst zurück, als sein Vater gestorben war und seine weiße Frau sich von ihm scheiden ließ. Da war das Feuer meiner Jugend bereits erloschen.«

Was Urika mir erzählte, betraf mich tatsächlich. Es war die Geschichte von William. Das kleine Kind in Anzug und Windeln war niemand anders als mein Prinz, mein Victor. Ausgerechnet von dieser um ihr Leben betrogenen Frau wurde ich in die Sitten und Gebräuche seines Stammes eingeweiht: von Williams rechtmäßiger Frau, von Victors Stiefmutter. So musste man Urika nach unseren Maßstäben wohl nennen. Betroffen und beschämt über die Taktlosigkeit, mit der Williams Clan mit Urikas Gefühlen umsprang, schwieg ich.

Nach einer Weile begann Urika, wieder zu sprechen: »Ich habe mein Schicksal angenommen. Ich schloss mich Odame an. Was meine Großmutter mir in meiner frühen Kindheit beigebracht harte, erlernte ich wieder. Stück für Stück kehrte meine Erinnerung zurück. Wir roden unsere Felder oft mit dem Feuer; sobald der Regen auf die Asche fällt, sprießt neues Leben. Ich musste erst sehen, wie das Feuer des Lebens alles zerstörte, um daraus neue Kraft zu schöpfen. Vielleicht hätte ich sonst nie zu Odame gefunden, könnte nicht dem Geist des Feuers dienen. Ich habe meine Bestimmung gefunden und kann dir meine Geschichte erzählen, während wir hier am Feuer zusammensitzen.«

»Weiß Victor all das?«, fragte ich.

»Wasser zweier Quellen tragen Victor. Die eine entspringt in den Bergen und führt klares, junges Wasser mit sich. Die andere Quelle entspringt weit hinten im Land. Ihr Wasser ist rot gefärbt vom Blut unserer Mutter Erde. Victor vereint diese beiden Wasser in sich.« Urika seufzte schwer, bevor sie fortfuhr: »Victor glaubt an den Gott der Weißen. Er benennt ihn mit einem anderen Namen und ehrt seine Kraft auf andere Weise als wir. Ich weiß, dass es derselbe Gott ist, der uns liebt. Möge er Victor die Zeit geben, dass das junge Wasser der Berge, das ihn zu uns zurückbrachte, sich mit dem alten Wasser der Heimat, das die Farbe unserer Erde hat, zu einem mächtigen Strom mischt, der Victor und dich trägt.«

Diese Antwort Urikas werde ich nie vergessen; sie war wie ein Orakel. Ich dachte zu jener Zeit öfters an einen Spruch, den mir meine *Beraterin* Mila aus Lagos mit auf den Weg gegeben harte. Mila verstand sich auf schwarze und weiße Magie, die gute und die schlechte Seite des magischen Handwerks einer Hexe. Nachdem sie das Orakel geworfen hatte, las sie darin zunächst etwas Gutes: »Du wirst einen Mann treffen. Er ist anders als alle anderen.« Dann aber vertiefte sie sich erneut in die Lage der kleinen weißen Kaurischnecken und gab ihren typischen hässlichen Schnalzlaut von sich, der ihr Missfallen zum Ausdruck brachte: »Du musst auf euer Glück aufpassen. Da ist etwas, das gegen eure Liebe arbeitet. Es kann sein, dass es diese Liebe zerstört.«

Die zwei Quellen, deren Wasser Victor trugen – Urika meinte Europa und Afrika. Und ich wusste nur zu gut, dass es Victor bislang keineswegs gelungen war, diese beiden Energien in sich zu vereinen. Im Gegenteil – er litt darunter, war ein Zerrissener. Konnte die Zeit einer Initiation reichen, um die beiden Wasser seiner Herkunft zu einen? »Ich bete für Victor«, sagte Urika. »Denn es gibt in seiner Familie einige, die sich große Sorge um die Zukunft des Clans machen.«Deutlicher wurde sie nicht. Aber ich hatte verstanden. Nur wenn Victor die Zerrissenheit seiner Herkunft überwand, hatte er die Stärke, die seine Familie brauchte. Niemals hätte die alte Frau offen ausgesprochen, dass sie ihren Stiefsohn für einen untauglichen Nachfolger seines Vaters hielt.

Oder, was noch undenkbarer gewesen wäre, dass sie die Pläne ihres Mannes William für falsch hielt. So weise eine Frau auch war, es stand ihr nicht zu, ihren Mann zu kritisieren.

Ich schickte einen vorsichtigen Blick zu meiner weisen Lehrmeisterin: »Und wenn Victor es nicht schafft? Wenn er immer spürt, dass ihn zwei Wasser tragen?«

Urika hob das Kinn, sah hinüber aufs Feuer. »Das wird der Rat der Ältesten herausfinden.« Dann schwieg sie. Und ich wusste, dass sie selbst diesem Rat angehörte, denn Urika hatte ihren festen Platz neben Odarne, der Ältesten. So also sah sie aus, die Macht des Geheimbundes der Frauen: Offene Kritik an den Männern wurde nicht geübt. Keine Konfrontation, sondern Abstimmung der Frauen untereinander, auch und gerade über das Schicksal der mächtigsten Männer im Clan. So beklemmend diese Erkenntnis auch war, ich suchte gleichzeitig einen Trost in diesen zahlreichen Querverbindungen: Zumindest Urika hatte angefangen, mich zu respektieren.

Die Augen weiterhin auf das lebendig lodernde Feuer gerichtet, sagte Urika: »Die wahre Stärke eines Mannes sind seine Frauen. Die Ahnen haben dafür gesorgt, dass Victor zwei Frauen hat, die so wie die beiden Quellen sind, deren Wasser ihn tragen. Und sie sind beide sehr stark.«

Ich wäre fast aufgesprungen. Urika wusste demnach, wer die andere Frau war, dieses 15-jährige Kind, von dem Victor gesprochen hatte, das er aber selbst nicht kannte. »Wer ist sie?«, fragte ich mühsam beherrscht.

»Du kennst sie bereits.«

»Wirklich? Darf ich ihren Namen nicht wissen?«

»Du wirst erfahren, wer sie ist, wenn die Ahnen glauben, dass der Zeitpunkt der richtige ist.« Sie sah mich mit einem Lächeln an: »Und jetzt geh tanzen. Dein Kopf ist schwer von den vielen Worten einer alten Frau.«

Ich stand auf, mühsam, als lägen schwere Lasten auf mir. Ich überlegte, wie ich dieser würdevollen Frau für ihre Offenheit danken konnte. Immerhin nahm sie im komplizierten Stammesgeflecht den Platz meiner zukünftigen Schwiegermutter ein. Trotzdem konnte ich ihr nicht einfach einen Kuss auf die Wange geben. Ich machte zwei Schritte zu Urika, kniete mich vor ihr hin, nahm ihre schwielige Hand und küsste sie. Ich hatte diese Geste Laya abgeschaut. So hatte sie Oke begrüßt an dem Morgen meines Todestraums unter der Maske.

»Möge Gott dich beschützen, Mitfrau Ilona«, hörte ich Urika sagen.

Mitfrau Laya

Am folgenden Morgen verließ ich meine Hütte noch vor Sonnenaufgang. Ich hatte kein Ziel, lief ruhelos im erwachenden Urwald umher, lauschte den kreischenden Affen, den singenden und streitenden Vögeln. Ihr übermütiges Zwitschern hellte meine Melancholie auf. Als die Sonne ihre glutvolle Scheibe rasch über das Blätterdach schob, hatte ich bereits eine Weile am Wasser gesessen. Ich hob die Hände gen Osten, ließ die Sonne in mich hineinströmen und übte lange das bewusste Atmen, das Ajira mich gelehrt hatte.

Natürlich hatte ich während meines Umherwanderns auch ernsthaft überlegt, ob ich nicht in den Palast zurückkehren sollte, um Victor eine Botschaft senden zu lassen. Er musste erfahren, welche Bedeutung seine eigene Einweihung hatte. Das hatte mir das Gespräch mit Urika bewusst gemacht. Ich verwarf meine Gedanken. Denn dies war die mir damals unlösbar erscheinende Widersprüchlichkeit aller Prophezeiungen, wenn man sie in dem Augenblick verwerten will, in dem man lebt: Das Orakel wies mir die Gefahren, ich suchte nach einem Weg, mit diesem Wissen umzugehen, und fürchtete, dass genau dieses Wissen die beschworenen Gefahren hervorrufen würde: Hätte ich das Dorf der Frauen verlassen, hätte ich versagt. Versagte ich, war das der Beweis, dass ich die falsche Frau für Victor war. Blieb ich andererseits, so konnte ich Victor nicht erreichen. Folglich gab es nur eine

Möglichkeit: mich dem Lauf der Dinge anzuvertrauen – und darauf zu bauen, dass auch Victor Menschen träfe, die ihm die Augen öffneten und dadurch den richtigen Weg weisen würden.

An dieser Stelle harte mich am ersten Morgen der genetzte Leopard am Wasser begrüßt. Sosehr ich mir auch wünschte, die Leopardenfrau wieder zu sehen – sie zeigte sich nicht. Nach langem Warten machte ich mich hungrig auf den Weg zurück zum *compound,* in Gedanken versunken. Meine Sinne waren derart sensibilisiert, dass ich glaubte, eine rufende Stimme wahrzunehmen, gleichzeitig aber dachte, sie käme aus mir selbst. Auf dem schmalen Grat, von dem ich jederzeit stürzen konnte, hieß ich die Stimme zu schweigen. So dauerte es eine Weile, bis ich mir eingestand, dass tatsächlich jemand rief. Ich blieb stehen und lauschte, aus welcher Richtung die Stimme wohl kommen möge. Dann rannte ich los, dem verzweifelten, doch unbestimmten Ruf entgegen. Das Geräusch meiner nackten Füße war auf dem weichen Boden der Fluss-Senkung kaum zu hören. Wohl aber mein keuchender Atem. Plötzlich sah ich: Zwischen dem üppig wuchernden Grün stand blökend eine Ziege, einen dicken Strick um den Hals. Sie stand da vollkommen paralysiert. Wo kam sie her? Wer hatte sie dorthin geführt? Warum war das Tier allein? Langsam ging ich auf die Ziege zu, ruhig auf das Tier einredend.

»Ilona, hier bin ich! Schick sie weg! Bitte!«

Ich schrak zusammen. Die Situation war völlig irreal: Hatte die Ziege mit mir gesprochen? Doch die Stimme, die zur Ziege zu gehören schien, kam aus einer anderen Richtung. Langsam drehte ich mich um meine eigene Achse. An einen Baum gepresst stand Laya, zitternd wie Espenlaub. Etwas oberhalb von ihr, in den Ästen, lag die dunkel genetzte Leopardin, *meine* Leopardendame, die Hinterläufe angezogen, sprungbereit. Keine von uns dreien rührte sich.

»Bist du verletzt?«, fragte ich reflexartig, starrte dabei aber gleichzeitig gebannt und fasziniert die Leopardin an.

»Sie soll weggehen«, jammerte Laya.

»Willst du die Ziege in den *compound* bringen?«, fragte ich. Laya antwortete nicht. In diesem Augenblick fiel mir Bami, ihre Schwester, ein. Alles machte plötzlich einen Sinn: Laya hatte die Ziege aus dem Dorf mitgebracht, damit das Tier für Bamis Genesung geopfert werden konnte. Würde die Raubkatze die Ziege reißen, hätte das sicherlich irgendeine rituelle Bedeutung – welche auch immer. Mein Blick war gebannt auf die gefleckte Schönheit auf dem Ast gerichtet.

»Geh«, sagte ich in meiner Muttersprache, »verschwinde, los, mach schon. Das ist Bamis Opfertier!«

Zunächst geschah nichts. Die Leopardin blieb ungerührt, fixierte mich mit ihren glutvollen Augen. Die Schwanzspitze zuckte unruhig. Die Ohren bewegten sich vor und zurück, als ob sie in alle Richtungen lauschen würde. Nur kurz fragte ich mich, ob eine recht gut im Fleisch stehende Weiße für eine Leopardin nicht ein unvergleichlich köstlicherer Braten sein könnte.

»Such dir etwas anderes zum Fressen. Hau ab!«, rief ich laut.

Sie riss ihr zahnbewehrtes, rosa schimmerndes Maul auf, knurrte, als wäre sie über mein Eingreifen verärgert, und machte sich lässig davon. Die Zweige, die sie geteilt hatte, waren längst wieder in ihre ursprüngliche Position zurückgefedert, als ich immer noch auf das Blattwerk starrte. Leoparden durchstreifen riesige Reviere nach Nahrung. Wahrscheinlich war es nichts Ungewöhnliches, mehrmals einem Leoparden im heiligen Hain weiser Frauen zu begegnen, überlegte ich mir.

Die Ziege jedenfalls erholte sich schneller als Laya und ich von dem gemeinsamen Abenteuer und machte sich auf die Suche nach schmackhaftem Grün. Ich lief hinter ihr her, dem lose baumelndem Strick wie einer Schleppe folgend. Von Dankbarkeit hielt das Tier nicht viel – es lief einfach davon. Für eine Ziege macht es bestimmt keinen Unterschied, wie sie zu Tode kommt – rituell durch Menschenhand oder durch Leopardenzähne. Endlich bekam ich den Strick zu fassen, gemeinsam folgten Laya und ich der Ziege, die wie ein Hund vor uns herlief, als würde sie den Weg zur Kultstätte kennen, sich in das Unabänderliche fügen.

Laya schwieg. »Die Ziege soll sicherlich geopfert werden«, sagte ich, »damit deine Schwester wieder gesund wird?«

Laya schenkte mir einen scheuen Blick: »Mein Vater ist sehr verärgert über Bamis Feigheit. Er sagt, ihr Tod würde die Ahnen besänftigen.« Ich bezog das natürlich auf den Tod der Ziege. Aber Laya fuhr fort: »Meine Großmutter ist jedoch anderer Meinung als mein Vater. Sie sagt, das Blutopfer der Ziege würde ausreichen, um die Ahnen um Vergebung zu bitten und gnädig zu stimmen.«

Langsam verstand ich: Bamis Vater wollte den Tod seiner Tochter, nicht den der Ziege.

»Wenn der Leopard die Ziege gerissen hätte, so hätte dein Vater Recht gehabt. Dann hätten die Ahnen das Opfer abgelehnt?«

»Du bist mit dem Leopard verbunden«, sagte Laya, »nur du konntest es verhindern.«

Ich seufzte. Jetzt ging das schon wieder los! Es war doch wirklich reiner Zufall gewesen, dass ich überhaupt gehört hatte, wie jemand rief. »Laya«, sagte ich matt, wohl wissend, dass ich gegen meinen Ruf kaum noch etwas mit Worten auszurichten vermochte, »wahrscheinlich hätte der Leopard dir und der Ziege gar nichts getan.« Etwas anderes an Layas

Erzählung interessierte mich noch: »Es war Oke, die gesagt hat, das Blutopfer der Ziege würde ausreichen?« Konnte es sein, dass Oke, die so verärgert über die missratene Beschneidung gewesen war, sich trotzdem milde zeigte?

Laya lächelte nachsichtig: »Nicht Oke. Sie ist die Mutter meines Vaters. Ich meine Fara.«

Rasend schnell ging ich die vielschichtigen und undurchsichtigen Verwandtschaftsbeziehungen Victors durch. Fara war doch die Mutter von William, also Victors Großmutter. »Dann ist Victor dein Bruder, so wie Bami deine Schwester ist!«

Endlich verstand Laya, dass ich nichts verstanden hatte. Sie lachte nachsichtig, dann erklärte sie mir: »William ist mein Onkel, mein Vater ist Sunny. Victor ist mein Cousin.« Demnach mussten Fara und Oke Schwestern sein, denn beide trugen für die Enkelin Laya den Titel einer Großmutter. Schön und gut. Was mir an der Sache allerdings überhaupt nicht gefiel, war die Rolle von Sunny. Dieser Mann, der mir auf Anhieb unsympathisch gewesen war, war der Vater von Laya. Laya, meiner Mitfrau, mit der mich inzwischen drei recht einschneidende Erfahrungen verbanden.

Gemeinsam trabten wir hinter der geretteten Ziege her. »Ihr seid eine große Familie. Für mich ist es nicht leicht, das alles zu verstehen«, nahm ich den Faden wieder auf.

»Mitfrau Ilona, du wirst Zeit haben, uns alle kennen zu lernen«, entgegnete Laya sehr weise.

»Lebst du eigentlich ständig im Palast?«, fragte ich sie.

Laya schien auf diese Frage irgendwie gewartet zu haben. Sie sah mich von der Seite an, zögerte aber mit der Antwort auf die recht harmlose Frage, deren Hintergrund ganz simpel war: Ich hoffte auf Laya als gute Freundin und vielleicht auch Beistand, nicht nur in Familienfragen.

»Bald nach meiner Geburt wurde ich Großmutter Fara

gegeben, der Mitfrau meiner Großmutter Oke.« Die Erziehung der Mädchen ist Sache der Omas, wusste ich inzwischen. Fara oblag die Familienpolitik und der gesamte Palast, während Oke sich mehr um die kultischen Belange der Erdgottheit kümmerte. Laya fuhr fort: »Mir wurde vorbestimmt, die Nachfolgerin von Großmutter Fara zu werden.«

Ein harmloser Satz. Zunächst einmal. Seine Bedeutung. überstieg für den Moment meinen Horizont. Entsprechend unpassend fiel meine Antwort aus: »Dann wirst du einmal eine sehr bedeutende Frau. Dein Wort wird großes Gewicht haben.«

Laya wurde immer einsilbiger: »Ja.«

Ich wurde stutzig: »Willst du das etwa nicht?«

Großmutter Oke hat vor meiner Geburt die Ahnen befragt. Sie haben ihr gesagt, welchen Weg ich zu gehen habe.«

Der *compound* lag bereits in Sichtweite, die Ziege zog uns immer näher heran, schutzlos waren wir der prallen Sonne ausgeliefert. Unvermittelt zog Laya die Ziege mit einem Ruck an sich heran, das Tier antwortete mit einem Aufmeckern.

»Ich habe mit Victor noch kein einziges Wort gewechselt«, sagte Laya. Sie setzte sich auf den roten Boden. Hilflos stand ich einen Augenblick neben ihr, dann tat ich es ihr gleich. Ich sah Laya fragend an. Worauf wollte sie hinaus?

»Mitfrau Ilona, ich weiß, dass es sich nicht schickt, so offen zu sprechen. Ich möchte dich um etwas bitten.«

Meine Kehle war wie zugeschnürt, ich schluckte trocken:

»Ich würde mich freuen, wenn wir gute Freundinnen sein könnten«, sagte ich heiser.

Statt ihre Bitte direkt zu formulieren, begann Laya mit einem weiteren Exkurs in ihre Familiengeschichte: »König Serri war der Vater König Williams, Großmutter Fara seine älteste Frau.« Ich erinnerte mich an das Gespräch mit Urika:

Williams älterer Bruder war jener an Hepatitis gestorbene Charles. Somit war Victor in dieser Familienlinie automatisch Thronfolger und Erbe König Serris. »Victor ist Williams einziger Sohn, und darum hat Victor die Frau zu heiraten, welche die Ahnen dazu ausersehen haben.« Ich nickte verstehend. So ähnlich hatte Victor mir die Geschichte auch an unserem letzten Abend im Palast erzählt. Aber auch Urika hatte mir am Vorabend nicht offenbart, wer dieses Mädchen war. »Ich weiß«, fuhr Laya fort, »dass Victor mich niemals so lieben wird, wie er dich liebt. Doch ich werde dir helfen, deine Lasten zu tragen. Sage ihm bitte, dass ich ihm niemals zur Last fallen werde. Würdest du das wohl tun, Mitfrau?«

»Du bist die von den Ahnen ausersehene Frau Victors?«, keuchte ich.

Laya sah mich vollkommen überrascht an: »Du hast es nicht gewusst?«

Ich schüttelte den Kopf: »Nein.« Victor harte von einem Kind gesprochen. Laya war kein Kind. Sie war eine selbstbewusste und ausgesprochen attraktive junge Frau. Ich fühlte mich wie ein Boxer nach dem Schlag auf den Solarplexus. Die drückend heiße Luft um mich herum schwirrte, die Konturen der Hütten, der Bäume und Zäune verwischten sich; ich machte keine Anstalten, meine Augen zu reiben. Was für eine Rolle spielte die Realität des greifbaren Augenblicks denn noch? Dieses junge Mädchen, das sich vor Leoparden fürchtete, sollte Victors Frau werden. So wie ich. Die Ahnen hatten das beschlossen, lange bevor Victor und ich uns das erste Mal über den Weg gelaufen waren. Und wir hatten unsere Begegnung für Schicksal gehalten. Wie dumm und naiv!

Die Zukunft entsteht in der Vergangenheit, hatte Urika am Vorabend orakelt. Jetzt bewies mir mein Leben, was das tatsächlich bedeutete: Es hieß nichts anderes, als dass ein Schicksal besiegelt wird, bevor jemand auf die Welt kommt. Ehen werden im Himmel geschlossen, sagt man. Wie wahr! Wie bitter wahr! Das also war der tiefere Sinn meiner Einweihung. Ich sollte meine Mitfrau Laya kennen lernen. Als ich mit Victor zum Palast seines Vaters fuhr, hatte ich geglaubt, ihn nur mit seinem Clan teilen zu müssen. Dann war von einem Kind als Nebenfrau die Rede. Jetzt erfuhr ich, dass diese junge Frau, die mir ebenbürtig war, jene war, mit der ich Victor teilen sollte. Darum an jenem Morgen Layas scheinbar zusammenhanglose Frage, ob ich Victor heiraten wolle. Mit welchem Wissen hatte sich diese junge Frau die ganze Zeit herumgeschleppt!

Verraten hätte ich mich fühlen sollen, wütend und enttäuscht. Doch ich griff zögernd nach Layas Hand. »Und du?«, sagte ich, »was empfindest du?« Ich erschrak sofort über meine unangemessen offenen Worte und setzte hinzu: »Ich weiß, dass sich diese Frage nicht schickt. Verzeih.«

Laya sagte nachdenklich: »Danach hat mich noch niemals jemand gefragt.«

Schweigen. Mein Kopf brannte. Ich sah Laya an, ihr Gesicht war ganz nah vor meinem.

»Ein junger Mann hat mich gefragt, ob ich ihn heiraten möchte. Ich habe ihn fortgeschickt. Er hat mich wieder gefragt. Und ich habe ihn wieder fortgeschickt. Dann ist er zu meinem Bruder Akpoviroro gegangen und hat gesagt: Ich möchte Laya heiraten. Akpoviroro hat es meinem Vater gesagt. Der hat den jungen Mann abgewiesen. Ich habe ihn nie wieder gesehen.«

»Hast du ihn geliebt?«, fragte ich sie.

»Ich weiß, dass meine Gefühle falsch waren«, entgegnete Laya. Mir lag auf der Zunge zu sagen, dass demnach auch meine Gefühle falsch wären, und zu fragen, welche Gefühle denn dann überhaupt die richtigen sein könnten. Doch ich hielt nur Layas Hand und wir beide schwiegen.

Soll ich dir eine traurige Geschichte erzählen?, hatte Urika mich am Abend zuvor gefragt. Schweigend hatte ich genickt, weil ich geglaubt hatte, stark genug zu sein, um mir das Unglück Urikas anhören zu können. Zwölf Stunden später erkannte ich, dass Laya denselben Weg gehen sollte wie Urika: einen Mann aus Tradition zu heiraten. Einen Mann, den sie nicht kannte und der seinerseits sie nicht wollte. Doch in Layas Fall war ich es, die ihr im Weg stand.

Ich erinnerte mich an die Rolle der störenden Weißen, die schon einmal Victors Mutter gespielt hatte. Ich hatte diese Frau in England Monate zuvor getroffen – und konnte mit ihr nichts anfangen. Lady Charlotte war nie nach Afrika gereist; sie mochte das Land und seine Menschen nicht. William, der weiß denkende Stammesführer, war die einzige Ausnahme gewesen. Lady Charlottes Weltbild war wieder zurückgerückt worden nach der Scheidung von William. Victor blieb der einzige Dunkelhäutige, der sich ihr nach der neuen Heirat mit einem Engländer noch nähern durfte.

Schweiß lief meinen Rücken entlang: Wo war hier meine Rolle? Hatte ich mir nicht auch einfach einen Mann ausgesucht, der mir gefiel – ohne groß nach seinem Woher zu fragen? Andererseits, war es nicht das Recht der Liebe, nicht fragen zu müssen? Nein, meine weißen Ansichten taugten hier nicht. Sie führten in eine Sackgasse. Das Mädchen, dessen trockene Hand ich immer noch hielt, hatte ebenso ein Recht auf Glück wie ich. Wie jung dieses Mädchen war – und wie viel Wissen dennoch in ihren Augen lag!

»Victor ist ein guter Mann«, sagte ich. Im ersten Augenblick erschrak ich über meine sachliche Wortwahl. So hatte Urika von ihrem verstorbenen Mann Charles gesprochen. So redeten alle Frauen von ihren Männern in Afrika. »Er wird auch gut zu dir sein.« Das klang alles so hohl, aber wie soll man Worte finden für die Tatsache, dass sich zwei Frauen einen Mann teilen sollen? Und keiner der drei Beteiligten will das; sie alle sind machtlos dem Votum der Ahnen ausgeliefert. Ich war zutiefst niedergeschlagen. Ich hatte gehofft, mich Victor mit Hilfe meiner Einweihung zu nähern. Schritt für Schritt erkannte ich, dass Afrika zwischen uns lag.

Am *compound*-Zaun wollte ich Halt machen, doch Laya nahm meine Hand und führte mich hinein: »Wir bringen die Ziege gemeinsam zu Oke«, sagte sie.

Der Kopf der Ziege

Bamis Zustand hatte sich eher noch verschlechtert. Sie schien den Weg zurück in diese Welt nicht mehr zu schaffen. Mit entsprechendem Aufwand wurde ein gewaltiges Opferfest vorbereitet. Es begann in der Glut des Morgens. Die Meisterin der Zeremonie war Oke, die ebenso wie alle anderen Frauen ein Festgewand trug. Es ließ ihre schwere Gestalt in würdevollen Rottönen erstrahlen. Trotz der enormen Sonneneinstrahlung wurde ein Feuer entzündet, das mit der Kraft des Himmelsfeuers in Wettstreit zu treten schien. Das Schicksal der Ziege wurde mit einem Kehlenschnitt besiegelt. Ausgerechnet Urika, zu der ich inzwischen die tiefste Bindung gefunden hatte, führte ihn aus. Unwillkürlich zuckte ich zusammen, als das Tier, das ich vor der Leopardendame gerettet hatte, in Sekundenbruchteilen sein Leben aushauchte.

Ich spürte, wie Layas trockene Hand meine erfasste. »Es muss sein, für Bami«, flüsterte sie.

Das Ziegenblut opferte Urika ihrem Geist des Feuers, der seinen Altar mitten im Gehöft hatte. Nachdem das Blut der Ziege verronnen war, griff Oke in die Zeremonie ein. Sie trennte den Kopf vollends ab. Oke schien ihn den umstehenden Frauen zu zeigen, präsentierte ihn zunächst wie eine Trophäe. Sie ging mit dem Kopf, aus dem gerade erst das Leben gewichen war auf die einzelnen Frauen zu. Als ob wir ihn begutachten sollten. Einige Mädchen, scheinbar ebenso ratlos wie ich, beugten die Oberkörper zurück, mehr Verwunderung als Ekel im Gesicht. So machte Oke die Runde, jede Einzelne von uns sollte den Kopf ansehen.

Die Einzigen, die eine engere Beziehung zu dem Tier hatten, waren Laya und ich. Wir standen eng nebeneinander, sprachen aber kein Wort. Mir war unklar, was Oke vorhatte, als sie sich uns beiden näherte. Ich ging davon aus, dass auch ich den Kopf ansehen sollte. Weshalb auch immer. Vielleicht wollte sie meine Reaktion testen; immerhin hatte Laya mir indirekt bestätigt, dass mein Eingreifen das Blutopfer der Ziege erst ermöglicht hatte. Weil ich *mit dem Leopard verbunden* sei, der solch einen Hunger auf das Tier zu haben schien.

Der Ziegenkopf, den Oke in ihren groben Händen hielt, bewegte sich auf Laya zu, erreichte jetzt das Mädchen neben ihr. Mein Herz raste wie verrückt. Ich starrte das Mädchen an. Sie wich zurück. Nicht nur mit dem Oberkörper, sondern einen ganzen Schritt. Sofort stieß Oke nach, der Schädel näherte sich dem Mädchen. Abwehrend riss es die Hände hoch, lief weg. Erst als Oke mir nahe war, erkannte ich, dass sie ihre Gesichtshaut vollständig mit rötlicher Erde bedeckt hatte. Unter dieser Erdmaske war ihr eigentliches Mienenspiel nicht mehr auszumachen. Sie schien sich regelrecht versteckt zu haben hinter der Erde.

Der Kopf fuhr direkt auf Laya zu. Diese streckte die Arme danach aus, als wollte sie ihn ergreifen, doch Oke wollte ihn ihr nicht überlassen. Laya machte einen Schritt nach vorn, wiederholte den Versuch, des Kopfes scheinbar habhaft zu werden. Und wieder wich Oke aus. Und zwar direkt in meine Richtung. Sie bot mir den Kopf mit ausgestreckten Armen an! Sollte ich ihn etwa nehmen?! Meine Muskeln verspannten sich, während ich den Oberkörper nach hinten bog.

Oke riss den Ziegenschädel hoch, so dass die toten, gelben, gebrochenen Augen des Tiers mich anstarrten. Ich drehte mich zur Seite, um dem Kopf zu entkommen. Aber Oke setzte nach.

Sie will dich mit dem Anblick des Kopfes regelrecht foltern, schrie meine innere Stimme, du musst etwas unternehmen. Aber was sollte ich denn tun? Meine Erfahrung mit Ritualen war viel zu gering, als dass ich hätte wissen können, wie ich mich »richtig« verhielt. Nur eines wusste ich: Ich wollte nicht ausweichen. Es war ein abgetrennter Ziegenkopf, nichts anderes sah ich darin, keinen Fetisch, keinen Geist, nur den fachgerecht abgetrennten Kopf einer Ziege, die ich ohne vorherige Planung vor dem Schicksal, im Maul eines Leoparden zu enden, gerettet hatte.

Ich sah in die weit aufgerissenen Augen Okes, die mich lauernd anstarrten. Ihr Wille brannte darauf, mich in die Flucht zu schlagen. Ich sollte versagen. Ihr leicht geöffneter Mund, der gleichwohl schwieg, verhöhnte mich als *weiße Frau,* die nichts verstand von Afrika, die hierher gekommen war, um sich einzumischen; dem Willen der Ahnen im Wege stand, wo immer sie sich gerade aufhielt.

Meine Hände zuckten hoch, versuchten, nach dem Kopf der Ziege so zu greifen, wie ich es bei Laya beobachtet hatte. Gleichzeitig zog Oke den Kopf von mir fort; ich setzte nach, berührte ihn allerdings nicht. Dabei bewegte sich Oke von mir fort, in Richtung des Altars des Feuergeistes. Ich folgte der schwerfälligen Priesterin, die sich ihrem Alter und ihrer Leibesfülle zum Trotz mit ungeahnter Behändigkeit bewegte. Und zwar rückwärts. Während ich ihr entgegenging. Oke beschrieb Kreise, die ich nachahmte, zwischen uns entwickelte sich ein stummer Tanz in Zeitlupe, mit dem Ziegenkopf. Versuchte ich, den Kopf zu packen, wich sie zurück. Endlich begriff ich den Sinn. Es war ein Machtkampf!

Gleichzeitig ein ritualisierter Streit um den Besitz des toten Kopfes.

Vielleicht dauerte dieser seltsame Tanz eine Minute, vielleicht zehn. Ich kann es nicht sagen. Schließlich aber griffen andere Hände nach dem Ziegenkopf, ein lautloses Gerangel, bei dem niemand anders die Ziege berührte als Oke. Sie gab das Ding nicht her. Immer wieder zuckten ihre Arme vor und zurück; sie erzeugte eine Begehrlichkeit, die keinen Sinn machte. Erst recht nicht für mich, die dieses Spiel mitmachte. Ich wollte den Kopf nicht, zu keinem Augenblick hätte ich den Schädel wirklich anfassen wollen, ekelte mich gleichwohl auch nicht. Nacheinander kamen Frauen, taten, als ob sie Oke den Kopf entreißen wollten, und zogen sich wieder zurück. All diese Frauen, in denen ich Helferinnen und Novizinnen erkannte, die in den Kult aufgenommen werden wollten, schien Oke mit ihrem Tanz nicht zu meinen. Immer wieder bot sie nur mir den Kopf an, um ihn mir dann wieder zu entziehen.

Inzwischen war ich schweißgebadet. Ich wollte dieses Spiel nicht mehr mitmachen. Während einer Drehung sah ich die schwache Bami auf einer zusammengebastelten Bambustrage liegen. Layas und mein Blick kreuzten sich in diesem Moment. Ohne ein Wort der Verständigung liefen wir zu Bami, schnappten die Trage und schleppten das fast bewusstlose Kind hinüber zum Feuer-Altar, direkt auf die rasend herumirrende Oke mit dem Ziegenkopf zu. Mir war, als ob Oke für den Bruchteil von Sekunden regelrecht erstarrte. Mit unserer Eigenmächtigkeit hatte sie offenkundig nicht gerechnet. Die kleine Bami, schweißnass und hochfiebrig, lag sicher zwischen den sich biegenden Rohren, während wir uns nun unsererseits um Oke mit dem Ziegenkopf drehten. Wieder begann das Spiel, bei dem Oke den Kopf vor uns tanzen ließ. Doch diesmal hielten wir die Trage, konnten nicht ausweichen. Wir flohen regelrecht vor dem uns verfolgenden Kopf. Quer durch das ganze Gehöft ging die aberwitzige Jagd, die kleine Bami schwankte beängstigend in dem wackeligen Gestell hin und her. Irgendwo musste doch ein Ort sein, wohin wir entkommen konnten. Die übrigen Frauen wollten sich das Spektakel natürlich nicht entgehen lassen, rannten hinter uns und Oke her.

Sie trieben uns in die äußerste Ecke des *compounds,* eine weitere Flucht war unmöglich. Lange konnte ich diesen kräftezehrenden Tanz nicht mehr mitmachen. Auf keinen Fall durften meine Kräfte nachlassen, so dass Bami am Ende noch auf den harten Boden kullerte. Panisch sah ich mich um: Wir waren in der hintersten Ecke, dort wo sich die Altäre für die Geister von Erde und Luft befanden. Wir standen direkt vor Mutter Erde. Aus den Augenwinkeln sah ich, dass sich eine große Frau einen Weg durch die Tänzerinnen bahnte, musste mich aber auf die mich ganz in Anspruch nehmende Bami auf der Trage konzentrieren.

Plötzlich lag der abgetrennte Ziegenkopf auf dem Schoß der schwachen Bami. Ich hatte nicht mitbekommen, was geschehen war. Die stämmige Frau, die den Kopf dort platziert hatte, musste ihn irgendwie Oke entrissen haben. Erst jetzt erkannte ich, dass es die ebenfalls mit Erde eingeriebene Urika war, die die anstrengende Hatz durch ihr Eingreifen beendet hatte.

Die angestaute Spannung entlud sich, indem die Frauen einen lauten, hellen Gesang anstimmten, wobei sie rhythmisch klatschten. Die entstandenen Töne glichen jenem durchdringenden Singen, das mich bei Bamis misslungener Beschneidung mehr abgestoßen als fasziniert hatte.

Stumm lag der Kopf in Bamis Schoß, starrte das Kind an. Der durchdringende Gesang der Frauen schwoll in meinen Ohren zu einem vielstimmigen Orkan, der mir die Sinne zu rauben schien. So also hörte sich das an, wenn man hier lag, ausgeliefert der Klinge, die sich dem intimsten Bereich einer Frau näherte. Für eine Sekunde nahm mein inneres Auge wieder die kleine Bami wahr, wie sie sich aufbäumte. Und wie Okes grobe Hand sich ihr trotzdem näherte. Ich schien Bamis erlittene Qual körperlich zu erspüren. Meine Arminuskeln verkrampften sich, uni anschließend in ein kaum noch kontrollierbares Zucken überzugehen. Lass die Trage ja nicht fallen, schrie meine innere Stimme. Ich fiel auf meine Knie, hielt aber die harten Rohre in meinen verkrampften Fingern.

Meine Kraft reichte nicht. Unsanft glitt die Trage auf die Erde. Der Kopf der Ziege kullerte im gleichen Augenblick auf den Boden, direkt vor den Altar von Mutter Erde. Augenblicklich brach der schneidend hohe Ton ab. Sekundenlang schien ich das Atmen der Frauen hören zu können.

Ich stand vornübergebeugt, als würde ich mich tief vor der kleinen Bami und gleichzeitig vor Mutter Erde verneigen. Trotz der enormen Hitze schien ich selbst zu Eis erstarrt zu sein, völlig unfähig, mich bewegen zu können. Ich blickte auf Bamis Schoß, der den Ziegenkopf regelrecht geboren zu haben schien. Nur langsam konnte ich meinen Oberkörper drehen. Jede Bewegung kostete mich unglaubliche Anstrengung.

Da lag der Ziegenkopf: blicklos, starr, unbeteiligt im blutbefleckten Schoß von Mutter Erde. Er schien seinen vorbestimmten Platz gefunden zu haben. Plötzlich entlud sich die allgemeine Spannung in ein Aufstöhnen, das in befreiend lautes Lachen überging. Alle wollten sich ausschütten vor Lachen. Ich wurde geradezu angesteckt davon. Wie wahnsinnig lachte ich mit.

Die kleine Bami fröstelte. Laya fasste ihre Schwester von hinten unter die Schultern und zog sie hoch in Sitzposition. Bami hustete und hustete. Tränen liefen ihr übers Gesicht, während sie nach Luft schnappte. Endlich schien sich Oke ihrer heilerischen Talente zu besinnen, eilte hinzu, wischte dem Kind Tränen und Spucke vom Gesicht. Eine Frau reichte ihr eine Kalebasse, die sie an Bamis Mund hob. Bami trank. Zunächst in kleinen Schlucken, dann gierig, bis fast die ganze Kürbisschale geleert war. Scheu blickte sie in die Runde, verwundert, wo sie war, erstaunt über die ihr zuteil gewordene Aufmerksamkeit. Dann sank sie ermattet auf die Trage zurück. Oke sprach einige mir unverständliche Worte.

»Wir bringen Bami in ihre Hütte, Mitfrau Ilona«, hörte ich Laya sagen.

Jeder Muskel meines Körpers tat mir weh, und dennoch: Der lange Rückweg quer durch den *compound,* begleitet von all den lachenden, singenden und tanzenden Frauen, erschien mir wie ein Spaziergang, ihr Gewicht glich dem einer Feder.

Bami lag in ihrer verdunkelten, kühlen Lehmhütte, bewacht von Laya und mir. Wir schienen unsere Sache als Bamis Retterinnen so gut gemacht zu haben, dass wir uns wohl auch für diesen Job qualifiziert hatten. Leise tauschten wir unsere Eindrücke des vergangenen Geschehens aus.

»Mutter Erde hat Bamis Opfer angenommen«, erklärte Laya. Der stilisierte Kampf um den Ziegenschädel erschien mir schon irreal, weit zurückliegend. Was ich sah, war ein Mädchen, das einen schrecklich schmerzhaften Weg zurückgelegt hatte, um eine Frau werden zu können. Ihrem eigenen Vater wäre der Tod Bamis lieber gewesen als die »Schande«, eine »feige« Tochter zu haben. Aber das Leben hatte sich durchgesetzt. Zwei Mal hatte ich dabei geholfen. Instinktiv hatte ich reagiert, nicht etwa bewusst helfend eingegriffen. Konnte das eines der Lernziele sein, die es für mich zu erreichen galt? Meinen Gefühlen zu folgen? Und nicht dem Diktat des Verstandes?

Irgendwann sagte Laya: »Du bist ein Teil unserer Gemeinschaft geworden.« Das hörte sich so simpel an. Aber aus Layas Mund war es mehr als ein Lob; sie erkannte mich an. Meine Anwesenheit an Bamis Krankenlager war dafür der sichtbare Beweis. Ich war nicht mehr Zuschauerin, sondern Mitglied im Verbund der afrikanischen Frauen. Glaubte ich in diesen Stunden ... Odame drückte das bei anderer Gelegenheit einmal sehr bildhaft aus: »Eine Zeit lang trägt uns das Wasser; wir gleiten über seine kleinen Strudel hinweg, bis wir feststellen, dass die Strudel immer größer werden und uns doch hineinziehen können.«

Noch sah ich keine Strudel; ich half Laya dabei, ihre kleine Schwester zu baden. Bami hatte eine schwere Infektion und Blasenentzündung durch Verhalten des Harns. Sie litt sichtbar. Aber das Zeichen des Ziegenkopfs hatte sie durchaus verstanden. Es hatte ihr den Lebenswillen zurückgegeben.

Glühende Kohlen

Noch für den gleichen Abend hatten die Frauen einen weiteren Test für Bami vorgesehen. Urikas Feuergott sollte befragt werden. Deshalb erschien immer wieder eine der Helferinnen, um Bami stärkende Getränke einzuflößen und die Hütte zu räuchern. Die Wirkung des Gebräus und der Inhalation des verbrannten Krautes ließ nicht lange auf sich warten. Bamis Blick wurde zunehmend glasiger. Auch ich war bereits ganz benebelt und schwindelig von dem Rauch im Raum.

Vorsichtig erkundigte ich mich, was geschehen solle. Laya sagte: »Der Feuerlauf. Die Ahnen wollen es so.«

Wie war das gemeint – *Feuerlauf?* Das durfte nicht wahr sein! Bami konnte doch kaum ihre Beine richtig bewegen.

»Es wird Bami nichts geschehen«, versicherte mir Laya. »Mutter Erde hat ihr verziehen. Es wird Bami auch gelingen, die Ahnen zu überzeugen, dass ihr Glaube stark ist.« Laya machte eine kleine Pause. »Urika wird dir später ein Getränk geben, Mitfrau Ilona. Du wirst es nicht mögen. Trink es.«

»Warum? Was muss ich tun?«, fragte ich.

»Du wirst auch durchs Feuer laufen«, antwortete Laya. »Wir haben es alle getan. Es tut nicht weh. Du wirst nichts spüren.«

Ich suchte nach einem Zucken in Layas Gesicht, nach irgendetwas, das meine Zweifel bestätigte. Die Aussicht, dass ich nichts spüren würde, mochte ja tröstlich sein, löste aber nicht meine brennende Frage: Wozu sollte das nun wieder gut sein? »Muss ich die Prüfung genauso bestehen wie Bami, um glaubhaft zu sein?«, fragte ich.

Laya antwortete vage: »Der Geist des Feuers wird dich tragen, so wie dich Luft, Erde und Wasser tragen.« Aus diesen vier Elementen, erklärte Laya, wären die Menschen geschaffen. Deshalb müsse die einweihungswillige Frau sich jedem von ihnen stellen. Das sei jenes Gleichgewicht, aus dem der Kosmos gemacht ist. Anders als Ifeoma bereitete mich Laya auf einen wichtigen Initiationsschritt vor. Aber mir war nicht klar, ob ich das wollte. Unwissend war ich mit wesentlich weniger bangem Herzen in die Prüfungen gegangen. Ich sagte das Laya jedoch nicht, denn ich nahm an, dass sie es gut mit mir meinte und mir Mut machen wollte.

Instinktiv begann ich, meine Fußsohlen zu massieren. Hoffend, dass diese die Botschaft verstehen würden. Laya lächelte mich an: »Bist du nicht bereits durchs Feuer gelaufen?« Sie hatte Recht. Die Maske auf meinem Gesicht. »Das echte Feuer ist nicht so heiß, wie du glaubst.«

Bis es Nacht wurde, saß ich auf »glühenden Kohlen«, ungeduldig dem Ereignis entgegensehend. Einerseits. Andererseits aber auch mit einem ziemlichen Respekt vor dem drohenden Feuerlauf. Frauen zogen mich aus, bemalten meinen weißen Körper mit roten und weißen Tupfen, meine Arme und Beine mit gezackten, ockerfarbenen Mustern, die mich an züngelnde Flammen erinnerten. Mein Haar wurde in dünne Zöpfchen geteilt und mit schwarzem Garn eng umwickelt, um anschließend als Krone nach oben gebunden zu werden. Währenddessen klang vom Kulthof das Schlagen der großen Ritualtrommel herüber. Meine Ungeduld war fast unerträglich.

Nachdem meine äußere Verwandlung abgeschlossen war, erschien Oke. Wieder nutzte die Priesterin meine hockende

Position aus, um wortlos auf mich herunterzusehen. Laya und die Frauen, die mich geschmückt hatten, verzogen sich unauffällig. Oke schwieg erst eine Zeit lang, während der meine Anspannung wuchs. Diese Theatralik, die Okes Auftreten mir gegenüber begleitete, verlieh ihrer Erscheinung wesentlich mehr Nachdruck, als wenn sie einfach losgeredet hätte.

Es war niemand da, der übersetzen konnte. Oke würden nur Gesten oder ihre mir unverständliche Stammessprache bleiben. Langsam begann sie zu sprechen. Zu meiner Verwunderung in Pidgin, die Worte bedächtig wählend. »Frauen sind alle gleich. Keine ist besser als die andere. Auch die weiße Frau dient ihrem Mann. Doch weiße Frauen sehen herab auf die, die nicht weiß sind«, sagte Oke endlich, stehend, streng auf mich herabblickend. Ich wollte bereits widersprechen, klappte meinen Mund auf und zu, wie ein Fisch an Land. Okes Worte trafen bestimmt nicht auf mich zu. Keineswegs fühlte ich mich besser als die Afrikanerinnen. Ich war anders erzogen worden, in einer anderen Kultur aufgewachsen. Aber ich war nicht anders, nur weil ich weiß war. Eine Afroamerikanerin hätte sich sicherlich auch anders verhalten als eine traditionell denkende Nigerianerin. Ich fühlte mich ungerecht behandelt. Trotzdem schwieg ich.

»Die weiße Frau mischt sich ein, will den Lauf der von den Ahnen bestimmten Dinge verändern. Sie ist klug und glaubt, schlauer zu sein als die anderen. Die weiße Frau herrscht mit der Angst. So wie es alle Weißen tun. Sie erscheint als Leopard und ängstigt die Frau, welche die Ahnen ausersehen haben, den ältesten Sohn des Stammes zu heiraten. Sie ist geschickt und gewinnt die Freundschaft dieser Frau. Sie benutzt die Angst.«

Wie ein dunkler Monolith stand die starke Priesterin vor dem hellen Schein des Feuers. Ich fühlte mich unscheinbar, missverstanden, gedemütigt. Was hatte ich denn so falsch gemacht? Wie konnte ich diese voreingenommene Frau überzeugen, dass sie sich irrte?

Worte? *Das Wort eint und teilt,* hatte Odame gelehrt.

Taten? Sinnlos. Oke kehrte alles ins Gegenteil um.

Taten und Worte – niemals zuvor ist mir so deutlich geworden, dass mein subjektives Empfinden von »richtig« und »falsch« bei anderen eine völlig entgegengesetzte Wirkung haben kann.

»Ich bin nicht so, wie du mich siehst«, sagte ich, vermied aber, die Priesterin direkt anzusehen, so wie ich gelernt hatte, mit afrikanischen Autoritäten umzugehen.

»Victor scheint die Frau nicht zu kennen, die er heiraten will. Aber seine Ahnen kennen dich. Ihnen gegenüber kannst du dich nicht verstellen. Die Ahnen wissen, was richtig und was falsch ist. Sie sehen, welche Frau du bist.«

»Die Ahnen werden entscheiden, was richtig ist«, sagte ich. Und ich glaube, in meiner Stimme schwang kein Zynismus, denn ich meinte es wirklich ernst.

»Du sprichst mit der gespaltenen Zunge der Schlange«, urteilte Oke. Sie gestattete mir nicht einmal, die afrikanischen Begriffe zu verwenden! In diesem Moment ging mein Temperament mit mir durch; ich sprang auf: »Das ist nicht wahr! Ich bewundere die Art, wie ihr lebt. Ich möchte es lernen. Darum bin ich hier.«

Oke bemühte sich, sowie ich zu sprechen: »Es ist nicht die Art, wie wir leben, weiße Frau.« Sie wechselte den Tonfall, benutzte die ihr eigene Weise zu sprechen: »Wir leben im Einklang mit den Ahnen, die uns weisen, wohin wir gehen. Es ist die einzige Art, richtig zu leben.« Ohne ein weiteres Wort drehte sie sich ab und verschwand zum Kulthof. Ich stand da, als hätte man mich rechts und links geohrfeigt. So kurz vor einer wichtigen Prüfung harte Oke mich gedemütigt, mir deutlich zu verstehen gegeben, was sie von mir hielt: nichts. Mit all der Bemalung und meinen Zöpfchen hätte ich aufstehen und durch den dunklen Wald davonlaufen mögen. Mein Herz raste wie verrückt vor Wut. Wenn du jetzt gehst, dann hat sie gesiegt. Und dann hat auch jener Mann gesiegt, der Okes Sohn ist. Und der verhindern will, dass Victor der Nachfolger seines Vaters William und damit der Nachfolger von König Serri wird – Sunny! Du darfst nicht aufgeben, sagte meine innere Stimme. Du solltest Oke sogar dankbar sein. Sie warnt dich auf ihre unangenehme Art davor, hochmütig zu werden. Oke harte ja Recht: Ich war eine *weiße Frau*. Niemals würde ich daran etwas ändern können. Seit zwölf Tagen erst gehörte ich zu den Mitfrauen. Konnte ich erwarten, von allen mit offenen Armen empfangen zu werden? Andererseits war die Stimme der 80-jährigen Oke nur eine unter vielen. Viel mehr zählte, dass ich mich mit Laya verstand. Und die erwartete mich beim Feuer, durch das ich zu gehen hatte. Ich atmete tief durch. Und marschierte los.

Einige Frauen geleiteten Bami aus der Hütte ins Gehöft, sie verschwand hinter dem hohen Zaun. Ich hätte es nicht für möglich gehalten: Das Mädchen ging selbst. Offensichtlich wirkten die ihr eingeflößten Kräuter. Die Nacht hatte sich ausgebreitet. Der flackernde Schein des Feuers befreite den *compound* von seiner nackten Realität. So voll wie in dieser Nacht erlebte ich das Gehöft nie wieder. Alle Frauen tanzten, wilder und ekstatischer, als ich es zuvor gesehen hatte. Jene, die wie ich initiiert werden sollten, waren bemalt. Ihr Tanz wirkte diesmal nicht sinnenfroh, sondern ernst. Sie drehten sich um das Feuer wie ein großer Kreis, mal links-, bald rechtsherum. Und immer mit der gleichen Geschwindigkeit. Als ich mich in ihrer Mitte einreihte, fand ich bald Gefallen an dieser langsamen, gleichmäßigen Bewegung. Es beruhigte meine Nervosität so sehr, dass ich den Gedanken ans Feuerlaufen vergaß und dem Rhythmus der Trommel folgend meine Beine so bewegte, wie die anderen es auch taten.

Der Teppich aus Feuer befand sich zwischen dem Tanzplatz und dem Altar des Feuergeistes. Urika und ihre Helferinnen mussten eine Menge Kunstfertigkeit und Geduld aufgebracht haben, um dieses rot glühende Viereck – quadratisch nach jeder Himmelsrichtung ausgerichtet – zu Stande zu bringen. Ich sah diesen Teppich aus glühender Holzkohle wohl, aber sein Anblick beunruhigte mich nicht. Irgendwie würde ich schon darüber hinwegkommen. Dass der entscheidende Zeitpunkt naher rückte, signalisierte der sich steigernde Takt der Trommel, die den Füßen bald keine Ruhepause mehr gönnte. Wir rasten im Kreis, vor und zurück, einander haltend, einer gemeinsamen und dennoch allein zu erlebenden Aufgabe entgegen. Es war ein Tanz wie das Leben der Frauen, voller Symbolkraft: Die Gemeinschaft gibt jeder Einzelnen Kraft, aber die große Aufgabe muss allein bewältigt werden. Gleich, ob das die erste Nacht mit dem Mann ist oder die Geburt eines Kindes. Die Gemeinschaft ist da, aber laufen musst du selbst. Und sei es durchs Feuer.

Schließlich löste sich eine Hand von meiner Schulter. Meine Nachbarin tanzte auf den Feuerteppich zu, überquerte ihn mit fünf, sechs Schritten, reihte sich wieder ein, die Nächste folgte ihrem Beispiel. Als Letzte war ich an der Reihe. Ich dachte nichts, mein Kopf war völlig leer. Die anderen waren durchs Feuer gelaufen; ich konnte das auch. Ich rannte mehr, als dass ich auf tänzerische Eleganz Wert legte, auf das glühende Feuer zu, huschte darüber hinweg, packte meine Mitfrauen an den Schultern. Und weiter drehten wir uns um das Feuer, langsamer werdend, nach einem gemeinsam erlebten Höhepunkt zur Ruhe zurückfindend.

An einer Stelle brach der geschlossene Kreis auf, die Bewegungen wurden lockerer, der Blick heftete nicht mehr am

Feuer. Langsam, wie aufgezogen, bewegte sich die zarte Bami auf die nach wie vor glühende Holzkohle zu. Ohne eine Pause in ihrem Bewegungsablauf marschierte sie mit weit ausgebreiteten Armen über die Glut hinweg. Es schien, als fliege sie über die Hitze am Boden, als spürte sie nichts. Ein kleiner Phönix, den irdische Bande nicht fesseln konnten, hatte sich erhoben, um einem neuen Leben als Frau entgegenzulaufen. Mit offenem Mund hatte ich zugesehen, kam erst wieder zu mir, als die anderen in tosenden Beifall ausbrachen, in den ich mit einstimmte. Urplötzlich steigerte die Trommel ihr Tempo, die aufgestaute Spannung entlud sich in übermütigem Tanz.

Ich machte mit; ich hatte es geschafft; Bami hatte es geschafft; wir alle hatten es geschafft. Einige der Mädchen warfen die Hände übermütig in die Höhe, neigten sich gen Boden, rissen die Arme erneut hoch. Ich tat es ihnen gleich. Wir waren der Funkenregen des Feuers, dessen Arme übermütig in die schwarze Nacht griffen. Wir liefen auf den inzwischen schwach glimmenden Feuerteppich zu, der immer mehr zu rauchen begann. Die ersten Tänzerinnen griffen mit beiden Händen übermütig in die Holzkohle, warfen sie fort, die anderen taten es ihnen nach. Übrig blieb am Ende ein zerfranstes, ausgefasertes Nichts an Teppich, das in der Nacht nachfunkelte, von uns Frauen zersprengt. Vielleicht auch besiegt. Am nächsten Morgen untersuchte ich meine Füße und Hände. Rußgeschwärzt waren sie. Aber ich hatte nicht eine einzige Brandblase.

Bami besuchte ich in den folgenden Tagen regelmäßig; Schmerzen litt sie nach wie vor. Tapfer kämpfte sie dagegen an. »Du brauchst dir keine Sorgen mehr um sie zu machen. Die Ahnen und die Geister haben meiner kleinen Schwester verziehen«, sagte Laya.

Familienbande

»Mama, eine Frage«, sagte Janet. »Es war doch offensichtlich der Wunsch der mächtigen Palastvorsteherin, dieser Großmutter Fara, dass du die Einweihung mitmachst.«

»Ja. Aber nicht nur. Der Rat der Ältesten hatte es beschlossen.«

»Okay. Dem gehörte Oke auch an, nicht wahr? Trotzdem versuchte sie dich aus der Initiation herauszuekeln. War sie denn nicht an den Beschluss der Ältesten gebunden?«

»Ich denke, schon. Der Ältestenrat funktionierte aber, soweit ich durchblickte, nicht im Sinn einer Demokratie. Jeder wurde gehört, aber der Vorsitzende des Rates entschied. Das hat Laya mir einmal erzählt.«

»Fara war nicht die Vorsitzende?«

»Nein. Das war ein ganz alter Mann namens Kado. Den habe ich aber nie getroffen, nicht einmal gesehen. In die Struktur des Männerbundes haben weder William noch Victor mich eingeweiht. Von Laya wusste ich nur, dass sich Fara und dieser Kado abstimmten.«

»Und Kado hatte das letzte Wort?«

»Das kann ich nur annehmen. In rein patriarchalischer Gesellschaftsstruktur gilt am Ende das Wort des Mannes.«

»Hatte Oke damit vielleicht Probleme? Du beschreibst sie ja selbst als eine herbe, männliche Frau.«

»Gut möglich. In einem weisen afrikanischen Rat gibt es

gewiss verschiedene Interessengruppen. Die einen wollen dies, die anderen das. Oke lehnte mich ab, konnte aber nicht offen gegen mich Front machen. Darum taktierte und intrigierte sie. Als sie mich so kurz vor dem Feuerlauf von den anderen absonderte, begann ich ihr Vorgehen zu verstehen. Das war mein Glück. Sonst hätte ich alles hingeschmissen und Oke hätte gesiegt.«

»Warum lehnte Oke dich ab? Du hast dir doch so viel Mühe gegeben, alles richtig zu machen. Warst eine echte Musrerschülerin.«

»Nachdem Laya mir gesagt hatte, dass sie die Tochter von Sunny ist und Oke wiederum die Mutter von Sunny, ging meine Vermutung in die Richtung: Sunny konnte seinen Neffen Victor nicht ausstehen. Er war ihm zu europäisch. Vielleicht war ich Oke wegen dieser Familienbande ein Dorn im Auge und sie wollte mich einfach aus diesem Grund weghaben?«

»Du hast beobachtet, dass Laya ihrer Großmutter Oke die Hand küsste. Wenn Oke Laya fortschickte, ging Laya. Sie gehorchte ihrer Oma also wirklich. Du aber freundetest dich immer mehr mit Laya an. Das kann doch einen ziemlichen Konflikt ergeben. Wie bist du damit umgegangen?«

»Das war ein echtes Problem. Du weißt ja, dass ich Konfrontationen hasse, ihnen nach Möglichkeit aus dem Weg gehe. Mein Verhältnis zu Laya beeinflusste das mehr, als ich mir eingestand. Denn auf keinen Fall wollte ich den Eindruck aufkommen lassen, dass ich mir Layas Vertrauen erschlich, um am Ende selbst gut dazustehen. Und dann ging mir der Leopard nicht aus dem Kopf.«

»Stimmt. Es war ja ausgerechnet Okes Hilfspriesterin Adah, die gesagt hat, dass du mit dem Leoparden verbunden bist.«

»Diese beiden Überlegungen belasteten mich derart, dass

ich einerseits den Umgang mit Laya einschränkte und andererseits nicht mehr den Dschungel betrat, um einer möglichen Begegnung mit der Leopardin aus dem Weg zu gehen. Es war absurd. Laya bemerkte es natürlich. Was ich auf keinen Fall wollte, geschah zunächst: Laya vermutete, dass ich sie nicht mochte. Schweigend saßen wir nebeneinander, bastelten unter der Aufsicht der freundlichen Priesterin Kome Ketten aus Muscheln, Glasperlen und Kauris, lernten kleine Amulette und Talismane herzustellen, wurden in die Zahlensymbolik eingeweiht und bekamen den Auftrag, uns kleine Gegenstände zu suchen, die gebraucht werden, um einen eigenen Hausfetisch herzustellen.«

»Warum hast du dir nicht einfach ein Herz genommen und Laya auf deine Probleme angesprochen, Mama? Das wäre doch der einfachste Weg gewesen.«

»Sicher ...«, sagte ich, »das härte ich tun sollen. Aber nach dem Vorfall am Feuer beobachtete ich das Zusammenspiel von Laya und ihrer Großmutter genauer. Sie waren so vertraut miteinander. Ich brauchte einfach etwas inneren Abstand, bis ich herausfand, wie ich mit dieser Situation umgehen sollte.«

»Und Laya? Hat sie das nicht mitbekommen?«

»Vielleicht kannten wir uns dafür zu kurz. Und du musst. bedenken, dass ich die Ältere war. Ihre Bemerkungen über Victor hatten mir gezeigt, dass sie selbst ziemlich verunsichert war, wie sie sich verhalten sollte.«

»Die wird sich wie das fünfte Rad am Wagen gefühlt haben.«

»Es war wirklich eine dumme Situation. Und sie war ausgerechnet zu dem Zeitpunkt entstanden, als der wichtigste Teil der Initiation bevorstand: Ich war in einem Kult von Mammy-Water-Priesterinnen, harte aber diese bedeutendste aller Götterfiguren noch nicht einmal kennen gelernt.«

»Diese Mammy Water, gibt es die eigentlich nur in dem Kult, in dem du gewesen bist?«

»Mammy Water ist in ganz Westafrika sehr populär. Sie tritt allerdings in recht unterschiedlichen Erscheinungsformen auf. Bekannt und weit verbreitet ist eine bildliche Darstellung der Göttin mit langen Haaren, weißer Haut, leicht indischen Gesichtszügen mit schräg stehenden Augen, die den Betrachter offen ansehen; wie eine Beschwörerin hält sie Schlangen in den Händen. Erstmals aufgetaucht ist diese neue Mammy Water zu Beginn des 20. Jahrhunderts. Priesterinnen, die sie verehren, richten ihre Altäre mit goldenen Kämmen und Haarbürsten, Haarspangen und Gemmen her, stellen Parfüms, Puder und andere Kosmetika bis hin zu amerikanischen Shampoos und Haarfestigern bereit. Diese Mammy Water ist eine schlanke Beauty, eine Schönheitskönigin, deren idealisierte Verwestlichung mit der mystischen Verklärung der schwarzen Fruchtbarkeitsspenderin nichts mehr zu tun hat. Und dennoch ist sie jene Mammy Water, die in Westafrika überleben wird; die grellbunten indischen Filme huldigen dem gleichen oberflächlichen, aber eingängigeren Bild dieser Mammy Water, die sich mehr um ihr Äußeres als ihren Verstand Sorgen macht. Odame und ihre Nachfolgerin Kome hingegen, die Verfechterinnen der schwarzen Ursprünglichkeit, priesen nicht die nette Göttin der Frisiertische, sondern eine pralle Gottheit mit all ihren Schattenseiten.«

Wo Mammy Water wohnt

Der letzte Teil der Initiation fiel eigentlich in Odames Zuständigkeit, doch die alte Priesterin schonte ihre Kräfte und überließ ihrer Nachfolgerin Kome die Unterweisung. Nur gelegentlich zeigte Odame sich, ließ ihre Augen über unsere Handarbeiten schweifen. Immer trug sie dabei diesen in sich gekehrten, lebensweisen Ausdruck im Gesicht, die völlige Abkehr von allem Wünschen und Wollen, die Hinwendung zum kontemplativen Sein. Nicht ein Zug ihrer Miene verriet erlittene Enttäuschung. Wenn ich heute definieren sollte, worin die Schönheit einer Frau besteht, dann würde ich es so sagen: Du siehst die Reinheit ihrer Seele durch ihre Haut scheinen.

Das mag sich kitschig anhören, aber es ist die Essenz von Odames Erscheinung. In ihrer Vergeistigung berührt ihr Fuß nicht die mannigfaltig ausgelegten Tretminen von Neid, Ehrgeiz und Egoismus auf dem Schlachtfeld der gesellschaftlichen Eitelkeiten. Sie hat sich zurückgezogen in die eigene Klarheit, die urweiblichen Prinzipien der Geduld und des Gehens. Zugegeben: Für Machtkämpfe taugt solch eine Frau nicht. In jeder Ellenbogengesellschaft – und keineswegs nur in unserer – wird ihre Bescheidenheit, die andere respektiert und toleriert, als Introvertiertheit gebrandmarkt. Die geschwätzige Extrovertiertheit des flüchtigen Worts und der kurzlebigen Beziehungen wird sie jedoch niemals mit einem abfälligen Kommentar belegen. Jedem gesteht sie seine Persönlichkeit zu, denn sie weiß: Wer heute schreit, wird morgen flüstern. Für uns, die Lernenden, ist es natürlich umso schwerer, einen Menschen wie Odame zu erreichen. Besonders dann, wenn wir ihm von Angesicht zu Angesicht gegenüberstehen.

Auf der Suche nach ein paar kleinen Flussmuscheln und Waldfrüchten für meine Mammy-Water-Kette hatte ich das Flussufer erreicht. Vertieft in meine Aufgabe, nahm ich weiter keine Notiz von einem Schatten nicht weit entfernt von mir. Ich watete auf die Person, deren Aura ich sehr wohl wahrnahm, zu. Erschrocken hielt ich inne; erst jetzt sagte mir mein Verstand, dass ich gewissermaßen vor der »Chefin« stand. Wie zart, zerbrechlich und klein diese große Frau angesichts des mächtigen Stroms wirkte, der sich durch den Urwald wand. Voller Ehrfurcht grüßte ich Odame, indem ich mich tief verneigte. Ich traute mich aber nicht, sie anzusprechen, obwohl mir tausend Fragen auf der Zunge brannten. Unkonzentriert wühlte ich im Wasser herum.

»Dein Geist führt nicht deine Hände«, hörte ich sie sagen. Irritiert sah ich hoch, errötete wie ein Schulkind. Ich wollte wohl etwas erzählen, von Victor, Laya, Hochzeit, Enttäuschung, Hoffnung, Clan, Oke, Sunny, weißen und schwarzen Menschen, gefleckten und genetzten Leoparden – alles auf einmal. Heraus kam ein Laut, der Ähnlichkeit mit einem tiefen »Blubb« hatte. Die Worte behinderten sich gegenseitig dabei, den Weg hinaus aus meinem Mund zu finden. Odame lächelte nachsichtig. »Setz dich, Tochter von Mammy Water, rede. Ich höre dir zu. Dein Herz ist voller Worte. Lass sie hinaus.«

Großer Gott, das war zu viel! Schleusen öffneten sich, Wasser floss hinaus, unzählige Tränen, Worte sprudelten hervor, die hinter einer Dammmauer aus Schweigen verborgen gewesen waren. Pausenlos sprach ich, meine Augen folgten den Strudeln des Wassers, suchten Halt in der Ruhe des weisen Gesichts neben mir. Glitten fort, erklommen die schwankenden Höhen der Bäume, die diese seit Jahrtausenden träge und doch quicklebendig dahinströmenden Wassermassen einrahmten, und fanden wieder zurück zu der unbewegten Miene meiner schweigenden Lehrerin. Odame brauchte nichts zu fragen; ich legte mein Innerstes in den Schoß dieser Frau.

»Du hast einen langen und schweren Weg gewählt. Voller Blindheit bist du losgelaufen. Wie kannst du erwarten, die richtige Richtung eingeschlagen zu haben? So wie in jener ersten Nacht, von der du mir soeben erzählt hast. Du hattest einsam und zitternd gewartet. Dann erschien der Leopard; er gab dir ein Zeichen. Du konntest das Zeichen des Leopards nicht verstehen. Trotzdem bist du ihm gefolgt. Du hast gesehen, dass du es richtig gemacht hattest. Immer wieder gehst du los, verirrst dich, suchst einen neuen Weg. Du findest wieder hinaus aus der Dunkelheit. Du siehst, aber du weißt es nicht. Wenn du es weißt, wirst du sehen.«

Ratlos blickte ich in Odames ruhiges Gesicht. Ich hatte unendlich viele Fragen. Sie antwortete in Bildern, orakelhaft. Verzweifelt starrte ich auf das Wasser. Dicht unter der Oberfläche wand sich eine Wasserschlange; entzog sich in einem Strudel meinem Blick. *Du siehst, aber du weißt es nicht,* hatte sie gesagt. Bezog sich das nicht auch auf die schwer begreifbaren Worte Odames? Ich hörte und verstand nicht.

»Was hat der Leopard zu bedeuten? Was heißt das: Jeder Mensch hat ein Tier, mit dem er verbunden ist?«, sagte ich.

»Du kennst die Antwort. Du bist der Leopard, der in der Nacht jagt. Der Leopard jagt nicht gern am Tag. Ihn umgibt Dunkelheit, sie ist sein Schutz. Deine Dunkelheit ist das, was du nicht weißt. Du läufst hinein in sie. Du beginnst zu sehen in der Dunkelheit. Du beherrschst die Dunkelheit.«

»Sag, ist das falsch, was ich tue? Bitte, ich muss die Antwort wissen. Ist das der Grund, weshalb mich Oke ablehnt?«

»Ich bin nur eine Priesterin. Du wirst sehen, was dich in der Dunkelheit erwartet.«

»Ich liebe Victor. Kann es sein, dass die Ahnen mich ablehnen? Oder ist nur Oke gegen mich?«

»Niemand soll Worte sprechen, die ein anderer zu sagen hat. Wenn du möchtest, frage ich das Orakel. Möchtest du, dass ich das tue?«

Ich nickte. »Ich habe geträumt, dass Victor und ich ... dass wir beide Leoparden sind.« Sexualität ist ein Tabu, ich durfte nicht offen den erotischen Charakter meines Traums ansprechen. Odame schien dennoch verstanden zu haben.

Zum ersten Mal blickte sie mich mit weit geöffneten Augen an. Sekundenlang nur, dann war dieser Anflug von echter Verwunderung aus ihrem Gesicht gewichen, die alte Ruhe kehrte zurück. »Der Traum sagt dir die Wahrheit, die dein Geist nicht sehen will«, sagte sie.

»Ist Victor mit dem Leopard ebenso verbunden, wie ich es bin?«, fragte ich. Nicht wissend, ob das gut oder schlecht war.

»Du siehst, Tochter von Mammy Water. Die Dunkelheit umfängt dich nicht so sehr, wie du glaubst.«

Das war also geklärt! Aber was hieß das? Wofür stand der Leopard?

»Verzeih«, sagte ich schwach, »ich verstehe es nicht.

»Dann frage deinen Traum.«

»Ich will ihn nicht mehr träumen. Ich habe Angst davor.«

»Wer sich der Wahrheit verschließt, findet nicht das Wissen.« Mit diesen Worten schien sich ein Vorhang über das

Gesicht der Priesterin zu legen. Sie musste nicht aussprechen, dass meine Lektion beendet war. Ich verneigte mich und zog mich zurück. Meine Muscheln hatte ich vergessen. Ich war wohl auch nicht ihretwegen an den Fluss gekommen.

Ich kehrte zu den anderen Mädchen und Frauen zurück und nahm meine Bastelei auf mit den Dingen, die herumlagen. Ich hatte mir Komes aus Kaurischnecken gefertigte große Kette zum Vorbild genommen und fädelte auf. Laya sah mich von der Seite an. Sie spürte, dass sich etwas in mir verändert hatte, obwohl ich kein Wort von meiner Begegnung mit Odame erwähnte.

»Ich möchte dich etwas fragen«, begann ich vorsichtig. »Hat eigentlich jeder Mensch ein Tier, das ihm entspricht?« Laya nickte. Ich schien mich noch auf unverfänglichem Terrain zu bewegen. »Kennt denn jeder *sein* Tier?«, setzte ich nach.

Laya schien sehr beschäftigt. Anscheinend hatte ich mich zu weit vorgewagt. Ich wusste, sie kannte die Antwort. Layas Zieh-Großmutter Fara hatte sie garantiert in solche Belange eingeweiht. »Wer sich mit dem Weg der Ahnen beschäftigt, weiß, welches Tier ihm entspricht«, bestätigte sie.

»Du kennst deins«, sagte ich sachlich, »so wie ich jetzt weiß, dass der Leopard mir entspricht. Darfst du deines verraten?«

»Dir, Mitfrau Ilona, darf ich es sagen. Meines ist der Wels.«

»Jener Mann …«, ich stockte, fühlte deutlich, dass ich eigentlich zu schweigen hatte, aber es war mir zu wichtig, »jener Mann, der dich gefragt hat, ob du seine Frau werden willst, war er auch mit dem Wels verbunden?«

»Der Mann, den du heiratest, darf nicht mit dem gleichen Tier verbunden sein. Die Ahnen würden das nie verzeihen«, sagte Laya ernsthaft.

Der Faden, den ich hielt, rutschte weg, die mühsam aufgefädelten Kauris kullerten in den Schoß meines weißen *wrappers*. Laya sah die Bescherung: »Mitfrau Ilona, lass dir helfen!« Sie fädelte mit geübten Fingern auf.

Zwei Leoparden im Urwald, der genetzte und der gelbschwarze. Der genetzte hieb dem gelb-schwarzen die Tatze durchs Gesicht. Der gelb-schwarze lief davon: Ja, ich wusste, wer ich war. Ich war ein Dummkopf. Wenigstens kannte ich nun die Wahrheit. Aber ich war doch weiß, deutsch, europäisch. Na und?, hielt eine Stimme in meinem tiefsten Inneren dagegen. Glaubst du, dass das wirklich etwas ändert, weiße Frau? Ich drehte mich um. Hatte Oke zu mir gesprochen? Da waren die Mädchen und Kome, die liebe, mütterliche, aber keine Oke.

»Ihr werdet euer Abendessen heute selbst fangen«, sagte Kome. Die Mädchen klatschten begeistert. »Jede sucht sich einen Stock, wählt ihn nicht zu kurz und nicht zu dünn, schnitzt ihn an einem Ende mit einem Messer schön spitz.« Wir sollten fischen gehen, das versprach Abwechslung, erforderte einerseits Geschicklichkeit und andererseits Geduld; vor allem aber würde diese Art der Nahrungsbeschaffung weitaus weniger schweißtreibend sein als die Plackerei in sengender Sonne auf den Feldern.

Die entsprechenden Stöcke für den Fischfang wurden zumeist von Bäumen und harten Büschen abgetrennt, wir achteten jedoch darauf, der Natur für ihre Gabe zu danken: Kome hatte uns ermahnt, dass der Baum für den Ast, den wir ihm nahmen, eine Entschädigung erwartete. Das konnte eine Muschel sein, die wir vorsichtig von den gebastelten Ketten lösten und in seine Wurzeln legten, oder Erde, mit der wir die Narbe in seiner Rinde verschlossen.

Wir verteilten uns entlang der kleinen Flussarme. Pfadfinderstimmung machte sich breit, manche kicherten und schwatzten. Mir erschien es als ein Unding, lärmend einen Fisch fangen zu wollen. Dass es ausgerechnet mir gelingen sollte, mit der archaischen Speermethode ein zappeliges und in seiner Bewegungsfähigkeit mir weit überlegenes Schuppentier zu erlegen, schloss ich ohnehin nahezu aus. Ich löste mich von der Gruppe, die sich in Dreier- und Viererverbindungen aufspaltete. Komes Helferinnen verteilten sich ebenfalls. Ich war ein paar Schritte gegangen in eine Richtung, in der ich eine etwa knietiefe Stelle wusste. Dort wollte ich mich ins Wasser stellen und einfach warten. Zu meiner Überraschung gesellte sich die stille Kome bald zu mir. Sie führte mich an eine andere Stelle als die von mir gewählte. Das Wasser dort war tiefer, nicht so unruhig, aber vor allem trüb. Jede Bewegung wirbelte den Sand auf. Wie konnte man dort einen Fisch erlegen? Ich sah keinen, dachte aber an die vielen Wasserschlangen, die ich an anderer Stelle gesehen hatte.

Bevor Kome sich auf ihr eigentliches Vorhaben konzentrierte, löste sie aus ihren Haaren einen kleinen Holzkamm und warf ihn ins Wasser, murmelte ein paar Worte dazu. Die Botschaft dieser Geste war klar – ein Opfer fürs gute Gelingen. Ich sah an mir herab; was konnte ich Mammy Water geben, die mir einen Fisch schenken sollte? Ich trug ein kleines Armband. Laya hatte es mir erst wenige Minuten zuvor geschenkt, gefertigt aus übrig gebliebenen Glasperlen und einem Stück Raphiafasern. Das Bändchen wirkte fröhlich, Layas Freundlichkeit hatte meine Bedrücktheit aufgeheitert. Schade drum, dachte ich und warf Layas Geschenk in hohem Bogen ins Wasser. Dann watete ich, den selbst gebastelten Speer hoch erhoben und ansonsten mit nichts als meiner weißen Haut angetan, in den Fluss. Eine Kriegerin auf feuchtem Pfade. Moddrig und schlammig, ließ das Flussbett meine

Füße einsinken. Keine Situation, in der mich sonderlich wohl fühlte.

Während ich noch mit mir selbst beschäftigt war, stand Kome bereits bis zu den Knien im Schlammwasser – den Oberkörper kaum vorgebeugt, den Speer eher locker in der Hand. Ich stellte mich neben sie, versuchte, mich gerade wie sie zu halten und den angespitzten Holzstock mit dieser spielerischen Leichtigkeit zu handhaben. Meine kurzsichtigen Augen versuchten, in dem trüben Wasser irgendeine Bewegung auszumachen. Ich kam mir albern vor, war völlig unkonzentriert.

Ruckartig stieß Kome zu, erschrocken drehte ich mich zu ihr: Ein fetter Brocken von Fisch zappelte an ihrem Speer. Während ich wartete, starrte und erstarrte, saß Kome längst am Ufer mit dem Fisch, schuppte ihn und nahm ihn aus.

Ich gab das unsinnige Unterfangen auf, setzte mich ebenfalls ans Ufer, ohnehin von Zweifel geplagt, ob ich einen Fisch essen könne, den ich auf solch rohe Art getötet hätte. Mir ist es lieber, wenn ich ein sauberes Stückchen Filet serviert bekomme. So nah an die Wurzeln unserer menschlichen Herkunft als Jäger und Sammler zurückgeführt zu werden war vielleicht doch eine Überdosis Ursprünglichkeit.

»Dein Herz führt deine Hand«, sagte Kome ohne Umschweife, womit sie wohl meinte, dass mir die Fische Leid taten. »So wirst du nie fischen können.« Das sah ich genauso, wollte es aber nicht zugeben, immerhin hatte ich Layas Armband geopfert und wohl auf einen Automatismus gehofft, der mir im Gegenzug einen Fisch zuspielen würde.

»Ich konnte nichts sehen«, sagte ich matt. Kome lächelte. Wieder einmal hatte ich versagt. Ich hoffte, dass Laya mir später vielleicht ein Stück ihrer Beute überlassen würde, und machte mir insofern um das Abendessen keine Sorgen.

Kome wirkte im Gegensatz zu Odame weniger durchgeistigt, eher bodenständig. Wenn sie lachte, entblößte sie eine prächtige Zahnlücke zwischen den Schneidezähnen. Dreißig Jahre zuvor war sie gewiss eine anmutige Frau, vielleicht sogar eine verführerische Schönheit gewesen. Ich fragte sie, wie viele Kinder sie habe. Es waren sechs, vier von ihnen Söhne, wie sie stolz hinzufügte.

»Möchtest du, dass deine Töchter auch Mammy-Water-Priesterinnen werden?«, fragte ich.

Kome kniff die Augen zusammen, als blende sie ein helles Licht. In Wirklichkeit suchte sie nach einer Antwort, die ich verstehen könnte. Dazu holte Kome etwas aus, sagte, dass sie etwa 55 Jahre alt wäre. Genau wisse sie es nicht, das wäre nirgendwo aufgeschrieben worden, weil in ihrer ländlichen Heimat Mädchen erst viel später registriert wurden. Sie habe mit ihrem Mann und dessen beiden jüngeren Frauen zusammengelebt, als ihre Wechseljahre einsetzten. »Zu der Zeit litt ich unter schlimmen Träumen. Mir erschien eine schöne Frau mit langen Haaren. Diese Frau rief mich zum Wasser.«

Doch dort, wo Kome lebte, gab es keinen Fluss und kein Meer: »Unser Dorfheiler erklärte mir meine Träume; da habe ich erstmals von Mammy Water erfahren. Er sagte: Mammy Water wohnt mit ihrem Mann und ihren Kindern in einem Schloss am Meeresboden. Gelegentlich kommt sie aus dem Wasser und verführt Männer. Diese sterben jedoch nach einer Nacht mit ihr. Als ich das hörte, wurde ich krank, denn ich glaubte, von einem bösen Geist besessen zu sein. Die Träume wurden immer schlimmer.«

Kome brach auf in den Süden, mit dem ungefähren Ziel »Wasser«. »Ich war sehr dumm gewesen, denn ich habe nicht gewusst, wie weit das Wasser entfernt war«, meinte Kome und lächelte. Schreiben und lesen konnte sie ohnehin nicht; das brachten ihr später Schülerinnen bei, zumindest in

Ansätzen. Völlig heruntergekommen hatte ihre Odyssee am Meer geendet.

»Und das Erste, das ich fand, war eine dicke Seeschnecke!« Kome freute sich bei der Erinnerung wie ein Kind. Ich wollte einwenden, dass man an den Stränden des Golfs von Benin häufig ausgefallen schöne Seeschnecken findet. Kome setzte jedoch sofort hinzu: »Genau diese Seeschnecke hatte ich mir im Traum in mein langes Haar gesetzt.« In das Haar ihrer Träume jedenfalls. Komes Suche hatte ihr Ziel erreicht; sie war erlöst, weihte ihr Leben der Gottheit.

»Mammy Water gibt es so lange, wie es Fruchtbarkeit gibt«, erzählte Kome. Fruchtbarkeit, das meint nicht nur die Empfängnisbereitschaft der reifen Frau, das umfasste auch ganz praktisch Wasser, oft genug ein rares Luxusgut, das herbeigefleht und -gesehnt wird. Im übertragenen Sinne steht Wasser aber auch für Erneuerung und den stetigen Wandel von allem. Es ist auch das Symbol für die Vision, die Fantasie und hält so das irdische Rad der Neuentwicklungen in Schwung. Kome, weniger philosophisch als praktisch veranlagt, sprach von Mammy Waters Bedeutung für den eigenen Körper. Kreislauf, Hormone, die Körpersäfte im Allgemeinen stehen unter dem Schutz der Göttin des Wassers.

Wie schon Ajira mich auf die negativen Seiten der Luft aufmerksam gemacht hatte, so erwähnte auch Kome die weniger angenehmen Seiten »ihrer« Gottheit: »Gerade hier, wo wir leben, ist es wichtig, sich Mammy Water gewogen zu machen. Die Flüsse treten in den Regenzeiten über die Ufer, schwemmen mitunter ganze Dörfer weg. Darum ist es wichtig, Mammy Water viele Opfer zu bringen!«

Im Leben von Kome war Mammy Water aber auch der Auslöser der psychischen Leiden ihrer Wechseljahre. Die Flussgöttin steht für Depressionen, Mutlosigkeit und Angst. »Sobald ich Mammy Water lieben gelernt und erfahren hatte, wie ich ihr opfern sollte, konnte sie mich von meiner Angst und Verzweiflung erlösen«, erklärte die Priestern. »Mammy Water ist deshalb in den Übergangszeiten im Leben einer Frau besonders wichtig.« Das ist für Mädchen der Beginn der ersten Menstruation und für Frauen der Beginn der Menopause.

»Du fürchtest dich vor dem Wasser«, sagte Kome schlicht, als wir am Ufer saßen. »Wenn du dich mit deiner Angst beschäftigst, kannst du keine Jägerin sein, die einen Fisch erlegt.« Ich konnte unmöglich widersprechen. Sicher, in dem knietiefen Wasser bangte ich wohl nicht, gleich abzusaufen. Doch das latente Gefühl der Unbehaglichkeit konnte ich nicht gänzlich verdrängen. Es lenkte mich ab. Sosehr ich den friedvollen Anblick des trägen Flusses auch mochte – mich plagte eine traumatische Kindheitserfahrung im Zusammenhang mit dem Wasser.

»Mammy Waters Welt ist voll wunderbarer Klarheit; wer die Augen vor ihr verschließt, wird sie nie sehen«, sagte Kome in der schlichten Sprache der Eingeweihten. Noch in dieser langen Nacht erfuhr ich, wie sie das meinte.

Das Lager wurde auf einer Lichtung aufgeschlagen, Feuer gemacht, getrommelt und getanzt. Die Stimmung war ausgelassen. Bislang war Laya mir gegenüber hilfsbereit gewesen. Doch nun briet sie sich ihren Fisch und aß ihn alleine auf. Einen Wels zu fangen und zu essen war Laya nicht erlaubt, da sie *mit ihm verbunden* war. Jeden anderen Fisch schloss dieses Tabu nicht mit ein. Auch keine der anderen Frauen – oder gar Kome selbst – wollte mich an ihrem Fang teilhaben lassen. Ich verkniff mir jeden Kommentar. Im Gegensatz zu meinem Magen, der sich laut knurrend meldete.

»Großmutter Oke hat uns beobachtet«, sagte Laya, »sie hat gesagt, dass ich dir nicht mehr helfen darf bei den Aufgaben, die du zu bewältigen hast. Deine Zeit hier dient der

Einweihung, du musst die Prüfungen selbst bestehen. Nur dann kannst du zu einem vollen Mitglied der Gemeinschaft werden.« Tapfer – und hungrig – nickte ich: Es hatte mich auch gewundert, wenn Oke nicht in das Verhältnis zwischen Laya und mir eingegriffen hätte.

»Deine Großmutter ...«, ich suchte nach Worten, »... freut sich nicht sehr, dass ich hier bin.«

Laya schüttelte den Kopf: »Sieh Enana dort drüben: Auch sie hat keinen Fisch gefangen. Auch sie bekommt nichts von den anderen zu essen. Jede in der Gemeinschaft muss stark sein; die Zeit der Einweihung dient dieser Stärkung. Nur wenn jede in der Gemeinschaft stark ist, kann unsere ganze Gemeinschaft stark sein«, sagte Laya sehr ernst.

Ich verstand: Wenn ich in dem Versuch, eine Kokosnuss vom Baum zu schlagen, versagte, so durfte eine andere an meiner statt es tun. Jenes Mädchen bestand in diesem Augenblick die Prüfung für sich selbst. Mit mir hatte das nichts zu tun. So waren wir als Gemeinschaft trotzdem nur eine Ansammlung von Individuen. Erst nachdem das Ritual überstanden war, durften wir wieder in der Gruppe aufgehen und uns gegenseitig ergänzen. In der Jagd nach dem Fisch, bei der ich einzig auf mich gestellt war, enthüllte sich somit der tiefere Sinn meiner Zeit im Urwald. Plötzlich verstand ich auch, weshalb mich Oke getadelt hatte: Ich hatte, gemeinsam mit Laya, der kleinen Bami beim Tanz um den Ziegenkopf geholfen. Deshalb musste das Mädchen eine zweite Prüfung bestehen, den Feuerlauf.

Wenn ich gehofft hatte, die Fischjagd hinter mir zu haben, so irrte ich gewaltig. Es ging ja nicht allein darum, sich ein Abendessen zu beschaffen, sondern eine Prüfung zu bestehen. Der Abend war angebrochen; wir mussten neues Holz für ein Lagerfeuer suchen. Ich erwartete eine Nacht im Urwald. Dass dies kein Ausflug werden würde, wurde mir klar, als sich alle mir bis dahin bekannten Priesterinnen versammelten, die Oberpriesterin Odame sowie Ajira, Urika und Oke.

Die weisen Frauen hatten eine Zeit lang zusammengesessen; es sah aus, als berieten sie sich. »Eine von ihnen wird dir und Enana eine neue Aufgabe stellen«, verriet Laya. Ausgerechnet Oke war es, die sich aus der Gruppe löste und Enana und mir bedeutete, ihr zu folgen. Unsere Speere sollten wir mitnehmen. Ich warf Laya einen fragenden Blick zu; sie nickte mir aufmunternd zu. Inzwischen war es fast dunkel, mit einer Fackel in der Hand ging Oke voraus. In meinem Magen machte sich ein ungutes Gefühl breit, so als würde nicht ich Fische erlegen, sondern meinerseits zur Schlachtbank geführt werden. *Nur wenn jede in der Gemeinschaft stark ist, kann unsere ganze Gemeinschaft stark sein.* Wir beide, Enana und ich, waren *schwach.* Der Speer in meiner Hand wurde feucht durch meinen Schweiß. Miserable Voraussetzung für eine erneute Prüfung als Fischern vom Urwaldfluss. Unter dem kritischen Blick Okes!

Tiefe Wasser

Das dichte Blattwerk lichtete sich allmählich. Der Nachthimmel war weit, die silbrige Scheibe des Mondes leuchtete klar. Die unwirkliche Helligkeit wurde verstärkt durch den breiten weißen Strand des Flusses, der an dieser Stelle ein üppiges Bett aus hellem Sand hinterlassen hatte. Oke sagte einige Worte zu Enana in der gemeinsamen Sprache, woraufhin das Mädchen seinen Speer packte und in Richtung Fluss loslief. Oke selbst bewegte sich keinen Millimeter.

Ob Enana wusste, dass sie direkt in ihr Verderben lief? Ich habe es nie erfahren.

»Was soll ich tun?«, fragte ich.

»Hol den *mudfish«,* sagte Oke knapp in Pidgin.

Ich sah den weißen Strand, den Fluss, der in schwer zu schätzender Entfernung im Mondlicht glitzerte, als hatte Mammy Water ihre Perlen über das Wasser verteilt. *Mudfish,* das ist der Wels, so viel wusste ich. Dass Weise dicke Fische mit langen Barteln sind, wusste ich auch. Doch warum ich ausgerechnet an einem Strand fischen gehen sollte, das machte keinen Sinn. Oke hatte ihre Fackel längst gelöscht; sie setzte sich bequem in den Sand. Ratlos stand ich herum, den Speer in der Hand wie ein zu groß geratenes Spielzeug.

Oke schickte mich mit einer lässigen Handbewegung Richtung Strand und Fluss. Der Handrücken ihrer Linken deutete zu mir, dann schlenkerte sie die Hand aus. Als säße eine Fliege auf dieser großen Hand, die ihr lästig war.

Ich atmete tief ein und trabte mit schweren Beinen los. Ich konnte Enana kaum noch erkennen, sie hatte wohl schon ein ziemlich weites Stück zurückgelegt. Ich konzentrierte mich ganz und gar auf mich selbst, war jetzt sehr ruhig. Ich konnte ja klar sehen; es war sehr hell, der Vollmond tauchte alles in em unwirkliches Licht. Nur der Sinn dieses Ausflugs war mir unklar. Die Stimmung hätte ja durchaus romantisch sein können, doch mit der finster-undurchschaubaren Oke im Rücken blieb da ein seltsam mulmiges Gefühl.

Der Sand unter meinen Füßen fühlte sich noch warm an von der heißen Sonne des Tages, während die Luft am Wasser schon merklich kühler wurde. Bislang hatte ich nicht gewusst, dass es eine Stelle an diesem Strom gab, die derart ausladend breit war. Die Weite der Landschaft hatte etwas Beruhigendes, ließ keine Gefahren vermuten. So registrierte ich zwar, dass der Boden mit der zurückgelegten Entfernung weicher wurde, meine Sinne witterten jedoch keine Bedrohung. Das Ziel, der silbrig schimmernde Fluss, rückte immer näher. Je weiter ich lief, desto tiefer sanken meine Füße ein. Wenn ich sie aus dem durchweichten Sand hob, hinterließ ich einen Abdruck, der sich rasch mit einer Wasserpfütze vollsog. Jetzt erst fragte ich mich, warum ich ausgerechnet an einer Stelle fischen sollte, die dafür offensichtlich nicht geeignet war. Also korrigierte ich meinen Weg, der den Fußstapfen des anderen Mädchens gefolgt war, lief nun parallel zum Flusslauf, der schätzungsweise noch zweihundert Meter entfernt sein mochte, hoffend, festeren Untergrund zu finden.

Ich war ein paar Schritte gegangen, als ein lauter Schrei die Stille der Nacht zerriss. Ich fuhr zusammen, als wäre ich in den Nacken geschlagen worden, und machte sofort kehrt.

Zunächst dachte (oder hoffte?) ich, Oke wäre etwas zugestoßen. Doch die thronte als dunkler runder Punkt auf dem Sand, einem Bündel aus Stoff ähnlicher denn einem menschlichen Wesen. Sie rührte sich nicht. Aufgeregt suchten meine Augen die weiße Weite des Ufersands ab. Vor der Glitzerpracht des Stroms kaum erkennbar, staken zwei Senkrechte empor. Ich kniff die Augen zusammen, sie bewegten sich gegeneinander.

Da winkte jemand. Enana! Wieso war sie so klein? Ihr Unterleib fehlte. Ein perspektivischer Streich? Noch einmal ertönte der Schrei. Eiskalt lief es mir den Rücken hinunter. Das war Angst, nackte Panik. Ohne nachzudenken, rannte ich los, das Laufen fiel mir unendlich schwer. Ich glaubte zu rennen, doch bewegte ich mich tatsächlich wie in Zeitlupe. Bei jedem Schritt, den ich tat, sank ich tiefer in den Sand. Bald bekam ich die Füße nur mehr mit Mühe aus dem Sand. Wo ich auch hintrat, war es dasselbe. Ich sank ein! Noch war die Betroffenheit über mein eigenes Los nicht so groß wie über das von Enana, deren Umriss im gleichen Augenblick immer kleiner wurde. Der Boden schien sie förmlich zu verschlucken. Sie schrie nicht mehr, ihre Arme richtete sie nach oben, als flehte sie den Himmel um Hilfe an, der in kalter Pracht strahlend, von tausend Sternen gesprenkelt, mitleidlos auf sie herniedersah.

Ich selbst traute mich keinen Schritt mehr zu tun, schrie laut herüber zu Oke: »Hilf ihr! Sie versinkt!«

Doch das dunkle Bündel, dessen genaue Gestalt ich nicht erkennen konnte, in dem ich aber Oke vermutete, regte sich nicht.

Keine Hilfe. Bewähre dich! Zeige, dass du stark genug bist für die Gemeinschaft.

Und wenn nicht? Niemand hatte mir diese Frage jemals beantwortet. Jetzt bekam ich die Antwort. Sie hieß zum Beispiel Tod. Nichts hatte ich bislang verstanden. Hatte angenommen, alle meine existenziellen Erlebnisse seien durch meine übersteigerte Empfindsamkeit hervorgerufen worden. Jedes Mal waren es Seele, Geist oder Psyche gewesen, die auf eine Probe gestellt wurden. Hier, ausgerechnet hier, bei der so simpel anmutenden Aufgabe, einen Fisch mit einem Speer zu erlegen, griff der Tod nicht nur nach meiner geistigen Existenz, sondern nach mir als ganzer Person.

Nutzlos hatte ich den Speer die ganze Zeit über in der Hand gehalten, darauf wartend, ihn als Waffe einsetzen zu können. Nun benutzte ich das wohl zwei Meter lange, selbst gebaute Werkzeug als Stange, um in dem mich umgebenden Sand zu staken, verzweifelt nach einem festen Untergrund suchend. Tränen der Wut liefen mir übers Gesicht; ich fühlte mich hintergangen.

Oke hatte mich an diese Stelle geführt. Es war Treibsand.

Und nun waren auch alle anderen Erlebnisse so klar wie das Licht des Mondes, in dessen Angesicht ich nach einem Ausweg suchte. Oke hatte mir sicherlich die Maske aufs Gesicht gelegt, während ich schlief. Sie hatte wohl auf Layas Solidarität gesetzt, dass die Mitfrau mich nicht retten würde. Dieser Plan war fehlgeschlagen. Doch diesmal war ich auf mich allein gestellt. Keine Laya, niemand würde mir helfen.

Enana war stumm erstickt. Oke brauchte nur zu warten – und der Sand würde auch mich verschlucken.

»Sie hat die Prüfung nicht bestanden. Sie war nicht die richtige Frau für dich.« So würde Oke es Victor wohl sagen, wenn er seinerseits aus dem Camp zurückkame. Und ich sah das Gesicht von Sunny deutlich vor mir, wie e; seine Augen hinter der Sonnenbrille verborgen, die Mundwinkel zu einem hämischen Grinsen verzogen, triumphierte. Seine

Tochter Laya brauchte sich den künftigen Clanführer nicht mit einer Weißen zu teilen. Es würde nicht noch einmal geschehen, was Victors Mutter dem Clan an Schande zugefügt hatte: Die schwarze Orchidee verwelkte, während der Stammesführer das Leben mit einer Weißen genoss und einen Erben zeugte – mit der Frau aus einer verhassten Kultur.

Plötzlich wurde ich sehr ruhig. Die Speerspitze saß irgendwo fest. Ich bewegte mich nicht mehr, obwohl der Boden immer noch unter mir nachgab. Dies war eine Atempause. Ich konnte nachdenken: Aus Sunnys Sicht mochte der gesamte Clan Recht haben. Ich gehörte nicht in diese Welt. Doch dann würde Victor ebenso wenig hineinpassen. Denn er war viel weniger als ich bereit gewesen, sich den Herausforderungen Afrikas zu stellen. Er tat sogar alles, was er nicht beweisen und erklären konnte, als Unsinn ab.

Ich sah den Mond an, der übermächtig groß am Himmel stand. Es war der gleiche Mond, den Janet vom Kinderwagen aus in London gesehen hatte, während ich sie – von meinen vielen Verpflichtungen gestresst – nach Hause schob. Janet hatte hinaufgeblickt und wie selbstverständlich *moon* gesagt. Ich hatte das bis zu diesem Augenblick völlig vergessen, hatte nie gefragt, wer der Zweijährigen das englische Wort für Mond jemals beigebracht hatte. Aber sie hatte mit einer solchen Selbstverständlichkeit *moon* gesagt, wie sie mich Mama nannte.

Während ich das dachte, wusste ich, dass dies nicht der Moment meines Todes war. Begründen konnte ich nicht, weshalb. Vielleicht gab der Anblick des Mondes mir eine solche Kraft, dass ich meine Angst vergaß. Der Mond erschien mir als sichtbare Brücke zwischen meinen Erinnerungen ans Gestern und meiner Hoffnung aufs Morgen. Auf dieser sichtbaren Brücke stand ich. »Okay«, sagte ich, mehr zu mir als zum Mond, »sie wollen uns nicht haben, Victor. Dann gehen wir, werden unser Leben woanders führen.« Denn der Macht von Oke und ihrem Sohn Sunny wären wir auf Dauer nicht gewachsen.

Mit einem Ruck zog ich den Speer wieder hoch, um an anderer Stelle nach Grund zu suchen. Der Speer ließ sich kaum bewegen, wog mehrere Kilo schwer. Der Sand, dachte ich. Schließlich zog ich den Speer heraus, das Ende bestand aus einem dicken, sandigen Klumpen. Der Klumpen zappelte, dass der Sand in alle Richtungen spritzte! Alles Adrenalin, das mein Körper zu produzieren im Stande war, überschwemmte mich. »Ich habe ihn!«, brüllte ich. Jetzt kam Bewegung in das scheinbar schlafende Bündel auf dem trockenen Sand. Der Fisch am Spieß hatte ein so überraschendes Gewicht, dass ich fast meine Balance verlor und durch den Sand taumelte, geradewegs auf die auf mich zueilende Oke zu.

Jetzt war keine Zeit mehr für Angst und Panik! Die Trophäe in meiner Hand schien mich vorwärts zu ziehen, fort von dem gefährlichen Untergrund. Okes verblüfftes Gesicht nahm ich kaum wahr. Trotz des Horrors des gerade Erlebten überkam mich ein unglaubliches Gefühl des Triumphs. Ich freute mich, gesiegt zu haben über Okes dumpfen Plan – und meine Angst. Mein unglaubliches Glück ließ mich geradezu über den Sand tanzen. Im hellen Licht des Monds lachte ich wie eine dreckige und klebrige Irre. »Das hast du nicht gedacht!«, schrie ich immer wieder auf Deutsch. Ich hatte meiner Feindin bewiesen, dass ich, eine Weiße, die Prüfung der Afrikanerinnen zu bestehen vermochte.

Unmöglich konnte ich den Wels, dem ich meine Rettung verdankte, auf einen Spieß stecken und grillen. Immer noch zuckte der kräftige, muskulöse Leib, immer noch hatte ich den *mudfish* nicht vom Spieß gezogen. Die Gelegenheit bot sich, als ich bereits die Stimmen der anderen vom Lagerplatz herüberklingen hörte. Wir passierten einen kleinen Seitenarm des großen Flusses. Vor mir leuchtete Oke mit ihrer Fackel den Weg zurück zu den anderen Frauen, die uns am Feuer erwarteten. Ich hielt den Speer ins Wasser um den Sand abzuspülen. Die unverhofft plötzlichen Zuckungen, die das Tier durchführen, erschraken mich und machten mir deutlich, dass er lebte: Der Speer, schlicht geschnitzt, hatte keinen Widerhaken, so dass ich dem Fisch problemlos die verdiente Freiheit schenken konnte. Es geschah ohne Überlegung oder Berechnung. Es war viel zu dunkel, als dass ich sehen konnte, wohin er entschwand. Ob er überleben konnte – ich weiß es nicht. Ich hatte ihn nicht absichtlich gefangen, er hatte sich mir geopfert. Den Speer ließ ich liegen und eilte der dicken Oke nach.

Wortlos deutete sie mit ihrer freien Hand auf meine leeren Hände. »Ich habe ihn freigelassen«, sagte ich.

Nur der warme Schein der Fackel beleuchtete die Haut der Priesterin. Zum ersten Mal glaubte ich nicht in eine Maske zu sehen, als ich in Okes Gesicht blickte. Ich las darin echte Verwunderung.

Der Augenblick, als ich den Fisch freiließ, veränderte mich. Zum ersten Mal setzte ich mich über die Spielregeln hinweg. Sie waren mir egal. Es ging um den Fisch – und mich. Nicht um Oke und Rituale. Bislang war ich als Schülerin brav hinter meinen Lehrerinnen hergetappt. Doch Oke hatte mich in eine Falle geführt; in ihren Augen mochte es eine Prüfung sein. Aber vor dem Hintergrund von Okes persönlicher Verstrickung in Victors und mein Schicksal konnte ich das nicht mehr so sehen. Oke war zu weit gegangen. Dadurch hatte sie mir aber auch eine Möglichkeit eröffnet: eine neue Position gegenüber der Einweihung zu finden. Mit dem, was noch geschah, ging ich bewusster um.

Oke und ich kehrten an den Lagerplatz der anderen zurück; inzwischen leuchtete ein helles Lagerfeuer. Laya winkte mich zu einem Platz, den sie für uneinsehbar hielt. Eigentlich wollte ich nicht mit ihr über das Erlebte sprechen, denn ich wusste selbst nicht, was ich davon halten sollte. Enanas Schicksal, meine Nähe zum Tod sowie Okes passives Verhalten wühlten mich zu sehr auf, als dass ich ausgerechnet mit Okes Enkelin hätte darüber sprechen wollen.

»Was ist passiert? Wo ist Enana?«

»Tot. Oke hat sie im Sand ersticken lassen. Und mit mir hatte sie das Gleiche vor«, sagte ich und biss mir im gleichen Moment auf die Lippen, die Worte entlassen hatten, die sich schroff und unversöhnlich anhörten.

Zunächst starrte Laya mich ungläubig an, rührte sich nicht. Dann drehte sie sich von mir fort. In der Dunkelheit sah ich ihren schmalen Körper, der sich mühsam aufrecht hielt, ganz leicht zucken. Laya weinte. Mein Gott, was konnte dieses Mädchen dafür, dass sie eine so schreckliche Großmutter hatte? Ich fühlte, dass die 16-Jährige die gleiche innere Zerreißprobe auszuhalten hatte wie ich. Mit einem wesentlichen Unterschied: Im Zweifelsfalle konnte ich in meine weiße Welt zurückkehren, fliehen, davonlaufen. Laya jedoch würde für immer zu bleiben haben. Ich durfte meine Abgrenzungsversuche dem Clan und dem Ritual gegenüber nicht auf dem Rücken der Schwächsten austragen. Rasch blickte ich mich um, ob Oke uns auch nicht sah, und nahm Laya in die Arme. Der Weinanfall schüttelte ihren ganzen Körper.

»Es ist doch eine Prüfung, ob ihr stark genug für die Gemeinschaft seid«, sagte sie. Es klang, als versuchte sie, im Korsett ihrer Konventionen Halt zu finden – und spürte gleichzeitig, wie es sie um den Atem brachte.

»Ich weiß«, sagte ich, »ich weiß.« Aber Laya beruhigte sich nicht. Mit einem Mal kam mir ein Gedanke. Es war zweifellos ein Wels gewesen, den ich im Triebsand aufgespießt hatte ... »Der Wels ist das Tier, mit dem du verbunden bist, nicht wahr? Ich habe einen gefangen, stell dir vor.«

Laya zog die Tränen durch die Nase hoch, ungläubig sah sie mich an: »Aber dann hast du die Prüfung doch geschafft.« Übergangslos ging ihr Weinen in ein strahlendes Lächeln über.

»Ich habe ihn freigelassen«, sagte ich schlicht.

»Du hast ihn freigelassen?«, wiederholte Laya tonlos. »Warum?«

»Ich konnte ihn nicht töten. Er hatte mir ja das Leben gerettet.«

»Dann hast du es geschafft, Mitfrau Ilona. Großmutter Oke wird dich nie wieder anfassen.«

»Wie bitte? Wie meinst du das?«

Laya wischte sich die Tränen mit beiden Händen aus dem Gesicht, bevor sie antwortete: »Wir nennen den Wels deshalb *mudfish,* weil er sich zu Zeiten der Trockenheit im Schlamm – im *mud* – eingräbt. Der Wels krabbelt aber auch über Land, um sich neue Flussläufe zu suchen. Weil er das kann, zählt er zu zwei Elementen. Zur Erde und zum Wasser.«

Layas Erklärung war mir zu schwammig. »Was hat das mit deiner Großmutter zu tun?«

»Der Fisch hatte sich im Sand verborgen. Also hat der Geist von Mutter Erde dich gerettet, Ilona. Und du hast dich beim zweiten Element des Fischs bedankt, dem Wasser. Das heißt, die Geister beider Elemente beschützen dich.« Laya nahm mich in die Arme, langsam beruhigten wir uns beide wieder.

In was für eine komplizierte Welt war ich hineingeraten? Lauter geheime Codes, die ich nicht verstand, mussten mir übersetzt werden. Einweihung, dachte ich, da gibt es wirklich viel zu lernen. Und ich hatte nur 16 Tage. Laya war 16 Jahre alt. Und lernte täglich dazu. Ich drückte sie fest an mich: »Ich bin so froh, dass du bei mir bist.

»Mitfrauen müssen zusammenhalten«, sie lächelte aufmunternd, »dann sind sie wirklich stark.«

Ich führte keine Uhr mit mir, aber dem Stand des Mondes nach zu urteilen, mochte Mitternacht vorüber sein. Kome rief mich zu den anderen Frauen, denen ich ihre unterschwellige Erregung anmerkte. Der Tod von Enana ließ sich nicht geheim halten: Oke und ich – wir waren allein zurückgekehrt. Kome reichte mir eine Kalebasse mit einem stark riechenden, warm duftenden Getränk. Vorsichtig führte ich die Holzschale an meinen Mund. Ein wahrer Aroma-Cocktail strömte mir entgegen. Meine Augen suchten Layas Beistand, konnten sie aber in der Dunkelheit nicht ausmachen.

Das Getränk in der Kalebasse hatte einen kaum beschreiblichen Geschmack; das Besondere daran war, dass es sich auf der Zunge »trocken« anfühlte – ein Gefühl, als bisse man in ein Stück gut abgelagerten Holzes. Obwohl ich nur einen kleinen Schluck davon nahm, legte sich dieser Geschmack wie ein haariger Pelz auf Zunge und Gaumen. Ich konnte nicht mehr atmen, schnappte wie eine Erstickende mit geöffnetem Mund nach Luft und pumpte in kürzester Zeit große Mengen Sauerstoff in meine Lungen.

Die Priesterinnen führten mich und fünf Mädchen eilig ein paar Schritte durch den Wald. Wieder befand ich mich an einem Wasser, einer schwarzen, glänzenden Fläche, die mich angähnte. Helferinnen hatten bereits alles vorbereitet, dicke Stricke – es mögen auch Luftwurzeln irgendwelcher Lianen gewesen sein – lagen bereit. Wir sechs standen japsend da, in den Boden gerammte Fackeln verliehen dem Augenblick eine beängstigende Feierlichkeit. Hatte ich eben das gähnende Schwarz noch als Spiegel gesehen, so verschwamm dieses

Bild jetzt. Die klare Oberfläche wirkte wie eine in den Boden gerammte Pyramide aus Glas, deren Spitze sich irgendwo weit unten zu verlieren schien. Neugierig trat ich – immer noch keuchend und meine Lungenflügel pfeifend mit Atem füllend – näher. Von allen war ich diejenige, die dem Wasser am nächsten stand.

Bevor ich zu einem weiteren Gedanken fähig war, wurde ich mit den Stricken umwickelt. Das ging rascher, als mein Auffassungsvermögen funktionierte. Immer noch zog ich die Luft keuchend ein, vor meinen Augen drehte sich das tiefe Wasser mit der umgedrehten Pyramide, formte sich zu einem funkelnden Kristall, der schwerelos und riesig in der schwarzen Nacht tanzte, ein Kristall aus filigraner Transparenz, die zu seiner übermächtigen Größe nicht zu passen schien. Es war der Ausdruck kompletter Schwerelosigkeit – das aufsaugende Schwarz des Wassers hatte sich vor meinen Augen ins Gegenteil verkehrt.

Ich stand und glotzte dieses Wunder an; sperrte meinen Mund gehorsam auf, als man mir etwas hinhielt, in das ich hineinbeißen sollte. Die Länge eines Wimpernschlags spürte ich einen modrigen Geschmack, dann wurden meine Nasenlöcher mit irgendetwas verschlossen. Im selben Augenblick packten mich mehrere Hände und hoben mich hoch. Immer noch drehte sich die schwerelose Pyramide um sich selbst. Nun jedoch wurde die Haut meines Körpers von Feuchtigkeit umhüllt, die Pyramide drehte sich nicht mehr vor meinen Augen, sondern um mich herum.

Verwundert blickte ich umher. Ich war von Helligkeit umgeben, die allerdings – im Gegensatz zu meinem »Aufstieg« ins Licht im Tempel – keinen konkreten Ursprung, keine definierbare Quelle hatte, sondern die einfach nur existierte. Nichts schien mich zu beengen oder festzuhalten. Vorsichtig tat ich ein paar Schritte, überrascht, plötzlich frei zu sein. Da waren helle Stimmen, die sangen. Ihr Klang war so kristallin klar wie das Licht, in dem ich mich langsam bewegte. Seltsamerweise *wusste* ich, dass ich mich im Innern der umgedrehten Pyramide, also einem begrenzten Raum, aufhielt, aber die Seiten dieses Kristallkörpers waren nicht mehr zu erkennen. Nichts war da, woran meine Augen haften blieben, dennoch war es keine Leere, die mich umgab. Es schien die reine Energie zu sein. Je länger ich in diesem paradox raumlosen Raum umherschweifte, desto deutlicher spürte ich, dass es meine eigene Energie war die mich umgab. Meine Hände wollten diese Energie ergreifen und spüren – ein Rudern, das mich immer weiter vorwärts trieb, hinein in die Tiefe der Pyramide. Die hellen Stimmen, die ich hörte, kamen von dort unten.

Ich hatte einen Punkt erreicht, an dem ich nicht mehr weiterkonnte: Der Kristall, in dem ich mich befand, ließ mich nicht hindurch. Neugierig starrte ich durch seine Wand und sah spielende Kinder, die ausgelassen herumtollten. Schwerelos wie ich. Deutlich konnte ich erkennen, dass es kleine Mädchen waren, allerdings ließ sich ihr Alter nicht bestimmen. Sie kreisten um eine dicke Frau, an deren Brüsten sie gelegentlich tranken, um anschließend zu ihrem Spiel zurückzukehren. Keines dieser Wesen hatte eine bestimmte Hautfarbe, sie schienen gewissermaßen durchsichtig zu sein, aus Glas. Und dennoch beweglich wie Gummifiguren. Mich nahmen sie nicht wahr, und ich fürchtete, dieses Bild friedlichster Harmonie zu stören, wenn ich noch einen Augenblick länger bliebe, denn dann könnten die Glasmenschen mich entdecken, ihr Spiel für immer beenden. In diesem Augenblick empfand ich wie ein kleines Kind, das einfach die Augen schließt und glaubt, dass man es nicht mehr sieht.

Ich lag klatschnass, vor Anstrengung schwer atmend, am. Boden, nichts verschloss Mund und Nase. Wenige Schritte von mir entfernt beendete gerade ein anderes Mädchen seine Reise, ein Stück Holz wurde ihr aus dem Mund genommen, wobei sie nicht einmal aufstöhnte, Pfropfen wurden aus ihren Nasenlöchern gezogen. Auf der entgegengesetzten Seite klatschte es vernehmlich. Mit dem Kopf voran wurde ein nacktes Mädchen in das pechschwarze Wasser des Sees versenkt. Währenddessen wurden die anderen bereits für die Reise zur Glaspyramide fertig gemacht. Mich wickelte man aus den Stricken. Willenlos ließ ich alles mit mir geschehen; mein ganzes Bewusstsein war von dem soeben Erlebten erfüllt. Schließlich lagen wir sechs wie aus dem Wasser gezogene Fische an Land, friedlich ausgestreckt. Noch einmal drehte ich den Kopf zu der herrlichen Glaspyramide – sie war verschwunden. Ihr Bild existierte nur mehr in meinem Kopf. Sehen konnte ich lediglich einen schwarzen See, dessen Oberfläche glatt und schimmernd schlief. Davon, dass ausgerechnet ich kopfüber, gefesselt und geknebelt in dies Wasser eingetaucht worden war, zeugte nichts mehr. Außer dass ich nass war. Selbst der seltsame trockene Geschmack nach Holz war aus meinem Mund gewichen.

Hintereinander liefen wir zum Lager zurück. Erst jetzt begann ich mich zu wundern. Waren es nicht nur ein paar wenige Schritte gewesen zum tiefen, dunklen See? Der Rückweg schien mir ewig lang zu sein. Wir sechs sprachen kein Wort miteinander und ich hatte auch nicht das Bedürfnis dazu. Ich fühlte ganz deutlich, dass Ifeomas Prophezeiung richtig war:

Es würde der Punkt kommen, an dem ich nicht mehr reden wollte. Jetzt war er da. Ich sah die anderen Mädchen neben mir auf dem Boden liegen, beobachtete, wie eine der Helferinnen die mit Pfropfen verschlossenen Münder öffnete. Die Augen der Mädchen waren weit geöffnet: Sieh, lerne, schweig und denke über das Gesehene nach. Das war es, was wir lernen sollten.

Das Lagerfeuer war bei unserer Ankunft zu einem Glimmen herabgesunken, die anderen Mädchen und Frauen schliefen bereits. Kome klatschte kurz in die Hände, Bewegung kam in die Schlafenden. Das Feuer wurde zu neuem Leben erweckt, um uns willkommen zu heißen. Wir hatten – jede für sich – unsere Prüfungen bestanden. Jetzt war die Gemeinschaft bereit, uns willkommen zu heißen. Sie nahm uns mit weit geöffneten Armen auf: Wir hatten bewiesen, dass wir dazugehörten.

Ich fühlte mich nicht müde, war regelrecht stimuliert. Mein Körper vibrierte vor Energie; meine Nase nahm die einzigartige Mischung der süßlichen, frischen oder erdigen Gerüche wahr; ich fühlte den sanften Lufthauch der vorbeiflatternden Fledermäuse, hörte die Rufe einer Eule, gegen die sich das Quaken der Frösche abstoßend und dumpf ausnahm.

Zwischen zwei Gefühlen

Ajira ließ die *sere* sprechen. Das leise, gleichförmige Rasseln tat wohl in der abgekühlten Nachtluft, verstärkte das Gefühl der Reinheit und Unbeschwertheit, das mich bestimmte. All die bedrückenden Gedanken, die mich am Beginn dieser Nacht gefangen gehalten hatten wie die Schnüre meinen ins Wasser eingetauchten Körper hatten mich freigegeben. Kome verteilte an die anderen Frauen und ihre Helferinnen duftende Öle. Laya kam auf mich zu. Ich sollte verwöhnt werden, massiert von meiner *Mitfrau.* Auch den anderen, die Mammy Waters Glaspyramide geschaut hatten, wurde diese angenehme Behandlung zuteil. Laya rieb mich mit einer lieblichen Mischung ein, in der der warme Duft der Jasminblüte am stärksten war. Die übrigen Mädchen und Frauen wurden mit anderen Parfümölen eingerieben; der von Fackeln erleuchtete Ort roch wohl bei jeder Massierten anders, je nach dem Typ der Frau. Als Ganzes mochte unser Teil des nächtlichen Waldes ein paradiesischer Duftgarten sein, in dem ich auf einem imaginären Bett aus Blüten ruhte. Layas Hände streichelten, kneteten, klopften und klatschten jeden Quadratzentimeter meiner Haut und Muskeln, bis wohlig warme Wonne mich eingelullt hatte wie eine weiche Decke. Ich war nur noch Körper mein Geist hatte sich dem reinigenden Klang der Rassel hingegeben.

Gehüllt in weiße Tücher, sah ich mich zurückkehren zum

Palast von Victors Vater William, geschmückt mit Ketten aus Glasperlen und Muscheln, auf dem Kopf einen selbst geflochtenen Korb aus Raphiabast, gefüllt mit Jasminzweigen. Königlich schritt ich aus, kerzengerade die Figur. Graziös nahm ich quer im Weg liegende Baumstämme, kam kein einziges Mal ins Straucheln, egal wie beschwerlich der Weg war. Am Wegesrand stand Laya, geschmückt und gekleidet wie ich. Neben ihr ein Afrikaner prachtvoll in eine verzierte *agbada* – das lange Traditionsgewand der Männer – gewandet.

»Mein Mann, Chief Opele«, sagte Laya. Sie lächelte bei ihren Worten zuvorkommend zu mir herüber.

»Wer ist Opele? Kennst du ihn?«, fragte ich.

»Er ist mein Cousin!«, sagte Laya.

»Wie bitte? Wer?« Schlaftrunken drehte ich mich zu Laya, die neben mir hockte. Die Sonne war noch nicht ganz aufgegangen, noch lag der graue Dunst des Morgens über dem dampfenden Waldboden.

»Du hast mich gefragt, wer Opele ist«, sagte Laya.

»Er ist der König«, sagte ich wie selbstverständlich.

Laya sah mich mit weit aufgerissenen Augen verständnislos an: »Opele ist der König?!«

Ich nickte, immer noch nicht ganz wach: »Du hast mir doch gesagt, er sei dein Mann«, sagte ich lakonisch und drehte mich wieder zur Seite, um weiterzuschlafen.

Die Sonnenstrahlen eines neuen Morgens trieben uns den Schlaf aus den übernächtigten Gliedern. Übermütig wie die Kinder, die nach einem heißen Tag endlich ins erfrischende Wasser dürfen, plantschten wir alle an einer ungefährlichen Stelle des Flusses, dessen viele Gesichter ich inzwischen kennen gelernt hatte. Wir alle wussten, dass die schwere Zeit der Initiation so gut wie abgeschlossen war. Kome unterwies uns im Laufe des folgenden Tages in der Herstellung von Seifen und Schönheitsmitteln, die allesamt aus der Natur gewonnen und frisch zubereitet werden. Ajira weihte uns in das Geheimnis von Räucherungen ein, welche die Haare verführerisch oder den Unterleib verheißend duften lassen. Dem Gekicher der Mädchen war deutlich anzumerken, dass sie darauf brannten, die Wirkung dieses neuen Wissens praktisch zu überprüfen.

Laya war oft an meiner Seite, warf mir verstohlene Blicke zu. In ihr schien eine große Unruhe zu sein. Sie traute sich nicht, offen anzusprechen, was sie bedrückte. Mir ging es ähnlich. Die vergangenen zwei Wochen hatten uns einander näher gebracht; aber lieferten sie eine Basis für ein Leben zu dritt? Laya schien davon auszugehen, dass ich eine polygame afrikanische Ehe befürwortete. Kein Wunder! Sie war in diesem Denken aufgewachsen. Ich jedoch war längst noch nicht so weit. Und ohne Victor konnte ich solch eine Entscheidung erst recht nicht treffen. Verstandesgemäß mochte zwar eine Menge dafür sprechen. Doch die wirklich großen Entscheidungen trifft wohl letztendlich jede Frau mit dem Bauch. Auch wenn sie das nicht offen zugibt. Und mein Bauch grummelte bereits vernehmlich, wenn ich mir vorstellte, für immer im Palast zu leben. Im Frauenhaus, getrennt von dem Mann, für den ich mich entschieden hatte. Sicher, der Zusammenhalt der Frauen, den ich während der Einweihung zu schätzen gelernt hatte, gab Geborgenheit und Halt. Laya würde mich unterstützen, auf sie konnte ich bauen.

Aber da war auch eine Frau wie Oke. Würde sie immer hier im *compound* leben? Oder irgendwann im Palast? Tür an Tür mit mir? Laya mochte mit ihrer Vermutung richtig liegen, dass Oke mich persönlich nicht mehr angreifen würde. Doch musste ich davon ausgehen, dass sie im Palast über viele Beziehungen verfügte, Intrigen gegen mich anzetteln konnte. Versuchen könnte, die Liebe zwischen Victor und mir langsam zu zersetzen. Ein Palast ist ein Universum für sich.

»Werden deine Kinder im Palast leben? Weißt du das schon?«, fragte Laya. Verblüfft sah ich sie an. Eine gute Frage: die Kinder. Layas Bemerkung machte mir erst recht deutlich, dass ich zwischen zwei großen Gefühlen hin- und hergerissen war. Wäre ich ungebunden gewesen, ohne Zögern hätte ich mich nach der Einweihung auf das Abenteuer eines Lebens im Palast eingelassen. Doch Janet und Bobby hatte niemand eingeweiht – und sie würden in den Palast kommen. Und erfahren, dass Victor dort ebenfalls eine Frau hatte! Nämlich Laya, mit der sich ihre Mutter den Mann teilte! Wie sollte ich den Kindern erklären, dass Victor zwei Frauen brauchte?

»Im Moment leben sie in Deutschland bei ihren Großeltern«, antwortete ich und verschob das Problem in die ungewisse Zukunft. Auch um mich selbst zu beruhigen.

»Ich werde ihnen eine gute Mutter sein«, sagte die kindliche Frau ernsthaft. Spontan umarmte ich Laya: Was für eine tapfere, praktisch denkende Person. Sie suchte und fand jederzeit ihre Rolle im afrikanischen Kosmos der Familie. Aber würde Victor es schaffen, sich in dieses empfindliche Geflecht der Beziehungen einzufügen?

Auf Layas Einfühlungsvermögen konnte ich bauen. Das wusste ich, als sie mich mit großen Augen ansah: »Welche Sprache sprechen deine Kinder?« Meine wahrheitsgemäße Antwort dämpfte ihre Zuversicht keineswegs: »Glaubst du, ich kann Deutsch lernen, damit sie mich verstehen?«

So sprach nicht die Tochter von Sunny. So sprach eine junge Frau, die meine Freundin werden wollte. Jemand, der die Verhältnisse akzeptierte und bereit war, daraus das Beste zu machen. Während ich die junge Frau ansah, durchzuckte mich ein völlig anderer Gedanke: Laya würde auch Kinder haben wollen. Von Victor. Es gab keine andere Möglichkeit. Eine Afrikanerin, die freiwillig auf Kinder verzichtet – das war undenkbar. Layas Vater Sunny, der Victor ablehnte, würde der Großvater dieser Kinder sein. Sie hatten mir im Einweihungscamp beigebracht, dass ich Victors und Layas Kindern ebenfalls Mutter zu sein hätte. Die Ziehmutter von Okes Urenkeln. Irgendwie drehte sich alles um mich herum …

»Ist dir nicht gut, Mitfrau Ilona?«, fragte Laya besorgt.

»Nein, nein«, sagte ich, »das geht wieder vorüber.« Aber ich spürte: Mit dem Ende meiner Einweihungszeit holte mich die Realität ein.

»Du solltest Odame deinen Traum der letzten Nacht erzählen«, sagte Laya.

»Welchen Traum?«, gab ich zurück. Ich erinnerte mich an keinen.

»Du hast anscheinend von meinem Cousin Opele geträumt«, sagte Laya. »War es ein schlimmer Traum?« Angestrengt dachte ich nach. Ich schüttelte den Kopf. An nichts erinnerte ich mich. »Du sagtest im Schlaf, dass Cousin Opele mich heiratet.«

»Tatsächlich?« Es war alles verschwunden. Wie eine Blinde tappte ich in meiner eigenen Erinnerung.

»Wenn wir träumen, geht der kleine Engel, der unsere Seele in Händen trägt, auf Reisen.« Ajira hatte diesen Satz durch Ifeomas Mund am Anfang meiner Einweihung gesprochen.

»Wohin reist dieser kleine Engel?«, hatte ich Ajira gefragt.

»In ein Land, in dem es keine Zeit gibt, in dem alles nur ist«, hatte Ajira antworten lassen.

Wie konnte ich diese Reisen meiner Seele zurückverfolgen? »Opele heiratet dich? Das habe ich geträumt?«, fragte ich Laya. Ich lachte erleichtert: »Vielleicht war das kein dummer Traum. Ich heirate Victor und du nimmst Opele zum Mann!«

Laya sah mich an, als wäre ich nicht ganz gescheit: »Ich habe Cousin Opele erst ein paar Mal gesehen. Er kann mich nicht ausstehen. Jedes Mal, wenn er mich sieht, lässt er mich spüren, dass ich eine ungebildete Person aus dem Dorf bin. So ein Mann würde mich nie heiraten.«

»Menschen können sich ändern«, gab ich zu bedenken.

»Cousin Opele lebt in Calabar, das ist weit weg im Osten Nigerias. Seine Großmutter Soma, die dritte Frau Serris, stammt von dort. Sie ist nach dem Tod ihres Mannes mit Domba, Opeles Vater, zurück in ihr Heimatdotf gegangen. Domba, der Halbbruder von William und Sunny, ist noch vor der Geburt Opeles in Calabar gestorben. Er war mit einer Frau aus dem Osten verheiratet, genau wie Opele. Ich habe Opeles Frau nur einmal gesehen. Sie ist nicht wie ich. Sie ist wie Opele selbst.«

»Er ist auch verheiratet?« Da hatte ich im Traum wohl die Falschen zusammengebracht! Mein kleiner Traumreiseengel musste in Zukunft das Verkuppeln lernen. »Das tut mir Leid«, sagte ich zerknirscht. »Nimm es nicht so schwer, es ist ja nur ein Traum gewesen. Und ich habe ihn schon wieder vergessen.«

»Du solltest deine Träume nicht vergessen, Mitfrau Ilona. Sie helfen dir, dich selbst zu erkennen.«

»Wie meinst du das, Opeles Frau ist wie er selbst?«

»Opele hat seine Frau kennen gelernt, als sie beide im Aus-Land studierten. Beide sind Rechtsanwälte. Opeles Frau ist eine kluge Frau. Ich achte sie sehr. Mit ihr kann ich mich nicht vergleichen.«

»Aber du bist selbst eine kluge Frau! Man muss doch nicht studiert haben, um klug zu sein!«

»Opele würde mich nie heiraten«, wiederholte Laya.

Um sie zu beruhigen, sagte ich: »Du hast Recht. Er ist auch kein Stammesführer, sondern Anwalt. Wir sollten den Traum doch besser vergessen.«

»Erzähle ihn Odame, wenn sie dich ruft«, beharrte Laya. »Deine Zeit der Einweihung ist fast vorüber. Sie wird dich gewiss bald zu sich holen. Die Ermahnungen, die sie dir zum Abschied mitgibt, sind sehr wichtig.«

Ich dachte eher an gesellschaftliche Ermahnungen über meine zukünftige Rolle im Palast. Aber Laya entgegnete: »Zum Abschied befragt Odame das Orakel über deinen weiteren Lebensweg. Achte auf jedes ihrer Worte; im Orakel sieht Odame deine Zukunft voraus.«

»Weißt du, wie sie das macht?«

Laya lachte herzhaft. »Das weiß ich nicht.« Sie nahm mich bei der Hand. »Komm, wir laufen zu Afuma. Sie kann uns ein paar Dinge über das Orakel sagen. Sie lernt es gerade. Ich werde dir übersetzen, was Afuma sagt.«

Wir fanden die Orakel-Schülerin am Fluss, wo sie sich einige Muscheln aus dem seichten Flussbett herauspickte. Laya trug ihr unser Anliegen vor. Afuma schien glücklich, dass wir Interesse an ihrer künftigen Arbeit hatten, und griff in ihren Beutel, den sie wie alle Priesterinnen – ob werdend oder ausgebildet – ständig vor dem Bauch trug. Sie holte einige elfenbeinfarbene kleine Seeschnecken, die Kauris, daraus hervor und legte sie auf ihre flache Hand. Laya übersetzte Afumas Worte.

»Meine Großmutter«, begann Afuma, »hat die Kauris noch als Zahlungsmittel verwendet. Diese Zeiten sind zwar vorbei, aber wertvoll sind sie uns immer noch. Wer es versteht, liest in den Kauris die Zukunft. Meine Lehrerin Odame verwendet dazu 16 Stück. Manche Priesterinnen nehmen 12. Je mehr du hast, desto schwieriger wird es.« Afuma lächelte. »Ich kann euch unmöglich alles über die Kauris sagen. Wir würden noch in ein paar Jahren hier sitzen. Aber seht her: Jede Kaurischnecke hat zwei Seiten – eine mit einem langen Schlitz, die andere mit einem Loch. Dies ist eigentlich die Rückseite, die erst nachträglich geöffnet wurde, um das Muskelfleisch herauszuziehen. Sie steht für das weibliche Element und bedeutet, dass etwas gut ist oder gut wird. Sie stellt Offenheit und Ermutigung dar. Jene mit der schlitzartigen Seite ist männlich und verheißt Ärger, Ablehnung, Misslingen, eben Verschlossenheit – auch dem Glück gegenüber.« Afuma deutete auf die beiden Enden der Kaurischnecke: »Die Werferin liest das Orakel aus ihrer Sicht, nicht aus der Sicht jener, die nach ihrem Schicksal fragt. Zeigt die spitze Seite der Kauri auf die Werferin, so kommt das Ereignis auf die Fragerin zu, die runde Seite besagt: Etwas geht von der fragenden Person fort. Liegt die Kaum quer, so handelt es sich um eine Sache; ob gut oder schlecht, wird durch die gezeigte Seite bedeutet.«

Laya sah in meinem Blick, dass ich das so schnell unmöglich im Kopf behalten konnte. »Du wirst es verstehen, wenn es so weit ist«, ermutigte sie mich. Dann übersetzte sie noch eine Ermahnung Afumas: »Du musst Mammy Water ein Geschenk mitbringen. Afuma meint, wir könnten eine hübsche Kette basteln.«

Während wir Glasperlen, Muscheln und Kauris und ein paar Federn, die ich zusammensuchte, auffädelten, fragte ich Afuma, wie lange ihre Ausbildung noch dauern würde. »Odame wird mir sagen, wann ich genug weiß, um eine würdige Priesterin zu sein«, ließ Afuma mir durch Laya antworten. Welch ein unbekümmerter Umgang mit der Zeit. Beneidenswert!

Odames Orakel

Gegen Abend desselben Tages rief mich Odame schließlich in den Mammy-Water-Tempel. Es war die Stunde vor dem Sonnenuntergang. Das Versammlungshaus war angenehm kühl, die Fenster mit vielen Stoffen verhangen. Die Wirklichkeit des *compounds* war ausgesperrt, nur die kleinen Schibutterlampen verbreiteten ein angenehmes Licht. Es herrschte unwirkliche Stille, eine geradezu erhabene Feierlichkeit lag in diesem großen Raum. In der Ferne hörte ich mal das Krähen eines heiseren Hahns, mal das kurze, fröhliche Auflachen einer Mädchenstimme, was mich daran erinnerte, dass dieser Tempel das Herz eines kleinen Dorfs darstellte, in dem Frauen lebten, arbeiteten, lachten und litten. Dennoch hielt der heilige Raum die intensiven Schwingungen des gelebten Lebens von uns fern.

Unter tiefen Verbeugungen platzierte ich meine unter Afumas Anleitung gebastelte Kette vor der runden Gottheit. Ich kniete mich vor Odame auf den Boden, verneigte mich tief, wie ich es gelernt hatte. Doch Odame schien mich nicht wahrzunehmen. Sie wirkte in sich selbst versunken, ihr ruhiges Gesicht mit den tiefen Augenhöhlen, die ihr diesen in sich gewandten Ausdruck verliehen, schien nicht mehr das einer Lebenden zu sein. Außer Odame war nur Kome anwesend, die der obersten Priestern assistierte. Sie ließ mich auf dem Hocker Platz nehmen, den Odame für mich geweiht hatte, dann begann sie, mir unverständliche Gebete zu murmeln.

Eine seltsame Wandlung ging in diesen Minuten mit mir vor: Die Geräusche, die ich eben noch von draußen lebhaft wahrgenommen hatte, verblassten. Ich begann, in mich hineinzuhören. Ich glaubte, körperlich zu spüren, dass sich die beiden Frauen auf mich konzentrierten; mein Schicksal stand zur Debatte. Odame und Kome traute ich so viel spirituelle Kraft zu, dass sie alle meine Geheimnisse, meine Wünsche und Sorgen durchschauen konnten. Während Kome nun begann, die *sere* sprechen zu lassen, verstärkte sich dieses Gefühl immer mehr. Die reinigende Kraft der kleinen Kürbisrassel war offenkundig in der Lage, alle Schutzmechanismen, die ich als Weiße ganz automatisch um mich herum errichtet hatte, niederzureißen. Ich gab mich preis, ohne meinen Willen strömte die Energie Mammy Waters, von Odames Gebeten geweckt, durch mich hindurch.

In einer Kalebasse verwahrte Odame ihre elfenbeinfarben schimmernden Kauris, von den Meeren geformte kleine Meisterwerke. Nachdem sie das Gebet beendet hatte, stellte Odame die hölzerne Schale vor mich hin und hieß mich daraus 16 Stück auszuwählen. Kome steigerte das Tempo des Rasselns, dann brach sie unvermittelt ab. Odame warf die Kaurischnecken vor sich auf den Boden. In dem entstandenen Durcheinander hätte ich niemals Formen oder Zuordnungen erkennen können. Odame besah sich die Lage der Kauris sehr lange; ich machte einen langen Hals. Stumm flehte ich die Ahnen an, Victor und mir beizustehen. Immer noch studierte Odame das Orakel. Sie nahm ein kleines Bambusstöckchen und deutete auf einzelne Muscheln, während sie langsam mit tiefer Stimme zu sprechen begann; sie sah mich dabei allerdings nicht an.

Das Bild, das sich mir bot, erinnerte an eine Blume mit

einem Stängel aus drei Kauris, allerdings bestand zwischen »Blüte« und »Stängel« ein ziemlicher Abstand, in dem zwei weitere Kauris lagen, sozusagen die Blätter. Die meisten Kauris lagen mit der »geschlossenen« Seite nach oben. Die Spitzen zeigten zumeist fort von Odame, die in diesem Moment meinen Platz einnahm. In der Mitte der »Blüte« entdeckte ich eine einzelne, quer liegende, geschlossene Kauri.

Das Bambusstöckchen in Odames Hand fuhr den »Stängel« der Blume aufwärts, in Richtung der »Blüte«. »Du hast eine Reise gemacht, eine sehr weite Reise, aber diese Reise hat kein glückliches Ende«, sagte Odame. Sie deutete auf die beiden »Blätter«, die parallel lagen, eine mit der »männlichen«, eine mit der »weiblichen« Seite nach oben, die Spitzen zeigten jedoch in entgegengesetzte Richtungen. Es war, als ob beide nichts miteinander zu tun haben wollten. »Dies ist ein Paar, ein Mann und eine Frau; sie passen nicht zusammen.« Das Stöckchen umfuhr die »Blüte«, tippte kurz auf die mittige Kauri. »Jemand streitet, die Stimmung richtet sich gegen das Paar.« Sechs Kaurispitzen, die »Blüte«, zeigten in die Mitte des Blütenkreises, fast alle waren geschlossen. Vier weitere Kauris lagen wie ein äußerer Rahmen um die »Blüte« herum.

Odame schwieg eine Weile, dann hob sie ihre Augen. Sie wirkte müde. »Du weißt, was ich dir über die Dunkelheit sagte, die dich umgibt. Das Orakel bestätigt meine Worte. Du bewegst dich auf einen Kreis von Menschen zu, die sich von dir abwenden. Die Dunkelheit ist hier«, sie deutete auf das entgegengesetzt angeordnete Kauripaar, »dein Blick ist verstellt.« Odame sammelte die Kauris ein. »Ich werde das Orakel jetzt fragen, ob sich die Dunkelheit lichten wird.«

Wieder warf sie die Kauris mit einer raschen Handbewegung auf den Boden. Diesmal lagen vier Kauris nahe vor Odame; drei schmiegten sich dicht aneinander, lagen aber quer, bedeuteten folglich weder Kommen noch Gehen, dicht an der mittleren lag eine vierte. Dahinter tat sich ein wahres Durcheinander auf: Zwei Kauris hatten sich ineinander verkeift, geschlossene Kauris deuteten von Odame fort. Am Ende dieser Reihe lagen wiederum drei Kauris dicht beieinander. Odame rührte sich nicht, das Bambusstöckchen nahm sie ebenfalls nicht zur Hand.

»Das Orakel stellt mir eine schwere Aufgabe«, sagte Odame nach langem Schweigen. Sie begann ein langes Gebet in ihrer eigenen Sprache. Währenddessen schüttelte Kome die *sere,* das Rasseln steigerte meine Spannung. Endlich schien Odame die Kraft zu haben fortzufahren. Als koste es sie enorme Willenskraft, so mühsam nahm sie das Bambusstöckchen zur Hand und deutete auf die ineinander verkeilten Kauris: »Schwarze Magie wird angewendet.« Indem sie auf die beiden Dreiergruppen zeigte, verkündete sie: »Zwei Männer werden sterben.« Wieder schwieg Odame, starrte abermals das Orakel an. »Und ein Kind. Es gehört zu dem Mann, der dir am nächsten ist.«

Mir lief ein eiskalter Schauer über den Rücken, fieberhaft versuchten meine Gedanken, das Gesagte in mein Leben einzuordnen. Wen konnte das Orakel meinen? Ich saß in Afrika; meine Kinder waren weit entfernt; ihr Vater war von ihnen getrennt. Meinem damaligen Gefühlsstand nach war er nicht jener Mann, der mir am nächsten war; meine Kinder konnten in Deutschland unmöglich mit schwarzer Magie in Berührung kommen. Es machte keinen Sinn! Mit Victor brachte ich das Orakel am allerwenigsten in Verbindung – auch harte er kein Kind. Das dachte ich jedenfalls an jenem Abend im Tempel von Mammy Water.

»Dein Weg führt dich tiefer hinein in die Dunkelheit«, sagte Odame. »Und ich sehe schwere Konflikte, die auf dich warten.« Schwarze Magie, zwei tote Männer und ein totes Kind – ja, das konnte man durchaus so umschreiben. Ich rührte mich nicht, hatte das Gefühl, in einen Abgrund zu blicken. Keine Sekunde lang zog ich Odames schaurige Worte in Zweifel. Sie schien entweder meinen Gesichtsausdruck oder meine Stimmung zu fühlen. In ihrer bedächtigen Art fuhr sie fort: »Das Orakel sagt dir den Weg, den dein Leben gehen wird. Das ist seine Aufgabe.« Ganz kurz hob sie die Augen: »Deine Aufgabe ist es, daraus zu lernen, um deinen Weg zu ändern.« Dann senkte sie den Blick wieder auf die 16 kleinen Seeschnecken am Boden: »Die Konflikte, die das Orakel sieht, musst du lösen. Wenn du deinen Lebensweg änderst, wird nicht eintreten, was das Orakel sieht.«

»Wie kann ich das tun?«, sagte ich mit zitternder Stimme. Ich hatte das Gefühl, alle meine Kraft wäre aus meinem Körper gewichen. Der dreibeinige Hocker, der Ruhesitz meiner Seele, wie Odame ihn am ersten Tag genannt hatte, trug nicht gerade dazu bei, mich gut zu fühlen.

»Ihr Weißen wollt Konflikte mit dem Kopf lösen. Hier hast du gelernt, dass eine Meinungsverschiedenheit nur mit der anderen Person zu lösen ist.« Sie deutete ruhig auf die Kauris zwischen uns: »Denke an meine Worte bei den Aufgaben, die das Leben für dich bereithält.«

»Wie kann ich vor solch einem schweren Schicksal bestehen?«, fragte ich ziemlich hilflos die alte Priesterin. Sie bewegte keinen Muskel. Wie viele Frauen hatten vor mir schon auf diesem Platz gesessen? Wie viele Tragödien mochte sie in ihrem langen Leben als Interpretin des Orakels schon aus der Anordnung von 16 kleinen Kauris herausgelesen haben? Jetzt saß ich hier vor ihr, eine Weiße, die den wichtigsten Nachkommen des Stammes heiraten wollte. Und das Schicksal sah solche Probleme voraus.

Odame schloss ihre Augen, als schliefe sie. Der in sich gekehrte Ausdruck ihres alten Gesichts, der so viel Weisheit ausstrahlte, erinnerte mich an eine Maske. Aber auf andere

Weise als jene Maske, die Oke meiner Ansicht nach trug. Oke wollte sich verbergen; Odames starre Gesichtszüge schützten sie wie ein Schild vor der Angst, die von uns Unwissenden in ihren Tempel getragen wurde.

»Schließe die Augen«, hörte ich Odames Stimme sagen. Ich horchte auf das sanfte Rauschen von Komes Rassel, es tat zwar gut, aber mein wackliger Halt auf dem dreibeinigen Hocker irritierte mich ebenso wie die Frage, was ich mit dem eben erhaltenen Wissen anfangen sollte. Meine Schultern waren verspannt, mein Nacken schmerzte. Ich öffnete die Augen, um mich herum glitzerte Mammy Waters Höhle geheimnisvoll. »Leg dich auf den Boden«, befahl Odame, ohne ihrerseits die Augen zu öffnen. Sie spürte mit Sicherheit die Unruhe, die von mir ausging.

Ich stand auf, hob den rituell geweihten Hocker vorsichtig zur Seite. Und zögerte. »Leg dich hin«, wiederholte Odame gleichmütig. Ich folgte ihrer Anweisung, streckte mich auf dem nackten Lehmboden aus. Er war warm, schien sogar etwas feucht zu sein. Aber nein: Es war mein eigener Schweiß, der sich als dünner Film auf meine Haut gelegt hatte. Immer rascher schlug Kome die Rassel, mein Atem wurde flacher, aber mein Herz schlug schneller. Mit einer Stimme, die ich noch nie zuvor gehört hatte, begann Odame zu singen. Ihre sonst so alte, brüchige Stimme war von unvorstellbarer Klarheit und Reinheit. Nur für kurze Zeit wunderte ich mich darüber, fragte mich allerdings nicht, was sie sang. Es war eine leichte Folge fremder Worte, die ich nicht verstehen konnte.

Die nie zuvor gehörten Töne und das Rasseln der *sere,* das sich in einen befreienden Sturm verwandelte – vergleichbar mit der Kraft eines stürmischen Windes, der die schwüle Luft vor einem Gewitter reinigt –, gaben mir eine Leichtigkeit, die meinen schwer auf der Erde ruhenden Körper hochhoben.

Waagerecht ausgestreckt schwebte ich über dem Boden. Der Raum war von seiner Bauweise her niedrig, kaum höher als drei Meter. Doch diese Begrenzung nahm ich nicht wahr; ich schien viel höher vom Boden entfernt. Leicht wie eine Feder. Anders als bei allen bisherigen vergleichbaren Erfahrungen trennten sich mein Körper und mein Geist diesmal nicht. Ich blieb ich selbst. Und sah trotzdem auf mich herunter. Nur mit einem weißen Tuch um die Hüften lag ich nackt vor Mammy Water und ihrer Priestern. Odame bewegte den Mund. Und ich antwortete. Zumindest antwortete die Person, auf die ich heruntersah – die nackte Weiße. Ich strengte mich an, den Dialog der beiden zu verstehen. Nach wenigen Worten, die ich vernommen hatte, interessierte mich das Gespräch nicht mehr. Denn ich konnte ihm nicht folgen – die beiden benutzten eine Sprache, die ich nicht verstand.

»Steh auf, Tochter von Mammy Water, die Mutter allen Wassers wird dir den Weg zeigen, den du zu gehen hast«, hörte ich die Worte Odames dicht an meinem Ohr. Ich öffnete meine Augen in der Erwartung, dass Odame ganz nah bei mir wäre. Doch ich schwebte nicht mehr; ich lag so am Boden, wie ich mich »von oben« gesehen hatte. Odame, nach wie vor in sich selbst versunken, harrte unbeweglich auf ihrem Orakelplatz vor der mächtigen Gottheit aus Lehm und Muscheln. Ungelenk setzte ich mich auf. Kome, seitlich von Odame, sah mich mit großen Augen an. Vielleicht bildete ich es mir ein – sie zumindest hatte ein Lächeln für mich. Was war mit mir geschehen? In welchen Sphären hatte ich mich aufgehalten, während ich hier am Boden gelegen hatte?

»Du darfst jetzt gehen«, sagte Kome. Odame selbst schwieg. »Wohin auch immer du gehst, deine Göttin wird dich beschützen«, versprach Kome. Odame schwieg auch noch, als ich aus dem Tempel heraustrat in das mittlerweile sich verdunkelnde Licht der Sonne. Sie ging genau in diesem

Augenblick mit jener immer wieder von mir fasziniert beobachteten Geschwindigkeit unter, mit der die Sonne in der Nähe des Äquators den Tag beendet. Was für ein Kraft gebender Anblick. Regungslos blieb ich stehen, bis die Sonne hinter dem Blätterdach des Regenwaldes versunken war.

Mit bleischweren Gliedern ging ich hinüber zu dem großen Baum in der Mitte des *compounds*. Stärker denn je fühlte ich die Ruhe von ihm ausgehen, als ich mich gegen seine alte, raue Rinde lehnte. Ich schloss die Augen und ließ noch einmal das Geschehen im Tempel vor mir ablaufen. Welche Konflikte sollte ich lösen? Wie sollte ich meinen Lebensweg ändern? Was tritt nicht ein? Der Tod welcher Männer, welches Kindes? Wer arbeitete gegen uns? Ich war doch bereits im Begriff, meinen Lebensweg zu ändern. Oder warnte mich das Orakel davor, mich mit Victor wieder in die weiße Welt zurückzuziehen, aus der wir beide kamen? Und wieso passten Victor und ich aus der Sicht des Orakels nicht zusammen? Oder musste er sich erst noch ändern – nein, das passte nicht zur ersten Aussage. Die Fragen, die in meinem Kopf Karussell fuhren, begannen mich halb irrezumachen. Was nutzte ein Orakel, wenn man es nicht verstand?

Mir boten sich so viele Möglichkeiten, mich richtig oder falsch zu entscheiden, dass ich das Orakel so zu interpretieren begann: Ich hatte mich dem Willen von Victors Vater und damit dem Willen der Ahnen gebeugt, mich in ihre Traditionen einweihen zu lassen. Jetzt – nach nunmehr 15 Tagen – stand ich in gewisser Weise *auf ihren Schultern,* hatte in dieser Zeit versucht, so viel an Wissen mitzunehmen, wie ich mitnehmen konnte. Sollte es mein Schicksal sein, nicht mehr in die Welt der Weißen zurückzukehren? Sollte ich Victor davon zu überzeugen suchen, dass unser Platz hier war? War Victor vielleicht selbst in seiner Initiation zu dieser Einsicht gekommen?

Wie Victor darüber dachte, so hoffte ich, würde ich zumindest am nächsten Tag erfahren, wenn ich zum Palast zurückkehren durfte. Schwer in meine Überlegungen vertieft, hatte ich nicht mitbekommen, dass sich Laya leise neben mich gesetzt hatte. Als ich ihre Anwesenheit wahrnahm, sahen mich ihre großen, gefühlvollen schwarzen Augen fragend an. Schweigend umarmten wir uns.

»Die Ahnen wollen, dass du Victors Frau wirst«, sagte ich zu Laya, »das akzeptiere ich. Wir dürfen weder sie noch die Familie und den Stamm gegen uns aufbringen.« Das Orakel mit den Kaurischnecken hatte mir veranschaulicht, dass Victor und ich vom Clan mit Sorge betrachtet wurden. Mit meiner Entscheidung, die eindeutig gegen meine Ablehnung der Polygamie verstieß, hoffte ich, den Clan auf meine Seite bringen zu können. Langsam und deutlich sagte ich: »Ich wäre glücklich, Laya, wenn wir gleichzeitig Mitfrau und Freundin sein könnten.«

Laya blickte mit niedergeschlagenen Augen auf den Boden: »Alle wichtigen Entscheidungen muss unser Mann treffen, Mitfrau Ilona.« Mit ihrer Erwiderung machte Laya mich darauf aufmerksam, dass mir als Frau nicht das Recht zustand, Schlussfolgerungen zu ziehen und zu entscheiden. Orakel hin oder her. Ich hatte gegen eine Grundregel patriarchalischen Denkens verstoßen. Sanft lenkte ich ein: »Ich weiß, Mitfrau Laya, ich wollte dir nur sagen, dass ich bereit bin, mich zu fügen.« Ich glaubte, tatsächlich einen Weg gefunden zu haben, um eine Brücke zwischen den beiden Gefühlen, die mich beherrschten, herzustellen: dem afrikanischen und dem europäischen. Die Brücke war Laya. Doch ihr schlichter Einwand machte mir deutlich, dass Victor sich ebenfalls eine Brücke zwischen den zwei Welten schaffen musste, bei dessen Bau ich ihm aber nach patriarchalischem Denken, nicht zur Seite stehen konnte.

Noch während Laya und ich zusammensaßen, trafen immer mehr Frauen im *compound* ein. Ihre Gesichter konnte ich in der Dunkelheit nicht erkennen. Die mit Kopftüchern geschmückten Gestalten gingen würdevoll gemessenen Schritts hinüber zum Tempel von Mammy Water. Plötzlich sprang Laya auf und lief auf eine Gruppe von Frauen zu, die als Letzte in den *compound* trat. Laya warf sich einer Frau in der Mitte der Gruppe zu Füßen. Dann stand sie auf und wurde von der schmalen Frau umarmt. Auch die anderen begrüßten Laya herzlich, um dann ihren Weg fortzusetzen. Anschließend kehrte Laya zu mir zurück.

»Das muss eine sehr wichtige Frau sein«, sagte ich vorsichtig.

»Großmutter Fara und ihre Ratgeberinnen sind gekommen«, sagte Laya schlicht. Fara, die Anführerin des Palasts. Zum ersten Mal hatte ich einen flüchtigen Blick auf die bedeutsamste Frau des Clans geworfen – die Königin. »Der Rat der Ältesten kommt heute hier zusammen, bevor die Initiandinnen zu ihren Familien zurückkehren«, erläuterte Laya.

»Worüber reden sie?«, fragte ich.

»Das werden wir erst erfahren, wenn wir beiden so alt sind wie meine Großmütter.« Laya lächelte viel sagend. Sie legte den Kopf schief: »Vielleicht gehörst du später auch einmal ihrem Rat an. Nein, sieh mich nicht so fragend an, Mitfrau Ilona. Viele Frauen sind von weit her gekommen und gehören heute dem Rat der weisen Frauen an.« Urika, Kome, sie beide hatten für Layas Begriffe weite Reisen hinter sich. Aber eine ehemalige Managerin aus Deutschland …

»Vielleicht«, sagte ich, »wir werden sehen.« Ein einsames Blatt trudelte vom Baum, unter dem wir saßen, in meinen Schoß. Der Mensch ist wie ein Blatt, mit dem der Wind spielt. Es fällt vom Baum, landet jedoch wieder an dessen

Wurzeln, wo es im Leib von Mutter Erde vergeht und so dem Baum neue Kraft gibt; so hatte ich im Traum die Stimme meines Baums zu mir sprechen hören.

»Wir Menschen schmieden Pläne, doch die Dinge entwickeln sich auch ohne unser Zutun«, sagte ich zu Laya.

»Hat Odame das zu dir gesagt?«, fragte Laya verblüfft.

Ich lachte: »Nein, manchmal kommen mir selbst solche Gedanken. Aber ich glaube, nachdem ich Odames Orakel gehört habe, liegt so was wohl auf der Hand.«

»Hat das Orakel dir Schlimmes verheißen?«

»Das Orakel zu kennen heißt ja auch, den Weg verändern zu können, nicht wahr?«

Von Odame und den anderen weisen Frauen sah ich am folgenden Tag niemanden mehr. Nur noch Kome und ihre Helferinnen kümmerten sich um mich, die beiden Frauen aus der Schwitzhütte und drei Mädchen, die ebenfalls ihre Einweihungen beenden würden. Kome versammelte unsere kleine Gruppe unter dem mächtigen Baum. Nahezu der gesamte letzte Tag verging mit traditionellen Ermahnungen und Erinnerungen an die wichtigen Verhaltsregeln. Der oberste Zweck einer Ehe seien Kinder. Spätestens alle zwei Jahre müsse ein Paar Nachkommen haben, um den Auftrag der Ahnen zu erfüllen. Es gehe in einer Ehe, so Komes Worte, nicht um egoistische Ziele, sondern um ein gemeinsames Ziel. Sollte es in einer Ehe zu Streit kommen, müsse mit entsprechenden Ritualen, die die Alten kennen, das gespaltene Ganze wieder zusammengefügt werden.

Kome begründete das so: »Jeder Mensch kommt mit einer bestimmten Aufgabe zur Welt. Die Partnerschaft dient dieser Aufgabe. Die gegenseitige Stärkung gibt der Gemeinschaft neue Kraft.« Kome meinte damit die Ehe als Keimzelle des Clans, der wiederum ein Element des Dorfes darstellt. Das Zusammenleben von Mann und Frau ist, um Komes Ausführungen über das afrikanische Leben zu vervollständigen, von einem grundlegenden Gedanken der Reinheit geprägt: Während der Menstruation darf die Frau nicht kochen, nicht Kind und Mann versorgen, da sie in dieser Zeit als unrein gilt. Dieser Unreinheitsgedanke wurde übrigens auch im *compound* beachtet: Menstruierende Frauen hielten sich in einer separaten Hütte am Rande des äußeren Dorfs auf. Bis zu deren Ende hielten sie sich von den anderen fern und dienten durch Rituale und Zeremonien der Göttin der Fruchtbarkeit, Mammy Water. Denn gerade in der Zeit »des Blutens« ist eine Frau sehr empfänglich für alle Strömungen und Stimmungen der Umgebung. Deshalb soll sie sich auch in der Menstruationshütte wohl fühlen und ausruhen können. Damit das System Familie während der unreinen Tage aufrechterhalten bleibt, übernimmt eine andere Frau die Aufgabe der Unreinen. Noch einmal wies Kome auf die dem Mann nachgeordnete Stellung der Frau hin: Sie hat ihm zu dienen, damit er seinem Stamm dienen kann.

In der Stunde vor Sonnenuntergang führten Kome und ihre Helferinnen uns zum Fluss, wo wir ausgiebig rituell gereinigt und mit duftenden Ölen massiert wurden. »Mammy Water ist eure Göttin«, sagte Kome, »ihr dient ihr. Sie unterstützt euch bei euren Aufgaben als Frau und als Mutter. Sie gibt euch die Liebe zu euren Kindern und zur Arbeit im Haus. Sie lässt euch auch einmal niedergeschlagen sein, aber sie gibt euch immer die Kraft und die Freude am Leben zurück. Also vergesst nie, eurer Göttin reiche Opfergaben zu bringen.«

Anschließend durften wir uns in eine Räucherhütte zurückziehen. Die sinnlichen Düfte legten sich auf Haut und Haar. Meine Haare wurden kunstvoll geflochten und mit Blumen geschmückt, die Hände und Füße sorgfältig mit Hennafarben bemalt und festliche Gewänder angelegt. Zum Abschluss weihte Kome jeder von uns eine Kette aus Kauris und Glasperlen, die wir umgehängt bekamen. Ich verließ am nächsten Morgen noch vor Sonnenaufgang prächtiger geschmückt das Dorf, als ich 16 Tage zuvor gekommen war. An den Fußgelenken trug jetzt auch ich kleine Glöckchen, die hell und fröhlich bei jedem Schritt klingelten. Ich hatte mich wirklich in eine Königin verwandelt. Äußerlich. Innerlich war ich zwar bereichert, aber fühlte mich keineswegs wie eine Königin. Eher wie eine Dienerin, die eine große Arbeit zu verrichten hat.

Laya und einige der Novizinnen, Helferinnen sowie Urika begleiteten uns beim fröhlichen Marsch durch das Labyrinth des mystischen Waldes. Wir spazierten durch das Rankentor hinaus in den sonnendurchglühten Tag, zurück zum Palast. Ich hatte das Gefühl, schon einmal in diese Richtung unterwegs gewesen zu sein. In weiter Ferne flirrte der Palast von Victors Vater William. Erst jetzt erinnerte ich mich an den vergessenen Traum, in dem ich Opele als künftigen König gesehen hatte, an der Seite von Laya. Dies Bild ließ mich nicht mehr los.

Der Weg hin zum Liebsten ist immer der kürzere. So schien mir der Marsch durch das staubige Land diesmal viel schneller zu vergehen als die lange Wanderung 17 Tage zuvor. Obwohl man annehmen könnte, ich hätte im *fathouse* zugelegt, hatte ich ein paar überflüssige Kilos abgenommen. Sie hatten mich ja an manchen Tagen auch recht kurz gehalten. Mein Kopf war voller Worte, mein Herz voller Liebe, mein Bauch brannte vor Sehnsucht nach dem Mann, den ich so lange nicht gesehen hatte. Ich hatte mich verändert, ohne Zweifel. Was aber würde Victor im Einweihungslager der Männer erlebt haben? Hatte er wie ich das Glück gehabt, auf verständnisvolle Lehrer zu treffen? Oder war er von Menschen wie Oke umgeben gewesen?

Wiedersehen und Abschied

Edo, dieser dünne, schlaksige Mensch mit den hängenden Schultern, musste wohl schon seit Stunden stoisch im Schatten des alten Baums mitten im Gehöft gesessen haben. Bei unserem Eintreffen sprang der Bursche auf und rannte auf Laya und mich zu. Mein Herz machte bereits einen kleinen Sprung – schon beim Anblick von Victors Diener. Ich spürte Layas Hand auf meinem Unterarm: »Da drüben wartet Ifeoma. Sieh nur, sie hat ihr Baby dabei.«

Schon war Edo bei uns, die wohl lange vorher zurechtgelegten Worte platzten aus ihm heraus: »Prinz Victor wünscht Sie zu sehen, *madam* Ilona.« Der Knabe hatte mit Sicherheit lange an meinem Namen gearbeitet – er sprach ihn fehlerfrei aus.

»Du darfst Victor eigentlich erst nach dem Fest heute Abend sehen, Mitfrau Ilona«, hörte ich Laya sagen. »Mit diesem Fest wird die Rückkehr der eingeweihten Frauen gefeiert.«

Na, das ging ja gut los. Ich fühlte drei Kräfte gleichzeitig an mir zerren: Dort drüben Ifeoma mit ihrem Baby, das ich sofort sehen wollte, sehen musste. Edo, der mich zu Victor verfrachten wollte – ein Wunsch, den ich mit jeder Faser meines Körpers auch fühlte. Und Laya, meine Zeremonienmeisterin, die stellvertretend für die Konventionen und ungeschriebenen Gesetze des Hofes sprach. »Aber Laya, ich kann mich doch nicht über den Willen des Prinzen hinwegsetzen.« Wir ließen den verdutzten Edo stehen, fassten uns an den Händen und rannten hinüber zu Ifeoma, die gerade ihr Baby stillte. All meine aufgewühlten Gefühle brachte ich zum Schweigen und sah dieses kleine Wunder Mensch an.

Ifeoma sah mich mit einem tiefen Blick ihrer unergründlich dunklen Augen an: »Ich habe ihn Victor genannt«, bekannte sie voller Stolz.

»Er ist wunderschön«, sagte ich beinahe andächtig. Der kleine Victor war noch viel heller als mein großer stolzer Prinz. Denn er war erst drei Tage zuvor auf die Welt gekommen, seine Haut würde erst einige Tage später beginnen nachzudunkeln.

Ifeoma sah ihr Neugeborenes an: »Ich muss mich jetzt um mein Baby kümmern.« Ihr Blick ging zu mir: »Darf ich dennoch weiterhin deine Dienerin sein?«, fragte Ifeoma. »Ich habe bei Großmutter Fara nachfragen lassen, sie hat erlaubt, dass ich ein paar Stunden lang jeden Tag bei dir bin.«

»Aber nicht als meine Dienerin«, sagte ich gerührt. »Als meine Gefährtin, die mit mir so viel erlebt hat.« Wieder stand ich unter einem großen Baum, der mich zu beschützen schien. Diesmal aber hatte ich außerdem zwei Freundinnen an meiner Seite, auf die ich mich verlassen konnte. Ich fühlte mich stärker als jemals zuvor in meinem Leben. Laya durfte Ifeomas Mini-Victor halten, dann umarmten wir uns endlich. Ifeoma hatte sich verändert, die Geburt hatte sie wirklich zur Frau gemacht. Nun nahm auch ich den winzigen Victor in die Arme.

»*Madam* Ilona«, meldete sich Edo zaghaft zu Wort, »Prinz Victor …

»… soll nicht mehr länger warten«, antwortete ich.

»Ich werde Großmutter Fara ausrichten, dass du heute

Abend in ihr Haus kommst, um dich von ihren Dienerinnen für das große Fest schmücken zu lassen«, sagte Laya mit einem verständnisvollen Blick.

»Hast du Prinz Victor ins Lager der Männer begleitet?«, fragte ich Edo auf dem Weg zu Victors Haus.

Der Diener schüttelte stumm den Kopf. »Ich darf mit Ihnen nicht über Victor reden, *madam.*« Die Konventionen. Ich schien damit nicht zurechtzukommen. Tausend Umwege sollte ich benutzen, Ifeoma zum Beispiel bitten, mit Edo zu sprechen, wenn ich etwas von Victor wollte. Urika hatte mich auf all diese alten Palast-Traditionen hingewiesen. Ständig schien ich gegen Verbote zu verstoßen. Diesmal durfte ich mit Edo noch nicht einmal über Victor reden.

Victor sah blendend aus. Seine Haut war mehr als zwei Wochen lang ungeschützt der Sonne ausgesetzt gewesen. Er war wesentlich dunkler geworden. Wir beide schienen die Rollen vertauscht zu haben: Ich stand vor ihm wie eine Afrikanerin gekleidet, Victor trug ein matt glänzendes Seidenhemd zur weißen Hose. Wie würdevoll er aussah, jeder Zoll ein Herr! Für einen Moment standen wir uns gegenüber. Reglos. Beide schwer atmend vor verhaltener Erregung.

»Ich habe jeden Tag an dich gedacht, jede Stunde, jede Minute, jede Sekunde«, presste er hervor. »Bist du okay, Liebes?«

»Und du? Du siehst großartig aus. Fühlst du dich auch ein bisschen so?«

»Jetzt schon!« Er nahm mich in die Arme wie ein Ertrinkender. Meinen Prinzen umschmeichelten die köstlichsten Düfte der französischen Parfümeure, mich umgab das aus der Natur Afrikas stammende Aroma lieblicher Blüten, das sich als hauchdünner Ölfilm auf meinen Körper legte. »Du riechst gut und du fühlst dich wunderbar an. Deine Haut ist weicher als Seide.« Ich trug nichts unter diesem *wrapper,* man trägt ihn nun einmal so und hat ihn sehr schnell abgelegt. In Victors Zimmer gab es keine Matte am Boden, sondern ein vergnügt quietschendes Bett aus dunklem Holz mit einem Moskitonetz darüber, das ich mir in mancher Nacht im Urwald gewünscht hätte.

»Du hast einen winzig kleinen, sehr erotischen Bauch bekommen«, neckte Victor und küsste mich zärtlich.

»Habe ich zugelegt?« Ich schrak auf.

»Nein, das ist genau richtig. Du bist überhaupt fraulicher geworden, weicher. Ich liebe dich exakt so.«

Was für eine Belohnung nach vier Wochen im Busch. Ja, vier Wochen! Ich zählte die Zeit im afrikanischen Maß. Und trotzdem kam es mir vor, als wären es Monate gewesen. Und Victor offensichtlich auch. Seine ungestüme Leidenschaft erinnerte mich an meinen Traum von den beiden Leoparden. Aber ich genoss sie voller Hingabe. Nein, in mir lauerte keine Leopardin, die ihm mit der Krallenhand durchs Gesicht fuhr. So ein Unsinn! Ich musste lachen.

»Warum lachst du?«

»Weißt du, wie sie mich im Lager nannten? Die Leopardenfrau.« Und ich erzählte ihm die Geschichte. »Okes Hilfspriesterin sagt, jeder Mensch hat ein Tier, das mit ihm verbunden ist. Bei mir wäre es der Leopard.«

Victor umarmte mich leidenschaftlich: »Das trifft sich doch gut. Bei mir ist das auch der Leopard«, bemerkte er unter vielen Küssen. »Leopard liebt Leopardenfrau!«

Mir gefror das Blut: »Wie bitte? Meinst du das ernst?«

»Aber ja«, sagte Victor. »Ich denke, du verstehst dich mit Leoparden? Ah, ich weiß, was du meinst. Mein Onkel Sunny, dieser *trickster,* der hat auch einen Leopardentick. Darum trägt er immer diese Fellmützen und den hässlichen Stock mit dem silbernen Leopardenkopfknauf. Das macht er aber nur, weil er mächtig sein will. Keine Sorge, ich fühle mich nur gerade jetzt als Leopard.«

Man dürfe niemals jemanden heiraten, der mit dem gleichen Tier verbunden ist, hatte Laya mir in der Nacht des dramatischen Welsfangs gesägt. Ihre Worte drehten sich in meinem Kopf. Und ich sah Odames zwei kleinen Kauris – Rundung an Spitze, nebeneinander. Ein Zeichen, dass sie nicht zusammengehören. Und ich erinnerte mich an die Mahnung meiner hexischen Beraterin Mila, die gewarnt hatte, dass ich den Mann, den ich liebe, verlieren würde.

»Was machst du für ein Gesicht, Liebes? Was ist mit dir?«, fragte Victor zärtlich. »Was haben sie dir über Leoparden noch erzählt?«

»Nichts, Victor«, log ich. Der Moment war zu schön, um traurig zu sein.

»Ich habe deine Stiefmutter Urika kennen gelernt«, sagte ich Stunden später. »Kennst du eigentlich ihre Geschichte?«

»Diese alten Geschichten? Das haben sie dir alles erzählt? Warum lassen sie das nicht ruhen? Wer will denn das heute noch wissen?«, empörte sich Victor.

»Du kannst nur verstehen, was heute passiert, wenn du weißt, wie die Alten denken«, sagte ich sanft.

»Wie soll sich dann jemals etwas weiterentwickeln, Ilona? Die mit ihren vielen Traditionen!«

Mit zarten Küssen versuchte Victor, mich abzulenken, aber ich war zu aufgewühlt, um weiter zu schweigen über das, was ich in den vergangenen Wochen verstanden hatte. »Haben sie dir denn nichts von den Ahnen erzählt, nichts von deinem Onkel Charles, der durch seinen Leichtsinn eine ganze Linie deiner Familie ausgerottet hat?«

»Charles, der älteste Bruder meines Vaters? Der ist vor annähernd vierzig Jahren gestorben, Liebes. Was hat der mit uns zu tun?«

»Sehr viel, Victor. Denn deshalb bist du der einzige männliche Nachkomme deines Vaters. Darum sollst du König werden.«

»Ich weiß. Das hat Vater mir auch gesagt.«

»Urika hat mir erzählt, dass König Serri vier fast gleich alte Söhne hatte: Charles, William, Sunny und Domba. Charles und seine Nachkommen sind alle tot. William hat nur dich, Sunny. .

»Mein geliebter Onkel Sunny. Ja, der hat viele Kinder. Ich weiß nicht mal, wie viele und von wie viel Frauen. Ich habe einen Sohn von ihm während der Initiation näher kennen gelernt: Akpoviroro. Weißt du, was dieser Mann gemacht hat? Einem Krokodil das Herz bei lebendigem Leib herausgeschnitten. Eine Katastrophe, der Mensch. Mein Cousin Opele, der Sohn Dombas, ist auch eingeweiht, aber tausendmal vernünftiger. Na ja, andererseits ist er auch Anwalt. Ob das nun so viel besser ist.« Victor glaubte, einen Witz gemacht zu haben. Und ich dachte an meinen Traum – Laya an Opeles Seite. Mann und Frau.

»Bevor wir in die Initiationslager gegangen sind, haben wir hier gelegen, und du hast mir gesagt, du sollst ein 15-jähriges Kind heiraten. Das wäre der Wille der Ahnen.«

»Ilona, Liebes, ich weiß immer noch nicht, wer das ist.«

»Ich schon. Sie ist eine ganz wundervolle Frau, beileibe kein Kind. Du wirst es nicht glauben: Ich habe mich mit ihr angefreundet.«

Victor richtete sich abrupt auf: »Was?! Liebes, du siehst nicht aus wie eine Afrikanerin. Bist du etwa eine geworden?!«

»Ich habe viel über uns nachgedacht, Victor. Und ich glaube, ich weiß, warum die Ahnen dich mit dieser Frau verheiraten wollen. Sie wollen zwei Linien deines Königshauses miteinander versöhnen.«

»Moment mal, Moment.« Victor stand auf, stöhnend hob er sein Bein aus dem Bett. Seine Verletzung war nicht besser geworden; im Gegenteil – er klagte über Schmerzen, die Wunde hatte sich während seiner Initiation entzündet. Zwar hatte man ihm angeboten, mit traditioneller Medizin für Abhilfe zu sorgen, doch er glaubte nur an die Fähigkeit westlicher Ärzte. Er nahm seinen Stock und humpelte splitternackt zum Fenster. Er sah hinaus. »Das heißt, ich soll eine Tochter von Sunny heiraten, meine eigene Cousine. Liebes, das ist nicht dein Ernst.« Victor drehte sich zu mir um, dann sagte er nur ein Wort: »Wer?«

»Laya.«

»Nein! Niemals, Ilona! Ich will sowieso keine zwei Frauen heiraten. Und die Tochter von Sunny erst recht nicht.«

»Kennst du sie denn? Sie ist ganz anders als ihr Vater. Sie ist meine Freundin. Wir vertrauen einander.«

»Aber ich traue Sunny nicht. Er wird mich austricksen. Er kennt diesen Hof. Ich kann nur dann Vaters Nachfolger werden, wenn ich mir diesen Mann vom Leibe halte. Nicht, wenn er durch Laya alle Geheimnisse erfährt.« Er setzte sich schwer atmend aufs Bett. »Wie kannst du so etwas wollen, Ilona! Ich verstehe es nicht.«

»Ich will dich schützen, Victor. Darum.«

»Bin ich denn in Gefahr?« Er sah mich überrascht an.

»Du denkst und fühlst nicht wie ein Afrikaner. Das macht dich angreifbar. Die Ältesten werden dich nicht unterstützen, wenn du dich nicht dem Willen der Ahnen beugst.«

»Aber wer sagt denn, dass die Ahnen wollen, dass ich Laya heirate?« Und ergab sich gleich selbst die Antwort: »Priester, Orakelwerfer, Kaurileser, Intriganten und Quatschköpfe.«

»So darfst du das nicht sehen, Victor«, flehte ich. »Aber wenn das wirklich deine Meinung ist, dann lass uns von hier fortgehen. Ich möchte mit dir alt werden, egal wo du lebst.

Bist du dir denn sicher, dass du hier leben willst, in diesem Palast? Mit dieser Rolle?«

Er streichelte die geflochtenen Zöpfchen auf meinem Kopf. »Du liebst mich. Und ich liebe dich. Es ist unglaublich, welche Opfer du für mich bringen willst, Liebes. Aber ich weiß nicht, ob ich das will. Andererseits darf ich meinen Vater nicht enttäuschen. Wenn ich auf seine Nachfolge verzichte, wird Sunny meinen Platz einnehmen. Und dann vielleicht sein Sohn Akpoviroro, der Krokodilschlächter. Dieser Zweig der Familie ist krank im Kopf und korrupt im Geldbeutel. Nein, nein und nochmals nein! Ich werde meinen Einfluss nutzen, um Sunny in Schach zu halten. Wir haben doch gesehen, was Sunny und Menschen seines Schlags gemeinsam **mit** den Ölkonzernen aus diesem eigentlich gesegneten Land gemacht haben. Sie holen sich das Geld und verpesten den Boden.«

Seine Worte erinnerten mich an eines der sanften Mammy-Water-Rituale: »Für jedes Stück, das wir während der Initiation der Natur wegnahmen, mussten wir der Natur ein Geschenk zurückgeben. Das war gar nicht so einfach. Ich stand im Fluss und sollte fischen. Aber ich war nackt. Doch ich trug ein Armband. Laya hatte es mir kurz zuvor geschenkt. Ich machte es schweren Herzens ab und warf es in den Fluss.«

»Laya, immer wieder Laya. Vielleicht ist sie ja wirklich nett. Und die Sache mit dem Armband ist wahrhaftig eine gute Idee. Mit den alten Bräuchen könnte man den Umweltgedanken hier in der Gegend wahrscheinlich wieder beleben.« Er sah mich groß an: »Ja, das wäre wirklich eine Idee!« Sein Gesicht verfinsterte sich: »Aber bring das mal Sunny und seinen Ölkonzernen bei.«

»Ich habe wirklich fleißig gelernt, Victor. Von unserer Oberpriesterin Odame habe ich mir einen Satz gemerkt: Konflikte soll man mit seinem Gegner lösen.«

»Priesterinnen! Ilona. Die leben weit entfernt von den Problemen, die wir haben. Glaubst du nicht auch?«

»Ja, sicher. Aber man muss doch irgendeinen Boden unter den Füßen spüren. Warum nicht dieses alte Denken nutzen?«

»Ich weiß nicht ...«, wehrte er ab. Auf dem Tisch neben Victors Bett sah ich eine Kette, die mir eigentümlich bekannt vorkam. Sie bestand aus schwarzen Körnern, vielfarbigen Glasperlen und Muscheln. Sie wirkte hübsch und fremdartig zugleich. Victor wollte sie mir umlegen. Ich wehrte ab:

»Nein, nein, die musst du schon selbst tragen. Mammy Water hat sie dir geschenkt.«

Victor sah mich verwundert an: »Ich hatte gerade an dich gedacht, als ich sie am Ufer eines kleinen Flusses fand. Sie gefiel mir, weil sie so hübsch und schlicht ist.«

Kein Wort sagte ich davon, unter welchen Qualen die schwarzen Körner durch meinen Körper gewandert waren, wie viel Mühe und zerstochene Finger mich das Auffädeln gekostet hatte. Stattdessen sagte ich: »Mammy Water ist die afrikanische Gottheit der Fruchtbarkeit. Sie lebt in den Flüssen und Meeren. Von ihr hast du diese Kette.« Davon war ich überzeugt. Denn durch mein Zutun war die Kette in der Tat nicht in Victors Besitz gelangt. »Bitte trag sie, sie wird dich beschützen«, fügte ich hinzu.

Victor küsste mich. Aber er legte die Kette dennoch nicht an: »Während ich im Busch war, fand ich die Kette irgendwie originell. Aber zu einem Anzug macht sie sich vielleicht nicht ganz so gut. Findest du nicht auch?«

»Trag sie doch unter dem Hemd«, schlug ich vor, »dann ist dein Glücksbringer immer nah bei dir.«

Aus seiner Antwort konnte ich heraushören, dass Victor nicht im Entferntesten bereit war, die beiden Welten, aus denen er stammte, in sich zu vereinen: »Ich werde darüber nachdenken.« Das war seine Art, Nein zu sagen.

Vielleicht war es diese Kleinigkeit, die mir die Augen öffnete: Sie sagte mir, dass Victor den Spagat zwischen Moderne und Tradition, den ich von ihm erhofft und den Urika mit ihrem Quellengleichnis gemeint hatte, niemals schaffen konnte. Die vergangenen zwei Wochen hatten die beiden Wasser seiner schwarzen und weißen Herkunft nicht verschmelzen lassen.

Ich erinnerte mich wieder an meinen Traum: Laya und Opele. Laya hatten die Ahnen ausersehen, sie wurde von Großmutter Fara bereits auf ihre Aufgabe als künftige Königin vorbereitet. »Kennst du eigentlich diesen Opele genauer?«, fragte ich.

»Ein Anwalt eben«, führte Victor aus, »aber dennoch gefällt er meinem Vater und mir. Trotz seiner westlich geprägten Ansichten steht Opele zu den alten Traditionen unseres Stammes. Er ist sogar hier im Dorf initiiert worden, bevor William ihn zum Studium ins Ausland schickte. Mein Vater behandelt ihn, als ob er sein eigener Sohn wäre. Er hat sogar seine Ausbildung finanziert, denn Williams Bruder Domba ist bereits vor Opeles Geburt in Calabar gestorben.«

»Kannst du mit deinem Vater nicht über Opele sprechen? Vielleicht wäre er als Williams Nachfolger am besten geeignet.«

»Das muss der Ältestenrat entscheiden«, antwortete Victor. Dann setzte er hinzu: »Zunächst einmal müsste ich mich mit meinem Vater beratschlagen.«

Den Spruch des Orakels kennen heißt den Lebensweg kennen. Dann kann man ihn verändern. So ähnlich hatte Odame es mir gesagt. Victor und ich kuschelten uns auf dem quietschenden Bett aus Kolonialzeiten aneinander. Und ich dachte intensiv an Mammy Water, die Göttin, die mich beschützt, und an Mutter Erde, die mir das Leben gerettet hatte. Würde beider Schutz reichen – für Victor und mich?

Um für das große Willkommensfest geschmückt und eingekleidet zu werden, brachte mich Ifeoma, diese zähe junge Frau, wieder zum Haus von Großmutter Fara. Diesmal erhielt ich nach einer Auffrischung meiner Frisur einen weißen, golddurchwirkten *wrapper* mit dazu passender Bluse und Kopftuch. Jeder, der Victor und mich auf dem Fest sah, erkannte uns als Paar: Mein Prinz hatte einen afrikanischen Anzug aus dem gleichen Stoff erhalten, in dem er würdevoll, aber auch schmaler wirkte, als er war.

Sie hatten im Palasthof ein wundervolles Freudenfeuer entzündet, mit dem der ganze Clan die Rückkehr aller Initiierten feiern wollte. William mit seiner Leidenschaft für alles Europäische hatte für eine verschwenderische elektrische Beleuchtung gesorgt. Lange Tafeln waren aufgebaut, Speisen und Getränke aufgetischt. Und es wimmelte von bunt gekleideten Frauen, die mit der Farbenvielfalt ihrer Stoffe ihre überschwängliche Lebensfreude zum Ausdruck brachten. Die Männer hatten sich in schneeweiße bodenlange Gewänder gehüllt, die von ihrer dunklen Haut kontrastreich abstachen. Musiker bauten ihre Trommeln auf – hier waren es natürlich Männer, die den Takt vorgaben.

Während des Festes durften Victor und ich uns nicht sehen, denn Frauen und Männer feierten getrennt. Laya und ich genossen den Abend gemeinsam im Kreise der anderen eingeweihten Frauen. Endlich wurden mir auch viele andere von Victors Verwandten vorgestellt. Erst in den frühen Morgenstunden durfte ich mich wieder mit Victor unauffällig von der großen Festgesellschaft zurückziehen. Wir genossen die verbleibenden Stunden mit einer Intensität, als wären es die letzten, die wir jemals miteinander verbringen würden.

Das erste Grau des Morgens zog schon im Osten hoch, als Victor sich sanft über mich beugte und meinen Bauch küsste: »Wenn wir ein Kind bekommen, soll es deinen zweiten Vornamen tragen, Maria. Bist du damit einverstanden?« Ich hielt den geliebten Mann in meinen Armen und glaubte, den Weg des Schicksals aufgehalten zu haben, als Victor mir sagte: »Ich werde heute mit meinem Vater nach Calabar fliegen, um dort meinen Cousin Opele zu treffen. Vater wird ihn fragen, ob er bereit ist, sofern der Rat der Ältesten unserem Plan zustimmt, die Thronfolge zu übernehmen.«

»Willst du wirklich darauf verzichten?«

»Ja, Liebes, wir beide können überall leben. Das Wichtigste ist dabei nur ›in Frieden‹. Wir müssen nur geschickt vorgehen, damit Sunny und alle, die hinter ihm stehen, uns auch unseren Frieden lassen.«

Victor hatte sich für unsere Liebe entschieden und gegen seine Verpflichtungen. Welch ein Beweis seiner Liebe für mich! Am frühen Morgen besuchten wir gemeinsam mit Chief William und der gesamten königlichen Familie einen anglikanischen Gottesdienst. Wie sehr sich doch die christliche Religion mit der Naturreligion mischen konnte. Ich dankte allen Göttern dieser Welt, dass Victor zu einer wichtigen Einsicht gelangt war: Seine Berufung war es nicht, diesen Clan zu führen. Nach der Kirche brachte ich William und Victor zum Privatflughafen.

»Wir sehen uns morgen Abend in Lagos. Mach dir keine Sorgen, Liebes.« Er nahm mich fest in die Arme: »Du bist eine starke Frau. Ich war in letzter Zeit zu schwach. Wenn das hier alles geklärt ist, bin ich wieder der Mann, den du kennen gelernt hast. Du kannst auf mich zählen, denn ich liebe dich!« Er stützte sich auf seinen Stock und humpelte neben William auf die kleine Privatmaschine des Vaters zu. Victor winkte mir so fröhlich zu, dass ich nicht in meinen schlimmsten Alpträumen daran gedacht hätte, ihn niemals mehr wieder zu sehen. Unsere Liebe war so stark und unser Glück so nah, so unglaublich nah. Wir konnten fast danach greifen.

Am Fluss

»Victor und William sind mit diesem Flugzeug abgestürzt, nicht wahr?«, sagte Janet.

»Und es dauerte Wochen, bis sie endlich gefunden wurden. Tage, in denen ich nicht wusste, ob Victor noch lebt. Es war eine schreckliche Zeit.«

»Warum bist du in Lagos geblieben und nicht zu den Frauen zurückgekehrt, die dir so viel bedeutet haben? Warum hast du nicht im Palast Trost gesucht, bei Laya und Ifeoma?«

»Die Situation war äußerst kompliziert: Ich wollte Victors Arbeit fortsetzen, denn ich hoffte, er würde wieder auftauchen. Nachdem die beiden wichtigsten Männer des Clans verschwunden waren, spielte Sunny sofort den Chief. Er belegte Victors Haus mit Beschlag, spannte mich für seine Dienste ein. Sunnys ganzes Auftreten schüchterte mich ein. Dieser Mann wollte keine Versöhnung. Männern wie ihm geht es um Macht. Deshalb bin ich damals nicht zurückgekehrt, um mir im Kult von Odame Rückhalt zu holen.«

»Du hättest es doch wenigstens versuchen können. Sogar Oke schien doch am Ende auf deiner Seite zu sein, Mama.«

»Ich war zutiefst verunsichert, Janet. Ich war, als Victor abflog, so überzeugt, Odames Orakel richtig verstanden zu haben, um so Victors und mein Schicksal in die richtigen

Bahnen zu lenken. Und gerade da ging alles schief. Dann glaubte ich, überhaupt alles in Afrika falsch gemacht und so die Frauen des Kultes enttäuscht zu haben. Ich habe lange gebraucht, bis ich die Zusammenhänge in meinem Leben besser verstanden habe.«

»Wie lange?«

»1997, als ich wieder nach Nigeria gereist bin, wurde mir vieles klarer.«

»Du hast dich 14 Jahre lang mit diesen Fragen herumgeplagt?« Janet sah mich entsetzt an.

»Ja. Ich konnte nie darüber reden. Doch als ich wieder in Nigeria war, wollte ich unbedingt die Menschen und den Palast im Delta des Niger besuchen.«

Janets schlanke Finger glitten über das dunkle Holz der Frauenbüste auf meinem kleinen Altar im Schlafzimmer. »Du hast erzählt, der Frauenkopf war bei deiner Einweihung als dein Schutzgeist dabei?«

»Nicht ganz, denn dies ist nur die Büste, die auf dem Altar von Victors Vater William stand, als er sagte: Wir stehen auf den Schultern unserer Ahnen. Der Frauenkopf ist ein Andenken an Jelema, die Urgroßmutter von Victor. Am Morgen unserer Abreise übergab William mir diesen schweren Mahagoni-Kopf mit den Worten: Du hast viel über unsere Familie erfahren. Nimm diese Büste direkt mit nach Lagos. Odame hat dir gewiss gezeigt, wie du einen Altar für sie bauen kannst. Stell diesen Kopf an einem besonderen Platz auf und ehre ihr Andenken. Ich hielt Williams Worte für einen unglaublich großen Vertrauensbeweis. Später erfuhr ich, dass er und Victor …

Janet beendete den Satz für mich: »Das klingt wirklich so, als hätte William gewusst, dass er sterben muss. Wahnsinn.«

»Dann sind mein Mann Peter und ich 1997 nach Nigeria

geflogen und mir war klar: Ich muss herausfinden, was es mit Jelemas Kopf wirklich auf sich hat.«

»Du hast Odame besucht?«

»Zunächst bin ich zum Palast.«

»Was ist aus Ifeoma geworden?«

»Sie hatte inzwischen drei weitere Söhne und zwei Töchter geboren. Ich habe sie kaum wieder erkannt. Kugelrund war sie, eine richtige afrikanische Mammi, immer fröhlich und mit all den vielen Kindern ihrer Mitfrauen um sich herum. Ihr Mann Francis war Fahrer bei Williams Nachfolger Opele geworden.«

»Und Laya und Opele? Hat dein Traum gestimmt, Mama?«

»Ja! Die beiden hatten wirklich geheiratet. Was die Ahnen sich so in den Kopf setzen. Ich habe Laya kaum wieder erkannt. Sie war schon mit 16 eine eher ernste Person. Als ich sie wieder traf, war sie dreißig. So alt wie ich zurzeit meiner Einweihung. Aber sie wirkte viel älter. Ihre Ehe war nicht glücklich. Opele verbrachte die meiste Zeit in seiner Rechtsanwaltskanzlei in Calabar. Er hatte noch eine weitere Frau geheiratet, die im Palast im Frauenhaus lebte. Laya hatte drei Kinder von Opele bekommen. Layas Sohn William schickte er mit acht Jahren nach England ins Internat. Die älteste Tochter wurde von ihrer Mitfrau erzogen, die fast Zweijährige wurde noch von Laya gestillt. Laya war ständig umgeben von ihren Ratgeberinnen und beschäftigte sich hauptsächlich mit Glaubensfragen, Traditionen und Palastangelegenheiten. Es war sehr schwierig, allein mit ihr zu sprechen, so saßen wir uns meistens gegenüber, umgeben von anderen Frauen, und redeten belanglose Sachen. Erst als wir allein waren, fragte sie mich, was du mich auch gefragt hast: Warum ich nach Victors Tod nicht zurück zum Palast gekommen bin.«

Ich blickte meine Tochter lange an. Sollte ich ihr die ganze Geschichte erzählen? Die ganze traurige Wahrheit? Oder sollte ich sie lieber davor verschonen?

»Mama! Was hast du Laya geantwortet?«

»Den wahren Grund, warum ich nicht gekommen bin. Ich war schwanger. Während der ganzen Einweihungszeit trug ich Victors Kind in mir.«

»Du meine Güte!«

»Und habe Victors Kind verloren. Wie es das Orakel vorausgesehen hatte: durch schwarze Magie, die Sunny gegen mich eingesetzt hat.«

»Die beiden toten Männer und das Kind. William, Victor und Victors Baby. Das ist ja furchtbar!«

»Ich habe Laya alles erzählt, was ich seitdem gemacht habe. Und dass ich die Büste, unsere Jelema hier, sehr wertschätze. Laya wusste von dieser Büste gar nichts, aber freute sich sehr über meine Schilderung von Jelemas Altar in Europa. Als ich meine Geschichte zu Ende erzählt hatte, meinte Laya, dass ich noch einmal zur Kultstätte zurückkehren müsste. Wir beiden sind dann zusammen mit ihren Ratgeberinnen losmarschiert. Wir drehten einfach 14 Jahre Zeit noch einmal zurück.

Leider waren Fara, Odame und Oke schon Jahre zuvor gestorben. Auch Urika lebte seit zwei Jahren nicht mehr. Ajira, die ich als quirlige kleine Frau in Erinnerung hatte, war erblindet, diente aber weiterhin ihrem Luftgeist im Kultgehöft. Kome aber, die die Funktion der Oberpriesterin des Kultes übernommen hatte, wusste sofort, wer ich war. Sie war stiller geworden und irgendwie kleiner, als ich sie in Erinnerung hatte. Sie erinnerte mich stark an Odame, hatte aber nicht die gleiche intensive Ausstrahlung wie ihre Vorgängerin. Nur wir beide unternahmen einen Spaziergang zum Fluss, setzten uns an sein Ufer.«

In meinem Gedanken saß ich wieder dort neben der Priesterin am Wasser. Inmitten dieser überbordenden, vielstimmigen Pracht der Natur. Es war das Ende der Regenzeit. Der heilige Fluss strömte breiter und kraftvoller dahin, als ich ihn 14 Jahre zuvor erlebt hatte.

»Es braucht alles seine Zeit, um zu wachsen. Aber dann wird es groß und stark. Ich habe es immer gewusst, dass du zurückkommen wirst«, begann Kome bedächtig und blickte auf den Fluss hinaus. »Du hast eine Frage, die ich dir beantworten soll?« Ich nickte. Kome fuhr fort: »Es war damals im Haus von Mammy Water. Odame legte dir zum Abschied zweimal das Orakel. Das Orakel sah wenig Gutes für dich. Es zeigte Dunkelheit und Tod.« Kome nahm ihre eigene Korallenkette vom Hals, küsste sie und legte sie mir um den Hals: »Ich weiß, dass dein Leben dich vor schwere Prüfungen gestellt hat, nachdem du von hier fortgegangen bist. Wir verloren den Führer unseres Stammes und seinen Sohn. Du verlorst deinen Mann.« Sie blickte mir offen ins Gesicht: »Deine Augen sagen mir, dass du auch deinen Glauben an Mammy Water verloren hast.« Sie nahm meine Hand. »Das ist das Schlimmste. Denn du bist die Tochter von Mammy Water. Und du wirst es immer bleiben.«

»Warum musste ich Victor verlieren?«

Kome nahm meine Hand, während ihre Augen sich auf das fließende Wasser richteten: »Du kennst die Antwort auf deine Frage schon sehr lange, denn du trugst sie in dir.« Hilflos hob ich die Schultern. »Ich werde es dir sagen. Nach dem zweiten Orakel bat Odame, dass du dich auf den Boden legst. Erinnerst du dich daran? Gut. Odame ließ jene ungeborene Seele aus dir sprechen, die bereits in dir wohnte. Und sie sagte, dass sie Jelema sei.«

Mein Herz setzte aus. »Ich ahnte nicht, dass ich schwanger war«, sagte ich leise, »ich habe es erst erfahren, nachdem

Victor mit dem Flugzeug abgestürzt war. Als ich es bemerkte, war ich fest davon überzeugt, Victors Seele zu einem neuen Leben verhelfen zu können.«

»Das Leben beginnt bereits vor der Geburt. Du hast dieses Wissen verdrängt, nicht wahr? Die Seele des Ungeborenen nimmt im Augenblick der Zeugung ihren Platz ein.«

»Warum durfte ich dann Jelema nicht gebären? Warum wollte sie kein neues Leben außerhalb meines Körpers beginnen?«

»In dem Augenblick, da Odame dich und die Seele deines ungeborenen Kindes trennte, sprach Jelema zu Odame. Sie sagte, dass es nicht ihre Aufgabe sei, geboren zu werden. Die Ahnen hatten ihr eine ganz besondere Aufgabe zugeteilt. Deine Fehlgeburt und somit der Tod des Körpers von Jelema sollte dir die Kraft geben, dich gegen Sunny zu wehren.«

»Jelema hat mich benutzt?« Ich war fassungslos.

Kome aber lächelte mich nachsichtig an: »Ist es nicht die Aufgabe guter Mütter, Werkzeug ihrer Kinder zu sein?«

Langsam begann ich zu verstehen. Als ich die Nachricht von Victors Tod bekam, wollte ich zuerst überstürzt abreisen, um wenigstens mein Kind vor Sunny zu schützen. Nach der Fehlgeburt ging es mir jedoch so schlecht, dass ich dazu nicht mehr die Energie hatte. Ich blieb in Nigeria und kam erst sehr langsam wieder zu Kräften. Bestärkt durch meine Beraterin Mila, die über magische Fähigkeiten verfügte, beschloss ich, mich gegen Sunny zu wehren. Gemeinsam mit Mila suchte ich magische Waffen aus, mit denen ich mich gegen Sunnys schwarze Magie behaupten konnte. Der Plan Jelemas ging letzten Endes durch mich auf; ich rächte mich an Sunny mit seinen Waffen.

Aus Komes Mund musste ich nun erfahren, dass ich nichts weiter als ein Werkzeug für Jelema gewesen war, um die Regentschaft Sunnys zu verhindern.

»Hast du Jelema gekannt? Wie war sie?«

»Ich kam erst zu Odame, als Jelema schon lange tot war. Man sagt, sie sei eine Schönheit gewesen, aber mit einem ausgeprägten Sinn für Gerechtigkeit. Ihr Wort war jahrzehntelang Gesetz im Palast. Von ihren männlichen Enkeln war ihr William, der Zweitgeborene von Fara, der Liebste. Charles, der älteste Sohn von Fara und Serri, war ihr zu vorlaut. Oke, die zweite Frau von Serri, brachte Sunny nur wenige Tage nach William zur Welt. Odame erzählte mir nach Sunnys Tod, dass Jelema Sunny nie gemocht habe. Er sei der gerissenste aller Söhne Serris gewesen. Sunny habe nie das Wohl des Stammes gesehen, sondern nur auf sein eigenes geachtet. Jelema hat noch einen anderen Enkel geliebt, nämlich den Vater von Opele, Domba. Er war der Sohn Somas, der dritten Frau von Serri, und nur einige Monate jünger als Sunny und somit der Vierte in der Thronfolge.«

Meine Hand ruhte in der schmalen Hand der Priestern. Ich erinnerte mich an das Orakel, sah die zwei Paare der drei ineinander liegenden Kauris, die den Tod zweier mir wichtiger Männer bedeuteten. »Was habe ich falsch gemacht?«, fragte ich. »Hätte ich den Tod von Victor und William verhindern können, wenn ich das Orakel richtig verstanden hätte? Es heißt doch, das Orakel kennen bedeutet, den Weg ändern zu können.«

»Ja. Das ist der Sinn des Orakels. Die Ahnen teilen uns durch das Orakel ihre Pläne mit.« Komes Hand umfasste die meine fester: »Aber wir sind nur Menschen. Unser Leben gleicht einer langen Fahrt auf diesem Fluss hier vor uns. Manches Mal kentert unser Boot und wir verlieren Hab und Gut. Aber unser Boot hält. Wir schöpfen das eingedrungene Wasser heraus, nehmen wieder darin Platz, um die Fahrt fortzusetzen. Wir lernen, wenn wir Glück haben, aus unseren Fehlern, die das Boot umkippen ließen. Vielleicht wiederholen wir auch den Fehler und machen es erst das nächste Mal besser. Doch irgendwann gelangen wir an unser Ziel. Das ist unser Leben.« Sie lächelte mich an: »Ich weiß, dass du dein Glück gefunden hast, weit von hier, mit einem anderen Mann, in einem anderen Leben!«

Ich kniete mich vor die alte Frau am Fluss und küsste ihre Hand. Kome zog mich hoch und umarmte mich.

Bevor ich mich von Kome verabschiedete, stellte ich der alt gewordenen Priesterin eine letzte Frage: »Darf ich über das, was ich erlebt habe, anderen berichten?« Kome blickte auf den kräftigen, Äste und Pflanzen mit sich führenden Fluss hinaus, als sie antwortete: »Wissen ist wie Wasser, das von einer Frau an die andere weitergereicht wird. Achte darauf, dass du es nicht verschüttest, Tochter von Mammy Water. Denn es ist sehr kostbar.«

Meine Aufenthaltsorte in Nigeria

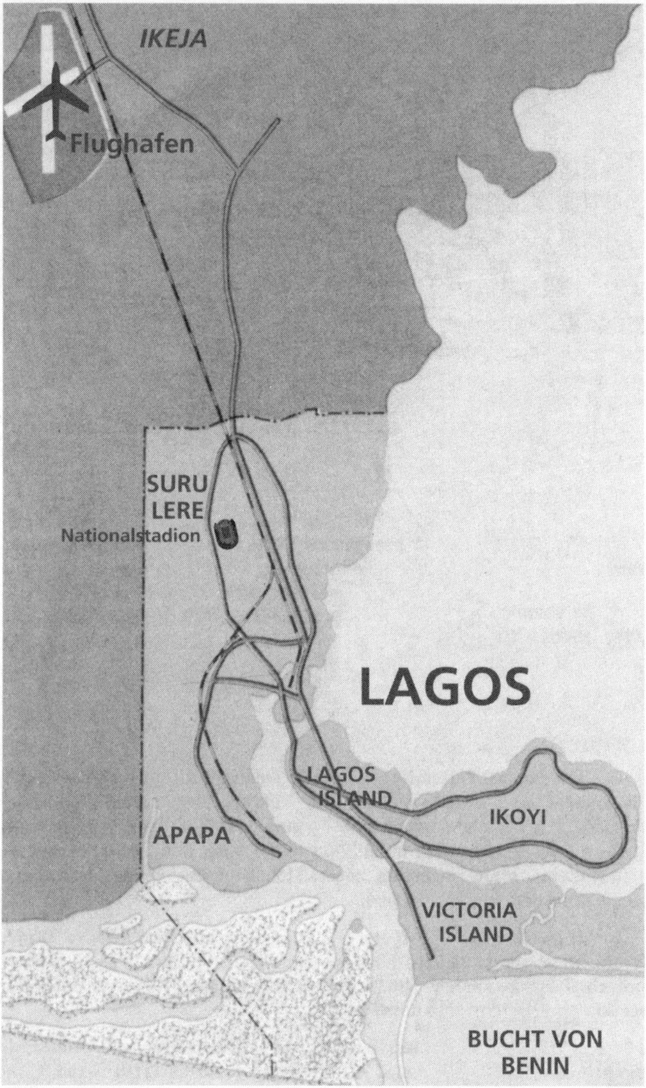

Lagos und Umgebung

Glossar

babalawo – Medizinmann
bitterleaf-Soup – bitteres, spinatähnliches Blattgemüse
boy's quarter – Unterkünfte der Hausangestellten
chief – eigentlich: Clanchef, doch mit diesem Titel schmücken sich Männer, die wichtig sind – oder sich dafür halten
compound – Ansammlung verschiedener Häuser, die einen Hof bilden
controller – kaufmännischer Leiter, der z. B. die Finanzen einer Firma kontrolliert
day watches – Tagwachen
dodo – gebratene Banane
earthspirits – Erdgeister
fathouse – Ferthaus; bezeichnet einen Ort, an dem Mädchen spirituell und praktisch auf die Ehe vorbereitet werden
garri – aufgequollener Gries aus Maniokknollen
gele – kunstvoll gewickeltes Kopftuch
Government Residential Area (GRA) – von der Regierung ausgewiesenes Gebiet, in dem vor allem Ausländer wohnen
harmattan – warmer Wind mit Staub aus der Sahara, tritt um die Jahreswende herum auf
herbalist – Kräuterdoktor
Highlife-Musik – westafrikanische Tanzmusik, erinnert an Reggae
Initiation – Einweihung in geheime Rituale

Jemonja – Göttin der Urweiblichkeit, Sinnbild der Fruchtbarkeit und des materiellen Reichtums, Patronin aller Mütter; aus der Ifa-Religion

juju – Fetisch, vom Medizinmann gefertigt

kobo – kleine nigerianische Münze von geringem Wert

Mammy water – andere Bezeichnung für die *orisha* Jemonja der Ifa-Religion. Urgöttin der Weiblichkeit, Sinnbild der Fruchtbarkeit

naira – nigerianische Währung

night watches – Nachtwachen

oba – im Südwesten Nigerias und in Benin gebräuchliches Wort für König oder oberster Stammesfürst

Ogun – Gott des Eisens und der Metalle; Patron der Autofahrer; aus der Ifa-Religion

opon – Orakelbrett eines *babalawo*

orisha – einer von 400 Göttern der Ifa-Religion; männlich oder weiblich

òyìbó – Europäer, Europäerin, Weiße

Pick-up – kleiner Lastwagen mit Ladefläche

Pidgin-Englisch – afrikanisches Englisch, in dem Worte oftmals eine andere Bedeutung haben als im herkömmlichen Englisch

tribal marks – Stammessymbole; ins Gesicht geritzte Narben

wrapper – afrikanischer Rock, der aus einer Stoffhahn gefertigt wird, indem man den Stoff kunstvoll um den Leib wickelt; wird mit Bluse, meistens aus dem gleichen Stoff, kombiniert getragen

China Keitetsi

Sie nahmen mir die Mutter und gaben mir ein Gewehr

Mein Leben als Kindersoldatin

ISBN 978-3-548-36481-0
www.ullstein-buchverlage.de

Die achtjährige China Keitetsi aus Uganda wird von Soldaten in ein Rekrutierungslager verschleppt und lernt dort den Umgang mit der Waffe. Schon bald kämpft sie als Frontsoldatin und Leibwächterin für hohe Militärs, von ihren erwachsenen Führern zum Morden gezwungen und vergewaltigt. Nach Jahren des Krieges und Missbrauchs gelingt ihr im Alter von neunzehn Jahren endlich die Flucht. Erstmals berichtet hier eine Betroffene von ihrem Leben als Kindersoldatin.

»Eine herbe und aufwühlende Lektüre.« *Die Zeit*

Immaculée Ilibagiza

Aschenblüte

Ich wurde gerettet, damit ich erzählen kann

Mit zahlreichen Abbildungen

ISBN 978-3-548-36981-5
www.ullstein-buchverlage.de

»Ich hörte sie meinen Namen brüllen. Meine früheren Freunde und Nachbarn – jetzt liefen sie mit Macheten durchs Haus und suchten nach mir …«

In einem winzigen Versteck überlebt Immaculée Ilibagiza den Völkermord in Ruanda. Mit Hilfe ihres Glaubens gelingt es ihr, die Angst vor Entdeckung und das Grauen der Massaker zu ertragen – aber auch, den Mördern ihrer Familie zu verzeihen und ein neues Leben zu beginnen.

»Ein kostbarer Beitrag zu einer Literatur, die versucht, den Untiefen menschlicher Verkommenheit ein Stück Hoffnung entgegenzusetzen.« *Publishers Weekly*

ullstein
US276

Waris Dirie

Brief an meine Mutter

Mit zahlreichen Abbildungen

ISBN 978-3-548-37219-8
www.ullstein-buchverlage.de

Wien, im Herbst: Nach zehn Jahren der Trennung holt Waris Dirie ihre Mutter aus Afrika zu sich. Doch die anfängliche Freude über das Wiedersehen schlägt bald um in gegenseitige Vorwürfe und Missverständnisse. Waris muss erkennen, wie groß der Graben zwischen ihr und der Mutter immer noch ist und wie eng Leid und Liebe verkettet sind. Sie beschließt, der Mutter nach deren Abreise einen langen Brief zu schreiben, in dem sie ihr auch von einem Geheimnis erzählen will, das sie bislang niemandem anvertraut hat.

»Mein intimstes Buch« *Waris Dirie*

»In ihrem neuen Buch spricht die Somalierin offen über seelische Wunden – und die Sehnsucht, sich ihrer Mutter wieder nahe zu fühlen.« *Freundin*

US297